U0450164

当代中国学术思想史丛书

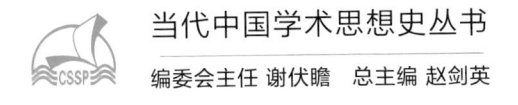

编委会主任 谢伏瞻　总主编 赵剑英

当代中国边疆研究

The Borderland Studies in
Contemporary China

（1949-2019）

马大正　著

中国社会科学出版社

图书在版编目(CIP)数据

当代中国边疆研究：1949—2019 / 马大正著 . —北京：中国社会科学出版社，2019.12（2023.8重印）
（当代中国学术思想史丛书）
ISBN 978 – 7 – 5203 – 5093 – 8

Ⅰ.①当… Ⅱ.①马… Ⅲ.①边疆地区—地方史—研究—中国—1949 – 2019 Ⅳ.①K928.1

中国版本图书馆 CIP 数据核字（2019）第 204859 号

出 版 人	赵剑英
责任编辑	宋燕鹏
责任校对	王佳玉
责任印制	戴 宽

出　　版	中国社会科学出版社
社　　址	北京鼓楼西大街甲 158 号
邮　　编	100720
网　　址	http://www.csspw.cn
发 行 部	010 – 84083685
门 市 部	010 – 84029450
经　　销	新华书店及其他书店
印刷装订	北京君升印刷有限公司
版　　次	2019 年 12 月第 1 版
印　　次	2023 年 8 月第 2 次印刷
开　　本	710×1000　1/16
印　　张	50.75
字　　数	780 千字
定　　价	286.00 元

凡购买中国社会科学出版社图书，如有质量问题请与本社营销中心联系调换
电话：010 – 84083683
版权所有　侵权必究

当代中国学术思想史丛书
编辑委员会

主　任　谢伏瞻

副主任　蔡　昉　高　翔　高培勇　姜　辉　赵　奇

编　委（按姓氏笔画为序）

卜宪群　马　援　王延中　王建朗　王　巍
邢广程　刘丹青　刘跃进　李　扬　李国强
李培林　李景源　汪朝光　张宇燕　张海鹏
陈众议　陈星灿　陈　甦　卓新平　周　弘
房　宁　赵　奇　赵剑英　郝时远　姜　辉
夏春涛　高培勇　高　翔　黄群慧　彭　卫
朝戈金　景天魁　谢伏瞻　蔡　昉　魏长宝

总主编　赵剑英

书写当代中国学术史,加快构建中国特色哲学社会科学

谢伏瞻[*]

在中华人民共和国成立70周年之际,中国社会科学出版社修订出版《当代中国学术思想史丛书》(以下简称《丛书》),对于推动我国当代学术史研究,加快构建中国特色哲学社会科学学科体系、学术体系、话语体系具有重要的意义。

党的十八大以来,以习近平同志为核心的党中央高度重视哲学社会科学。2016年5月17日,习近平总书记主持召开哲学社会科学工作座谈会并发表重要讲话,明确提出加快构建中国特色哲学社会科学学科体系、学术体系、话语体系的重大论断和战略任务。这是一个极为重要的战略考量,关系我国哲学社会科学的长远发展,关系中国特色社会主义事业发展全局,是重大的学术任务,更是重大的政治任务。广大哲学社会科学工作者要以高度的政治自觉和学术自觉,以强烈的责任感、紧迫感和担当精神,在加快构建中国特色哲学社会科学"三大体系"上有过硬的举

---

[*] 谢伏瞻:中国社会科学院院长、党组书记。

措、实质性进展和更大作为。《丛书》即为加快构建中国特色哲学社会科学"三大体系"的具体措施之一。

研究学术思想史是我国的优良传统之一。学术思想历来被视为探寻思想变革、社会走向的风向标。正如梁启超在《论中国学术思想变迁之大势》中所言,"学术思想与历史上之大势,其关系常密切。""学术思想之在一国,犹人之有精神也;而政事、法律、风俗,及历史上种种之现象,则其形质也。故欲觇其国文野强弱之程度如何,必于学术思想焉求之。"我国古代研究学术思想史注重"融合""会通",对学术辨识与提炼能力有特殊要求,是专家之学,在这方面有大成就者如刘向、刘歆、朱熹、黄宗羲等皆为硕学通儒。近代以来,随着"西学东渐",我国哲学社会科学各学科逐渐发展起来,学术思想史研究亦以梁启超的《中国近三百年学术史》为发轫,以章炳麟、钱穆等为代表的一批学者用现代学术视角"辨章学术、考镜源流",开始将学术思想史研究与近现代哲学社会科学发展结合起来,形成了不少有影响的名品佳作。新中国成立以后,在马克思主义指导下,我国哲学社会科学不断发展,特别是改革开放以来,哲学社会科学的地位更加凸显,在研究工作的广度和深度上不断取得新突破。但是,我国当代学术思想史研究没有跟上哲学社会科学发展的步伐,呈现出"有数量缺质量、有专家缺大师"的状况,有分量的研究成果寥若晨星,公认的学术思想史大家屈指可数。新时代,我国哲学社会科学地位更加重要、任务更加繁重,有组织、有计划地开展学术思想史研究和出版工作,系统梳理我国当代哲学社会科学各学科学术思想的发展脉络,总结各学科积累的优秀成果,既是对学术研究传统的继承和发扬,弥补当代学术思想史研究的不足,也将在中国特色哲学社会科学"三大体系"建设中发挥独特而重要的作用。

中国社会科学院是党中央直接领导的哲学社会科学研究机构,在加快构建哲学社会科学"三大体系"建设中发挥着主力军作用。早在建院之初的1978年,胡乔木同志主持的《1978—1985年全国哲学社会科学发展规划纲要(初稿)》就提出了研究"中国经济思想史""中国政治思想史""中国教育思想史""中国伦理思想史"等近10种"学术思想史"的规划。"当代中国学术思想史"丛书初版于2009年,在新中国成立70周年之际,予以修订再版,充分体现出我院作为"国家队"的担当。《丛书》以新中国成立以来学术思想史演进中的脉络梳理与关键问题分析为主要内容,集中展现在中国共产党坚强领导下,创建、发展和繁荣哲学社会科学各学科学术思想史的历程,突出反映70年来哲学社会科学各领域的成就与经验,资辅当代、存鉴后人,具有较强的学术示范意义。

学术思想史研究为哲学社会科学学科体系建设提供了有力的支撑。学科体系是加快构建中国特色哲学社会科学的根本依托。经过几十年的发展,我国哲学社会科学已拥有20多个一级学科、400多个二级学科,学科体系已基本确立,但还不健全、不系统、不完善，离习近平总书记提出的基础学科健全扎实、重点学科优势突出、新兴学科和交叉学科创新发展、冷门学科代有传承的要求还有相当大的差距。学科体系建设的前提是对各学科做出科学准确的评估，翔实的学术思想史研究天然具备这一功能。《丛书》以"反映学科最新动态，准确把握学科前沿，引领学科发展方向"为宗旨，系统总结文学、历史学、语言学、美学、宗教学、法学等学科70年的学术发展历程。其中既有对基础学科、重点学科学术思想史的系统梳理，如《当代中国美学研究》《当代中国文艺学研究》等；又有对新兴学科、交叉学科和冷门学科学术思想史的开拓性研究，如《当代中国近代思想史研究》《当代中国边疆研究》《当代中国简帛学研究》等。从学术思想史的角度，系统评价各学科的发展，对于健全学科体系、优化学科布局，加快构建中国特色哲学社会科学学科体系无疑是大有裨益的。

学术思想史研究为哲学社会科学学术创新提供了坚实的基础。学术体系是加快构建中国特色哲学社会科学的核心。主要包括两个方面：一是思想、理念、原理、观点、理论、学说、知识、学术等；二是研究方法、材料和工具等。习近平总书记指出，理论的生命力在于创新。只有不断推进知识创新、理论创新、方法创新，才能着力打造"原版""新版"的哲学社会科学。学术创新是有前提的，正如总书记所深刻指出的，理论思维的起点决定着理论创新的结果，理论创新只能从问题开始。从某种意义上说，学术创新离不开学术思想史研究，只有通过坚实的学术思想史研究，把握学术演进的脉络、传统、流变，才能够提出新问题、新思想，形成新的学术方向，这是《丛书》为哲学社会科学学术创新作出的贡献之一。学术思想史的研究内容、研究方法、材料与工具自成体系，具有构建学术体系的各项特征。《丛书》通过对学术思想史研究的创新，为哲学社会科学学术创新提供了有益的尝试。

一是观点创新。中华人民共和国成立以来，随着马克思主义在哲学社会科学领域指导地位的确立，我国思想界发生了大规模、深层次的学术变革，70年间中国学术已经形成了崭新格局。《丛书》紧扣"当代中国"这一主题，突破"当代人不写当代史"的思想束缚，独辟蹊径、勇于探索，聚焦中国特色哲学社会科学的发展道路、马克思主义指导下的中国学术发展、中国传统学术继承和外来学术思想借鉴，民族复兴在学术思想史上的反映等问题，从而产生一系列的观点创新。

二是研究范式创新。一个时代的主流思想和历史叙事，是由反映那个时代的精神的一系列概念和逻辑构成的。当代中国学术的源流、变化与当代中国政治、经济、文化、社会的变革密切相关。《丛书》把研究中国特色学术道路的起点、进程与方向作为自觉意识，贯穿于全丛书，注重学术思想史与中国学术道路的密切联系、学理化研究与中国现实问题的密切联系、个别问题研究与学术整体格局的密切联系、研究当代中国与启示中国未来的密切联系，开拓了学术诠释中国道路的新范式。

三是体例创新。《丛书》将专题形式和编年形式相互补充与融合，充分体现了学术创新的开放性，为开创学术思想史书写新范式探路。对于当代学术思想史研究，创新之路刚刚开始，随着《丛书》种类的增多，创新学术思想史研究的思路还会更多，更深入。

学术思想史研究为构建哲学社会科学话语体系提供了广阔的平台。话语体系是学术体系的反映、表达和传播方式，是有特定思想指向和价值取向的语言系统，是构成学科体系之网的纽结。习近平总书记指出，在解读中国实践、构建中国理论上，我们应该最有发言权。这就要求我们在构建话语体系时，要坚持中国立场、注重中国特色，用中国理论阐释中国实践，用中国实践升华中国理论，更加鲜明地展现中国思想，更加响亮地提出中国主张。要主动设置议题，勇于参与世界范围的"百家争鸣"。《丛书》定位于对当代中国学术思想的独家诠释，内容是原汁原味的中国学术，具有学术"走出去"、参与国际学术对话、扩大我国学术思想影响力、增强中华文化软实力的条件。《丛书》通过生动的叙述风格传播中国学术、中国文化，全面、集中、系统地反映我国当代学术的建构过程，让世界认识"学术中的中国""理论中的中国""哲学社会科学中的中国"。习近平总书记强调，把中国实践总结好，就有更强的能力为解决世界性问题提供思路和办法。《丛书》通过对当代中国学术思想史的描绘，让世界了解中国特色的学术发展之路，进而了解中国特色社会主义文化和中国特色社会主义道路。《丛书》中的《当代中国法学研究》《当代中国宗教学研究》《当代中国近代史研究》《当代中国近代社会史研究》等已经翻译成英文、德文等多种语言，分别在有关国家出版发行，为当代中国学术思想的国际化传播开拓了新路。

目前，《丛书》完成了出版计划的一部分，未来要继续作好《丛书》出版工作。关键是要坚持正确的政治方向、学术导向和价值取向。要提高政治站位，增强"四个意识"，坚定"四个自信"，做到"两个维护"，在思想上政治上行动上同以习近平同志为核心的党中央保持高度一致。要坚持马克思主义的指导地位，特别是用习近平新时代中国特色社会主义思想指导学术思想史研究和出版工作。要落实意识形态工作责任制，做到守土有责、守土负责、守土尽责。作好《丛书》出版工作必须坚持以质量为生命线。在任何时候都要坚持质量第一的方针，坚持"宁缺毋滥"的原则，多出精品力作。要把社会效益放在首位，实现社会效益和经济效益相统一。要严格遵守学术规范，秉承认真负责的治学态度，严肃对待学术研究，潜心研究，讲究学术诚信，拿出高质量的学术成果。

当今世界处于百年未有之大变局，中国特色社会主义进入新时代，这都对哲学社会科学提出了更高的要求，广大哲学社会科学工作者要积极响应习近平总书记和党中央号召，以习近平新时代中国特色社会主义思想为指导，努力提高政治站位，增强思想自觉，敢于担当，奋发有为，繁荣中国学术，发展中国理论，传播中国思想，加快构建中国特色哲学社会科学"三大体系"，为实现"两个一百年"奋斗目标，实现中华民族伟大复兴的中国梦作出应有的贡献。

是为序。

2019 年 10 月

目 录

前言 ……………………………………………………………（1）

第一篇 绪论

第一章 统一多民族中国与中国边疆 ……………………………（3）
  一 中国和中国边疆 ………………………………………（3）
  二 中国特色的两大历史遗产 ……………………………（7）
  三 中国疆域发展阶段 ……………………………………（8）
  四 中华民族从多元到一体的演进 ………………………（17）
  五 中国边疆地区的发展大势与历史特点 ………………（44）

第二章 中国边疆研究的千年积累和百年探索 …………………（49）
  一 中国边疆研究的千年积累（截至18世纪末）…………（49）
  二 中国边疆研究的百年探索（19世纪以降）……………（56）

第二篇 综论

第三章 中国边疆研究第三次高潮兴起前的准备
  （20世纪50—70年代）…………………………………（83）
  一 中国边疆研究在受挫中坚持 …………………………（83）

二　有利于中国边疆研究的学术积累和教训总结 …………………（93）

第四章　中国边疆史地研究的繁荣
　　　　——中国边疆研究第三次研究高潮初兴(上) ……………（95）
一　中国边疆研究新起点的一个标志……………………………（95）
二　三大研究系列的提出与实践…………………………………（97）
三　四次学术讨论会的召开与影响………………………………（100）
四　国家社会科学基金边疆史地临时评审小组的建立…………（102）
五　创建刊发边疆史地研究成果的学术平台……………………（103）
六　"边疆史地丛书"评议…………………………………………（106）

第五章　当代中国边疆调研的展开
　　　　——中国边疆研究第三次研究高潮初兴(下) ……………（116）
一　90年代以来以稳定与发展为主题的边疆调研有序展开……（116）
二　边疆中心的当代中国边疆调研………………………………（126）

第六章　边政研究的持续与嬗变
　　　　——20世纪下半叶台湾学者的中国边政研究 ……………（135）
一　边政研究的持续与深化………………………………………（135）
二　边疆资料整理的勃兴及其出版的商业化倾向………………（145）
三　边疆研究理论与方法的探讨…………………………………（148）
四　边政研究的嬗变………………………………………………（151）

第三篇　分论

第七章　对中国边疆研究的理性思考 …………………………（157）
一　边疆与边政……………………………………………………（157）
二　中国边疆研究的社会功能……………………………………（161）
三　中国边疆研究的内涵与方法…………………………………（163）

第八章　古代中国疆域理论问题研究 (174)
　　一　历史上的中国疆域 (174)
　　二　中国疆域形成、发展规律研究 (187)
　　三　统一与分裂以及中华一体 (193)
　　四　藩属与朝贡研究 (200)

第九章　中国历朝各代边疆治理研究 (212)
　　一　历代王朝对边疆地区的经营管辖与开发治理研究 (213)
　　二　历代王朝边疆管理机构研究 (241)
　　三　近代中国的边疆管理研究 (256)
　　四　民国时期的边疆治理研究 (270)

第十章　中国历代王朝边疆民族政策研究 (322)
　　一　汉、唐、元、清边疆民族政策研究 (322)
　　二　历史上的和亲研究 (335)
　　三　土司制度与改土归流研究 (348)

第十一章　近代以来中国边患与陆地界务问题研究 (366)
　　一　综论方面 (370)
　　二　陆地界务问题的个案研究 (376)
　　三　研究展望 (424)

第十二章　中国海疆史研究 (426)
　　一　中国海疆史研究历程回顾 (426)
　　二　海疆史理论研究 (433)
　　三　历代海疆政策及海禁政策研究 (436)
　　四　历代海防研究 (440)
　　五　海上丝绸之路及海上贸易研究 (449)
　　六　海南史研究 (454)
　　七　南海诸岛历史研究 (461)

八　钓鱼岛历史及中琉关系研究 …………………………………（489）
　　九　台湾史、香港史和澳门史研究…………………………………（502）
　　十　海疆史研究前瞻的建言…………………………………………（507）

第十三章　中国边疆研究史研究（上）
　　　　　——第一、第二次中国边疆研究高潮研究 …………………（509）
　　一　关于第一次研究高潮的研究……………………………………（510）
　　二　关于第二次研究高潮的研究 …………………………………（522）
　　三　关于第一、第二次研究高潮的研究展望………………………（533）

第十四章　中国边疆研究史研究（下）
　　　　　——新疆考察史资料整理和研究………………………………（535）
　　一　有关综论新疆考察的文与书……………………………………（535）
　　二　清代至民国的中国学者和各界人士新疆考察著作的
　　　　整理、出版和研究………………………………………………（538）
　　三　新中国成立后中国学者的新疆考察实录………………………（546）
　　四　20世纪80年代以降记者及诸多文化人的新疆探险
　　　　考察实录 ………………………………………………………（563）
　　五　中国行者群体的新疆探险考察…………………………………（568）
　　六　外国探险家新疆探险考察的档案文献资料整理与
　　　　研究………………………………………………………………（583）

第十五章　当代中国边疆治理研究 ……………………………………（611）
　　一　中国当代的边疆观念及边疆治理研究 ………………………（612）
　　二　边疆的民族、宗教与边疆稳定研究 …………………………（617）
　　三　中国战略利益与利益边疆问题研究 …………………………（621）
　　四　地缘政治与中国边疆安全研究 ………………………………（625）
　　五　中国当前边疆治理中亟待解决问题的研究……………………（629）
　　六　当代中国反分裂反恐研究：以新疆为例………………………（640）

第四篇　展论

第十六章　21世纪中国边疆研究发展大趋势 ……………………（671）
　　一　边疆史地综合性多卷本论著的撰写与出版 ……………（671）
　　二　中国边疆区域性综合研究项目的实施 …………………（681）
　　三　以边疆为主题的智库不断涌现 …………………………（700）

第十七章　中国边疆学构筑的探索（上） ……………………（709）
　　一　构筑中国边疆学是中国边疆研究学科发展的必然趋势 …（709）
　　二　构筑中国边疆学的科学探索 ……………………………（712）

第十八章　中国边疆学构筑的探索（下） ……………………（756）
　　一　我为构筑中国边疆学从事的科研实践 …………………（756）
　　二　我对中国边疆学构筑的学术思考要点 …………………（764）
　　三　推动中国边疆学构筑当前之要务与步骤 ………………（770）
　　四　中国边疆学构筑是中国学人的历史担当 ………………（773）
　　五　中国边疆研究者和研究工作组织者的历史责任 ………（779）

后记 ……………………………………………………………（785）

再版后记 ………………………………………………………（788）

前　言

中国边疆研究的对象是中国边疆，中国边疆包括陆疆和海疆的历史与现状，可谓上下五千年、东西南北中。中国边疆与统一多民族中国内地紧密相关，密不可分。中国边疆研究的目的与任务，简而言之有二：

第一，要研究统一多民族的中华人民共和国和多元一体的中华民族形成、发展以及两者间互动、互补的规律。

第二，要研究中国疆域发展的历史和现状，中国边界形成的历史和现状，以及与此有关的事件和人物，中国边疆研究的内容丰富多彩，既有宏观的，也有微观的；既有热点问题，也有诸多"绝学"。

中国边疆研究具有悠久的历史、丰硕的积累，在中华人民共和国成立后半个多世纪中，中国边疆研究经历了艰辛而又辉煌的演进历程，至今已成为社会科学领域诸学科中的一门显学。从学术研究史的视野回顾 70 年来中国边疆研究前进的足迹，总结学科的成就和价值，展望学科发展的大势，实是一项十分有意义的工作。

20 世纪 70 年代，我步入研究工作之始即涉猎边疆民族史研究，1987 年至 2002 年我先后担任了中国社会科学院中国边疆史地研究中心（今中国边疆研究所）副主任、主任，因职责所在对中国边疆研究中热点、难点、疑点诸方面问题，以及研究的全局和发展趋势都有所关注。2002 年以降，中国边疆研究仍是我个人研究的一个重要内容，加之构筑中国边疆学这一命题自 20 世纪 90 年代以来一直是我着力思考，并勤于参与的一个方向，除与刘逖合著了《二十世纪的中国边疆研究——一门发展中的边缘学科的演进历程》外，还撰写了近 20 篇有关中国边疆学构筑的文章。我以为撰写一部当代中国边疆研究的学术研究史,是当前构筑中国边疆学的一项基础性学术工作,这成了我承写本书的原动力。

《当代中国边疆研究(1949—2018)》,全书分四篇,十八章:绪论两章,概述统一多民族中国与中国边疆,以及中国边疆研究的千年积累和百年探索;综论四章,从纵的方向阐述中国边疆研究60余年演进历程,并兼论了20世纪下半叶我国台湾地区边政研究的持续与嬗变;分论九章,专题综述了60余年来中国边疆研究九个研究重点的研究成果,以期使读者能从纵的(综)和横的(分)两个视角对中国边疆研究深度和广度有一个总体了解;展论三章,着重评述新世纪中国边疆研究的突破性发展,阐述中国边疆学构筑成为学科发展的必然大趋势,并将成为中国边疆研究新腾飞的起点。

本书追求的目标有三:

一是尽可能多地提供中国边疆研究成果的信息;

二是尽可能描述中国边疆研究发展的演进历程和趋势;

三是试述中国边疆学构筑的学术思考和当代边疆研究者的历史责任。

能否如愿,敬请读者点评。

第一篇

绪　　论

第一章

统一多民族中国与中国边疆

一　中国和中国边疆

现在的中国，即中华人民共和国，是一个统一多民族国家。但中国的概念有一个历史的发展过程，由最初的京师[①]、华夏地区，到由汉族和其他民族建立的王朝所统辖的地区称为中国，近代以来才专指整个中华民族（包括汉族和其他民族）共有的国家，以区别于其他国家，具有了现代意义上的国家称谓。总之，中国概念的演变是中国统一多民族国家历史发展的产物。

边疆，是一个含义较广的概念，国内外文献作出的解释是很相近的。一般都解释为"靠近国界的那个地方"。有的说："边疆，边境之地。"[②]有的则说："边疆，靠近国界的领土。"[③] 在外文辞书中，边疆是指一个国家的边远地区。总之，中外文献中，把边疆解释为一个国家比较边远的、靠近国境的地区或地带。

边疆是一个地理概念。中国的边疆包括陆疆和海疆。陆疆是指沿国界内侧有一定宽度的地区，必须具备下述条件的地区才可称为陆疆地区，一要有与邻国相接的国界线，二要有自然、历史、文化诸多方面的自身特

[①] 《诗经·大雅·民劳》有"惠此中国，以绥四方"。按：毛传："中国，京师也。"
[②] 《辞源》，商务印书馆1989年修订版（合订本），第1683页。
[③] 《现代汉语词典》，商务印书馆1997年版，第74页。

点。据此,当代中国的陆疆省区包括:黑龙江省、吉林省、辽宁省、内蒙古自治区、甘肃省、新疆维吾尔自治区、西藏自治区、广西壮族自治区和云南省。严格地说,我们不能把整个内蒙古自治区、广西壮族自治区和黑龙江、吉林、辽宁、云南等省都视为陆疆地区。因为内蒙古自治区虽然从人文方面看是蒙古族居住的地区,从历史方面看也有它发展的整体性和特殊性,但阴山山脉横亘其间,使山南与山北地区在自然条件、历史与人文特点和经济发展水平方面,实际上都存在着较大的差异。因此,将阴山山脉以北地区作为边疆地区并考虑到行政区域的完整性,应把横跨阴山山脉的锡林郭勒盟、乌兰察布盟、巴彦淖尔盟也都作为边疆地区,是较为适合的。广西壮族自治区东北部深入内地的桂林、梧州地区,亦不应作为边疆地区看待。黑龙江省南部哈尔滨市及其周缘地区,吉林省延边朝鲜族自治州、长白朝鲜自治县和集安市以外地区,辽宁省丹东地区以外地区和云南省沿国境线诸州和地区以外地区,亦不应视为边疆地区。简言之,凡是有国境线的边境县的总和是当代中国狭义的边疆地区。顺便提及,在当今人们习惯中,也有将宁夏回族自治区、青海省、贵州省等称为"边疆地区",其实这是不确切的。我们可以称它们为"边远地区",但不能称为边疆地区,因这些省区均不具备与邻国相接的国界线。

边疆又是一个历史概念,它是随着统一多民族国家的形成和发展而逐渐形成和固定下来的。中国是一个统一多民族国家,历史悠久,文化灿烂。自秦始皇建立封建中央集权国家以来,出现过多次大一统局面。秦汉王朝开创了全国统一的先河,隋唐王朝疆域的开拓,扩大了中原传统政治、经济、文化与边疆地区的联系,实现了"华戎同轨""冠带百蛮,车书万里"。宋、辽、金时期,汉族与边疆各少数民族在新的历史条件下进一步增强了中华意识,各族人民克服了战争造成的种种困难,内地和边疆的开发与交流进一步发展。蒙古族建立的元朝,开创了我国少数民族一统全国的先例,中原和边疆地区的政治、经济、文化乃至民族本身,发生了长达百年、富有特色的大融合,改变了统一多民族国家的传统结构和狭隘观念。及至明、清,特别是清朝前期,清王朝在元、明两代基础上实现了新的全国大一统。清初划分18个省,即直隶、山西、山东、安徽、江苏、浙江、江西、河南、湖北、湖南、广东、广西、四川、贵州、云南、福建、陕西、甘肃。其中云南、广西以及台湾、海南和南海诸岛虽划入18个省，但地处边陲，与邻国接壤，清王朝对这些地区的政策与内地有所区别；除上述18个省以外，一般都视为边疆地区。由此可见，清代边疆包括今黑龙江、吉林、辽宁、内蒙古自治区、蒙古人民共和国、新疆、西藏、云南、广西、台湾、海南及南海诸岛，基本上形成了现今的疆域范围。

在历史发展长河中，有战乱，有分裂，但每次战乱和分裂，都为下一时期更大范围的统一和发展准备了条件。因此，在讨论历史上的边疆问题时，应考虑如下两个相互关联的因素：首先是指与中华人民共和国边界相连接的省区；其次是以此为基础，上溯古代，参考历代封建王朝边疆的实际情况予以综合考察。这就是说，当代的中国边疆与历史上的中国边疆有历史的继承性和延续性，但当代中国边疆又不能与古代的边疆简单地画等号，因为中国古代疆域呈现着稳定性与波动性相结合的特点。

海疆的界定，似乎比陆疆的界定要复杂得多。综合现有认识，我认为海疆可以包含两大部分：一是大陆海岸线至领海基线之间的海疆，这是国家的内海，其法律地位与领土完全相同；二是领海基线以外的国家管辖海域，包括领海、专属经济区和大陆架等国家管辖的海域和岛屿，这两大部分构成了中国的海疆。据上述标准，中国的海疆，从鸭绿江口到曾母暗沙有4000余公里，东西宽700—1600公里，除渤海属中国内海外，还有黄海、东海和南海，按海域划分，可以分为黄海海疆、东海海疆和南海海疆，中国可管辖海域面积一般的统计数字是340万平方公里。在这个广阔的海疆国土范围内，岛屿的数量非常多，据不完全统计，面积大于500平方米的岛屿有6961个，有人居住的有433个，其中最大的岛屿是台湾岛和海南岛，面积在500平方米以下的岛屿和岩礁近万个。根据联合国《海洋法公约》规定：每一个领海国家可以在他沿海的岛屿（可以是海水高潮时或是低潮时存在的）作为基点，将每一个岛屿也就是基点联系起来就会形成一条基线，可以以这条基线为界划出12海里（1海里等于1.84千米）的领海、12海里的毗连区、200海里的专属经济区，以及200海里的大陆架。如上概念在这里稍做解释，领海是国家领土的一部分，国家对其行使完全主权管辖。沿海国在毗连区行使的不是主权，而是一种管制。专属经济区是指领海以外，并连接领海的区域，其宽度从领海基线算起不超过200海里。专属经济区不是公海，也不是领海，只是国家管辖内的特定海域，对该海域的资源享有开发、利用、管护的权利。大陆架是陆地在海水下的自然延伸，大陆架的权利专指自然资源，包括海床和底土的矿藏及生物资源的专属性权利。

还须指出，就中国而言，海疆的含义经历了一个从历史到现代逐渐演变的过程，现代海疆的形成实际上是古代海疆的延续和发展，古代海疆与现代海疆概念、内涵并不完全相同，它有一个由模糊到逐渐清晰的演变过程，中国海疆的形成是历代王朝对沿海地区长期不断开拓的结果，是一种被赋予了政治、地理、经济、人文、历史特征的多元化边疆。古代海疆是由沿海区域和近岸海岛构成的，是传统国家领土不可分割的一部分，但不同的历史时期又有不同的地理范畴，因此，从这个意义上看，中国古代的海疆泛指沿海的广大地区，具体到历史时期而言，则是指沿海的州、府、道、路和郡国等行政建制所管辖的地区。

因此，可以这样认为：

第一，边疆是一个政治概念。在中国历史上，国家政权在这一区域的统治形式往往呈现两种极端局面：一种是高度的中央集权统治，甚至是军事管制；另一种则是高度的地方自治。至于在某地实施哪种方式，则是因地制宜或因时而异。所以，从某种意义上讲，历史上的中国边疆形式上是由国家政权的统治中心区到域外的过渡区域，即由治向不治过渡的特定区域。

第二，边疆有军事方面的含义。边疆地区是国家的国防前沿，即边防地区，因此在军事方面的战略地位自然十分重要，在国家面临外部军事威胁或武装侵略时就更为突出。

第三，边疆有经济方面的含义。由于自然环境、人文、社会条件等方面的原因，边疆地区在经济区域类型和发展水平方面往往与内地有着较大的差别。

第四，边疆也有文化方面的含义。正是因为边疆地区在以上诸方面往往与内地有着不少差异，所以其区域文化类型的形成是边疆地区社会发展长时期、深层次演进的结果，与边疆地区的居民构成（主要是民族或种族情况）有着十分重要的关系，但即使是同一民族在与外部的文化交流中（主要是边疆与内地的交流），其社会文化特点也会发生变化。

显然，中国边疆是一个历史的、相对的概念，只有综合考虑政治、军事、经济、文化和地理位置等方面的因素后，才能得出一个相对明确的答案。从历史角度看，许多少数民族自治地方（在不同时代、不同地区，民族自治的本质和形式有别，如在古代有羁縻府州、土司地方等）属于边疆地区，但也不能就此得出自治程度高的地区就是边疆地区的结论。

事实上，人们在研究边疆问题时都有自己的着眼点，这其中既有综合性考虑问题的，也有就某个局部问题进行研究的。在对历史上的边疆进行研究时，应历史地，多层次、多角度地考察边疆问题，既要有重点地对不断发展的统一多民族中国边疆进行研究，也要兼顾从边疆的某个单一视角或对某些局部问题进行研究。

面对十分复杂的历史发展过程，我们之所以认为中国边疆可以作为一个独立完整客体供人们进行研究，这首先取决于内涵十分丰富而复杂的中国统一多民族国家及其边疆发展中的特定内涵。

二 中国特色的两大历史遗产

我们的先辈为今人留下了两项举世瞩目、无与伦比的历史遗产：幅员辽阔的统一多民族国家和人口众多、多元一体的中华民族。这是中国不同于世界上任何一个国家的特殊国情。

统一多民族的中国，是经过一个漫长而曲折的发展过程后大致定型的。自先秦时期起，在现代中国领土范围内开始形成一个核心区域，这个区域大致在黄河中下游至长江中下游一带。在这个中心区域建立政权的既有华夏，也有夷狄；既有汉族，也有少数民族。在国家的发展进程中，边疆地区的发展是其有机组成部分，全国范围的发展状况决定了边疆地区的发展水平，边疆地区的发展状况对全国范围的发展也产生了重要影响。

多元一体的中华民族，既是一个民族共同体概念，又是一个国族概念。"多元"指统一多民族国家形成过程中各民族所具有的"个性"和

"特质"，即各民族在语言、地域、经济、文化心理等方面所具有的多样性和表现形式上的特殊性；"一体"指各民族在共同发展过程中相互融合、相互同化所形成的民族共同体的共同特征和"一体化"趋势。这种由多元到一体的特点在中华民族形成过程中自始至终都存在：首先是分布于黄河流域的多个部落互相融合形成华夏族；其次是北狄、东夷、西戎、南蛮等多种族群融入华夏族形成汉族；汉族出现后对周围众多的民族产生强大的吸引力，成为中华民族的凝聚核心，各民族在政治、经济、文化等多方面密切联系，不断融合，形成你中有我、我中有你、谁也离不开谁的一个整体，最终形成中华民族。中华民族有两个值得重视的特点：一是多元中的本土特点。中华民族尽管是由众多民族经过数千年的不断融合而形成的，但这些民族无论是历史上已消失的民族，还是现实生活中存在的民族，都是在中国这块辽阔的土地上土生土长的民族，即使有些少数民族的祖先具有外人的血统，也是在中国境内与其他民族的融合中形成的。二是凝聚力强。历史上中华各民族之间虽然有冲突和战争，但交流和融合是主流，各民族在共同生活、共同斗争中形成一个整体，在抵御外侮尤其是近代帝国主义列强侵略和瓜分时，中华民族的凝聚力不断升华并空前释放出来。

两大历史遗产是中国与中华民族生生不息的强大原动力，是物质与精神的有机结合、互补互促。因此，我们应开展对两大历史遗产的宏观与微观相结合的研究，并将研究成果普及于国民教育之中。

三　中国疆域发展阶段

中国疆域的形成经历了数千年的时间，发展道路十分漫长、曲折，可以分作形成、发展、奠定、变迁四个阶段。

（一）形成：秦汉时期的中国疆域

秦兴起于西部，长期被认为是戎狄国家。公元前221年，秦灭六国统一中国，建立了我国历史上第一个中央集权帝国，中国进入了一个新的发展阶段。公元前206年，秦在农民起义军和六国旧贵族的共同打击下灭亡。

秦朝的疆域东北达到辽东半岛西北部，北部达到蒙古高原，西部达到今甘肃东部及四川、云南一带，南部达到大陆南端。秦在这个广大的版图上（包括战国关东六国故地，秦北击匈奴、南取南越新拓之地）普遍实行郡县制，唯一的例外是在部分西夷地区"置吏"管理而未设郡县。秦朝的周边有东胡、匈奴、羌等部族。

公元前202年，汉高祖刘邦建立统一多民族国家——汉帝国。公元8年至23年，王莽篡汉（国号为新）；公元23年至25年，刘玄称帝（国号为汉）；公元25年，汉光武帝刘秀建立东汉帝国，公元37年恢复汉朝统一局面。公元220年曹丕代汉称帝建立魏国，东汉灭亡。两汉历时405年。地方势力增长和农民起义是两汉灭亡的政治原因。

两汉在秦朝版图的基础上建国，政治、经济、文化中心仍在黄河中下游地区（西汉建都长安，东汉建都洛阳），但疆域范围有所变化和发展。西汉初期，南（南越、东越地区）北（河套地区）两面有所缩减，汉武帝时开始大规模拓展。极盛时期的汉代疆域与秦朝相比，东北拓展到朝鲜半岛中部，西北拓展到河西走廊和西域地区，西南拓展到哀牢夷地区和中南半岛东（北）部沿海地区以及海南岛北部。

汉朝政治制度承袭秦朝，但行政区划与地方管理制度有所变化。汉朝实行郡、国并行制（不同时期郡国数量、范围有所不同），以后又在郡、国之上设刺史部，监察地方，再后来演变成行政区划——州。汉朝对边疆地区大约有三种辖治方式：一是设郡县直接管理；二是设属国间接管理（有后改为郡县者）；三是设都护、中郎将、校尉等对西域、匈奴和羌、乌桓、鲜卑各部进行管理。后二者都是羁縻统治。汉朝的周边有沃沮、夫余、鲜卑、匈奴、唐旄、发羌等部族。

汉朝是中国历史上第一个长期存在的统一帝国，是中国主体民族——汉族的形成时期，也是中国疆域形成最重要的时期之一。

（二）发展：隋唐至元时期的中国疆域

经历了汉末农民大起义和地方割据与争雄，历史进入了三国、两晋、南北朝的大割据时期。魏（220—265）、蜀汉（221—263）、吴（222—

280）三国除了彼此间争斗外，均对开发治理边疆地区投入相当力量。魏在东北边疆及朝鲜半岛北部再置四郡辖治，并对乌桓、鲜卑、西域的治理投入相当力量；蜀汉则下大力量平定了越巂、益州（今四川境内）、牂牁（今贵州境内）、永昌（今云南境内）四郡之变乱；吴加强了对东南沿海地区的经营，并曾出兵夷洲（今台湾）和朱崖（今海南岛）。

西晋（265—316），东晋、十六国（317—420），南北朝（420—589），政权更迭频仍，特别是由鲜卑拓跋部建立的北魏于公元439年统一北方，疆域北至蒙古高原，西至西域东部，东北至辽西，南境初以黄河为界，后逐渐拓展至淮河、秦岭，进一步至淮南，形成与南朝（宋、齐、梁、陈）对峙的局面。

公元581年，杨坚取代北周称帝建隋。589年隋灭陈朝，重新统一中国。公元618年，隋炀帝杨广在江都（今江苏扬州）被杀，隋亡。隋朝仅存38年。隋朝极盛时期版图未能达到汉代水平，与西晋盛时相比，虽占有河套及蒙古高原东南部，但失辽东、西域西部和云贵高原大部。

公元618年，李渊称帝建唐，定都长安。唐朝消灭了地方割据势力，将中国统一多民族国家推进到一个新的发展阶段。唐朝前后时期盛衰反差很大，疆域盈亏亦很明显。极盛时期，不仅拥有秦汉时期的疆域范围（唯缺今云南西南部），而且东北推进到日本海西岸地区、库页岛和朝鲜半岛西南部（曾设熊津都督府），北方推进到贝加尔湖和叶尼塞河上游（属安北都护府），南方拓展到海南岛南部（设振州）。唐王朝对西陲的经营是统一多民族中国发展史上的华彩乐章。为恢复对西域的辖治，重开商路，唐朝进行了艰苦斗争。

公元635年占据今青海全部和新疆南部的吐谷浑；公元640年克高昌，唐以高昌之地为西州，以高昌附近浮图城为庭州（今新疆吉木萨尔），各置属县，并设安西都护府；公元644年突袭焉耆，设焉耆都督府；公元645年破龟兹都城，西域各族纷纷摆脱西突厥统治，诚心向唐。

唐统一西域后，重建西域行政，强化中央政令，有效地行使主权。首先设龟兹（今新疆库车）、于阗（今新疆和田）、碎叶（今吉尔吉斯斯坦北部托克马克城附近）、疏勒（今新疆喀什）4镇34州。不久在西突厥故地天山北路一带，设置北庭都护府，在天山南路，将安西都护府迁往龟兹，统辖天山南路畎沙（治所于阗）、疏勒（治所疏勒）、焉耆（治所焉耆）、康居（治所今乌兹别克斯坦撒马尔罕）、大宛（治所今乌兹别克斯坦塔什干附近）等都督府。安西与北庭都护府的设置并有效行使职权，将天山南北连成一片，成为统一多民族中国的一部分。公元661年，于阗以西、波斯以东16国附唐，唐在其地分设16都督府，下辖89州、110县、126军府。至此，大唐西部疆界推至咸海，势力范围延至里海。

安史之乱（755）后，唐朝疆土丧失很多。隋唐时期边疆地区存在和兴起许多民族：东北有靺鞨、渤海、契丹，北方有突厥、回鹘，西部有吐蕃，西南有南诏。吐蕃的兴起最为突出。吐蕃是唐朝的劲敌，公元663年，吐蕃占领了青海之地，763年又占领了河西陇右大部分地方，8世纪末占领了西域南部。不过，吐蕃与中原地区的交往联系也因此增加了，既包括经济、文化、人员方面的交流，也包括和亲联姻与战争。总之，唐蕃之间的交往是双向的。公元907年，已遭农民起义沉重打击的唐为后梁所灭。

历时300多年的隋唐时期，是我国统一多民族国家发展极为重要的时期，不仅表现为隋唐统一多民族国家疆域广阔，社会政治、经济、文化高度发展，边疆开发与治理内涵丰富，而且表现为周边地区（特别是东北地区、吐蕃和南诏）社会经济发展水平提高，政治上日趋成熟，与中原的交流日益增多。而这一切又构成了中国统一多民族国家进一步发展的基础。

随着唐帝国的衰亡，中国进入动荡割据时代，随之而来的是宋、辽、金、西夏南北对峙的新时期。

从中国统一多民族国家发展史的角度可以看到，当社会经济发展在更广大的地区（不仅仅是中原地区）内得以实现后，在一个强大的中心（如汉、唐）因内外原因削弱后，就会出现多中心现象。但也正是随着各地社会经济的发展和各地间交流逐步加强，地方在政治上的独立性遭到削弱，有实力的地方性中心都在为更大范围的统一做努力。黄河中下游地区、长江中下游地区、东南沿海地区在五代十国（907—960）以后至清末的千余年中再未出现大规模的地方性割据现象。当然这一态势的发展与汉民族的发展、分布及各民族的融合，以及宋以后中央集权制度的进一步发展、完善有关。另一个不可忽视的因素是北方边疆少数民族在政治上已经成熟，并能入主中原与汉民族轮流统一执掌江山。宋、元、明、清四朝的统治民族恰好是汉、蒙古、汉、满，从"割据对峙"到"轮流坐天下"，不能不说是历史上中国民族关系，也是统一多民族发展史上的一个质的变化。

随之出现的是辽（947—1075）、宋（北宋，960—1127；南宋，1127—1279）、金（1123—1223）诸朝。辽对北部边疆地区因时、因人、因地制宜的开发与辖治加快了该地区与中原地区融于一体的进程。北宋的疆域与唐朝晚期疆域比较，北宋南疆已不含越南北部，西北以陕西横山、甘肃东部、青海湟水流域与西夏、吐蕃接界，北部则在河北、山西中部一带与辽对峙。由党项人建立的西夏，盛时辖地为今宁夏、陕北、甘肃西北部、青海东北部和内蒙古一部分。女真族建立的金，与南宋对峙于淮河、秦岭一带百余年，据有东北和中原广大地区。南宋对金处屈从地位，一个拥有大片领土由汉族统治者建立的王朝称臣于少数民族统治者建立的王朝，这在中国历史上是少有的典型。在辽、宋、金时期，西南地区青藏高原有吐蕃等部，在云贵高原则有以大理为中心的大理政权。

公元1206年，蒙古族首领铁木真统一蒙古诸部，后称成吉思汗，建立蒙古汗国。蒙古汗国先攻金进占黄河流域，继而灭西辽、西夏、金和大理，并在吐蕃地区设行政机构进行直接统治。与此同时，蒙古军还西征亚欧广大地区。1271年，忽必烈在内部争位斗争中取胜，定国号为元。1279年，元朝灭南宋，完成古代中国史上空前的大统一。

元朝虽仅存98年，但版图东北至日本海，北至今俄罗斯西伯利亚北极圈内，西北接窝阔台（成吉思汗三子）汗国、察合台（成吉思汗二子）汗国、钦察汗国（成吉思汗孙拔都所建）和伊儿汗国（成吉思汗孙旭烈兀所建），西南接尼波罗、印度、缅甸、越南，东南至海。蒙古四大汗国中，钦察汗国和伊儿汗国名义上对大汗即元帝称藩，但实际是独立国家；察合台汗国起初实际上是窝阔台汗国的附庸，两国不承认元帝的宗主地位，连兵反元；察合台汗国后与元通好称藩，并在窝阔台汗国破后并有其大部领地。元朝还设征东行省于高丽，但行省丞相由高丽国王兼任，其原有机构制度不变，故实为藩属国。

元朝为巩固和发展统一多民族国家，在继承中国历代治国方略成功经验的同时，推出更为适应历史发展的政策与制度。元朝首先大力加强中央集权制度，将金后期的行省制度推行于全国，辽阳、岭北、甘肃、云南、湖广等皆是置于边疆地区的行省。元朝还在距省治较远的地方分设宣慰司都元帅府，又有招讨、安抚、宣慰等使层层管理边疆地区。其次，在边疆地区因地制宜，因俗而治。吐蕃地区初由设在中央掌管全国佛教事务的总制院管辖，该机构后改为政教合一的宣政院，从此该地区正式纳入中国版图，在畏兀儿地区设有北庭和曲先塔林都元帅府等机构。在云南、湖广等一些边远地区实行土司制度。

元朝的建立标志着古代中国统一多民族国家一个重要发展阶段的结束，也预示着一个新的发展阶段即将开始，古代中国统一多民族国家进入成熟和鼎盛时期。

（三）奠定：清代的中国疆域

1368年，朱元璋称帝，国号明，建都南京，后迁都北京。至1386年，在元故有版图基础上，完成了除北元控制区外大部地区的统一。明前期强盛时疆土与元后期基本相同：在东北的鸭绿江一线接壤朝鲜，在北方与蒙古鞑靼、兀良哈、瓦剌各部有不同程度的藩属关系，在西北哈密以西一线与亦力把里（察合台汗国演变而来）相接。至明后期，北方瓦剌、鞑靼、兀良哈诸部地域有所发展，与明相交于西起嘉峪关，东至山海关的长城一线；东北边界退至辽河流域；西北有由各部蒙古建立的亦力把里、叶尔羌、吐鲁番三国（三国国王皆察合台后裔）以及在青海地区的鞑靼土默特部；西南部云南西界也有东移。

14—16世纪，东南沿海一带经常受到海盗集团的烧杀抢掠，即倭寇之患，至16世纪60年代才逐渐解决倭寇之患。1553年，葡萄牙人贿赂地方官，在广东珠江口壕镜澳（今澳门）登岸建立居留地，1573年变贿赂为地租。1624年，荷兰人侵入台湾，在台湾实行殖民统治。上述沿边海防之患虽然还只是发生在局部地区，但这些来自海外的入侵已是一个明确的危险信号。

明后期，建州女真在东北崛起，1583年，任明建州左卫指挥使的爱新觉罗·努尔哈赤起兵，1616年即汗位，建国号金，史称后金。1626年皇太极嗣立，1635年改女真族为"满洲"，1636年即皇帝位，改国号为清，

1644年定鼎北京。清（包括其早期发展阶段）统一全国的行动历时长达176年（从1583年起兵至1759年平定西域结束），最终完成了中国疆域奠定的历史使命。这一历史过程大致可分为四个组成部分：

第一，统一东北诸部族和收服漠南蒙古。清太祖时统一了建州诸部和海西四部，征服或招抚了生女真的主要部分；臣服了蒙古科尔沁、喀尔喀等部，并攻取辽东地区。清太宗时统一了乌苏里江、黑龙江流域和库页岛上诸部族；使包括察哈尔、土默特、鄂尔多斯等部在内的漠南蒙古全部入其版图。

第二，灭明统一中原及江南广大地区。1644年清兵入关，击败李自成，顺治帝入主北京，清以北京为都。1645年清兵下江南，灭南明弘光帝政权。1659年清兵入滇，灭南明永历帝政权。至1664年南明在大陆的残余势力基本被肃清。1662年郑成功驱逐荷兰侵略军，收复台湾，仍奉南明永历正朔；1683年清兵入台湾，郑克塽降。

第三，战胜卫拉特蒙古及西域诸部，收服北、西北、西南广大地区。明末清初，卫拉特蒙古占有从漠北至西域地区及青藏高原的广大地区，在卫拉特四部中，又以准噶尔部最为强盛。经康熙三次亲征，1697年准噶尔汗噶尔丹兵败病死，清占有阿尔泰山以东地区，已臣服于清的喀尔喀三部还牧漠北故地，青海和硕特部亦称藩臣服。1720年，清兵入藏，结束和硕特和准噶尔等蒙古人先后统治西藏的时期，西藏始入清朝版图。1724年，清平定青海和硕特部之叛。1757年，清平定准噶尔部，准部所属地区（包括乌梁海诸部）尽入版图。1759年，清平定天山以南的回部。

第四，通过雅克萨之战和外交谈判，确定中俄东段、中段边界。1689年，中俄签订《尼布楚条约》。条约规定中俄以额尔古纳河、格尔必齐河为界，再由格尔必齐河源顺外兴安岭往东至海，岭南属中国，岭北属俄国；乌第河和外兴安岭之间为待议地区。1727年，中俄签订《布连斯奇条约》。条约规定中俄中段边界由唐努乌梁海沙宾达巴哈起至额尔古纳河西岸阿巴该图止，以南归中国，以北归俄国。1727年签订的中俄《恰克图界约》再次重申了以上两个界约的规定。另外，1712年定盛京与朝鲜之间的鸭绿江、图们江为界，于长白山天池南分水岭上立碑为界。在西南边疆，乾隆末年击退廓尔喀（尼泊尔）对西藏的侵扰后相继与廓尔喀、布咯克巴

（不丹）、哲孟雄（锡金）等划定了边界。

最终完成古代中国大一统伟业的清王朝对全国实施了有效的管辖，以《嘉庆重修一统志》为据，嘉庆二十五年（1820）时全国分为27区，即内地18省、盛京3将军、蒙藏准回6区。18个设省地区既有汉族聚居区，也有少数民族聚居区（在直隶、山西、云南、广西等省），并继明以后展开了更大规模的改土归流。在东北地区设有奉天将军（盛京将军）、吉林将军（初为宁古塔将军）、黑龙江将军等三将军辖区。在西北有总统伊犁等处将军和定边左副将军（驻乌里雅苏台）等两将军辖区。在漠南蒙古和河套西蒙古两地区设盟旗辖治。在青藏地区设西宁办事大臣和驻藏办事大臣两辖区。

总之，清在继承古代中国历代治国安边经验的基础上，在加强国家统一、克服割据势力、反对外来侵略、加强边疆治理与开发等方面留下了大量宝贵经验。当然，清在治国安边方面的历史局限性也是明显的。随着清朝社会发展步伐的放慢和其统治阶层的日趋腐朽，在帝国主义列强入侵时，国家、民族危机和各种社会问题就暴露出来了，1840年以后中国进入了一个新的历史阶段。

（四）变迁：清中叶以来至民国时期的中国疆域

19世纪中叶以后，帝国主义列强入侵中国，割占中国领土，是本时期最重要的边疆大事。资本主义列强侵占中国领土大致可分为三种类型：

第一种是邻国强占我国领土。俄国是典型。在东北，俄国通过强迫清王朝签订1859年《中俄瑷珲条约》和1860年《中俄北京条约》，强占黑龙江以北和乌苏里江以东地区；在西北，俄国通过签订1864年《中俄勘分西北界约记》、1881年《伊犁改订条约》等不平等条约，强占了从唐努乌梁海、科布多到巴尔喀什湖、帕米尔地区的大片领土。日本是又一个典型，首先将海外殖民目标对准中国的邻国朝鲜，继而在甲午之战（1894）中打败中国，次年迫使中国签订中日《马关条约》，割占中国的台湾省。

第二种是欧洲强国将我国领土纳入他们在中国周边国家建立的殖民地。英、法两国是典型。英国将北起帕米尔、经西藏至云南的不少中国领土并入其殖民地；法国将滇南乌得、孟乌二土司划入法属交趾支那。

第三种是列国强租、强占中国沿海地区。葡萄牙在澳门，英国在香港、威海，德国在胶州湾，俄国（后为日本）在旅顺口大连湾，法国在广州湾都采取了这种手段。

伴随着中国边疆危机的加深，清王朝对边疆地区的政区管理体制进行了一定的改革，这些改革有益于中国统一多民族国家及其疆域的进一步巩固，也是此时期中国边疆发展的大事，包括：1884年设新疆行省，置巡抚驻迪化（今新疆乌鲁木齐），同时仍设伊犁将军驻惠远城，辖伊塔道；1886年设台湾行省，置巡抚驻台北；1907年设奉天、吉林、黑龙江行省，置巡抚分驻奉天府、吉林府、龙江府。

1912年1月1日中华民国成立，2月清帝逊位，以孙中山为首的南京政府让位于以袁世凯为首的北京政府。1916年袁世凯死后，各派军阀纷争割据。1928年，国民党领导的南京国民政府完全取代北京政府。民国初年，中国边疆形势依然十分严峻。在外蒙古有沙俄导演的"独立""自治"事件。1914年，唐努乌梁海地区被沙俄出兵霸占。1913年至1914年，英国策划了旨在统治西藏的西姆拉会议，中国政府代表拒签并声明不承认所谓英藏《西姆拉条约》。

20世纪30年代以后，民族危机达到了巅峰。1931年，"九一八"事变爆发，东北大好河山被日本侵占。1937年，抗日战争全面爆发，日本侵略军入侵东北、华北、华东、华南、西南等地区，不但大片边疆领土沦陷于日人之手，中原内地亦有许多地区先后为日军占领。1945年，中国人民抗日战争和世界人民反法西斯战争胜利结束。战后，中国不但收复了大陆的失地，而且收回了被日本侵占50年的台湾省以及在第二次世界大战中被日本侵占的南海诸岛。1946年1月，国民政府承认外蒙古独立（唯详确疆界尚待勘定），这是20世纪以来中国疆域最大的变动。外蒙古早在1921年即宣告独立，并在1924年成立蒙古人民共和国，但始终未得到中国中央政府的承认。第二次世界大战后中国在收复失地（包括众多租借地和通商口岸）的高潮中，却承认外蒙古独立，给国人留下了许多值得反思的地方。外蒙古独立虽与中国社会演变过程密切相关，但外来因素的影响是其最重要的原因，国际关系大格局的演变与远东（特别是东北亚）地缘政治的变化，相当典型地反映在这一事件中。

自鸦片战争爆发以来，特别是进入20世纪以来，在国家、民族、边疆危机日益加深之时，国人中的有识之士在指出中国"寇深矣"的同时，还强调了"病革矣"。"寇深矣"即外患严重，这是一目了然的事实；"病革矣"即内忧严重，中国社会发展遇到了严重阻碍。中国向何处去，是摆在国人面前的最严峻问题，然而回答好这个问题就不那么简单了，中国为此付出了几代人的努力。从改良维新到民主主义革命，20世纪前半叶，中国社会开始发生巨变，资本主义民主革命思想和社会主义、共产主义革命思想相继传入中国，科学救国、教育救国、实业救国等亦有众人尝试。经过近40年的矛盾斗争，1949年10月1日中华人民共和国成立，标志着中国统一多民族国家发展进入了一个新的历史阶段。

四　中华民族从多元到一体的演进

（一）中华民族——中国各民族的共同称谓

中国自古就是一个多民族的国家，众多的民族在历史的长河中相互交融，最终形成了今天的56个民族，统称为中华民族。

"中华民族"的称谓源于"中华"一词。"中华"一词在我国出现较早，一般认为它源出于"中国诸华"，见于汉代人高诱注《吕氏春秋·简选》，其意为："中国各族圣人的后代。"其后，随着各边疆民族不断入主中原，与汉族相互凝聚，中原文化为中国各民族所倾慕，产生了强烈的认同意识，"中华"成为中原文化的代名词。至7—10世纪的唐王朝时期，民族之间的交流与融合达到了更高的层次，各民族共同创造了灿烂的盛唐文化，在这种前提下和前人对"中华"认识的基础上，"中华"一词开始有了比较明确的含义。当时，作为载录唐王朝律法的《唐律疏议》就对"中华"一词有十分清楚的解释："中华者，中国也。亲被王教，自属中国，衣冠威仪，习俗孝悌，居身礼仪，故谓之中华。"其中的"中华者，中国也"明确指出"中华"是针对"中国"境内的民族而言的。其下所谓则是对"中华"一词作的进一步解释，即在"中国"范围内的所有民族，只要接受"中国"王朝的统治、典章制度、礼仪风俗，"自属中国"

都称为"中华"。我国近代著名学者章太炎对此有过精辟的阐述,他认为:"中国云者,以中外别地域之远近也;中华者云者,以华夷别文化之高下也。"① 换言之,"中华"在此之前虽然曾经被用来专指华夏族或汉族,但至唐王朝时期其含义已经超出了民族,乃至人种的界限,被用来指称活动在中国境内,典章制度、风俗习惯相类的众多民族,虽然更多的是被用来指称民族文化之间的差异,但已经有了多民族的含义。

"民族"一词在中国出现得较晚,至近代才出现"民族"这一称呼。在中国古籍中,虽然用"民""族"来指称中国古代民族的现象早已有之,但并没有出现"民族"这一专有名词,用于指称民族的还有人、种、族类、种人等众多的概念,1903 年中国近代思想家梁启超把 J. K. 布伦奇利的民族概念解释到中国后,"民族"一词才在我国被广泛使用,"中华民族"一词也由此而开始出现。

"中华民族"一词是在近代帝国主义列强侵略中国的大前提下出现的,在其出现之时即是一个包括众多民族在内的称呼。一方面,那些帝国主义列强把中华民族作为与他们完全不同的民族;另一方面,中国各民族在反抗帝国主义列强的侵略和压迫的过程中逐渐认识到中国各民族是不可分割的整体,面对帝国主义列强的侵略和压迫,各民族的根本利益一致,命运休戚与共,"中华民族"已经成为一种客观存在。在反抗帝国主义列强的侵略和压迫、谋求中国的解放与强盛的过程中,"中华民族"作为一种激励中国各民族团结奋斗的信念被提了出来,"中华民族"作为中国各民族的统称这一科学的民族称谓也得以确立。梁启超在解释"中华民族"的含义时说:"凡一遇他族立刻有'我中国人'之一观念浮现于脑际者,此人即中华民族一员也。"② 由此可见,"中华民族"是相对外国民族而言的,其含义与"中国人"等同,是指在中国境内的所有民族,包括当代的民族,也包括历史上曾经在中国境内活动而现在已经消亡了的民族。梁启超的这一观点为学者们所认同,最早撰著《中国民族史》的吕思勉、林惠祥等都使用了"中华民族"这一称谓来指称中国的各民族。"中华民族"的

---

① 《章太炎文录初编·别录卷一·中华民国解》。
② 《饮冰室文集》,第 11 册。

这一含义不仅是大众或学者们的认识，也是官方的看法。近代革命家孙中山在其《中华民国临时大总统宣言书》中曾经提出"合汉、满、蒙、回、藏诸族为一人，是曰民族之统一"。这里的"民族"即是指"中华民族"，"汉、满、蒙、回、藏诸族"则是指当时中华民国承认的中国境内的所有民族。中国共产党成立后，也继承了前人对"中华民族"的传统看法，毛泽东在《中国革命与中国共产党》一文中就指出："中华民族的各族人民都反对民族压迫，都要用反抗的手段解除这种压迫。"① 其所用"中华民族"一词就是指中国的各民族，是中国各族人民的代名词，是中国各民族的统称。中华人民共和国成立后，"中华民族"作为中国各民族的统称被固定下来，不仅成为官方的用语，而且为中国各民族人民所接受。

在普遍采用"中华民族"一词来指称中国境内所有民族的同时，"炎黄子孙"也是被经常使用的一个名词，从一些人甚至大众媒体对"炎黄子孙"一词的使用情况看，"炎黄子孙"甚至成了"中华民族"或"中国人"的代名词。尽管"炎黄子孙"一词的使用，其本意是为了说明中华民族，包括在海外的华侨、华人都是同一血统的一家人，这一提法对于促进中华民族的统一和人民的团结无疑有着一定作用，但是，人们在使用"炎黄子孙"时忽略了这一称呼与"中华民族"或"中国人"在具体含义上存在着不小的差距。

第一，"炎黄子孙"和"中华民族"或"中国人"是分属不同性质的称呼。"炎黄子孙"源于中国历史上两个传说中的人物——炎帝、黄帝，因为他们是传说中中国的创始者，所以人们用"炎黄子孙"来表示自己是他们的后代，其义含有血缘的因素在内。而"中华民族"则没有血缘的因素在内，如前所述，它是针对国外民族而产生的以中国的疆域为基础的"中国人"的代名词，更多的是具有文化、地理上的特色。

第二，"炎黄子孙"并不能完全体现出中国各民族的起源。炎帝、黄帝，据传说是中国远古时代的两位部落首领，而且是中国汉族的前身华夏族的祖先。在中国历史上，由于史书都将皇位的创始归结于炎黄，所以众多的汉族或少数民族统治者为了顺利地夺取全国政权，标榜自己是炎黄的

---

① 《毛泽东选集》（合订一卷本），人民出版社1967年版，第586页。

后代,是皇位名正言顺的继承者,企图以此来博取人们的支持。在这种环境的影响下,"炎黄子孙"就成了地位尊贵的象征,人们也多以称自己为"炎黄子孙"为荣。可是,中国目前有56个民族,如果将历史长河中消失的民族也包括在内,那么总数还会更多。关于在历史上已经消亡的,或目前仍然存在的这些民族的起源,大量的史书记载和考古学、民族学的资料已经证明多数和炎黄并没有直接的渊源关系。诸如在先秦时期活动在中国境内的众多民族被按照分布地域分为东夷、北狄、西戎、南蛮、华夏等不同的民族,当时只是华夏族和炎黄有着一定的血缘关系,而其他众多民族虽然史书记载也多把他们和炎黄联系在一起,但这种看法已经不为学者们所采纳,并为考古学的发现所证实。以属于北狄的匈奴来讲,虽然司马迁的《史记》称"匈奴,其先夏后氏之苗裔也",认为匈奴和炎黄或华夏有着一定的血缘关系,但历史学、考古学、体质人类学等方面的研究已经证明匈奴和华夏或后来的汉族在人种特征、风俗习惯、经济结构、语言等诸多方面存在较大差异,不可能是源于同一祖先。至于分布于青藏高原的吐蕃,我们更是难以找到他们和炎黄的渊源关系,也不可能找到有关证据,因为他们是不同的地理单元中发展起来的。中国古代的民族是如此,现代的民族更是如此。中国目前的56个民族是在古代众多民族相互之间,甚至是和古代中国疆域外的一些民族不断融合而形成的,诸如南方的众多民族是在百越民族基础上发展起来的;北方的众多民族则是在匈奴、突厥、东胡等古代民族基础上形成的;西部,尤其是新疆的一些民族则具有欧洲人的体质特征。唯一能够和炎黄存在血缘关系的汉族也已经经过了和其他民族,诸如匈奴、鲜卑等民族的几次大的融合,其中也难说他们中还有多少炎黄的血统。因而,无论是从古代,还是从现代来讲,"炎黄子孙"都不能完全代表中国的众多民族。

  第三,"炎黄子孙"也不能正确反映汉族的起源。汉族作为一个民族称谓是汉代以后才出现的,是中原人在通过和周围其他民族的交往中由他称变成自称的。汉族的名称虽然不会早于汉代,但是汉民族的共同体却是在这之前就早已经存在了。关于汉族的形成,传统的看法是:传说中的炎黄部落—夏人—商人—周人—秦人—汉人—汉族。据《史记》记载,黄帝在打败炎帝后,联合炎帝部落打败了蚩尤部落,从而形成了华夏族的核心。至传说中的禹时,"会诸侯于涂山,执玉帛者万国",地域包括了黄河中下游、长江下游地区,被后人称为"九州",奠定了华夏族形成发展的基础。继夏之后出现的是商朝,商人兴起于东方,属于东夷,初臣属于夏,后取代了夏的统治地位,统治区域在夏的基础上又有了进一步扩大。继起的周人,兴起于西戎之地,初臣属于商,后灭商统一中原,地域又进一步扩大。春秋战国时期,中原大乱,诸侯并立,直至秦始皇统一六国,中原的分裂局面才得以结束。秦的统一不仅仅是疆域的统一,也包含着文化的交融和统一,分布于中原各地的属于不同文化系统的诸侯国民,如楚人、齐人、鲁人等都统一在秦人之中。秦王朝时期的这种民族之间、文化之间的融合在汉王朝时期得到进一步加强,不仅中原地区的人民结成了一个新的民族共同体,而且这一共同体也随着汉王朝疆域的扩大而不断向四方发展,将更多的边疆民族融合到这一共同体之中,汉人这一称呼就是在这种情况下出现的,之后又为"汉族"所取代。因而,汉族的形成和发展史实际上是一部不断融合的历史,炎黄只是其来源的一部分。

目前,"中华民族"一词不仅是中国各民族的统称,而且包括分布在世界各国的华人、华侨。中华民族是一个开放的民族,中华民族和世界民族间的交往古已有之。在和世界民族的交往中,一些中华民族成员或留居国外,或成为其他国家的公民,但是无论是对居住国的民族,还是对于他们自己来讲,他们都是中华民族的一员,存在于许多国家的所谓"唐人街"就是他们心系祖国的象征。他们是中华民族在中国之外的延伸。

(二) 中华民族的内涵

中华民族发展到今天,已经成为一个包括 56 个民族在内的大家庭,其成员有:汉族、满族、蒙古族、赫哲族、鄂伦春族、鄂温克族、朝鲜族、达斡尔族、锡伯族、回族、维吾尔族、哈萨克族、柯尔克孜族、塔吉克族、乌孜别克族、俄罗斯族、塔塔尔族、东乡族、土族、撒拉族、保安族、裕固族、藏族、门巴族、珞巴族、羌族、彝族、白族、哈尼族、傣族、傈僳族、佤族、拉祜族、纳西族、景颇族、布朗族、阿昌族、普米族、怒族、德昂族、独龙族、基诺族、苗族、布依族、侗族、水族、仡佬族、壮族、瑶族、仫佬族、毛南族、京族、土家族、黎族、畲族、高山族。此外，还有一些少数未识别的民族人口。

中华民族虽然包括56个民族，但在人种方面却颇为单纯，绝大多数属于蒙古人种的各个类型，只有极少数具有或混有欧罗巴人种的体质特征。

在56个民族中，除回族、满族和汉族使用同一种语言——汉语外，其他53个民族都使用自己本民族的语言。这些语言有80余种，分属5个语系、10个语族：汉藏语系，包括汉语和壮侗、苗瑶、藏缅3个语族。壮侗语族主要分布于广西、贵州、云南、湖南、广东等省区，3个语支：壮语、布依语、傣语为壮傣语支；侗语、水语、仫佬语、毛南语、拉珈语为侗水语支；黎语为黎语支。苗瑶语族主要分布于贵州、湖南、云南、广西、四川、广东等省区，分为苗语、布努语、畲语组成的苗语支；瑶语构成的瑶语支。藏缅语族主要分布于西藏、四川、云南、贵州、甘肃、青海、湖南等省区，分为彝语、傈僳语、纳西语、拉祜语、哈尼语等组成的彝语支，藏语、门巴语组成的藏语支，景颇语组成景颇语支，缅语、载瓦语、阿昌语组成的缅语支，以及属于这一语族，但尚未确定语支的羌语、普米语、白语、基诺语、独龙语、怒语、土家语、珞巴语、僜语等。阿尔泰语系，包括突厥语族、蒙古语族。突厥语族主要分布于新疆、甘肃、青海等省区，包括维吾尔语、撒拉语、乌孜别克语、哈萨克语、塔塔尔语等组成的西匈语支，柯尔克孜语、裕固语组成的东匈语支。蒙古语族主要分布于内蒙古、辽宁、吉林、黑龙江、新疆、青海、甘肃等省区，有蒙古、达斡尔、东乡、土族、保安、恩格尔六种语言。通古斯—满语族，主要分布于内蒙古、新疆、黑龙江等省区，包括鄂温克语、鄂伦春语等组成的通古斯语支，满语、锡伯语、赫哲语组成的满语支，朝鲜语也属于这一语族。此外，还有属于南亚语系的佤语、崩龙语、布朗语，属于南岛语系的高山语，属于印欧语系的俄罗斯语、塔吉克语等。

中华民族是世界上人口最多的民族，1990年人口已经达到113051万人，其中汉族人口最多，为103918万人，占全部人口的92%，分布在全国各地。人口超过百万的民族有蒙古族、回族、维吾尔族、苗族、彝族、壮族、布依族、朝鲜族、满族、侗族、瑶族、白族、土家族、哈尼族、哈萨克族、傣族、黎族等。人口在10万至100万之间的有傈僳族、佤族、畲族、高山族、拉祜族、水族、东乡族、纳西族、景颇族、柯尔克孜族、土族、达斡尔族、仫佬族、羌族、仡佬族、锡伯族。人口在10万以下的有布朗族、撒拉族、毛南族、阿昌族、普米族、怒族、塔吉克族、乌孜别克族、鄂温克族、俄罗斯族、德昂族、裕固族、保安族、京族、塔塔尔族、独龙族、赫哲族、鄂伦春族、门巴族、珞巴族、基诺族等。中华民族的56个成员，除汉族分布于全国各地外，其他55个少数民族多有自己的主要分布地区：

满族主要聚居在辽宁，吉林、黑龙江、河北、内蒙古等省区也有分布。

朝鲜族主要聚居在吉林、黑龙江、辽宁三省，而以吉林为多。

赫哲族主要聚居于东北黑龙江、松花江、乌苏里江沿岸。

蒙古族主要聚居于内蒙古自治区，辽宁、吉林、黑龙江、甘肃、青海、新疆等省区也是蒙古族的聚居区。

达斡尔族主要聚居于内蒙古自治区的莫力达瓦达斡尔族自治旗，黑龙江、新疆等省区也有分布。

鄂温克族主要聚居于内蒙古自治区鄂温克族自治旗等地，黑龙江、新疆等省区也有分布。

鄂伦春族主要聚居于内蒙古自治区呼伦贝尔盟鄂伦春族自治旗、布特哈旗等地，黑龙江也有分布。

回族主要聚居于宁夏回族自治区以及甘肃、新疆、青海、云南、河北、山东、河南、北京等省区市，具有大分散小聚居的分布特点。

东乡族主要聚居于甘肃东乡族自治县等地，少部分分布于宁夏、新疆等省区。

土族主要聚居于青海互助土族自治县以及民和、大通等县。

撒拉族主要聚居于青海循化撒拉族自治县以及毗邻的县，甘肃、新疆也有少数分布。

裕固族主要聚居于甘肃肃南裕固族自治县等河西走廊中部地区。

维吾尔族主要聚居于新疆维吾尔自治区，湖南等地也有分布。

哈萨克族主要聚居于新疆伊犁哈萨克族自治州、木垒和巴里坤哈萨克族自治县，甘肃、青海等省也有分布。

柯尔克孜族主要聚居于新疆维吾尔自治区克孜勒苏柯尔克孜自治州等地。

锡伯族主要聚居于新疆维吾尔自治区察布查尔锡伯族自治县等地，以及辽宁、吉林等省。

塔吉克族主要聚居于新疆维吾尔自治区塔什库尔干塔吉克族自治县等地。

乌孜别克族主要聚居于新疆伊宁、塔城等地。

俄罗斯族主要聚居于新疆塔城、伊宁、阿勒泰等地。

塔塔尔族主要聚居于新疆伊宁、塔城、乌鲁木齐等地。

藏族主要聚居于西藏、青海、四川、云南等省区，而以西藏自治区为主。

门巴族主要聚居于西藏门隅地区。

珞巴族主要聚居于西藏东起察隅，西至门隅的珞渝地区。

羌族主要聚居于四川茂汶羌族自治县等地。

彝族主要聚居于四川、云南、贵州、广西等省区。

白族主要聚居于云南大理等地。

哈尼族主要聚居于云南红河哈尼族自治州等地。

傣族主要聚居于云南西双版纳傣族自治州等地。

傈僳族主要聚居于云南西部怒江傈僳族自治州等地。

佤族主要聚居于云南沧源、西盟等地。

拉祜族主要聚居于云南澜沧江流域的思茅、临沧等地。

纳西族主要聚居于云南西北部的丽江纳西族自治县等地。

景颇族主要聚居于云南德宏景颇族自治州等地。

布朗族主要聚居于云南西双版纳等地。

阿昌族主要聚居于云南德宏等地。

普米族主要聚居于云南兰坪、丽江等地。

怒族主要聚居于云南怒江傈僳自治州等地。

德昂族主要聚居于云南德宏景颇族自治州等地。

独龙族主要聚居于云南贡山独龙族怒族自治县。

基诺族主要聚居于云南西双版纳州基诺山地区。

苗族主要聚居于贵州、云南、湖南等省。

布依族主要聚居于贵州黔南布依族苗族自治州、黔西南布依族苗族自治州等地。

侗族主要聚居于贵州黎平、榕江等地，广西也有分布。

水族主要聚居于贵州黔南、黔东南等地，广西也有少部分。

仡佬族主要聚居于贵州仁怀、黔西等地，广西、云南也有少部分。

壮族主要聚居于广西壮族自治区、云南、广东、贵州等省区。

瑶族主要聚居于广西、湖南、云南、广东、贵州、江西等省区。

仫佬族主要聚居于广西罗城仫佬族自治县等地。

毛南族主要聚居于广西北部的环江、河池等地。

京族主要聚居于广西防城港市。

土家族主要聚居于湘西土家族苗族自治州、鄂西土家族苗族自治州以及酉阳土家族苗族自治州等地。

黎族主要聚居于广东、海南省等。

畲族主要聚居于福建、浙江、江西、广东、安徽等省区。

高山族主要聚居于台湾省。

以上是55个少数民族的主要分布概况，其特点是分布广泛，占全国面积的50%—60%；多聚居于中国边疆地区，处于边防要冲；矿产资源丰富，是中国经济发展的重要原料基地。

中华民族的成员在国外也有广泛分布。华人移居海外已有近千年的历史，但是大规模地移居海外则是在1840年鸦片战争以后，而且是作为劳工开始背井离乡的。目前，据不完全统计，海外华人大约有2500万人，广泛分布于世界120多个国家和地区。其中，大多数分布在亚洲，有2100多万人，主要分布于东南亚各国；尤其是印度尼西亚、泰国、马来西亚人数最多；其次是美洲，约有200万人；欧洲约有65万人；大洋洲有20多万人；非洲有近10万人。海外的华人华侨长期留居国外，多数已经成为所在国的少数民族——华族，并且为了适应所在国的社会文化环境，在语言、风俗习惯、文化等许多方面与祖国的华人相比都发生了不同程度的变化。但是，在许多国家，华人因为有着共同的族源、共同的文化、共同的民族归属感，使华人在所在国多聚族而居，形成了"唐人街""华侨村"

等。他们在与所在国的民族一起为所在国的政治、经济、文化的发展做出贡献的同时，仍然心系中华，成为中华民族在海外的一个分支。

（三）中华民族从多元到一体

中华民族的称号虽然是在近代与帝国主义列强的抗争中才出现的，但中华民族作为一个自在的民族实体是经过了漫长而曲折的发展过程。在中华民族形成的过程中，自始至终都存在着一个由多元到一体的凝结点：先是分布于黄河流域的多个部落互相融合形成了华夏族；之后华夏族又融入了北狄、东夷、西戎、南蛮等多种民族的血统而形成了汉族；作为中华民族凝聚核心的汉族一出现就对其周围的众多民族产生着强大的吸引力，他们之间或和或战，在政治、经济、文化等多方面有着密切的联系，并不断互相融合，形成你中有我、我中有你、谁也离不开谁的一个整体，这就是中华民族。中华民族的形成和发展大致经历了六个不同的时期。

1. 周以前——华夏族形成

中华民族形成于亚洲的东部。这里西有帕米尔高原，北有蒙古高原，西南有青藏高原，东和东南是海，中间广布着平原、草原、山地、江河大川，形成了一个具有多种经济形态，且有较强互补性的相对独立的地理单元。早在远古时期，这里就已经有了人类活动。据考古资料显示，从距今170万年前的元谋人，至距今1万年前的旧石器时代晚期，在北京、河北、山西、内蒙古、黑龙江、吉林、辽宁、山东、江苏、安徽、浙江、河南、湖北、湖南、广东、广西、陕西、宁夏、甘肃、青海、四川、贵州、云南、西藏24个省、自治区、直辖市发现了三四百处旧石器时代遗址，[①] 分属于云南元谋人、陕西蓝田人、北京人、辽宁金牛山人、山西丁村人、湖北长阳人、广东马坝人、北京山顶洞人、广西柳江人等。这些远古时代的人类遗址分布广泛，不仅说明中国是人类的发祥地之一，而且也说明中华民族的祖先不是单一的。进入新石器时代以后，中华大地上仍然保持着多元文化的分布特点。据不完全统计，目前已经发现了七千余处新石器遗址，分属于河北的磁山·裴李岗文化，黄河流域的马家窑文化、齐家文

---

① 中国社会科学院考古研究所：《新中国的考古发现与研究》，文物出版社1984年版。

化、仰韶文化、龙山文化、青莲岗文化、大汶口文化，长江流域的河姆渡文化、马家浜文化、大溪文化、屈家岭文化，燕辽地区的印纹陶文化、红山文化，北方草原地带的细石器文化，等等。这些考古文化不仅表现出多元的文化特色，而且仰韶文化和龙山文化十分发达，并且出现了相互渗透甚至替代的现象，反映出创造仰韶文化和龙山文化的人类已经有了相互间的交流与融合。考古文化所反映的这种状况在中国古籍记载的神话传说中得到了印证。当时活动在黄河流域的炎帝部落、黄帝部落以及蚩尤部落确实发生了相互间的兼并战争，最终黄帝统一了各部，为华夏族的出现奠定了政治和地理基础。

传说中禹的儿子启在黄河中游地区建立了夏朝，华夏族进入了形成时期。夏商周时期是华夏族的形成时期，先是在黄帝部落的基础上出现了统一的夏朝；后夏朝为兴起于东夷的商人所灭，商人进入黄河流域建立商朝，商人也就与夏人融合在一起；商朝后期，兴起于西戎之地的周人又灭掉了商朝建立周朝，史称西周，夏人、商人、周人成为统一的周朝统治下的子民，华夏之称开始出现。华夏首见于《左传》所载孔子云："裔不谋夏，夷不乱华。""夏"是指西周分封的诸侯，称为"诸夏"，孔颖达疏云："中国有礼仪之大，故称夏，有章服之美，故谓之华。"也就是说，"华夏"一词首先主要是因文化的差异而出现的，当时接受西周分封的诸侯国都包括在华夏之内，统称为华夏，以与文化相对落后的夷、蛮、戎、狄相区分。

2. 春秋战国至秦汉——汉族的形成

春秋战国时期，周朝势衰，诸侯之间的兼并战争风起云涌，形成了齐、燕、魏、赵、韩、秦、楚七国并立的局面，因为战争，华夏族与周围各族开始了兼并和交融。首先是自称为"夷狄"并被排除在华夏之外的楚人、秦人开始争夺中原的霸主地位；其次是要求统一的呼声逐渐高涨，主要表现就是出现了自黄帝至周一脉相承的王位继承系统，即出现了夏商周三朝，以及被排除在华夏族之外的楚、秦的祖先都是黄帝后裔的学说，为华夏族的进一步凝聚提供了理论基础。公元前221年，秦灭齐国，完成了对中原的统一，中原大地出现了"东至海暨朝鲜，西至临洮羌中，南至北向户（广东、广西沿海），北据河为塞，并阴山至辽东"① 的中央集权国家——秦朝。秦朝的出现，首先是巩固了华夏族的融合，其主要表现是疆域的空前统一，实行了统一的郡县管理体制；建立以皇帝为首的、以三公九卿为中枢的中央统治机构；实行了一系列力求整齐划一的政策措施，诸如"焚书坑儒"，统一人们的思想；"书同文"，统一语言文字；"车同轨"，以利于各地的联系和交往；统一度量衡、货币，以利于贸易往来；统一典章制度，以巩固在全国的统治，等等。秦朝的这些政策措施虽然是为巩固其统治地位服务的，但同时也为华夏族的进一步凝聚、华夏文化的交融和发展提供了极为有利的条件，在华夏族基础上，一个新的人类共同体开始出现了，它就是秦人。

秦人最初是指作为诸侯国之一的秦国人，他们是西戎羌族的一支，后融合其他民族在周的故地建立了秦国，经商鞅变法而称雄于各诸侯国，也由此开始了对中原各诸侯国的统一战争，秦国统一中原后，秦人的范围也随之扩大为整个中原地区，成为汉族的前身。翦伯赞先生说："战国末叶，新兴的秦族，正如一条波澜壮阔的洪流，自中国的西北，滚滚而东，泛滥于中原。他冲决了中原诸国之封建地方区划的堤防，打通了一切阻碍经济文化和血统交流的障壁，使中原诸文化种族，在他的冲刷与激荡之中，融化混合而凝结为一个整个的种族，即后来的汉族。"② 经过秦朝短暂的统一，中国历史进入了汉代，自刘邦于公元前 206 年建立汉朝，至公元 220 年东汉王朝灭亡，两汉王朝统治中国四个多世纪，中原各族无论是在血统上还是在文化上，已经牢固混为一体，汉族这一称号也随之成为当时流行的指称中原原有居民的称呼了。

在汉族出现的同时，边疆地区的民族，即所谓"四夷"也在不断融合的过程中凝结成一个个新的族体，诸如匈奴、乌桓、鲜卑、古朝鲜、夫余、高句丽、沃沮、氐、羌、西域诸国以及百越、西南夷、蛮等系统的各个部族先后称雄于不同地区，使中华文化仍然呈现出多元的特点。这些民族或被纳入秦汉王朝的郡县体制之下，或称臣纳贡于秦汉王朝，或雄踞一

---

① 《史记》卷六《秦始皇本纪》，中华书局 1959 年版，第 239 页。
② 翦伯赞：《秦汉史》，北京大学出版社 1983 年版，第 9 页。

方，为中国的统一和中华民族的进一步凝聚做出了贡献。尤其是北方，匈奴完成了对蒙古高原各民族的统一，出现了与秦汉王朝相对峙的匈奴政权。匈奴是殷周鬼方、猃狁的后裔，战国时期活动在燕、赵、秦三国之北，常与三国发生争战，三国筑长城以拒之。秦朝建立后，秦将蒙恬将匈奴逐出河南地（今内蒙古河套南伊克昭盟一带）。秦汉之交，匈奴冒顿单于乘中原内乱，东并东胡，西破月氏，南降楼烦、白羊，北服浑庾、屈射、丁零、鬲昆等，势力大增。西汉时期，又灭月氏，定楼兰、乌孙、呼揭等西域诸族，控制着长城以北，西起西域，东到东胡，所属乌桓、鲜卑的广大地区，创造了灿烂的草原游牧文化。

秦汉王朝对中原，包括百越、西南夷等地区的统一，匈奴对北方诸族，包括东北、西域诸族的统一，这南北两大区域的统一为中华民族作为一个民族实体的出现提供了更为有利的基础。秦汉王朝的统一主要是对中原，包括黄河流域、长江流域的农耕区的统一，而匈奴的统一则是对北方草原的统一，而且这一区域连接着有氐羌、西域诸族的青藏高原、黄土高原以及今新疆、中亚等地区。这两大不同的区域统一完成后，中华大地出现了两个既密切联系又发生冲突的区域文明。一方面，农耕文化和游牧文化有着很强的互补性，其表现之一就是游牧文化对农耕文化所具有强烈的依赖倾向，使两大区域文明紧密连在一起。中原地区是以传统的农耕为主，中原农业的产生可以追溯到新石器时期，粟和稻在新石器遗址中的发现和传说中华夏族的祖先对水的利用就是农业文化产生的表现，距今已有数千年的历史。而北方草原地区广布的细石器文化遗存则是牧业文化的前身，匈奴等民族依靠草原自然生长的牧草，放牧牲畜，"逐水草而居"。两大经济形态之间的密切联系主要表现在农业发展，诸如耕种、运输等需要牧业所生产的牲畜及其副产品，同时军队也需要马匹等；而牧业需要得到农业所生产的粮食及纺织品、茶叶等。这种互相之间的需要往往通过互市及政权间的朝贡或互相赠予而得以实现。另一方面，游牧业对自然的依赖较强，不仅必须按照季节在广阔的草原上四处迁徙，而且每遇自然灾害就会带来大量的牲畜死亡，游牧民族也因此而南下进入中原农区就食，从而对中原人形成威胁，自春秋战国时期就存在的长城就是在这种情况下出现的。

人类历史的发展，尤其是在中原和草原分别建立了统一的政权之后，每当双方间的经济交流不能满足需要时草原政权就会挥师南下，通过掠夺而满足所需。匈奴的这种掠夺在给秦汉王朝带来威胁的同时，也引起了秦汉王朝的反抗，蒙恬筑长城和汉王朝对匈奴发起的长时期的军事进攻就是反抗的表现之一。秦汉王朝和匈奴间的战争，不仅促进了双方间的政治、经济、文化的交流与融合，而且由此也带来了秦汉王朝，尤其是汉王朝对东北、西域等民族的统一，因为这种统一当时是作为"断匈奴的左右臂"而进行的，是彻底解除来自匈奴威胁的需要。在秦汉王朝，尤其是汉王朝的打击下，不仅东北、西域、氐羌等民族被纳入了中原王朝的版图，而且匈奴也分裂为南北两部，南匈奴南下进入中原，逐渐与汉族融合在一起，为汉族补充了新鲜血液。同时，秦汉王朝时期南北之间的这种军事对抗也为魏晋至隋唐时期中国各民族间的大杂居、大融合打下了基础。

3. 魏晋至隋唐——民族间的大融合与大迁徙

魏晋至隋唐是中华民族进一步融合与发展的重要时期，开始于秦汉时期的匈奴等族与汉族的融合为魏晋至隋唐时期各民族间的大融合开创了先河。

进入魏晋南北朝时期，中华大地上统一的局面重新又为割据所代替，众多民族分别建立的数十个政权，或入主中原，或雄踞一隅，为争夺中原的统治权而上演了一幕幕大融合的历史画面。所谓"五胡乱华""五胡十六国"即是史书对当时这种局面的描述，虽然带有民族歧视的因素，但确实反映了当时民族间互相交融的实况。"五胡"即匈奴、鲜卑、羯、氐、羌。"十六国"则是指以匈奴人为主建立的汉（前赵）、夏，以卢水胡为主建立的北凉，以鲜卑为主建立的前燕、后燕、南燕、西秦、南凉，以羯为主建立的后赵，以氐为主建立的前秦、后凉，以羌族为主建立的后秦，以賨人为主建立的成（汉），以汉人为主建立的前凉、西凉、北燕等政权。而实际上当时远不止这十六国，还有鲜卑建立的西燕，丁零建立的翟魏，拓跋鲜卑建立的代（后改为魏），以及吐谷浑等民族建立的政权。这些政权分布的范围包括了今天的陕西、山西、河北、河南、甘肃、宁夏、四川、山东、安徽、辽宁、青海、内蒙古等省区。十六国时期，各政权之间的争斗给社会经济带来了严重破坏，但也带来了民族间的迁徙与交融。一方面，大量边疆民族进入了汉族地区，中原成为民族杂居的大舞台，他们由牧业改为农业，弃胡姓而用汉姓，与汉族通婚，逐渐和汉族融为一体；另一方面，大量的汉族人为躲避战乱或作为俘虏北迁到边疆地区，改从牧业、胡俗，逐渐与当地民族融合在一起，从而促进了各民族之间的经济文化交流，加速了民族间的融合与少数民族的汉化过程，拓跋鲜卑统一北方建立北魏政权之后，民族间的整合由自然状态变成一种政权自觉的强制性行为，其表现就是北魏拓跋鲜卑王朝迁都洛阳，并通过采取一系列的政策法律措施，使拓跋鲜卑在政治、经济、文化、语文、习俗等多方面和汉族趋同，内徙的拓跋鲜卑最终整合于汉族之中。

在经过魏晋南北朝时期的大割据、大杂居之后，统一的隋唐王朝的出现又将中华大地上的众多的民族置于一个统一的政治统治体制之下，魏晋南北朝时期民族间融合的成果得到巩固和进一步加强。作为隋唐王朝统治者的杨氏和李氏本身就具有多民族的血统，是民族融合的产物，因而隋唐王朝，尤其是唐王朝在其统治体系中不仅任用了大量的少数民族出身的官吏，而且采取了较开明的民族统治政策以及开放性的文化政策，其结果是名义上是汉族建立的统一的中央王朝，而实际上却是多民族共同参与管理的政权；作为中原文化核心地区的关中大地成为多民族文化聚集混杂的场所、多民族成员杂居之地；民族之间自主或被迫的迁徙以及边疆军屯、民屯的展开，使边疆地区也成为民族杂居之地。整个中华大地成为一个民族融合的大熔炉，一些在中国历史上曾经创造过灿烂文明的民族，诸如鲜卑、羯、氐等民族消失在这种民族大融合的浪潮中，而作为一代名君的唐太宗被称为"天可汗"，则象征着中华大地上的众多民族已经牢固地凝结为一个整体。

作为民族大融合的另一个显著成果是吐蕃也开始和中原发生了密切的交融关系。吐蕃在唐王朝初期已经是一个统一的地方政权，唐太宗在位时其赞普松赞干布遣使来唐王朝求和亲，双方开始了频繁的往来。一方面，双方通过使者来往、和亲、会盟等建立了亲密和好的关系；另一方面，吐蕃积极向唐王朝统治地区扩张，和唐王朝争夺吐谷浑、西域、河陇，吐蕃甚至一度攻占了唐王朝都城——长安。正是这种既有和平相处，又有武装冲突的密切关系促进了双方在政治、经济、文化等多方面的交流，甚至也存在着人员方面的相互流动。吐蕃和唐王朝结成的这种紧密关系，为吐蕃融入中华民族打下了基础。

4. 宋至明清——统一体的发展与巩固

宋至明清时期是中华民族统一体的发展和巩固时期。在这一时期，中华民族在隋唐时期大融合基础上又经历了两次割据和两次统一，最终在清王朝时期成为一个牢固的统一体。公元907年朱温灭唐建立后梁，至1279年元王朝灭南宋的370多年的时间里，先是五代十国并立，后是两宋和辽、金、西夏、蒙古的对峙，颇类似魏晋南北朝时期，成为中国古代史上第二次分治时期。这一时期民族关系的特点是辽、金、西夏、蒙古等局部统一政权形成之后，先后不断南下，控制了中原北部的汉族聚居区，成为包括大量汉族在内的多民族政权。

916年契丹人建立了辽朝，其南部疆域包括今天津经河北霸州到山西雁门关一线，与北宋对峙前后长达210年。继起的女真人建立的金朝，1125年灭辽，又灭北宋，先后在今北京、开封建都，其疆域向南包括了黄河以北地区，与南宋以秦岭、淮河为界，并向西扩张到今陕西、甘肃等地，与西夏接界，北抵大漠。一方面，政权中包括了大量的汉族，他们对各民族政权都有着重要的影响，并影响和加速了这些民族的汉化过程；另一方面，在这些政权所统治的汉族地区，汉族人的"胡化"倾向也很明显。这一时期，北方各民族就是在这种相互交融之中而更加凝结在一起，而北方统一政权的长期维持为这些民族的凝结提供了有利条件。经过宋辽金时期北方各民族的杂居与融合，至元王朝统一中原时，进入中原的民族，诸如契丹、奚、室韦、渤海、女真等已经被元王朝认定为汉族，"女直（真）、契丹同汉人。若女直、契丹生西北不通汉语者，同蒙古人；女直生长汉地，同汉人"[①]。

在北方民族南下的同时，吐蕃自隋唐时期就已开始的东徙也变得更加频繁，成为北宋西北边防力量的重要来源之一，同时在西夏政权的内部也有大量的吐蕃人，他们和当地各民族的联系日益密切。辽朝灭亡后，契丹贵族耶律大石领一部分部众向西迁徙，在伊犁河流域建立了西辽，大量的

---

① 《元史》卷一三《世祖纪十》，中华书局1970年版，第268页。

契丹人也由此进入了西域地区，与西域各民族杂居共处。

在这时期，为躲避战乱，中原的汉人开始大量南徙，进入南方众多民族聚居的地区，与南方的少数民族杂居共处，其足迹甚至到达了与大陆隔海相望的海南岛，历史上著名的诗人苏轼在流放海南岛时曾说"自汉末至五代中原避乱之人，多家于此，今衣冠礼乐盖斑斑然矣"①，可见徙居当地的汉族人当不在少数。宋、辽、金、西夏对峙时期，随着这些民族政权的南下或东进，以及大量非汉族人，尤其是契丹、女真等民族大量进入中原，更多的中原汉族为躲避战乱向南迁徙，而宋王朝的南移更促进了汉族的大量南徙，大量汉族人进入长江以南地区，为汉族和南方各民族的交流与融合提供了条件。

宋辽金时期各民族的迁徙与流动可以说波及了中华大地的各个角落，这是自魏晋南北朝时期以来的第二次民族大迁徙，其结果是中国各民族又重新呈现出新的民族大杂居状态，为元王朝时期中国各民族的大融合打下了基础。

13世纪初，蒙古民族兴起于蒙古草原，并于1206年建立了大蒙古国，开始了统一北方草原、进而统一全国的历史进程。蒙古先后征服了畏兀儿与哈刺斯、西夏、金朝、吐蕃、大理，并在1279年终于灭亡了南宋，完成了对全国的统一。统一的元王朝的出现，打破了五代、宋、辽、金时期的长期割据的局面，民族的大迁徙、大杂居在元初又有了进一步发展，主要表现是在元王朝统一全国的过程中大量的汉族人作为俘虏被迁徙到了漠北地区；大量的蒙古人、色目人离开故土迁徙到中原各地戍守，甚至在边远的云南等地都有所谓"蒙古军""畏兀儿军""回回军"等；元王朝对反叛的民族采取了"北人则徙广海，南人则徙辽东"的政策，也造成了蒙古、女真等大量人员南徙以及南方汉族人北徙。此外，蒙古、色目官员多在出仕的同时带领大量的随从人员前往各地，以及统一局面形成后商业的发达等原因，更加促进了广泛的民族大杂居局面的形成。

元王朝统一全国后，这种民族大杂居的状态得以固定下来，由征服带来的民族间的仇视也逐渐为民族间日益加强的政治、经济、文化交流所取

---

① 《韶州府志·轶文志》，道光年间刻本。

代。在元王朝采取的一系列统治政策的推动下，经济形态向农业转化，文化习俗也渐趋一致。元王朝将全国的民族分为四等，即蒙古、色目、汉人、南人，除第一等蒙古是一个民族之外，其他三等都不是按照民族来区分的，如色目包括来自天山南北及葱岭以西畏兀儿、阿拉伯人、钦察、康里等西域的各民族及唐兀人、汪古人；汉人则包括北方的汉人及契丹人、女真人、渤海人等；南人则是指除四川人之外的南宋王朝统治下的民族。这种等级划分，一方面是由于当时各等级中的各民族已经存在着一定的融合，形成了你中有我、我中有你的状况；另一方面，这一划分又迫使同一等级内的民族由于政治待遇相同而日益凝聚在一起，加速了他们之间的融合步伐。至元王朝灭亡后，一些进入中原地区的北方民族，诸如契丹、渤海等已经不再作为一个独立的民族而见诸史书记载，他们已经和汉族人融为一体了。

另一个民族融合的成果是回回民族的出现，它是在第二等级色目人之间的不断融合中产生的。出于统一全国的需要，成吉思汗及其后裔将大量西域中亚一带征服的波斯、阿拉伯人等信仰伊斯兰教的民族带入了内地，或编入军队，或充当工匠、医生等，人数颇为可观。由于这些人多是只身进入中原，不少人通过联姻与其他民族具有了姻亲关系，同时由于他们政治待遇相同、宗教信仰相同，最终在吸收其他民族成分基础上形成了具有多种民族成分的新的人们共同体，开始以"回回"为名活跃于政治舞台，成为中华民族的一个新的成员。在其他等级各民族之间不断融合的过程中，蒙古人由于统治的需要，被派往全国各地，或为官，或戍守，经过与当地民族，尤其是与汉族的长期共处，经济生活渐趋一致，风俗习惯日益趋同，并由于民族间的联姻，在血统上也有了交融，至明朝时期他们多已经与"华人无异"了。[①] 就这样，大量迁徙到中原地区的少数民族逐渐与汉族融合为一体，为汉族补充了新鲜血液，使汉族进一步发展壮大；而大量迁徙到少数民族地区的汉族，则在与当地少数民族杂居共处的过程中也逐渐与当地民族融合，为少数民族的发展壮大补充了养分。

明朝建立后，其疆域虽然远远小于元王朝的疆域，如岭北、西域的大

---

① 《明太祖实录》卷一〇九。

部分地区仍然在蒙古各部统治之下，对吐蕃地区的统治也远不如元王朝时期那么牢固，东北地区明朝只控制着辽东的部分地区，大多数地区在女真各部的控制之下，但是各民族在元王朝时期建立起来的密切关系并没有削弱。其表现主要是除北方及西部的一些民族外，其他民族多在明朝的统治之下；由于现实的经济、文化、生活的需要及历史的渊源关系，边疆地区各民族的向心力表现更为突出；边疆地区各民族之间的关系有了进一步的发展。如蒙古、畏兀儿之间统治与被统治的关系，蒙古与吐蕃以藏传佛教为纽带连接起来的密切关系，明末女真与蒙古的联盟关系等，基本上把明朝统治之外的边疆地区大部分民族有机地连为一个整体。在明朝统治的地区，尤其是中原，明朝采取了民族同化政策，规定进入中原的蒙古、色目等必须加快与汉族融为一体的步伐，而留居明朝边疆地区的蒙古、色目改汉姓、穿汉服，这使本已和中原汉族日益融合的蒙古、色目等加快了与汉族融为一体的步伐，而留居明朝边疆地区的蒙古、色目等也与当地民族逐渐融合，元王朝时期由于民族大迁徙而带来的民族大融合的成果得以巩固下来。

清朝是中国历史上第二个由少数民族建立的统一的多民族王朝，中国统一多民族国家的最终确立就是在清朝完成的。1616年，建州女真首领努尔哈赤统一女真各部，建后金，1636年其子皇太极改国号为清，1644年利用明朝起义军攻占北京的机会攻入北京，开始了统一全国的进程，至1683年灭台湾的郑氏政权，最终完成了对全国的统一。清朝对全国的统一是明朝不完全统一的继续和发展，清朝统一全国后并没有因为自己是少数民族而断绝与中原的密切联系，而是继承了中原传统文化。此外，清朝在典章制度、统治体制、疆域等多方面都是在以前各王朝的基础上而有所发展，因而可以说清朝时期中国多民族国家的最终确立是自夏以来历代王朝致力于统一的结果。

清朝时期，今天中华民族所包括的56个民族已经基本形成，分布地域也基本确定下来，而且在大统一的局面下各民族之间政治、经济、文化等诸多方面的交往与联系也空前紧密。不过，今天中华民族所包括的56个民族成员虽然在清朝时期已经确立，但各民族在保持密切关系的同时，相互间的融合仍然存在着，其中最明显的就是作为清朝统治民族的满族与其他民族，尤其是汉族的融合。在清朝入关之前，满洲八旗中就有不少汉族人存在，他们在为清朝统一中国的争战立下汗马功劳的同时，也在不断地接受着满族文化的熏陶，并通过联姻而逐渐与满族人融为一体。但是，随着清朝对全国的统一，满族人也和蒙古人一样由于统治的需要而分布于全国各地，尤其是中原地区，开始了和汉族及其他民族的杂居共处，与其他民族，尤其是汉族的融合也就不可避免了。当时的清朝统治者认识到满族所面临被融合的威胁，因而一直强调所谓"满洲为国家之根本""国语骑射"是满族的根本，以及实行"旗民有别"的政策，但这些政策并没有能够阻止满族与汉族的融合，而且这种融合在清朝前期就开始了。康熙时期已有满族官吏不能说满语，乾隆时期许多满族人不仅已经放弃了"骑射"这一传统技能，而且衣汉服、从汉俗的现象大量出现。就这样，满族与汉族在长期的杂居共处、联姻婚娶过程中，无论是生产方式、语言文化、风俗习惯等都趋一致，为满族与汉族的融合打下了基础。至清朝末期，满族与汉族已经没有多少差别，当时北京满族人流行的谚语"不分满汉，但问旗民"就是这种趋同的反映。

5. 近代至现代——反对外侮中显示整体性

正当中国统一多民族国家最终形成、现代中华民族开始屹立于世界东方的时候，西方国家也完成了产业革命和资产阶级革命，开始对世界各地进行疯狂的殖民掠夺和侵略，中华民族不可避免地成为他们的目标。1840年爆发的鸦片战争和中英签订的《南京条约》标志着帝国主义列强开始对中国进行殖民掠夺和侵略，同时也标志着中华民族抵御外侮斗争的开端。

在鸦片战争爆发之前，中国社会的主要矛盾是以清朝统治者为代表的封建地主阶级和国内各民族人民之间的矛盾。鸦片战争爆发后，帝国主义对中国的侵略和中华民族反侵略的斗争成为主要矛盾。为了不做亡国奴，保家卫国，从东北的黑龙江流域，到内蒙古、新疆、西藏、云南、两广、台湾以及沿海各地，各民族人民面对帝国主义国家的侵略进行了顽强的斗争。在反抗外来侵略的过程中，各民族人民结成了同呼吸、共命运的亲密关系，"中华民族"这一共同的称谓开始出现，并日益深入人心，鼓舞着各民族人民团结对外、抵御外侮。

帝国主义对中国的侵略是从沿海和边疆地区开始的。这些地区，尤其是边疆地区多是中国少数民族的分布地区，所以在反抗帝国主义的侵略中，边疆少数民族首当其冲。同时由于汉族分布于全国各地，且人口众多，理所当然成为反抗帝国主义侵略的中坚力量。此外，面对帝国主义的侵略，清朝统治者对外投降卖国，对内强化了对各民族人民的阶级压迫和民族压迫，这一现实又促使各民族人民在反抗帝国主义侵略的同时也要团结一致反对清朝的封建统治。帝国主义和封建主义的双重压迫，更使各民族人民团结在一起，中国近代史上的反帝反封建运动无一不是各民族团结反抗的结果。1851年的太平天国运动是汉、壮、瑶等民族共同举行的大规模农民起义，其不少首领就是少数民族，如萧朝贵、石达开等出身壮族。在太平天国运动影响下爆发的苗族张秀眉领导的起义，包括了苗族、布依族、侗族、水族、汉族等众多民族；回族杜文秀领导的声势浩大的起义也是由回族、汉族等民族联合发动的；彝族李文学领导的起义则有彝族、汉族、回族、傈僳族、傣族、白族、哈尼族等众多民族参加；等等。在边疆地区反侵略斗争中，帝国主义的每一次侵略都无一例外地要遭到边疆各民族人民的联合反抗。英俄等帝国主义国家为了达到侵占中国边疆各民族的目的，利用一切机会挑拨新疆各民族之间的关系，尤其是少数民族和汉族的关系，但其阴谋往往在各民族人民数千年来结成的血肉关系面前难以得逞。1871年，沙俄侵入伊犁地区，当时即遭到了当地各民族人民的联合反抗，史载"所有满、绿（指汉族人）、索伦（鄂温克人）、锡伯、察哈尔（蒙古之一部）、额鲁特（蒙古之一部）各营以及民人，并有晶河（今新疆精河县）土尔扈特贝勒等人众，均已同心能死，不降俄夷"①，即反映了边疆各民族人民联合抵御外侮的精神。英帝国主义对云南、西藏等边疆地区的侵略，沙俄帝国主义对内外蒙古的侵略及策动的分裂活动等，都遭到了当地各民族人民的强烈反抗。

中国各民族联合起来进行反帝反封建的斗争，这是中国各民族数千年来不断融合的结果，中国各民族已经结成了牢固的血肉关系，中华民族的称号也就应运而生了。1912年元旦，中华民国成立，临时大总统孙中山在就职宣言书中说："国家之本，在于人民，合汉、满、蒙、回、藏诸族为

---

① 《筹办夷务始末·同治朝》，卷八四，国立北平故宫博物院影印本，1930年。

一人，是曰民族之统一。"如果说这里尚没有明确突出"中华民族"这一中国各民族的共同称呼，那么在1913年内蒙古西部22部34旗的王公联合反对外蒙古"独立"的通电中"中华民族"一词则明确无误地提了出来："我蒙同系中华民族，自宜一体出力，维护民国。"① 这不仅说明了在抵御外侮的过程中中国各民族已经成为一个完整的统一体——中华民族，而且这一称呼也得到了少数民族的认可。

6. 当代——中华民族大发展，屹立于世界民族之林

"中华民族"作为一个中国各民族的共同称号被提出后，对于加强中国各民族之间的凝聚力有着十分重要的促进作用。1919年，第一次世界大战的战胜国在法国巴黎召开巴黎和会，但是作为战胜国的中国却在此次和会上遭到英、法、美、日、意等国的继续瓜分，从而点燃了中国各民族爱国斗争的烈火。同年5月4日，北京首先爆发了由各民族学生发起的反帝爱国运动，并很快波及全国各地，并由此产生了一个代表全国各民族人民的政党——中国共产党。1921年，中国共产党在上海成立，主张少数民族一律平等，自此以后，中华民族走上了追求民族解放和民族平等的道路。

1931年，日本帝国主义发动了对中国的侵略战争，中华民族又面临着一次严峻的考验。在国家存亡、民族危难的关头，中国共产党提出了建立抗日民族统一战线的主张，从而把全国各民族人民紧紧地凝聚在一起，投入反抗日本帝国主义的斗争中。从白山黑水到椰林丛中，从茫茫草原到绿色青纱帐，到处都有包括少数民族在内的抗日队伍，在国家生死存亡的时刻，中国各民族又一次紧紧地团结在一起。1945年，日本帝国主义战败投降，而国民党蒋介石发动了内战，中国各民族人民在中国共产党的领导下又掀起了一场反对内战、争取民族解放的斗争。

1949年10月，中华人民共和国成立，中国各民族人民经过反帝反封建艰难曲折的武装斗争，终于掌握了国家权力，成为国家的主人，中国各民族的关系也由此进入了一个新的阶段，即从阶级社会的剥削压迫关系，发展成为平等、团结、互助的社会主义民族关系。为保证少数民族的平等权利，在实行民族区域自治制度的基础上，党和国家根据各民族发展的需

---

① 翁独健主编：《蒙古族简史》，内蒙古人民出版社1985年版，第334页。

要，充分照顾各民族发展的特点，领导他们进行了民主改革和社会主义改造，一些存在于各民族社会生活中的封建制、奴隶制以及原始社会末期的生产关系和落后习俗被废除，使他们摆脱了民族内部的阶级压迫和剥削，走上了社会主义道路。在少数民族进行社会改革的同时，党和国家大力帮助发展少数民族地区的经济文化，提高他们物质和文化水平，并逐步缩小少数民族和汉族之间的发展差距。经过数十年努力，尤其是党的十一届三中全会以来的三十多年的改革开放，中华民族各民族间的新型的民族关系得到了巩固和发展；少数民族地区的经济文化得到了飞速发展，尽管少数民族地区因为多种原因与汉族地区的发展仍然存在差距，但这是发展中的差距；政治经济文化的发展，尤其是社会主义市场经济体制的建立促进了民族间的流动。现在的中国几乎已经不存在单一民族聚居区，中国各民族之间的民族差别在不断缩小，无论是在政治、经济、文化，还是分布地域的所有方面都形成了你中有我、我中有你、谁也离不开谁的密切关系，中华民族得到了空前的发展，已经屹立于世界民族之林。

以上是中华民族形成和发展的简要回顾，从中我们不难看出，在中华民族的发展过程中经历了数次由多元到统一的过程，而且每一次重新统一都是在前一次统一基础上的更高层次的统一。正因如此，中华民族的形成具有自己的特点。

第一，多元中的本土特点。

中华民族尽管是由众多的民族经过数千年的不断融合而形成的，但这些民族无论是历史上已经消失的民族，还是现实生活中存在的民族，多是在中国这块辽阔的土地上土生土长的民族，即便是有些少数民族的祖先具有外人的血统，但也是在与中国境内各民族的不断融合中形成的，这就决定了中华民族形成具有多元本土的特点。

第二，民族与国家的同步发展。

在中华民族的形成过程中，中国各民族经历了多次由分裂到统一的过程，但中国各民族间的融合与发展却从未间断。其中汉族作为中华民族中人口最多、历史最悠久的民族，起到了一个核心的作用，是她将中国历史上的各民族紧紧地联系在一起，并在与其他民族的融合中不断发展壮大，最终形成了以汉族为核心的中华民族。在中华民族形成的同时，中国多民族国家也在各民族的共同努力下同步形成和发展，而且自夏商周到清朝其间虽然有过分裂，有着众多民族建立的不同的政权，但是这些政权只要是大的统一政权，后继者就会承认它们是中国历代王朝的延续。如五代各朝、宋辽金等，后来的各王朝都是把它们作为中原王朝的延续，不仅承认它们的地位，而且为它们修有专史。中国多民族国家与中华民族的同步发展，为中华民族的形成提供了极为有利的条件和保障。

第三，反抗外侮中民族精神的升华。

中华民族内部的各民族，包括历史上已经消失的民族，他们之间虽然也有过冲突，但数千年来相互间的不断融合已经将他们结合为一个统一的整体，中国成为他们共同的活动地域、共同的家园，因而在帝国主义列强对中国进行侵略和瓜分的时候，中华民族的凝聚力得到了空前的加强，中华民族这一称号成为激励中国各民族团结一致抵御外侮的强大力量。在中国各民族人民团结一致共御外侮的抗击之下，帝国主义列强企图把中国沦为殖民地的愿望，以及日本帝国主义吞并中国的梦想最终没能实现，而中华民族却在抵御外侮的过程中结成了更为牢固的整体。

（四）中华民族灿烂文明和对人类文明的贡献

中华民族是一个伟大的民族，她在数千年的发展史中，不仅创造了灿烂的中华文明，而且有些发明创造对人类发展产生了重要的促进作用。

1. 中华民族灿烂的文明

中华民族在数千年的形成和发展过程中创造了光辉灿烂的中华文明。早在新石器时期中华大地上就出现了人类文明的曙光。流布于中国各地，尤其是黄河、长江流域的新石器文化说明在新石器时期中华民族的祖先创造出了先进的农业文化，为人类文明在中华大地上出现打下了坚实的基础。

中华文明首先形成于中原地区，之后在中国各民族的共同创造下，并经过数千年的发展，已经成为人类文明中的一朵奇葩，主要表现在以下方面：中华民族是最早创造农业文明的民族。早在新石器时期中华民族就已经开始从事农业生产，如今在黄河、长江流域发现的众多的新石器遗址中，不少遗址都发现有粟、稷、稻等农作物以及蔬菜的种子，说明早在七八千年前中华民族的先人已经在征服自然的过程中将野生植物进行人工栽培。随着农业的出现，与农业相关的生产技术也很快有了发展。至汉王朝时期，铁制农具已经普遍使用；"三犁共一牛"的牛耕技术得到推广；"穿渠引水""掘堰储水""凿井取水""筑堤节水"等水利工程不断出现；已经根据土壤物质的含量将土壤分为九等，并掌握了多种施肥技术；在播种农作物的种类等方面也有了长足的发展。直至清朝前期，中华民族的农业生产技术一直是领先于世界的。

中国的手工业文明有着悠久的历史。早在夏商周时期中华民族的先人就创造了灿烂的青铜器文明，秦王朝时期有了比较发达的冶铁业，铁器开始取代青铜器，并是烧陶制砖、烧制瓷器、酿酒制醋、熬油造漆、纺织印染、造纸印刷、制造火药等生产技术的最早发明者和使用者。中华民族很早就发明了历法。除黄帝历、夏历、殷历、周历、太初历、三统历、四分历、乾象历、大明历、十二气历、统天历、授时历、时宪历、天历等外，少数民族也发明了傣历、藏历等。与历法有关的天文学知识方面，中国有最早和最完整的关于日食、月食、恒星、彗星、太阳黑子的观测记录，以及最早使用浑天仪、多环仪、方位仪等天文仪器和地动仪等测定地震方位的仪器。最早发明了十进位计数法，很早就提出了勾股定理，并将圆周率精确到小数点以后第七位数字。很早就有完备的医学方面的发明，并形成了与西方医学相对应的"中医""藏医"等。在哲学方面，很早就根据对天文、地理的观察，提出了"天人合一"的宇宙观，并出现了在世界思想史上都占有重要位置的孔子、老子等一大批思想家。经过数千年的不断融合与发展，形成了各具特色的56个民族的民族文化。有着延续数千年不断的浩如烟海的文化典籍，等等。总之，中华民族在农学、天文历法、地学、数学、医学、人文科学等诸多方面都有着突出的成就，直至近代之前一直在世界上保持着领先地位。

2. 中华民族的文化传统

中华民族在数千年的发展中，形成了许多优秀的历史文化传统。这些文化传统不仅对于今天的中华民族的生活方式、价值观念等有着重要的影响，而且对中华民族将来的发展也有着深刻的影响。概括地讲，中华民族的这些文化传统包括以下方面。

(1) 团结统一的传统

中华民族是由56个民族组成的大家庭，是由中国历史上的众多民族不断融合而形成的。自夏商周时期华夏族形成以后，华夏族作为一个凝聚周围各民族的核心，把众多的民族凝聚在一起，至秦王朝建立，中华大地终于出现了统一的多民族的中央集权制国家。自此之后，中国的各民族人民就建立起了紧密的政治、经济、文化联系，共同创造着灿烂的中华文明。相对独立的地理单元、互补性极强的各种经济形态、悠久的中华文化、民族融合造成的血肉关系，成为维系民族关系和国家统一的牢固纽带，将团结统一深深烙印在中华民族的民族意识中。中国历史上也有过分裂，民族间也有过流血冲突，但每一次分裂和冲突都是为下一次团结统一创造牢固的基础，团结统一是中国各民族关系史中的主流，也是中华文明长盛不衰的可靠保证。中华人民共和国的成立，将中华民族空前地团结在一起，以民族区域自治制度为基础的平等、团结、互助的新型民族关系不仅不断发展，而且经受住了世界民族主义浪潮的冲击。

(2) 独立自主的传统

相对独立的地理环境、自给自足的农业文明，造就了中华民族独立自主的传统。中国作为人类文明的发祥地之一，创造了领先于世界的优秀文化，对人类的历史做出了突出的贡献。在近代，由于清朝采取了闭关锁国的政策，中华民族的发展落在其他民族后面，从而导致了帝国主义列强的欺凌和压迫，甚至面临着灭亡的危险，但独立自主的民族传统却激励着中华民族去抗争，经过全民族人民的共同奋斗，中华民族终于又以巨人的姿态屹立于世界民族之林。中华人民共和国成立后，尤其是党的十一届三中全会以来的三十多年，中国没有照搬其他国家的发展模式，而是从中国的实际出发来制定发展道路，奉行独立自主的外交政策，并取得了可喜的成果，中华民族在世界民族中获得了自己应有的地位。所有这些都说明中华民族独立自主的传统有着坚不可摧的力量。

(3) 爱好和平的传统

"国泰民安"一直是中华民族数千年来追求的目标，反映着中华民族自古就是一个爱好和平的民族。纵观中华民族的历史，我们不难看出中华民族的各个成员之间虽然经常有武装冲突，但很少有对其他民族进行侵略和掠夺的现象。相反，中华民族自近代以来却是屡屡遭受到帝国主义列强的侵辱，即使这样，中华民族的反抗也没有超出"自卫"的限度，去瓜分或占领其他国家。正是有着爱好和平的传统，今天的中华民族在对外关系中一直奉行和平共处五项原则，在相互尊重、平等互利、互不干涉内政的原则基础上和其他国家发展关系。

（4）自强不息的传统

在同自然界抗争的过程中，中华民族养成了自强不息的优秀传统。这一传统激励着中华民族在改造自然、利用自然的过程中创造了延续千年不断的中华文明，促进了人类社会的发展。同时，自强不息的传统激励着中华民族进行了百年的抗争，一代代中华民族的优秀儿女献出了自己年轻的生命，终于使中华民族摆脱了半殖民地半封建的境地。在今天，自强不息的精神仍然激励着中华民族摆脱贫困，使中国成为世界上经济发展速度最快的国家之一。我们相信，自强不息的精神还会激励着中华民族创造更辉煌的业绩。

3. 对世界的贡献

灿烂的中华民族文明曾经对人类的发展产生过重要的影响，从多方面促进了世界民族的发展。中华民族很早就和今天日本列岛、朝鲜半岛上的民族有了来往，这些民族在唐王朝时期曾经派遣"遣唐使"以及入太学学习的官吏、子弟，中国先进的生产技术、典章制度、语言文化通过他们传播到了这些地区。新罗人在当时自喻"小中华"，以及后来源于汉字的朝鲜文字、日本文字的出现等就是中华民族对这些民族产生影响的表现。在中国历史上，不仅有闻名世界的"丝绸之路"连接着中华民族、中亚、欧洲的诸多民族，而且还有"海上丝绸之路"连接着中华民族与东南亚、中东甚至非洲的诸多民族。中华民族创造的先进的生产技术、优秀的民族文化就是通过这些路线传播到了世界。代表中华民族灿烂文化精髓的四大发明——造纸、火药、印刷术、指南针的对外传播就曾改变了世界的面貌；养蚕技术的西传改善了中亚、欧洲一些民族的生活质量；先进的农耕技术，如犁在17世纪传入欧洲后取代了欧洲的老式犁，欧洲人在16世纪还根据中国耧的文字描述仿造出了条播机，等等。这些都是中华民族灿烂文明对人类发展的重要贡献，是中华民族文明对世界产生重要影响的代表。

五　中国边疆地区的发展大势与历史特点

（一）发展大势

有着广袤疆土和众多国民的统一多民族的中国，是经过一个漫长的发展过程后大致定型于现代状态的。这一过程十分漫长而曲折，自先秦时期起，在现代中国领土内开始形成一个核心区域，而这个核心位置并不固定于一地（大致在黄河中下游至长江中下游一带）。在这个中心区域建立政权的既有华夏，也有夷狄，既有汉族，也有其他少数民族。当一个处于中心地位的政权因内部原因（如政权腐败、政治分裂、经济崩溃等）或因外部原因（如处理不好内外关系、外敌入侵等）或因内外交困而垮台时，就会有一个新生的、较有生气的政权接替前者，这就是历史上常见的王朝兴衰交替现象。当然，单一的中心分成两个或更多的中心在历史上也是十分常见的现象，这就是人们经常提到的割据时期。但是，即使是在多政权割据时期，每个有作为的统治者往往认为自己是更大范围中心的代表，而且努力将这种愿望付诸实施。在经过一番努力后（时间或长或短，过程或顺利或曲折），最终一个更大范围的、统一程度更高的国家就诞生了。到了清代，古代中国统一多民族国家发展到了最高水平。进入近代，外来侵略威胁日益严重，同时自身内部的社会经济问题也在日益恶化，中国开始沦为半殖民地半封建社会。在危机四起后，中国人开始寻求新的富国强邦之路的历程。经过百余年的奋斗，一个统一多民族的国家——中华人民共和国诞生并发展起来。

边疆地区的发展是统一多民族的中国发展过程的有机组成部分，全国范围的发展状况决定了边疆地区的基础，边疆地区的发展状况也对全国范围的发展产生重要的影响。中国历史上的边疆大致有三种发展趋势或者是到当代为止的归宿：其一，原为边疆地区，经过长时期甚至是有反复的发展逐步变为内地的一部分；其二，曾是域外或边疆地区，经过长时期甚至是有反复的发展，现在仍为中国边疆的组成部分；其三，由于外来势力的影响（直接或间接的），曾是中国边疆有机组成部分的地区成为我国域外之地。如果从宏观角度观察中国边疆的发展大趋势，那么结论只能是在历史发展的长河中，随着统一多民族国家的发展、壮大，由局部的小统一，到全国的大一统，终使广大边疆地区日益成为统一多民族中国的有机组成部分。

（二）历史特点

中国边疆是中国统一多民族国家长期发展的产物，其不但有着较明显的自然特征，更有着源远流长的特点。辨析中国边疆的历史特点，对于加深理解中国统一多民族国家发展的全过程和研究中国边疆问题有着十分重要的意义。如作简要的概述，中国边疆至少包括以下特点：

1. 悠久的历史——曲折发展过程中的连续

中国是世界上著名的文明古国，而且是世界各早期文明国家中唯一没有中断自身文明发展过程的国家。在这一大前提条件下，中国边疆不但在人类文明史中具有最悠久的发展史，而且其发展史具有明显的连续性。中国边疆地区的发展史一般均可追溯到上古时期的石器时代，各个边疆地区社会发展速度或快或慢，但都或早或迟地纳入中国统一多民族国家连续性发展的轨道。中国古代文明最早是在中原农业区发展起来的，在中原以北、以南这两个大方向上（包括东北、西北和西南）存在着游牧民族和热带、亚热带丛林地带的农业民族，扩大了的中原地区构成发展中统一多民族的中国之中心地区，其外则是广阔的边疆。在漫长的岁月里，中原与边疆地区交往不断（既有经济、文化交流，也有政治辖治或战争），中国边疆也就在这样复杂的环境中曲折发展。在面临近代中国边疆危机，即资本主义殖民者入侵以前，中国边疆形势发展的总趋势是朝着有利于统一多民族国家发展的方向演进的，即使是来势凶猛且入主中原的北方游牧民族也从未中断过中国历史发展的进程。到了19世纪中叶，资本主义殖民侵略者给中国带来了新的边疆危机，这是与以往中国边疆问题性质截然不同的社会危机，中国独立发展的历史面临着中断的危险。但是，强烈的挑战也逐步唤醒了中国人民，经过百余年艰难曲折的探索与奋斗，统一多民族的中国再兴起，中国边疆也在继承数千年历史遗产的基础上进入了新的发展阶段。

2. 广阔的地域——分散发展演进后的统一

中国是一个有着辽阔领土的统一多民族国家，其边疆地区地域亦十分广袤。从东北到西南，陆地边疆地区面积即超过全国面积的一半以上，此外还有十分辽阔的海疆。中国各边疆地区在社会人文环境与自然条件方面往往存在着巨大的差异，中国边疆是在分散发展演进后统一为一体的。这里所讲的分散与统一均有两重含义：讲分散，从全国角度看边疆分散为若干相对自成体系的局部；讲统一，既有各大边疆区域逐步统一于中国的进程，也有各个边疆区域内部趋于一体的演进。每个大的边疆地区都有相对自成体系的发展史，这既是本地区的社会发展，也是统一多民族国家边疆史的重要组成部分。

东北边疆地区，地处东北亚一隅，东有海，西有大兴安岭山脉，北至东北、西北部高寒地区，南则与华北地区相接。该地区有漫长的地区社会发展史，时常与蒙古高原和朝鲜半岛的社会发展有联系，但更主要的是与中原地区的发展密切相关。在东北地区自身社会发展的基础上，中原地区政权对该地区的辖治有着时进、时退的变迁，当契丹、女真（及后来的满洲）在该地区发展起来并逐步进入中原地区后，该地区作为中国辽阔边疆一部分的地位得到了进一步的巩固。

北部边疆地区主要是蒙古高原地区，这里地势开阔，适于牧业发展，但也时遇恶劣气候造成天灾。该地区的经济以游牧为主，社会发展波动性较强，居民流动性亦强。该地区自古就与中原地区联系密切，战争、和亲、经贸人员交往及移民潮都是连接纽带。当蒙古族在这一地区有了历史性的发展后，该地区作为中国北部边疆的地位也随之得到进一步的确认。当然，北部地区的社会发展与东北地区、西北地区的发展也有多方面的联系。

西北边疆地区，地域广袤，间有高山、荒漠分隔，这里交通路线漫长而崎岖，但又是东亚至中亚及南亚、西亚、欧洲经济文化交流和民族迁徙的重要通道。这就导致了该地区社会发展的曲折复杂局面，但各地区分散发展基础上的统一趋势却是十分明显的。

西部边疆地区，主要是青藏高原地区，高山大川的阻隔延迟了该地区统一发展的进程，但自吐蕃在此兴起以后，该地区与内地及其他边疆地区的联系日趋紧密，日益加深的多方面的双向交流最终导致这里成为中国边疆的重要组成部分。

西南边疆地区，热带亚热带高原、平坝地形更加复杂，自然环境也更为小规模人群提供小范围的生存空间，这里的居民有着漫长的相对与外世隔绝的发展进程，但是缓慢却坚实，少有反复的统一发展历程则代表了该地区社会发展的主要方面，继实现地区性统一的南诏、大理兴起之后，统一于中国版图的西南边疆地区的发展已稳定地融于中国发展历程之中。南部沿海及海岛（主要有台湾岛和海南岛）地区，也有着边疆地区相对独立发展和逐步融于全国性发展进程的历史发展历程。

3. 多样的民族——自立发展基础上的融合

中国是一个统一多民族国家，现代被确认的民族有 56 个，而中国历史上的民族（部族）演进则是一个十分复杂的问题。中国边疆问题与中国民族问题有着十分密切的关系，这不仅因为中国边疆地区是各少数民族的聚居地，而且各民族在自立发展（各民族都有以自己为主线的发展史）基础上的融合发展是构成统一多民族中国边疆的基石。在这里，我们应该确立一个衡量民族发展的标准——任何形式的融合都是民族发展历史上的进步。汉族是中国人口最多的民族，也是居住分布最广的民族，汉族的发展对统一多民族中国及其边疆形成和发展具有至关重要的意义。汉族有着十分漫长而从未间断的发展史，而汉族得以以现代如此强大的状态自立于世界民族之林的重要原因之一就是与其他民族的不断融合。

华夏民族是汉民族的主源，但华夏民族在自身发展过程中也与蛮、夷、戎、狄诸族结下了长期的不解之缘。形成于先秦时期并在古代中国成为传统的"夷夏观"并不是唯种族血缘论，文化的标准在辨华夷时占有主导性的地位。秦汉的统一，促进了汉民族的形成，也促进了汉民族与周边其他民族的融合。汉民族自形成后保持了不间断的自立发展史，并大量融合了其他民族人口，同时融于周边其他民族的汉族人口也有相当数量，正是因为存在这种双向融合现象，进而促进了更大范围的民族融合。一般来说，中国其他民族的自立发展和民族融合往往曲折和复杂些。史料的缺乏妨碍了后人对少数民族发展史的研究，古代中国少数民族自身发展道路也是十分多样化的。一些民族流动性大，与其他民族的交流、融合程度和规模也大，不少曾显赫一时的民族其自立发展史未能长期延续；一些民族则很少迁徙，与外部社会的交流也少，社会发展缓慢而延续。许多北方游牧民族属于前一种类型，而众多热带、亚热带丛林农耕民族往往属于后一种类型。经过漫长的历史演进过程，最终形成了统一多民族中国的主人——中华民族。在中国边疆地区，还有一种民族现象也很普遍，这就是跨界民族的存在。形成一个民族跨界而居的历史是复杂的，但在我国，许多跨界民族是在资本主义殖民者入侵中国及其周边国家的过程中形成的，而这种跨界民族现象的存在又增加了中国边疆地区民族问题的复杂性。

4. 复杂的问题——多重矛盾发展的叠加

从历史发展的角度观察问题，中国边疆是中国统一多民族国家发展到一定历史阶段的必然产物，是社会多重矛盾发展叠加的结果。作为中国统一多民族国家的有机组成部分，全国性发展所遇到的矛盾在边疆地区也会发生，这是矛盾运动具有普遍性的一面。这类矛盾包括人类生存发展与自然环境制约的矛盾、生产力发展与生产关系的矛盾、社会不同阶级和阶层之间的矛盾、不同民族间的矛盾、不同文化传统和意识形态的矛盾、国家与国家之间的矛盾等。辨析这些矛盾运动是认识中国边疆问题的前提。与此同时，不可忽视的是中国边疆社会矛盾运动还有其特殊性，不同边疆地区的社会矛盾运动又有其特殊性。辨析这些边疆特殊矛盾运动是认识中国边疆发展现象的关键。边疆地区社会矛盾的特殊性往往体现为上述各类矛盾更集中地发生于一地，多重矛盾的叠加增加了边疆地区社会矛盾的复杂性，这对辨析矛盾线索脉络和寻求解决矛盾的方法都增加了难度。

第 二 章

中国边疆研究的千年积累和百年探索

一 中国边疆研究的千年积累 (截至18世纪末)

中国历史悠久，疆域辽阔，今人如想研究数千年来边疆发展状况，肯定会遇到许多困难，史料的匮乏、零散是其中最主要的问题。但与世界其他国家、地区相比较，研究古代中国则有两点有利条件：一是古代中国文明持续不断，文化传统亦世代相继；二是古代中国有良好的史学传统。文明的持续发展不但造就了相对完整系统的研究客体，而且增加了认识研究问题的线索；史学发达，而不仅是文学发达（如古印度），则更给今人留下一笔宝贵的学术历史遗产。史学与文学最重要的区别就是前者是以纪实为前提的，重视纪实并加以持续发展，这就奠定了今人对古代中国边疆研究的基础。史学是以求真为前提的，但求善也是史学重要的社会功能。关于边疆纪实及研究的历史遗产既是前人对边疆实况的记录，也往往反映了著者的世界观和方法论。在史学的发展过程中，求真与求善是一对矛盾的统一体，因受社会因素和个人因素的制约，历史文献都会有程度不同的局限性，因此辨析真善始终是史学工作者的重要任务。

前人对边疆状况的记述和对边疆问题的研讨是多角度、多层面、多形式的，但对后人而言，前人的著述成果均以历史文献的形式保留下来。对于种类繁多、数量巨大的历史文献，试作如下分类概述。

(一) 纪传体通史和断代史

这类著作是我国历史上创作时间很长（延续两千多年）、成果最丰（数十部）、最为成熟（自身体例比较完善，相关的注释与研究著述亦多亦强）的历史文献，因此也是相对最有价值的文献。这类著作的主体就是被视为传统正史的二十六史（如只计二十五史则无《新元史》，只计二十四史则再去《清史稿》）。如按编纂者情况分类，二十六史大致可分为三类：一是出于个人私撰的有《史记》《后汉书》《三国志》《南齐书》《南史》《北史》《新五代史》和《新元史》；二是受命于统治者而实出于一二人手笔的有《汉书》《宋书》《梁书》《陈书》《魏书》《北齐书》和《新唐书》；三是出于统治者直接控制下的众史官之手的有《晋书》《周书》《隋书》《旧唐书》《旧五代史》《宋史》《辽史》《金史》《元史》《明史》和《清史稿》。二十六史成书的条件各不相同，各书的质量与成就也很悬殊，但这些书的编写目的都是要通过总结历史经验来服务社会，加强和完善国家统治秩序。这也正是二十六史被奉为传统正史并得以广为流传的基本原因。

司马迁作《史记》，开纪传体史书之先河，该书以十二本纪、十表、八书、三十世家、七十列传共130篇的篇幅从不同角度记述了从上古至作者生活时代的历史，为后人留下了大量宝贵的历史资料。该书字里行间也反映出作者的历史观和史学观，加上各篇末所附的"太史公曰"和作为作者自传与全书序言的《太史公自序》，这也为学术史研究提供了宝贵的素材。边事活动往往是国家社会政治活动中的大事，司马迁对这类边事活动予以了高度的重视。同时作者也很重视对边疆少数民族地区社会状况及经济文化生活方面的记述，《匈奴列传》《大宛列传》《西南夷列传》等是我国现存成文最早、系统地记述各有关边疆地区社会现状与历史情况的文献。班固作《汉书》进一步完善了纪传体史书体例，成为后世修史最重要的范本。该书《地理志》是中国传统正史中第一部地理志，也是第一部较为系统论述边疆史地的著作。该志首先引用《尚书·禹贡》和《周礼·职方》以说明先秦时期地理之概况，然后对西汉时期郡县封国建置经过和变革，以及各地的山川、户口、物产、风俗、文化与海外交通作了综述。该志继承发展了《禹贡》纪实性学术倾向，加之作者有着管理和使用官方图籍档案资料的便利条件，将众多史料（包括人口数据等）收入志中。该志将纵向的沿革变迁与横向的行政区划较好地编织起来，所创体例为后世历代正史效法。《史记》《汉书》问世后，对这两部书的注释与研究也逐渐成为一种学问，《史记》裴骃、司马贞、张守节三家注和梁玉绳的《史记志疑》等，《汉书》颜师古注和王先谦的《汉书补注》等也是宝贵的史学遗产。

继《史记》《汉书》之后，历代修史不绝，对各部史书的注释与研究也在不断进行。裴松之注《三国志》，对原书略者详之，缺者补之，谬者正之，疑者存之，如裴注引王沈《魏书》载曹操之语："夫定国之术，在于强兵足食，秦人以急农兼天下，孝武以屯田定西域，此先代之良式也。"这些都是后人研究历史不可忽略的参考资料。至清代，对历代正史的研究又发展到了一个新阶段，钱大昕的《廿二史考异》、王鸣盛的《十七史商榷》和赵翼的《廿二史札记》即该时期研究成果的代表。

（二）编年体史书和起居注、实录

编年体史书是我国历史最悠久的历史著作，而起居注和实录则是经整理加工的编年历史文献集。

《春秋》《左氏春秋》（《左传》）是我国传世的最古老的编年体史书，如果说《春秋》尚不成为史书体裁，《左传》则已是完备的编年体史书。《左传》为后人留下了大量包括边疆史事在内的宝贵资料。秦汉魏晋南北朝隋唐时期，均有编年体史书问世，但留存至今的并不多，其中最重要的有荀悦的《汉纪》和袁宏的《后汉纪》，至司马光著《资治通鉴》，我国古代编年体史书的编著达到了高峰。《通鉴》取材广博而又精审，成《考异》一书而创"考异法"治史。司马光为后人留下了宝贵的史学遗产，但由于他政治上的保守立场，导致该书在述评边事等方面的偏差和失真。后人对《通鉴》的注释、研究很多，其中以胡三省的《音注》为最重要，而王应麟的《通鉴地理通释》，则为考证古地理的重要著作，对边疆研究亦有价值。受《通鉴》影响，编年体史书不断问世，其重要的有李焘《续资治通鉴长编》、李心传《建炎以来系年要录》、徐梦莘《三朝北盟会编》、佚名《宋季三朝政要》、佚名《宋史全文续资治通鉴长编》、毕沅《续资治通鉴》、徐乾学《资治通鉴后编》、谈迁《国榷》、夏燮《明通鉴》等。

起居注是史官积累的原始资料，但清以前起居注得以传世的只有温大雅的《大唐创业起居注》。实录为每一帝王死后，下一朝的群臣就起居注和日历等纂修而成，故每代最后一朝均无实录。至迟从梁武帝时即有实录，但明以前各朝实录只有唐《顺宗实录》和宋《太宗实录》尚存部分。明清各朝实录基本保存完好，为后人研究明清史留下了大量珍贵史料，其中涉及边疆事务的也相当丰富。实录有很高的史料价值，但其间有意无意的差错也有不少，如明《太祖实录》《光宗实录》和清太祖、太宗、世祖三朝实录均经重修或修改，造成许多失实之处。清屡次修订前三朝实录的主要原因是想掩盖其曾藩属于明的历史，而这些内容恰与明东北边疆史密切相关。清代还有官修《东华录》传世，该书性质略同实录简编。

（三）典志体史书

初创典志体史书体裁的是唐代刘秩的《政典》，而唐代杜佑的《通典》则成为十通之首。正如《四库提要》所言：通典"每事以类相从，凡历代沿革悉为记载，详而不烦，简而有要，原原本本，皆为有用之实学，非徒资记问者可比，考唐以前之掌故者，兹编其渊海矣"。对于边疆问题研究，《通典》中的《食货》《职官》《州郡》《兵》等部分均有大量有用资料，《边防》一门十六卷则更是全部记述边事和周边少数民族事务的。继《通典》之后，又有宋代郑樵《通志》、宋末元初马端临《文献通考》和清代官修的《续文献通考》《续通典》《续通志》《清文献通考》《清通典》《清通志》及刘锦藻《清朝续文献通考》等著作问世。《清通考》中《田赋考》增《八旗田制》，《钱币考》增《回部普儿》，《土贡考》增《外藩》，《封建考》增《蒙古王公》等；《清续通考》增《外交》《邮传》等，这样就在舆地（州郡、地理）、四裔（四夷）等门类的基础上加强了对边疆事务的记述。

（四）地理书和方志

我国的地理学研究源远流长，历史遗产十分丰富；方志则是以地为纲的历史文献，对保存各地方的史事起了非常重要的作用。研究边疆问题，地理书与方志的价值是不容低估的。

上古时期，许多著名文献中都有地理书的成分，其中比较集中和突出的有《尚书·禹贡》《管子·地数》《山海经》《尔雅·释地》《吕氏春秋·有始》《周礼》等。在这些文献中，保存了古代中国早期边疆状况的珍贵史料；同时，辨析这些材料的真伪虚实也是千百年来学者们治学之重要所在。秦汉以后，各类地理文献逐渐增多，传世作品也逐渐增多，这不但为后世中国边疆研究提供了素材，而且也从一个侧面反映了古代中国边疆研究的发展历程。

游记、旅行记、考察记类作品中含有大量的关于边疆的记载。大约是战国时期作品的《穆天子传》是一部神话性的旅行记，它从一个侧面反映了作者生活时代人们对大西北的认识和想象。到了汉代以后，中原地区人们的行迹有了更大范围的拓展，随之也留下了日益增多的记载。广阔的西域地区已成为人来人往的热线地区，除了政治、经济、军事上的因素外，佛教的东渐和中原使者、僧人的西去求佛也是重要的促进因素。晋代高僧法显是最早到达印度且回归祖国的极少数人之一，追记他的全部旅程的《佛国记》则是世界最古老的真实旅行游记。该旅行记对从河西到西域的边疆地区多有记述。继《佛国记》之后，又有东魏杨衒之编《洛阳伽蓝记》、唐辩机编《大唐西域记》、慧立编《大慈恩寺三藏法师传》、蒙元李志常著《长春真人西游记》和明《徐霞客游记》等名著传世，这些著作对西北、蒙古高原、西南等地区的记述建立在耳闻目睹实地考察的基础上，因此都是边疆研究的珍贵史料。

在我国古代，很早以来就有专著方志的传统，如梁启超说："最古之史，实为方志，如孟子所称'晋乘、楚梼杌、鲁春秋'，墨子所称'周之春秋、宋之春秋、燕之春秋'，庄子所称'百二十国宝书'，比附今著，则一府州县志而已。"[①] 据《隋书·经籍志》记载："晋世，挚虞依《禹贡》《周官》，作《畿服经》，其州郡及县分野封略事业，国邑山陵水泉，乡亭城道里土田，民物风俗，先贤旧好，靡不具悉，凡一百七十卷，今亡。"

---

① 梁启超：《中国近三百年学术史》，中国书店1985年版，第298页。

以后，齐有陆橙的《地理书》，梁有任昉的《地记》，陈有顾野王的《舆地志》，唐有《括地志》、贾耽《古今郡国四夷述》等。与地志一同兴起的还有地图的绘制，早在先秦时期即有大量地图问世，秦汉时则已有相当的规模，刘邦与项羽争夺天下时得益于缴获秦的那批图书即是证明。以后至唐代，以西晋裴秀的《禹贡地域图》和唐贾耽的《海内华夷图》为最著名。这些著作地图虽已年久失传，但其在学术发展史上则有承前启后之作用。早期方志之书传世的以东汉时期袁康、吴平的《越绝书》和赵晔的《吴越春秋》、东晋时期常璩的《华阳国志》、唐代樊绰的《蛮书》为最著名。上古时吴越、巴蜀已属边远地区，亦为边疆研究者重视之地；《蛮书》专记唐代云南境内南诏等少数民族地区之事，虽今传世者为辑本，其史料价值仍不容忽视。

唐《元和郡县图志》是现存最早的古代总地志，该书有图（每镇有图，后失传）有文（现亦有缺佚）、以唐十道四十七镇分篇，实以府、州为叙述单位，记开元、元和时的户数，叙沿革形势、府或州境、贡赋、管县数目和名称，再分叙各县情况（略同府、州）。该书对了解唐代全国情况是十分有益的资料，清代学者孙星衍等曾对该书进行校正等工作。宋代所修地理总志有太宗时期乐史修撰的《太平寰宇记》（现存本有缺佚）、神宗时期王存等编撰的《元丰九域志》、徽宗时期欧阳忞撰的《舆地广记》、理宗时期王象之编纂的《舆地纪胜》（现存本有缺佚）和内容仅以南宋统治区域为限的祝穆编《方舆胜览》。元代时曾官修《大元大一统志》，该书规模超千卷（据金毓黻《大元大一统志考证》为一千三百卷），但该书亡佚于明代，今仅存残本。明代传世的全国总志有景泰时期陈循等编《寰宇通志》和英宗复辟后李贤等编《大明一统志》。清代曾数修一统志，最后形成内容叙事止于嘉庆二十五年（1820）、通称为《嘉庆重修一统志》的全国总志。除了官修志书外，明末清初著名学者顾炎武的《天下郡国利病书》（未完成之稿本）和顾祖禹的《读史方舆纪要》也是十分重要的历史文献，从边疆研究角度看，二顾著作的重要价值主要在云南、广西、交阯等西南边疆部分。

除了全国性的总志外，还有数量更大、史料价值往往也更大的地方志。各地方修志，宋代时即已逐渐兴起，至明中叶时已很发达普及，至清代则更为兴盛，几乎无地不志，以至名山大镇亦各有志。单本地方志的所及范围虽小，但叙事也更为详尽，加上有各志书遍布全国的优势，因此往往对缺乏若干文献资料的边疆研究工作者来说无疑是十分难得和珍贵的。当然，由于各地方修志的条件不同，修撰者的水平能力各异，因此各地志书的质量和价值也不尽相同，这也往往是学者们研究边疆问题时首先要辨析的重要问题。

我国古人对各地的描绘不但重视用文字去叙述，往往也重视地图的测绘工作。明以前地图传世者很是罕见，明以后我国地图绘制水平有了明显的提高（西方近代科学技术的传入是其重要因素），传世作品也逐渐增多。边疆地区的状况如何往往是统治者需要了解并且需要有其地图的要点所在，这在唐宋时期即已十分明显；同时边疆地区也是地图绘制工作的难点所在。明代传世的重要地图有《杨子器跋舆地图》和罗洪先《广舆图》，杨子器在《舆地图》跋文中写道："观夫两京畿之相望，十三省之环，百五十二府，二百四十州，一千一百二十七县之系属，四百九十五卫，二千八百五十四所，交错布列，为之保障。若宣慰司十二，宣抚司十一，招讨安抚司十九，长官司百七十七，亦莫不革其野心，以听省府约束。外若朝鲜、安南等国五十六，速温河等地五十八，奴儿干、乌思藏等都司所隶二百三十八，亦皆奉朝贡，一统之盛，万仅见。""敷时绎思，维祖求定，此舆地图所以有补于政体也。间常参考大一统志及官制，而布为是图，皆诸家详略颇异。若京师、若省、若府州县、若卫、若所、若卫所之并居府州县者，若内外夷方之师化与宾界者，势同异其形。远近险易，一览可视，愿治者常目在焉，则于用人行政，谅能留意。"该《舆地图》的比例尺大约为 1∶1760000，图上海岸线和河系平面图形等已近今图，各行政区名的相对位置也基本正确，这也从一个侧面反映了古人对包括边疆地区在内的全国了解与认识的深入。《广舆图》包括的区域范围较《舆地图》更大，增有九边、黄河、海运等图，是一早期的分省地图集，其图上各省的图形轮廓与今图已大致相差不远。明末清初，我国的地图测绘进入了向近代制图学发展的新时期。康熙乾隆时期，政府曾组织过大规模的地图测绘，在这一时期，我国边疆地区的地图测绘编制也进入一个新的发展时期。如再加上明清时期海图测绘方面的新成果，这些成果的取得即说明了边疆（包括海疆）研究的长足进展，同时也为后世留下了边疆研究的大批珍贵资料。

除了上述四大类外，我国古代历史文献还有会要类、辑录类、目录提要类、笔记杂记类等，其中涉及边疆问题的文献也为数不少，特别是元、明、清三代众多笔记杂记类私人著作中，亦有丰富的边疆研究历史遗产。

总之，前人的千年积累，是我们研究中国边疆历史的最基础性资料。

二 中国边疆研究的百年探索（19世纪以降）

这里的百年，实际上涵盖了19世纪至20世纪前半叶约150年的时段。这一时段，是中国历史巨变的150年，经历了清朝由盛转衰到灭亡，从中华民国到中华人民共和国成立。民族危亡、民族振兴是这一历史时段主旋律之一。中国边疆研究在这样的历史大背景下，也经历了兴旺、衰微、再兴旺的历程，一个半世纪来，共出现了两次中国边疆研究的高潮，两次研究高潮分别是：19世纪中叶至19世纪末，西北边疆史地学的兴起，是中国边疆研究第一次高潮的标志；20世纪20年代至40年代边政学的提出与展开，是第二次中国边疆研究高潮的突出成就。

（一）第一次中国边疆研究高潮

中国边疆研究在经历了数千年的发展之后，在近代短短的百余年中取得了很大进步，进入一个新的发展时期。在19世纪，我国出现了一批杰出的边疆研究专家，编著出一大批边疆研究新著，形成了中国近现代史中第一次边疆研究的高潮，也为20世纪的中国边疆研究留下了宝贵的历史遗产，20世纪的中国边疆研究也正是在直接继承了这些历史遗产的基础上发展起来的。

近代中国边疆研究的第一次高潮是在社会发展和学术发展交相作用下发展起来的。从中国社会发展角度讲，清代康雍乾嘉时期古代中国统一多民族国家得到了空前的发展，与此相对应的是中国边疆研究的外延和内涵均得到了空前的发展；而在鼎盛形势下已隐含酝酿着危机，到了道光以后，中国边疆危机日趋严重，边疆问题已与中国国家和中华民族的兴衰存亡问题紧密相连，此时的中国边疆问题研究的时代感和紧迫性也是空前的。从中国边疆学术发展角度讲，自明末清初以来，经世致用的学术思潮与边疆问题研究发展虽有起伏，但从未中断，学术发展过程中的延续性在新的历史时期演化出了新的特点。

梁启超曾总结说："以边徼或域外地理学名其家者：寿阳祁鹤皋（韵士）、大兴徐星伯（松）、平定张石洲（穆）、邵阳魏默深（源）、光泽何愿船（秋涛）为最著，而仁和龚定庵（自珍）、黟县俞理初（正燮）、乌程沈子敦（垚）、固始蔚子潇（湘南）等其疏附先后者也。此数君者，时代略衔接，相为师友，而流风所被，继声颇多，兹学遂成道光间显学。"①上述一批知识分子虽然个人经历各异，有些人做过官，有些人则是为人幕僚或教书度日，但研究边疆问题却是他们共同的志趣目标，自18世纪末19世纪初开始，至19世纪中叶以后（主要为嘉道咸时期），边疆史地研究经历了一个兴盛的时期。祁韵士是开这一时期边疆研究之先河者，他从1783年起在国史馆负责编订《外藩蒙古回部王公表传》历时八年而成其书。1804年，祁韵士被遣戍伊犁，在此他编纂了《西陲总统事略》（亦名《伊犁总统事略》）、《西陲要略》《万里行程记》《西陲百咏》等著作。也在嘉庆年间被遣戍伊犁的洪亮吉则著有《天山客话》和《伊犁日记》。祁韵士的遗著《藩部要略》主要由张穆编纂而成，张穆自己则撰写了《蒙古游牧记》。而张穆《蒙古游牧记》的遗稿则由何秋涛补辑、校改而终成其书。祁韵士编订的《伊犁总统事略》本受伊犁将军松筠之托而作，1815年松筠又委托徐松重修此书，再经徐松在新疆南北各地考察，撰成《伊犁总统事略》，此书后被道光帝赐名为《新疆识略》。徐松还撰有《西域水道记》一书。沈垚曾为徐松之门客，在徐松支持下，沈垚撰成《长春真人（西游记）金山以东释》，他还著有《新疆私议》一书，着重论述了新疆安定对维持国家边防的重大意义，提出要发展边疆地区经济。龚自珍在仕途中虽不得志，但在任职期间大量接触边疆事务，他的《西域置行省议》反映了作者在边疆研究方面的造诣和在治边方略方面的远见卓识。如果说

---

① 梁启超：《中国近三百年学术史》，中国书店1985年版，第321页。

上述各名家学者的成果主要集中在北部边疆（特别是西北边疆）方面，魏源研究的涉及面就要更宽一些，他的代表作有《圣武记》和《海国图志》。俞正燮的《癸巳类稿》也对包括蒙古、新疆、西藏、台湾及澳门在内的边疆史有所记述和研究。

姚莹虽未被梁启超总结时提起，但他无疑是这一时代边疆研究学人中的杰出一员。姚莹字石甫，安徽桐城人，他所著《识小录》涉及蒙古、新疆、西藏以及中俄边界问题等边疆研究领域；他的《东槎纪略》是研究台湾史地的早期著作之一；而《康輶记行》则是作者两次入藏，实地考察研究后的成果。

综上所述，在中国社会由古代发展阶段向近代发展阶段的过渡时期，中国边疆研究也迎来了一次发展高潮，这次高潮酝酿于康雍乾时期，形成于嘉道咸时期。边疆研究成为"显学"的社会基础是中国统一多民族国家的发展；其学术思想基础则是经世致用思想的再兴与发展，而西北边疆史地学的兴起，成为这一次高潮的标志性成绩。在这一发展过程中，一批边疆研究者显示出他们执着的敬业精神和深邃的学术造诣。他们编撰的一批边疆研究著作具有很高的社会意义和学术价值，是边疆研究宝贵的历史遗产。

从边疆研究发展史角度观察，嘉道咸时期的边疆研究成果还主要集中于对我国边疆少数民族地区社会环境与社会状况的调查和研究。这个时期的不少有识之士已经注意到中外边界划定或边界纠纷问题，以及与中国边疆问题密切相关的域外问题。成果以前一类型为主，是中国近代历史发展前一阶段（古代中国统一多民族国家高度发展）影响的结果；出现后一类型是中国统一多民族发展遇到了新问题，中国近代边疆危机、社会危机酝酿发展必然导致中国边疆研究出现新的发展态势，在咸丰、同治、光绪时期，越来越多的著述反映了这一点。

关于边疆治理方面的成果有：陈麟图编辑《历代筹边略》、蒋肇龄撰《边备九筹》等。关于边事与外交方面的成果有：夏燮撰《中西纪事》、朱克敬辑《边事汇钞》、屯庐主人纂《五千年中外交涉史》等。

随着中国与周边各国界务关系的发展，一批有关界务的著述和舆图也开始大量问世，这包括：吴大澄《吉林勘界记》、廉荣《中韩勘界地图》、方朗等《中韩勘界地图》、曹廷杰《俄界情形》、钱恂《中俄界线条注》（附《帕米尔分界私议》）、刘毓盘《中俄约校注》、朱克敬《中俄交涉记》、沙克都林札布《南疆勘界日记图说》、姚文栋《云南勘界筹边记》、薛福成《滇缅划界图说》、刘春霖等《滇越界约》、蔡希邠《广西中越全图》等。大量有关界务问题的著述和舆图的问世，是中国边疆研究进入近代发展阶段的重要标志，到 20 世纪初，持续不断的这类研究汇入以反对帝国主义列强侵华（首当其冲是边疆地区）为主旋律的中国边疆研究发展大潮之中，并再次形成中国边疆研究的新高潮。

（二）第二次中国边疆研究高潮

20 世纪前半叶，中国边疆研究逐步演变为一门发展中的现代边缘学科，而支持这一演进过程的因素又是多方面的。现从以下三个方面略做介绍。

1. 在爱国救亡运动中发展的中国边疆研究

中国统一多民族国家在 20 世纪前半叶遇到了前所未有的民族危机，而中国边疆研究则在包括边疆研究工作者在内的全民爱国救亡运动中得到了发展。众多学者的参与，大量论著成果的发表，不但使研究者融入社会发展主流之中，而且使中国边疆研究紧紧跟上了中国社会发展的进程，并对中国社会发展起到积极的推动作用。

从中国边疆整体角度观察研究问题是本时期中国边疆研究取得重要进展的突出体现。华企云著《中国边疆》[①]，是较全面地论述中国边疆问题的第一本专著，该书分为上下两篇，上篇综述边疆之沿革与现况、边疆之勘界与失地、边疆邻接各地之地理概况与最近民族运动之鸟瞰、边疆邻接各地之对华历史与受治帝国主义之经过和边疆铁路之沿革与现状；下篇则分别论述国际角逐下之东三省、外蒙之独立、新疆之三大问题、英人侵略下之西藏和云南之界务问题。对于此书写作之目的，作者在该书自序中总结道："国人中岂有意研究边疆今昔之实在状况而谋补苴罅漏之策乎？则本书源委具在，不仅可以考见晚清以来之边患，且可与国防民族安危之思

---

① 新亚细亚学会，1932 年出版。

焉。"该书的撰写与出版在 20 世纪中国边疆研究发展史中具有重要意义，作者从国家兴亡考虑到边事盛衰，从研讨边疆全局大势到考察边疆局部问题，从分析国内边疆问题联系到中国周边及世界格局，在论述以上诸多问题时，作者又涉及政治、军事、经济、文化、民族、宗教、地理等诸多领域，并以现代人的眼光审视历史问题，这样中国边疆作为一个完整的研究客体即被明确地推上其自身应有的独立地位，中国边疆研究成为一门发展中的现代边缘学科也得到有力的证明。

这一时期论述中国边疆问题的著作还有：方秋苇《中国边疆问题十讲》（引擎出版社 1937 年版）、思慕《中国边疆问题讲话》（曲江广东省地方行政部训练委员会 1942 年版）、西尊《边疆问题与国防》（重庆文信书局 1942 年版）、蒋君章等《中国边疆地理》（文印书局 1944 年版）等。而同一时期论述中国边疆问题的论文数量则更多，其中有君实《中国边疆之危险》（《东方杂志》第 15 卷第 7 期，1918 年 7 月）、翰青《边疆问题注意的理由和解决的途径》（《清华周刊》30 卷 8 期，1928 年 7 月）、格桑泽仁《亚洲问题与中国边疆问题》（《新亚细亚》1 卷 1 期，1930 年 10 月）、戴季陶《中国边疆之实况序言》（《新亚细亚》1 卷 5 期，1931 年 2 月）、杨青田《现阶段中国边疆问题》（《中华月报》2 卷 6 期，1934 年 6 月）、茹春蒲《我们以前漠视边疆的原因与现在注意边疆的要点》（《前途》3 卷 9 期，1935 年 9 月）、黄定初《帝国主义侵略下我国边疆之危机》（《边事研究》2 卷 5 期，1935 年 10 月）、沈山剑《怎样研究边疆问题》（《图书展望》2 卷 2 期，1936 年 12 月）、顾颉刚《边疆问题》（《甘肃学生》8 卷 1 期，1938 年 12 月）、伯平《我国边疆学之内外研究略史》（《益世报·边疆》24 期，1939 年 6 月 5 日，昆明）、孙绳祖《中国边疆问题发生原因之探讨》（《边疆研究季刊》1 期，1940 年 9 月）、马鹤天《今后的中国边疆与边疆问题》（《中国边疆》1 卷 3、4 期，1942 年 4 月）、黄奋生《中国边疆释义》（《中国边疆》1 卷 8—10 期，1942 年 10 月）、章力生《边疆与国防》（《军事与政治》3 卷 6 期，1942 年 12 月）、胡耐安《边疆问题与边疆社会问题》（《边政公论》3 卷 1 期，1944 年 1 月）、马长寿《中国十年来边疆研究的回顾与展望》（《中央周刊》9 卷 11 期，1947 年 3 月）、顾颉刚《中国边疆问题及其对策》（《西北通讯》3—4

期，1947年5—6月）和刘钧仁《中国今日之边疆》（《凯旋》31期，1948年5月）等。

通过列举上述众多论著成果，我们可以从中得出如下认识：1918年至1948年的30年间，涵盖内政外交等诸多方面内容的中国边疆问题为众多研究者从不同视角加以研讨，中国边疆问题这一社会矛盾的焦点亦成为多学科研究的交汇点，从而也就更明确地发展起一门具有浓厚时代色彩的边缘学科。

20世纪前半叶，对中国边疆不同范围、不同层面、不同视角、不同方法的各类研究成果的数量是很大的，也正是因为有了这许多成果的问世才撑起了这门发展中的现代边缘学科的构架。而众多的成果又大多是本时期中国爱国救亡社会运动的产物。与19世纪后期中国边疆研究开展状况相比，此时的研究及其成果不但在深度、广度方面还是在数量方面，均有明显的进步。

对于各个主要边疆地区的研究著作，东北地区有：刘瑞麟、孙凤翔和赵崇荫辑《东三省交涉辑要》（常州刘氏，1910年）、东三省蒙务局绘《东三省全图》（奉天中和印书馆1911年版）、吴廷燮《东三省沿革表》（天津徐氏退耕堂1911年版）、徐世昌《东三省政略》（1911年）、傅斯年等《东北史纲》（中央研究院历史语言研究所，1932—1933年）、卞宗孟《东北史研究纲要》（东北大学，1938年）、金毓黻《东北通史》（重庆五十年代出版社1943年版）等；北部地区有：姚明辉《蒙古志》（中国图书公司1907年版）、卓宏谋《蒙古鉴》（1919年）、陈崇祖编《外蒙古近世史》（商务印书馆1922年版）、华企云《蒙古问题》（上海黎明书局1930年版）、王勒埂《蒙古问题》（商务印书馆1931年版）、谢彬《蒙古问题》（商务印书馆1935年版）等；西北地区有：许景澄《西北边界地名译汉考证》（上海藻文书局1902年版）、阙凤楼《新疆大记》（1907年版）、国民外交丛书社编《新疆问题》（中华书局1928年版）、华企云《新疆问题》（上海大书局1932年版）、洪涤尘《新疆史地大纲》（南京正中书局1935年版）、蒋君章《新疆经营论》（重庆正中书局1939年版）等；西藏地区有：许光世、蔡晋成编《西藏新志》（上海自治编辑社1911年版）、白眉初《西藏始末纪要》（北平建设图书馆1930年版）、谢彬《西藏问题》（上海商务印书馆1930年版）、华企云《西藏问题》（大东书局1931年版）、陈健夫《西藏问题》（上海商务印书馆1936年版）、任乃强《康藏史地大纲》（雅安建康日报社1942年版）等；滇桂地区有：吕志伊、李根源《滇粹》（1909年版）、华企云《云南问题》（大东书局1931年版）、云南省立昆华民众教育馆《云南边地问题研究》（1933年版）、张凤岐《云南外交问题》（商务印书馆1937年版）、陈碧笙《滇边经营论》（1938年版）、孟森《广西边事旁记》（商务印书馆1905年版）、吴悫《广西边务沿革史》（广西省政府编译委员会1938年版）等；台湾地区有：袁克吾编《台湾》（商务印书馆1927年版）、汪洋《台湾》（中华书局1928年版）、王子毅《台湾》（重庆自由出版社1944年版）、李震明《台湾史》（中华书局1948年版）等。

上述众多著作出版的时代几乎遍布20世纪前半叶的50年间，但以30年代最为集中，这也从一个侧面反映了此时形成的研究高潮。19世纪后期的边疆研究以对西北地区的研究最为突出，50年后，边疆研究的各地区分布格局虽较前一段有所均衡，但北重南轻的格局尚未突破，特别是对海疆的研究就更薄弱了。

2. 在中国社会现代化过程中发展的中国边疆研究群体和专业研究刊物的出现与兴旺

20世纪初，清王朝统治下的中国危机四起，落后就要挨打已成现实，但值得庆幸的是，外来的挑战促使国人觉醒，一批具有现代社会思想意识的人们开始组成革命团体并进行社会革命斗争。与此同时，一批开始具有现代社会意识和现代科学知识的知识分子也为实现自身的理想而组织起来，1909年9月28日（清宣统元年八月十五日），一个基础广泛的、与中国边疆局势及边疆研究密切相关的现代学术团体诞生了，这就是中国地学会，是成立于清代仅有的三个科学团体之一，除抗日战争时期学会被迫停止活动外，其一直存在到1950年汇入新成立的中国地理学会。

中国地理学会有着广泛的社会基础和学科基础，其成员包括一大批清末民初的著名学者和社会活动家，他们包括地理学家张相文、白眉初、黄国璋、王成祖，历史学家陈垣、张星烺、聂崇岐，教育家蔡儒楷、张伯苓、蔡元培，地质学家章鸿钊、丁文江、翁文灏、邝荣光，水利专家武同举等。"兴地学研究，以救国图强"为学会活动的宗旨；唤起公众关心国家的安危与发展，促进地学各领域的学术进步，并使之普及于大众，就成为学会活动的始终目标。此时如此众多的学者自愿地组织起来，维系他们之间的关系不再仅仅是以前常见的师生、门派、亲友关系，而是共同的社会理想和学术领域使他们集合于一个开放性的现代学术社会团体之中。这种团体在中国的出现反映了现代社会意识和现代学术活动已经发展到了一个新的阶段，而学会有组织的活动不但强大了学者们在社会活动中的声望，且因加强学术交流而促进了学科发展。

中国地理学会的成立与发展对发展中的现代边缘学科中国边疆研究的演进是一个很好的推动。但与此同时，我们也应注意到中国地理学会并不是一个仅以中国边疆为研究对象的专业组织，中国地理学会对中国边疆研究发展做出重要贡献，这主要是因为学会在以下三方面的开拓性工作：

其一，在研究宗旨方面，学会继承了中国边疆研究的爱国主义优良传统，并注入了新的内容。政治安国、经济富国、科教兴国、国防强国新思路的提出与积极的社会实践，虽然这些均尚处初探阶段，但确适应了中国边疆研究的发展趋势。

其二，在研究道路方面，学会一面继承了中国舆地学学术传统，一面大量吸收了国外现代地学新成果，并使之逐渐在中国生根和发展。这种研究虽然尚不能使中外学术精华得以交融，但却代表了中国边疆研究工作走上了一条新路。

其三，在研究方法方面，学会弘扬了传统边疆研究重视书本研究与社会实践的良好传统，并使社会实践的内涵进一步得到丰富，这一进步具体表现为社会生活参与意识、社会团体与公众相结合意识的加强和从科学考察、科学论证到社会实践、社会检验模式兴起。学会的研究较传统的边疆研究有了更为开阔的视野，对宏观问题的综合研究和对微观问题的多学科研究顺应了现代科学研究的发展方向。

《地学杂志》是中国地理学会会刊，创办于1910年，是中国历史上第一份地学期刊。《地学杂志》虽是一份综合性地学刊物，但正如1913年学会在该刊本会纪事中云："地学事业包括极广，本会尤重国防和民生两个问题，并参考世界趋势，借资策励。"而国防与民生也正是中国边疆研究的最重要的课题。自《地学杂志》创刊至1937年被迫停刊,该刊发表的有关中国边疆研究的著述十分丰富,内容涉及以下八大门类:

①近代边界沿革及边患问题研究。近代以来中国边疆危机日益加深,此时的边界沿革及边患问题研究的意义已远远超出了单纯学术研究的范围。《地学杂志》先后发表了数十篇有关这方面的文章,其中有:白眉初《边界失地史略》、邹代钧《中俄交界记》、翁文灏《中俄国界史地考》、王恒升《黑龙江省胪滨县附近中俄国界记》、杨耀恺《吉林旧界变迁纪要》、充与《俄人测量帕米尔之警告》、陶懋立《帕米尔形势及中俄英分界略述》、宋教仁《间岛问题》、刘仲仁《滇南形势今昔谈》、李培栋《滇缅勘界痛史》、王龙章《片马问题》、白眉初《片马考》、叶秉诚《西藏交涉之研究》等。

②边疆治理问题研究。边疆地区作为中国统一多民族国家的组成部分,其治理问题既包括边防,也包括内政实施。在这方面发表的成果包括:苏莘《论新疆边防》、不惧《新伊防务论》、赵南森《改土归流之计划》等有关边防、边政的论文,还有刘仲仁《蒙古建省议》、林传甲《阿尔泰改省议》等一大批有关边疆地区行政区划的文章。

③古代边疆史地问题研究。在这一广阔领域的成果有:张鸿翔《长城关堡录》、傅运森《秦长城东端考》、张相文《长城考》、屠寄《论归绥金代西北边堡遗址书》、张相文《成吉斯汗园寝之发现》、丁义明《西域要考》、丁谦《大唐西域记地理考证》、丁义明《自汉代以来中国与西域之交通颇繁兵威所及使节所经及商人高僧之行迹能详其通路证以今名欤》、杨敏曾《青海罗卜藏丹津战地考》、丁锡田《辽东行部志地理今释》、朱希祖《鸭江行部志地理考》、丁谦《辨蒙古游牧记列乌兰布通于翁牛特旗之误》、徐钟令《元秘史腾机斯水所在地之商榷》等。

④边疆居民情况研究。中国边疆辽阔,居民情况十分复杂,有关研究涉及边疆居民的民族、民俗、宗教信仰等方面,其中有:邵公《长春民族生聚源流考》、姜松华《黑龙江鄂伦春近日之状况》、彭程万等《琼崖黎民之状况及其风俗与教育》、杨成志《中国西南民族中的罗罗族》、问苍《西藏族考》、铁岩《蒙古风俗志》、李安陆《西藏风俗记》、善之《萨满教》、李晋年《新疆回教考》等。

⑤边疆开发与经济研究。边疆地区的开发与经济建设长期处于落后状态，发表的相关文章有：孟森《调查东三省拓殖事业之报告》、白月恒《论蒙古之屯田及林牧业》、张印堂《内蒙古经济地理辑要》、智珠《云南之新建设》、王光玮《由经济地理上讨论琼崖的开发问题》、程其保《台湾开创记》、张相文《河套与治河之关系》等。

⑥边疆交通问题研究。地处偏远且交通不便是困扰边疆地区发展的重要因素，发展现代交通事业是学者们的工作目的。在这方面的成果有：林兢《新疆交通纪略》、彭程万等《琼崖交通之现状》《滇邕路线观察谈》《鄂滇铁路建筑谈》《满蒙五路建筑谈》、王倬《黑龙江及其水运》《松黑两江航业与江防》等。

⑦地学史、地图史、学者传记研究。中国地学研究源远流长，学者众多，地学史的研究为本学科继往开来发展之必需。有关文章有：泝支《先秦两汉地理图籍考略》、朱士嘉《宋元方志考》、姚士鳌《历代地理志评议》、丁谦《水经注正误举例》、叶瀚《清代地理学家列传》、张星烺《泗阳张沌谷居士年谱》、陶懋立《中国地图学发明源始及改良进步之次序》、翁文灏《清初测绘地图考》、童世亨《历代疆域形势一览图序》、苏莘《历史疆域形胜图序》等。

⑧边疆考察报告与游记。中国地学会十分提倡和重视实地考察工作，并在其刊物发表了大量实地考察记录，如冯际隆《河套调查记》、宋小濂等《伦边调查录》、朱士清《额尔齐斯河源观察记》、如柏《塔尔巴哈台调查录》、林伟甲《台湾之新调查》、沌谷（即张相文）《塞北纪行》、宋小濂《额尔古讷河旅行记》、张与权《云南纪行》、马登瀛等《新疆行程记》、贾树模《新疆归途记》、谢彬《新疆游记》、延清《车臣汗纪程》、李明絮《西藏旅行记》，以及有关西北科学考察团、中亚调查团、安得思蒙古考察团等团体的工作消息等。

《地学杂志》所及的中国边疆问题研究还包括边疆的地形、地质、矿产、资源调研和与中国边疆相邻的外国地区情况以及国外研究动态、译文等。20世纪中国边疆研究作为一门发展中的现代边缘学科的构架在《地学杂志》的实践中得到了很好的体现，遗憾的是该刊至今仍是兼及中国边疆社会科学与自然科学研究的唯一的实践。

进入20世纪以后，大量研究论文的涌现是中国边疆研究取得长足进步的重要标志。造就这一发展态势的基本因素有三：中国边疆研究事业吸纳了更多的研究者；研究者以更宽阔的视角、更先进的思想和方法审视中国边疆问题；现代社会学术研究信息传播媒体的出现与发展。在这三项因素之中又以后者初次发生于20世纪初期。现代学术期刊的问世是中国学术研究步入现代化发展阶段的重要标志之一，将中国边疆研究文稿作为刊物主要或重要内容的学术期刊即诞生于20世纪初，发展壮大于20世纪前半叶。这些刊物的出版既是中国边疆研究发展的产物，也从信息交流的角度促进了中国边疆研究的发展。

这一时期关于边疆研究的专业刊物，民国曾有论者根据性质将其分为以下四类：一是涉及边疆或民族问题的政治性刊物，如《中国青年》《青年中国》《时代精神》等。二是涉及边疆或民族问题的学术性刊物，如《中国文化研究所集刊》《金陵学报》《史地杂志》《地理学报》《科学》等。三是一般的普通边疆研究刊物（包括副刊），如《边事研究》《边疆研究》《益世报（边疆周刊）》《贵州日报（社会研究副刊）》等。四是分区的边疆研究读物，如西南边疆研究社主办的《西南研究》、金陵大学中国文化研究所主办的《边疆研究论丛》、"中研院"历史语言研究所人类学组主办的《人类学集刊》等。[①] 边疆研究专业刊物的大量涌现是与边疆研究学术社团的成立密切联系的。20世纪三四十年代的边疆研究社团，按机构名称及其研究的空间范围来划分，大致可以分为全国性社团与区域性社团两种类型。

全国性的边疆研究社团及所办刊物。除1909年成立的中国地理学会及其主办的《地学杂志》外，1924年在北京创立的筹边协会是较早专门以研究边疆为目标的学会，该会创办了《边事》季刊，同年5月出版了第1期，收录论文20余篇，研究内容主要涉及蒙藏地区。不过，在20世纪30年代之前，受社会时局动荡的影响，北京政府及后来成立的南京国民政府对边疆问题注意不多，边疆研究社团也并没有大范围出现，这一状况在

---

① 徐益棠：《十年来中国边疆民族研究之回顾与前瞻》，《边政公论》第1卷第5、6合期，1942年。

20世纪30年代及以后有了极大变化。

20世纪30年代以后,受"九一八"事变的影响,边疆研究社团不断涌现。1930年,新亚细亚学会成立,并创办了《新亚细亚》月刊。1934年,边疆政教制度研究会成立,名义上由南京国民政府蒙藏委员会、参谋部等多部委创设,但实际为蒙藏委员会下属机构,创设《边疆通讯》。同年10月,边事研究会成立,创设《边事研究》。1935年,上海成立了中国殖边学会。1936年,燕京大学历史学系发起成立了边疆问题研究会。1937年,清华大学历史系和地学系联合创立了边疆史地学会。1940年,中国边疆文化促进会成立,办有《边疆研究》季刊。1941年,齐鲁、华西、金陵、金陵女子四大学共同发起成立了中国边疆研究学会,并于1942年在重庆创立了《边政公论》月刊。此外,还有众多相关大学或机构成立了边疆研究社团。上述社团基本上均是以全国的视角来展开对边疆问题研究的,影响力也大。

区域性的边疆研究社团及所办刊物。"九一八"事变后,开发西北的呼声高涨,这一时期成立的关于西北边疆的研究社团众多,并创办了会刊,主要有西北研究会、新西北社、西北学会研究部、西北论衡社、西北导报社、西北协社、西北经济研究所、西北学会、西北春秋社、西北汇刊社、中国工业合作协会西北区办事处、西北研究社、西北农学社、西北建设学会、西北史地学会等。随着1935年前后南京国民政府及国人对西南边疆的逐步重视,也出现了一批研究西南边疆的社团,且创办了会刊,主要有西南学会、西南协会、中国工业合作协会西南区办事处、西南导报社、西南边疆月刊社等。此外,还有蒙藏月刊社、东北民众抗日救国会、东北问题研究社等社团也属于这一类型。这些区域性社团较集中地关注某一区域问题,对推动该区域的边疆研究向精深发展具有重要作用。

20世纪三四十年代不少大学成立了边政学系或关于边疆研究的专门机构,是这一时期国人对边疆问题重要性不断深化的结果。1928年12月7日,清华大学成立了边疆问题研究会,[①] 吸纳成员70余人,《边疆研究会缘起》宣称:

[①] 参阅金富军《清华大学边疆问题研究会考察》,《中国边疆史地研究》2008年第2期。

我国鸦片战争以还，门户洞开，藩篱尽撤；帝国主义者挟土地侵略之野心，四面八方，步步进逼：如日之于南满，英之于西藏，俄之于新疆、外蒙；彼此间密约之协定，势力范围之划分；或煽惑土人，反抗政府，或强用武力，攫取利权。吾国若尚不早为固圉之计，则唇亡齿寒，内地亦行见有沦亡之祸。同人等怀国势之颠危，知挽救之不容或缓，故有边疆研究会之发起。目的在切实研究边地之地理形势，社会状况，天产富源，外人势力，政治现象及其他与边地有关之各种重要问题；期得确切之知识及妥善之挽救办法。凡本校教职员同学如于边疆问题具有兴趣，愿加入本会研究者，不胜欢迎之至。

边疆问题研究会下设东三省组、内外蒙古组、新疆组、康藏组、滇桂组和海疆组6个组。1929年底，为讲求效率、集中工作，边疆问题研究会设总务、宣传、研究、调查四股，负责研究会的运行。鉴于"东三省"问题是中国边疆问题中当前最严重之问题，并且材料较为充分、调查方便，加之校内有数位对东北问题素有研究的教师，故将研究范围集中于东北三省，尤其是外交、经济与地理三个方面，并拟定东三省中日外交、中俄外交、经济问题、地理问题等60个研究题目。

边疆问题研究会向青年发出号召："到边疆去，那里固然有几千里的大戈壁，连绵不断的崇山峻岭，但是也有很大的平原，供你驰骋之所；有秀特的山，婉曲的河，供你游览；有深林供你采伐；有无尽的宝藏，供你开掘；有未经人到的地方，供你去发展，那里是实现你的理想的新天地，是发展你的抱负的唯一地方，你不要再流连于弹丸的腹地，偏促于不生不死的局面下，赶快审查你的环境，坚定你的志愿，充实你的学识，锻炼你的身体，准备你的行装，舍去你的温柔乡，向你的理想国去！向传统势力较小的地域去！"① 这一号召得到广大师生热烈回应，会员人数最多时达近百人。研究会一成立，即有校外人士要求加入，国外也有同学表示关注，表明研究会产生了一定的社会影响。

1931年以后，边疆问题研究会活动逐渐减少，会员人数也由最多时近

---

① 天问：《到边疆去》，《清华周刊》1928年第30卷第8期。

百人减少到30人左右。虽然在1934年底研究会重新选举新的负责人，但影响大不如前。抗战全面爆发，研究会似乎停止了活动。

在1931年左右，私立朝阳大学率先设置了边政学系，开设了蒙古文与俄文的教学课程。"九一八"事变后，东北大学迁至北平，也设置了边政学系，开设了日文与俄文教学课程。金陵大学鉴于"我国边疆问题严重，边疆问题研究机关之缺乏，边务人才亟待培养"，决定以边疆研究作为以后事业之一，1934年聘请徐益棠（1896—1952）任职中国文化研究所主持边疆研究事宜。

钟荣帆的《金陵大学的边疆研究述论》[1]中有精湛的点评：金大的边疆研究有着独特的学术发展走向，呈现出一种渐变的过程。抗战初期，以徐益棠为主导、开设边疆史地讲座，带动师生的边疆研究兴趣。抗战初期，以培养边务人才为主线，配合时局与政府，普及边疆知识。1941年底以后，以西南、西北为关注，众多专、兼职学者参与到边疆研究，形成系统性、跨学科的边疆研究体系。金大的边疆研究，从孤立的研究走到集众的研究，从以人为单位走向以学为单位，从弥散的研究走向系统的研究，昭示其边疆研究独特的发展路径。这当中，又有两个重要的特征，一是注重政与学的结合，二是以民族学为主导。在那个"政治吞没了学术文化，大我吞没了小我，主义笼罩学术"的时代，学者们往往期望学术超然于政治之外。但是，在徐益棠看来，"学术与政治，如鸟之双翼，车之双轮，二者不能联系与调整，其他尚复何望？"换言之，政与学是互相交织的，不能割裂。同时，徐氏眼中的民族学亦不是一门纯学术的学科，民族学于边疆建设，可以控制边疆，建设心理上的国防。柯象峰亦认为，在众多学科中，民族学及社会学应"任主角"，"人文当重于自然，而人文学科中民族社会之研究当先于其他各方面，而处于一种先锋的地位"。面对学术与政治的两难抉择，学者们往往秉持学术立场，采取"执两用中"的态度，在政治与学术之间寻找调和，将学术思想与国家、民族利益保持一致。

而与华西坝其他四大学（燕京、齐鲁、金女大、华西）相比，金大的边疆研究亦有其优势。燕京虽是教会大学中最顶尖的大学，各种资源丰

---

[1] 参阅《云南民族大学学报》2017年第6期。

富，其对边疆的关注在于社会学系，侧重于边区社会调查。齐鲁的边疆研究，以主持国学研究所的顾颉刚为主，尤其是其创办的禹贡学会、《禹贡》半月刊及其牵头的中国边疆学会，主张从历史地理的角度研究边疆。但是，顾氏的边疆研究与齐鲁有多大关系，还有待商榷，毕竟顾虽名为齐大国学研究所所长，却长期居重庆，并不实际主事。金女大，则仅有地政系的刘恩兰，研究边区地理。可以说，华西坝五大学中，仅有华西可与金大匹敌。华西的边疆研究可追溯至1922年成立的华西边疆研究学会，并出版有以外国学者主导的《华西边疆研究学会杂志》，及至1941年李安宅、于式玉夫妇受聘华西社会学系，成立华西边疆研究所，创办相关刊物，始形成以中国学者主导边疆研究。从机构、人员、刊物言，皆与金大类同。但是，由于华西位居教会大学第二方阵，而金大属于第一方阵，导致其从母会获得的资助资金较金陵少，这就间接导致其创办的期刊难以维系，使得其边疆研究成果的发表不易。

  1946年，金陵大学返宁复校，金大学人失去了研究边疆的地利条件，边疆研究逐渐淡出学人的视线。仅有徐益棠、马长寿等民族学者偶有边疆研究成果见刊，就连一度认为边疆研究应首推民族学、社会学的柯象峰，也不复研究，其他自然科学领域的学人更是如此。新中国成立后，金大边疆研究的领军人——徐益棠也转向史学领域，边疆研究至此成为"险学"。

  总而言之，金陵大学边疆研究兴起、发展及变迁的过程，是因应时代剧变的必然结果，也是学者出于学术与价值考量的外化表现。这不仅促使第二次边疆研究的复兴，使其成为"显学"，反之，又是第二次边疆研究热潮有以致之，它在一定程度上也表达了当时中国边疆研究学者追求学术转型的普遍诉求。

  此外，私立中国大学商学院设有边疆经济系（尤其侧重"内蒙经商"之科目），南开大学经济研究所注意边疆省份的经济研究（以对东北边疆的研究最有成绩）。在1939年以后，迁至昆明的复旦大学、云南大学，其后还有大夏大学、四川大学、华西大学、金陵大学、中山大学、贵州大学以及西北师范学院、西陲文化学院等院校均开有边疆建设或边疆问题等科目与讲座。1944年，国立中央大学与西北大学都设立了边政学系。其中，国立中央大学由于其特殊的政治背景，其创办的边政学系的设置相对健全，社会影响也最大。国立中央大学边政学系的课程设置主要从边疆特殊的政治制度、社会、民族、宗教、历史、地理、语言等方面着眼，主讲边疆民族史课程。虽然边政学系及边疆教育研究机构在当时仅系部分大学设置的科系，但这是中国近代意义上的高等教育机构第一次专门以边疆研究对象设置的科系，对于培养熟悉边疆的人才，推动边疆研究向专业化、科学化及学科化发展具有积极意义。

边疆研究社团及高校边政学系的成立，对于凝集专门研究人才、推动边疆研究的发展起到了重要作用。它们一方面创办各种刊物并广泛发行，吸引了社会舆论的关注，另一方面组织了一批专家规划边疆研究系列丛书的出版，形成了很大的社会影响。其中，以新亚细亚学会、中国边疆学会与中国边政学会最为突出。它们办的会刊《新亚细亚》《边政公论》《边事研究》等发行时间较长、刊发内容丰富。另外，它们也较成系统地组织出版了一批边疆研究丛书。出版编纂边疆丛书，是中国边疆学会成立后的五项重要工作之一。该学会曾在 1943 年编辑了边疆丛书第一辑，共 10 本，交由正中书局陆续出版；后又"打算赓续作第二辑以下的编纂，把关于边疆的政教、史地、经济、社会、文艺、各部门著作，在一定的计划下，分配在这部丛书里"①。该学会出版的两辑边疆丛书，第一辑由正中书局负责，第二辑由商务印书馆负责，系统性较强，但目前尚无相关史料能够将其所出版的具体书目全部厘清。中国边政学会成立后，也组织出版了边疆政教丛书，如《新疆研究》（李寰，1944 年）、《中国回教小史》（白寿彝，1944 年）、《新疆之水利》（倪超，1948 年）、《云南边疆地理》（严德一，1946 年）等。与中国边疆学会出版的边疆丛书相似，目前尚未见到能够将中国边政学会组织出版的边疆政教丛书的具体书目全部厘清的史料，两学会计划出版的一些书目，可能由于各种原因最终未能实现。

新亚细亚学会的创立，对边疆研究的深入发展有重要影响。由该会创立的《新亚细亚》月刊，于 1930 年开始发行第 1 期，1937 年由于日本全面侵华被迫停刊，1944 年复刊，共出版 14 卷 78 期。新亚细亚学会的研究

---

① 黄奋生：《边疆政教之研究·中国边疆学会丛书总序》，商务印书馆 1947 年版，第 3、4 页。

视角宏大，而《新亚细亚》月刊刊登了大量关于边疆研究的论著。这些论著有两方面的主要内容，即研究中国国内边疆问题与亚洲其他国家的历史地理，具有明显的战略研究特色，因而受到了学界和政界的普遍重视。至第 1 卷第 5 期，《新亚细亚》月刊的发行量已经从 3000 册递加到 8000 册以上。该刊发行范围之广远远超过了一般书籍，而其所刊载的相关论著的内容及研究取向在一定程度上是 20 世纪 30 年代边疆研究视角的体现。

《边政公论》杂志，直到 1948 年停刊，先后出版 7 卷，刊发了一大批关于边疆研究的学术成果，成为 40 年代边疆研究刊物中最具代表的刊物。《边政公论》杂志设有专著、译述、书评、边地通讯、边政资料等栏目，研究内容涉及边疆地区的政治、经济、社会、宗教、民族、史地等问题，但其研究的突出特点是对边疆研究方法与理论有了深入探讨。

《边政公论》创刊于抗日战争最艰苦的 1941 年，身处大后方四川的编者为什么要创办这一刊物？该刊发刊词中有明确的解释："因为我国对于边疆问题，向持漠视的态度，虽然边疆与中原发生关系已肇自远古，但对于边疆问题作有系统的研究，对于边疆建设作较积极的推动，还是近年来的事情。我们知道：任何问题的解决，都应该以事实的研究为根据，而后才有正确的办法。病症未认清，当然无法下药。基于这种原故，所以现在有关边疆的一切建设，都尚未能如我们理想中所预期的急速地进展。无论政府机关学术团体以及热心边事的人士，都已深切地感觉到这一点，而展开其研究的工作。这种工作，也恰如韩信将兵似的：多多益善。不过，一切的研究和学说，都应以切合时用为最终的目标，方可产生伟大的效果。故我们对于边疆问题的研究也必须根据着学理和事实，同时根据着国策，以求能与当前的边疆政治相配合。"这段文字反映了那个时代对中国边疆研究功能与任务的占主导地位的认识，时隔半个世纪后再读这段文字，其基本主张亦无过时之感，只不过不同时代的学理和国策内容不尽相同了。

1934 年由边事研究会创办的《边事研究》是 30 年代前期出刊的边疆研究的重要学术刊物。直至 1942 年 3 月出版第 13 卷第 1、2 期合刊后停办，中间大致经历了 8 年时间。据笔者初步统计，刊登论文近 800 篇（其中包括社评、小说、同一边疆研究论著的分期刊载等），主要设有社评、边疆研究、时事论著、边疆通讯、边事辑要等栏目。其中，边疆研究与时事论著是主要部分，刊载内容主要包括边疆自然环境、地理沿革、社会政治、经济、文化、军事、边疆国际关系等方面。其内容与边疆研究会设计组的计划大致吻合，其重视边疆国际关系方面的研究也与《新亚细亚》关注亚洲其他国家的视角相似。

在 20 世纪三四十年代，有关边疆研究的机构及杂志众多，但研究的系统性完整性存在较大差距。以 1932 年创刊的《殖边月刊》、1934 年创刊的《边铎》、1936 年创刊的《边疆半月刊》等边疆研究杂志为例分析，《殖边月刊》认为国家危急，而"救国之要，莫若殖边""乃创办殖边社于上海"，呼吁国人"开发边荒，以致富庶；辅助政府，使趋健全；集散漫之力为集团，其效自大"①；《边铎》强调其旨趣主要包括"宣达中央德意""阐扬本党之主义""领导反帝运动""揭橥边民痛苦""记载边疆实况"等，以实现"整个国家民族政治上经济上最后之自由与解放"②；《边疆半月刊》强调其主要刊载关于"阐明民族整一性之重要""唤起国人注意边疆之开发""记载边疆最近消息与实况""介绍国外人士研究我边疆之材料"等方面的研究论著③；《殖边月刊》主要关注边疆地区的殖民事业；《边铎》强调政治性，进而关注边疆实况；《边疆半月刊》较之《边事研究》，强调了"阐明民族整一性之重要"。上述刊物刊行时间均较短暂。《边铎》仅见第 1 卷第 1、2、3 期及第 2 卷第 1、2 期共 5 期，均属 1934 年；《殖边月刊》从第 1 卷第 1 期到第 3 卷第 4 期，时间跨越了 1932 年至 1935 年，共刊发了 24 期；《边疆半月刊》从第 1 卷第 1 期到第 3 卷第 7—9 期合刊，时间跨越了 1936 年至 1937 年，共刊发 24 期。它们与《新亚细亚》《边事研究》《边政公论》等刊物的持续时间、社会影响相比，自不可同日而语。这种情况的出现一方面是这一时期国人关注边疆热情的表现，另外也是民国政局动荡、学术研究持续进行存在着较多困难的结果。

1934 年成立的禹贡学会及其创办的《禹贡》半月刊，虽然存在时间

---

① 汪扬：《敬告国人》，《殖边月刊》创刊号，1932 年。
② 边铎半月刊社：《创刊词》，《边铎》创刊号，1934 年。
③ 边疆半月刊：《发刊辞》，《边疆半月刊》创刊号，1936 年。

较短，亦非专以边疆为研究旨趣，但其对边疆研究具有不可替代的推动作用。禹贡学会之成立，系以"研究中国地理沿革史为目的"①。禹贡学会是继中国地理学会以后成立的又一对 20 世纪前半叶中国边疆研究产生过重大影响的学术团体。禹贡学会筹备处成立于 1934 年 2 月中旬，正式成立于 1936 年 5 月 24 日。禹贡学会与中国地理学会一样，主要活动地点在北平，但与后者广纳各界人士参加不同，前者主要为燕京大学、北京大学和辅仁大学三校历史系师生组成。禹贡学会的发起和倡导者是顾颉刚和谭其骧，而顾颉刚则为学会最重要的组织者。禹贡学会先后吸纳了许多著名学者，他们包括钱穆、冯家昇、唐兰、王庸、徐炳旭、刘节、黄文弼、张星烺、于省吾、容庚、洪业、张国淦、李书华、顾廷龙、朱士嘉、韩儒林、张政烺、翁独健、吴丰培、苏秉琦、商鸿逵、王光玮、冯世五、侯仁之等。《禹贡学会会章》明确宣布："本会以集合同志研究中国地理沿革史及民族史为宗旨"，而学会的工作范围"为搜集文书材料"，并实地调查，从事编辑中国民族史、地理沿革史、各代疆域图、各省分县图、文化统计表、地名辞典等图书。②学会虽然制定了较为专门的研究领域，但社会形势发展和众多学者的努力，学会活动领域有了越来越宽广的发展，正如顾颉刚在《禹贡周刊发刊词》中指出，"扩充范围乃于民俗史、边疆史、内地移民史、中外交通史、方志学等方面，蔚为'历史的地理'之总集"③。

《禹贡》是禹贡学会会刊，创办于 1934 年 3 月 1 日，是中国历史上第一份有影响的历史地理学科专业刊物。20 世纪 30 年代，"强邻肆虐，侵略不已"，这才有顾颉刚等学者"同人谋以沿革地理之研究，裨补民族复兴之工作，俾尽书生报国之志"之举措，《禹贡》是学者们参与爱国救亡运动的产物。《禹贡》以历史地理学科定位，初期内容多较边疆问题距离较远，但随着东北沦陷、华北危机，民族危机加剧，刊物载文范围由古地理研究扩大向边疆研究，其目的在于向社会大声疾呼，共研边隅，以固边

---

① 马大正：《略论禹贡学会的学术组织工作》，《中国边疆史地研究》1992 年第 1 期。
② 《禹贡》第 5 卷第 7 期。
③ 《禹贡周刊》第一期，载《国民新报》1946 年 3 月 21 日第 4 版。

疆。至 1937 年 7 月 16 日出版了第 7 卷第 10 期后,《禹贡》也因北平沦陷而被迫停刊。《禹贡》刊出有关中国边疆研究的文章,最集中的当属其《西北研究专号》(5 卷 8、9 合期)、《东北研究专号》(6 卷 3、4 合期)、《后套水利调查专号》(6 卷 5 期)、《康藏专号》(6 卷 12 期)和《察绥专号》(7 卷 8、9 合期),而在其他各期中的有关边疆研究的文章亦有相当数量。《禹贡》的研究覆盖面小于《地学杂志》,但其所载文章亦包括边疆政治、经济、历史、地理、民族、宗教、对外关系等诸方面的内容。《禹贡》半月刊虽仅存在三年多的时间,但其从一个重要的方面反映了 30 年代抗日战争全面爆发前中国边疆研究高潮期的研究盛况。

禹贡学会存在并开展活动的时间是很短的,自学会成立至全国抗日战争爆发,学会的研究、编辑和旅行调查工作开展得十分活跃,成绩亦十分突出。最能反映学会风貌的当属《禹贡》半月刊,这份办刊 3 年多(1934 年 3 月 1 日至 1937 年 7 月 16 日,共出 7 卷 82 期,载文 708 篇)的刊物既反映了学会的学术思想与实践,也代表了 20 世纪 30 年代中国边疆研究的发展状况。1937 年抗日战争爆发后,禹贡学会工作被迫停顿,至 1946 年 3 月 10 日,学会复员第一次会议召开,学会工作又延续了很短时间。内战爆发后,学会因通货膨胀、经费拮据等原因工作再陷停顿。1952 年 2 月,在顾颉刚主持下禹贡学会结束了业务活动。

禹贡学会的学术成功与成绩,主要得益于学会有效且有特色的组织工作,而这又首先体现于学会拥有一流的学术活动组织者和一批学有专长的学术带头人及骨干;其次学会制订了顺应中国社会发展和学术进步趋势、有较强可行性的工作计划。

进一步分析禹贡学会的学术成功与成绩,这又是与中国现代高等教育体系的长足发展分不开的。学会拥有数百名以燕京、北京、辅仁三所著名大学师生为基础的基本学术队伍,进而拥有一批一流的学术骨干及带头人也就不足为奇了。现代高等教育体系为学术传播与进步提供了较传统教育模式更为广泛而坚实的基础,禹贡学会的学术与社会实践不但证明发展中的现代中国边疆研究事业已经搭上了中国现代高等教育发展的列车,而且在现代高等教育进步的推动下得到了进一步的发展。

随着现代高等教育事业在全国各地逐渐普及,中国边疆研究的基本队伍也由北京等少数大城市逐步遍及各地，这一动向不但成为发展的趋势，而且有着较为稳定的特征，随之而来的则是发展中的现代中国边疆研究发展的新格局。分布于各地的学者将研究的视野投向了更广泛的领域，在教学相长的过程中形成了新的学术群体，新的学术群体的产生与发展又促进了研究事业进一步发展。最突出的事例就是随着云南现代高等教育事业的发展（特别是抗日战争时期），以方国瑜为代表的一批学者以云南大学等高校为主要基地，较为稳定地开展了中国边疆研究（主要为西南边疆研究）的教学与科研工作，进而使原本较北部边疆研究明显滞后的西南边疆研究取得了长足的进步，从而有利于中国边疆研究的整体布局的平衡和研究的深化。

20世纪前半叶（特别是三四十年代），一批官方或半官方的中国边疆研究团体也先后成立并开展活动（如国民政府蒙藏委员会下属的研究机构等），对于这些团体的评价就比较复杂了。成立官办团体的首要目的是要为现政权的统治服务的，而显然当时的政府并未选对一条能使中国繁荣昌盛的正确之路；但也不能讲其每一具体举措都是不利于中国统一多民族国家及其边疆安全与发展的。因此，对于这些团体的作用要进行实事求是的具体分析。

3. 边政学的提出与展开是这次高潮的标志性成果

民族危机加剧，促使更多研究者关注中国边疆问题研究，新的研究学派与方法的引入，大大开阔了研究者的视野，开始对中国边疆进行全方位、多视角的观察与研究，前述研究成果、研究团体、研究刊物和研究者的涌现，充分证明了对中国边疆研究应该有一个新的学科定位。边政学这一命题的提出，应是学术发展的必然。

著名学者吴文藻于1942年在《边政公论》第一卷第5、6期上发表了《边政学发凡》，作者自称："本篇之作亦属初步尝试性质，只能先给边政学划出一个轮廓"，但对边政学的学科建设诸多方面均做了科学的阐论，择其要者，可归纳为如下三端：

一是，对边政的界定。

"边政有广狭两义之不同：边疆政治，系边政之广义；边疆行政，系边政之狭义。边疆政治可以包括边疆行政，但边疆行政不能包括边疆政治。……至于边疆政策，乃是根据边疆原理推演出来的，必须慰藉边疆行政机构职能见诸实施。其地位介于边疆政治与边疆行政之间。"

二是，边政学研究的内容。

作者明确提出："边政学就是研究边疆政治的专门学问。"边政学的目的有二："一是理论的，一是实用的。边政学原理的阐发，可使移植科学迅速发达，专门知识日益增进，举凡人口移动、民族接触、文化交流、社会变迁皆可能追本寻源，探求法则。这是边政学在理论上的功用。边政学范围的确定，可使边疆政策有所依据，边疆政治得以改进，而执行边政的人对于治理不同族不同文的边民，亦可有所借鉴。'为政由学始'，就是这个道理。这是边政学在实用上的功用。"作者进而阐发了边政学研究的内容，是"研究关于边疆民族政治的思想、事实、制度及行政的科学"。"第一部分为思想，是属于理论的；第二部分为事实，是属于叙述的；第三部分为制度，是属于分析的；第四部分为行政，是属于实践的。四者之中，自以事实的叙述及制度的分析，在研究上，最为重要。"

三是，边政学与有关学科的关系。

"欲使边政学发展成为一门独立学科，端非专从边政学本身着想，可以竣事；必须设法与相关学科，密切联系，始克有成。"与有关学科关系，其一系与理论社会科学的关系，"在理论社会科学方面与边政学关系最深者，首推人类学、社会学，及政治学；其次，则为经济学、法学，及教育学，又其次，则为史学、地理学，以及其他有关国防的科学。欲使边政学的观点正确，方法精密，题材丰富，内容充实，就必须从这种种学科，随时吸收其精华。非如此不足以建立边政学的学术基础"。其二系与应用社会科学的关系，"尚有边疆教育、边民福利事业，以及边疆文化变迁的研究"。还应包括"海外华侨社会的研究""这种实际知识，对于边政学的益处，实在是无可限量的"！

吴文藻关于边政学建设的主张，在当时政界、学界、教育界均得到关注，一些著名大学如中央大学、西北大学等均设立边政学系。当时中央政治学校、边疆学校特设边政专修科，蒙藏委员会亦专开蒙藏政治训练班，培养专门人才。即使在70年后的今日，该文所阐论的有关边政学学科建设的构想，仍不失其学术生命力。

段金生在其《20世纪三四十年代的中国边疆研究及其发展趋向》① 一文中对当时边疆研究的特点与发展趋向有一段中肯的评析：

> 20世纪三四十年代的中国边疆研究，呈现出逐渐突破传统史学窠臼，向独立学科发展的基本趋势。传统的边疆研究，属于史学研究的范畴，而随着中国学术的近代转型，学科分化趋细，近代中国边疆研究也出现了重要转变。有学者在论及西北边疆史地研究时曾言："如果从学科门类来看，当时的边疆研究属于历史学和历史地理学这样一个范畴。这些都是中国的传统学问……那时的边疆研究不是借用新兴的学科，而是借助中国传统的史学工具来研究边疆问题的。"② 西北边疆史地研究虽已有关注边界、国外事务的倾向，在研究内容与研究视野上有了较大发展，但仍属于传统研究范畴。20世纪三四十年代的中国边疆研究，受西方学理及时代思潮的影响更深，其研究内容、方法、理念等均有了本质突破。在研究内容上，主要围绕边疆地区的自然环境、政治、经济、文化、军事、国防、人口、民族等问题展开学术探索。在具体的研究方法上，除了传统的实证、文献资料外，大量运用了民族学、人类学、政治学、社会学、行政学等学科理论与方法，并明显具有了西方专业化研究的特点。这一时期，经过前期的积累及西学传播后国人学术思维、视野近代化的影响，中国的边疆研究已经不再局限于传统史学研究的藩篱，学者们开始尝试架构边疆研究自身的方法与理论。
>
> 20世纪三四十年代的中国边疆研究，在研究理念上呈现出跨越学科的多维视角。近代中国边疆问题复杂，已经不仅是传统中国内部的中原王朝与周边少数民族政权关系的演变发展，而且具备了近代民族国家的主权与领土争端内容。传统的较单一的史学实证记载研究方法已经无法适应这一新的变化。近代中国的学术经历了复杂的转型，边

---

① 《中国边疆史地研究》2012年第1期。
② 王利平等：《20世纪上半叶的中国边疆和边政研究——李绍明先生访谈录》，《西南民族大学学报》2009年第12期。

疆研究作为中国学术研究的重要组成部分，一方面既有突破史学学科藩篱的趋向，另一方面在具体的研究过程中也必然借鉴和运用了西方传入的各种方法以深入研究探讨中国的边疆问题。早在20世纪30年代以前，虽然当时政局不安，但这一时期中国的科学研究却突飞猛进，在生物学、地质学、考古学等方面均取得进步，并且各种关于边疆学术的考察团也相继出现。不过在1930年以前，虽然成立的边疆学术考察团较多，但大部分注意的是自然科学的考察，较少从社会科学的角度进行研究。虽然在30年代以前，从社会科学的角度进行边疆研究的学术社团或机构寥若晨星，但是自然科学的研究为以后边疆研究的综合发展奠定了良好的基础。30年代以后，这种跨学科的多维的综合研究视角与方法已经基本形成。三四十年代研究边疆的学术群体而论，除了史学研究者外，凌纯声、柯象峰、李安宅、吴文藻、张少微、李景汉等重视边疆研究方法与理论的学者多属于民族学、人类学、社会学等学科。这表现了中国边疆研究进入各学科交叉综合运用的基本发展趋势。

总之，20世纪三四十年代的中国边疆研究，其研究内容、方法、理论等是传统学术向近代学术转变的反映。中国有借学术言政治的传统，学术研究与社会政治联系密切，中国的边疆研究亦不例外，具有为现实政治服务的功能。这一时期的边疆研究，虽然具有一些缺欠，但对于促进中国学术发展、完善国家对边疆社会事务的治理等起到了不可替代的重要作用。正如民国有论者所言："我们研究边疆问题，还是一个拓荒者。我们虽不敢说我们是第一次的探险队，可是这里的结晶品，即好比许多艰苦卓越的工程师，煞费了全部的精力，刚刚从深山里掘出的几块矿苗。虽然这些矿苗里，可以炼出金子，也可以炼出银子，甚至于铜铁铅锌，也不免掺杂其间。因为在这拓荒的时代，拓荒者第一步只在搜寻广大的矿苗，至于这矿苗内铁的提炼，或不免有疏忽的地方。"[①] 他们的研究成果，对于今天的中国边疆研究的深入发展仍具重要意义。

---

① 《新亚细亚》第1卷第6期，1931年。

第二篇

综　论

第 三 章

中国边疆研究第三次高潮兴起前的准备

（20 世纪 50—70 年代）

一 中国边疆研究在受挫中坚持

1949 年 10 月，在古老而又久经磨难的中国大地上，发生了一件惊天动地、划时代的大事，中华人民共和国成立了。

从史学研究领域的发展看，马克思主义史学成为中国历史学的主流，它不仅超过了具有优良传统和丰硕成果的古代史学和近代史学，也大大发展了 1919 年至 1949 年我国马克思主义史学的创立和初步发展时期的史学。中国历史学所取得的成就，不仅在理论方面，而且在具体研究的广度与深度方面，都是前人无法企及的，尽管走过的路不是平坦的。我们必须坦率地指出，所有这一切变化，从总体上看对于中国边疆研究的开展，并未带来太多实际的推动力，当时的实际情况是：中国边疆研究的总体性、完整性和重要性尚未为研究者所认识，即使是具有优良传统的中国边疆史地研究也遭到冷落。

可是事物的发展毕竟是复杂的，在 20 世纪 50 年代以降特定社会条件下，中国边疆研究在帝国主义侵华史和中国民族史研究方面却得到了相当大的发展。

下面就这两个研究领域的进展，作一简述。

(一) 帝国主义侵华史研究的兴旺

帝国主义侵华史在这一时期史学研究中占有一个重要地位，这固然与当时时代背景有关。此时研究内容的两个重要方面：一是澄清史实，恢复近代以来帝国主义列强侵略中国、掠权割地的历史本来面目；二是揭露帝国主义通过发动一系列侵华战争，迫使清廷订立不平等条约，从而不断扩大在华权益，这是近代列强侵华的主要方式。此时研究的重点国家是美国、英国和法国，尤其是美国侵华历史的研究，占有突出的地位。

刘大年《美国侵华史》（人民出版社1951年版）和卿汝辑《美国侵华史》（2卷本）（生活·读书·新知三联书店第一卷1952年版，第二卷1956年版）是此时揭露美国对华侵略的代表作，具有广泛的社会影响。前者重在剖析近百年来美国侵华的全过程，全面、系统，紧扣揭露与批判的这一主题；后者更注重从美国资本主义发展与其对华政策的关系上，考察其侵华活动的演进，全书大量利用美国官方档案，虽只写到19世纪末，所论颇具特色。揭露英国侵华的著作，有余素《清季英国侵略西藏史》（世界知识出版社1959年版），该书集中阐论了19世纪后半期到20世纪初英国对西藏地区侵略的全过程。其他如蒋孟引《第二次鸦片战争》（生活·读书·新知三联书店1965年版）和牟安世《中法战争》（上海人民出版社1955年版），凌大珽《法帝侵华史》（新潮出版社1951年版），陈传芳《朝鲜问题与甲午战争》（生活·读书·新知三联书店1959年版）等，则是对英、法、日等国发动侵华战争的个案研究。

对列强侵华史进行综合性研究的第一部著作，是丁名楠、余绳武、张振鹍、沈自敏、贾维诚、康右铭、李明仁等学者合著《帝国主义侵华史》第一卷（科学出版社1958年初版，1961年改由人民出版社出版），该书起讫时间是1840—1895年，"本书的主要目的，就是站在中国人民的立场上，暴露帝国主义侵略的罪恶，力求恢复历史的本来面目"。是书第二卷在中断20余年后于1985年出版，写到1919年。全书虽未告成，但仅就一、二卷言，已是迄今研究帝国主义侵华史最引人注目的成果。

必须指出，50年代的帝国主义侵华史研究中，对于沙皇俄国侵华活动的研究是远远不够的，对于沙皇俄国通过不平等条约割占中国大片领土的历史史实更是噤若寒蝉。

20世纪60年代,中苏两党、两国关系恶化后,中苏边境武装冲突频发。1968年1月,苏军越过乌苏里江主航道中心线,阻挠中国渔民正常生产活动,制造了流血事件。3月,在珍宝岛发生了武装冲突。在上述历史大背景下,沙俄侵华史研究日益为政治家所倡导。

1969年中苏两国重开边界谈判。某些苏联学者为了替苏联政府的扩张主义立场制造根据,大量歪曲中俄边界形成史,公然为沙俄侵占中国领土辩护的论著不断出版。这就使得主要从事清史和中国近代史研究的学者,不能不发表自己的研究论著,以澄清历史真相。此时除发表了大量有关中俄关系的论文外,还出版了一批论著,主要有:

1975年,上海人民出版社出版了由复旦大学历史系《沙皇侵华史》编写组撰写的《沙俄侵华史》;

1976年,吉林人民出版社出版了由吉林师范大学历史系撰写的《沙俄侵华史简编》;同年,人民出版社先后出版了由北京大学历史系世界史专业工农兵学员和北京军区炮兵部队理论组联合编写的《沙皇俄国侵略扩张简史》和戎疆编写的《沙皇俄国是怎样侵略中国的》;

1978年,人民出版社出版了由甘肃省第一建筑工程局工人理论组、兰州大学历史系联合撰写的《沙皇俄国的侵略扩张》;

1979—1980年,人民出版社出版了由北京大学历史系《沙皇俄国侵略扩张史》编写组撰写的两卷本《沙皇俄国侵略扩张史》。

上述著作有的出版于"文化大革命"期间,有的虽然出版稍晚,但其各个方面的准备工作、主要构思和撰写是在"文化大革命"期间完成的,因此印有深深的时代痕迹。但是对于人们认识"沙皇俄国的历史是一部对外侵略扩张和争夺世界霸权的历史""沙皇俄国是欧洲和亚洲人民共同敌人,是历史上最富于侵略性的国家之一",还是有帮助的。

20世纪70—80年代,还出版了诸如《沙俄侵略我国西北地区史》《沙俄侵略我国蒙古地区简史》《一六八九年中俄尼布楚条约》等一批学术专著。这些论著与文章,依据历史事实,驳斥苏联学者的错误观点,鲜明地阐述了以下论点:黑龙江、乌苏里江流域自古以来就是中国领土;《尼布楚条约》从法律上确定了中俄东段边界;沙俄入侵前,中国西部边界原在巴尔喀什湖，目前中苏边界有关的一切条约，都是沙俄强加给中国的不平等条约。

值得提出，1976年中国科学院近代史研究所编的4卷本《沙俄侵华史》开始出版。第1卷的主要内容是早期沙皇俄国对中国的武装入侵和《尼布楚条约》《布连斯奇条约》的签订。第2卷叙述了19世纪中叶沙皇俄国武力吞并中国黑龙江以北、乌苏里江以东地区和逼签《瑷珲条约》《天津条约》《北京条约》的经过。第3卷叙述了19世纪下半叶沙皇俄国通过《勘分西北界约记》《伊犁条约》割占中国西部大片领土，以及违约侵占帕米尔经过。第4卷叙述了19世纪末至1917年俄国帝国主义对中国的政治、经济、军事侵略。这一时期的沙皇俄国侵华史撰写，同沙皇俄国在世界范围内的侵略扩张史撰写一样，具有鲜明的现实意义，是和现实的国际政治斗争联系在一起的。正如一些编者所指出的那样："老沙皇的迷梦随着它的垮台早已宣布破产了，但今天克里姆林宫的新沙皇仍想重温老沙皇侵略中国的旧梦。他们抛出了连篇累牍的文章、书籍，肆意颠倒历史，无耻地为老沙皇的侵华罪行辩护。因此，我们感到有必要把所见到的有关历史资料，整理成这本《沙俄侵华史》，以便让人们看一看，苏联新沙皇是怎样'以昨天的卑鄙行为来为今天的卑鄙行为进行辩护的'"。[①] 这种观点，较集中地反映了当时人们对学习或研究沙俄侵华史意义的认识。

这些论著既为揭露霸权主义做出了贡献，也打破了新中国成立以来中俄关系史研究的禁区，同时也表明即使在"文化大革命"特定的历史条件下，正直学者良知仍显示出其灼人的光辉！

鉴于沙俄侵华史、中俄关系史研究的需要，这一时期还集中力量、组织翻译、出版了一批涉及沙俄对外政策，特别是沙俄侵华活动的俄、英、法、日文研究著作，以及当时人、当事人的回忆录。这批译著大部分由商务印书馆于20世纪70—80年代出版内部发行，并形成了系列，成为深入研究的宝贵资料，至今仍不失其重要的参考价值。兹将我收集到的60种译著书目制表如下：

[①] 复旦大学历史系《沙俄侵华史》编写组：《沙俄侵华史》，上海人民出版社1975年版，第1页。

第三章　中国边疆研究第三次高潮兴起前的准备　87

书名	作（编）者	文种	原书出版时间	译著出版时间
十七世纪俄中关系 第一卷（1608—1683年）3册； 第二卷（1686—1691）4册	苏联科学院远东研究所等/编	俄文	1972年	1978年
俄中两国外交文献汇编（1619—1792）	[俄]尼古拉·班蒂什-卡缅斯基	俄文	1882年	1982年
历史文献补编——十七世纪中俄关系文件选择		俄文	1846—1875年	1989年
彼得大帝时期的俄中关系史（1689—1730年）	[法]加斯东·加恩	法文	1912年	1980年
俄国使团使华笔记（1692—1695）	[荷]伊兹勃兰特·伊台斯，[德]亚当·勃兰特	俄文	1967年	1980年
[美]耶稣会士徐日升关于中俄尼布楚谈判日记	[美]约瑟夫·塞比斯	英文	1961年	1973年
张诚日记	[法]张诚	法文		1973年
西俄利亚的征服和早期俄中交往、战争和商业史	[德]米勒·帕拉斯	英文	1842年	1979年
1689年第一个俄中条约	[苏联]普·季·雅科夫列娃	俄文	1958年	1973年
俄国驻北京传道团史料第一册	[俄]尼·伊·维谢洛夫斯基编	俄文	1905年	1978年
俄国外交政策的一世纪（1814—1914）	[美]巴巴拉·杰拉维奇	英文	1974年	1978年
1860年《北京条约》	[俄]А.布克斯盖夫登男爵	俄文	1902年	1975年
使华记（1893—1897）	[法]А.施阿兰	法文	1918年	1989年
不得已的说明	[俄]谢·尤·维特	俄文	1911年	1978年
维特伯爵回忆录	[俄]维特；[美]亚尔莫林斯基	英文	1921年	1976年
日俄战争——库罗巴特金、利涅维奇日记摘编	[苏联]国家中央档案馆编	俄文	1925年	1976年
俄国军队与对日战争	[俄]库罗帕特金著，[英]林赛英译	英文	1909年	1980年
日俄战争外交史纲（1895—1907）上、下册	[苏联]鲍·亚·罗曼诺夫	俄文	1955年	上海人民出版社，1976年

续表

书名	作（编）者	文种	原书出版时间	译著出版时间
俄美公司	［苏联］С. Б. 奥孔	俄文	1939 年	1982 年
关于苏中边界问题	［苏联］А. 普罗霍罗夫	俄文	1975 年	1977 年
远东国际关系史	［苏联］纳罗奇尼茨基	俄文	1973 年	1976 年
苏联远东史——从远古到17世纪	［苏联］А. И. 克鲁沙诺夫主编	俄文	1989 年	哈尔滨出版社，1993 年
俄国的远东政策（1881—1904年）	［美］安德鲁·马洛泽莫夫	英文	1958 年	1977 年
俄国向东方的扩张	［美］乔治·亚历山大·伦森编	英文	1964 年	1978 年
俄国在远东	［俄］科罗斯托维茨	俄文	1922 年	1975 年
一八五七——一八六〇年俄国在远东的扩张	［英］奎斯特德	英文	1968 年	1979 年
俄国在太平洋的扩张 1641—1850 年	［美］弗·阿·戈尔德	英文	1960 年	1982 年
俄国海军军官在俄国远东的功勋（1849—1855 年）	［俄］根·伊·涅维尔科伊	俄文	1947 年	1978 年
俄国在满洲（1892—1906）	［苏联］鲍里斯·罗曼诺夫	俄文	1928 年	1980 年
帝国主义在满洲	［苏联］Б. 阿瓦林	俄文	1934 年	1980 年
满洲人在东北（十七世纪）	［苏联］格·瓦·麦利霍夫	俄文	1974 年	1976 年
攻克瑷珲	［俄］А. В. 基尔希纳	俄文	1900 年	1984 年
俄国人在黑龙江	［英］拉文斯坦	英文	1861 年	1974 年
哥萨克在黑龙江上	［苏联］谢·弗·巴赫鲁申	俄文	1925 年	1975 年
黑龙江旅行记	［俄］Р. 马克	俄文	1855 年	1977 年
滨海遥远的过去——滨海边疆区古代史与中古史纲要	［苏联］А. П. 奥克拉德尼科夫	俄文	1959 年	1982 年
滨海省 1856—1898 年	［俄］П. О. 翁特尔别格	俄文	1900 年	1980 年
西伯利亚之行——从阿穆尔河到太平洋（1856—1857 年）	［美］查尔斯·佛维尔编	英文	1962 年	上海人民出版社，1974 年
阿穆尔边区史	［俄］Е. В. 冈索维奇	俄文	1914 年	1978 年

续表

书名	作（编）者	文种	原书出版时间	译著出版时间
阿穆尔州地志博物馆与方志学会论丛（选辑）	［苏联］诺维科夫－达斡尔斯基	俄文	1953—1958年	黑龙江人民出版社，1978年
在乌苏里的莽林中1902—1906年锡霍特山区考察记，上、下册	［苏联］弗·克·阿尔谢尼耶夫	俄文	1951年	1977年
《北乌苏里边区现状概要及其他》	［俄］伊凡·纳达罗夫	俄文	1886年	上海人民出版社，1975年
外贝加尔的哥萨克（史纲），第1—3卷	［俄］А. П. 瓦西里耶夫	俄文	1916年	1977年
外贝加尔边区纪行	［俄］瓦西里·帕尔申	俄文	1844年	1976年
东鞑纪行	［日］间宫林藏	日文	1893年	1974年
穆拉维约夫－阿穆尔斯基伯爵，第一卷上、下册，第二卷	［俄］巴尔苏科夫编	俄文	1891年	1973年
我在西俄利亚服务的回忆（1895—1875年），上、下册	［俄］伊·费·巴布科夫	俄文	1912年	1973年
十七世纪俄蒙通使关系	［苏联］Н. П. 莎斯季娜	俄文	1958年	1977年
俄国·蒙古·中国，上、下卷计四册	［英］约·弗·巴德利	英文	1919年	1981年
准噶尔汗国史	伊·亚·兹拉特金	俄文	1964年	1983年
征服中亚史（第1—3卷）	［俄］М. А. 捷连季耶夫	俄文	1906年	1980年
长城外的中国西部地区（其今昔状况及俄国臣民的地位）	［俄］尼·维·鲍戈亚夫连斯基	俄文	1906年	1980年
俄国在东方1876—1880（从阿·约·基米尼给尼·克·吉尔斯的信中看俄土战争和伊犁危机）	［苏联］查尔斯·耶拉维奇，巴巴拉·耶拉维奇合编	英文	1959年	1974年
在耸入云霄的地方——费尔干、帕米尔生活随笔和故事，以及1892—1895年帕米尔远征参加者回忆录	［俄］鲍里斯·塔格耶夫	俄文	1904年	1975年
喀什噶尔	［俄］А. Н. 库罗帕特金	俄文	1879年	1982年
喀什利亚	［俄］库罗帕特金	英文	古沃英译本，1882年	新疆人民出版社，1980年

续表

书名	作（编）者	文种	原书出版时间	译著出版时间
阿古柏伯克传	［英］包罗杰	英文	1878 年	1976 年
普尔热瓦尔斯基传	［俄］尼·费·杜勃罗文	俄文	1890 年	1978 年
秘而不宣的使命——乌梁海纪行	［俄］C. P. 明茨洛夫	俄文	1915 年	1982 年
图瓦历史与经济概述	［苏联］P. 卡鲍	俄文	1934 年	1976 年

这些译著的译者，大多没有个人署名，同时在扉页上注明"本书是供内部参考用的，写文章引用时，务请核对原文，并在注明出处时用原著版本"，留下了特定时代的印记。但是，这批书的翻译质量，无论从对俄文、英文、法文、日文的掌握与运用上，在汉语的表述上，还是对相关的历史知识的积累与理解上，都堪称一流。当时的译者都努力做到精益求精，中国知识分子治学的优秀传统仍在继续，他们在可能的情况下，依然辛勤耕耘，且有成果在逆境中艰难问世。

与近代界务交涉有关的资料编辑出版，当时由于受到种种规定的限制，仅有中国史学会主持编纂的"中国近代史资料丛刊"中《鸦片战争》（1—6 册，神州国光社 1954 年版）、《中法战争》（1—7 册，神州国光社 1955 年版）、《中日战争》（1—7 册，新知识出版社 1956 年版）中有所涉及。

（二）中国民族史研究的崛起

新中国成立到 1960 年是民族史研究工作的开创阶段，这一阶段民族调查的开展占有一个突出的地位。新中国成立初期为摸清我国各民族情况，组织专家、学者和民族工作者进行少数民族识别工作。通过对中国少数民族历史、语言、社会形态、文化习俗的综合调查，初步弄清了各地群众的族属问题。1956 年，在综合调查基础上，确定了我国 51 个少数民族（后增加到 55 个）。1956 年，民族地区民主改革和社会主义改造蓬勃开展、社会面貌发生了急剧变化。根据党中央指示，在全国人大民族委员会领导下，调动全国有关力量，组成 8 个省（区）的社会历史调查组，到少数民族地区进行社会历史调查，抢救民族地区原始社会形态、奴隶社会形态和农奴制度下的经济、文化、生活习俗等方面资料，包括文献、口碑和影像资料，并提出在调查的基础上编写55个少数民族简史和简志的任务。

经过几年努力，调查组调查收集了几千万字的资料，还收集了历史文献、档案资料近两千万字，摄制了十几部保留三种社会形态的民族科学纪录影片。编写了具有重要学术价值和社会影响的"民族问题五种丛书"，即《中国少数民族》《中国少数民族简史丛书》《中国少数民族语言简志丛书》《中国少数民族自治地方概况丛书》及《中国少数民族社会历史调查资料丛刊》等。与此同时，还培养了一大批研究人才，扩大了研究队伍。

在国家的倡导、支持，以及民族调查蓬勃开展的推动下，民族史研究工作也得以进一步发展。这一时期出版了一批民族史专著，如马长寿的《北狄与匈奴》（生活·读书·新知三联书店1962年版）、《乌桓与鲜卑》（上海人民出版社1962年版）、《突厥人和突厥汗国》（上海人民出版社1962年版）、《南诏国内的部族组成和奴隶制度》（上海人民出版社1961年版），余元盦《内蒙古历史概要》（上海人民出版社1958年版），陶克涛《内蒙古发展概述》上册（内蒙古人民出版社1957年版），安作璋《两汉与西域关系史》（山东人民出版社1959年版），白寿彝《回回民族的历史和现状》（民族出版社1957年版），冯承钧《西域南海史地考证论著汇辑》（中华书局1957年版）等。再版了岑仲勉《西突厥史料补阙及考证》（中华书局1958年版）、《突厥集史》上、下册（中华书局1958年版），向达《唐代长安与西域文明》（中华书局1957年版）。

在当时的研究群体及众多研究成果中，中央民族学院和中国科学院民族研究所尤引人注目。

早在1951年，为了贯彻国家的民族平等和团结政策，培养少数民族干部，在北京成立了中央民族学院，集中了一大批各民族专家、学者。至1958年6月，又成立了中国科学院民族研究所，具体主持正在开展的全国民族社会历史调查工作。实践证明，上述两个部门（实际上是具有雄厚实力的研究群体）在民族研究的开创阶段所起的主导、推动作用和聚集人才、培养人才的功能是十分明显的。其实两个机构有着密切的延承关系。

中国科学院民族研究所成立之初的基本研究力量即是从中央民族学院研究部移植的。民族研究所建所之初拥有30年代即享誉史坛的一批著名学者，如冯家昇、陈述、王静如等原来即是研究部的成员。陈述《契丹社会经济史稿》（生活·读书·新知三联书店1963年版）、冯家昇等编著《维吾尔族史料汇编》上、下册（1955年铅印，1958年民族出版社出版了上册）等，都是属于学术上乘之作。

1952—1958年开展工作的中央民族学院研究部于1955年9月至1957年1月编印了六辑《中国民族问题研究集刊》，共刊载研究部学者有关论文和调查报告38篇，约75万字，其中涉及边疆地区民族历史与现状的有：傅乐焕《关于达斡尔的民族成分识别问题》和《关于"吉萨尔迪汗"和"根特木耳"的资料》，王静如《关于达斡尔语言问题的初步意见》，林耀华等《达斡尔氏族亲属和风俗习惯的调查报告》，陈述《关于达斡尔的来源》（以上均刊第一辑）；林耀华等（西藏）《波密简述》、李志纯《景颇族情况》、费孝通《卡瓦社会概况》（以上均刊第二辑）；陈雪白《达斡尔经济生活》（刊第三辑）；翁独健《关于中国少数民族历史研究的情况和问题》，王静如《关于吐蕃国家时期的社会性质问题》，冯家昇等《维吾尔族历史分期问题》，王锺翰《满族在努尔哈赤时代的社会经济形态》，陈述《大辽瓦解以后的契丹人》，程溯洛《阿古柏的历史评价》（以上均刊第五辑）；吕光天《十九世纪末朝鲜人迁入延边自治州的发展》（刊第七辑）。以上均乃新中国成立初期具有较高学术水平的成果。

中国科学院民族研究所于1958年创办了综合性学术刊物《民族研究》，为民族研究开辟了园地。

有关这一领域的资料编辑与出版，较重要的有：翦伯赞等编《历代各族传记汇编》（第一编、第二编上、下册）（中华书局1958—1959年版），中国史学会主编《回民起义》（1—4册）（神州国光社1952年版），中国科学院历史研究所史料编纂组编《柔然资料辑录》（中华书局1962年版），北京大学历史系编《西藏地方历史资料选辑》（生活·读书·新知三联书店1963年版），方国瑜《元代云南行省傣族史料编年》（云南人民出版社1958年版）等。

二 有利于中国边疆研究的学术积累和教训总结

这一时期研究的进展，从总体上看称为兴起前的准备，是基于充分认识到研究工作进展中所取得的无论在研究成果、资料准备，还是在人才培养上的积累，功不可没！具体而言：

其一，马克思主义为指导思想给研究工作注入了全新的活力，并与"以史为鉴"的传统相结合，此时期的研究，从选题到成果都十分重视对大众的教育作用，以及直面现实生活中的实际问题，这也是中国边疆研究优良传统在新的历史条件下的延续。

其二，分散主题的研究，虽然造成了研究者未能将中国边疆作为独立研究客体从宏观和微观两方面开展研究，但与中国边疆密切相关的帝国主义侵华史的兴旺和民族史（包括民族调查）研究的崛起，从研究内容上为日后中国边疆研究打下了基础。

其三，培养了研究队伍、出现了研究群体。新中国自己培养的第一、二代研究工作者正是在这一时期得到了锻炼并走向成熟，成为日后中国边疆研究的骨干力量。

这一时期，中国边疆研究受到种种因素的制约，其制约因素，如下四端应是最重要的：

首先，新中国成立伊始、百废待兴，国家发展现状不可能为中国边疆研究的开展提供一个有利的客观环境；或者说，现实社会生活还没有向学术界提出迫切开展中国边疆研究的呼声。

其次，立国之初、外患未消，帝国主义阵营对新生人民政权的禁运、封锁，迫使新中国在外交上实施"一边倒"政策，即倒向以苏联为首的社会主义阵营，加之对无产阶级国际主义的过分真诚，中国边疆研究涉及外交政策、民族政策，以及诸如边界走向等敏感问题，研究禁区大量存在，政府决策与学术研究两者界限严重混淆。所有这一切，大大制约了中国边疆研究的正常展开。

再次，大批判与继承学术遗产上的简单化倾向，造成当时对20世纪上半叶中国边政研究采取否定、摈弃的态度，加之上半叶有相当一批中国边疆研究者都有旧政权形式不同的政治背景，这就造成在这一时期，中国边疆研究在学术研究中鲜被提及，上半叶大量边疆研究成果或因其作者的政治身份，或因其学科的资产阶级理论体系，不是被批判，就是不再为研究者提及。

最后，非学术因素对学术研究的冲击，缺少可以进行正常学术探讨的外部条件。新中国成立后逐渐抬头的"左"的政治路线，日渐压挤学术民主。特别是1958年后的"史学革命""拔白旗"运动，使研究屈从于政治。近代史研究所的学者所撰《帝国主义侵华史》第一卷，被指责"犯了方向性的严重错误，说它使我们自己的脸上无光，断言解放了的中国人民需要的是'扬眉吐气史'，而不是'挨打受气史'。就在这种'左'的思潮猛烈冲击下，研究组被撤销了，原有的人员被分散到其他组里去，编写工作由此中断。直到1978年才重新成立研究室，而时间流逝了整整20年，造成工作上的极大损失"。同样，由民族研究所主办的《民族研究》出刊不久，即被指责犯了政治性错误，层层检查，并于1960年停刊整顿。

基于上述原因，20世纪50年代以降造成了中国边疆研究停滞的局面，主要表现在：一是，具有丰富内涵的中国边疆未成为独立的研究客体为研究者所认识、关注，更说不上进行系统研究；二是，由于政治和意识形态的原因，中国边疆研究的诸多方面成了禁区，资料封锁、成果难刊。

我们将介于第二次与第三次研究高潮之间的20世纪50—70年代称为中国边疆研究在受挫中坚持的特殊阶段。

第 四 章

中国边疆史地研究的繁荣
——中国边疆研究第三次研究高潮初兴（上）

20世纪80年代以来，中国边疆研究第三次研究高潮出现的标志是研究中实现了两个突破：一是突破了以往仅仅研究近代边界问题的狭窄范围，开始形成以中国古代疆域史、中国近代边界沿革史和中国边疆研究史三大研究系列为重点的研究格局，促成了中国边疆史研究的大发展；二是突破了史地研究的范围，将中国边疆历史与现状相结合，形成了贴近现实、选题深化、成果众多的特色，至今这次研究高潮仍方兴未艾，显示出可持续发展的强劲势头。

一 中国边疆研究新起点的一个标志

改革开放后，科学的春天带来学术研究事业的盎然生机，为中国边疆研究的新发展准备了条件。中国社会科学院鉴于国际、国内形势的变化，于1983年3月19日正式成立了中国边疆史地研究中心（以下均简称边疆中心），著名史学家、民族研究所顾问翁独健教授为主任[1]，民族所原《民族研究》主编邓锐龄为副主任。

---

[1] 《中国社会科学院编年简史（1977—2007）》，社会科学文献出版社2010年版，第107页。2014年9月，中国边疆史地研究中心更名为中国边疆研究所，本书凡2014年9月后均用中国边疆研究所，特予说明。

边疆中心的成立是中国社会科学院为面对中国现实需要，完善学科建设，落实中央相关精神的一项重要战略决策。1982年2月4日，胡乔木同志曾就我国边疆沿革史研究等问题，致函李先念、赵紫阳、黄华、朱穆之，"建议中央指定现有部门成立专门机构，进行长期研究，并下决心出一批书，这样才能培养新的专业人才，才能使我遇到有关问题时便于应付"，避免"临时抱佛脚，事后就撒手，致资料无法积累，人才日见凋零"。3月6日，李先念批示"同意胡乔木意见，应该重视关于中外关系史和中国边疆沿革史的研究工作"，"研究改进措施，加强这方面工作"。[1]

边疆中心是中国社会科学院领导下的一级单位，行政后勤工作由民族所承担，在业务安排、人员调配、经费使用上应给予一定的自主权。研究中心应有合理的结构，可设立图书资料、编辑、研究等室。

边疆中心成立之初，确定的任务是：

（一）在民族所已有藏书基础上，收集边疆沿革文献史料，逐步形成一个权威性的善本资料中心，提供国内研究者使用，争取在二十年内建成一个在亚洲有重要影响的边疆沿革历史文献资料馆；

（二）整理、翻译、编辑有关边疆沿革的史料和有价值的学术论著，出版资料性的《边疆史地丛刊》；

（三）组织中心的研究人员并与全国协作开展边疆史地、民族、边界形成等方面的研究，创办《边疆史地》或《边疆史地研究报告》等刊物，发表有关研究成果；

（四）有计划培养边疆史地人才；

（五）向有关部门及时提供所需的资料和材料。[2]

但是1983年至1987年的四年间，边疆中心发展的步履异常艰难，究其原因虽然十分复杂，然而有两条主要的教训却是十分明显的：

一是，初创时边疆中心高度重视中国边界问题研究固然完全正确，但此类问题政治上敏感，使研究工作碰到诸多难以克服的困难，诸如资料收集种种限制，研究专门人才匮乏、研究成果难以发表等问题，无不困扰工

---

[1] 参阅《中国社会科学院编年简史（1977—2007）》，第75页。
[2] 《院科研办公室关于筹建中国边疆史地研究中心请示报告》（1983年2月21日）。

作正常的展开，致使边疆中心工作长期难以得到明显进展；

二是，边疆中心管理体制有严重缺陷，多头管理使正常工作难以顺利开展，无穷的商议与协调消耗边疆中心领导极大精力，又收效甚微。

以上两个因素极大地制约了初创时边疆中心工作的顺利开展。

1986年5月28日翁独健教授逝世，对于面临困难的边疆中心更是雪上加霜！中国社会科学院领导针对上述情况，为更有力推动边疆研究的开展，于1987年2月16日，决定"中国边疆史地研究中心为院领导下的一个开放性研究中心，其行政工作划归近代史所管理，业务工作直接对院负责；任命吕一燃为中国边疆史地研究中心主任，马大正为副主任；批准吕一燃、马大正、余绳武、刘存宽、杜荣坤、邓锐龄、陈可畏组成中国边疆史地研究中心学术委员会"①。

边疆中心的成立与调整，是中国边疆研究史发展进程中一个新的重要坐标，它是新中国成立以来第一个以中国边疆为研究对象的专门研究机构。

二 三大研究系列的提出与实践

边疆中心当时的工作在推动中国边疆研究第三次研究高潮的到来上起到了十分重要的作用。1987年调整后边疆中心工作千头万绪，既有聚集人才之任，又面临如何适应和理顺在中国社会科学院现有的管理机制下办好开放性研究中心的探索，但在所有工作中重中之重是如何调整思路，冲破研究工作中存在的种种非学术因素的制约。中国边疆史地领域急需研究的课题很多，选择能突破"瓶颈"，又能带动全局，充分发挥边疆中心组织协调作用的研究方向和重点是当务之急。在总结前四年边疆中心工作经验和教训的基础上，集思广益，终于确定了边疆中心科研工作重点为倡导并推动三大研究系列的开展，三大研究系列即古代中国疆域史，中国近代边界沿革史和中国边疆研究史。

---

① 《中国社会科学院编年简史（1977—2007）》，第184页。

古代中国疆域史研究，其研究内涵十分丰富，尤其是其中的中国古代边疆政策，是一个带全局性的研究课题。它是中国边疆史地研究的传统项目，古今学者对此倾注了心血。中国历史上各代、各朝无不存在边疆问题，统治者相继制定和实施相应的边疆政策。中国古代边疆政策自秦汉时期初具规模，经唐、元、明、清诸强大统一王朝的补充、完善，渐成体系，其完整和丰富为他国历史所罕见。边疆政策的成败得失，不仅与彼朝彼代的存亡兴衰休戚相关，而且对统一多民族国家的形成和发展，也产生了不容低估的影响。及至今日，认真总结和评估古代边疆政策的成败得失对于维护国家统一、边疆稳定和民族团结仍是很有意义的。中国古代边疆政策的内涵十分丰富，研究层面很多，这是一个大有可为的研究领域。今天我们从统一多民族国家的形成和发展这一前提出发，又提出中国古代传统治边思想，中国历代边疆管辖制度等研究课题，新的研究课题提出，以及这些课题周缘的扩展，必将不断拓宽研究者的视野。

开展中国近代边界变迁史的研究更是刻不容缓。半个多世纪以来，中国近代史、帝国主义侵华史、中外关系史、民族史、地方史等研究领域的丰硕成果及研究已达到的广度与深度，为深化中国近代边界变迁史研究创造了极有利的条件。除应积极编撰多卷本的《中国近代边界变迁史》外，还应开展多界面、多层次的专题研究，诸如地区性的边界变迁史；近代不平等条约与边界问题；近代中国边疆危机与中外诸方对策；近代边疆危机与边疆社会变化；等等。总之，这一领域关系到三百多年来中国社会发生的变化，以及中国与有关各国政治、外交、军事、经济、民族等方方面面。

从史学史角度系统收集与评述20世纪以来中国学者研究中国边疆史地的成果，是一件值得下大力气的工作。近代以来，中国边疆史地研究出现过两次高潮。第一次是鸦片战争后，资本主义列强用鸦片和大炮打开了闭锁的清帝国大门，一系列不平等条约的签订导致西北、东北、西南边疆相继出现严重危机，以魏源、何秋涛、夏燮、梁廷枏、徐继畲、曹廷杰等为代表的具有爱国主义思想的学者为抵御外侮，巩固边防，发愤潜心于边疆史地研究，他们的著作至今仍不失为警世之作。这一研究发展的势头至清末而不衰，从而促进了历史沿革地理学的发展，出现了丁谦、杨守敬等毕生致力于斯的学者。1911年出版的杨守敬、熊会贞合作编著的《历史舆地图》是一部我国地图绘制史上的空前巨著。第二次是在20世纪30年代至40年代，一批接受资产阶级史学理论和方法的中国学者，痛心于深重的民族危机，希冀通过边疆史研究，激发国人之爱国热诚，其成果令人瞩目。要了解20年代至40年代边疆史研究全貌，还有待进一步做细微工作，在宏观上，我们可以总体叙述这一时期中国边疆史地研究发展的成就与不足；在微观上，可研究学者、学术团体等个体的学术活动成败得失。对研究个体、研究群体的评述尤应重视，因为从个体到群体的过渡和群体的形成是学科发展的标志和保证。就个体而言，应花大力气总结每个学人的学术成就与不足，调查20年代至40年代边疆史地学工作者的学术生涯，从中获得生动和丰富的感性认识，使我们对学人的评述更完整、更富立体感。至于国外研究的进展更不可忽视。"他山之石，可以攻玉"，唯有知人之长，才可补己之短，加快中国边疆史地研究的发展。

当然，上述三大研究系列，并不能包括中国边疆史地研究的全部内涵，诸如边界理论的研究；边疆史地研究与法学、外交学、民族学、社会学、考古学等众多学科的关系；作为一门多学科交叉的边疆学的内涵与外延、对象与方法等，都将成为学者们探索的对象。但开展三大研究系列的提出，确是第三次研究高潮中第一个突破！即突破了以往仅仅研究近代边界问题的狭窄范围的局限。

三大研究系列的提出与实施，得到了学界同行的认同与响应，20世纪80年代末以来，有关边疆政策、边疆治理、边疆开发的断代性与专题性著作与论文不断面世，逐渐成为史学研究领域的一个热点和亮点。边疆中心同仁也不失时机，由边疆中心专家牵头先后启动三个带有统领全局性质的项目，它们是：1987年由吕一燃教授主持《中国近代边界研究》作为国家社会科学"七五"规划重点项目立项，20年后的2007年该课题以《中国近代边界史》分上下卷近65万字，由四川人民出版社正式出版；1990年由林荣贵教授主持《中国古代疆域史》作为国家社会科学"八五"规划重点项目立项，17年后的2007年该课题分上中下三卷四册161万字，由黑龙江教育出版社正式出版；1990年由马大正教授主持《二十世纪的中国边疆研究》作为1990年度国家社会科学基金项目立项，7年后的1997年该课题由马大正、刘逖联名,以《二十世纪的中国边疆研究——一门发展中的边缘学科的演进历程》22万字,由黑龙江教育出版社正式出版。三个项目均是集体合作项目,它们的编撰与出版对三大研究系列展开与推动之功是实实在在且十分有力的。

上述三个项目的实施,以及相关丛书、丛刊和《中国边疆史地研究》的出刊,为边疆中心与全国相关研究部门和学者间的沟通与合作拓展了渠道,提供了平台。使开放性的边疆中心研究工作进入了良性循环的轨道,显示了边疆史地研究强大的生命活力。

三 四次学术讨论会的召开与影响

在第三次研究高潮发展进程中,1988年迄今的20多年间,四次全国性的中国边疆研究学术讨论会的召开,在深化中国边疆史地研究上,特别是在拓展中国边疆研究上起到了不可低估的作用。

1988年10月22日至26日,由中国社会科学院中国边疆史地研究中心与中国人民大学清史研究所联合主办的"中国边疆史地学术讨论会"在北京召开,来自全国17个省、直辖市、自治区,包括汉、蒙、回、朝鲜、白、柯尔克孜等民族的107位学者参加了会议,会议收到论文80篇,内容包括中国历代边疆政策、边疆管辖、边疆开发、边疆经济与文化、边疆民族与民族关系、边臣疆吏、边界研究、边疆和边界研究概况与评述等多个方面,从不同侧面反映了当时我国边疆史地研究的成果和研究动向。《人民日报》以"中国边疆史地不再是学术禁区"为题,对该次会议作了报道。会议成果以《中国边疆史地论集》结集出版(吕一燃主编,黑龙江教育出版社1991年版),共收录论文33篇。

1999年9月12日至16日,由中国社会科学院中国边疆史地研究中心与浙江省象山县人民政府联合主办的"第二届中国边疆史地学术讨论会"在浙江省象山县召开。来自北京、长春、哈尔滨、西安、兰州、乌鲁木齐、昆明、郑州、烟台、厦门以及象山的近40位学者向会议提交了31篇论文,内容包括中国边疆学构筑、边疆研究相关理论问题、不同历史时期的边疆治理和边疆管理体制、古代至近代的边疆开发、当代边疆民族社会调查与历史档案资料开发利用等方面。基于近百年来中国边疆研究发展的积累，尤其是20世纪80年代以来中国边疆史地研究的兴旺，当代中国边疆问题日益为人们所关注，中国几代学者倾注心血的中国边疆理论研究和努力神往的中国边疆学的学科框架构筑被重新提上议事日程。中国边疆理论研究包括陆疆、海疆和边界的理论问题与实际的结合，探索中国边疆历史发展与统一多民族国家形成的发展规律。中国边疆学的构筑包括概念与范畴、学科性质和任务、体系和功能等，建立以马克思主义为指导的、有中国特色的中国边疆学理论体系。此次会议成果与同年8月23日至26日在乌鲁木齐召开的"世纪之交新疆历史研究回顾与展望学术研讨会"成果一并以《中国边疆史地论集续编》结集出版（马大正主编，黑龙江教育出版社2003年版），共收录论文33篇。

2006年8月6日至9日，由中国社会科学院中国边疆史地研究中心与云南大学西南边疆少数民族研究中心联合主办的"第三届中国边疆史地学术研讨会"在昆明召开。来自北京、上海、辽宁、吉林、黑龙江、新疆、内蒙古、云南、四川、江苏等省、市、自治区的70多位学者出席了会议，共提交论文45篇。会议讨论涉及疆域理论研究、边疆治理与开发、边疆民族研究、中国边疆学的构筑等诸多方面。

2013年11月14日至15日，首届中国边疆学论坛暨中国边疆史地研究中心成立30周年座谈会在北京召开。此次会议由中国边疆史地研究中心、国家领土主权与海洋权益协同创新中心共同主办，来自全国各地的近百余位专家学者参会，收到会议论文近70篇。在为期两天的论坛上，与会专家学者围绕中国边疆学前沿理论和中国边疆学重大应用问题展开广泛深入的交流，在历代治边政策、历代治边思想、藩属与朝贡体系、海疆领土问题、边疆民族与文化、当代边疆稳定与发展、边疆地区与周边关系以及对中国边疆学的未来发展等诸多方面，学者们发表了看法。与会学者认为，改革开放以来，中国边疆的内外形势发生了很大变化，中国边疆问题理论研究需要关注的领域和范围大大拓宽，因此应立足于中国边疆研究所面临的新情况、新问题和新挑战，努力构筑边疆研究学科体系，以中国边疆学为基本框架，全面、深入、客观地分析和审视中国边疆安全、稳定及发展问题，不断以创新性的研究成果，深化和繁荣边疆理论研究，切实维护我国领土完整以及边疆的稳定与发展，促进我国周边环境的和谐。

四　国家社会科学基金边疆史地临时评审小组的建立

为了冲破实际存在的研究禁区，推动以三大研究系列为主题的边疆史地研究的展开，边疆中心经过多方努力，并得到了国家社会科学基金办公室的理解和支持，国家社会科学基金办公室为扶持中国边疆史地学科的发展，从1987年起，在中国边疆史地研究中心设立国家社会科学基金边疆史地学评审小组，评审有关边疆史地学的申请课题。评审小组以中国边疆史地研究中心学术委员会组成人员为主体，邀请若干位专家参加。评审小组从边疆史地学科发展的大视野出发，根据研究课题的学术价值和现实意义，研究计划的可行性，课题申请人完成立项课题的能力和条件等方面，进行公平评议。1987—1990年共评出"清代的边疆政策""清代政区沿革图集""中国历代西北开发思想与政策""中国西北屯田戍边史""中国西部边疆发展史""新疆经济开发史""突厥语诸部在天山地区的活动及其伊斯兰化的发展（8—12世纪）""察合台汗国史""叶尔羌汗国史""中亚浩罕国与清代新疆""7—10世纪青藏高原与外部交通""英俄侵略西藏史""英国侵略新疆史与中印西藏边界问题研究""中朝界务史""钓鱼岛岛屿归属研究——兼质奥原敏雄教授""20世纪中国边疆研究史"等16项。从1991年起国家社会科学基金边疆史地学的评审工作划归中国历史学评审小组办理（实际上在中国历史学评审小组内有一个专设的边疆史地类的评审小组），又先后有"中国古代疆域史""清代中俄恰克图贸易""唐努乌梁海史"等诸多课题立项。上述涉及边疆史地内容课题得以立项，不仅推动了边疆史地研究的深化，更重要的是极大地鼓舞了长期被"边缘化"的边疆史地研究者，这些课题大多按时保质完成，大多数课题入选了边疆中心主持的丛书中。

《国家社会科学课题指南》定期发布中国边疆史地研究重大课题与边疆史地类项目单独评审的措施，极大地促进了中国边疆史地研究事业的发展。①

五　创建刊发边疆史地研究成果的学术平台

为了打破当时有关边疆研究成果出版难的"瓶颈"，求人不如求己，创建能相对稳定刊发和出版三大研究系列研究成果的学术平台——期刊和丛书，仍是当务之急。

在人力、经费十分困难的条件下，1987年边疆中心率先在兰州大学历史系主办的《西北史地》上开辟"中国边疆史地研究"学术专栏（1987年9月至1989年12月，出刊10期），发表文章44篇，40余万字。"以中国边疆史地作为研究主体而独辟学术专栏，在40年的大陆史坛尚属首次，因而颇得史界同仁，特别是地方史、中外关系史、民族史研究者的关心与支持，使得专栏成为发表边疆史地研究者论文，沟通彼此信息的小小的园地。"② 研究内容包括中国古代疆域史、近代边界史、边疆研究史和当代边疆问题等，尤其是中国近代边界史的研究，涉及几乎所有近代以来的边界问题，这是中国学者对中国边疆史地研究爱国主义优良传统的发扬，也是对长期以来这一研究领域有形无形禁区的一次大冲击，其深远意义作何估价都不为过。

边疆中心在1988年6月至1990年12月编印了《中国边疆史地研究导报》16期；1987年10月至1993年12月还编印了《中国边疆史地研究报告》17期。

经过不懈努力，1990年12月7日，国家新闻出版总署发文，正式批

---

① 参见吕一燃《欣慰的回顾——纪念中国边疆史地研究中心建立30周年》，载《中国边疆学》第一辑；江学《国家社会科学基金中国边疆史地类评审工作完成》，载《中国边疆史地研究导报》1990年第5期。

② 吕一燃、马大正：《前进中的回顾——写在学术专栏"中国边疆史地研究"终刊之时》，《西北史地》1989年第4期。

准中国边疆史地研究中心创办公开发行的期刊《中国边疆史地研究》。有关负责同志称：在国家从整体上整顿压缩期刊的前提下，批准"边疆中心"的办刊申请，是因为国家新闻出版总署认为新刊的创办，将可以促进中国边疆史地研究事业的发展，从而在关系到国家统一、民族团结、领土完整、边疆地区安定与发展的事业中发挥积极的作用，并能使世界各国更多地了解我国的研究进程和政策立场。[①]《中国边疆史地研究》于1991年7月正式出刊，迄至2015年走过了第25个年头，出刊100余期，至今仍是中国唯一的边疆研究的专业学术期刊。

边疆中心为研究者提供更宽阔的园地，自1988年始，在中国社会科学院和社会出版界的关心支持下，组织出版了5套丛书、丛刊。

"中国边疆史地研究丛书"。1990年由中国社会科学出版社开始出版，截至1995年第一批选题八种，已经出版了七种，它们是《中国古代边疆政策研究》（马大正主编），《清代的边疆政策》（马汝珩、马大正主编），《清代边疆开发研究》（马汝衍、马大正主编），《中国边疆民族管理机构沿革史》（赵云田著），《辽代经营和开发北部边疆》（林荣贵著），《康雍乾经营与开发北疆》（袁森坡著），《中亚浩罕国与清代新疆》（潘志平著）。总字数达300万字。

"中国边疆史地文库"。1993年开始由社会科学文献出版社出版，至1995年底已出版了四种，它们是《中东铁路护路军与东北边疆政局》（薛衔天著），《中国边防史》（郑汕主编），《南海诸岛史地研究》（韩振华著），《中越边界史资料选编》上、下册（萧德浩等编）。

"中国边疆史地研究资料丛书"。自1988年出版第一种《清代边疆史地论著索引》（中国人民大学出版社出版）以来，这套丛书主要是出版有关论著索引的工具书，研究索引工具书还有《西域史地论文资料索引》（刘戈、黄咸阳编，新疆人民出版社1988年版），《海南及南海诸岛史地论著资料索引》（李国强、寇俊敏编，中州古籍出版社1994年版）。其他选题还有《中国边疆古籍题解》（范秀传主编，新疆人民出版社1995年版），《两唐书回纥传回鹘传疏证》（刘美崧著，中央民族学院出版社

[①]《中国社会科学院中国边疆史地研究中心简报》1990年第6期。

1988年版)。

"中国边疆史地资料丛刊"。该丛书以收集中国边疆史地古籍中罕见的稿本、抄本和刻本为主,兼收有重要史料价值的少数民族文字文献的汉译文。丛书依中国边疆地区立卷,1988年至1995年已出版了6卷9种10册。它们是:综合卷两种,《清代理藩院资料辑录》(赵云田编)、《蒙古律例·回疆则例》;蒙古卷两种,《清代蒙古高僧传译辑》(成崇德、申晓亭译编)、《清末蒙古史地资料荟萃》(吴丰培编);新疆卷两种,《清代新疆稀见史料汇辑》(马大正编)、《新疆乡土志稿》(马大正、黄国政、苏凤兰编);东北卷一种,《光绪朝黑龙江将军奏稿》上、下册(杜春和编);西藏卷两种,《达赖喇嘛三世、四世传》(陈庆英、马连龙译编)、《五世达赖喇嘛传》(陈庆英、马连龙、马林译);滇桂卷一种,《苍梧总督军门志》(何林夏编)。

还有一套由黑龙江教育出版社出版的"边疆史地丛书",自1989年策划始,历经30年出版历程,成为中国边疆史地学术著作之林中的一朵奇葩。

1983年迄止整个90年代,边疆中心还编印、出版了未列入上述丛书、丛刊的专著和资料,主要有《西藏学研究在俄国和苏联》(房建昌编),《明实录邻国朝鲜篇资料》(王其榘编),《清实录邻国朝鲜篇资料》(王其榘编),《壬辰之战史料汇集》上、下册(吴丰培编),《清代西迁新疆察哈尔蒙古满文档案译编》(牛平汉、吴元丰、阿尔亚主编),《清代政区沿革综表》(牛平汉主编)等。有关著作还有:马大正、华立《古代中国的北部边疆》(内蒙古人民出版社1993年版),马大正、王嵘、杨镰主编《西域考察与研究》(新疆人民出版社1994年版),邢玉林、林世田《探险家斯文赫定》(吉林教育出版社1992年版)等。

上述以中国边疆研究成果为主题的学术专栏、期刊、丛书、丛刊的出版,成为当时中国史坛一道亮丽的风景线,大大丰富了中国边疆史地研究的著作之林,有助于推动中国边疆史地研究向纵深方向发展,也有助于促进人才培养,为在全国形成一支比较稳定的、具有较高水平的专业研究队伍打下了基础。

六 "边疆史地丛书"评议

1991年7月18日，由边疆中心和黑龙江教育出版社在人民大会堂联合召开了"《边疆史地丛书》暨《中国边疆史地研究》季刊首发式"。时任中国社会科学院副院长汝信同志到会祝贺，出席首发式的有来自国家民委、国家海洋局、总政联络部、总参作战部、军事科学院、海军学术研究所、中国藏学研究中心、中国国际友好联络会等国家机关、军事部门、科研单位、社会团体的领导和专家，以及中国社会科学院直属局和有关研究所的负责人和专家参加了首发式。

"边疆史地丛书"由边疆中心主编，黑龙江教育出版社出版，该丛书是新中国成立后第一部以边疆史地为主题，并由边疆地区出版社出版的边疆史地学术丛书，而《中国边疆史地研究》则是新中国成立以来我国第一本边疆史地研究的学术期刊。

"边疆史地丛书"自1989年启动至2009年出版工作告一段落，历时整整20年。我作为这项工作亲历者，借此篇幅叙其始末，实亦是学人的职责。

边疆中心自确定通过开展以中国疆域史、中国近代边界沿革史、中国边疆研究史为内容的三大研究系列，推动中国边疆史地研究的战略构想后，一直把主编一套丛书、创办一份期刊作为实施上述战略构想的重要举措而四处奔走呼吁，以期获取支持。功夫不负有心人，主编一套丛书的设想得到了黑龙江教育出版社的响应和支持，并于1989年9月正式签署了《黑龙江教育出版社、中国社会科学院中国边疆史地研究中心出版"边疆史地丛书"协议书》，规定1990年出版"边疆史地丛书"第一批图书7种，对"丛书"出版的相关责、权、利也做了合情合理的规定。为了做好"丛书"的出版工作，边疆中心方面决定由主要领导主抓此项工作，包括选题的组织、确定和审阅，保证"丛书"政治上不出差错，学术上过得硬；而黑龙江教育出版社方面为这套丛书的出版更是功不可没，如果没有黑龙江教育出版社的支持，是很难出版的，真如当年报评："原因很简单，这类学术著作印数少，出版社每每赔钱。中国出版界中有像黑龙江教育出版社这样的出版者，他们不以营利为唯一目的，还要为文化积累、学术进步作出贡献。因此，他们有计划地每年从盈利中拿出一部分来支持有价值的学术著作出版。"[1] 其实，出版社还要为可能发生的非学术因素干扰承担风险，我作为当事的亲历者，深知此事可言和不可言之不易。

第一批选题7种，如期出版了6种：

吕一燃：《中国北部边疆史地研究》；

吕一燃主编：《中国边疆史地论集》；

吕光天、古清尧：《贝加尔湖地区和黑龙江流域各族与中原的关系史》；

[苏] 克利亚什托尔内著，李佩娟译：《古代突厥鲁尼文碑铭》；

陈春华译编：《俄国外交文书选译——关于蒙古问题》；

[苏] 戈列里克著，高鸿志译：《1898—1903年美国对满洲的政策与"门户开放"主义》。

只有一个预定选题，郝建恒主编《中俄关系史译名辞典》因作者未能如期交稿，一直到2000年才得以出版。

自此之后，《边疆史地丛书》的编选、出版工作得以顺利、愉快地持续，协议双方一直实践着协议书所规定"双方领导易人不妨碍本协议的履行"的共识，直到2009年11月，吕文利《历史书写与藩部政治——〈皇朝藩部要略〉研究》出版，"边疆史地丛书"走完了它20年难忘的岁月。

"边疆史地丛书"的20年岁月可做如下几项小统计：

第一，1991年至2009年共出版学术专著、专题性学术论集、资料、译作59种63册，总计1790.7万字；59种著作依内容分类列目如次：

综论类

吕一燃编：《马克思、恩格斯论国家、领土与边界》（1992年12月出版）；

吕一燃主编：《中国边疆史地论集》（1991年3月出版）；

---

[1] 《〈边疆史地丛书〉出版》，《瞭望周刊》（海外版）1991年第32期。

马大正主编：《中国边疆史地论集续编》（2003年5月出版）；

厉声、李国强主编：《中国边疆史地研究综述》（2002年12月出版）；

林荣贵主编：《中国古代疆域史》上、中、下卷四册，（2007年12月出版）；

马大正、刘逖：《二十世纪的中国边疆研究——一门发展中的边缘学科的演进历程》（1997年11月出版）；

马大正、李大龙主编：《20世纪中国西部开发史》（2005年10月出版）；

于逢春：《中国国民国家构筑与国民统合之历程》（2006年12月出版）；

安京：《中国古代海疆史纲》（1999年8月出版）；

吕一燃：《中国海疆历史与现状研究》（1995年1月出版）。

专论类

王静：《中国古代中央客馆制度研究》（2002年12月出版）；

李大龙：《西汉时期的边政与边吏》（1996年10月出版）；

李大龙：《唐朝和边疆民族使者往来研究》（2001年9月出版）；

李大龙：《都护制度研究》（2003年11月出版）；

张永江：《清代藩部研究——以政治变迁为中心》（2001年9月出版）；

吕文利：《历史书写与藩部政治——〈皇朝藩部要略〉研究》（2009年11月出版）；

赵云田：《清末新政研究——20世纪初的中国边疆》（2004年10月出版）；

高鸿志：《英国与中国边疆危机1637—1912》（1998年12月出版）；

黄定天：《东北亚国际关系史》（1999年4月出版）；

吕光天、古清尧：《贝加尔湖地区和黑龙江流域各族与中原的关系史》（1991年5月出版）；

马大正、杨保隆、李大龙、权赫秀、华立：《古代中国高句丽历史丛论》（2001年2月出版）；

杨茂盛：《中国北疆古代民族政权形成研究》（2004年3月出版）；

卢明辉主编：《清代北部边疆民族经济发展史》（1994年9月出版）；

马曼丽主编：《中国西北边疆发展史研究》（2001年8月出版）；

薛宗正：《安西与北庭——唐代西陲边政研究》（1995年10月出版）；

李方：《唐西州行政体制考论》（2002年7月出版）；

李方主编：《唐西州官僚政治制度研究》（2008年10月出版）；

魏良弢：《叶尔羌汗国史纲》（1994年5月出版）；

阿拉腾奥其尔、闫芳编：《清代新疆军府制度职官传略》（2000年11月出版）；

王东平：《清代回疆法律制度研究》（2003年9月出版）；

华立：《清代新疆农业开发史》（1995年4月出版）；

许建英：《近代英国和中国新疆（1840—1911）》（2004年12月出版）；

厉声：《哈萨克斯坦及其与中国新疆的关系》（2004年1月出版）；

杨铭：《唐代吐蕃与西域诸族关系研究》（2005年12月出版）；

张云：《元朝中央政府治藏制度研究》（2003年10月出版）；

吴从众：《西藏察隅僜人的社会与文化》（2001年9月出版）；

李国强：《南中国海研究：历史与现状》（2003年12月出版）；

吕一燃编：《南海诸岛：地理、历史、主权》（1992年10月出版）；

刘为：《清代中朝使者往来研究》（2002年8月出版）；

孙宏年：《清代中越宗藩关系研究》（2006年1月出版）；

朱昭华：《中缅边界问题研究》（2007年2月出版）。

专题性论集类

吕一燃：《中国北部边疆史研究》（1991年3月出版）；

马大正：《边疆与民族——历史断面研考》（1993年12月出版）；

马大正：《中国边疆研究论稿》（2002年8月出版）；

［日］若松宽著，马大正等编译：《清代蒙古的历史与宗教》（1994年5月出版）；

周伟洲：《边疆民族历史与文物考论》（2000年3月出版）；

孟广耀：《北部边疆民族史研究》（上、下册）（2002年5月出版）；

张羽新：《清代前期西部边政史论》（1995 年 5 月出版）；

纪大椿：《新疆近世史论稿》（2002 年 7 月出版）；

马大正、厉声、许建英：《芬兰探险家马达汉新疆考察研究》（2007年 12 月出版）。

资料、译著类

包文汉整理：《清朝藩部要略稿本》（1997 年 2 月出版）；

刘民声、孟宪章、步平：《17 世纪沙俄侵略黑龙江流域史资料》（1992 年 10 月出版）；

吕一燃编：《北洋政府时期的蒙古地区历史资料》（1999 年 9 月出版）；

［苏］克列亚什托尔内著，李佩娟译：《古代突厥鲁尼文碑铭》（1991 年 8 月出版）；

［俄］温科夫斯基著，［俄］尼·维谢洛夫斯基编，宋嗣喜译：《18 世纪俄国炮兵大尉新疆见闻录》（1999 年 8 月出版）；

［日］日野强著，华立译：《伊犁纪行》（2006 年 9 月出版）；

陈春华译：《俄国外交文书选译——关于蒙古问题》（1991 年 3 月出版）；

［苏］戈列里克著，高鸿志译：《1898—1903 年美国对满洲的政策与"门户开放"主义》（1991 年 3 月出版）；

郝建恒主编：《中俄关系史译名辞典》（2000 年 5 月出版）。

第二，丛书各著作大体均可归入三大研究系列研究之范畴，依边疆地域而言，东北 5 种，北方 8 种，西北 3 种，新疆 13 种，西藏 3 种，海疆 3 种；涉及清代中朝、中越、中缅关系各 1 种；工具书 1 种。宏观上论及中国边疆治理和研究的综论之作有 20 种。

第三，著作第一作者若依单位言，边疆中心 15 人，31 种著作，相关研究部门 16 人，16 种著作，高等院校 13 人，15 种著作；若依地区言，北京 25 位，哈尔滨 5 位，呼和浩特 3 位，乌鲁木齐 2 位，兰州 1 位，西安 2 位，合肥 1 位，南京 1 位，重庆 1 位。

第四，作者的年龄，在著作出版时均在 30 岁至 60 岁之间，收有诸多年轻学子的博士论文，可以说 20 年间有三代学人参与本丛书的学术工作，并为边疆史地研究留下了一笔宝贵学术遗产。

"边疆史地丛书"作为定位于学术的一套持续出版了 20 年的丛书，从推动边疆史地研究的深化到聚集研究人才方面均起到了良好的效果，其学术上值得重视之处有如下三端：

第一，丛书选题创新，提前人之未提，发前人之未发，具有填补学术研究空白的价值。

综论性专著的选题中，林荣贵主编《中国古代疆域史》和马大正、刘逖《二十世纪的中国边疆研究——一门发展中的边缘学科的演进历程》而言，前者洋洋 161 万字，对始自先秦迄止清朝消亡整个历史时期中国疆域的形成、发展、奠定、变迁的全过程做了科学的描述和阐论，其丰富的内涵如本书导论中所言，"作为一部相对系统、完整的《中国古代疆域史》，所涵盖的基本内容，应该包括历代疆域格局的沿革、历代王朝（或政权）对其辖区的治理（包括政区建置在内的行政设治和军事戍边政策、措施的推行）和边疆经略（包括陆疆和海疆）的继承和发展情况"，"本书在已有研究的基础上，作一次力不从心的尝试"。而后者，诚如戴逸教授所言，"这是国内外第一部比较系统地研究中国边疆研究发展历程的著作"，"是适应中国边疆研究发展趋势的拓荒之作"，"作者较好地将'20 世纪的中国边疆研究'和'一门边缘学科的演进历程'这两个主题有机组合起来，也就是较好地将中国边疆研究史研究和中国边疆研究理论研究结合起来，从而也就体现出此书的广度和深度"。[①] 赵云田《清末新政研究——20 世纪初的中国边疆》出版时是同类主题学术专著的第一部，填补了清末边疆新政这一课题研究中的薄弱环节。

此类创新在专题性论著中更显普遍，如有关中央政府边疆治理方面：王静《中国古代中央客馆制度研究》，李大龙《西汉时期的边政与边吏》《唐朝和边疆民族使者往来研究》《都护制度研究》，张永江《清代藩部

[①] 马大正、刘逖：《二十世纪的中国边疆研究——一门发展中的边缘学科的演进历程》，黑龙江教育出版社 1997 年版，第 288—289 页。

研究——以政治变迁为中心》，王东平《清代回疆法律制度研究》；有关有清一代涉外关系方面：刘为《清代中朝使者往来研究》，孙宏年《清代中越宗藩关系研究》，朱昭华《中缅边界问题研究》，许建英《近代英国和中国新疆（1840—1911）》；有关历史上边疆地方政权研究方面：马大正等《古代中国高句丽历史丛论》，杨铭《唐代吐蕃与西域诸族关系研究》，魏良弢《叶尔羌汗国史纲》，以及专论南中国海历史与现状的李国强《南中国海研究：历史与现状》等。对上述已列专著进行逐本评议，哪怕是简单的评议，也是本文篇幅所难以容纳的，在此，笔者只想就《南中国海研究：历史与现状》作者的研究历程和本书的学术含量讲几句题内与题外的感言。该书成书于2002年1月，出版于2003年12月，作者的研究则始于1989年，称得上"十年磨一剑"了，而作者的南中国海研究得以开始和持续，又得益于身为中国边疆史地研究中心研究人员，先后参与和主持了三个南海研究项目，其一，1988年外交部委托项目"南沙群岛史地研究"（该项目同年被列为中国社会科学院1988年度重点研究项目）；其二，1994年出版的《海南及南海诸岛史地论著资料索引》（李国强是主要编者）；其三，1997年边疆中心重点课题"近百年南海问题研究"。上述20世纪80年代末至90年代的三项工作的学术实践，实际上让作者完成了自己学术生涯的"原始积累"，该书则是"厚积"后的一次"薄发"。笔者作为虚长作者若干岁的同事，对作者这十余年学术工作近距离地观察和关注，我看到了一位年轻学子成长的历程，于笔者也可谓是学人生涯中的一乐。关于该书的学术内涵的丰富与超前，只要看看其第二章至第七章的目录："中国南海历史主权概述""南海主权争端的过去与现状""南海主权的法理概述""南海主权涉及的国际关系""中国海权的演进与中国海军保卫南海""中国处理南海主权争议的努力"，即可窥其一斑。如作者在该书结尾中坦言："20世纪已经过去，我们未能解决南海问题，这不能说不是一个遗憾。21世纪已经来临，南海主权争议还能走多远呢？我们将继续予以关注"（李国强书第522页）。是的，南中国海研究一直是作者学术研究中最重要的关注点，只是随着作者肩负责任的加重、加大，南中国海研究于作者言已不是10年、20年前最重要研究关注点的唯一！

第二，丛书选题中资料和译著具有重要学术价值。其表现可从两个方面予以认识，其一是提供的资料具有指导性和唯一性，前者如吕一燃编《马克思、恩格斯论国家、领土与边界》；后者如包文汉整理《清朝藩部要略稿本》，李佩娟译《古代突厥鲁尼文碑铭》，宋嗣喜译《18世纪俄国炮兵大尉新疆见闻录》，华立译《伊犁纪行》等。其二是重要学术会议的论文结集，应将这项工作视为一项十分重要的学术积累，而不是可有可无的应景之举，这方面选题如吕一燃主编《中国边疆史地论集》，马大正主编《中国边疆史地论集续编》，马大正等主编《芬兰探险家马达汉新疆考察研究》等。前两种是在中国边疆史地研究推进历程中起过重要作用，召开于1988年和1999年两次中国边疆史地学术讨论会的学术论文结集，后一种是由边疆中心主持与芬兰有关学术部门合作进行的芬兰探险家马达汉国际学术讨论会上中外学者提交论文的结集。另外还有一本《中国边疆史地研究综述（1989—1998年）》，本书连同《中国边疆史地研究》杂志曾开辟并持续多年的专栏年度中国边疆研究论著目录索引，是学人从事中国边疆研究史时不可或缺的资料。

第三，丛书为学有所成的学者出版的论文专集，我们称为专题性学术论集，尽管这类选题在已出版的59种选题中占的比例并不高，但其学术含量一直为业内同行所看重，可视为本丛书的又一特色。这方面选题诸如有吕一燃《中国北部边疆史研究》，马大正《边疆与民族——历史断面研考》《中国边疆研究论稿》，周伟洲《边疆民族历史与文物考论》，纪大椿《新疆近世史论稿》，孟广耀《北部边疆民族史研究》等。同类选题中还包括日本学者若松宽编选的论文专集《清代蒙古的历史与宗教》。该书编译者马大正1991年末为本书所撰"代编者序"中指出："若松宽教授是当今活跃于日本史坛的蒙古史学家。近三十年笔耕不息，在清代蒙古历史与宗教研究领域内，以其选题新颖，资料丰富，研考严谨，在当代日本蒙古史研究中独树一帜，颇享盛名，同时赢得中国蒙古学界的称道，在国际蒙古学界也有广泛的影响。"该集所收论文如作者在"中译本自序"中所言："本书虽然以《清代蒙古的历史与宗教》命题，但内容的重点是卫拉特蒙古史，尤集中于准噶尔王国史的研究。宗教篇所收论文也有半数以上是与17至18世纪卫拉特蒙古史有直接关联的各位高僧的事迹考订。"该书出版后受到卫拉特蒙古历史研究者的关注。直至20余年后的今天，仍不时有研究卫拉特蒙古史的汉蒙年轻学子，将该书作为研究的必读参考书，而四处寻觅早已脱销的这本印数仅为1000册的作品。

当然，丛书选题学术上的不足和遗憾可留待研究者和读者研判评议，但从选题组织者的角度，笔者以为至少有如下一端可以为明显的缺失，即选题中仅有清代中越宗藩关系和中缅边界问题多少涉及西南边疆外，将西南边疆历史作为研究客体的选题竟无一种，实在是不可原谅的缺失。

1998年，为庆祝中华人民共和国成立四十周年，黑龙江教育出版社提出从已出版的"边疆史地丛书"著作中选编出版"《边疆史地丛书》精选辑"的设想，此议得到边疆中心的大力支持，很快确定了选目，开始了紧张的出版进程，并于1998年12月一次推出精选本8种：《二十世纪的中国边疆研究——一门发展中的边缘学科的演进历程》《中国北部边疆史研究》《西汉时期的边政与边吏》《安西与北庭——唐代西陲边政研究》《叶尔羌汗国史纲》《清代新疆农业开发史》《贝加尔湖地区和黑龙江流域各族与中原的关系史》《十七世纪沙俄侵略黑龙江流域史资料》。1999年3月13日，边疆中心与《光明日报》书评周刊在北京联合召开"边疆史地丛书"精选本出版座谈会。会后《光明日报》以"再现边疆史地风貌，推动边缘学科建设"为题，用一个整版的篇幅，刊发了与会的戴逸等七位专家的发言。戴逸教授在题为《研究历史，建设边疆》发言中指出："'边疆史地丛书'是一套好书，既有学术价值，集中了专家学者的研究成果，又具有现实意义，对于建设和发展边疆地区有重要的借鉴作用。"[①]《人民日报》刊发的记者报道也指出："边疆史地丛书"的出版，"力图把以往分散的、封闭的研究引入集中的、开放性的轨道""随着以此为代表的一系列研究成果的问世，一门新兴边缘、交叉学科——中国边疆学正在形成。"[②]

2000年"边疆史地丛书精选辑"荣获第十二届中国图书奖。这是

---

① 《光明日报》1999年3月19日第11版。
② 卢新宁：《圈点千古江山——写在〈边疆史地丛书〉再版之际》，《人民日报》1999年4月6日第11版。

"边疆史地丛书"各册专著频获各级、各类奖项的最高奖项。

20 年间"边疆史地丛书"的多项选题还获得过多项省部级优秀成果奖,"边疆史地丛书"以其学术的前沿性获得了学界同行的认可与重视,而黑龙江教育出版社则以边疆研究成果的出版成为国内外知名的品牌出版社。

第 五 章

当代中国边疆调研的展开
——中国边疆研究第三次研究高潮初兴（下）

一 90年代以来以稳定与发展为主题的边疆调研有序展开

肇始于20世纪80年代的中国边疆研究的第三次高潮，其重要标志是实现了边疆研究领域的两个突破，其一是突破了仅仅研究近代边界沿革史的范围，而是将中国近代边界沿革史与中国古代疆域史、中国边疆研究史同时并重，互为补充，大大拓展了中国边疆史地研究的内涵；其二是突破了边疆史地研究的范围，将中国边疆历史与现状相结合，形成了贴近现实、多学科相结合的特点。自20世纪90年代始，当代中国边疆调查与研究日益为研究者所关注，并自觉地实践于科研工作之中。

80年代至90年代国内研究机构、高校，以及相关政府部门对边疆地区或公开或内部的调研日益增多，下面仅选有代表性的略作综述。

（一）国家民委民族问题研究中心组织的两次边疆民族发展与稳定战略大调研

1.《中国少数民族和民族地区九十年代发展战略探讨》课题启动与结项

为了给中国少数民族地区经济和社会的全面发展提供科学的决策依据，促进少数民族地区发展，逐步实现各民族的共同繁荣，推动国家的社会主义现代化建设，1988年国家民委民族问题研究中心立项《中国少数民族和民族地区九十年代发展探讨》课题，下设30个子课题，以经济为主，包含政治、科技、教育、文化、人口、历史等各方面内容，组织了全国30余家单位，100余名专家、学者，调研足迹遍及边疆民族地区，历时两年辛勤努力，比较圆满地完成了研究任务，按时结项，相关调研成果上报党中央、国务院及有关部门，其中一些建议为讨论和制定国家的十年规划和"八五"计划提供了科学咨询。课题组又及时组成由时任国家民委民族问题研究中心总干事赵延年为主编，刘先照、贾春峰为副主编的编委会，以课题组研究报告为基础着手编写了《中国少数民族和民族地区九十年代发展战略探讨》（以下简称《战略探讨》），该书以综合报告、分报告分设两编，共计31章，68万字，1993年4月由中国社会科学出版社正式出版。

《战略探讨》第一章总论系赵延年执笔，题为《为拓展民族工作的新局面而努力》，[1] 全文从新时期民族工作面临的新形势，以"民族与阶级、国家的关系"开题，提出了要处理好下列五个具有统领全局的关系，即：处理好国家统一与民族区域自治的关系，处理好团结与进步或稳定与发展的关系，处理好先富、后富与共同富裕的关系，处理好民族传统与现代化的关系，处理好解决国内民族问题与了解研究国外民族问题的关系。显然，当时提出并阐论上述问题带有明显的战略性和超前性，至今仍不失借鉴意义。

在由刘先昭、郑其栋、俸兰执笔的《民族区域自治制度实施研究》一章中，旗帜鲜明地提出："中国共产党把马克思主义的基本理论与中国民族实际相结合，选择民族区域自治作为党和国家处理国内民族问题的基本制度。实践证明，在我们这个统一的多民族国家里实行民族区域自治，既保障了少数民族自主管理本民族内部事务的权利，又能巩固和发展社会主义新型民族关系，有利于各民族的发展繁荣和祖国统一。民族区域自治是适合中国国情的一项重要制度。"[2] 同时又认为，要"调整和理顺上级国家

---

[1] 赵延年主编：《中国少数民族和民族地区九十年代发展战略探讨》，中国社会科学出版社1993年版，第119页。

[2] 同上。

机关与民族自治地方的关系",为此,应该"既不要离开集中统一讲自治,又不要离开民族区域自治讲集中统一"。

当然从入选所涉边疆民族地区的调研报告看,东北、北方和西北,习惯上称为"三北"地区的专项调研缺失,这应视为当年组织者考虑上的欠缺之处。

2.《中国边疆民族地区稳定与发展主要问题与对策》课题启动与结项

国家民委民族问题研究中心在完成了《中国少数民族和民族地区九十年代发展战略探讨》课题后,不失时机地于1990年立项《中国边疆民族地区稳定和发展的主要问题和对策》课题,并得到中国社会科学院科研局的支持。该课题1991年获国家社会科学基金资助。由赵延年(国家民委副主任、国家民委民族问题研究中心总干事)、郑必坚(中国社会科学院副院长、国家民委民族问题研究中心顾问)、刘先照(国家民委政策研究室主任、国家民委民族问题研究中心副总干事)、高德(中国社会科学院科研局局级秘书、国家民委民族问题研究中心副总干事)、史金波(中国社会科学院民族研究所副所长)、马大正(中国社会科学院中国边疆史地研究中心副主任)六人组成课题领导小组,刘先照为负责人。课题组下设综合组(由马大正同志负责),并设黑龙江、吉林、辽宁、内蒙古、新疆、西藏、云南、广西八个分课题组。综合组的任务:①协调各分课题组工作,督促各分课题组工作进程,对各分课题组成果进行验收;②完成课题组总报告的撰写和最终成果的编选。各分课题组的任务:①依据课题组拟定的调查研究提纲完成各有关边疆民族地区的调查研究工作;②完成分课题的调查研究报告和调查资料。为使各项分课题顺利、有序展开,国家民委也于1991年颁发专项文件,因此本项以边疆民族地区稳定和发展为主题的大调查,得到了各省、市、自治区各级民委的大力支持和参与。1991年11月课题组在北京召开工作会议,赵延年同志在会上就课题的意义、调研重点等问题做了重要讲话,课题领导小组成员马大正就课题调查提纲(草案)和工作计划做了解释性说明,课题负责人刘先照作了总结发言。课题调研工作于1992年1月全面展开。

调研工作进展顺利,1992年8月和9月,课题组分别在昆明、大连召开中期成果评估会。1993年3月各分课题组完成分省区调研报告和相关专题资料。11月由刘先照、马大正执笔的课题总报告完成,并于12月上报党中央、国务院。1994年至1996年9月,在刘先照、马大正主持下,邀集李华新、刘逖、刘为诸同志组成编辑组,对课题100余万字的文字材料进行整理加工,编成《中国边疆民族地区稳定和发展研究》(以下简称《稳定和发展研究》),原计划也拟请中国社会科学出版社出版,与以前出版的《中国少数民族和民族地区九十年代发展战略探讨》互为补充。可惜后因种种不可抗拒的原因,此成果未能正式出版,留下莫大遗憾!

《稳定和发展研究》近百万字,以总报告《我国边疆民族地区稳定与发展的主要问题与对策》开篇,分省区列目,为使读者了解此次调研的广度和深度,想借本书篇幅,提供两类材料,一是照录全文目录如下:

我国边疆民族地区稳定与发展的主要问题与
　　对策 …………………………………………… 刘先照、马大正

黑龙江省
　　黑龙江省边境地区少数民族稳定与发展情况的
　　　　调查报告 ………………………………… 黑龙江省分课题组
　　黑龙江省边境地区鄂伦春族稳定与发展情况的调查报告……… 廉克训
　　黑龙江省边境地区赫哲族情况的调查报告 ………………… 包玉明
　　黑龙江省边境地区朝鲜族的主要问题及对策的调查报告……… 朴泰秀
　　黑龙江省边境地区满族、达斡尔族情况的调查报告 ………… 廉克训

吉林省
　　吉林省边疆民族地区稳定和发展的主要问题与对策………… 孙云来
　　吉林省边疆民族地区的干部问题 ……………………… 王彦达
　　吉林省边疆民族地区民族关系的现状、问题与对策………… 孙雁明
　　吉林省边疆民族地区的宗教问题 ……………………… 张洪森
　　吉林省边疆民族地区朝鲜族与国外朝鲜民族关系问题………… 金钟国
　　吉林省边疆民族地区历史上的边疆政策及其实施效果………… 刘智文

辽宁省

    辽宁省边疆民族地区稳定和发展中的主要问题和
　　　对策 ………………………………………… 辽宁省分课题组
    辽宁省宽甸满族自治县稳定与发展中的主要问题及对策……… 白凤岐
    辽宁省东部民族地区林业水利开发利用中存在问题的
　　　报告 ………………………………………………………… 姜路
    丹东边境地区跨界民族（朝鲜族）问题的调查 ………………… 文钟哲
    辽宁省及丹东市民族干部的现状、存在问题和解决意见……… 何晓芳
    丹东市军警民联防情况的报告 ………………………………… 孟庆圣

内蒙古自治区

    内蒙古自治区稳定与发展的主要问题及对策
　　　研究报告 ………………………………… 内蒙古自治区分课题组
    内蒙古自治区的民族关系问题
    内蒙古自治区宗教工作情况的调查报告
    内蒙古自治区传统民族畜牧业生产发展中存在的问题与对策
    伊克昭盟民族地区稳定与发展的主要问题及对策
    乌兰察布盟民族地区稳定与发展的主要问题及对策
    莫力达瓦达斡尔族自治旗社会经济发展情况的调查
    尽快将加格达奇、松岭地区归还鄂伦春自治旗的意见

新疆维吾尔自治区

    新疆维吾尔自治区稳定与发展的主要问题及其对策
　　　研究综合报告 ………………… 齐文礼、毕庶亭、陈国裕、李泽
    新疆维吾尔自治区民族关系的历史与现状 …………………… 齐文礼
    新疆维吾尔自治区宗教的历史与现状 ………………………… 王文衡
    新疆生产建设兵团与地方关系 ………………… 蒋伟民、吴振亚
    新疆维吾尔自治区军警民联防问题
    新疆维吾尔自治区的行政区域划分及干部问题
    新疆维吾尔自治区人口问题 …………………………………… 陆健

新疆维吾尔自治区民族教育的基本情况、问题和对策………… 王建德
新疆维吾尔自治区科学技术发展现状与存在问题…………… 何洁
新疆维吾尔自治区的边境贸易问题………………………… 泽尔民

西藏自治区
对西藏自治区稳定和发展问题的看法………… 西藏自治区分课题组
西藏自治区的农村和农民——达村调查报告………… 徐平、孙越
西藏自治区畜牧业社会调查报告…………………………… 达娃才仁
西藏自治区商贸调查………………………………………… 罗绒战堆
西藏自治区干部问题分析…………………………… 徐平、孙越
西藏自治区教育现状与对策………………………………… 次仁央宗
西藏自治区寺院经济现状调查报告………………………… 达娃才仁
色拉寺调研报告……………………………………………… 扎西次仁

云南省
云南省边境民族地区稳定与发展主要问题和
　对策 ……………………………………… 杨丽天、李伟、鲁刚
云南省边疆民族地区的基本情况 ………………………… 鲁刚
云南省边境贸易中的主要问题与对策 …………………… 陈斌
云南省边疆民族地区毒品问题调查 …………… 杨丽天、李清升
云南省河口瑶族自治县稳定与发展的主要问题和对策………… 鲁刚
云南省红河哈尼族彝族自治州可能影响民族关系的
　主要问题和建议 ……………………………… 鲁刚、杨丽天
云南省红河哈尼族彝族自治州中越边境贸易的
　发展与现状 ………………………… 张鉴中、孙汝疆、王成鹏
云南省德宏傣族景颇族自治州中缅边境贸易的
　发展与探索 ………………………………… 方吉龙、侯天祚
云南省怒江傈僳族自治州发展民族经济的基本
　思路 ………………………………………… 张天华、李凤桐

广西壮族自治区

 广西壮族自治区边疆民族地区稳定和发展的

  主要问题及对策 …………………………… 广西壮族自治区分课题组

 广西壮族自治区对外开放与北部湾经济圈的建设 ………………… 李甫春

 论九十年代广西壮族自治区扶贫开发的环境选择 ………………… 贾晔

 广西壮族自治区华侨企业的现状与对策 …………………………… 向大有

 关于建立京族三岛边疆跨境民族经济开发实验区的建议 ……… 俸代瑜

 右江河谷经济开发带发展模式初探 ………………… 邓以权、周明钧

 三十年矿群矛盾与纠纷的回顾——国营大新锰矿

  调查报告 ………………………………………………………… 赵明龙

 开发民族地区山林资源的一种新模式——广西国营那马林场

  与当地农民合股造林的调查 …………… 黄雄鹰、韦其馨、农盛忠

 越南经济发展趋势和我们应采取的对策 ……………………… 古小松

附录一：

《中国边疆民族地区稳定与发展的主要问题与对策》课题组成员名录

附录二：

《中国边疆民族地区稳定与发展的主要问题与对策》调查研究提纲（1991年11月）

 二是对总报告内容略作综述。

 本着此次课题"遵循尊重历史、突出当前、预测未来"的原则，对中国边疆民族地区已发生的或可能发生的、影响稳定和发展的重大问题进行调查，并在此基础上提出解决的对策性建议。关于沿边开放战略，总报告从指导思想、主要方针、主要任务、战略布局、经济管理体制，实施更加优秀的开放政策，进一步调整和优化边疆民族地区的产业结构和产品结构，处理好边疆地区国有大中型企业与地方的经济利益关系，进一步加强横向联合，以及发展同周边国家的交流与合作等十个方面对实施治边开放战略做了阐论。关于社会稳定则明确提出：反分裂斗争是边疆民族地区的长期任务，而贩毒、走私等丑恶行径在一些边疆民族地区已发展到十分严

重的程度，同时对稳定和发展的辩证关系做了分析，指出："社会稳定有赖于经济的发展，经济发展又必须要有社会的稳定作保证。二者相辅相成。"上述论述今天来看仍不失其咨政价值。

比较上述两次以稳定和发展为主题的边疆民族大调研，可以看到它们之间主题明确、见解务实，又前后发展、互为补充的特点，为20世纪90年代后以边疆稳定和发展为主题的调研工作，做了有益的探索性科研实践。

（二）云南大学跨世纪云南少数民族调查

经过近三年的精心策划，1999年12月云南大学成立云南大学民族调查工作领导小组，由云南大学党委书记高发元教授任组长，"云南大学跨世纪云南少数民族调查"课题正式启动。云南大学组织了一支142人的调查队伍，组成25个民族调查组和1个遗传信息调查组，对人口在5000人以上的云南25个少数民族进行了田野调查。调查组采用现代人类学通行的小型社区调查的方法，即从每个民族聚居区中各选择一个具有典型性的村寨进行重点调查。调查中采取了一个"深入"、两个"综合"的方式，一个"深入"，即不对每个民族做广泛的面上的调查，而是每个民族选取一个有代表性的典型村寨，在这个点上进行深入的调查。两个"综合"，一是调查内容的综合，即每个民族村寨都进行人口、经济、政治、文化、法律、婚姻家庭、宗教、科技、卫生、教育、生态等方面的综合调查。二是调查人员的学科综合。参加这次调查和研究的人员，他们的学科背景涉及法学、经济学、社会学、历史学、考古学、文学、哲学、档案学、管理学、人口学等人文社会科学的大部分学科，还有一部分自然科学方面的人员参与，进行了遗传信息方面的调查。[①]

经过半年紧张工作（包括进村田野调查一个月），调研工作取得喜人成绩：

第一，完成了一批规模浩大的文字成果。此次调查，完成了云南人口在5000人以上的25个少数民族村寨的调查资料25本，文字总量达400余

[①] 参阅高发元《云南民族村寨调查·总序》，云南大学出版社2001年版。

万字，形成了民族生态、民族人口、民族经济、民族政治、民族法律、民族社会、婚姻家庭、民族文化、民族教育、民族科技、民族卫生、民族宗教12个专题研究报告和1份综合研究报告，以及云南少数民族遗传信息调查报告1份。

第二，形成一批音像资料。25个民族调查组均拍摄了大量照片，内容包括生态环境、生产工具、生活场景、文化习俗、宗教活动等各个方面，照片总量达4000余张；许多调查组运用了影视人类学的方法，拍摄了近百盘录像带；有些调查组对民族语言、民歌、民谣进行了录音。

第三，采集了云南少数民族血样。调查工作中专门组建的云南少数民族遗传信息资源调查组，该调查组先后到云南省14个地（州、市）的20个县市、45个村，行程2万余千米，采集了云南各少数民族血样1200余份，为建立云南少数民族基因库打下了基础。①

上述成果的文字部分最终汇集成"云南民族村寨调查"丛书，由高发元担任主编。丛书共有27册，《跨世纪的思考——民族调查专题研究》对这次调查中涉及的诸方面进行了综合的研究分析，《走进田野——民族调查纪实》则真实记录了这次少数民族村寨调查的相关文件和考察实录。其余25册是对云南25个少数民族村寨的跨世纪调查材料，其目如次：

《彝族——峨山双江镇高平村》

《白族——剑川东岭乡下沐邑村》

《哈尼族——绿春大兴镇俸别新寨》

《傣族——勐海勐遮乡曼刚寨》

《壮族——文山攀枝花镇旧平坝上寨》

《苗族——金平铜厂乡大塘子村》

《傈僳族——泸水上江乡百花岭村》

《回族——通海纳古镇》

《拉祜族——澜沧糯福乡南段老寨》

---

① 参阅何明《民族学田野调查新方法的探索与实践——云南大学跨世纪云南少数民族调查综合报告》，载张跃主编《跨世纪的思考——民族调查专题研究》，云南大学出版社2001年版。本题内容还参阅了肖芒主编《走进田野——民族调查纪实》，云南大学出版社2001年版。

《佤族——沧源勐董镇帕良村》

《纳西族——丽江黄山乡白华村》

《瑶族——河口瑶山乡水槽村》

《景颇族——瑞丽弄岛乡等嘎村》

《藏族——中甸尼西乡朵村》

《布朗族——勐海布朗山乡新曼峨村》

《布依族——罗平鲁布革乡多依村》

《阿昌族——陇川户撒乡芒东下寨》

《普米族——宁蒗永宁乡落水村》

《基诺族——景洪基诺山基诺族乡》

《德昂族——潞西三台山乡勐丹村》

《蒙古族——通海兴蒙乡》

《水族——富源古敢乡都章村》

《满族——保山瓦房乡水沟洼村》

《独龙族——贡山丙中洛乡小茶腊社》

这次由云南大学组织并主持的民族调查，从学科建设方面言，探索了如何在新的时期开展民族调查的理论和方法。"这就不能囿于传统的民族调查方式，而必须有新的观念、新的方式，从学科发展的角度说，分化与整合是当代学术研究发展的两大趋势。一方面，各个学科的发展呈现出日益分化的趋势，学科划分越来越细；另一方面，又呈现出学科之间的整合趋势，各个学科之间相互渗透、相互交叉，其界限越来越模糊，跨学科研究与交叉学科不断增多。"[①] 从资料积累言，20世纪50年代民族调查积累了丰富的资料，但近半个世纪过去了，各个少数民族在政治、经济、社会、文化诸方面均发生了巨大的变化，各级党委、政府都迫切需要系统地了解少数民族发展变化的现状，深入探讨少数民族地区经济社会发展中面临的新情况、新问题，科学地把握少数民族发展的趋势，以制定出适合少数民族客观实际的发展规划，这次调研的成果具有不可替代的学术和咨政的双重意义和价值。

---

① 高发元：《云南民族村寨调查·总序》。

二 边疆中心的当代中国边疆调研

1990年,中国社会科学院对边疆中心提出了加强当代中国边疆调研的任务,要求边疆中心站在历史的高度看现状,筹划组织当代中国边疆调研工作。

(一)"当代中国边疆系列调查研究"课题的立项与持续开展

边疆中心的当代中国边疆调研的研究进程与"当代中国边疆系列调查研究"课题的持续开展紧密相关。

1990年,"当代中国边疆系列调查研究"课题作为中国社会科学院重点科研项目正式立项。当时比较热门的是经济发展战略研究,但边疆中心研究人员专长的历史科学属人文科学,为了发挥我们的长处,所以课题研究的重点经过反复讨论,确定在有关边疆稳定的现状和面临问题的调研上。在此基础上积累一定的第一手调研资料,再拓展研究范围。当时选中的第一个"切入点"是从历史、民族、宗教等方面入手,综合研究新疆的稳定问题。

"当代中国边疆系列调查研究"是分阶段实施的研究工程,每期工程2—3年,前后持续进行了十个年头。1990年至1996年完成了第一期和第二期工程,共撰写了五篇调研报告,它们是《关于海南省海疆管理和南沙海区现状调查》(1992年);《云南边疆地区稳定与发展现状及其对策》(1995年),新疆方向有三个:1990年《新疆维吾尔自治区博尔塔拉蒙古自治州建置、边界的历史与现状》,1993年《新疆稳定与发展若干问题的评估与建议》,1996年《新疆地区反分裂斗争的历史与现状:1950—1995年》。上述三个调研报告各有特点。《新疆维吾尔自治区博尔塔拉蒙古自治州建置、边界的历史与现状》是选择了新疆的一个边境自治州作为点进行调研;而1993年的《新疆稳定与发展若干问题的评估与建议》则是对新疆稳定与发展的一些带全局性问题的认识和研究。该报告提出了三点建议至今仍有参考价值:一是新疆反分裂斗争的严峻性和尖锐性。新疆社会稳定面临严峻挑战，所以既要有长期作战的思想准备，同时要将研究新疆的稳定问题作为一项系统工程，从战略的高度进行研究，提出对策，实施综合治理。二是对分裂势力的破坏活动要加大打击力度，相应措施要落实。三是要树立"是什么问题，就作什么问题来处理"的观念，强化法制，按法律该抓的就抓，该判的就判，敢于解决问题，而不要什么事都往民族问题上挂。

20世纪上半叶，新疆维吾尔地区分裂与反分裂斗争时伏时起，中华人民共和国成立以来反分裂斗争又呈现一些新的特点，而对此几乎无人研究，所以我们考虑先将新中国成立以来新疆维吾尔自治区所发生的各种分裂破坏活动进行系统汇总，分类排比，综合研究，以寻求反分裂斗争的内在规律和经验教训，作为新疆稳定问题系统研究的第一步。这项工作是1994年立项的，我们选择了新疆反分裂斗争现状，先研究对抗性的矛盾，即武装叛乱和骚乱，人民内部矛盾和意识形态方面的问题放在第二步研究。现在看来，这个选题立项是具有超前性的。

这项工作得到了各方面的支持。中国社科院、新疆维吾尔自治区党委、政府部门、新疆军区等都提供了各种便利并参与了这项工作。在调查研究过程中，我们充分发挥社会科学研究的长处，所做的分析更符合实际，提出的对策建议相对具有更多的可操作性。1996年8月，《新疆地区反分裂斗争的历史与现状：1950—1995年》调研报告脱稿，年底定稿排印上报，1997年1月送交党中央、国务院、新疆维吾尔自治区等方面领导参阅，立即引起了有关方面的反响和重视。随后2月新疆发生了"2·5"伊宁骚乱事件和"2·25"乌鲁木齐系列爆炸案件，这项研究成果的意义更显得突出。1997年4月21日，新疆维吾尔自治区党委办公厅致函中国社会科学院科研局，高度评价本项课题，称其"为我区当前反分裂斗争决策提供了重要而及时的参考"[1]。现在看来反响大、反映好，从成果看，首先是选题定得好，具有战略性和超前性；其次是材料新，所使用的材料均为有关部门的第一手资料，以往只有个别材料在小范围内使用过，像这样系统排列、对比分析研究还是第一次。

---

[1] 《中国社会科学院编年简史（1977—2007）》，第357页。

调研报告《新疆地区反分裂斗争的历史与现状：1950—1995年》（边疆中心马大正执笔）对当代中国边疆稳定面临严峻的挑战进行了宏观的、战略的分析，指出：按性质类型分，可分为两种类型。

第一种类型，政治类型。政治类型又可以分为三种情况。第一种情况，某些势力要把我们某些边疆省区从统一多民族的中国分裂出去，所以在政治上表现为分裂和反分裂的斗争，这种斗争是全方位的，既有政治战线上的斗争，也有意识形态领域的斗争，还有武装斗争。第二种情况，由于边疆地区相关联的境外地区的不稳定造成的冲击。就是说问题不在境内，而是在境外，由于境外的不稳定，对相邻的边疆地区的稳定造成了负面影响。第三种情况，由于历史上遗留的边界问题没有得到彻底解决，存在边界纠纷，影响了相关地区稳定的局面。

根据这三种情况，从当代中国来说，政治类型的第一种情况分裂与反分裂中最突出的地区是台湾、新疆和西藏。这些地区的一些政治势力要搞分裂，要闹独立。第二种情况，目前表现在东北边疆地区。东北边疆地区本身也存在很多问题需要克服，需要解决。但是现在最大的挑战来自朝鲜半岛。朝鲜半岛政治形势发展的不确定性对东北边疆地区的稳定带来了很多负面的影响。第三种情况，遗留的边界问题。从当前陆地边界来看，主要是中印边界的历史遗留问题。从海疆来看，一个是钓鱼岛的争端，一个是南沙群岛主权的争端，近几年还有东海海疆的划界。

第二种类型，经济类型。经济类型相对比较简单，就是某些势力集团为了追逐高额利润，在我们的边疆地区进行跨国犯罪，包括贩毒、拐卖人口、走私枪支等。特别是贩毒，这一点从当前来说，热点地区还是云南、广西，特别是云南，因为它面临着"金三角"。这种犯罪活动，特别是贩毒，确实对当地社会的方方面面造成非常严重的影响。

当代中国边疆稳定面临的挑战主要是这两种类型。根据这两种类型，我们从研究的角度确定了四个重点和一个次重点地区。四个重点地区是台湾、新疆、西藏和海疆；一个次重点地区是东北边疆。

调研报告《关于海南省海疆管理和南沙海域现状调查》（边疆中心林荣贵执笔）对南海海疆管理体制及其职能运作情况和南沙海区现状作了客观描述后，提出如下五点建议：

一是，要协调军、政部门职能，进一步完善南海海疆管理体制，提高海疆地区的管理能力；

二是，树立解决南沙问题长期性战略观点，对一些声索国的动向，应持高度警惕；

三是，开展多种形式活动，显示我维护南海主权的决心和我在南沙海区的军事存在；

四是，致力于南海地区综合开发事业；

五是，寻找海峡两岸在维护南沙主权上的合作途径。

1997年至2000年又先后完成了第三期和第四期工程。

边疆中心在总结以往调研的基础上又先后完成了七篇调研报告，云南方向的有《云南禁毒工作追踪调研》（1997年），《泰国"改植工程"与云南"替代种植"的比较研究》（1999年），《越南毒品问题对我云南边疆地区的影响》（2000年）；东北边疆方向的有《朝鲜半岛形势的变化对东北地区稳定的冲击》（1998年）；新疆方向的有《新疆社会稳定战略研究》（1999年），《新疆反暴力恐怖活动借鉴——以色列反恐怖主义斗争研究》（1999年），《新疆生产建设兵团布局与新疆稳定研究》（2000年）。

调研报告《新疆社会稳定战略研究》（边疆中心马大正执笔）根据新疆反分裂、反恐斗争实际，重申了维护新疆社会稳定的五点战略判断，即：分裂是新疆的主要危险，维护新疆稳定是一项社会系统工程，发展新疆经济是第一位工作，坚持维护民族团结三原则（多民族祖国大家庭统一、各民族权利事实上平等和利益兼顾、各民族在法律面前人人平等），干部问题是新疆发展和稳定诸问题之重中之重。

调研报告《新疆生产建设兵团布局与新疆稳定研究》（边疆中心马大正执笔）提出了新世纪完善兵团布局的基本思路：

完善兵团布局的基本思路可用16个字来概括：抓住两头，突出中心，画圆南圈，加强一线。

一是要"抓住两头"，即充实、加强兵团哈密管理局和喀什地区的农三师，二者酷似一个口袋的"口"和"底"，哈管局是内地进疆的入口，具有极其重要的战略地位，扼住此"口"，才能保证新疆与内地的联系不致中断，而喀什地区处于祖国领土最西端，又面临今天动荡多变的中亚和西亚地区，不扼住这个底，一旦周边有乱，后果堪忧，只有"口""底"结实，才能保持全疆的稳定。因此，加强农三师并以小海子垦区为基础建立图木舒克市当势在必行。

二是要"突出中心"，阿克苏地区地处新疆中心，是南疆承东接西、南下北上的战略要冲，现在阿克苏地区的农一师的实力虽比较强，但仍应继续增强其实力，并以阿拉尔垦区为基础建立阿拉尔市，使农一师可以兼顾东西两侧的农二师和农三师，形成稳定南疆的一块"基石"。

三是"画圆南圈"，纵观塔克拉玛干沙漠周缘兵团团场的布局态势，尚有两大段团场分布的空白点，其一，阿克苏至库尔勒之间，特别是库车、新和、沙雅、轮台四县；其二，和田以东策勒至若羌一线。应创造条件，有计划、有步骤地在上述地区增建团场，在塔克拉玛干沙漠北缘和南缘团场"空档"地区充实兵团力量。为此，农一师与农二师共同向库车、新和、沙雅、轮台四县地区增布团场；农一师、农三师共同向克孜勒苏州增布团场，而最重要，也是最紧迫的是尽快将和田管理局升格为师的战略部署落实，将现在只有2万余人的和田管理局扩充至3万—5万人，并依靠和田地区尚未开发的水土资源潜力，将团场布点沿塔克拉玛干沙漠南缘由西向东延伸，与农二师团场布点连接，确保新疆至青海通道的畅通，使之成为内地通往新疆传统河西走廊通道以外的第二道路。同时和田管理局的扩大，也将成为改善和田地区民族人口比例失调的有效载体。

四是"加强一线"，从阿勒泰到伊犁的北部边防线近年来分裂势力走私武器、潜出入境人员呈上升趋势，需加强已有58个边境团场以固边防。同时，应将这条边境团场形成的边防一线向西南延伸，在克孜勒苏州和喀什地区面向吉尔吉斯斯坦、阿富汗、巴基斯坦诸国的边境地区增设边境团场，以确保国防线的安全和当地经济的发展及社会的稳定。

值得庆幸的是，上述分析与建议已为党和国家相关决策部门所采纳，并已付诸行动之中。

有关云南禁毒工作的调研报告共有四篇，均由边疆中心李国强执笔，其中两篇是从云南边疆地区稳定与发展的大视野出发，对之后的毒品问题和云南境外毒源现状，对云南毒品禁而不绝的原因进行了深入分析，并进一步提出："堵源截流是解决中国毒品问题的关键"，"'双向截流'渐成趋势",所谓"堵源截流"是针对境外毒品向我境内单向流动,随着"我境内某些制毒原料和化学酊剂走私出境情况"的出现,"双向截流"渐成趋势也成必然。"尽管后一种情形较之前一种情形在程度、规模等方面尚有明显的不同,但它一旦流出国门,直接用于毒品的生产加工,更加大了我国禁毒工作的难度,绝不可掉以轻心。"为了深化对云南、广西禁毒工作的调研,1998年和2000年边疆中心又走出国门,赴泰国北部清迈、清莱、美赛、美斯乐、夜丰颂等地和越南老街省,分别就泰国"改植工程"与云南"替代种植"的比较和越北毒品问题对我云南、广西的影响进行了调研,并建议:"将云南的'替代种植'纳入禁毒工作整体规划中,在实施农业'替代种植'同时,将'替代种植'视为系统工程。"并对毒品问题调研提出了下一阶段工作设想:

一是,对云南境外毒情进行追踪调研,尤其是我们尚未进行过调研的云南临沧地区,同时适时将调研工作扩大至广西中越边境地区;

二是,云南境外毒情调查研究重点仍是在"金三角"的缅北和老北,特别是缅北的毒情调研,应早日启动。

(二) 三次将边疆历史与现状有机结合的学术座谈会
1."边疆史地研究与边疆现状"座谈会

边疆中心结合参加国家民委民族问题研究中心主持的《中国边疆民族地区稳定与发展主要问题与对策》课题的有利条件,加强与党政军警部门的工作联系,并在1990年5月在北京召开了"边疆史地研究与边疆现状"座谈会,来自中国社会科学院办公厅、国家民委、国家海洋局、军事科学院战略部、总参、总政相关部门、海军军事学术研究所,以及新华社国内部、国际广播电台等政府机关、军事部门和宣传部门的同志与会。会议就如下问题进行了讨论并达成了共识:

一是,关于当代边疆地区的研究。

今天我国边疆地区发生了翻天覆地的变化,但边疆地区仍存在着错综复杂的关系,稳定边疆地区仍然不可忽视。稳定边疆的必要性是因为:第一,改革开放后,西方对我国政治、经济、文化渗透和冲击是不可避免的,边疆地区首当其冲,其中有积极的一面,也必会产生消极的影响。第二，社会领域的民主化和公开化给边疆地区造成宽松、和谐的环境，但与此同时，各种极端主义势力也会抬头。因此，必须把边疆现状搞清楚，才能处理好错综复杂的关系，否则，外国侵略势力就会乘虚而入，给边疆人民带来灾难，甚至丧失国土。

当代边疆问题研究的课题很多，主要包括：①边疆与边界基础理论研究；②边疆资源的开发和边疆的建设；③当代边防工作重心要点；④当代边界交涉研究；⑤边疆地区民族关系和跨境民族问题；⑥邻国社会、政治、民族概况等。

二是，关于当代边界和海洋国土研究。

必须重视当代边界问题的研究，其理由：①将来有的邻国有可能从军事上和战略上考虑，重新对边界问题进行"论证"挑起新的争端。②国际关系相对缓和，邻国致力于经济建设，边界地区呈现相对平静的状态，但是也应当估计到，未来有的邻国为摆脱无休止地掠夺自然资源而又无力报偿自然的困境，有可能挑起以争夺资源为目的的边界争端。③在国际生活中没有永远的朋友，也没有永远的敌人，因此，边界也不可能有绝对的稳定，已解决的边界问题也许又会产生新的问题。④目前边界地区，虽没有大的冲突，但小的冲突时有发生，这样也会燃起边界争端的火焰。因此，有必要从历史与现实结合上，对下列问题进行储备研究：①收集、整理、分析有关我国与邻国边界地区的考察报告、档案，以及政府文件等资料。②理清我国与邻国边务交涉或边界争端的由来和发展。③重点研究争议或有可能发生争议的边疆地区的历史，并提出解决或应付突发事件的对策。④总结新中国成立以来边界谈判的经验和教训。⑤有步骤地开发边界地区现状的综合考察。

研究海疆也迫在眉睫。中国领海蕴藏着极为丰富的石油及其他资源，为了民族的生存和发展，必须开发海疆，强化海洋意识，维护我海洋利益。当前，必须抓紧对南沙群岛的研究，其中包括主权论证、资源考察和利用，以及对南沙群岛的管理等问题。

三是，关于历史研究与现状研究的关系。

随着历史发展，人们的认识也在发展，观念不断更新，研究边疆现状必须掌握古代、近代边疆的历史。只有这样才能认识边疆现状的新内容和新特点，现状的研究才更有针对性。随着边疆历史研究的深入，人们日益认识到研究边疆历史与了解边疆现状密不可分，只有了解现状，才能更好地发挥以史为鉴的史学功能。同时史学工作者也应直接从事现状调研，并进而开展相关的对策性研究。边疆现状的研究，还处在一个起步阶段。研究工作既要继承前人的研究成果，又要作新的开拓，使边疆史地研究适应时代的需求。与会代表希望中国边疆史地研究中心尽快总结前人的研究成果、经验和教训，为边疆现状的研究提供充分的科学依据，满足现实需要。来自军事部门的代表希望今后加强联系，寻求合作，并表示以后应建立相对稳定并行之有效的联系网络。

这次座谈会是将传统的中国边疆史地研究与当代中国边疆调研有机联系的一次探索性尝试，会议上形成的共识对于边疆中心开展当代中国边疆调研的课题设计是大有裨益的。

2. "新疆周边问题及对策研究"研讨会

1993年6月边疆中心在乌鲁木齐主持召开了"新疆周边问题及对策研究"研讨会，来自中国国际友好联络会及其新疆、兰州、成都、广州分会和新疆大学、新疆社会科学院、武警新疆总队和中国社会科学院30余位代表与会，研讨会收到论文和资料12篇，内容涉及新疆与中亚诸国边界争议的问题，新疆部队与边疆社会的稳定发展，新疆军警民关系与边疆稳定，新疆沿边开放战略问题，新疆泛伊斯兰与泛突厥主义问题，新疆宗教现状、境外分裂主义组织活动现状等方面。

3. "云南边疆地区稳定与发展现状及其对策"研讨会

1995年3月，边疆中心在昆明组织召开了"云南边疆地区稳定与发展现状及其对策"研讨会。来自云南大学、云南省药物依赖研究所、中国国际友好联络会及昆明联络处、中国社会科学院边疆中心、历史所、科研局等单位专家30余人与会。研讨会收到学术论文16篇、学术专著7部、资料3种。研讨会就历史上封建王朝对云南边疆的治理和云南稳定与发展及禁毒斗争历史与现状进行了深入研讨。与会代表一致认为，毒品问题是影响云南社会稳定的重大问题，十年禁毒斗争成绩巨大，但"金三角"的毒源堵不住，毒品禁而不绝，禁毒斗争是一项庞大的社会系统工程，是一项需要进行全民动员的长期的斗争任务。

（三）"当代中国边疆治理研究"座谈会持续召开

1996 年，边疆中心结合"当代中国边疆系列调查研究"课题的展开，与中国社会科学院办公厅联合在北京主办了"当代中国边疆治理研究"座谈会。1996 年至 2005 年共举办了九次。①

回顾九次座谈会有如下特色：

一是，每次座谈会紧密结合当年边疆形势的实际，且将现状调研有意置于历史大视野之中，将历史与现状有机结合，边内与边外有机结合，不仅博得与会者好评，同时也符合深化中国边疆研究的学术规律，有利于推动中国边疆学学科的建设。

二是，每次座谈会虽规模不大，但与会者层次很高，既有中国社会科学院和高校、研究机构的专家学者，也有来自政府、军队相关部门的一线工作人员，座谈会为研究者与管理者、研究部门与决策部门间搭建了一个交流、合作的有效平台。

三是，座谈会主办方对于座谈会主题的把握日渐清晰，从 1996 年第一次座谈会名称确定为"当代中国边疆问题"，到 1997 年第二次座谈会名称确定为"当代中国边疆稳定与发展战略问题"，直到 2002 年第七次座谈会将会议名称确定为"当代中国边疆治理研究"，并一直延续至 2005 年第九次座谈会，从中反映了经过近 10 年的科研实践，当代中国边疆调研的学术的和社会的目标应该是为当代中国边疆治理这样一个大命题提供资料的积累和研究的论证。

---

① 根据我个人的工作日志记录，九次座谈会举行的时间是：（1）1996 年 1 月 31 日；（2）1997 年 1 月 31 日；（3）1998 年 3 月 20 日；（4）1999 年 3 月 24 日；（5）2000 年 2 月 26 日；（6）2001 年 3 月 23 日；（7）2002 年 5 月 16 日；（8）2003 年 4 月 15 日；（9）2005 年 4 月 22 日。

第 六 章

边政研究的持续与嬗变
——20 世纪下半叶台湾学者的中国边政研究

一 边政研究的持续与深化

台湾学界的中国边疆研究承袭了 20 世纪 30—40 年代我国学术界边疆研究的传统，在持续开展边政研究的大背景下，其研究对象包括我国历代的边疆沿革、行政建置、地理考释、边疆政策、宗教信仰、民族民俗、语言文字等。与今天我们习惯上开展的断代史、民族史、地方史、民族学、民俗学以及民族理论和民族政策有着十分密切的关系。

20 世纪 50 年代以来，台湾学界在边政研究持续开展的背景下发表了大量著述与论文，其选题方向和研究深度颇具特色。我们拟以台湾有关研究机构及学者的研究活动为叙述重点，对台湾学界边政研究的持续与深入作一概述。

(一) 边政研究所及其边政研究

在台湾的各个研究机构中，以研究中国边疆问题为主要任务的其实只有一家，即设在台北的政治大学边政研究所。[1]

边政研究所成立于 1969 年，它是由政治大学边政系发展而成。边政系建于 1955 年，1961 年该系成立了边政学会，并创办《边政学报》（年

---

[1] 边政研究所已于 1990 年改名为民族研究所。

刊)。1970年边政系改名为民族社会系,1981年又改称社会学系。参考了20世纪30—40年代中央大学和西北大学的边政学系课程科目,开列了自己的课程科目,1957年制定的必修课程有边政通论、边疆语文、边疆宗教、边疆历史、边疆地理、边疆社会、人类学、民俗学、语言学、中华民族志、边疆问题研究、边疆建设研究等。

《边政学报》自1962年创刊至1979年共出17期,共刊发各类文章209篇,其中学术论文和调查报告191篇,占总刊发文章数的90%以上。其作者群中老一辈的有胡耐安、蒋君章、李符桐等,其他如刘义棠、札奇斯钦、哈勘楚伦、林恩显等日后都成为边政研究所的领导和骨干,也是台湾学界边疆研究的著名学者。

1969年,边政研究所成立。据介绍,边政研究所的宗旨是:"旨在奉行国家重视边疆的政策,透过边疆学术研究与教学,培养边疆研究与高级边政专才","以适应政府重建边疆之需要"。在实际工作中是研究与培养研究生并重,其开设的必修课有:①中央政府边疆政策研究;②边疆地区(分内蒙古、西藏、新疆、东北、西南)历史研究;③边疆各族(分内蒙古、西藏、突厥、维吾尔、满洲、西南)文化与社会;④边疆(分内蒙古、西藏、维吾尔、满洲)语文;⑤中国边疆涉外关系研究;⑥中国边疆与国防研究;⑦中国边疆专题研究等。边政研究所成立之始由札奇斯钦教授主持,初期以边疆历史语文为重点,分东北、内蒙古、新疆、西藏四组教学,后经周昆田、李元簇历任兼代所长,1975年后刘义棠教授、林恩显教授相继出任所长,研究领域渐次扩大,"采历史、语言、民族、社会学角度来研究我国边疆区域,亦即以科际整合方式研究,在教学上采东北、内蒙古、新疆、西藏、海南等边疆区域分组教学,以求深入专精"①。

边政研究所的成立是台湾学界边疆研究发展进程中一个值得重视的坐标。它在边政的研究与教学方面做了大量工作,取得了显著的成绩,其主要方面可作如下概括:

---

① 林恩显:《政大边政、民族研究教学的回顾与展望》,《民族学报》第20期,1993年台北出版。

1. 边政学科建设的探索

为教学需要，设置了边政学科专业课程科目表，按 1958 年制定的必修课程有边政通论、边疆语文、边疆历史、边疆地理、边疆社会、边疆建设研究、民族学、语言学、中华民族志、社区研究与实习、社会学。选修课程有民族心理学、世界人种（民族）、比较宗教学、民俗学、人类文化系谱、中国古代社会研究、中国上古史。众多学者除讲授相关课程外，还撰写了一批专著，主要有：胡耐安、林恩显分别编著《边政通论》（台湾商务印书馆、华泰书店分别出版），胡耐安《中国民族志》（台湾商务印书馆）、《边疆宗教》（台湾蒙藏委员会），周昆田《边疆政策概述》（台湾蒙藏委员会），林恩显《中国边疆研究理论与方法》（渤海堂公司），李符桐《边疆历史》（台湾蒙藏委员会），刘义棠《中国边疆民族史》（台湾中华书局），蒋君章《边疆地理》（台湾蒙藏委员会）、《中国边疆与国防》（黎明公司）和《政治地理学原理》（自刊），札奇斯钦《边疆教育》（台湾蒙藏委员会）等。

2. 边疆民族历史研究的深入

边疆民族历史研究原即是边政研究中的强项，边政所这一学者群体中诸教授为此作出了贡献。主要专著有：札奇斯钦《北亚游牧民族与中原农业民族间的和平战争与贸易之关系》（正中书局）、《蒙史论丛》（学海出版社），李毓澍《外蒙政教制度考》《外蒙古撤治问题》（均"中研院"近史所出版）、《蒙事论丛》（自刊），欧阳无畏《藏区游记》《大旺调查记》（均台湾蒙藏委员会），萧金松《世界佛学名著译丛》（华宗出版社）、《清代驻藏大臣之研究》（台湾蒙藏委员会），李符桐《回鹘史》（台湾商务印书馆）、《李符桐论著全集》（学生书局），刘义棠《维吾尔研究》（正中书局）、《突回研究》（经世书局）、《钦定西域同文志校注》（台湾商务印书馆），林恩显《突厥研究》《清朝在新疆的汉回隔离政策》，李学智《清太祖朝老满文原档译注》（"中研院"史语所）、《老满文原档论辑》（自刊）和《满族社会文化论集》，陈捷先《满洲丛考》（台大文学院）、《满文清实录研究》（大化书局）、《满文清本纪研究》（台北明文书局）和《清史杂笔》（学海出版社）等。

3. 中国少数民族语言文字教学的传承

中国少数民族的语言文字在台湾学界泛称为边疆语文。边政系成立后即开设有蒙、维、藏三种语言文字的课程。边政研究所开设文种有所增加，除蒙、维、藏语言文字外，还增加了满语及台湾南岛语，历任教授蒙古语言文字方面有李春霖、札奇斯钦、哈勘楚伦、包克、林修澈；维吾尔语言文字方面有阿不都拉、刘义棠；藏语言文字方面有欧阳无畏、罗桑益西、萧金松、刘凤安、觉安慈仁；满语文文字方面有李学智、庄吉发、广定远；台湾南岛语文方面有何大安、黄美金、张郁慧、张慧端。他们的教学工作为台湾学术界培养了中国少数民族语言文字的人才。

4. 研究人才的培养

边政研究所硕士班成立于1969年秋天，次年暑期开始有毕业生提交硕士论文，迄至1992年7月（1990年以后边政所改名为民族所）计提交论文118篇，内容自古至今，东西南北，相当广泛。以蒙古研究最多，次为新疆、西藏、东北（满族）、台湾山地，在类别上以政治最多，民族关系、外交、社会、文化为次。其中大都属中国古边疆史研究范围，但也有相当一部分论文涉及中国当代边疆问题的研究。如《中共文化大革命前（1949—1966年）的少数民族政策》《中共少数民族干部政策研究（十大以前）》《中共政权对少数民族民俗变革之研究》《中共移民边疆政策之研究》《中共在内蒙古文教实施之研究》《中共维吾尔自治区之研究》《中共移民新疆之研究》《新疆地区工业资源开发之研究》《近代西藏独立运动之研究》《中苏在中国东北地区关系之研究》《外蒙与中共关系之研究》《中印西段边界问题研究》等。

5. 举办国际多边学术会议

70年代以来，台湾学术界承办或组织国际性学术会议明显增多，边政研究所在这方面也颇有建树，显著例子有二：

例一，承办了第三届至第六届东亚阿尔泰会议。首届和第二届东亚阿尔泰会议于1966年7月和1968年9月分别在日本京都、韩国汉城召开；第三届（1969年8月）至第六届（1981年12月）均在我国台北召开。第三届有日本、韩国和中国台湾地区学者22人参加，提交论文18篇；第四届（1970年12月）有日本、韩国、法国、美国、中国台湾地区学者31人参加，提交论文18篇；第五届（1979年12月）有日本、韩国、美国、法国、澳大利亚、中国台湾地区学者41人参加，提交论文24篇；第六届有日本、韩国、意大利、美国、英国、中国台湾地区学者50人参加，提交论文两篇。每次会议都编辑出版一本《东亚阿尔泰会议记录》（即论文集）。

我们可以看到：第一，参加历届会议的人数和提交论文的篇数不断增加。一些国际上知名的学者，如美国的西诺尔、傅礼初，日本的护雅夫、神田信夫、佐口透等都先后参加。第二，每届年会上台湾的边疆史学者，不论老中青几乎全体参加，从而有利于开阔研究者的视野，加快研究进程。由于边政研究所是历届会议的主要经办者，因此也提高了该所在国际学术界的地位。

第二，主办了国际中国边疆学术会议。1984年4月23日至30日召开。这次会议得到台湾当局"教育部""外交部""蒙藏委员会"、太平洋基金会的赞助，国民党中央委员会秘书长蒋彦士、"外交部长"朱抚松、"教育部长"朱汇森、"蒙藏委员会委员长"薛人仰是此次大会的荣誉主席。参加会议的台湾代表有86人，还有来自加拿大、英国、联邦德国、印度、意大利、日本、新加坡、瑞典、土耳其、美国、比利时、韩国、中国香港等14个国家和地区的33名代表，提交会议论文65篇，涉及东北、内蒙古、新疆、西藏、西南、台湾山地、海疆等7个方向。从会议纪要公布的论文目录看，论文绝大部分属于中国古代边疆史范畴，属当代的只有3篇：一是香港中文大学人类学系高级讲师王崧兴的《中共的民族学与民族识别工作》；二是政治大学国际关系研究中心研究员叶伯棠的《中共邀请西藏流亡藏胞返乡之分析》；三是美国哈佛大学科学与国际事务中心苏起的《中苏边界谈判（1969—1978）》。会议前，边政所编辑了《国际中国边疆学术会议与会学者论著目录》（1984），会后边政所又编印出版了《国际中国边疆学术会议论文集》（1985）[1]。

在边政研究所开展的工作中还有两项值得提出：

一是，编辑、出版《边政研究所年报》。

---

[1] 参阅林恩显《国际中国边疆学术会议纪要》，《边政研究所年报》1984年第15期。

1970年出版创刊号，至1988年共出版了19期，该刊每期300页左右，是台湾地区这一领域有较高学术水平的专业刊物。19期共刊发各类文章174篇，分类统计列表如下：

类别 \ 地区	东北（辽金满）	内蒙古	新疆	西藏	西南	台湾山地	其他	总计
政治	9	7	2	3				21
社会文化	4	4			1	4	1	14
经济						2		2
语文	4	3	3	5			1	16
民族关系外交	3	6	2	3	2		14	30
法律		3						3
历史及考证	10	13	9	2	1		5	40
史料研究	4	1	1	1	1		1	9
宗教		4		8		1		13
其他	2	2	3	3	1	1	14	26
合计	36	43	20	25	6	8	36	174

二是，推动研究团体的建立。

1986年边政研究所为了推动西藏研究的深入，在南亚协进会支持下成立了"西藏研究委员会"，出版了《西藏研究会讯》15期，《西藏论文集》4辑，1992年西藏研究会扩大研究范围，改为"边疆问题研究委员会"。这些团体每年均有研究计划，每月举行研讨会、报告会。

（二）台湾"中研院"、台北"故宫博物院"的边政研究

在台湾地区除政治大学边政研究所外，"中研院"近代史研究所和历史语言研究所也有从事边疆史研究的学者。其中如近代史所李毓澍教授、史语所李学智教授还是边政研究所的兼职教授。史语所边疆史组、人类学组的芮逸夫、桑秀云、李荣树从事西南边疆研究，管东贵从事蒙古史研究，陈庆隆从事新疆史研究。"中研院"民族学研究所李亦园、刘斌雄、石磊、谢继昌、许木柱、余光弘、蒋斌等从事台湾山地土著研究。

近代史研究所主持编印的"研究专刊"到1990年出版了62部专著，其中包括不少与边疆领域有关的有价值的学术专著，如王聿均：《中苏外交的序幕》（1963年11月出版），黄嘉谟：《美国与台湾》（1966年2月出版）和《滇西回民政权的联英外交》（1976年4月出版），李恩涵：《曾纪泽的外交》（1966年5月出版），王树槐：《咸同云南回民事变》（1968年1月出版），赵中孚：《清季中俄东三省界务交涉》（1970年3月出版），林明德：《袁世凯与朝鲜》（1970年4月出版），张存武：《清韩宗藩贸易》（1978年6月出版），前已提及的李毓澍的二种专著《外蒙古撤治问题》和《外蒙政教制度考》也属此"研究丛刊"系列，分别于1961年4月、1962年6月出版。近代史研究所还组织一系列学术讨论会，并将讨论会论文汇集出版，其中《近代中国初期历史研讨会论文集》上、下册（1989年4月出版），收辑了研讨会中第九次至第十二次会议的记述。讨论主题是清初的边疆历史，讨论论文8篇，它们是：冯明珠（台北"故宫博物院"图书文献处）《廓尔喀之役的前因后果——兼论十八世纪末清廷与西藏及英属印度政府的关系》，马楚坚（香港珠海大学文史系）《清代外蒙古台站路线之创建》，赵中孚（台湾"中研院"近代史研究所）《明清之际的辽东军垦社会》，吕士朋（台湾东海大学历史系）《盛清时期的中越经济关系》，石万寿（台湾成功大学历史系）《康熙以前台湾的妈祖信仰》，黄典权（台湾成功大学历史系）《近代中国历史初期台湾实证史料考索》，陈秋坤（"中研院"近代史研究所）《清代前期对台湾少数民族政策与台湾土著的传统土地权利，1690—1766》，翁佳音（"中研院"近代史研究所）《清嘉庆朝前的台湾土地纠纷》等。1988年近代史研究所组织出版了《六十年来的中国近代史研究》（上、下册），由于撰写者是从回顾中国近代史研究视角出发，在分类上分为总论、政治史、外交史、财经史、社会史、文化思想史、区域史、专题等八大项，显然与人们认识近代边疆的研究进程尚有较大距离，但近代边疆与近代历史的各个方面有着太多的交叉或重合，因此我们从该书上册中所收李恩廷《中国外交史研究》，李国祁《中德关系研究的回顾》，陈三井《中法关系研究之回顾》；下册中所收林明德《中日关系史研究的回顾》，张存武《近代中韩关系史的研究》，赵中孚《近代东北移民开发史研究的回顾》，刘凤翰《中国近代军事史资料与研究》诸篇中，还是可以了解近代边疆研究的各个方面。

另外台北"故宫博物院"庄吉发、刘家驹等从事东北史、清代边疆史研究。文化大学民族与华侨研究所也从事边疆史研究，该所研究的课题有边疆民族史、边疆政教制度、外蒙涉外关系、西藏涉外关系、中共少数民族政策等。

有关边疆史研究方面还出版了相当数量的著作。总论方面有：张兴唐的《边疆政治》（1962年），陶道南《边疆政治制度史》等。断代史方面有张春树《汉代边疆史论集》（1977年），陶晋生《边疆史研究集——宋金时期》（1971年），陈炳光《清代边政通论》（1959年重印），罗云《细说清代国防》（1975年），庄吉发《清高宗十全武功研究》（1982年），赖福顺《乾隆重要战争之军需研究》（1984年）等。分论方面有罗运治《清高宗统治新疆政策的探讨》（1983年），翟玉树《清代新疆驻防兵制的研究》（1976年），胡良珍《中俄疆界问题之研究》（1988年）等。属于民族史、台湾史领域的专著更多，限于篇幅，难以一一叙述。

（三）台湾《中国边政》刊发边政研究文章特色分析

台湾边政协会成立于1953年8月17日，该协会宗旨是"团结各民族研究边疆问题，促进边疆现代化"，历任理事长有阿尔都拉·刘廉克、达穆林·旺楚克、许占魁、麦永新、林恩显、刘学铫、杨克诚。边政协会自1985年后积极开展两岸学术交流，为促进中国边疆历史研究做出了贡献。由"蒙藏委员会"资助的边政协会主办的《中国边政》，从1963年出刊以来，已持续出刊50余年，是台湾岛内唯一一份有关"边政"研究的专业季刊，它反映出台湾边政研究的历史，留存了台湾学者边政研究的学术遗产，对一份出版了50余年的刊物，特别是站在台湾而研究"大中国"的专业期刊来说，如何给予一个全面客观的评述，的确不是一件容易的事。把所有刊目汇集成册就已经洋洋几万言，撰稿人几乎包含了1949年后去台和台籍的所有从事边政研究的专家学者，反映的内容从边政总论、民族关系、中国与周边国家关系、中国古代边政史、近现代边政问题、中国大陆边疆政策、中国共产党民族政策、民族历史人物、风俗习惯、聚会联欢、风光游记、小说摄影，可以说，凡是与中国边政相关的事件、人物都有所涉及。吴楚克在《中国边疆政治学》一书中对《中国边政》所刊文章的特点做了如下分析定位。①

1. 中国边疆民族史的研究是《中国边政》的核心

纵观《中国边政》150多期刊发的文章，可以看出中国边疆民族史的研究是该刊的核心。得出这个结论的理由：一是每期的重点学术文章是边疆民族史类；二是撰写边疆民族史类文章的作者都是台湾边政研究的专门家，业余者极少；三是所占篇幅多，近300篇，占全部文章数量的五分之一，不包括翻译文章。这里的边疆民族史类是指狭义的历史研究文章，如果从广义边疆民族史类，与民族历史语言、边疆民族历史人物、边疆时势、总论等相比较，边疆民族史的研究无疑是《中国边政》的核心。

台湾"中国边政协会"成立之初，即"意在研究我国边政，团结边疆人士，联络感情，促进国族融合"（《中国边政》第153期）。"当时集边疆有名之士，研究边疆问题之学者专家，以及担任实际边疆工作者组成"（第37期）。第一代台湾边疆民族史研究者基本上是从大陆去台的学者，在1949年以前就从事边疆民族研究或实际工作。在台湾"中国边政协会"的组织下，他们以《中国边政》为基地，继续自己的学术实践。但在台湾非同于在大陆，除了研究对象和研究资料缺乏外，传播和普及边疆民族历史知识，也是他们面临的一个重要问题，因为台湾民众对祖国大陆边疆民族历史知之甚少，而要想发展边政事业，就必须引起台湾社会对边疆民族问题的广泛关注，只有政府或学者关心是远远不够的。所以，大量刊载边疆民族历史类文章，是当时在台湾的边疆民族历史研究者们的共识。

在关于中国边疆民族历史研究文章的粗略分类中，发现这样几种现象：一是作者比较集中，特别是在100期以前，作者群基本是台湾"中国边政协会"的成员；二是老一辈学者关注的重点依然是历史上各朝如何处理中央与边疆的关系问题，其目的依然是"经世致用"，为解决现实问题服务；三是考据少，论述介绍多，这正反映了台湾边疆民族研究的客观条件和实际情况，把普及边疆民族知识和提出问题作为主要目的。尽管上述所列只是全部历史类文章的一小部分，但仍然可以看出研究范围的广阔和

---

① 参阅吴楚克《中国边疆政治学》，中央民族大学出版社2005年版，第145—157页。

深入，其成就是有目共睹的。

2. 中国边疆民族社会、语言研究是《中国边政》的重点

《中国边政》作为台湾"中国边政协会"的会刊，必然关注中国边疆民族地区社会、语言状况，但在两岸政治理念尖锐对立，国民党不放弃反攻大陆主张的时期，这种关注的"反共"色彩很浓，极少数文章完全是为了迎合国民党执政当局的宣传需要，当然，这部分文章的内容由于完全服从当时的政治需要，在客观性、真实性和理论性方面大打折扣，也可以看出他们对大陆边疆民族地区社会发展的真实状况不了解，或带着极度夸大的渲染性。对于一个发行了40年的政论性专业刊物来说，这也是两岸政治现实的客观反映。

然而，在不同的历史时期，随着台湾政局的变化，其研究方法和语言表述都有较大不同。前期以中国边疆民族社会状况、边政研究状况为主，以国民党边疆政策和"光复大陆"后的边疆建设的设想为辅，后期"光复"方面的文章几近没有，基本上围绕中国边疆民族状况和纯理论研究。这是在台湾当局结束所谓"戡乱"时期以后，特别是国民党失去执政党地位，"大中国"的理念遭到"台独"意识的攻击和压制下出现的新趋势。

3. 中国边界条约的研究是《中国边政》的亮点

在中国现代政治史上，之所以把"边政"提到与"内政"并论的高度，就是因为近代以来一连串的丧权辱国、失地赔款，让所有爱国的仁人志士痛心疾首，奋下决心，以求强国固边。正因为如此，把帝国主义强加于我们的边界条约搞清楚，揭露他们霸占中国领土的野心和计划，以宣示世人，就成为研究中国边疆政治的所有学人义不容辞的责任。《中国边政》立足台湾，却始终把这一责任当作己任，即使两岸对峙时期，当中国大陆与周边国家发生领土争端时，边疆研究者以《中国边政》为阵地，迂回帮助世人了解真相，借以遥相呼应。如《析论外蒙驱逐内地同胞事件》（第83期）和《反抗印度非法占我领土》（第98期）等。

以上所述的三个方面，虽然基本反映了《中国边政》的核心、重点和亮点，但并没能把边疆民族社会生活和文学艺术包括在内，而在这方面有大量优秀的文章。《中国边政》同时把向台湾同胞介绍大陆边疆民族社会生活和文学艺术做一个重点工作，以期随时了解最新的代表性习俗和社会活动。在1990年以后，这方面的文章以更加客观和图文并茂的形式展现给读者。在两岸经济、文化、学术交流日益频繁和扩大的形势下，《中国边政》的交流、介绍、参与、研究更具特点和优势。

近几年，《中国边政》除了继续坚持"大中国"研究方向，还进一步扩大两岸学术交流，缩减意识形态对立的内容，使两岸的边疆民族研究在学术上更趋向统一，出现了相互交流边疆民族研究的历史时机和现实可能。

如何评述《中国边政》刊登一些文章的政治立场和意识形态问题？台湾解除"戡乱"、两岸开放经贸前，国民党"反共复国"的宣传在《中国边政》中的反映，这部分文章尽管数量不多，但它是当时政治意识在边政研究中的明确表述，因而也是时代特征的客观记录。今天，无论从当前中国大陆的政治还是学术立场上评述《中国边政》都不存在主观方面的障碍。相反，台湾在"美国式"民主下，"统"与"独"意识的尖锐对立，却使《中国边政》处在几乎停止的境地，"本土化"和"关注台湾人"成了潜在的意识形态分野，甚至从出版物的装帧上也能看出不同研究对象获得的不同资助力度。从某种意义上说，这反而凸显出《中国边政》存在的历史意义和政治意义，暴露出"台独"势力的狭隘与猖狂。

在台湾还有一些半官方的社会团体，或从事边疆史研究的组织工作，或进行边疆研究工作。如蒙藏学术研究基金会、满族协会等。至于像"行政院"所属的"蒙藏委员会"及其主办的《边政公论》，虽也刊发少量学术论文，但大多数文章是为配合或迎合台湾当局的政治需要，已远离了学术研究轨道。

二 边疆资料整理的勃兴及其出版的商业化倾向

资料的收集与整理是研究工作赖以开展的基础，台湾学界同行在边疆研究的资料收集与整理上做了大量工作，取得了可喜的成绩。

据可见材料，在这方面成绩最著者当首推"中研院"近代史研究所的同仁们，近半个世纪以来他们编辑出版的《中国近代史资料汇编》中有关中国边疆的专题资料有：

1. "中俄关系史料"。甲编包括：外蒙古、中东铁路、俄政变与一般交涉、东北边防、新疆边防、出兵西伯利亚各专题，时限为1917—1919年。

乙编包括：俄政变、一般交涉、中东铁路与东北边防，时限为1920年。

丙编包括：一般交涉，中东铁路与俄政变、东北边防与外蒙古，时限为1921年。

2. "中法越南交涉"，七册，时限为光绪元年至宣统三年（1875—1911年）。

3. "清季中日韩关系史料"，十一册，时限为同治三年至宣统三年（1864—1911年）。

4. "中日关系史料"，其中"东北问题"两册，时限分别为1917—1927年。

5. "史料丛刊"，其中袁同礼编译《伊犁交涉的俄方文件》，本书为《俄国在东方》之第二部专述中俄伊犁交涉之资料，系由法文翻译，收辑俄外次长热梅尼与俄外长格尔斯往来信札。

"中研院"史语所和台北"国史馆"等机构在档案资料上也做了大量工作。如后者曾编辑出版《近代中韩关系史料》。

20世纪60年代以来，台湾出版界兴起一股以多种名目"丛书""丛刊"形式影印出版古籍的热潮，与中国边疆古籍有关的"丛书""丛刊"主要有：

1. 《中国方略丛书》，第1辑，24种，152册；第2辑，6种，92册，成文出版社。收辑了有关清代边疆的重要方略，如《平定陕甘新疆回（匪）方略》《亲征平定朔漠方略》等，但《平定准噶尔方略》却没有收入，实在有悖"中国方略丛书"的名号。

2. 《中国边疆丛书》，第1辑，李毓澍主编，1—6种，58册；第2辑，沈云龙主编，113种，59册，文海出版社。第一辑其目如次：《钦定盛京通志》《吉林通志》《黑龙江志稿》《东三省政略》《东三省沿革表》

《皇朝藩部要略》《蒙古源流笺记》《蒙古游牧记》《筹蒙协议》《外蒙近世史》《钦定新疆识略》《西陲总统事略》《新疆图志》《补过斋文牍》《卫藏通志》《西藏图考》。第二辑其目如次：《朔方备乘》《蒙古志附图》《西藏志·西藏图说》《西域总志》《西域考古录》《西域水道记》《回疆通志》《西宁府新志》《甘肃通志》《广西通志》《续云南通志考》《钦定热河志》《察哈尔通志》。从上述书目看，收辑者编选原则不具体，且选书入辑随意性很强。

3.《中国方志丛书》，共收方志1362种，3128册，成文出版社。丛书按华中地方、华北地方、华南地方、西部地方、塞北地方、东北地方、台湾地区分辑历代方志。其中以台湾地区方志收辑最丰，计465种，包括了日本占领我国台湾时期编写的大量方志材料。[①] 但从具体看涉及边疆省区的收辑多有遗缺。如新疆地方志仅收辑清代方志38种，最重要的《西域图志》《新疆识略》《新疆图志》竟未入选。西藏地区分志仅入选三种。再如东北黑龙江、吉林、辽宁三省，丛书共收辑41种，但据方衍《黑龙江方志考稿》所载，黑龙江有各种地方志72种[②]。曹殿举主编《吉林方志大全》收录介绍吉林省地方志171种（还不包括有存目待考方志20种）[③]。郝瑶甫《东北地方志考略》考略辽宁省各类方志有134种[④]。如此众多遗缺，实难以苟同丛书广告词所称："汇集全国府、州、县史志大全"的自誉。

4.《中华文史丛书》13辑，计115种，成文出版社，无主编者。边疆古籍多有收辑，如东北方面《黑龙江通志纲要》《吉林外纪·吉林地理纪要》；蒙古方面《乌里雅苏台志略》《散木居奏稿》；西北方面《朔方道志》；西藏方面《西藏通览》；滇桂方面《云南北界勘察记》，以及诸如《皇清职贡图》《瀛环志略》《琉球国志略》等。但整个丛书编选庞杂无章，甚至将互不相干的几种古籍，如将《西招图略》与《俺答前志》《蒙古律》合为一册，将《蒙古垦务调查局报告》与《西域行程记》《西域番

---

① 《中国方志丛书目录》，成文出版社有限公司1987年印。
② 该书《序》，黑龙江人民出版社1993年版。
③ 该书《凡例》，吉林文史出版社1989年版。
④ 辽宁人民出版社1984年版。

国志》合为一册，如此等等，实在让读者愕然！

5.《中华史地名著丛书》，12种，17册，文海出版社。收有《皇舆西域图志》等，但却不伦不类还收有河野元三述、欧阳瑞译《蒙古史》。

6.《近代中国史料丛刊》，沈云龙主编，正、续编，各100册。收有那彦成《那文毅公奏议》、刘锦棠《刘襄勤公奏稿》、谭钟麟《谭文勤公奏稿》等等。

可以看出，出版的"丛书""丛刊"可谓洋洋大观、规模恢宏。其中确不乏珍本、孤本、稿本，以及流世已稀的刻本，且品种多、规模大、出书快，又多以原版影印精装，便于现代化图书管理，从资料广泛流通言，确有积极意义，其在国际学术界的影响甚至超过了所出版的学术专著。

但这股出版热潮一开始即抹上了明显的商业化色彩，为了商业化竞争，大多数出版社无编辑力量，只是邀请几位学者、名家开个书目，选择影印的版本良莠不齐，编辑出版基本上是工业化、商业化流程，无编辑加工可言。

三 边疆研究理论与方法的探讨

在边疆研究中，什么是边疆？应如何作理论上的概括？这是首先碰到的问题。早在20世纪60年代初，胡耐安在《边政通论》[①]（以下简称"胡著"）中对于"边疆""边政""边务"的含义作过概述。胡耐安说：

所谓"边疆"，"就国疆境界言，如我国，则有陆疆、海疆之分，地理上的边疆，亦即边疆'境界'和边疆'区域'；然此不足以概尽我人今兹所欲探讨之'边疆'的范畴""我人今兹所应探讨之边疆，一面就地理上之边疆，了解其历代形势的沿革；一面就'人文'的边疆，明辨其人民文物的衍嬗。所谓人文的边疆一词，在历史文物悠久与民族昌大繁荣的我国，其在应用上，毋宁谓较之地理上的边疆一词，涵义尤广。……质实说来，

[①] 1960年台北初版，该书无出版单位。版权页上仅载编著者兼发行人胡耐安，订购处是政治大学边政学系办公室。

便是我人所应从事探讨的边疆,就地理言,不尽是地理的方位,而是地理的形胜;就人文言,不只是部族居处的境界,而是社会文化的类型"①。

所谓"边政","顾名思义,无非是指边疆地区之'区域性'的治理而言"②,"边政则直如其他地区'政'之为用,所谓安其社会(管卫),长其人民(教养),是永恒无间的积极性的日臻于建设之境的,于改革中事其建设的。浅显点说,边政也就是国家的'内务行政',边政和内地(腹地)的'内政',实质上是不应有所殊异。于此,仍得复述前面所说的话,由于历史文物悠久与民族昌大繁众,边疆地区之于中原腹地,边疆地区各民族之于内地人口,固然是'同土齐民',可还得有其应予特殊的注视所在"③。

所谓"边务","边务是应付边疆地区所偶发的事务,并且是'外渗'的重于'内在',如邻国交涉,邻国相侵之类的'外务纠纷'为多。即或有其所谓区域性(永恒性)的边务,如屯垦之类,也大率是消极性的因事理事"④。

胡耐安的论述,包括了边疆、边政、边务的基本内涵,可惜未能做进一步的阐述和理论上的升华。时隔27年,在台湾又有林恩显的《边政通论》(以下简称"林著")问世。⑤ 据作者自称,该书是据接任胡耐安边政通论课程后,历15年的教学讲义整理而成。从全书构思与布局看,大体上仍循胡耐安《边政通论》的框架与格局。

"林著"中有10章题名与"胡著"完全一致,有5章只是分类上与"胡著"有所不同,唯有第2章"边疆研究概述"和第3章"边疆研究有关理论与方法"为"胡著"所无。特别是第3章⑥可视为是台湾史学界对

---

① 胡耐安:《边政通论》,第1页。
② 同上。
③ 同上书,第2页。
④ 同上。
⑤ 台北华泰书局1987年初版。
⑥ 《边政研究所年报》第18期(1987年出版)发表林恩显《中国边疆研究有关理论与方法初探》,对照此文与该章内容,除论述次序上有所不同外,基本论点是一致的。此外,论文还着重介绍了大陆学者有关"历史上的中国与中国历史上的民族"和"中国民族关系的主要理论"2个问题的主要观点。

此问题的代表性意见。

对于台湾学界有关边疆研究理论与方法的研究历程，林恩显有一段回忆性自述①，他说：中国边疆研究单独成为一个专业性学科之历史既短，研究的学者也不多，且多划分区域，个别以历史学、语言学、人类学、地理学、政治学、宗教学、经济学、法学、教育学等方面研究，所以在国外有所谓阿尔泰学、蒙古学、西藏学、突厥学等名称出现。而真正以整个中国边疆为范围，进行区域研究者，除吴文藻在民国三十年于其《边政学发凡》一文中主张贯通政治学与人类学而成为边政学之外，要数1955年政治大学在台北成立边政学系，并开设《边政通论》课为其发端。初期《边政通论》课亦仅有研究教学范围，并无明显的研究理论与方法，任课教授胡耐安从民族学、社会学、政治学等角度从事此项研究和教学工作。至1969年边政研究所成立之后，则侧重于历史学和语言学来探讨边疆问题。20世纪70年代以来，台湾学界科际整合，区域研究的主张日渐高涨。1983年后，边政研究所加强"研究方法"课程教学，并聘请历史学、人类学、社会学、政治学、语言学、宗教学、经济学、法学、教育学等有关学科的学者，讲授该学科可资利用于边疆研究理论与方法专题，试图为我国边疆研究建立理论与方法，并出版专书为研究边疆者参考。

林恩显关于边疆研究理论与方法认识的要点可归纳如下：

1. "研究中国边疆岂能不懂文化人类学（或称民族学）？"② 而"文化主要包括：物质文化、社会组织、精神文化（信仰体系）等项目。以上文化的概念均足以当作民族文化、民族主义乃至于边政做正确研究分析的工具"③。

2. 边疆问题中最重要的问题之一是边疆民族问题，"我们边疆民族文化复杂，在研究上应注重人类学的理论与方法"④。而"人类学有许多理论学说足为边疆研究者参考"⑤。并依次介绍了"文化的多样性和相对论"

---

① 林恩显：《边政通论》，第1页。
② 同上书，第59页。
③ 同上书，第57页。
④ 同上。
⑤ 同上书，第60页。

"文化均具有其功能说（即功能学派）"的基本观点，并就"文化变迁及民族融合""草原游牧与定居农业文化之差异""北亚游牧民族南侵原因之探讨""边疆民族和汉民族相处的几个模式"等边疆民族史中几个带有普遍性的问题作了说明。

3. 在研究方法上可分为基本研究方法、应用研究方法和政策研究方法三大类型。基本研究方法有：①泛文化比较法；②整体研究法；③文化接触研究法。应用研究方法有：①系谱研究法；②族群关系研究法；③达克民族文化史研究法（即把民族史划分为分层、制度、文化持续三种模式的研究法）。政策研究方法主要是研究中国民族政策，当然，国外少数民族隔离、同化、整合、多元主义、融合等政策均值得研究。①

林恩显所阐发的边疆研究理论与方法，依我理解，实际上是想用边疆民族研究取代（或实际上取代）边疆研究，而其理论与方法则是文化人类学的一些理论和方法沿用于边疆民族研究。这种认识与研究中的实践，实在有悖于应将边疆作为一个整体，进行"科际整合、区域研究"的初衷，但这种趋向在台湾的边疆研究中的影响却不断得到扩展。

四 边政研究的嬗变

1989年5月6日，政治大学边政研究所在台北召开了"中国边疆研究理论与方法"研讨会，当时任边政研究所所长的林恩显即是该次讨论会的主持人，与会台湾学者和有关人士39人，美国、加拿大、日本有3位学者参加，还有5名记者与会。② 研讨会上学术报告有：

1. 近40年来东北地区的研究论著内容分析。报告人：傅志翔（日本筑波大学博士班研究生）。

2. 从近40年来我国蒙古研究论著内容，谈其研究理论与方法。报告人：蒋武雄。

---

① 林恩显：《边政通论》，第70—74页。
② 《中国边疆研究理论与方法研讨会实录》，政治大学，1989年6月出版。

3. 近 40 年来台湾对新疆地区的研究理论与方法。报告人：李盈慧（政治大学历史所博士班研究生）。

4. 谈近 40 年来我国西藏研究论著内容及研究理论与方法。报告人：林冠群（政治大学边政所副教授）。

5. 近 40 年来西南边疆研究之回顾与展望——兼论人文社会科学理论与方法之冲击和适应。报告人：辛法春（台湾警察专校副教授）。

6. 概说中国近 40 年来的台湾山胞研究——有关内容、理论和方法的引介。报告人：黄维宪（政治大学社会系教授）。

上述报告有一个共同特点，即报告人不是介绍具体的研究论题及其基本论点，而是运用统计学方法，以分类的统计数字展示特定边疆地区的研究过程。试以蒋武雄的报告为例，略作说明。报告从研究论著的地区分布（外蒙古、内蒙古、蒙古与其他地区的关系），论著中所研究的学科（人文学科，包括哲学、艺术、文学、历史等；社会学科，包括政治、法律、经济、教育、心理、人类、社会），论著中所探讨的主题（概论、历史、地理、民族、政治、经济、国防军事、社会、语文、教育、文化、民俗、宗教、艺术、科学），论著中所研究的时代（先秦至汉、魏晋南北朝、隋唐五代、宋辽金元、明、清、民国），论著中所研究的部族（匈奴、鲜卑、契丹、突厥、回纥、蒙古）等五个方面，对 1950 年至 1984 年间台湾学者有关蒙古史研究的论著作了统计和分析，并由此阐发研究理论和研究方法。研究理论简言之，文章认为："作者们对该地区所重视的是历史、政治的研究，亦即以研究该地区各部族交往的过程为主，因此采用同化、权力冲突等理论来探讨该地区的民族关系；也采用贸易受阻、气候变迁、人口膨胀、本性嗜利、掠夺为其生产方式等理论，来探讨各民族与中原地区和平或战争的状态，同时以'征服王朝'、'渗透王朝'及和平关系等理论来分析各民族与中原地区相处的模式。另外，作者们也重视该地区社会、地理的研究，亦即以研究其自身的文化，以及与其他部族文化交流为主，因此采用了文化多样性、相对性与文化皆有其功能等较客观而又尊重民族平等的种种理论，作为其研究的基础。"[①] 在研究方法上，文章指出：

---

① 《中国边疆研究理论与方法研讨会实录》，第 40 页。

"属于理论方式者较少,而以实证方式者较多。如再将实证方式的分析与实证性二者讨论,可发现分析性的论文在此类研究方式中占多数,且也多能对问题的说明交代清楚,亦即研究者多能针对问题,透过文献资料寻求或提供答案,同时较倾向于长期性问题的剖析,结论与问题也多符合。"[1]

这次"中国边疆研究理论与方法"研讨会,实际上是研讨边疆民族研究理论与方法的研讨会,对此,林恩显的开幕词中说得清楚,他说:"这次举办研讨会的目的,是希望邀请各位边疆民族研究学者,与人文社会科学研究方法学者,透过科研整合的精神,集思广益共同为我边疆民族研究建立理论方法,让未来的边疆研究奠定良好的基础。"[2]

看来,台湾同行已将他们传统的边政研究移向了边疆民族研究。对此,台湾的舆论界也在推波助澜,《栅美报导》1989年5月13日以"政大座谈学者建议,以少数民族代替边疆"为题,报道了这次会议。这种以边疆民族研究替代边疆研究的倾向,仍在发展。

1992年8月9日林恩显访问中国边疆史地研究中心时告知笔者,成立已有21年的政治大学边政研究所已于1990年改名为民族研究所。出版了19期,在海内外学术界颇有影响的《边政研究所年报》也易名《民族学报》于1993年出版,为显示《民族学报》与《边政研究所年报》的历史沿承关系,首刊的《民族学报》编号为第二十期。

近年来台湾同行这种用边疆民族研究来替代边疆研究的主张与实践,当然有其可以理解的政治、社会和地理的原因,但对于台湾史界多年来将边疆(或边政研究)作为研究客体进行研究的传统来说,实是进入一个误区,面对中国边疆学建立与发展的大前提,我们不无遗憾的理由。由于前提与内涵的变化,边政研究所原先中、长程发展计划中,诸如编辑《中国边疆研究著作目录》,设立"边政问题研究奖学金",继续筹划召开"中国边疆学术会议",以及成立"边政研究中心"等设想[3],看来也难以按原计划实施。

---

[1] 《中国边疆研究理论与方法研讨会实录》,第40页。
[2] 同上书,第8页。
[3] 参阅《边政研究所年报》1988年第19期,第206—212页。

当我们回顾了20世纪下半叶台湾学界边政研究的持续与嬗变历程后，有感而发如下四端：

一是，台湾学界有关边政（边疆）研究的成果是引人注目的，他们在并不理想的客观环境制约下，沿着前辈学者开创的边政研究的格局，有所前进、有所发展，他们的众多成果成为中国学界关于中国边疆研究总成绩的不可缺少的组成部分。为深化中国边疆研究这一学科，做出了自己的贡献。

二是，台湾学界有关中国边疆历史资料的收集"整理"工作，成绩同样是显著的。特别是对清代以来档案文献资料的整理，由于学者的重视，加之财力上的优势，编辑和出版了一大批资料汇集，大大丰富了中国边疆研究的资料来源。

三是，海峡两岸学者对于中国统一多民族国家的奠定，中国近代边界沿革的变迁，以及当代中国边界的纠纷，尽管政治利益各不相同、意识形态上存在歧义，但在一个中国和国家主权的根本前提上有着太多的相似，因此海峡两岸学者在研究资料上的共享、研究成果的互补上，有很多工作可以通过交流，寻求更深层次的合作途径。

四是，这些年台湾学界边政研究的嬗变，对此我们不无遗憾，但边疆民族的历史与现状研究，仍是中国边疆研究的重要组成部分，也是一个大有可为的研究领域。我们有充分理由期望台湾同行在进行边疆民族研究的同时，勿忘中国边疆研究的全局与整体，中国历史上疆域的形成与发展，中国近代边界的变迁与界务交涉，中国学者对于边疆研究历程的回顾与成果的评估，以及中国边疆学理论体系和研究方法的探讨，都仍应继续成为学者们关注的重点而勤于求索。

第三篇

分　　论

第七章

对中国边疆研究的理性思考

一 边疆与边政

在边疆研究中,什么是边疆?应如何作理论上的界定与概括?这是首先需要学者回答的问题,20世纪40年代顾颉刚与吴文藻曾对此问题作过阐述。顾颉刚在《中国边疆学会宣言》认为:"边疆者,一国领土之外缘地带,在地理上与内地异其部位,而在国家主权及政治制度上皆与内地合为一体。此义盖寰宇立国之所同。"[1] 而在我国"实即指地理环境与生活文化之特殊,平原林麓,舟车畅通者,谓之内地,驱橐驼于大漠,浮淅筏于险濑者,谓之边疆,冠棠楚楚,列肆如林者,谓之内地,人烟稀绝,衣毡饮酪者,谓之边疆"。吴文藻《边政学发凡》[2] 对当时流行的说法作了综述:"国人之谈边疆者,主要不出两种用义:一是政治上的边疆,一是文化上的边疆。政治上的边疆,是指一国的国界或边界言,所以亦是地理上的边疆。"例如中国现在的国界,三面是陆界,一面是海界。故高长柱对边疆所下的定义有云:凡国与国之间标识其领土主权之区别者,曰"国防线";接近"国防线"之领域,即"边疆也"。[3] 这显然是政治上的边疆。又胡焕庸所著国防地理与国防诸书,则代表地理上的边疆观。"通常称边

---

[1] 刊1941年2月该会出版之《中国边疆学会宣言及会章》。
[2] 《边政公论》第1卷第5、6合期,1942年1月。
[3] 见高长柱编《边疆问题论文集》,正中书局1948年版,第1页。

疆为'塞外'、'域外'、'关外',而称内地为'中原'、'腹地、关内',二者相对者言,这些称谓,亦都代表了政治及地理上的观点。然而国人另有一种看法:东南诸省以海为界、本是国界、而并不被视为边疆;仅之,甘青川康,地居腹心,而反被称为边疆。这明明不是指国界上的边疆,而是指文化上的边疆。""文化上的边疆,系指国内许多语言,风俗,信仰,以及生活方式不同的民族言,所以亦是民族上的边疆。"关于"边政",吴文藻在上述文中认为:"边政有广狭二义之不同:边疆政治,系边政之广义;边疆行政,系边政之狭义。边疆政治可以包括边疆行政,但边疆行政不能包括边疆政治,换言之,边疆行政可以视为边疆政治之一部门,虽边疆行政,必以研究边疆政治为主要对象。"

到了20世纪60年代初,胡耐安在台湾出版了《边政通论》①,对于"边疆""边政"的含义作了概述。所谓"边疆","就国疆境界言,如我国,则存陆疆海疆之分,地理上的边疆,亦即边疆'境界'和边疆'区域',然不足以概尽我人今兹所欲探讨之'边疆'的范畴"。"我人今兹所应探讨之边疆,一面就地理上之边疆,了解其历代形势的沿革;一面就是'人文'的边疆,明辨其人民文物的衍嬗,所谓人文的边疆一词,在历史文物悠久与民族昌大繁荣的我国,其在启用上,毋宁谓较之地理上的边疆一词,涵义尤广。……质实说来,便是我人所应人事探讨的边疆,就地理言,不尽是地理的方位,而是地理的形胜,就人文言,不只是部族居处的境界,而是社会文化的类型。"② 所谓"边政","顾名思义,无非是指边疆地区之'区域性'的治理而言"③。"边政则直如其他地区'政'之为用,所谓安其社会(管卫),长其人民(教养),是永恒无间的积极性的日臻于建设之境的,于改革中是建设的。浅显点说,边政也就是国家的'内务行政',边政和内地(腹地)的'内政',实质上是不应有所殊异。于此,仍得复述前面所说的话,由于历史文物悠久与民族昌大繁众,边疆地区之于中原腹地,边疆地区各民族之于内地人口,固然是'同土齐民',

---

① 胡耐安:《边政通论》,1960年。
② 同上书,第1页。
③ 同上书,第2页。

可还得有应予特殊的注视所在。"①

　　1949年以后大陆学者由于将边疆问题研究,尤其是边疆史地研究分别纳入了断代史、中外关系史、民族史等研究领域,因此在相当长时间里,对边疆的界定鲜有论及。直至20世纪80年代后期,随着边疆史地研究日益引起学界重视,才开始涉及此问题。由中国社会科学院中国边疆史地研究中心主编的"中国边疆史地研究丛书"的"出版说明"指出:"边疆是地理概念,它与国界线有密切的关系,简单地说,'边疆'就是靠近国界的地区。"纽仲勋等《中国边疆地理》认为:"'边疆'应是直接比邻国界的,具有一定历史、人文、经济和自然特点在行政上具有完整性的连续地域。"② 马大正、华立《古代中国的北部边疆》③ 论述较为详尽:"边疆是一个政治地理概念,中国的边疆包括陆疆与海疆。陆疆是指沿国界内侧一定宽度的地区,必须具备下述条件的地区才可称之为陆疆地区,即一定要有与邻国相接的国界线,要具有自然、历史、经济、文化诸多方面的自身特点。"同时,"边疆又是一个历史概念,它是随着统一多民族国家的形成和发展而逐渐形成和固定下来的。因此,在讨论历史上的边疆问题时应该考虑如下两个相互关联的因素:首先是指与中华人民共和国边界相连接的省区;其次则是以此为基础,上溯古代,参照历代封建王朝边疆的实际情况予以综合考察,这就是说,当代的边疆不能与古代的边疆简单地画一等号,因为中国古代疆域呈现着稳定性与波动性相结合的特点"。

　　马大正《当代中国边疆研究的几个问题》④ 对当代中国边疆地区的界定,陆疆、海疆以及当代中国边疆与历史上中国边疆的历史延续性诸问题作了更详细的阐述。邢玉林《中国边疆学及其研究的若干问题》⑤ 对近代以来边疆和古代的边疆分列作了界定,指出,近代以来的边疆:在国家陆路边界线内侧的或在国家海岸线外侧的、且属于该国主权的边缘陆路领土

---

① 胡耐安:《边政通论》,1960年,第2页。
② 纽仲勋等:《中国边疆地理》,人民教育出版社1990年版,第1页。
③ 内蒙古人民出版社1993年版。
④ 马大正:《热点问题冷思考——中国边疆研究十讲》,上海辞书出版社2013年版,第176—179页。
⑤ 《中国边疆史地研究》1992年第1期。

或海洋领土。

上述定义说明：①"边疆"概念是与"国家"概念联系在一起的。边疆随国家的产生而产生，随国家的消亡而消亡。②"边疆"概念是与边界线联系在一起的。边界线是一个国家陆路版图范围的标志，它也是国境线。"边界线内侧"一语十分重要，这是因为此语表明一国内的行政省（区）、民族聚居区均不存在各自的"边疆"，只有当上述各省（区）的外缘界线同时也是边界线（国境线）的一部分时，上述各省（区）才是边疆。与此类似，限定在"国家海岸线外侧"者指海疆。③"边疆"概念是与国家的"主权"联系在一起的。陆疆当然在边界线内侧，固属国家主权的范围，因而属于该国的边疆，不属该国主权的边界线外侧的地区也当然不属于该国的边疆；海岸线外侧的海域（包括其中的岛屿），只有属于国家主权的部分才是该国的海洋领土即海疆。用"主权"一词限定，较以往的定义更严密。④"边缘"限定，意在与该国的中土及与各国共有的海洋领土或无主海洋领土相区别。

以上四点，缺一不可。从这四点看，"边疆"这一概念不单单是地理概念，也不单单是政治地理概念，也是历史地理概念，可通称为政治、历史、地理性概念。上述定义是否排除了各国边疆所具备的各自不同的特殊性（个性）、集中了各国边疆的普遍性（共性），因而具有普遍意义呢？笔者不敢做出肯定回答。

古代的边疆是指"在本国与外国之间的习惯界线、自然界线内侧的，或在本国海岸线外侧的，且属本国主权的或为本国实际管辖的或为本民族生息繁衍的边缘陆路领土或海洋领土"。

这个定义与近代以来边疆的定义的区别在于：①用"外国"而不用"邻国"，是考虑到中国历史的特殊情况，即考虑到历史上的中国有国中之国这一历史现象。②用"习惯界线、自然界线"而不用"边界线"，是因为古代不存在现代国际法意义上的边界线。③加上"本国实际管辖"或"本国民族生息繁衍"的限定，是因为"主权"的观念或意识在古代并没有普遍形成。

"这个定义能不能运用于中国的古代边疆？笔者也不敢做出肯定的回答；至于能不能适用于各国的古代边疆则更多有疑问。但笔者认为提出一个普遍适用的关于古代的边疆的定义,或者至少提出一个只适用于中国古代的边疆的定义,以便与近代和现代的边疆的定义相区别,对于中国边疆学来说是完全必要的。"

汪洪亮《中国边疆研究的近代转型——20世纪30—40年代边政学的兴起》[①]和《民国时期国人对"边疆"、"边政"含义的认识》[②]均对边疆和边政的内涵和认识的演进历程作了有益的梳理。同类题材的论文还有周平《我国边疆概念的历史演变》[③],段金生《近代中国的边疆社会政治及边疆认识的演变》[④]和《南京国民政府的边疆观念及民族认识》[⑤],方素梅《中华民国时期的边疆观念和治边思想》[⑥]等。

另外周昆田《边疆政策概述》[⑦]在绪论中分别论及了边疆的形成,边疆的特质及其问题,可资参阅。

近年来,随着新时代构筑中国学术话语权的需要,学界(不同学科背景的学者)对中国边疆研究中涉及的一系列概念进行了进一步探讨,涉及边疆概念的论文主要有周平《边疆研究的国家视角》[⑧]、《如何认识我国的边疆》[⑨]以及罗中枢《论边疆的特征》[⑩]等。

二 中国边疆研究的社会功能

所谓中国边疆研究的社会功能,实际是学者们对于中国边疆研究重要性的认识。20世纪30年代以降,由于日本帝国主义侵略的加剧,一大批

---

① 《四川师范大学学报》2010年第5期。
② 《中国边疆史地研究》2014年第1期。
③ 《云南行政学院学报》2008年第4期。
④ 《社会科学战线》2012年第9期。
⑤ 《云南民族大学学报》2009年第6期。
⑥ 《中央民族大学学报》2008年第2期。
⑦ 台北"中央"文物供应社1984年修订四版。
⑧ 《中国边疆史地研究》2017年第2期。
⑨ 《理论与改革》2018年第1期。
⑩ 《新疆师范大学学报》2018年第3期。

有爱国心的正直学者迫于边疆危机、民族危机的严重，致力于边疆问题研究以图救亡，当时学人的主张代表者当首推禹贡学会创始人顾颉刚，他在写成于1936年1月2日的《禹贡学会研究边疆学计划书》[1]指出："强邻肆虐，国亡无日，遂不期而同集于民族主义旗帜之下；又以敌人蚕食我土地，四境首当其冲，则又相率而趋于边疆史地之研究。"在《禹贡学会工作计划》[2]中说得更明白："窃维士居今日，欲求经世致用救亡图存之学，其道固有多端，而于吾国地理之研究实居其重要项目之一"，"生既为斯土之民，长于斯，食于斯，则必于斯土之各种情势均能洞悉，方能尽其爱护之天责。世未有于其田园经界不明而能尽其保守之责者，亦未有于其国家之版图茫无所知而能发动其正确之爱国观念者。晚近各国政治家之以国家主义相号召者，往往以史地教育为激发其青年爱国观念之主要工具，其所用心益亦周且密矣"。"当此国家多难之日，吾辈书生报国有心，而力有未逮，窃顾愿驽钝之资，为救亡图存之学。"概言之，研究边疆有利于抗日救亡之民族大业。吴文藻《边政学发凡》[3]认为边政学的研究有利于抗战胜利后"建设一个民族国家"，同时也可使战后各国"都信守民族一律平等的要义"，"使吾国的王道文化精神，英美的委任统治观念，以及苏联的少数民族政策，相互融会贯通。成为一个共同理想，以跻世界于大同，这便是边政学在比较研究时最大的贡献"。

半个世纪之后，丁伟志在《"中国边疆史地研究丛书"序》[4]中指出："边疆史地研究的现实价值，通常是到了边界纠纷时才会被突然想起，其实它的价值远不止体现在政治纠纷与军事冲突之际；在和平建设中，这种研究又何尝没有重大价值，为了实现现代化，在我国广阔的边疆地区规划经济文化发展战略的过程中，难道不需要边疆历史地理研究成果的帮助吗？在我们推行开放的方针，发展与周邻许多国家的经济关系和友好往来的过程中，难道不需要边疆历史地理研究成果的帮助吗？恐怕只能说，我们过去的眼光太短浅，看不到边疆史地研究这种'养兵千日'式的日积月

---

[1]《史学史研究》1981年第1期。
[2]《禹贡半月刊》第7卷第1—3合期，1937年4月1日。
[3]《边政公论》第1卷第5、6期合刊，1942年1月。
[4] 马大正主编：《中国古代边疆政策研究》，中国社会科学出版社1990年版。

累的平凡工作所具有的长远的现实价值,看不到它所蕴蓄的重要社会效益(不只是政治的、军事的,而且包括经济的和文化的效益),因而对它的重视程度极为不足,现在是到了扭转那种把历史地理研究看作无益于现实的错误观念的时候了。"邢玉林《中国边疆学及其研究的若干问题》①对于中国边疆学的社会功能作了专节评论。文章认为中国边疆学社会功能有五个,即一是弘扬中华民族传统的爱国意义,二是强化中华民族救亡图存和自强不息的精神,三是提供稳定边疆的历史经验,四是为边疆的建设提供科学依据,五是促进边界问题的解决、维护国家领土完整。

中国社会科学院中国边疆史地研究中心主办的《中国边疆史地研究》先后组织了"加强中国边疆史地研究"②和"中国边疆研究的意义与当代中国边疆研究者的使命"③两次笔谈。参与笔谈的专家有(以笔谈刊文先后为序):纪大椿、张博泉、周伟洲、杨建新、周清澍、戴可来、吴丰培、多杰才旦、尤中、林甘泉、张海鹏、何兹全、徐萍芳、李学勤、王庆成、王锺翰、马大正等17位,对中国边疆研究的社会价值,中国边疆研究工作者的历史使命,中国边疆研究与相关学科的关系发表了精辟见解,极具指导价值。

三 中国边疆研究的内涵与方法

关于中国边疆到底应研究些什么?用什么方法来研究?20世纪30—40年代学者们曾发表过今天仍有借鉴价值的意见。林耀华《边疆研究的途径》④指出:"人类社会无论在什么区域,或在什么时代,都包括三个要素的交互作用。这三个要素是什么?它们是环境,以及人类和文化。"而"所谓边疆,非即地理名词,亦指人类社会。边区社会也一样的包括以上三个要素的交互作用,只因边区或有特殊情况,三个要素的交互作用即和

---

① 《中国边疆史地研究》1992年第1期。
② 1991年第1期。
③ 1992年第2期。
④ 《边政公论》第2卷第1、2合期,1943年3月。

中心区域不同"。文章认为:"研究边疆的途径,是从史地,生理、语言,一直到达人群团体和文化技术的了。这些途径大抵都是从方法上着眼,而且是依照次序的步骤,一个研究员也必须有这种按序的训练。如果回到本文开端所云人类社会三个要素的交互作用,我们就知道这些按序的途径系研究边区社会的重要条件了。环境供给人类生存的根据点。人类机体需要适应环境产生文化,文化累积造成文化环境,因又控制人类行为支配团体活动,于是环境、人类、文化三者交互作用,循环不息,我们由于地理的学识,就知道人类最初的环境,加上历史的学识,那就包括文化环境了。再由于生理的研究,就知道机体的组构,又有语言的研究,知道机体动作因于人群文化而发生意义,而为传达的工具。人与人发生关系,造成了团体的机构,而研究人群团体的人,必要几个活跃的观点,那就是功能性质、互动关系、均衡状态、系统组织,以及文化技术之支配人与人的关系。有了这些秩序的研究途经,和几个活跃的考察观点,对于边区社会的探讨,已有相当的把握了。"吴文藻《边政学发凡》[1]则以人类学观点为主、政治学观点为副,具体阐论了边政学的研究对象和方法。文章认为:"边政学就是研究边疆政治的专门学问。""是研究关于边疆民族政治思想、事实、制度、及行政的科学。"作者又论述了边政学的目的和观点。关于目的,"一是理论的,一是实用的"。关于观点也有二,"一是政治学的观点,一是人类学的观点"。作为人类学家,吴文藻在文章中指出:"目今西洋所谓应用人类学,大都是以殖民行政,殖民教育,殖民福利事业,以及殖民地文化变迁等题目为研究范围。在中国另换一种眼光,人类学的应用,将为边政、边教、边民福利事业,以及边疆文化变迁的研究。"文章还分析了边政学与经济学、法学、教育学、史学、地理学及其他有关国防的学科的关系。顾颉刚《禹贡半月刊发刊词》[2]和《禹贡学会工作计划》[3]对如何开展边疆研究,尤其是边疆史地研究,提出了系统、完整的设想。前者对推动中国地理沿革史研究提出了具体工作计划。

---

[1] 《边政公论》第 1 卷第 5、6 合期,1942 年 1 月。
[2] 《边政公论》第 1 卷第 1 期,1934 年 3 月。
[3] 《禹贡半月刊》第 7 卷第 1—3 合期,1937 年 4 月,原《本会此后三年工作计划》。

一是整理出"一部可以供一般学者阅读的中国地理沿革史";

二是"用最新式的绘制法,绘成若干种详备精确而又合用的地理沿革图";

三是"编成一部可用、够用,又精确而又详备的中国历史地名辞典";

四是"完成清人未竟之业,把每一代的地理志都加以一番详密的整理";

五是"辑录地理书籍中各种文化史料,以作各种专题的研究";

六是"要提出若干关系自然地理而为我们自己所不能解决的问题,征求科学家的解答",在"社会和政治方面,我们需要专家的解答正同样的迫切"。如《禹贡》的五服、五制的封国,《山海经》中原始宗教,职方中男女人数比例,"都不是我们自己所能研究出最终的结论来的"。

上述六个方面包括收集资料、总结前人研究成果、编制工具书,并在此基础上撰写专著,这些都是研究中国地理沿革史必不可少的基础工程,也是学科建设切实可行的必作项目。

后者则系统提出开展边疆研究的构想,包括了旅行调查和专题研究两大类。在旅行调查的计划中,考虑到当时的实际情况,提出了调查内蒙古、甘肃、青海的计划。值得注意的是,计划中强调的调查注意事项包括:①西北民族感情之考察;②西北教育之考察;③西北经济状况之考察;④边疆宗教之研究;⑤边陲统治阶级世系之研究;⑥古迹图及古物谱之编制;⑦边疆文学之搜求;⑧边疆歌谣故事之采集;⑨边陲碑铭雕刻之募拓。从所列九个方面看禹贡学会试图进行的边疆考察与研究,从时间上言,包含了边疆现状和边疆历史,从研究内容上言,包含历史、考古、民族、宗教、社会、经济、文学等领域。在专题研究计划中,除提出要进行"中国内部小民族之研究""边陲民族之研究"外,还应加强"历代北部边防之研究",理由是:历史上"边患常在北方,历代君主对于北部边防无不苦心经营,百方杜御,如边城烽燧斥堠关镇堡垒之设置,如屯田遣戍,开中聚粮,立官设卫,如置茶马市,开辟市易,或计在防守,或谋在羁縻,其遗制多有可资借镜者。本会亦拟集合人力从事于此,上起古代之秦晋燕赵,下至明清,凡与边防制度有关者,悉为分代研究"。同时提出集合力量进行①"中文边族史料之搜集";②"西人专题之研究翻译";

③"外国文籍中边族史料之搜集及翻译"。顾颉刚与史念海合著《中国疆域沿革史》于1938年作为中国文化史丛书之一,由商务印书馆出版,可谓是学会同仁对上述计划身体力行之举。同类论文较重要者还有柯象峰《中国边疆研究计划与方法之商榷》①、张少微《研究边疆社会之内容方法及步骤》②、李景汉《边疆社会调查研究应行注意之点》③等。

20世纪70年代以后,台湾政治大学林恩显对此进行了专题探索,1992年林恩显还编辑出版了《中国边疆研究理论与方法》一书④,该书第二编人文社会科学与中国边疆研究,收录了当今台湾14位学者所写的15篇文章,对于作为边缘学科的中国边疆研究与人文科学、社会科学相关学科的关系作了阐论,颇可参资,15篇论文目如次:

①庄吉发(台北"故宫博物院"研究员):《从史学的观点研究中国边疆的理论与方法》;

②龚煌城("中研院"历史语言研究所研究员):《从语言学的观点谈研究中国边疆的理论与方法》;

③阮昌锐(台湾省立博物馆人类学组研究员):《从人类学的观点谈研究中国边疆的理论与方法》;

④许木柱("中研院"民族学研究所副研究员):《从人类学的观点谈少数民族研究方法与理论》;

⑤尹建中(台湾大学人类学研究所教授):《试拟我国民族文化变迁融合的模型》;

⑥董维宪(政治大学社会学研究所副教授):《从象征交换之角度浅说蒙藏婚礼过程的意义》;

⑦吴主惠(日本东洋大学名誉教授):《民族社会学之建立与体系》;

⑧瞿海源("中研院"民族学研究所研究员):《少数民族研究方法:介绍扎根理论的建构》;

⑨徐宗国(中兴大学法商学院社会学系副教授):《用田野方法研究少

---

① 《边政公论》第1卷第1期,1941年8月。
② 《边政公论》第1卷第3、4合期,1941年11月。
③ 《边政公论》第1卷第1期,1941年8月。
④ (台北)渤海堂文化公司出版。

数民族》；

⑩林芊（前政治大学社会学研究所客座副教授）：《从社会科学的角度谈民族关系》；

⑪董维宪：《从社会学研究方法浅谈中国边疆研究》；

⑫章英华（"中研院"民族研究所副研究员）：《从历史社会学的理论与方法看中国边疆研究》；

⑬陈小红（政治大学社会学研究所教授）：《政策分析理念和方法与边疆政策研究之初探》；

⑭吕秋文（中国文化大学民族与华侨研究所、政治研究所教授）：《边疆涉外关系研究途径之试探》；

⑮赵国材（政治大学外交学系教授）：《从国际法谈帕米尔未定界问题》。

马大正《中国古代边疆政策和当代边界问题研究刍议》[①]和戴逸《加强边疆开发史的研究》[②]则从历史学角度，对如何开展历史上中国边疆的治理和开发，以及当代边疆问题研究提出了构想，前文认为，中国古代边疆政策有八个方面值得研究者重视：

1. 历代边疆政策的综合研究，包括陆疆政策与海疆政策，以及各个历史时期中不同政权的边疆政策研究；

2. 边疆政策中一些带有共性问题的专题研究。诸如边疆行政建置、边疆经济开发、边疆民族的文化与宗教等；

3. 边疆政策的重要组成部分，历代民族政策、宗教政策、边防政策，以及与边界交涉有关的外交政策等方面的研究；

4. 制定边疆政策重要前提之一的传统治边思想研究；

5. 不同时期、不同类型、不同国别边疆政策的比较研究；

6. 边疆政策所涉及的政治、军事、民族、经济、文化诸领域研究；

7. 与边疆政策有关的人、事、地、物的研究与考证；

8. 近代边疆危机与封建时期边疆政策由成功到失败演变的研究；

---

① 《思想战线》1991年第3期。
② 《新疆社会科学》1986年第5期。

而当代边疆问题也有七个方面应予探索：

1. 边疆和边界问题的基础理论研究；
2. 边疆政权建设（以民族区域自治为主要研究对象）及其与中央政府关系研究；
3. 边防工作研究；
4. 边界交涉研究；
5. 边疆地区民族关系与跨境民族研究；
6. 接境邻国的政治、军事、社会、民族概况研究；
7. 历史上（特别是近代和民国时期）边疆地区的上述2至6方面问题研究。

后文则指出：边疆开发史研究"涉及的方面是十分广泛的，既要研究生产、流通、分配、消费，又要考察边疆人民的日常生活和文化教育状况，以及边疆地区农业和牧业的布局，土地的利用程度、水利设施、生产技术、生活习俗、宗教观念、文化艺术等"。作者还认为，边疆开发史研究，还不应忽视边疆地区政治史，而"人口的流向、增减，多民族之间的交往、融合"，"驿路、商队、商业点，贸易渠道"都是边疆开发史研究中的重要课题。

马大正《中国边疆研究大趋势》①对中国边疆研究的对象、宗旨、任务和优良传统诸问题作了阐论，关于中国边疆研究的宗旨和任务，"简单说有二"：

第一，通过研究弄清楚中华人民共和国这个统一多民族国家形成和发展的规律以及多元一体的中华民族形成和发展的规律。抓住我们的祖先留下的两大遗产：统一多民族国家和多元一体的中华民族。中国的边疆是中华人民共和国不可缺少的一部分。边疆居民是多元一体的中华民族中不可缺少的一部分。要把统一多民族国家和多元一体的中华民族形成和发展的规律搞清楚，而且还要把这两者之间的互动关系搞清楚，因为多元一体的中华民族是统一多民族国家发展的一种精神力量，它能使人产生一种强大的民族凝聚力。

---

① 马大正：《热点问题冷思考——中国边疆研究十讲》，第112页。

第二，要搞清楚中国疆域发展的历史和现状，在不同时期所处的地位及原因，中国边界形成发展的历史和现状，国境线形成、变迁的过程等问题。在这个范围内，具体的事件，具体的人，以及生活在边疆的少数民族的历史及发展都是我们的研究范围。中国边疆研究的内容既有宏观的，又有微观的，既有热点问题，也有诸多所谓的"绝学"，它有很多热点及难点问题等待我们去研究，它有着丰富的研究领域。

马大正在《热点问题冷思考——中国边疆十讲》的第八讲"中国边疆学的构筑"[①] 中提出：在展开中国边疆研究时应把握和处理好两个关系：

一是，初步理顺研究与决策的关系。

研究与决策有着密切关系，但不应将两者等同。研究的结论虽然是进行正确决策的重要因素，但不是唯一因素。研究的最高原则是科学的求实，而决策的基本出发点是维护国家的根本利益。当然，研究者也应发扬中国边疆研究的爱国主义和求实精神的优良传统为政治家、军事家的正确决策提供扎实、可靠的研究成果。我们认为处理好两者关系的关键是要区别研究与决策的不同内涵，真正做到把研究者的观点作为学者的观点来对待，切不可把研究者在边疆研究中发表的学术见解，错当成某种政见而给予过度的重视或过分的责怪。唯此，研究者才可能在边疆这一颇带敏感性的研究领域中进行大胆的探索，边疆研究的繁荣也就为期不远了。

二是，正确认识研究客体与从属的关系。

由于多年来学术界将中国边疆史地研究的一些基本内容分别纳入断代史、地方史、民族史、中外关系史、历史地理等研究领域，极大地影响了这一边缘学科的健康发展。以具有丰富内容的中国古代边疆政策研究为例，长期以来学者们孜孜以求，研究古代封建王朝的民族统治政策，清王朝的喇嘛教政策，而极少从治理边疆的高度与广度来研究古代中国的边疆政策，究其原因，主要是没有将边疆治理作为研究客体来考察、研究。因此，改变边疆史地研究长期从属于其他学科的局面，使边疆史地作为一个整体而成为研究的客体，是当前一项重要工作。唯此，我们才有可能组织力量对一些重大课题进行研究，诸如中国边疆学、中国古代疆域史、中国

---

① 该书第143—144页。

边疆治理史、中国近代边界沿革史、中国边疆研究史，等等。

面对疆域史研究中面临的一些有争议的问题，马大正在《热点问题冷思考——中国边疆研究十讲》第一讲"中国疆域的形成与发展"①中提出了"应对的举措与建议"：

1. 就研究层面言

坚持实事求是的思想路线，将中国边疆史，特别是历史疆域中的难点和热点问题，纳入正常的学术研究轨道，反对在历史研究中将历史问题现实化、学术问题政治化的倾向和做法，潜心研究，将科学的研究结论提供给学坛，进而推动研究的深入和拓展，这是学人的职责。至于研究结论的差歧，完全可以在符合学术规范的规则下开展学术交流与争鸣，即使一时不能取得共识，在相互尊重的前提下还可以求同存异。

2. 就管理层面言

正确处理研究与决策的关系，研究是进行正确决策的重要因素，但不是唯一因素。研究的最高原则是科学的求实，而决策的基本出发点是维护国家的根本利益。在研究与决策中，决策者（当然包括管理者）是矛盾的主要方面，在正确处理两者关系时，决策者需要有更多政治家的气度与远识，应该为研究者进行实事求是的研究提供更有利的条件和保证，要允许学术研究中不同见解的存在。

近年来，特别是在《中国边疆史地研究》编辑部的大力推动下，在大力构建有中国特色的中国边疆学学科体系、学术体系和话语体系的基础上，学界对中国边疆研究的内涵与方法展开了进一步探讨，提出了一些具有时代特点的新认识，涉及的论文主要有邢广程《开拓中国边疆学研究的新局面》②、李国强《开启中国边疆学学科建设新征程》③、王欣《关于中国边疆学学科话语理论体系建构的几点思考》④、李鸿宾《对"中国边疆研究"概念的认识与界定——兼谈"中国边疆学"学术体系之建构》⑤、

---

① 该书第21页。
② 《中国边疆史地研究》2016年第2期。
③ 《中国边疆史地研究》2018年第1期。
④ 《中国边疆史地研究》2018年第3期。
⑤ 同上。

苗威《建构中国特色的中国边疆学话语体系》①、张云《中国边疆研究的内涵和特征刍议》②、田澍《互动与融通：新时代中国边疆史研究的客观要求》③ 等。其中李鸿宾《对"中国边疆研究"概念的认识与界定——兼谈"中国边疆学"学术体系之建构》一文，对"中国边疆学"的概念、界定与学科体系建设也进行了有益的探索，提出了自己的认识：

（1）将中国边疆学作为特定研究对象进行研究，"从边疆维度认识和理解中国古今历史及呈现出居于世界东方之文明体的衍化与特点，具有其他维度不可替代又不可或缺的作用和价值"。

（2）作者对"中国边疆学"概念给出的定义是："以研究中国历史上边疆问题而形成的专门学问，它以王朝至民国阶段中国边缘地带的人群之间的活动、人群与地理环境的关系及相邻问题为研讨的内容构建而成。"

（3）关于"中国边疆学"体系的学术（科）支撑，作者认为："以'历史学是基础，历史地理学、考古学、民族学、人类学、社会学、地缘政治学等是支撑'这样的表述，应当是比较妥当的处理方法。"进而给出了自己的分析与解读。④

王欣《关于中国边疆学学科话语理论体系建构的几点思考》，针对国内外学术界有关"中国"以及"中国边疆"这些核心概念认识混乱的情况，作者从历史和现实两个层面进行了概要的梳理和界定，对中国疆域与边疆形态的形成提出了自己的认识，认为当今学界拿所谓的"内亚""内陆欧亚""亚洲腹地"等话语和理论来"研究乃至解构多民族国家疆域发展的历史是否适合我们姑且不论，但是脱离乃至无视其自身发展规律的现象则是存在的"，并进而指出了西方主导的某些理论在当今学界和思想界在有关边疆和民族认识方面引起混乱的原因。此外，作者还进一步指出："我们在讨论和构建中国边疆学学科理论的时候，一方面必须正确认识、借鉴和吸收当今国内外的一切相关研究成果；另一方面，则应当回到中国边疆发展与形成的历史情境中，用符合当时历史情境的话语去理解过去，

---

① 《中国边疆史地研究》2018 年第 3 期。
② 同上。
③ 同上。
④ 同上。

建构符合自身历史实际与规律的话语和理论体系,并以之阐释中国边疆的现在,而不是简单照搬西方的某些理论甚至以此曲解多民族国家疆域演进的历史事实。"

张云《中国边疆研究的内涵和特征刍议》,以古今中外的宏阔学术视野对中国边疆研究的内涵和特征进行了有益的探索,从理论到实践提出了一系列新的思考,对进一步深化中国边疆研究有重要借鉴意义。譬如,作者认为,中国的边疆研究具有许多不同于外国,特别是不同于西方主要大国的自身特点,概括起来主要有以下六个方面值得关注:

第一,中国是世界上唯一一个古老文明延续不断的国家,中国的边疆内涵和概念有悠久的历史、完整的系统和丰富的内容,能够从发展和变化的角度进行系统分析和贯通性研究。这与文明多次中断、疆域变化不居,以及近代才出现的众多国家存在巨大差异。

第二,从秦汉以来古代中国建立了一个以中原地区为核心,以农牧两套管理系统相互吸收补充的集权管理体制,保证了古代国家能够在分分合合的复杂历史条件下不断向前发展,保持追求大一统的制度不断完善,而历代政权对边疆地区采取了世代沿袭与不断发展完善的管理体制和制度,在维护内地由乱到治,由分到合不断发展的历史大势的同时,也继承了对边疆地区治理不断深化与升华的优良传统,实现了内地到边疆的行政体制统一和管理制度完善。

第三,在古代漫长的历史发展中,中国"形成了一套系统的治国理政思想、理论和文化,儒家思想长期占据主导或统治地位,同时吸纳佛教、道教及各个宗教的有益部分,逐渐形成从上自朝廷,下至百姓,从内地到边疆,不断深入人心的社会基本共识和近似的价值判断,诸如大一统的政治观念、和而不同的包容思想等"。

第四,"古代中国有一套不断得到丰富充实、发展完善的安边、守边和治边政策与制度",这些"都与古代及近代西方的边疆政策存在本质上的差异,也与中国周边邻国的古代传统政策存在不同"。

第五,近代中国遭受外国殖民侵略时,"边疆地区首当其冲,全国各民族掀起了反抗帝国主义入侵,共同保卫边疆,共御外侮的伟大运动",中国学界从救亡图存、挽救民族国家命运的目的出发,积极关注边疆、研究边疆,彰显了中国边疆研究者具有的强烈家国情怀和责任担当。

第六,中国古代有着优良的史学传统,与此相适应,保留了丰富多样的边疆文献档案资料,为边疆研究提供了坚实的史料依据。

基于中国边疆研究具有的自身特点,作者还进一步指出,中国边疆研究学习借鉴国外(包括西方和非西方国家)边疆研究的理论、方法和优秀成果,目的是深化中国边疆研究理论,提升自身的话语能力,而不是削足适履,做出脱离中国边疆实际的判断或者采取套用式的解读。[①]

上述诸多文章,对中国学界部分学者在边疆研究中目前存在盲目迷信、削足适履地运用西方理论解读中国边疆历史的现象进行了一定的质疑和批评,为"用中国理论回答中国问题,用中国话语解读中国道路"[②],打造"立足中国、借鉴国外,挖掘历史、把握当代,关怀人类、面向未来"[③]的具有中国特色、中国风格、中国气派的边疆研究理论体系凝聚了共识。

[①] 《中国边疆史地研究》2018 年第 3 期。
[②] 刘奇葆:《用中国理论回答中国问题 用中国话语解读中国道路》,《光明日报》2015 年 7 月 29 日第 4 版。
[③] 习近平:《加快构建中国特色哲学社会科学》,载《习近平谈治国理政(第 2 卷)》,外文出版社 2017 年版。

第八章

古代中国疆域理论问题研究

一 历史上的中国疆域

历史上的中国疆域,一直为中国史学家所关注和研究。二十四史《四裔传》《藩部》对中国历史上疆域的记述,开创一个国家疆域变迁记载之最。这一研究势头至 20 世纪前半叶仍未有减弱之趋势:20—40 年代先后出版了葛绥成《中国边疆沿革史》(商务印书馆 1938 年版)、夏威《中国疆域拓展史》(文化供应社 1941 年版)、蒋君章《中国边疆地理》(重庆文信书局 1944 年版)、童书业《中国疆域沿革略》(开明书店 1946 年版)等著作,综观这些著作,有两点颇引人注意,一是依中国历朝历代为序对先秦迄止民国时期中国疆域的变迁作了或详、或略的论述。夏威在其著作的"总论"中更用"扩张""缩减""统一""分裂"来概括历史上中国疆域变迁的特点。二是有强烈的时代危机感,顾颉刚、史念海在《中国疆域沿革史》绪论中明言:"吾人处于今世,深感外侮之凌逼,国力之衰弱,不惟汉唐盛业难期再现,即先民遗土亦岌岌莫保,忧心忡忡,无任忧惧。窃不自量,思欲检讨历代疆域之盈亏,使知先民扩土之不易,虽一寸山河,亦不当轻轻付诸敌人,爰有是书之作。"

而夏威在《中国疆域拓展史》总论中指出:"中国不宜于分裂只应于统一。可是要怎样去统一?地理既然给我们以优越的形势,这其间紧要关键,第一求在我,第二尽人事,第三待天时,在伟大的历史途程中与广漠的大地上,从万变中找出未来,从真实里认识现在,我想,这不是无意义的吧!"30 年代末顾颉刚还连续发表《"中国本部"一名亟应废弃》[①] 和《再论"本部"和"五族"两个名词》[②],指出这种中国疆域中的"本部论",实是日本侵略者的恶意宣传,其用心是造成一种错觉,认为"'本部'的地方是我国本有的,是痛痒相关的;除了'本部'之外原是杂凑上去的,有之固然是喜,无之亦不足惜,'任它去罢!'于是由得他们一步步地侵蚀,而我们的抵抗心也就减低了许多了",如果"颠顶糊涂随便使用别人蒙混我们的名词,以致国家疆土尚未受敌国武力侵略的时候竟先在自己的观念中消光了"[③]。"因为一说到'本部'就使人立刻感到东三省,内外蒙古、新疆和西藏都不是中国的领土了,于是中国不妨放弃,帝国主义者便好放手侵略了"[④]。

20 世纪 50 年代初,白寿彝针对当时史学工作者"似乎都还在历代皇朝的疆域里兜圈子"的现状,发表《论历史上祖国国土问题的处理》[⑤],提出处理我国历史上国土的两个办法:"一个办法,以历代皇朝的疆域为历代国土的范围,因皇权统治范围的不同而历代国土有所变更或伸缩。又一个办法是,以今天的中华人民共和国的国土为范围,由此上溯,研求自有历史以来,在这土地上的先民的活动。"作者认为:"用皇朝疆域的观点来处理历史上的国土问题是错误的办法,用中华人民共和国的国土范围来处理历史的国土问题,是正确的办法。"30 年后,作者又在《中国历史上的疆域问题》[⑥] 中重申并补充了自己的认识,指出:在处理中国历史疆域时,"不只是说当时王朝的统治地域怎么样,也要从中国历史的发展上来看待疆域问题,现在中华人民共和国的疆域比过去朝代大得多了,好多地区不属于当时的王朝,而是属于当时的好多兄弟民族活动的区域。当时中原地区的人不承认他们属于中国,这些兄弟民族自己也不一定就说他们是哪一国的人。但是,今天我们这些兄弟民族都是中华人民共和国的民族,

---

① 昆明《益世报·星期评论》1939 年 1 月 1 日。
② 昆明《益世报·边疆周刊》1939 年 5 月 2 日。
③ 昆明《益世报·星期评论》1939 年 1 月 1 日。
④ 昆明《益世报·边疆周刊》1993 年 5 月 2 日。
⑤ 《光明日报》1951 年 5 月 5 日。
⑥ 《历史知识》1981 年第 4 期。

他们居住的地区，就是他们自古以来活动的地区。"所以作者认为要讲中国疆域，"就要以我们中华人民共和国的疆域为基础，不应把过去王朝的统治地区来作为咱们中国的疆域"。何兹全《中国古代史教学存在的一个问题》[1]中也认为："以汉族史代替中国史，以王朝史代替中国史，把历史上不属于当时王朝的中国其他各族对当时的王朝的斗争，说成外族和中国的斗争，是错误的"；"我们今天所说的中国史，不仅是历史上的自称中国的各王朝史，不仅历史上'礼义之邦'的汉族地区的历史，还应包括历史上不属于当时的王朝而今天却是中国的各族人民和各个地区的历史"。杨建新《沙俄最早侵占的中国领土和历史上的中国疆域问题》[2]中对如何确定历史上中国疆域范围的标准提出："中国历史上的秦、两汉、隋、唐、元、明、清这些朝代，都是基本上实现了全国统一的时期，是中国历史发展的主干，这些时期的疆域，也是确定历史上中国疆域范围的主要标志"，他认为"行政管辖对确定历史上的疆域范围，是个主要的因素，而一个国家对自己领土和人民的管辖，在不同时期有不同形式，是不能强求一律的"。同一作者在《再论中国历史上的疆域问题》[3]中补充了关于行政管辖的内涵，指出，那种认为只有汉族在中原建立的王朝的行政管辖权所达到的地区才是当时中国的疆域，是片面的，"中国民族政权行政管辖所达到的地区，当然也是当时中国的领土"，并进一步阐述了确定中国历史上疆域应遵循的原则，即应当"从当前中国的疆域出发""从我国是多民族国家出发""从历史实际出发"。他认为对中国历史疆域的看法要"坚持实事求是的态度"。

谭其骧《对历史时期的中国边界和边疆的几点看法》[4]着重阐述了这样一个观点，即某一历史时期的中国边界不等于这一时期中原王朝的疆界，这是两个不同的概念，不要混为一谈，认为"所谓中国的边界决不能仅仅是指中原王朝的边界，而应该包括边疆其他少数民族建立的政权的边界，其他少数民族所建立的政权，都是中国的一部分"，文章强调，国家

---

[1] 《光明日报》1959年7月5日。
[2] 《中俄关系史论文集》，甘肃人民出版社1979年版。
[3] 《兰州学刊》1986年第1期。
[4] 《中国史研究动态》1979年第11期。

不等于民族，不是按民族划分的。"我们一定要建立起这么一个观念，边疆地区有时不在汉族政权统治之下，也是中国的一部分，因为整个历史看起来，这是中国边疆地区的区域性政权。"

自 1981 年在北京召开的首次"中国民族关系史研究学术座谈会"提出"历史上的中国"以来，我国史学家围绕中国历史上的疆域问题纷纷展开讨论，把我国历来重视的中国古代疆域研究逐步推向深入。弄清古代"中国"和"疆域"两个概念和"历史上的中国"的含义是研究中国古代疆域问题的前提。马大正、刘逖认为："最初的'中国'就是'国中'，邦国（有些学者称其为城邦国家）的国人住在城内（即国内），出城即是出国了（至于出行多远才算入另一国界则是另一个问题）。以后，国家不但包括国人所住的国，也包括附庸国人的'野人'住的'郊'，这时的国（即邦）已含有国野两部分。国家（作为共主或众邦之王的夏商周，有些学者称其为王国）不但包括共主本邦（或称王畿，即王的直辖地）之地，而且包括了从属于共主其他政治共同体（如诸侯国、附属国等）的领地。"① 葛剑雄《中国历代疆域的变迁》认为，"中国"一词始见于西周初，普遍用于春秋时代。春秋前，天子所居京师称"中国"，即处于中枢地位之国。后又将地理上处于中心区的国称中国。秦汉时，被统一的诸侯国所在地区都可以称"中国"。他认为"一般说来，一个中原王朝建立了，它的主要统治区就可以被称为中国，而它所统治的边远地区以及统治范围之外就是夷、狄、蛮，就不是中国"，"中国也是一个文化概念，一般即指汉族文化区"②。作者在此后出版的另一部著作中以丰富的史实详尽阐述了上述观点，并得出结论："广义的'中国'就等于中原王朝，凡是中原王朝的疆域范围都是'中国'。狭义的'中国'则只能是经济文化相对发达的汉族聚居区或汉文化区。"③ 为什么从夏商周到秦汉隋唐元明清，"中国"概念是"模糊的、不确切的"，没有一个王朝以"中国"为国号？刘宏煊解释说，"历史上的'中国'并非指整个历史疆域或这一疆域内的政

---

① 马大正、刘逖：《二十世纪的中国边疆研究》，第 9 页。
② 葛剑雄：《中国历代疆域的变迁》，引言，中共中央党校出版社 1991 年版。
③ 葛剑雄：《统一与分裂——中国历史的启示》，生活·读书·新知三联书店 1994 年版，第 29—34 页。

治统治，仅为一个地域或文化类型的区分"，由于数千年来中国各民族日益融合，没有遇到外来力量的威胁，未能自觉地认识到各民族内在联系与一体性，因而长期以来"'中国'一般是指与边疆少数民族地区相对应的地域而言"；"'中国'正式成为整个历史疆域和政治管辖范围的概念"则始于近现代①。以上各种阐释都与谭其骧此前的观点相吻合。谭认为，"中国"一词的含义随时代的变化而变化，在不同场合有不同用法，并引用魏源《圣武记》为例说明；认为"'中国'两个字表示我们国家主权所达到的范围，这个观念是鸦片战争之后才形成的"②。以上看法可以归纳为："中国"概念有一个从古代地理、地域和文化概念向近现代整个历史疆域和政治管辖范围转化的过程。另外，张景贤《论中国古代领土观的形成》在阐释古代"中国"一词的广义用法时认为"是指整个国家的领土而言"，引《尚书·梓材》："皇天既付中国民，越厥疆土于先王"，"文中所说的'中国'是指全中国而言"，并指出"天下""四海"皆与广义的"中国"含义相一致③。

许多研究成果还涉及古代中国"疆域"的含义、类型以及古代最早的疆域观念或学说等问题。葛剑雄从疆域与领土的区别阐释了疆域的含义，认为"所谓疆域，就是一个国家或政权实体的境界所达到的范围"。作者较详细地阐述了疆域与领土的区别：其境界不一定有非常完全的主权归属，疆域一般只指表层的陆地和水面，疆域的界线往往很不明确或很难判断，疆域的拥有者必有明确的主权意识，疆域不像领土那样以国家的存在为前提，区域性、民族性的政权实体甚至部落及部落集团占有、控制的地域范围都可以称为疆域。④ 认识这些区别十分重要，有些学者在阐述中国古代疆域问题时往往从领土的概念入手，例如有学者认为疆域指"领土的覆盖面"和"领土的界限"。这类概括是否科学、是否能反映古代中国的实际尚有讨论的余地。作者还从正式行政区，特殊行政区，军事驻防、屯垦区，民族或地方自治区，实际统治区五个方面归纳了疆

---

① 刘宏煊：《中国疆域史》，武汉出版社1995年版，第316—317页。
② 谭其骧：《历史上的中国和中国历代疆域》，《中国边疆史地研究》1991年第1期。
③ 《历史与教学》1998年第5期。
④ 葛剑雄：《中国历代疆域的变迁》，第6—10页。

域的主要类型①。这种归纳，有助于学者从另一个角度正确地理解以何种标准判断历史上中国疆域的范围等问题，应当引起注意。

关于古代最早的疆域观念或学说，鲜少专文论述，多散见于其他研究成果中。马大正、刘逖从边疆的角度阐述了古代传统疆域观，认为"服事观和华夷观从两个不同的角度较为集中地反映了古人对边疆内外关系的认识"。认为五服说、九服说所反映的服事观虽然有理想化倾向，但反映了单一的政治统治核心的存在及作用，其政治结构由核心逐步向周边的扩散，并说明了服事观的影响。"华夷观是一种在古代中国具有深远影响的政治思想，也是古代中国传统边疆观的重要组成部分"，这是"因为古代中国的边疆问题最经常地同时也就是华夷问题"，但作者强调说明华夷问题既不是简单的民族问题也不是简单的边界问题②。张景贤认为夏商周时期"人们对于国家所管辖的领土范围基本上已经有了比较明确的认识"，认为这个范围被称为"天下、四海、九州、五服"，"它包括了夏商周王朝的领土以及中央王朝直接或间接管辖之下的众多诸侯国的领地"③。尽管《禹贡》记载的"九州"并非历史实事，仍有学者认为它是中国最早的行政区划。许多学者正确地指出，"九州"制和"五服"制仅是一种古代疆域的观念或学说而已。何瑜认为中国最早的疆域学说是《禹贡》畿服制，它是在中国从诸侯分立过渡到大一统国家产生的前夕，随着社会经济的不断发展，在禹制九州、列五服的基础上产生的，并较详尽地说明了《禹贡》畿服说的核心思想是它的国家观和夷狄观。同时提出，"虽然在公元前几世纪的周朝时期，不可能有如此明确、规范的地理界线和贡赋标准"，"却为我们展示了2000多年前祖先对领土和疆域的认识"④。葛剑雄认为，《禹贡》所论述的九州范围不可能是夏朝的事实，至多只有传说的价值，"只是当时学者对未来统一国家的一种规划，反映了他们一种政治理想"，而且《禹贡》记载的"五服"制也"从来没有哪一个君主或政治家有意

---

① 葛剑雄：《中国历代疆域的变迁》，第10—13页。
② 见马大正、刘逖《二十世纪的中国边疆研究》，第34—40页。
③ 张景贤：《论中国古代领土观的形成》，《历史与教学》1998年第5期。
④ 何瑜：《寸寸河山寸寸金——面对着神圣的国土》，浙江人民出版社1994年版，第135—136页。

实行过"。总之,"九州制是对未来的设想,五服制却是对过去的理想化。因为在西周和以前虽然采用过类似的分等级统治体制,却没有把每一等级固定为五百里,实际上也不存在这样的可能"。作者进而指出战国时齐国学者邹衍提出的大九州学说"与其说是对外部世界的了解,还不如说是出于臆想和推理","只具有理论和思辨上的意义"。[1]

所谓"历史上中国的范围"是指用什么标准来判断中国古代疆域的范围。关于这个问题,以往大致有以下五种意见:一是以鸦片战争以前清朝的版图作为历史上中国疆域的范围;二是以今天的中国版图作为历史上中国疆域的范围;三是以历史上不同时期形成的统一多民族国家的疆域作为历史上中国疆域的范围;四是以接受了汉族文化或儒家文化的地区作为中原王朝的疆域,即以文化标准来判断疆域的范围;五是以汉族建立的王朝的版图作为历史上中国疆域的范围。其中第四种意见近十年来很少听到了,最后一种意见已销声匿迹,绝大多数学者持第一种意见。以下仅就前三种有代表性的意见加以综述。

第一种意见即以鸦片战争前清朝的版图作为历史上中国疆域的范围,是谭其骧先生在1981年5月下旬召开的"中国民族关系史研究学术座谈会"上讲话中提出的,后经谭先生修改以《历史上的中国和中国历代疆域》[2]为篇名发表。他认为"处理历史上的中国的标准就这一条",即"从18世纪50年代到19世纪40年代鸦片战争以前这个时期的中国版图作为我们历史时期的中国的范围",在这个范围之内活动的民族和建立的政权都是中国史上的民族和政权。其理由有二:一是"不能以古人的'中国'为历史上的中国";二是"1840年以前的中国范围是我们几千年来历史发展所自然形成的中国,这就是我们历史上的中国"。他不赞成以今天的国土作为历史上中国的范围,认为这种主张等于承认沙俄通过《瑷珲条约》《北京条约》割让的乌苏里江以东、黑龙江以北的地方,本来就不是我们的地方;换句话说,"现在的中国疆域,已经不是历史上自然形成的那个范围了,而是一百多年来资本主义列

---

[1] 葛剑雄:《统一与分裂——中国历史的启示》,第10—14页。
[2] 《中国边疆史地研究》1991年第1期。

第八章　古代中国疆域理论问题研究　181

强、帝国主义侵略宰割我们的部分领土的结果，所以不能代表我们历史上的中国疆域了"[①]。他也详细地论述了"一定要与中原王朝发生联系才算中国的一部分"的观点可能造成的混乱。谭先生就上述问题的论述十分绵密、极有说服力，因而被绝大多数学者所接受。但在一个具体问题上即历史上的高丽问题上却容易受到质疑。有学者不赞成谭先生把高丽于5世纪时"把首都搬到了平壤以后，就不能再把它看作中国境内的少数民族政权了，就得把它当作邻国处理。不仅它鸭绿江以南的领土，就是它的鸭绿江以北辽水以东的领土，也得作为邻国的领土"[②]的处理意见，认为"高句丽所由今集安迁都平壤，原是乐浪郡治所所在地，高句丽最盛时其疆域也没有超出原郡县地区"，"从当时我国的疆域构成及高句丽活动的区域范围看"，"高句丽迁都平壤谈不上跨出当时我国东北的疆土而成为疆土外的邻国"。[③] 迄今仍有类似质疑，如张碧波《高句丽研究中的误区》[④] 一文。这种质疑是必要的，也是符合史实的，也说明以鸦片战争前清朝的版图作为历史上中国的范围还有值得斟酌的余地。与谭先生持同一种意见的学者较多，兹举一二。葛剑雄："我们讲历史上的中国，应该以中国历史演变成一个统一的，也是最后的封建帝国——清朝所达到的最大疆域为范围。具体地说，就是今天的中国领土加上巴尔喀什湖和帕米尔高原以东，蒙古高原和外兴安岭以南的地区"，"它能比较全面地反映中国疆域发展变化"[⑤]。他不赞成以"今天的中国领土"为范围，其理由同谭文所述[⑥]。刘宏煊不仅赞同第一种意见，认为"将鸦片战争前的疆域界定为正式形成的中国历史疆域""符合历史的客观实际"，并具体化为凡"在上下6000年、方圆1300多万平方公里的历史时限和地理空间内"，"建立的政权及其统治地域，都属中国疆域"，而且还提出了以下理论，根据国际范例并加以

[①] 详见谭其骧《历史上的中国和中国历代疆域》，《中国边疆史地研究》1991年第1期。
[②] 同上。
[③] 张博泉、魏存成主编：《东北古代民族、考古与疆域》，吉林大学出版社1998年版，第14页。
[④]《中国边疆史地研究》1999年第3期。
[⑤] 葛剑雄：《统一与分裂——中国历史的启示》，第39—40页。
[⑥] 同上书，第39页。

论证："其一，马克思主义关于殖民地、半殖民地民族解放的理论与世界民族解放运动的实践，都是以资本帝国主义破坏这些国家的独立以前的疆域，作为其历史疆域的"；"其二，现代意义上的国家主权和疆域概念，是近代国际斗争的产物，是资本主义市场经济发育的成果。因此，中国以元代或元代以前朝代疆域作为中国历史疆域也是不妥当的"；"其三，直到19世纪初，经过数千年发展的中国疆域，才有了一系列国际法（主要是边界条约）保障，成为举世公认的国家疆域"①。其中第二、三点足以构成中国历史疆域正式形成的理由；而第一点则是确定中国历史疆域的最坚实的理论基础。

第二种意见即以今天或当代中国的版图作为历史上中国疆域的范围。白寿彝先生在20世纪50年代初就认为："用皇朝疆域的观点来处理历史上的国土问题是错误的办法，用中华人民共和国的国土范围来处理历史的国土问题，是正确的办法"②；上海人民出版社1989年出版的由白寿彝主编《中国通史》第一卷对于统一多民族国家历史疆域的阐述更为完整，其基本点可归结为以下五点：

1. "疆域，是历史活动的舞台。中华人民共和国的疆域是中华人民共和国境内各民族共同进行历史活动的舞台，也就是我们撰写中国通史所用以贯串今古的历史活动的地理范围。"（第79页）

2. "这个疆域，基本上包括了汉族的历史活动的地理范围，但并不局限于这个地理范围。如果局限于这个范围，许多少数民族的历史都要排挤出去了。"（第70页）

3. "这个疆域，是国内各民族共同进行历史活动的舞台，但并不包含某些民族外国成员的活动在内，这是因为有些民族是跨国境的，我们只写这些民族在我们国境内的这部分人的活动，一般不写这些民族在国外的那一部分人的活动。"对于历史上曾显赫一时但后来已消失的民族，对于见于古老传说和记载，但弄不清他们跟现在国内民族的关系。"对于这些民族也要写，因为他们都曾在这块广大的国土上生存过，活动过。"（第

---

① 刘宏煊：《中国疆域史》，绪论，武汉出版社1995年版。
② 转引自马大正、刘逖《二十世纪的中国边疆研究》，第167页。

79—80页）

4. "关于疆域问题应完全摆脱皇朝疆域的圈子。历史工作者就殷周史说殷周史，就春秋战国史说春秋战国史，就秦汉隋唐的版图说秦汉隋唐的版图，这都是对的。但如从中国历史发展的总过程来看，这是不能说明中国各族人民是如何共同创造祖国历史的。"（第80—81页）

5. 总之，在研究历史上中国疆域时，"我们既要注意疆域问题同祖国各族人民密切联系，也要注意到中华民族和其他民族或国家间的历史关系"。（第81页）

徐亦亭完全赞同白先生的看法。他从三个方面阐论"历史上的中国"的含义：其一，历史上的中国是我国的古代疆域和国名，认为"历史上的中国首先是各族人民赖以生存、垦殖的疆域"，并赞同已故民族史专家翁独健先生"关于历史上的中国，首先是国名问题。中国一词从《诗经》上就找到，不过古代'中国'之称只是地域、文化的概念或者一种褒称，从夏、商、周一直到明、清都有自己的国号"的观点。其二，历史上的中国是我国传统文化的植根土壤，有深刻的文化含义，是古代各族人民心目中的政治地位的概念。其三，历史上的中国是我国各民族繁衍的疆域。通过以上论述，得出结论："历史上的中国疆域，那就是在今天的中国境内，古代存在过几个不同民族的政权，他们或者自相更叠，或者彼此峙立，这些不同民族的政权，或以中原地区的汉族封建王朝为中央政权，对之纳贡称臣，维持中央王朝政治概念上的大一统，如唐代北方的突厥、回纥、薛延陀、契丹、奚、室韦、靺鞨以及西域、西南地区的少数政权；或是与中原地区的汉族封建王朝对峙抗争，各以江河山泽等自然标志或人工修建障塞为疆界，如宋与辽、金、西夏，明与北元政权等。这些少数民族政权的疆域，应作为历史上的中国疆域之一部分，其中有的还与今天的邻国相连，这就要求我们尊重历史事实，以今天中国的疆界和境内各民族历史活动为依据，才能正确地叙述历史上的中国疆域"[①]。

周伟洲等学者与以往有的学者如杨建新的观点类似，持第三种意见，即以历史上不同时期形成的统一多民族国家的疆域作为历史上中国疆域的

---

① 徐亦亭：《对"历史上的中国"几个问题的探讨》，《北方文物》1990年第1期。

范围。他著文详细评述了前列两种意见,并指出:"历史上各个时期的中国疆域决不会与现在的中国疆域一样……如果我们以今天中国的疆域(或清初乾隆时的疆域)为准",那么"实际上仍然是先用今天中国的疆域去套历史上中国的疆域,这样就基本上否定了今天中国的疆域是历史上中国疆域发展而来的事实","以今天中国疆域来确定历史上中国疆域和民族的论点,既否认了历史上的中国是一个国家,否认了历史上我国是一个统一的多民族国家,又否认了历史上中国的发展过程,否定了历史上中国的统一和分裂的事实"。因此,他认为"历史上的中国就是历史上我国统一的多民族国家","而历史上我国统一的多民族国家存在着统一和分裂的情况。因此,当统一的多民族国家处于统一时期,历史上的中国就是当时的统一的多民族政权,即由汉族或其他民族所建的中央集权的封建国家。在统一的多民族国家管辖的民族和地区出现的政权,都应是当时中国的一部分"[①]。张博泉、魏存成从前述高句丽问题引申出:"我认为判断历史上高句丽民族和政权归属的依据和标准不应是今天我国的版图范围,也不应是18世纪50年代到19世纪40年代鸦片战争以前我国版图的范围,而应是历史上不同时期版图的范围。"[②]

以上三种意见都承认在"历史上的中国"的范围内,地方政权统治的地区和区域是我国古代疆域的组成部分。那么,如何判断某一地方是否属于某一中原王朝政权的疆域?这一具体问题,也为不少研究成果所涉及。林甘泉曾指出一个原则:"对于历史上边疆地区的少数民族和中原王朝的关系,要按照历史的本来面目实事求是地加以阐述。是独立政权就不要说成是地方政权,是敌对关系就不要说成是友好相处。但有一点是必须肯定的,即它们都是中国历史的一部分","谁也不能把一些地方割据政权排除在中国历史之外"。[③] 针对有学者认为向中央王朝称臣纳贡的地区就算纳入中原王朝版图的认识,谭其骧指出,"朝鲜、越南是历来向中原王朝称臣纳贡,接受中原王朝封爵的",但我们不能把它们算作中国的一

---

① 周伟洲:《历史上的中国及其疆域、民族问题》,《云南社会科学》1989年第2期。
② 张博泉、魏存成主编:《东北古代民族、考古与疆域》,第14页。
③ 林甘泉:《中国边疆史地研究与爱国主义教育》,《中国边疆史地研究》1992年第2期。

部分。"他们跟明朝和清朝的关系只是大国与小国的关系、藩属国和宗主国的关系"①，不赞成将向某一政权"称臣纳贡"作为归属的标准。但是，"至今仍有不少人对此津津乐道"②，因有澄清的必要。葛剑雄指出："确定一个地方是不是属于某一政权的疆域，不能只看名义，而应当看实质。"为此，他具体分析了历史上"称臣纳贡"的三种情况：一是"小国与大国的关系"，如向中国称臣纳贡的朝鲜与中国的关系。二是以称臣纳贡为手段的通商贸易，目的是迎合统治者的自大心理和得到赏赐、获利，不说明这些国家是中原王朝的属国。三是"对方完全是以平等身份派来的外交使节或贸易代表，中原王朝却非要称之为朝贡"，不能因此认为这些人所在的国家是中国疆域的一部分。因此，他认为"对历史上的'称臣纳贡'，一般不能作为归属的根据"。同时，他还对历史上存在的羁縻政区作了具体分析，指出"由于羁縻程度、时间长短、周围形势和历史背景等都不相同，所以有些羁縻政区实际已成为民族自治地区或特殊行政区；有的则仅仅处于称臣纳贡的阶段，不能作为疆域的一部分"③。几年后，他在另一部专著中更详细地阐述了上述问题④。周伟洲认为："确定某一地方或民族是否属于历史上的中国"，"只能用一个国际上也通用的标准，即行政管辖，即只有历史上中国统一的多民族国家管辖到的地方和民族，才是历史上中国的地方和民族。"⑤

在历史上中国疆域研究，清王朝统治时期的疆域研究占有突出的地位，因为有清一代是统一多民族国家的空前发展，大一统疆域奠定的全盛时期，又是由于外国侵略者入侵、丧土失地的惨痛时期。刘大年《论康熙》⑥一文中对清代前期我国的疆域范围作了具体论述，指出："中国广大版图的边疆地区在清代前期得到了进一步的稳定……我国疆域，东至库页岛、台湾，南达南海南沙群岛，西跨葱岭，西北至巴尔喀什湖。北边西伯

---

① 谭其骧：《历史上的中国和中国历代疆域》。
② 葛剑雄：《统一与分裂——中国历史的启示》，第86页。
③ 葛剑雄：《中国历代疆域的变迁》，第14—16页。
④ 葛剑雄：《统一与分裂——中国历史的启示》，第86—91页。
⑤ 周伟洲：《历史上的中国及其疆域、民族问题》，《云南社会科学》1989年第2期。
⑥ 《历史研究》1961年第3期。

利亚。清代以前的封建王朝，从来没有在这样广袤的版图上长期有效的统一过。"戴逸在论述清代前期的历史地位时，着重地论述了清朝奠定我国疆域版图的历史功绩，他明确指出："清代最突出的成就是奠定了中国这样一个版图辽阔的多民族统一国家的基础，辽阔的程度不小于汉、唐，而统一的巩固程度更大大超过汉、唐。"① 台湾学者吕士朋也认为："有清一代最大贡献，当为对边疆的经营，使得近代中国的广大版图得以真正巩固而确定。"② 而辽宁大学编写的《清史简编》则对清代前期全国统一局面下疆域版图作了具体的描述："当时清中央政府辖有：直隶、河南、山东、山西、陕西、甘肃、四川、贵州、云南、广西、广东、福建、江苏、江西、浙江、安徽、湖南、湖北等十八省，东北地区的盛京、吉林、黑龙江、以及内蒙古、外蒙古、青海、蒙古、唐努乌梁海、西藏、新疆等少数民族地区。疆域十分辽阔，西起巴尔喀什湖和葱岭，东至鄂霍次克海和库页岛，南起南海的东沙、中沙、南沙、西沙诸群岛，北至漠北和外兴安岭。这个疆界直到十九世纪四十年代前，都是十分明确的。"③

鸦片战争以后，资本主义列强入侵，中国逐步沦为半殖民地、半封建社会，从1840年至1911年半个多世纪，资本主义列强对中国领土蚕食鲸吞，中国边疆地区动荡不安，中国疆域变化很大。早在20世纪20—40年代先后出版了谢彬《中国丧地史》（1928）、唐守常《中国土地丧失史》（1928）、葛绥成《中国近代边疆沿革考》（1931），傅运森《外族侵略中国史》（1934）等专著，以及君实《中国边疆之危机》④、白眉初《边疆失地史略》⑤、华企云《中国近代边疆沿革史》⑥、黄定初《帝国主义侵略下我国边疆之危机》⑦ 等论文。上述专著及论文对近代边疆危机、近代疆域的变化从多方面、多角度作了论述。上述论述虽然在观点与资料上存在着

---

① 《谈清代前期的历史地位》，载《清史研究集》第一辑。
② 《清代的理藩院》，《中国史学论文选集》第3辑，第623—624页。
③ 《清史简编》，辽宁人民出版社1980年版。
④ 《东方杂志》第15卷第17期。
⑤ 《地学杂志》第1—2期。
⑥ 《新亚细亚》第8卷第3期。
⑦ 《边事研究》第2卷第5期。

值得商榷与进一步完善之处，但应看到它们在近代中国疆域变迁研究方面还有着重要参考价值。

总之，历史上中国疆域的研究包括了中国古代疆域概念的形成和发展研究；中国古代疆域的性质、特点研究；中国古代疆域的发展主线研究；中国古代疆域的发展历程研究等一系列重大问题，是一个内涵十分丰富的课题。

二 中国疆域形成、发展规律研究

何瑜从古代中国疆域的构成和政权设置阐述了古代疆域逐步稳定发展的一些理论问题。他指出，统一时期的疆域和分裂时期由多民族的政权疆域构成的中国疆域在民族构成、行政区域设置、风俗和文化有所不同，但都有层次地发展变化或经过变夷从夏的途径向统一的中国转化。边境（四海）地区的发展过程也是如此，"在秦统一以前，一些由少数民族建立的政权已变夷从夏"，"到秦统一后，斥四夷于郡县之外，结果从地理区域上严格了中外与华夷之分"。由于边境民族的不断发展，形成了一地方民族政权或臣服于中原王朝或与之分庭抗礼，但它们并不是域外国家，而是通过种种途径，向以华夏文化为主的统一制度转化，最终形成了大一统的中国。[1] 以上这些阐述说明了古代疆域不断组合调整，边境地区不断内向的趋势。葛剑雄从"各民族的共同奋斗""生产力的发展推动统一""顺应历史潮流的政策巩固了中国疆域"三个方面论证了统一的中国疆域的形成是历史的必然。[2] 需要附带指出的是，许多学者都曾论述古代边疆地区政权在中国古代边疆形成和发展过程中的作用。例如邱久荣的《中国统一多民族国家的形成》[3] 在全面论述中国统一多民族国家的孕育、开端和发展过程时，充分肯定了历代边疆地区政权的上述作用。特别指出了北部匈奴单于国、

---

[1] 何瑜：《寸寸河山寸寸金——面对着神圣的国土》，第139—140页。
[2] 葛剑雄：《中国历史疆域的变迁》，第98—109页。
[3] 邱久荣：《中国统一多民族国家的形成》，辽宁民族出版社1992年版。

突厥汗国、回鹘汗国，东北的渤海国，西部的吐蕃王朝、黑汗王朝，西南的南诏、大理国等在逐步奠定中国疆域中的突出贡献，并以元朝为例，指出其统一与"秦汉以来边疆地区多次出现区域性统一政权不无关系"。

但研究仍在深化，刘宏煊《中国疆域史》一书中，"将中国疆域史研究的范围界定在上下 6000 年、方圆 1300 多万平方公里的历史时限和地理空间内"，并以此确定了阐释中国疆域史的两条指导思想："第一，凡在此历史时限和历史疆域内生活的民族，都是今天中华民族的先民。只有如此，我们才能在认识上跨越'华夏正统'、其他皆'蛮'、皆'异'的误区，为能全面反映各民族共同开拓中国疆域的历史真实创造了必要的前提，从而避免了一个历史性错误：只承认汉族占统治地位的汉、唐等王朝开拓中国疆域贡献伟大，而认为蒙古族占统治地位的元朝、满族占统治地位的清朝是'亡国'。"

"第二，凡在此历史时限和历史疆域内建立的政权，及其统治地域，都属中国疆域，都是中国疆域史研究的不可或缺的组成部分。如此，我们就克服了中国疆域即中原'墨渍发散式'的发展观，就有可能以历史唯物主义的态度正确评判中国历史上的众多民族政权、各割据政权在中国疆域形成和发展中的功过是非，避免重蹈过去一些历史家视中原王朝（如北宋）为一统、斥其他政权（如辽金西夏）为'番邦'，视汉族政权（如南逃的东晋、南宋）为正统、斥其他政权的建立是'乱中华'之类的覆辙。"[1]

刘宏煊就中国历史疆域的形成阐论了五大历史时期。认为从传说中的炎黄战争到西周是中国疆域准备时期；从春秋战国到东汉王朝末年（为时约 1000 年）是中国疆域初步形成时期；从三国两晋南北朝到唐朝末年（为时 700 余年）是中国疆域发展时期；从唐末分裂割据到元明清大统一（为时 900 多年）是中国历史疆域正式形成时期；从中国人民在鸦片战争中抗击英国侵略至今（已为时 150 多年）是为保卫中国疆域完整统一而奋斗的时期[2]。同时，他还就中国边疆的形成、发展总结了"一系列独特的民族的与社会的、经济的与文化的、历史的与地理的规律"：其一，"中国

---

[1] 《中国疆域史》，武汉出版社 1995 年版，第 5—6 页。
[2] 刘宏煊：《中国疆域史》，第 6—9 页。

的疆域的形成与发展从来都是以中华民族的不断融合为根本前提";其二,"实行维护中央集权的行政区划制度,是中国疆域巩固和发展的基本保证";其三,正确的边疆政策是中国疆域得以稳固的重要条件;其四,"中国疆域的稳定与地理环境有关"①。这些论述虽然未必全面,但就中国边疆形成、发展和稳固的原因而言确实总结了一些关键。就"规律"而言似乎还有斟酌的余地。

葛剑雄《中国历代疆域的变迁》②是一部普及性的著作,作者在书中强调了中国疆域的一些原则问题。谈历史上的中国应该以"清朝所达到的稳定的最大疆域为范围",因为这一范围全面反映了中国疆域的发展结果,而该书所论的疆域变迁就是以这样一个历史中国为基本范围的。该书还阐明了疆域与现代领土观念的区别,疆域并不是指一个国家,中国历史上存在的地区性、民族性政治实体及其范围都是中国疆域。葛剑雄《统一与分裂——中国历史的启示》③ 以及《历史上的中国:中国疆域的变迁》④ 也表达了类似的观点。

马大正总主编《中国边疆通史丛书》⑤ 分设《中国边疆经略史》《东北通史》《北疆通史》《西域通史》《西藏通史》《西南通史》《中国海疆通史》,论述了多民族国家历史疆域的发展过程,这种以地区为别的边疆通史,避免了以朝代为序的疆域史著作对边疆地区的忽略,是中国疆域史研究的重要成果。

林荣贵主编《中国古代疆域史》⑥ 是我国统一多民族国家疆域史研究的最新成果,也是目前我国疆域史研究的集大成者。全书共分为上、中、下三卷,分装4册,共计161万字,是自民国以来,篇幅最长、内容最为翔实的疆域史著作,堪称皇皇巨著。该书首先注重边疆地区,打破以往疆域史类同王朝沿革地理的局限;注重疆域构成的不同层次,将边疆民族纳

---

① 刘宏煊:《中国疆域史》,第9—15页。
② 葛剑雄:《中国历代疆域的变迁》,中共中央党校出版社1991年版。
③ 葛剑雄:《统一与分裂——中国历史的启示》,生活·读书·新知三联书店1994年版。
④ 葛剑雄:《历史上的中国:中国疆域的变迁》,上海画报出版社2007年版。
⑤ 中州古籍出版社2000年至2003年先后出版。
⑥ 林荣贵主编:《中国古代疆域史》,黑龙江教育出版社2007年版。

入历代疆域范围之内，打破了大汉族主义的藩篱；由于站在多民族国家的立场上，该书强调中国古代疆域的"发展"而非"扩展"；该书还从现代领土观念出发，将海疆纳入疆域史研究中去。不论从该书所阐述的各项有关历史疆域的原则还是内容的翔实情况来看，该书都体现了中华人民共和国成立60年来统一多民族国家疆域研究的新成就。

专门性著作的出版并没有终结学者们对历史上中国疆域范围的讨论，20世纪90年代以后仍有学者发文探讨。如赵永春《关于中国历史上疆域问题的几点认识》[1]一文认为，今天中国疆域所包括的民族以及历史上在此疆域内曾经存在的民族在历史上活动的地区及其建立政权的疆域也都是历史上中国疆域的组成部分，这是作者对二十多年前观点的一个更加完整的重述。[2] 陈玉屏《关于我国古代民族关系的一个重要理论问题》[3] 认为，西方的现代民族国家先后形成时，中华各族这个事实上的"天下"也最终定型，形成了空前大一统的国家，这就是1840年的中国。在这一历史疆域内的各民族的先民当时在中华大地上所建立的与中原政权并立的政权，和中原政权一样，都是中国的一部分。田澍、杨军辉《古代西北疆域研究若干问题的思考》[4] 认为，研究历史上中国疆域必须承认其不断消长变化的过程，历史上的中国就是指占据中原地区的各个政权。

随着中国边疆研究的深入，21世纪以来中国疆域形成的理论与实践相关研究受到学界越来越多的重视与关注，对中国疆域形成的过程、原因和规律进行理论分析与学术探讨，已成为当今"中国边疆学"研究的一个重要领域。值得指出的是，近年来在中国社会科学院中国边疆史地研究中心的积极推动下，相关的讨论已经从历史上中国疆域范围转向探讨统一多民族国家疆域形成的规律，不仅举办了多期"中国疆域理论研究论坛"，而

---

[1] 赵永春：《关于中国历史上疆域问题的几点认识》，《中国边疆史地研究》2002年第3期。

[2] 赵永春、王松龄：《关于处理中国历史上民族政权之间关系的几点看法》，《四平师范学院学报》1981年第4期。

[3] 陈玉屏：《关于我国古代民族关系的一个重要理论问题》，《烟台大学学报》2005年第4期。

[4] 田澍、杨军辉：《古代西北疆域研究若干问题的思考》，《中国边疆史地研究》2006年第3期。

且举办了以疆域理论为主题的"第三届中国边疆史地学术研讨会",其主办的《中国边疆史地研究》自 2004 年以来也先后刊发了近 40 篇专题论文。这些论文既有在以往观点基础上的完善,但更多的是新的探讨。如杨建新《"中国"一词和中国疆域形成再探讨》[①] 认为,我国统一多民族国家的疆域发展是以中原地区为中心,以"开拓式"和"嵌入式"两种模式在历史的长期发展中逐渐扩展到其他周边地区。周伟洲《关于中国古代疆域理论若干问题的再探索》[②] 认为中国疆域形成、发展的规律(或特征)可归纳为四点:第一,中国古代统一多民族国家的疆域是按国家统一、分裂、再统一的规律,有连续性地呈现出一个统一政权(王朝)的疆域和众多分裂割据政权的多个疆域的交替的形式。第二,中国古代统一多民族国家的疆域形成和发展的形式,主要是各个历史时期统一政权或分裂政权向四周开疆拓土,以及四周边地各民族为内地的经济、文化所吸引,而自愿地、和平地纳入内地统一或分裂政权之中,成为其疆域的一分部;而且以前者为主。第三,古代中国统一多民族国家有一套传统的政治观、民族观和相应的边疆民族政策。第四,中国古代统一多民族国家的疆域形成和发展的另一个特点,是它有一个历代统一政权或相对统一政权为代表的大致相对集中的核心或称为政治、经济、文化的中心地区,也即是这些政权京畿所在地区。马大正《中国疆域的形成与发展》[③] 认为,中国疆域形成经历了数千年的时间,可分为秦汉时期中国疆域的形成、隋唐至元时期中国疆域的发展、清代中国疆域的奠定、19 世纪中叶以后至民国时期中国疆域的变迁四个阶段,并进而指出:"有关广袤疆土和众多国民的统一多民族的中国,是经过漫长而曲折的发展过程后大致定形于现代状态的。中国历史上的边疆大致有三种发展趋势或归宿:其一,原为某一王朝的边疆地区,经过长时期甚至是有反复的发展逐步变为内地的一部分;其二,曾经是域外或边疆的地区,经过长时期甚至是有反复的发展,现在仍为中国边疆的组成部分;其三,由于外来势力的影响(直接的或间接的),曾是中

---

① 杨建新:《"中国"一词和中国疆域形成再探讨》,《中国边疆史地研究》2006 年第 2 期。
② 周伟洲:《关于中国古代疆域理论若干问题的再探索》,《中国边疆史地研究》2011 年第 3 期。
③ 马大正:《中国疆域的形成与发展》,《中国边疆史地研究》2004 年第 3 期。

国边疆有机组成部分的地区，成为今天中国域外之地。如果从宏观角度观察中国边疆的发展大势，那么结论是：在历史发展的长河中，随着统一多民族国家由局部的小统一到全国的大一统，广大边疆地区日益成为统一多民族国家的有机组成部分！"

此外，李大龙《东亚"天下"传统政治格局的形成及演变趋势——以政权建构与族群聚合为中心》《"中国"与"天下"的重合：古代中国疆域形成的历史轨迹》《不同藩属体系的重组与王朝疆域的形成——以西汉时期为中心》《传统夷夏观与中国疆域形成——中国疆域形成理论探讨之一》，刘正寅《"大一统"思想与中国古代疆域的形成》，成崇德《论清朝疆域形成与历代疆域的关系》，张云《西藏参与、认同中国"大一统"的历史及其启示》，彭丰文《从两汉西南夷经略看中国古代疆域的形成》[1]等文，也从不同的视角对统一多民族国家疆域构筑及形成规律进行了探讨，提出了一些新的认识，值得关注。

专著方面的成果主要有：李大龙《从"天下"到"中国"：多民族国家疆域理论解构》[2]，赵永春《历史上的"中国"与中国历史疆域研究》、《从复数"中国"到单数"中国"——中国历史疆域理论研究》[3]，于逢春《时空坐标、形成路径与奠定：构筑中国疆域的文明板块研究》[4]，刘文鹏《清代驿传及其与疆域形成关系之研究》[5]，孙喆《康雍乾时期舆图绘制与

---

[1] 李大龙：《东亚"天下"传统政治格局的形成及演变趋势——以政权建构与族群聚合为中心》，《中国边疆史地研究》2015年第2期；《"中国"与"天下"的重合：古代中国疆域形成的历史轨迹》，《中国边疆史地研究》2007年第3期；《不同藩属体系的重组与王朝疆域的形成——以西汉时期为中心》，《中国边疆史地研究》2006年第1期；《传统夷夏观与中国疆域形成——中国疆域形成理论探讨之一》，《中国边疆史地研究》2004年第1期；刘正寅：《"大一统"思想与中国古代疆域的形成》，《中国边疆史地研究》2010年第2期；成崇德：《论清朝疆域形成与历代疆域的关系》，《中国边疆史地研究》2005年第1期；张云：《西藏参与、认同中国"大一统"的历史及其启示》，《中国边疆史地研究》2006年第1期；彭丰文：《从两汉西南夷经略看中国古代疆域的形成》，《中国边疆史地研究》2015年第4期。

[2] 李大龙：《从"天下"到"中国"：多民族国家疆域理论解构》，人民出版社2015年版。

[3] 赵永春：《历史上的"中国"与中国历史疆域研究》，吉林大学出版社2017年版；《从复数"中国"到单数"中国"——中国历史疆域理论研究》，黑龙江教育出版社2014年版。

[4] 于逢春：《时空坐标、形成路径与奠定：构筑中国疆域的文明板块研究》，黑龙江教育出版社2012年版。

[5] 刘文鹏：《清代驿传及其与疆域形成关系之研究》，中国人民大学出版社2004年版。

疆域形成研究》①等。其中尤为值得关注的是李大龙《从"天下"到"中国"：多民族国家疆域理论解构》一书，该著作为云南大学中国边疆研究丛书之一种，于2015年11月由人民出版社出版。论著是作者多年研究中国疆域理论的结晶，据作者自述：2004年以来撰写了近20篇有关疆域理论研究的论文，这些论文"为今天将自己的认识系统化和完善奠定了基础"②，于是才有了《从"天下"到"中国"：多民族国家疆域理论解构》这么一本学术专著面世。作者根据自己历年研究所思，将多民族国家疆域理论中带有引领全局的问题归纳有五：一是，多民族国家疆域形成的分期，亦即是从"天下"到"中国"的演进历程；二是，"大一统"观念作为传统政治理念的形成及其实践对于多民族国家疆域形成有着举足轻重的作用；三是，从"藩属"体系和"殖民"体系碰撞的视角，解构多民族国家疆域形成的途径；四是，历代王朝对边疆地区的治理政策及边疆官吏的作用在多民族国家疆域发展中的重要作用；五是，族群的凝聚和融合是多民族国家疆域形成的黏合剂。多民族疆域理论的构建，随着研究的深化还可以列出更多的问题，但该书所提出并阐释的五大问题是重中之重问题中不可或缺的，是在深化多民族国家疆域理论研究中应予以重点探索和完善的。从这个意义上说，该书是多民族国家疆域理论研究进程中的一块基石、一个坐标，值得一切关注此问题研究的学人和读者关注。

对历史上某些具体边疆民族及其政权归属问题的探研，主要是围绕我国东北地区的一些古代民族及其政权，尤其是高句丽政权的归属展开的。③

三 统一与分裂以及中华一体

正如有学者指出的，国际上流行一种反对我国在历史上长期以来是统

---

① 孙喆：《康雍乾时期舆图绘制与疆域形成研究》，中国人民大学出版社2003年版。
② 李大龙：《从"天下"到"中国"：多民族国家疆域理论解构》，人民出版社2015年版，第339页。
③ 这方面研究成果众多，可参阅马大正等《古代中国高句丽历史丛论》（黑龙江教育出版社2001年版）和《古代中国高句丽历史续论》（中国社会科学出版社2003年版），以及耿铁华、李乐营主编《高句丽研究史》（吉林大学出版社2012年版）等。

一的多民族国家，指古代中国的分裂是"常态"、统一是"变态"①。因此，研究统一与分裂及其相互关系问题，恢复历史真相是许多学者的注意点之一。

就历史上的中国而言，何谓"统一"、何谓"分裂"？方国瑜认为："统一的概念，主要指政治而言，即由一个政权统治时期谓之统一；由几个政权统治时期谓之不统一。"②萧君和等阐述得更为具体："作为政治概念，作为国家价值取向意义上的政治概念，'统一'的涵义就是：国家政权是统一的，只有一个政令统一的中央政府，不允许任何人在任何地方搞分裂活动，脱离中央闹独立或半独立，更不允许割裂国土、破坏领土的完整。"③葛剑雄认为，"我们所要讨论的统一是指国家之间或政权之间、一个国家或一个政权内部在政治上的一致、集中及结合为一个整体，而不是文化、民族、语言、风俗、经济、思想、宗教、血统甚至地理环境等等的一致性或整体性"④；"分裂是对统一而言的，如果没有统一，也就谈不上分裂。已经统一了的政权变成几个，或原来属于该政权的一部分脱离了，独立了，可以称为分裂。但从来就存在的、不属于该政权的地区或政权就谈不上是什么分裂"⑤。白寿彝指出"统一"是一个历史范畴，是不断发展的一个历史行程，它不是一个静止的一成不变的僵化概念，"不能认为从远古起就已统一成今天这个样子了，那就不免有些忽视了各族人民千百年来经过开发、战斗的艰辛而曲折的历程才终于造成这个'统一'"⑥。

关于统一的规模和形式，白寿彝在一次讲话中提出三种：其一是单一民族内部的统一，例如秦的统一，成吉思汗对蒙古的统一、努尔哈赤对满族的统一；其二是地方性的多民族统一，例如在南北朝分裂时期中，北朝是由原来的汉族同北方的一些南下民族的统一，南朝也是汉族同南

---

① 张博泉：《中华一体论与中国地方史学》，《史学集刊》1993年第4期。
② 木芹：《中华民族历史整体发展论》，民族出版社1995年版，第1页。
③ 萧君和主编，彭年副主编：《中华统一史》，前言，黑龙江教育出版社1997年版。
④ 葛剑雄：《统一与分裂——中国历史的启示》，第84页。
⑤ 同上书，第95页。
⑥ 武尚清：《白寿彝先生论中国统一的多民族国家的形成与发展》，《史学史研究》1996年第1期。

方各族联合起来的政权;其三是全国性的多民族统一,如汉、唐、元、明、清①。

关于统一的标准和影响统一与分裂的因素,一些学者各有精辟的理论阐述。其中,我们要特别提到葛剑雄先生,他的专著《统一与分裂》从疆域盈缩、经济文化、地理环境、统治政策以及历史人物等多种角度阐述了统一与分裂的各种趋势、两者的辩证关系,以及两者的标准问题。特别是对统一行动及统一时期的消极方面的批判和对分裂社会中某些积极因素的肯定,既没有否定统一本身也没有赞扬分裂本身的思想和理论令人耳目一新。葛剑雄澄清了一些模糊认识,他以大量的史实说明:"不能认为某一皇帝登位建元,统一就已经实现,也不能将某一朝代的残余势力存在的时间当作统一的延续";"统一应该是实质性的,而不是名义上的。应该是统一者和被统一者双方都接受的,包括被统一者被迫接受的;而不是一厢情愿的,或者是后人承认的";"统一的主要标准应当是政治上的服从和一致,而不能仅仅根据制度上的相似和文化上的类同";"统一也不是兵威所及或短期的军事占领","只要没有实行有效的占领与统治,就不能认为这些地区已经纳入了征服者的领土"②。关于影响统一与分裂的因素,葛剑雄从史实中总结出以下各点:其一,"地理环境对人类的制约作用因生产力而异,对统一国家的形成同样如此","影响统一和分治、分裂的因素很多,地理环境不是唯一的,更不是决定性的因素,尽管在某种特定条件下它可能起决定性的作用"。其二,"在中国基本农业区内,交通越便利,手工业和商业越发达,地区间的依赖性就越大;政治中心与经济中心越分离,统一的因素就越大,反之则越容易引起分裂"。其三,"在一个国家中同时存在两种或两种以上的行政制度(包括经济、赋税、刑法等制度),并不妨碍国家的统一。相反,只要应用得当,结果必然会维护和加强统一"。其四,"制度的一致和文化的相同,有其有利于统一的一面,但并不是统一的先决条件,更不会必定导致统一"③。显而易见,这些论述既有学

---

① 白寿彝:《关于"统一的多民族国家"的几点体会》,《史学史研究》1991年第2期。
② 详见葛剑雄《统一与分裂——中国历史的启示》,第85—94页。
③ 同上书,第123—169页。

术价值也有现实意义。刘宏煊则从其他侧面表述了促进统一的条件：其一，"民族大融合和民族内聚力的加强，是中华民族和中国疆域'大一统'的先决条件"。其二，"人民群众推动统一"，例如，"在500余年的春秋战国时期，各诸侯国发动了无休止的战争"，"战争教育了人民，人民厌恶战争，渴望和平与统一。因而出现了'箪食壶浆，以迎王师'，支持统一战争的场面"。其三，"'大一统'的思想呼唤和推动'大一统'实践"，"推动着统一的历史趋势向前发展"。如战国末期统一趋势出现的大一统观念表明当时人民要求统一、各国新兴地主阶级也迫切希望有一个全国统一的封建政权，以巩固封建生产关系和维护其阶级利益。① 秦和西汉时期统一成为历史发展的主流，其原因之一就是自秦始皇实践了"大一统"学说、汉武帝将"大一统"思想确立为最高原则，并在"大一统"思想指导下采取了一系列旨在统一的措施。② 萧君和等以30余万言论述了我国古代11次声势浩大的统一运动，得出"统一是中华历史的主流""中华统一巨流行进的轨迹是波浪式前进"等结论。其中，不仅指出"作为思想理论体系的'大一统'，是中华整体思想或华夏整体主义的延伸、结晶或集中表现"，而且详论了"大一统"的起因和历程。关于起因，认为有三："地理环境的对外结构完整，自成一体""人种血缘上的单纯、亲近""生存环境的恶劣"；关于历程（古代）：大一统的思想萌芽出现于夏商时期；大一统理论体系的雏形出现在西周时期；春秋战国时期儒家、法家大一统理论是大一统理论体系的重要发展阶段；秦朝时期的秦始皇大一统理论是我国古代大一统理论发展的高峰；西汉时期我国古代大一统理论发展到又一高峰；西汉以后我国古代大一统理论一直在向前发展。③ 一些学者在专题论文中都具体阐述了促进和巩固统一的各种因素。王宗维在论述秦汉统一多民族国家的形成、巩固和发展时指出：在包括数以百计的民族，他们各自有独特的语言、习俗和生产方式，社会发展水平相差很大的情况下，秦汉王朝实现、巩固和发展了大统一，其原因何在？作者通过大量史实，得

---

① 详见刘宏煊《中国疆域史》，第76—81页。
② 同上书，第131页。
③ 详见萧君和主编，彭年副主编《中华统一史》，第13—32页。

出如下结论：一是"各地区、各少数民族的人民有着强烈的统一要求。从夏商周以来相互进行的经济、文化交流，已经把各族人民联系起来，开始出现了相互依赖、相互了解和相互信任的关系"。其二，"秦、汉王朝为实现统一所采取的政策、策略，对建立统一多民族国家，也起了极其重要的作用"[①]。白寿彝更重视统一意识对促进统一的作用。他指出："历史上的某一阶段某一时期在政治上是分裂的，在经济上是分散的，但是这种分裂和分散并不妨碍统一意识的存在，而且有时这种统一的意识反映很强烈"，比如三国时期"无论哪一国，都自认为是正统，都要统一中国。这就是说，三国时期，尽管三国鼎立，但统一的意识却是共同的。南北朝时期也是如此"[②]。

如何看待统一与分裂两者的关系，也是很多学者阐论的问题。林荣贵从辽朝"基本上统一了燕云至北疆地区"、北宋"基本上统一了中原及南方大部分地区"、西夏"巩固了河套至河西地区的统一"等方面，以较丰富的史料依据论述了北宋与辽并立时期的160余年中，"中国境内的政局由严重分立转向局部统一"的过程[③]。葛剑雄认为："无论是中国的地域概念，还是中原王朝的疆域，总的趋势是逐渐扩大的，但不同时期有不同的变化，这些变化就不是用统一和分裂这样简单而绝对的划分所能归纳的。"因此，他作了如下具体分析：其一，"合中之分"。认为"在公元3世纪晚期以前，就总体而言，中国和中原地区经历了一个无数小国逐步合并，最终统一于一个国家的过程，而不是一个分裂过程"，详细论证了春秋战国是"一个由高度分裂发展到统一的过程"。其二，"分中之合"。秦至清最终完成统一中国之前，存在着对中国而言属于自治或分治的政权和地区，最终成为中原王朝的一部分。其三，"分中之分"，即"一个政权的一部分脱离了它的统治，成为一个独立政权；或者一个政权解体了，分成若干个互不统属的政权，不管它们的历史意义如何，也不管它们的最终结果如何，这就是分裂"，但在分裂时期也有一部分地区和政权是属于自治或分

[①] 王宗维：《论秦汉统一多民族国家的形成、巩固和发展》，《西北大学学报》1989年第1期。

[②] 白寿彝：《关于"统一的多民族国家"的几点体会》。

[③] 林荣贵：《北宋与辽并立时期的疆域格局》，《中国边疆史地研究》1998年第3期。

治的,其对其他政权而就无所谓分裂;"有此政权开始时是以分裂形式出现的,但以后却发展成为一种分治"①。以上论述有助于人们认识中国的地域和中原王朝的疆域的区别及两者不断扩大的历史进程。有些论述从更宏观的角度阐论了统一与分裂的辩证关系。周伟洲认为:"在如何看待历史上我国统一的多民族国家统一和分裂问题时,应首先将中国历史发展的过程当成一个整体来看,不能割断历史,抽出其中一段来孤立的分析,这样势必对分裂时期的中国各政权作出片面的结论。其次,中国历史上的统一和分裂都是相对的,决没有与今天疆域一致的绝对统一;统一和分裂又是互相渗透,统一之中也可能出现小的、暂时的分裂割据(如明时北方的蒙古、瓦剌等),分裂之中也有局部的统一(如南北朝等)"②,除了未涉及两者的转化问题外,他把统一与分裂的辩证关系讲得较透彻。其中关于矛盾统一体即统一与分裂都存在于"中国历史发展的过程"的这个"整体",张博泉概括得更为精到:"统一有不同时期的统一,统一与分裂对言,都离不开一体,一体是最大的统一体,统一是在一体中的统一,分裂也是在一体中的分裂,一体是个最大的前提"③。白寿彝以"南北朝时期"分析了统一与分裂的辩证关系:南北朝"从全国看,是'分裂',但它们各自统一了南、北,'分裂'酝酿了'统一','分裂'为'统一'铺平了道路","南朝的宋齐梁陈、北朝的北魏北齐北周是矛盾统一体的组成部分,互为存在的条件,同为迟早走向统一的原料"④。

在中国历史上,常常在同一时期存在两个以上互不统属的中国政权或称为并峙的国家,它们在当时虽然不是中原王朝的一部分,其疆域也不是该中原王朝的疆域,但它们及其疆域无疑是历史上中国的一部分。就此而言,前列各学者所谓"整体""矛盾统一体""一体"概念的提出和运用是很有意义和理论价值的。特别是张博泉提出的"统一就是一体""一体是最大的统一体"更显明、生动,更能反映古今中国的实际。不仅如此,他还进而提出"中华一体论"并论述了"中华一体论"提出的针对性、根

---

① 详见葛剑雄《统一与分裂——中国历史的启示》,第95—100页。
② 周伟洲:《历史上的中国及其疆域、民族问题》,《云南社会科学》1989年第2期。
③ 张博泉:《中华一体论与中国地方史学》。
④ 武尚清:《白寿彝先生论中国统一的多民族国家的形成与发展》。

据与应用。其中,关于根据他提出"历史的依据""理论基础"和"现实基础"三个方面,并一一详细阐述,主要观点如下:其一,历史的依据:"我国古代由天下一体发展为中华一体。中华一体分为秦统一前的前天下一体和秦统一后到唐的天下一体。中华一体分元统一前的辽、宋、夏、金时的前中华一体和元、明、清的中华一体","前天下一体是由王权统一的天下一体中的中国变为分裂的列国和战国,并进而发展为中国统一和分中外、分华夷的'天下一体国家'。中华一体是由皇权统一的天下经过中原多层次的分裂和统一出现全国范围内的多中国王朝和列国之后发展为全国统一的中华一体国家",因而"中华一体是高于天下一体的一体"。其二,理论基础:"是马克思主义哲学中的对立统一规律,也就是矛盾律。我国的历史实际是统一的多民族国家,一体和多元是不可分割的,一体是讲历史上的国家统一体,多元是讲一体中的诸种矛盾着的事物。完整的提法是多元一体和一体多元,多元一体有两重意思:一指来源多元;二指由多元的来源结合在一体之中。一体多元也有两重意思:一指在一体中诸事物的并存,二指在一体中并存的多元事物在一定条件下的发展变化和转化。"其三,现实基础:"现实基础与历史是不可分割的,统一的多民族国家就是有马克思主义理论与中国历史实际相结合提出来的","一体国家内的多民族大家庭、多民族区域自治和一国两制或一国多制""来源和并存于一体内的多民族国家"[①]。可见,作者在论述以上三个依据时,重在一体和多元的统一。特别是其中关于"中华一体是高于天下一体的一体"的阐述,为区分我国古代两种不同的统一如秦与元的统一提供了最为简练和科学的标准。在张博泉提出上述看法后,何瑜从政体的角度说明在"天下一体"期间,"天下的疆域被分为中国(中原)与四海(边疆)","我国政治区域的整体""是指中原一地,并不包括居住四海的蛮夷";"我国的政体已不再是'天下一体',而是'中华一体'"的"最显著标志,便是以蒙古贵族为主体的元朝的一统天下"[②]。

这里还要附带就历史上中国统一与分裂在时间上何者长何者短的问题

[①] 张博泉:《中华一体论与中国地方史学》。
[②] 何瑜:《寸寸河山寸寸金——面对着神圣的国土》,第137—138页。

介绍葛剑雄的观点。许多研究成果包括此综述前面提到的成果,都认为统一的时间长、分裂的时间短;但葛剑雄的看法正与此相反。他根据"分合标准"的详细论述作出统计,认为:"如果以历史上中国最大的疆域为范围,统一的时间是81年。如果把基本上恢复前代的疆域、维持中原地区的和平安定作为标准,统一的时间是950年,""这950年中有若干年,严格说是不能算统一的,如东汉的中期、明崇祯后期等。"① 由此,他得出这样的结论:"中国真正的统一是在1759年实现的,持续了81年","对中国而言,分裂、分治的时间是主要的,统一的时间是非常短暂的。对中原王朝而言,统一的时间略少于分裂时间。但在元朝之前分裂的时间多于统一时间,元朝以后则基本上是统一的。"②

四　藩属与朝贡研究

(一) 关于藩属与藩属制度研究

藩属作为藩国与属国的全称,始见于西汉的文献记载。但西汉的藩国与属国是由西周的"封国"与"服国"演变而来的。中国古代的藩属与藩属制度,从西周至清王朝经历了形成、确立、创新、强化和完备五个不同的发展阶段。随着中国边疆理论研究的提出与推进,对中国藩属与藩属制度研究成为中国边疆理论研究中一个重要热点问题。张景全《藩属问题浅议》探讨了其性质、内涵及其演变等。他指出探讨藩属问题的根据是统一多民族国家的多元一体的格局和行政上的多层次格局。他把历史上形成的以汉族为核心的中央帝国分为四个层次,从内向外依次为,"汉族省份,是该帝国的腹地,行政管理机构严密,直辖于中央";"处于汉族与少数民族杂居地区的行政机构,较松散,一些少数民族的领袖人物被任命为地方官吏";"邻接汉族地区少数民族区域的政权,主要通过本民族的世袭王公贵族、土司头人来治理";"中原王朝的附属国"。认为"藩属恰恰处于外

---

① 葛剑雄:《统一与分裂——中国历史的启示》,第19页,并见"历代统一时间起讫表"。
② 同上书,第100页,并见"历代统一时间起讫表"。

缘部分，因而具有游离性"，随着各朝代对地方政权控制力的加强，藩属内涵亦发生转变，其居民渐渐固定，领土渐渐明确，政权组织日益严密，主权日益强化，但仍承认宗主国地位，接受封号，定期朝贡，尚不是独立国家或逐渐游离出去成为独立国家。他得出的结论是："藩属具有游离性，它在历史演进中具有不同的内涵，或表现为地方政权，或表现为附属国，但其屏藩作用、从属地位、外缘位置未变，始终成为宗主国体系的一环。"① 这些表述说明了历史上曾在中国不同时期各王朝版图内的政权由内到外的转化过程，有助于正确认识中国疆域的变迁。由李大龙执笔《古代中国高句丽历史续论》一书理论篇"古代中国的藩属"② 一题中认为："藩属理论从内容上讲，大致包括两项主要的内容，其一是关于天下构筑的理论；其二是关于民族关系的理论。"对先秦时期的"五服制理论""夷夏观"进行分题专论，并以"汉唐藩属关系的建立和维系"为题对两汉和唐王朝藩属制度的构筑与演变进行了阐论。此后，作者还著有《汉唐藩属体制研究》一书，对汉唐藩属体制的形成和发展作了进一步的系统阐述。在此基础上，作者还和中山大学刘志扬合作发表了《"藩属"与"宗藩"辨析——中国古代疆域形成理论研究之四》③ 一文，"从学界对'藩属'、'宗藩'的认识和使用，'藩属'的含义和使用，'宗藩'的含义和使用等三个方面，对古今'藩属'、'宗藩'二词的用法进行了综合考察。认为'藩属'一词形成于明清时期，是用于指称清朝和边疆民族乃至周边邻国的政治隶属关系，但这种关系早在汉代就已经形成，称为'藩臣'、'外臣'与'属国'。'宗藩'一词则早在《史记》中就已经出现，是用于指称皇室宗族或宗族成员分封于地方者。现代学者用'宗藩'一词指称中国古代王朝尤其是明清和邻国关系的做法并不科学，其'宗藩'的含义和用法不仅与古人对该词的用法明显不同，而且容易形成更多的误解，故而应该改用'藩属'才准确"。

---

① 《长白学圃》1994年第10期。
② 马大正等：《古代中国高句丽历史续论》，中国社会科学出版社2003年版，第1—58页。
③ 刘志扬、李大龙：《"藩属"与"宗藩"辨析——中国古代疆域形成理论研究之四》，《中国边疆史地研究》2006年第3期，第25页。

黄松筠《中国古代藩属制度研究》①是中国封建时期藩属制度集大成之研究力作。全书近26万字，分上、下两篇。上篇为中国古代藩属制度五个发展阶段研究，探讨了古代藩属制度的形成、确立、创新、强化和完备五个不同的历史阶段的演进历程，提示同姓藩国、境内属国、羁縻府州、都司卫所和藩部曾分别是五个阶段中的藩属主体，阐述藩属制度在五个不同阶段的诸多特点；下篇为中国藩属制度的若干理论问题研究，指出中国古代藩属制度是中国古代国家政体的重要内容之一，它具有一朝（国）两制、地方自治与民族自治、藩卫内向等诸多特征与属性，其根本目的是为了捍卫中央王朝的安全，实施的成功客观上促进了统一多民族中国和多元一体中华民族的形成和发展。值得一提的是本书对有清一代藩属制度从完备到衰落的分析，认为："鸦片战争后，西方列强侵略中国，首先从藩属国下手，缅甸、暹罗、越南、琉球、朝鲜相继沦入西方列强和日本之手；新疆和黑龙江的广大领土又先后被西方列强沙俄所侵占，清代的藩属制度随同腐朽的清王朝一同衰落了。"②

张永江《清代藩部研究——以政治变迁为中心》③，全书25万字，由绪论，历史传统与清代藩属制度，清代藩部形成的政治背景、途经和方式，藩部的地理环境、类型与建制沿革，藩部政治体制构造的基本原则与行政模式，内地化与一体化：藩部地区政治发展的一般趋势六章组成。在对与藩属有关的概念、费正清"内外藩"理论进行评析的基础上，全面系统地对清代的藩属关系进行了理论探讨，在诸如清代藩部形成途径和方式，藩部类型的划分、藩部管理模式和管理原则、藩部的内地化与一体化发展趋势等诸多方面进行了阐论。中国封建时期藩属的研究是中国疆域理论研究中一个难点问题，其所以难，在于时间跨度大、地域广、史料分散和情况复杂，加之历史上的藩属千变万化，而清代藩属是中国历史上藩属的延续和发展，本书对此均进行了史料上的梳理和理论上的探讨。

柳岳武《清代藩属体系研究》④，全书内容分作五章：第一章清初藩属

---

① 黄松筠：《中国古代藩属制度研究》，吉林人民出版社2008年版。
② 同上书，第162页。
③ 黑龙江教育出版社2001年版。
④ 柳岳武：《清代藩属体系研究》，人民出版社2016年版。

体系的构建，第二章康乾盛世下藩属体系的确立和演变，第三章嘉道咸同时期传统藩属体系的重创与清廷的被动应变，第四章光宣时期强化宗属之尝试与加强藩部治理之努力，第五章光宣时期传统藩属体系的终结与转型。以清代藩部、属国两大体系为主要研究对象，深入探讨了这两大体系在有清一代形成、演变以及解体的过程，"澄清清代藩部、属国两体系之间的本质区别，总结清廷治理藩部、属国政策的不同，阐释清廷如何通过运作藩部、属国两套体系去强化其对内统一、对外'一统'的功能"。

刘清涛《"宗主权"与传统藩属体系的解体——从"宗藩关系"一词的来源谈起》一文，在对近代以来"宗藩关系"一词的产生及内涵进行梳理的基础上认为，"宗藩关系"一词应是在西方"宗主国""宗主权"词语出现后与中国传统的藩属、属国等词语联合而成，而这一词语的产生显然受到了西方列强在海外殖民扩张过程中形成的"宗主权""宗主国"等概念的影响。作者进而详细考察了"宗主权""宗主国"等词语产生的历史渊源和时代背景，指出："'宗主权'、'宗主国'作为专有翻译名词出现是在清末最后几年，此时越南、朝鲜等传统藩属已经尽失。随着清朝的灭亡，传统的藩属体系也就不存在，而'宗主权'、'宗主国'等概念却进入国际法和国际关系的中文术语中，成了主导后人相关认识的基本概念。后人实际是开始用这些概念重新认识或书写历史。在历史的书写中，后世学者们不仅在描述清朝与越南、朝鲜等传统属国的关系时，把'宗主权'、'宗主国'的名称直接赋予清朝，学界（包括日本学界在内）甚至将这些词语延伸至中国古代史上与周边政权藩属关系的描述中去，而忽略了所谓宗主权、宗主国的观念只是19世纪殖民主义和帝国主义时代的产物，之前并没有这些观念和规范，20世纪后也逐渐消退于国际社会中。"[①]

（二）关于朝贡体系研究

所谓朝贡，一般来说是指藩属国对宗主国按时进献礼品和方物，采用中国王朝年号、年历，以此表示臣服；而宗主国作为回报，则对藩属国进行回赐、封赏，用以体现天朝恩典。根据朝贡次数的多寡、政治隶属关系

---

① 《中国边疆史地研究》2017年第1期。

的强弱，以及对中国文化认同程度的不同，朝贡国可以分为典型而实质的朝贡关系、准朝贡关系，非朝贡关系等类型。典型而实质的朝贡关系在政治上表现为朝贡国使用中国王朝年号、历法；对中国朝廷的诘问进行陈奏、说明；向中国王朝派送人质、宿卫；双方宫廷间通婚；中国王朝干涉朝贡国的内政。在经济上表现为朝贡国向中国王朝贡献礼品与方物；中国王朝进行回赐。在礼仪上表现为册封、封典、告哀、陈慰、谢恩等。在军事上表现双方的请兵与派援。通过朝贡，中国王朝统治者满足"天朝大国""天下共主"的虚名，实现了一统天下的中国式政治理想。而朝贡国从中国王朝"厚往薄来"的原则中获得了巨大的经济利益，也满足了己方缺少的必需品和奢侈品。因此，朝贡制度作为政治外交模式，对整个中国及周边国家产生了深远影响。[①]

朝贡制度研究中首先要提到的是香港学者黄枝连的《天朝礼治体系研究·上卷·亚洲的华夏秩序——中国与亚洲国家关系形态论》《天朝礼治体系研究·中卷·东亚的礼义世界——中国封建王朝与朝鲜半岛关系形态论》《天朝礼治体系研究·下卷·朝鲜的儒化情境构造——朝鲜王朝与满清王朝关系形态论》[②]，全书140余万字，是一部有关古代朝贡关系系统且有影响的研究之作。

作者指出，由小农经济发展而来的礼治主义体系是"汉族文明"及由此组成的中华传统的主要精神与内容。这样一种"礼治主义文明对外的作用，即在于推动民族之间、区域之间、国家之间、人与大自然之间等等层面的秩序的建立。根据'礼治主义'来探索并建立国际社会和自然世界以及宇宙等层面的秩序；而这一'秩序'的维持和发展，交由中国的封建王朝（自称并被称为'天朝'者）来推进，即是'天朝礼治体系'"所谓"天朝礼治体系"是黄枝连经过多年研究而形成的有关国际关系形态的一种新概念，其具体内涵则见于著者的如下概括："在十九世纪以前，即西方文化、西方国家、西方殖民帝国主义兴起之前，这里有一个突出的区域秩序，是以中国封建王朝（所谓'天朝'）为中心而以礼仪、礼义、礼治

[①] 参阅付百臣主编《中朝历代朝贡制度研究》，吉林人民出版社2008年版，第1页。
[②] 三卷本，中国人民大学出版社分别于1992年、1994年、1995年出版。

及礼治主义为其动作形式；对中国和它的周边国家（地区）之间、周边国家之间的双边和多边关系，起着维系与稳定的作用，故称之为'天朝礼治体系'。"① 于是，"天朝礼治体系"遂成为能够涵盖"中国同朝鲜、安南、日本、琉球、暹罗以及更广泛的亚太区域的关系"乃至"陆上丝路和海上丝路"的一个国际关系形态及其概念。作为论证该理论之个案与史实基础，黄枝连集中探讨了古代中朝关系，自隋唐而至明清各朝，实际上囊括了近代以前几乎全部的中朝关系。黄枝连的研究主要代表着"中国本位"的视角及其观点。黄枝连为探明"礼治主义"的文化内涵而穷三年之时来反复研读《朱子语类》，其著作中不顾"拿来主义"之嫌而大量征引相关史料文献，乃至著者于该研究基础上积极参与探索亚太地区新秩序之"学问外"社会活动等，即足以表明著者之中国视角及其宏观趣旨。应该说，黄枝连的上述研究在史实论证方面显然不若其国际关系理论方面之功力，却仍不失为中国学界有关古代朝贡关系研究中最具理论意义与广泛影响的研究成果，至其"天朝礼治体系"概念亦日渐得到国内学界的接受，成为频见于各种相关研究论著之中的一个"关键词"。

20世纪后半叶，旅美学者杨联陞《从历史看中国的世界秩序》一文从历史的角度探讨"中国的世界秩序"问题。② 张存武《清韩宗藩贸易：1637—1894》③，高明士《从天下秩序看古代的中韩关系》④，张启雄《"中华世界帝国"与中琉宗藩体制的秩序原理性展开：中华世界秩序原理的考察》⑤ 等，是台湾学者从中韩、中琉朝贡关系的不同视角分别论及古代朝贡关系的学术专著。

大陆学者叶自成主编《地缘政治与中国外交》⑥ 从地缘政治角度分析

---

① 黄枝连：《天朝礼治体系研究》（上卷），《亚洲的华夏秩序——中国与亚洲国家关系形态论》，前言第2页。
② 杨联陞：《国史探微》，联经出版事业公司1993年版。按：本文原为1965年提交费正清主持"中华世界秩序研讨会"的论文，此前曾由邢义田翻译发表于台湾《食货月刊》复刊第2卷第2期，1972年。
③ "中研院"近代史研究所1978年版。
④ 台湾韩国研究学会编：《中韩关系史论文集》，1983年。
⑤ 《第四回琉中历史关系国际学术会议琉中历史关系论文集》，1993年。
⑥ 北京出版社1998年版。

古代中国与周边国家及地区关系，何芳川《"华夷秩序"论》①则通过考察古代华夷秩序两千年间从酝酿、形成、充实到衰亡的历程，指出"华夷秩序"是"自汉代直至晚清在古代世界大大小小国际关系格局中发展得最为完整"的"以中华帝国为核心的古代类型的国际关系体系"，而和平、友好、积极则是这一"在古代世界的社会条件下产生的一个有理念、有原则和有关自身一套比较完备体制的国家关系体系的主流"。王正毅《世界体系论与中国》②一书中援用沃勒斯坦的"世界体系论"分析了古代中国与东亚世界的朝贡体系。在陈尚胜《闭锁与开放：中国封建晚期对外关系研究》③、高伟浓《走向近世的中国与"朝贡"国关系》④等著作中均曾运用"华夷秩序"的概念与框架对明清时期中国与周边国家关系进行过个案分析。

中国学界的相关研究在系统性方面尤其是创造性的理论构架方面显然有所不足，而在朝贡关系的概念问题上却已有相当深入的讨论。早在1986年，大陆学者陈伟芳教授曾分析朝贡关系的概念问题，并指出学界常用"宗藩关系"或"藩属关系"概念极容易与近代西方的宗主国与殖民地关系概念相混淆。⑤ 20世纪初傅斯年所发明的"中华帝国"概念以及20世纪末香港学者黄枝连所发明的"天朝礼治体系"概念等，都是中国学界在这一问题上的独创性贡献。2002年，大陆学者陈文涛在《近世初期日本与华夷秩序研究》一书的附录中指出，鉴于古代时期向中国"朝贡"的国家未必都是接受中国的册封而成为中国的藩属国，因此欧美学界常用的"Tributary System（朝贡制度）"词并不是形容正式册封关系的准确用词，似宜代之以"In-vestiture System（册封制度）"⑥一词。姑且不论这一"新名词"能否为欧美学界所接受，通过这种方式而积极与欧美学界平等对话

---

① 《北京大学学报》1998年第6期。
② 商务印书馆2000年版。
③ 山东人民出版社1993年版。
④ 广东高等教育出版社1993年版。
⑤ 参见陈伟芳《甲午战前朝鲜的国际矛盾与清政府的失策》，山东省历史学会编：《甲午战争九十周年纪念论文集》，齐鲁书社1986年版，第31页。
⑥ 参见陈文涛《近世初期日本与华夷秩序研究》，香港社会科学出版社有限公司2002年版，第490页注①。

的姿态与努力仍应说是可嘉。

有关朝贡制度研究，还有两部著作应予重视：

一是，李云泉《万邦来朝——朝贡制度史论》全书27万字，作者从通史角度考察朝贡体制，不仅考察了不同历史时期朝贡制度的发展，而且对各个历史时期朝贡机构，以及礼仪变化都作了较为全面的考察与论述。本书是中国大陆学者有关朝贡制度的第一部专著，对古代东亚地区中国主导下的这一国际关系体系作了全景式地描述，尤详于明清时期。

作者在"修订版后记"中对朝贡制度的概括论述，值得供研究者在深化研究时体悟，特录于次：

首先，朝贡制度是一个虚实一体的历史存在，并因势异时移而发生虚实转化。其所本的思想观念，历代历朝虽大致相同，如华夏中心意识、大一统观、夷夏之辨、事大字小等，但因反映这些理念的历史话语具有模糊性、歧义性乃至相互矛盾的特征，加之朝贡制度不具现代国际关系明晰的权利与义务规定，当封贡双方利益相左甚至兵戎相向时，就需要选择恰当的话语体系，以使理念与现实合辙，进退有据。考察不同时空下朝贡制度这虚实，一个不太牵强的做法是对其赖以建立的朝贡关系进行分类。

其次，就制度性构建而言，朝贡制度体现的是中华帝国的单一意志，但朝贡制度之历代相沿与朝贡关系之长期维系，则并非是中国单方面强制或施惠的结果，周邻国家实力上的自我定位，文化上的身份意识，物质利益的诉求等，同样发挥着作用。在朝贡关系中，比较切合史实的是当代语境下宗主一方的"以礼服人""以力臣人""以利悦人"，分别对应朝贡一方的文化认同、政治臣属、朝贡贸易。需要指出的是，在朝贡制度的构成要素中，朝贡贸易的适用范围最广。但即便如此，无论在贸易规模还是对国计民生的影响方面，它也远远不能与通商体制下的官方贸易和私人海外贸易相提并论。中国统治者历来注重朝贡的政治属性，且政治上的君臣主从关系，主要通过朝贡礼仪予以呈现。而东亚世界相似的礼仪制度，又赋予这一礼仪通约性与合理性。不管今天看来它是多么不合时宜，但只要承认追求优越是人类的通性，对作为心理需求的朝贡礼仪这一外在之礼，就应予以合理的阐释；只要承认不平等是历史的常态，对朝贡礼仪所体现的象征性不平等，就需抱有一份同情之理解，因为即使现今主权国家之间的交往，在形式上的平等背后，也隐含着诸多实质上的不平等。

再次，如何评价一项业已消亡的制度，因视角和立场不同而见仁见智。对此，钱穆先生于半个世纪前总结的"历史意见"和"时代意见"，至今仍极具借鉴意义，值得征引如下："要讲某一代的制度得失，必须知道在此制度实施时期之有关各方意见之反映。这些意见，才是评判该项制度之利弊得失的真凭据与真意见。此种意见，我将称之曰历史意见。历史意见，指的是在那制度实施时代的人们所切身感受而发出的意见。这些意见，比较真实而客观。待时代隔得久了，该项制度早已消失不存在，而后代人单凭后代人自己所处的环境和需要来批评历史上以往的各项制度，那只能说是一种时代意见。时代意见并非是全不合真理，但我们不该单凭时代意见来抹杀以往的历史意见。"① 具体到朝贡制度，美国学者马克·曼考尔曾经指出："不能根据西方的习俗和实践解释朝贡制度。如果想在传统中国的制度或观念中发现与现代西方相同的东西，就会造成误解：它们也许在结构或功用方面比较相似，但是，如果放在传统的儒家社会和现代西方社会的语境中加以考察，就会看到它们可能有着迥然不同的意义。朝贡制度更适合从传统中国的语汇和制度出发从整体上加理解。"②

"所以，用功利化的西方现代政治话语解读朝贡制度和曾经自成一系的东亚世界，不仅容易掩盖不同时空下朝贡关系的多样性、差异性，而且还可能导致历史影像的模糊与失真。西方中心论的破除并不意味着中国中心观的确立，反之亦然。或许，从中心与周边互动的视角，通过对不同历史时期朝贡制度、朝贡关系差异性及其与通商体制、条约体制内在关联的阐释，方能揭示朝贡制度之历史实像和中国传统对外关系的多重面相。"③

二是，付百臣主编《中朝历代朝贡制度研究》，该书32万字，以中国古代中朝宗藩关系研究为基础，重点论述中朝朝贡制度确立、发展、完善、瓦解的历史过程，比较中朝朝贡与东亚（包括东南亚）国家朝贡制度

---

① 钱穆：《中国历代政治得失》前言，生活·读书·新知三联书店2001年版。
② [美] 马克·曼考尔：《清代朝贡制度新解》，费正清主编：《中国的世界秩序：传统中国的对外关系》，杜继东译，中国社会科学出版社2010年版，第58页。
③ 李云泉：《万邦来朝——朝贡制度史论》，新华出版社2014年版，第274—276页。本书2004年新华出版社初版，时书名为《朝贡制度史论——中国古代对外关系体制研究》。

的异同，力争总结出中朝朝贡制度的特征与规律，阐论其在历史上东亚国际关系秩序中的影响与作用，并指出："中朝朝贡与中国与东南亚诸国的朝贡相比，无论从政治上、经济上、礼仪上，还是朝贡时间、贡期、朝贡规模等方面，均可以看出，朝鲜是典型的朝贡国，东南亚诸国则是一般的朝贡国，中朝朝贡关系要比中国同东南亚诸国的朝贡关系更加密切。"①

权赫秀《中国古代朝贡关系研究评述》②的文末对朝贡体制研究的三点思考与建议，具有研究深化的借鉴价值：

"首先，尽管国内外学界关于朝贡关系的起源迄今仍无一个明确的结论，而朝贡关系至少拥有两千多年历史却是一个不争的事实。另外二十四史有关古代朝贡关系的内容多见于四夷列传或外国列传部分，至民国初期的《清史稿》中才首次出现属国列传（卷526—529，列传313—316），就说明中国本身对古代朝贡关系的认识与定位也有一个历史的演变过程。因此，应深入开展对这一历史性制度的事实研究，即要深入分析这一历史性制度的起源、发展乃至最终衰亡的全部过程，尤其应深入探讨其在不同历史时期的演变过程和特点。毫无疑问，这样一种深入细致的历史考察，理应先行或至少不应滞后于对朝贡关系的宏观理论探讨与概括性研究。在这一方面，香港学者黄枝连通过对朝贡关系历史性个案的深入研究而提出'天朝礼治体系'说的研究方法与思路，应该说颇有启发意义。

"其次，既然朝贡关系本身已经成为历史陈迹的前近代性制度与现象，则有关的研究自然也要从解读和阐释朝贡关系在两千多年发展历程中所产生的相关制度性经典文献入手而展开。就中国方面而言，如果说一部二十四史中有关'四夷''属国'以及'外国'列传等内容提供了朝贡关系发展的具体历史资料的话，《通志》、《通典》、《文献通考》等古典以及明清时期《礼部则例》等制度文献则可以说展示了有关朝贡制度的具体理论与规范乃至惯例。唯有通过对这些制度性文献深入挖掘和分析朝贡制度本身的内在逻辑，才能真正深入理解与阐述古代朝贡制度。美国学者何伟亚通过深入研究《大清通礼》有关宾礼的内容而对马嘎尔尼使华史实做出一个

---

① 吉林人民出版社2008年版，第276页。
② 《中国边疆史地研究》2005年第3期。需要说明，本题写作对该文综述内容多有借鉴。

全新的后现代主义阐释，就是一个值得借鉴的范例。

"最后，鉴于朝贡关系作为一种国际关系体制或地区性国际秩序，涉及到中国及其周边各国家和地区乃至历史上与中国有关的世界各国，有关朝贡关系的研究不仅要关注作为朝贡关系之中心国家和地区的中国，同时还要充分关注曾经作为这一体制与秩序内成员的中国周边国家乃至其他相关国家和地区。唯有坚持这一种双向乃至全面的跨国和跨地区视角，才能真正揭示朝贡关系作为一种地区性国际秩序的历史真相并从中获得有益的历史教训。"

李伯重《"中华朝贡体系"得与失》[①]认为，"中华朝贡体系"是以中国为中心的东亚版的"家天下"，是东亚世界最大、最重要的国际体系，"在这个大家庭里，中国是家长，其他国家则是家庭中的成员。政治上，中国与这些国家是一种宗主国和藩属国的关系；经济上，彼此通过朝贡贸易互惠交流。藩属国对中国的主要义务是承认后者政治上、文化上的优越地位，在规定的年限内派遣使节表达象征性的归顺，但不要求实际归属中国的直接统治"。"作为回报，中国朝廷授予藩属国的统治者以金印，赋予他们合法性，通过册封的方式来表现中国'天子'的权威。这些藩属国的君主必须向中国皇帝进贡本地土产，也就是所谓'贡品'，而从中国皇帝那里得到比贡品多得多的回赐。"从中不难看出，在这个体系中作为"天朝上国"的中国所获得的主要是周边藩属国在政治上的臣服和文化礼仪上的优越感，而在经济上"厚往薄来"是得不偿失的，只满足了皇帝本人的虚荣心，有点"花钱赚吆喝"的味道。

纵观历史，作者进一步指出："我们必须承认，因为有了这个体系，东亚世界各国之间在近代以前发生的冲突，无论从数量还是规模来说，都远远少于同期的欧洲、中亚、西亚等地区。身处该体系之中的大多数国家，彼此之间得以保持长期的和平关系。从这个意义上说，它是以互信、包容、合作、共赢为特点的国际关系。"

程妮娜《古代东北民族朝贡制度史》[②]全书 70 余万字，是在其主持的

[①]《中国经营报》2018 年 3 月 19 日第 D02 版。
[②] 中华书局 2016 年版。

国家社科基金重点项目（中国历史类）"古代中国东北民族朝贡制度研究"基础上完成的，并于 2015 年度入选"国家哲学社会科学成果文库"。全书从中国古代王朝管理东北边疆民族朝贡事务的机构与职能、朝贡制度成员的构成、朝贡制度的建构与运作及其特点等方面，较为系统地探讨了古代东北民族朝贡制度的渊源，由草创到确立、发展，又由转型、衰落到再次复兴，乃至为新的各具特色的民族建置所取代的全过程，揭示了边疆朝贡制度是秦汉以来中央集权王朝统辖边疆地区的重要制度之一，对古代王朝东北边疆的形成、发展与巩固发挥了重要作用，也对东北民族与中华各民族长期以来进行交流、交往与交融并最终结为一体发挥了重要作用。该著是作者多年在此领域深耕积累的结晶，在前人研究的基础上提出了一些新的认识，中外史料运用丰富，具有重要的学术价值和理论意义，堪称近年来中国朝贡制度史领域里的一部力作。

第九章

中国历朝各代边疆治理研究

中国古代封建王朝均面临复杂的边疆问题，统治者为巩固自身的统治，制定并实施相应的边疆政策。中国学者对此进行了多角度的研究。早在20世纪30年代，高长柱在《筹边政策与边疆现状》[1]中充分肯定了清代的治边政策。40年代吴其昌先后发表了《两汉边政之借鉴》[2]《魏晋六朝边政的借鉴》[3]《隋唐边政之借鉴》[4]等论文，均系吴氏《历代边政借鉴》一书的部分章节，惜此书未及完稿，作者谢世。此时，顾颉刚在《中国边疆问题及其对策》[5]中对中国历代治边政策作了概括，认为自古及今治边政策可分两类，"第一类是放任政策，一切听其自然的演变"，"第二类是分化的统治政策"。关于第一类又可分为三种形式，"第一种是王道的"，"第二种是舍弃边疆，那里出了乱子就把那里放弃"，"第三种是自然的同化，这是没有成见的感化"。对此作者评曰：以上三种形式中，放弃边疆是不对的，无办法的感化也是一种玄想，只有不论血统的自然混合法，却使中国永远生存，永远扩大，是很值得称赞的。关于第二类，文章以清政府的统治政策为剖析对象指出：一是"用文化政策牢笼汉人"，二是"用愚禁政策羁縻蒙藏"，三是"用残杀政策削弱回人"。

中华人民共和国成立以来，边疆史地研究未能成为独立研究客体，其

---

[1] 《西陲宣化使公署月刊》第1卷第7、8期合刊。
[2] 《边政公论》第1卷第5—8期，1942年。
[3] 《边政公论》第1卷第11—12期，1942年；第2卷第3—5期，1943年。
[4] 《边政公论》第3卷第5、8期，1944年；第4卷第2—3期，1945年。
[5] 《西北通讯》1947年第3、4期。

研究内容分属于民族史、地方史诸领域。因此，中国内地学者1949—1976年近30年间将历代边疆政策作为研究客体的专著和论文数量甚少。1976年以后，有关的论述才渐见于史坛，与历史上中国疆域演变研究深化密切相关。中国古代边疆政策研究，20世纪80年代以来渐成研究热点。究其原因，一是研究基础雄厚、史料丰富；二是中国历代王朝边疆政策的成败直接关系到边疆的盛衰和靖患，研究中国历代王朝边疆政策又极有现实意义；三是作为组织、协调全国边疆史地研究的学术机构——中国边疆史地研究中心早在20世纪80年代中期就着手组织研究这一课题，跟踪和接续以往研究，起步很快，整个90年代得到长足进展。正确的、合乎国情的边疆政策是中国疆域得以稳固的重要条件，历史上是如此，今天也是如此，这已成为研究者普遍的共识。在中国边疆政策的研究中，主要围绕着以下三个方面展开，即：历代王朝对边疆地区的经营与管辖；历代王朝边疆管理机构；近代中国的边疆管理。刊发论文成百上千，既有宏观综论，也有微观深研，呈现百花齐放的大好态势。

一 历代王朝对边疆地区的经营管辖与开发治理研究

（一）经营与管辖

对边疆地区的经营与管辖始终是历代王朝治国的重要内容之一，历代王朝边疆政策的成功与失败关系到王朝的兴衰存亡，因此，历代王朝的边疆政策成为学者们研究的关注点。

在中国历代边疆政策的书林中，马大正主编的《中国古代边疆政策研究》（中国社会科学出版社1990年版）和马汝珩、马大正主编的《清代的边疆政策》（中国社会科学出版社1994年版）是应提及的。作为专题性论集《中国古代边疆政策研究》收入了14篇论文，上篇以时代为序，对先秦至清代前期的历代边疆政策做了系统论述；下篇则按专题，探索了我国历代边疆政策中带有共性的一系列重大问题，诸如传统治边思想、边疆管理机构、和亲政策、土司制度等。全书系统地讨论了鸦片战争前我国历代王朝在治边上的得与失，对历代边疆政策贯通思考，进行比较，对一些重大问题进行研究，并注意从理论上对边疆问题进行了探索，从总体看，可以说是一部系统论述历代边疆政策的颇具匠心的专著；分开看，则各自独立成篇。该书以时间为序，以各时代王朝的边疆情势和民族关系为依托，论述并评价了先秦至清前期的边疆政策。限于篇幅，以下仅综述其论述部分。

1. 夏商周时期：夏商对边疆民族或方国实行的是"羁縻政策"，包括封爵赏赐、联姻和掠夺奴隶和财产而兴兵讨伐的政策；周则在边疆地区"封土建侯"和因俗而治，实行"以蕃屏周"的政策，同时"以周法、戎法处理当地的民事纠纷乃至暴力事件"，即所谓"疆以周索""疆以戎索"，并对国内诸侯及方国规定了朝贡制度。

2. 秦汉时期：在北部、西部、东北、东南、西南边疆均实行扩大领土的"开地广境"政策；对边疆地区的少数民族实行以下政策："根据各种不同情况，分别设立政权机构，实行统一的行政管辖"，"提高少数民族在多民族国家中的政治地位，密切华夏族与少数民族之间的关系"，"支援边疆民族发展生产，加强边疆建设，密切中原与边疆之间的经济联系"。

3. 三国两晋南北朝时期：在设官置守上选任边疆官吏，在行政管辖上继续实行州、郡、县三级制，在边疆地区或设军职或设军事机构以为震慑和控制，同时采取了边疆开发政策。

4. 隋唐时期：其边疆政策有继承有独创，表现在五个方面。其一，设置边疆羁縻府州县；其二，为便于防御和征讨，在边疆实行军事部署，重兵戍守；其三，对边疆民族实行怀柔招抚政策；其四，积极开发边疆经济；其五，加强边疆与内地的文化交流。同时认为"怀柔、羁縻是唐代边疆政策的核心"，"唐代的政治家们在示之以威，怀之以惠，把握'威'、'惠'之间的微妙关系方面，确有超越前人之处"。

5. 辽时期（对北疆）：一是推行管辖北部边疆的"政区双轨制"即"中原传统模式的州县制政区和具有北部边疆少数民族特色的部族制政区"，并认为上述"特辖性政区，即属国属部政区，在管辖程度上""比唐代的羁縻州进了一步"。二是加强对东北、北方、西北地区的管辖，"从中央到地方乃至各部族，均有一套系统的管理机构"，"变汉、唐以来松散的北部边疆地区为具有更强内向功能的正式政区"。

6. 宋时期：北宋时对辽初期以军事攻取和政治交往相配合，中期对辽修睦，密切政治上的交聘，军事上以安守三关为要务；宋对西夏进行军事控制与政治抚绥；对金初以联合击辽，导致被金所灭。对回鹘、吐蕃政权及大理国采取怀柔抚绥政策，"表现在政治上就是对周边民族政权的首领进行敕封，建立密切程度不一的朝贡关系，并互派使节"，在经济上"沟通物资往来"，军事上采取了某些合作的政策。宋对南方一些地区和民族实行羁縻政策；对东南沿海一些城市实行开放政策，同时还击交趾的侵略。

7. 元时期：在大一统基础上，对边疆民族实行因俗而治，包括抚绥的政策，将边疆诸民族统一在中央政权管辖之下。

8. 明时期：以北疆为战略防御体系的重点，使用战争或怀柔手段，意在解除蒙古的实力，统一大漠南北；未果后，以封王、通贡、互市等政治、经济手段牵制蒙古地区；后金兴起后采取联蒙抗金政策；在藏族地区，建立军政机构，多封众建、尚用僧徒，规定了僧俗官员朝贡和朝廷赏赐制度并实行茶马互市；在南方实行建立卫所、屯田和开发政策，实行土司制度和土流合治，改土归流；沿海建立卫所、巡检司，采取造战船、水师出巡及捕倭措施加强海防和抗倭斗争。

9. 清时期：清朝在加强国家统一，反对外来侵略、特别是在反击沙俄侵略的过程中，在以蒙古等少数民族的屏藩的思想指导下，制定和推行一系列边疆政策："反对外来侵略，签订边界条约；克服分裂势力，加强对边疆的统一；设置理藩院，派往重臣管理边疆事务；设置卡伦，安设驿部；'众建分其势'，改革边疆少数民族地区行政管理缺席推行'因俗习为治'的民族统治政策；'恩威并用'，抚绥少数民族上层人物；加强海防，严守海疆；发展边疆地区经济。"

从以上可见该著作的最显著特点或某些环节和价值在于：各代王朝边疆政策的研究都摆脱了某个点或某些环节的局限，较有立体感，为撰写中国历代王朝边疆政策研究的专著奠定了基础；对以往较薄弱的环节及先秦时期的边疆政策等都有所弥补。但书名既称《中国古代边疆政策研究》而不称《中国历代王朝边疆政策研究》则内容应包括地方民族政权的边疆政策,而后一方面,始终是研究的薄弱环节。

《清代的边疆政策》可视为《中国古代边疆政策研究》的延伸与深入。全书就国内学者对清代边疆政策的研究进行了详尽评述,系统论述了有清一代边疆政策中一些具有共性的重大问题,诸如治边方针与边疆政策评价、宗教政策,清季的"移民实边"、海疆政策、理藩院等,并分别阐述了清政府治理蒙古、东北、新疆、云南、广西、西藏、台湾、海南等边疆地区的方针、政策和措施。该著是1987年国家社科基金资助项目。该著以较高的学术价值和其对当代边疆开发和建设有重要借鉴作用而得到学界高度重视,标志着中国历代王朝边政政策研究更加深入、更加具体。

该著由"导论""总论""分论"三篇组成。"导论"包括"基本资料"和"研究综述"。前者介绍了研究清代边疆政策的资料;后者介绍了1911年至1990年间跨度达80余年有关中国疆域、边疆管理机构和制度、治边和边防研究的概况。因而可以说这两部分既为学者研究清代边疆政策提供了信息资源,也为学者跟踪和接续研究上述问题指明了路径。这种独辟蹊径的构思值得提倡。

第二篇"总论"中,有关"清代边疆政策的形成与发展一节概述了清代边疆政策经历关外时期为产生阶段""乾隆朝中期为完备阶段"、"嘉、道时期为松弛阶段"等四个阶段中的不同特点,提示了这些特点与清统一多民族国家的形成、发展和衰落过程的内在联系,从中可以看出边疆政策是积极向上、开拓进取,还是抱残守缺、无所建树,无不取决于国势的盛衰和封建统治者的明昏。就此而言,这一节不是简单的阶段划分,其理论意义不可低估。

该篇另一节"边疆政策的基本内容"概述有六:"设立主管边疆地区少数民族事务的中央机构理藩院,并颁布律令,以加强民族地区的统治";"根据不同边疆地区的情况,不同的行政机构,加强中央对边疆民族地区的管辖,即所谓'因俗设官'、'因其俗以治之'";"笼络民族上层,加强边疆统治";"利用喇嘛教作为精神统治工具";"开发边疆的经济措施";"边防建设措施",皆以丰富的史料为据,许多问题阐述得十分绵密。可以视为该著的主旨。上述政策,其积极作用在于"促进了统一多民族国家的巩固与统一","增加了各族之间的联系,加速了民族融合的进程","加速了边疆地区的经济开发";其消极方面是"具有鲜明的民族压迫、阶级压迫的性质",在汉族和少数民族之间采取"封禁、隔离与分而治之的措施","利用喇嘛教麻痹、削弱了蒙藏民族"。"综述篇"四、五、六大节分别论述的"移民实边""统治蒙藏民族的宗教政策""理藩院",都是以"边疆政策的基本内容"展开的,是其深化和细化。

该篇中关于"海疆政策的演变"一大节,按"从招降郑氏到统一台湾——以防范郑氏集团为主的平定海疆阶段""从解除海禁到南洋禁航——以防内为主的四口通商阶段""从禁止传教到一口通商——以防内为主向防外为主的过渡阶段""从林爽文起义到鸦片战争爆发——强化防夷措施与松弛治台政策阶段"四个阶段回顾了清朝入关后200年来的海疆政策。无论从阶段的划分上还是具体论述上,其准确性和细密性都是其他相关成果所远远不及的。同样,在此基础上论述的"清代海疆政策的内容与特点""清代海疆政策的形成、深化与转折""清代海疆政策的历史局限""清代海疆政策的结果与反思"等问题都发前人所未发。

第三篇"分论"以九大节分别阐述了清政府对蒙古、东北、新疆、西南、西藏和台湾、海南等边疆地区的管辖、治理等问题,其中包括制度、政策、措施及其渊源、演变、过程、性质和作用等。其中于新疆、西藏更侧重于政策、制度的沿袭与变异,从中可以摸清清代边疆政策的演变规律。

该书的不足,诚如主编在前言中所指出:"唯感欠缺的是,鉴于我们课题研究范围所限,全书对清代边疆政策的论述,详于清代前期,而略于近代以降。对此,只能在今后研究中另予弥补。"

除以上专门著述外,也有一些其他著述涉及中国历代边疆政策问题。车明怀等《边疆忧患录》第一章第二节"历史上的治边政策一瞥"阐述了清朝特别是清朝后期一些朝臣提出的一些治边、安边之策:其一是"选派练达、进取、刚强、精明、富有责任感、使命感的强臣镇守边疆",如林则徐、左宗棠、张荫棠等;其二是"移民实边,屯边垦荒";其三是"强化统治,改土归流,筹建行省";其四是"发展边疆经济、兴办工商实业和文化教育",包括交通邮电、工商矿业、新式教育等。同时指出有些时期在边疆治理上呈消极防御或弃边卖权之态势,其原因在于:"王朝内部个别人因一己之私而牺牲国家利益","朝中混乱无序、贿赂成风,所选大吏非庸即贪,无法胜任镇边治边之责而勉强为之","统治者最高层有意割边疆之地做投虎之食,以熄战火或缓和敌国之压力","国力不足,国家收入又被挪用挥霍玩乐,疏于军事防务而战败失地"①。这些具体原因导致积极的边疆政策不再的后果,应当重视。

刘宏煊《中国疆域史》论述了清时期的边疆政策。唐朝:"华夷一家""爱之如一"的民族观,对待边疆少数民族与中原汉人一视同仁;"怀柔远人,义在羁縻"的边防观,表现为设置羁縻州县、内徙边疆少数民族并予妥善安置、和亲即唐朝公主下嫁边疆少数民族首领,以加强友好往来、加速民族融合、促进文化交流;对周边汗国的首领实行封册;"积极开发边疆,重视屯田互市的经济观";"强调内地与边疆相互交流的文化观"②。清朝:以"'华夷一家'的民族观念"在政治、经济、思想、文化上采取比较平等的民族政策,例如用人不分民族、任人唯贤,重视发展边疆地区经济文化,特别是以军屯、民屯、商屯为开发边疆的重要措施;以"守备为本的边防思想",主张"张兵足食,反对动辄诉诸武力,依靠边疆少数民族治理边疆";采取"睦邻自固的周边政策";"加强海防,保卫海疆",在沿海设立卫所、建筑城堡、墩台、驿堠、派兵戍守,并大力造船,建立水师③。

杜文忠《王者无外:中国王朝治边法律史》④,全书70余万言,分两篇:上篇,中国古代政治文化及治边法制思想,计四章;下篇,古代中央王朝对于边疆的法律治理,计十四章,以"中国古代边疆治法的历史意义"作为结束语标题,应视之为古代治边研究的最新学术力著。王元红《清代流放制度研究》⑤,以有关档案、官书、律例为基本资料,采取以史为经,以法为纬的分析方法,力图从史的视角考察清代流放制度在特定历史时期的制度规范及其实施情况,从中窥见清朝政府边疆治理的又一种特

---

① 车明怀等:《边疆忧患录》,西藏人民出版社1995年版,第9—13页。
② 刘宏煊:《中国疆域史》,第187—192页。
③ 同上书,第246—253页。
④ 上海古籍出版社2017年版。
⑤ 人民出版社2013年版。

殊的举措。

郑汕主编的《中国边防史》分述了两汉、隋唐和明、清时期的边防措施。关于两汉时期：采取移民实边，屯田筑城，开发边疆；在广大边疆地区设置了庞大的边防军队，包括边郡兵、屯田兵和属国兵三大体系，还设置了少数民族边防部队；强化边防措施，广筑堡、塞、亭、燧作为屯兵、戍守、候望的据点；在边疆地区增设边郡并纳入中央政府的行政管理体系中①。关于隋唐时期："慎重处理边徼"，"维护统一局面"，主要表现在恢复对西域的统治和对辽东恢复行使主权；"改变'重夏轻夷'的边防策略"，注重发展同边疆少数民族的经济文化联系，采取怀柔政策如笼络各族上层分子并册封王爵、鼓励边疆地区首领内附及和亲："实行羁縻政策推行因俗而治"；"实行对外开放发展边疆经济文化"②。关于明时期：除实行卫所制度外，采取重兵防御北部边境的政策，对西南、西北和西部边防，则主要采取对周边少数民族羁縻的政策，如在西藏实行"政教合一"的统治政策，在西南设立云南和贵州都指挥使司等，强调"华夷一家"，通过修筑道路、设立驿站等加强经济文化交流，争取周边地区的稳定③。关于清时期：实行的周边和边疆政策主要有从"守在四夷"的传统周边观念出发，清与大多数周边国家先后建立了宗藩关系，主要表现为"册封"与"朝贡"，与其建立松散的政治联合，确立"以琉球守东南，以高丽守东北，以蒙古守西北，以越南守西南"的防御体系；对边疆民族上层进行抚绥和笼络，重点放在东北满族、蒙古族和藏族居住区；在中央设置理藩院，管理少数民族事务；在边疆地区一方面推行"因俗而治"的政策如实行盟旗制，保留伯克制，扶植喇嘛教，另一方面又推行"众建分治"政策；在西南少数民族地区推行"改土归流"④。清朝实行的边防政策主要有采取"疆址森然"的边防政策，重视国家领土主权，实行实边措施，对边疆地区恩威并用、剿抚结合等；采取一系列封疆活动措施如派官设治，驻军设防，设驿道、修驿站、建哨所，在一些边疆省份特设将军、都统、办

---

① 郑汕主编：《中国边防史》，社会科学文献出版社1995年版，第47—49页。
② 同上书，第115—122页。
③ 同上书，第186—191页。
④ 同上书，第205—210页。

事大臣，制定边禁条款、限制边境贸易、严禁边境军民通夷等①。

毛振发《边防论》则从宏观上论述了中国古代边防的主要特征及边防治理政策。特征之一是"中国古代边防通常以治理'内边'为主"。这主要体现在历代中原王朝采取的三个方面：其一"恩威并举，以恩和之"。主张以武力征服为先行手段的同时，倡导戎夏为一、四海一家的思想，实行和亲、互市、朝聘、封册、招抚等措施；许多王朝实行移民实边、兴办屯田、开展互市。其二，"因俗而治，土流结合"。其三"适度而治实行羁縻"，"从夏代开创的羁縻思想和政策，在以后历代王朝的边防治理实践中，得到充实、完善和发展，成为中国古代极富特色的治边方略"。特征之二是"中国古代边防的重点是应付来自北方游牧部族的威胁"，多数王朝或重点用兵于北方或重点守备北方，把防御北方作为维系朝廷安危的重心所在。清初北部出现新的危机，防务性质由"对内和内部防务转变为对外的外边防务"。特征之三是"中国古代边防具有极大的不平衡性、不稳定性"。不同历史时期和不同的朝代，"边"具有较大的弹性，对"边"的控制和治理程度也有较大差别，边境、海防管理机构的设置和边防政策的推行也有比较松散或迫不得已与正规化的差别②。著者是从中国古代疆域有"内边"与"外边"之分来论述上述特征的，其中第三个特征的论述用不长的篇幅概括了丰富的内容，应当引起重视。

有关中国边疆治理近年出版的如下五本学术专著值得重视：

第一，周平《中国边疆治理研究》③，从我国边疆面积广大、边疆问题突出和边疆治理意义重大，但目前还缺乏系统研究的实际出发，既突出了重大的现实问题研究，又注意理论构建和理论上的概括；既注重该项研究对我国边疆治理的实际意义，又注意学术观点创新和体系创新；既把重心确定在当代中国的边疆治理研究，又回溯了历史并注重挖掘边疆治理的历史资源，从而构建了一个边疆治理研究的完整体系。全书共十二章，基本上是三个部分，形成了一个完整的结构，即第一部分，构建了一个边疆治

---

① 马汝珩、马大正主编：《清代的边疆政策》，中国社会科学出版社1994年版，第223—230页。

② 同上书，第90—100页。

③ 经济科学出版社2011年版。

理研究的理论平台；第二部分，具体考察了当代边疆治理中的重大现实问题；第三部分，提出并论证了改善我国边疆治理的基本设想，对边疆治理研究进行了提升和拓展。

第二，周平主编《国家的疆域与边疆》①，是一本有很高学术含量的专题性论集，全书40余万字，收集论文29篇，其中周平署名的就有16篇。均是周平主持的国家社科基金重大项目"中国的边疆及边疆治理理论研究"的阶段性成果。

第三，方盛举主编《当代中国陆地边疆治理》②，是周平主持国家社科基金重大项目"中国的边疆与边疆治理理论研究"子课题之一。全书设九章：第一章中国陆地边疆；第二章中国陆地边疆治理；第三章中国陆地边疆治理的环境分析；第四章中国陆地边疆治理的价值追求；第五章中国陆地边疆治理的制度设计；第六章当代陆地边疆治理的公共政策规划；第七章中国陆地边疆的规制型治理与情感型治理；第八章中国陆地边疆的文化型治理与合作型治理；第九章中国陆地边疆治理体系与治理能力现代化，计34万字。

第四，程妮娜等著《中国历代边疆治理研究》③，是以中国古代王朝整体区域的边疆为出发点，选取历代边疆治理中最为重要的六个领域，即：历代治边思想研究、历代边疆民族地区建置与边疆治理研究、历代边疆人口迁移与边疆治理研究、历代边疆治理与民族关系研究、历代边疆民族文教举措与边疆治理研究，进行贯通或专题研究，同时注重同一时代统一王朝或各割据王朝关于不同边疆地区与民族治理的差异性进行通盘考察，探讨其原因，论述其得与失，进而宏观把握历代边疆治理总体发展的脉络，探索我国古代多民族王朝边疆形成与稳固的历史轨迹。

第五，杨云《当代中国马克思主义大众化：边疆民族地区的理论与实证研究》④，以边疆民族地区特殊的地理位置、多文化民族宗教信仰、民族语言和风俗习惯等为分析因子，运用马克思主义大众化的基本框架，阐释

---

① 中央编译出版社2017年版。
② 同上。
③ 经济科学出版社2017年版。
④ 中国书籍出版社2015年版。

边疆民族地区当代中国马克思主义大众化面临的问题、困境以及与内地的差异，提出推进边疆民族地区当代中国马克思主义大众化的一些特殊路径，深化了如何针对边疆民族地区特殊性，积极有效地开展边疆民族地区当代中国马克思主义大众化问题的研究，拓展了当代中国马克思主义大众化问题研究的新视野。

还有许多学者从不同角度论述中国历代王朝边疆政策。王宗维在论述秦汉建立统一多民族国家的思想和政策时指出秦汉的边疆政策包括重赏重用少数民族代表人物，设立各种形式的政权机构，实行统一行政管辖，和移民实边，兴办屯田，加速边疆地区的建设[1]。羁縻政策是中国历代王朝的边疆政策之一，也是统治边远地区的一种地方行政制度。罗庆康认为该政策的创始人是刘邦，采取该政策的原因即是为了国家和北方的安定，控制边远以及专力事匈奴。认为对百粤及西南夷实行这种政策是以属国和夷道有封君，纳入郡县两种形式出现的，并以剖符赐印、朝聘通使、贡职、擅自废立、王位世袭、质子入侍、解救危难各方面证实汉廷与属国的关系是主臣关系。最后肯定了刘邦在南方推行该政策的功绩[2]。崔明德认为："以夷攻夷""以夷制夷"和"以夷治夷"是隋唐王朝处理民族关系的重要方式，从其实施范围、持续时间和实施效果看比通过战争、和亲、抚慰解决民族关系问题的途径并不逊色。他详细分析了这三个层次的实施内容后，认为这三个层次更易得到少数民族的理解和支持，能理顺中央王朝与少数民族政权的关系，增强中华民族的凝聚力，能收到传播和吸收中原文化及各种制度、沟通中央与地方的关系之效，同时也为元明清时期土司制度的出现准备了历史资料和经验教训[3]。这是迄今为止从理论和史实的结合上对隋实施此政策的最完整的阐述。方铁、黄禾雨《论中原王朝治边的文化软实力》[4]认为：中原王朝治理边

---

[1] 王宗维：《论秦、汉统一多民族国家的形成、巩固和发展》，《北京大学学报》1989 年第 1 期。

[2] 罗庆康：《刘邦是羁縻政策开创者之一》，《湖南师范大学社会科学学报》1993 年第 6 期。

[3] 崔明德：《论隋唐时期的"以夷攻夷"、"以夷制夷"和"以夷治夷"》，《中央民族大学学报》1994 年第 3 期。

[4] 《中国边疆史地研究》2013 年第 2 期。

疆施用的文化软实力是中原王朝综合实力的一部分，治边文化软实力的基础是夷夏有别观与用夏变夷观，其内容主要是彰显中原王朝的文化、实力和制度，施用目标是实现"守在四夷"，其载体是封贡制度，传播的机制是文化传播。方铁《论中原王朝治边的理念、方略与制度安排》[①]，对中原王朝治边的理念、方略与制度安排进行了探研，认为："中原王朝的治边理念、方略与制度安排相对完善，在历史上产生了深远影响"；"治边理念"根源于天下观、边疆观、华夷观与夷狄观，是中原王朝治边思想与方略形成的基础；"治边方略"是历朝长期实践与总结的结果，核心部分包括地缘政治方略、文化软实力方略、博弈谋胜方略；"制度安排"包括了制度制定及其修改完善的过程；边疆统治制度是中原王朝治边理念、方略的制度化体现；中原王朝的边疆制度，可分为从秦汉到宋代施用于整体边陲的羁縻治策、元明清时期以土官土司制度为代表的因地制宜型制度两个发展阶段。自元代始，中原王朝对邻邦实行藩属国制度。方铁《论中国的传统治边方略》[②]和《论中原王朝的地缘政治观》[③]也值得关注。董浩军《论晚清的"以夷制夷"》认为"以夷制夷"思想最早由东汉的班超明确提出并以晚清的"以夷制夷"为主旨，论述了其产生的历史根源、社会原因，"以夷制夷"的阶段性即天朝大国式的（40—60年代）、主动式的（60—90年代）、屈服式的（90年代至20世纪初）概述了"以夷制夷"失败的根源在于它是在主权沦丧的情况下进行的，实际上反被"夷"所制[④]。与边防体制有关的是，肖立军在探讨成熟于明嘉靖时期九边的营兵制时阐述了其任务，指出"九边营以营制为核心，正、奇、援、游兵马为主力，上下相维，左右配合，形成了一道保卫大明江山的防线"；明代各镇为什么会出现营兵制而未形成其他兵制的原因在于：受明代京营兵制的影响、基于实战的需要、经受了考验[⑤]。从林炳祥、周玉英对明爱国将领俞大猷军事思想的论述中，可以窥见明

[①] 《烟台大学学报》2018年第1期。
[②] 《中国边疆学》第五辑，社会科学文献出版社2016年版。
[③] 《中国边疆学》第七辑，社会科学文献出版社2018年版。
[④] 《延安大学学报》1994年第3期。
[⑤] 肖立军：《明嘉靖九边营兵制考略》，《南开学报》1994年第2期。

后期国防能力的衰弱、兵力和财力的匮乏。俞大猷选将练兵、先谋而后战、剿抚并用、攻守并重的主张及军事策略对改善明代的国防和边防起了一些作用。叶玉梅则从明代茶马互市的角度论述了其与国防的关系。指出明建国后用以茶易马的手段巩固国防以制羌戎。因而从洪武、永乐年间开始先后设置茶马司、建立茶课制度，实行茶法、马政等；通过官办贸易、来朝僧人贡马易茶和以商人为主的民间贸易三种形式进行茶马贸易，保证了军马的来源。①

近年来，从行政区划视角所涉历代王朝对边疆地区经营与管辖的论著，最为值得关注是复旦大学中国历史地理研究所周振鹤教授主编的《中国行政区划通史》②，全书不仅是国家自然科学基金项目、国家社会科学基金项目、上海市社会科学重大项目的成果，而且还是国家"十二五"规划重点图书、国家出版基金资助项目。该著在总论外，分为13卷：依次是先秦卷、秦汉卷、三国两晋南朝卷、十六国北朝卷、隋代卷、唐代卷、五代十国卷、宋西夏卷、辽金卷、元代卷、明代卷、清代卷、中华民国卷，总字数达1300多万字。据作者介绍认为："本书是研究自先秦至民国时期的中国行政区划变迁史。这一研究不仅是传统的关于历时政区沿革的考证（纵向），而且对同一年代各政区并存的面貌作出复原（横向），在条件许可的情况下相关的复原以详细至逐年为尺度。""本书是中华人民共和国成立以来第一部学术意义上的行政区划变迁通史。各卷作者在相关领域有长期的学术积累，全书的写作也倾注了十余年之功，希望能成为中国行政区划变迁史研究的重要参考著作。"认真读来，从中不难看出，全书各卷所涉历代王朝及民国政府对边疆地区的经营与管辖内容占有重要的篇章，具有重要的参考价值。

历史上中国的周边虽时有扩大、时有收缩，但其基本格局即今日之西北、东北、北方、西南、南方各省、自治区的辖地，因此，研究历代王朝对这些地区的经营与管辖成为研究者注目的课题。

新疆地区。汉、唐、清是中国封建历史时期的强大王朝，这些王朝对

---

① 叶玉梅：《明代茶马互市中的金牌信符制度》，《青海民族学院学报》1993年第4期。
② 复旦大学出版社2017年版。

新疆地区的经营与管辖，当然成为研究者注目的对象。除了新疆社会科学院民族研究所编著《新疆简史》第一、二、三册[①]和苗普生、田卫疆主编《新疆史纲》[②]对自汉至新疆和平解放，历代经营新疆的活动有简洁明晰的论述外，如下四部专著应予关注：

马大正等著《新疆史鉴》[③]，全书定位于史鉴，以治理、民族、宗教、演变、文化交融、屯垦戍边为题分设五篇，篇首以新疆历史纵论为题设导论，阐论了1. 站在历史的脊梁上观察历史；2. 认识新疆历史的出发点与归宿点；3. 新疆历史发展中的五个基本问题；4. 研究新疆历史应面对现实与未来。全书35万字，2006年出版后颇受学界和广大读者重视，至2009年7月已第三次印刷，累计印数达11000册。

齐清顺、田卫疆《中国历代中央王朝治理新疆政策研究》[④]和方英楷主编《中国历代治理新疆国策研究》[⑤]两书系统地阐述了自西汉王朝以来至1949年历代中央政府治理新疆地区的基本政策，全面总结了两千余年历代中央政府巩固国家统一和开发新疆的经验和教训。

台湾学者陈旺城《那彦成与回疆》[⑥]，那彦成是盛清经略新疆有成的阿克敦、阿桂后代，嘉道年间数度任职回疆，在19世纪上半叶，回疆内外形势剧变，那彦成坚持强硬、积极的治边理念，适与长龄等妥协一派成强烈对比。尽管时人或后人对那彦成治疆功过争辩殊异，但那彦成治疆对清代回疆政局具有关键性影响是显而易见的。

杨军《清代新疆地区法律制度及其变迁研究》[⑦]，全书分清代新疆地区的法律渊源、行政法律制度、刑事法律、民事法律、经济法律法规、司法制度、法制变迁，以及法制变迁的动因为题分设八章，对有清一代新疆地区的法制状况进行了较为全面的梳理和考察，具有一定的深度与广度。

---

① 新疆人民出版社1980年、1987年版。
② 新疆人民出版社2004年版。
③ 新疆人民出版社2006年版。
④ 新疆人民出版社2004年版。
⑤ 新疆人民出版社2006年版。
⑥ （台北）中国边政协会印行。
⑦ 民族出版社2012年版。

有关西域的和卓研究有两部专著，刘正寅、魏良弢《西域和卓家族研究》①，作者充分利用新刊布的穆斯林史料和新发掘的汉文史料，广泛吸收国内外前人研究的成果，进行严密的考证和理论概括，揭示了所谓"伊斯兰神圣国家"或"和卓时代"完全是一个后来层累制造出来的历史幻影，是国内外第一部全面、系统的专著，填补了研究空缺，把我国对西域和卓家族史的研究推进到世界的前沿。潘向明《清代新疆和卓叛乱研究》②根据档案文献，全面系统地研究了清代新疆的历次和卓叛乱事件，特别是对每次叛乱事件产生原因进行了深入分析，指出清朝统治者在防范境内外敌对势力相互勾结方面的政策失误，以及当时喀什噶尔一带一些人对和卓家族的狂热迷信，以至被利用，成为实现其政治野心的工具，是为叛乱事件之所以屡次发生的主要原因。同时书中对乾隆、嘉庆两朝治疆政策进行比较，对松筠治疆政绩的分析、对"七和卓"名称及阿古柏死因等问题进行的考证，均有独到之创见。同题材论文还有王希隆《乾隆、嘉庆两朝对白山派和卓后裔招抚政策得失述评》③。

清前期对新疆的经营在我们统一多民族国家发展史上占有重要地位，这一方面研究历来为研究者所关注，20世纪90年代以来研究著作频频问世，以笔者目力所及较重要者可举凡如次：

王力《清代治理回疆政策研究》④，本书对有清一代政府治理回疆的政策进行了系统、深入研讨，既有对不同历史时期政策演进历程纵向阐论，也有对诸如边防政策、经济政策、教育政策、伊斯兰教政策的横向分析，全书30万字。

屯垦戍边是历代治疆的千古之策，近年石河子大学主持"新疆屯垦研究丛书"，在深入新疆屯垦研究上多有建树。张安福《历代新疆屯垦管理制度发展研究》⑤和《清代以来新疆屯垦与国家安全研究》⑥开启了新疆

---

① 中国社会科学出版社1998年版。
② 中国人民大学出版社2011年版。
③ 《中国边疆学》第五辑，社会科学文献出版社2016年版。
④ 民族出版社2011年版。
⑤ 中国农业出版社2010年版。
⑥ 中国农业出版社2011年版。

屯垦研究的新的视角。

潘志平、耶斯尔《西域新疆的战略地位：地缘政治的视角》[①] 从地缘政治角度阐论了新疆战略地位长盛不衰的原因，开启了认识新疆战略重要性的一个新的研究视角。

有关论文则有：马国荣《汉朝中央政府对新疆的行政管理》[②] 从政治、经济、军事等方面对汉朝为加强和巩固对新疆地方统辖所采取的措施进行了深入的研究，认为："西域都护府的建立标志着从西汉中叶起，新疆正式隶属于汉朝版图，成为统一的多民族国家的一部份。"章伯锋《唐对西域的开拓和经营》[③] 论述了唐代对西域地区的行政军事管理制度，指出："唐在今新疆东部地区包括伊、西、庭三州和隶属沙州的罗布淖尔一带，实行和中原地区完全相同的州、县管理制度"，而"在西域其他地区；则实行都护府、都督府、州制度"，"在这部分地区内，唐保留了西域各部及中亚诸国原来统治者的政治地位，任命原来的酋长或国王担任都督、刺史等实职"。钱伯泉《唐朝在西域的军事建置研究》[④] 和郭平梁《唐朝在西域的几项军政建置》[⑤]。分别对相关命题做了较深入的论述。钱文分析了唐朝在西域设置的都护府，西域各都护府属下和军、镇、守捉和戍堡，以及唐朝西域镇兵的来源，馈饷及防卫职责，从而指出："唐朝设在西域的军事建置，是十分完整的、严密的。""严密的军事机构和镇守在西域的强大的军事力量，确保了西域的安定和丝绸之路的畅通，为中国和西方的经济文化交流创造了优越的条件。"郭文则对史籍记载甚少的瑶池都督府、金山都护府，以及唐朝设在西域的其他几个军事机构，如舍牙军、濛池军、玉河军、萧乡军，进行了补缺和考述，指出："这些军政机构，无论起的是什么样的作用，在任何情况下，它们的存在和活动，总是标志着国家主权的行使。"赵春晨《十八世纪中期清朝统一新疆地区的历史意义》[⑥] 对

---

① 《中国边疆史地研究》2013年第3期。
② 《新疆社会科学》1987年第3期。
③ 《社会科学》（甘肃）1980年第3期。
④ 《新疆历史研究》1985年第1期。
⑤ 《新疆历史论文集》，新疆人民出版社1977年版。
⑥ 同上。

这一历史事件的过程和意义做了宏观的概述。张羽新《清代前期新疆历史地位的提高与清政府的筹边措施》①指出：清朝政府在统一新疆之后，政治和军事上采取了五项措施，巩固和加强西北边防，这些措施是：其一，设置重臣，巩固藩属；其二，派驻重兵，加强防御；其三，边防设卡、严密巡查；其四，辟治交通、安设军台；其五，蓄边强边，筑我长城。同一作者在《清朝统一新疆后恢复和发展经济的主要措施》②一文中较深入地分析了各项经济措施，主要有：推广屯田、兴办牧场、发展矿业、辟治交通，降低贸易税率。正是由于清政府成功实施了这些政治、军事、经济措施，致使"一直到鸦片战争前，中国西北边疆一直是稳定的"。"近代史上，研究西北边防问题的有识之士，如龚自珍、魏源、何秋涛，及对保卫新疆作出过贡献的爱国将领左宗棠等，都从清代前期的西北筹边措施中寻找经验教训，这不是偶然的。"华立《乾隆年间移民出关与清前期天山北路农业的发展》③则从清政府在经济上实行"以边养边"，就地解决驻兵所需的军粮供应出发，考察了清政府移民出关政策的制定及有关措施。同时也分析了乾隆帝在这一政策制定过程中的决策作用。

东北地区。张博泉、苏金源、董玉瑛合著《东北历代疆域史》④和张博泉《东北地方史稿》对历代王朝在东北地区的经营和管辖，做了详尽的论述，是这一研究领域中值得一读的通史性著作。在杨树森《辽宁简编》⑤，张博泉《金史简编》⑥等断代史著作中也有对这一课题深一层的论述。程妮娜《古代中国东北民族地区建置史》⑦从国家结构的角度研究东北民族边疆地区建置的起源、转型与发展，探讨古代各个时期东北民族边疆地区建置的形式、特点与政治功能，论证它对古代中央集权国家发展与巩固所起的重要作用。刘信君主编《中国古代治理东北边疆思想研究》⑧

---

① 《新疆社会科学》1985年第2期。
② 《新疆社会科学》1983年第1期。
③ 《西北史地》1987年第4期。
④ 吉林人民出版社1981年版。
⑤ 辽宁人民出版社1980年版。
⑥ 辽宁人民出版社1984年版。
⑦ 中华书局2011年版。
⑧ 吉林人民出版社2008年版。

以中国古代治理边疆的思想——"华夷一体""华夷之辨""羁縻而治"为主要内容，并根据历史的进程、政权的更迭、民族的兴衰、社会的变化，系统论述了中国古代各王朝在治理东北边疆过程中所运用的治边思想及其发展变化，宏观概括了其利弊得失与经验教训。苗威《乐浪研究》[①]是教育部哲学社会科学研究后期资助项目的成果，2015年入选《国家哲学社会科学成果文库》，全书47万字，正文由绪论、七章内容和余论组成，"乐浪是汉晋时期朝鲜半岛诸郡的核心，其所在区域是以大同江流域为中心的朝鲜半岛北部。在良夷、箕子朝鲜、卫氏朝鲜直至乐浪、带方二郡内徙的千余年间，这里积淀了厚重的文明。本书以乐浪区域为历史叙述单元，借助考古发掘佐证文献史料，以对郡县时代的史事考证与辨析为重点，对朝鲜半岛北部历史作系统的勾勒与解读，翔实研究了乐浪区域的历史、地理、民族、文化以及行政建制等相关问题。本书对于了解朝鲜半岛北部历史、中国东北古代史以及东亚史，具有重要参考价值"。对于本书的价值，作者还进一步指出："本书是国内学界首次系统而全面地对乐浪史做整体研究的尝试，同时对某些有歧义的观点在客观分析后提出了自己的认识。另外，由于'乐浪'位于'东亚'世界的链接地带，其桥梁与纽带作用难以忽略，而对这一区域的研究可以做到窥'乐浪'一斑而见东亚'全豹'，对于完善东北边疆史、充实东亚古史，作出自己的努力。"

论文方面：金殿士《试论辽太祖耶律阿保机经略辽东》[②]、王崇时《论金代对东北的经营开发》[③]，分别对辽、金两朝，经营东北的业绩做了论述，王文指出："从整体来看，金王朝对东北经营开发的成就，大大超过了以往各代"，"金代的经营开发，毕竟给后来东北地区的进一步发展，奠定的良好的基础"。

论述有明一代对黑龙江流域、乌苏里江流域、松花江流域的经营和管辖的论文主要有：郑天挺、汤钢《明朝初期对黑龙江流域的经营》[④]，王崇

[①] 高等教育出版社2016年版。
[②] 《沈阳师范学院学报》1984年第1期。
[③] 《延边大学学报》1987年第4期。
[④] 《明清史资料》上册，天津人民出版社1980年版。

时《谈我国历代政府对乌苏里江流域的管辖》①、杨旸、吕昆《明政权对乌苏里江流域以东滨海地区卫所设置的管辖》②、杨旸、傅朗云《明代松花江流域卫所设置考略》③ 等。这些文章对明代在上述地区实施有效行政管辖进行了多方面的论述，结论是令人信服的。

王魁喜、吴文衔、陆方、石篯、徐凤晨合著《近代东北史》④ 和佟冬主编《沙俄与东北》⑤ 等论著对清王朝在东北地区的经营和管辖作了详尽论述，是这一研究领域中值得一读的通史性著作。《近代东北史》从1840年开始，20世纪初奉系军阀统治东北期间截止，对东北社会的发展变化以及对近代东北社会的历史趋势都作了探讨。《沙俄与东北》则着重叙述了东北地区中俄关系史中的主导方面，即侵略与反侵略的斗争。该书指出："黑龙江以北和乌苏里江以东广大地区，经过努尔哈赤和皇太极的招抚和征服，早在沙俄第一次侵入黑龙江以北地区以前，就已完成了统一大业，并在那里实施着有效的管辖。"此外，还有不少论述清代对东北边疆管辖的论文。徐景学《浅论清代东北边疆的管理》⑥ 对自1689年《尼布楚条约》签订，到19世纪中叶沙俄逼迫清政府签署《瑷珲条约》和《北京条约》为止的一个半世纪时间里，清政府在黑龙江流域的经营与管辖，做了深入研究，既分析了管辖的各项政策和措施，也分析了清政府的失误。赵秉忠《清朝前期对东北地区的管辖》⑦ 则从设置行政机构、八旗驻防、扩建驿站、设卡巡防，实施有效的民族统治政策等方面，论述了清政府的管辖活动。吴文衔《清代前期呼伦贝尔的边防问题》⑧ 和刘邦厚《一八六一年后清政府在黑龙江左岸的巡边活动》⑨，分析了清政府为抵制沙皇俄国的侵略渗透，在呼伦贝尔和黑龙江左岸等地区加强边防所采取的措施。这方

---

① 《延边大学学报》1977年第4期。
② 《社会科学辑刊》1979年第1期。
③ 《求是学刊》1983年第1期。
④ 黑龙江人民出版社1984年版。
⑤ 吉林文史出版社1985年版。
⑥ 《学习探索》1980年第1期。
⑦ 《历史与探索》1980年第6期。
⑧ 《北方论丛》1981年第1期。
⑨ 《北方论丛》1981年第3期。

面的论文还有纪平《清入关前对东北的统一》①、沈阳故宫博物馆《从盛京宫殿看清初东北的统一》②、曲瑞瑜等《清入关前对东北的统一》③、吕光天《论黑龙江流域上、中游各族与明清两朝的隶属关系》④、李治亭《论清太宗对黑龙江流域的统一》⑤。

蒙古地区。吕文利《嵌入式互动：清代蒙古入藏熬茶研究》，全书分两编：上篇，明末清初蒙古诸部建立"政教二道"中心的实践与熬茶市场；下篇，乾隆初年蒙古准噶尔部入藏熬茶研究。作者指出："蒙藏意识形态联盟和满蒙军事—政治联盟的轴心是满洲，彼此间形成了嵌入式互动的格局。正是这种嵌入式互动格局，改写了满、蒙、藏、汉等各个族群的历史，也改写了中国的大历史。在这个过程中，彼此的文化已深深嵌入了对方的骨髓，形成了'你中有我，我中有你'的格局，共同构成了中华文化的一部分，所以处于非儒家或汉字文化圈的蒙古、新疆、西藏才能够纳入中国的版图。"⑥ 相关论文还有赖惠敏《清代科布多的官商》⑦。

西藏地区。中国少数民族简史丛书之一《藏族简史》⑧，黄奋生《藏族史略》，索文清《藏族史要》几部著作简明地叙述了清朝中央政府对西藏施政的历史过程。西藏社会科学院等四单位合编的《西藏地方是中国不可分割的一部分》（史料选辑）⑨ 是以汉文的正史、实录、历史档案和有关重要典籍为主，按不同的历史时期，汇辑的关于西藏地方与祖国内地关系发展史的资料书，清朝治理西藏地方是该书的重点部分，这是一部较好的史料选辑。有关论文有：周一良等《西藏是我国领土不可分割的一部分》⑩、

---

① 《历史研究》1975 年第 2 期。
② 《文物》1976 年第 9 期。
③ 《清史论文选集》1979 年。
④ 《学习与探索》1981 年第 1 期。
⑤ 《北方论丛》1983 年第 4 期。
⑥ 内蒙古大学出版社 2017 年版，第 14—15 页。
⑦ 《中国边疆学》第六辑，社会科学文献出版社 2016 年版。
⑧ 西藏人民出版社 1985 年版。
⑨ 西藏人民出版社 1986 年版。
⑩ 《北大史学论丛》1958 年。

子元《西藏地方与祖国的历史关系》①、魏千志《西藏自古就是中国神圣领土不可分割的一部分》②、朱永嘉《清代（1793）在西藏的重要借施》③、王辅仁《略论清朝前期对西藏的施政》④、李克域《须弥福寿之庙的两首御制诗匾看清朝在西藏的措施》⑤、陆蒂莲《简论清末西藏地方与中央王朝的关系》⑥、蒲文成《从清朝与七世达赖的关系看清朝对西藏的施政》⑦、赵云田《略谈清朝理藩院对西藏的治理》⑧、张永攀《舆情与藏边——论清末公众知识分子对边疆局势之关注》⑨等。上述论文中，王辅仁文论述系统，值得一读。王文认为："清朝前期对西藏地方的施政，除进关前的早期政治联系外，大致可分作五个阶段：封授蒙古和硕特汗王代行统抬（1653 年），二、授权四噶伦联合掌政（1721），三、封授郡王掌政、始派驻藏大臣（1728 年），四、建立噶厦、授权达赖兼掌政教（1751 年），五、制定《藏内善后章程》（1793 年）。从这顺序衔接的五个阶段，可以明显地看出清朝对西藏的施政逐步加强的过程。""总结清朝前期对西藏地方的施政，应该严格区分主流和支流的界限。主流部分，即施政的重大政治意义和起到的积极作用部分，必须给以充分的肯定。但是，在主流的同时，还必须注意到，由于清朝政府的阶级本能，它所推行的各项政策，不可能不包含大民族主义的民族歧视、民族压迫的反动内容，这是支流部分。"

西南边疆。方铁《西南边疆汉族的形成与历朝治边》⑩ 分析了西南边疆汉族形成的复杂历程。指出，元代以前，迁入西南边疆的移民逐渐被原有民族融合，并形成新的本地民族，元代后外来移民大量迁入，融合原有

---

① 《民族研究》1959 年第 4 期。
② 《史学月刊》1959 年第 6 期。
③ 《学术月刊》1959 年第 6 期。
④ 《清史研究集》第二辑，中国人民大学出版社 1982 年版。
⑤ 《西藏研究》1984 年第 1 期。
⑥ 《西藏研究》1986 年第 1 期。
⑦ 《青海社会科学》1988 年第 3 期。
⑧ 《西藏研究》1984 年第 3 期。
⑨ 《中国边疆学》第四辑，社会科学文献出版社 2015 年版。
⑩ 《中国边疆史地研究》2012 年第 4 期。

民族人口形成西南边疆汉族群体,其作用和地位明显增强,历朝对于西南边疆的外来移民和西南边疆汉族及其发展,均十分重视,并以此为制定治策的重要依据。方铁《方略与施治:历朝对西南边疆的经营》①,该书涉及的地域,包括今云、桂、黔三省和川西南,以及曾隶属中原王朝的中南半岛北部;研究的问题包括历代中原王朝和南诏、大理国等边疆政权对西南边疆的统治与开发,中原王朝治边的理论与实践,中原王朝经营西南边疆的方略与措施,边疆政权的治理方略与施治措施,边疆地缘政治与相关势力的应对等内容;综合从内地看边疆、从边疆看内地两种视角,应用历史时段、整体史、比较研究等新的方法,力图揭示西南边疆整体的动态发展过程,西南边疆不同时期展现的面貌与阶段性特点,中原王朝、边疆政权对西南边疆形成与巩固做出的贡献,西南边疆发展过程中诸多要素之间的联系,以及西南边疆在中国整体构建中的地位与作用。

陆韧、彭洪俊《论明朝西南边疆的军管羁縻政区》②认为,明朝平定云南后,为适应云南边疆外孤地带复杂的国际地缘政治、地理环境和多样民族性特征,在西南边疆逐渐建立一套"内边区"与"外边区"差异化的边疆行政区划和管理模式,并对云南外边政区实行军管性和羁縻性统治。这是明朝边疆控制和政区建置的创新性制度,体现了明朝疆域观在行政管理上的灵活性,保障了西南边疆较长时间的稳定,为中国现代国家领土的确立奠定了重要的基础。秦树才《清代云南绿营兵研究——以汛塘为中心》③,绿营兵是清代的主要军事力量,布置汛塘是绿营兵控制全国各地方的重要手段。本书对创建于顺治十六年的云南绿营兵,直至同治年间在以杜文秀为首的云南各族人民反清起义打击下,云南绿营兵制基本瓦解的全过程作了细微的梳理,是首次对清代绿营兵做区域性深入研究的学术著作。彭洪俊《掌土治民:清代云南行政区划及行政管理体制演进研究》④,行政区划的实质是中央对地方进行有效治理的需要而进行分层级的行政管理,其核心要素是对行政区划内土地与人口的管辖与治理。论著通过对正

---

① 社会科学文献出版社2015年版。
② 《中国边疆史地研究》2013年第1期。
③ 云南教育出版社2004年版。
④ 中国社会科学出版社2017年版。

式行政区划、沐氏勋庄、卫所系统、土司制度等不同土地人口管理体制变迁的考察，探研了清朝对云南"掌土治民"的深化过程，揭示了清代云南行政区划体制与内地一体化演进的历史进程。同类论题还有段金生《延续与转变：清朝统治者对云南边疆民族的认知》①。

郑维宽《历代王朝治理广西边疆的策略研究——基于地缘政治的考察》②复原了广西高层政区与广西边疆的形成过程，自此中央王朝对岭南边疆的治理主要围绕广西而展开，厘清了历代广西地缘结构变动与中央王朝治边策略调整的关系，指出王朝治理边疆的策略经历了从古代固守封疆理念下"制内为主，御外为辅"向近代领土观念下"御外保边"的大转变，系统探讨了影响历代王朝治理广西边疆的各种因素，并对这些因素的结构及作用机制进行了深入剖析。作者以地缘政治为视角，运用地缘政治学、历史地理学等多学科的研究方法，通过重建历史上广西在岭南西部内、外地缘结构，从地缘结构的动态变化中去解读历代王朝治理广西边疆地缘的特殊性，王朝治理广西边疆策略的特点和影响因素，总结历史的经验教训，归纳出带有规律性的认识。

郑一省、王国平《西南地区海外移民史研究——以广西、云南为例》③在借鉴中国古籍、地方史料，以及中外学者的研究成果基础上，融入作者对西南少数民族移民地区进行田野调查的成果，并综合运用人类学的理论与方法从对西南边疆少数民族移民的历史和现状进行了开创性研究，为东南亚地区及中国广西和云南移民史的研究提供了一份重要研究成果。

郭声波《圈层结构视阈下的中国古代羁縻政区与部族》④，全书内容分为四章："第一章阐述了历史政治地理圈层结构理论的基本观点。第二章以唐宋西域、西南地区几处羁縻府州建置沿革为例，还原了民族自治政区的形成过程。第三章以唐、宋、元、明、清云贵高原及其周边地区从羁縻州府到土官土司建置的演变为例，证明古代边疆民族自治政区始终作为国家政治地理边缘圈层而存在的历史事实。第四章从地名学、历史地理学、

---

① 《中国边疆学》第五辑，社会科学文献出版社 2016 年版。
② 社会科学文献出版社 2014 年版。
③ 社会科学文献出版社 2013 年版。
④ 中国社会科学出版社 2018 年版。

民族学及社会文化等方面考察了川滇民族走廊及其附近地区羌、夷、蛮、獠诸族群的历史渊源及其发展演变,从一个侧面反映多民族国家实行多轨行政的必要性。"该著作"运用历史政治地理圈层结构理论,论证中国古代在边疆民族地区设置的羁縻州府、土官土司政区不仅是中国古代的民族自治区,也是国家边缘区圈层"。该成果从新的理论视角推动了边疆政区相关领域研究的深化。

(二) 开发治理研究

中国历代各朝的边疆开发论者颇多,但缺乏宏观研究的力作。方铁、方慧著《中国西南边疆开发史》是较有分量的地区开发史专著,阐述先秦时期至清前期云南、广西两省以及历代曾进入中国版图的滇、桂以南一些地区的开发过程。内容包括西南边疆地区社会生产的各部门如农业、畜牧业、手工业、矿冶业、交通业以及动植物的开发、利用;边疆各族人民包括进入边疆的汉族和其他民族的移民在开发边疆过程中的贡献和发明创造;内地封建王朝和边疆地方政权对边疆统治和经营等。值得注意的是该著详述了南越国、南诏、大理国等地方政权西南边疆的开发和经营,如论述大理国对云南及云南腹地外围新开发地区的经营[①]等。

王双怀《中国西部开发史研究》[②] 是一部贯通古今的研究新著,本书探讨了我国西部开发的历程,着重研究了西部政区沿革、民族发展、城市盛衰、交通演进、水利开发、产业发展、文化传承和环境变迁等问题,分析了西部开发的经验教训,提出了破解西部开发瓶颈的对策,全书43万字。

林荣贵《辽朝经营与开发北疆》在某种程度上弥补了上述不足。该书中编"经济开发"系统阐论了辽朝对北部、西北部地区和东北地区的经济开发,包括农业、畜牧业、手工业、商业等,全面评价了其社会历史意义并认为辽朝在开发北疆过程中推行的一系列政策、措施,"既区别蕃、汉又无避蕃、汉之嫌",因而能使"内地汉族士人和对经邦治国、经济开发、

[①] 方铁、方慧:《中国西南边疆开发史》,云南人民出版社1997年版,第229—256页。
[②] 人民出版社2014年版。

文化发展等方面之有专长者，被大量吸收，参加辽朝和北部边疆的各项建设事业"①。该著所论辽朝对北疆的经营和开发以辽统一并辖有北疆并逐步扩大管辖地区这一背景展开，尤其是置于整个统一多民族国家的历史进程中考察，立论起点较高，别具见地。

马汝珩、马大正主编的《清代边疆开发研究》，收论文15篇，内容十分丰富，按编排顺序包括：清代内地人口迁居边疆的原因、地域以及迁居后的开发实况和影响；清政府在北疆实施新政的概况、新政时期蒙古的官垦和屯垦以及工商实业和文化教育的开发；清开垦东北土地的实况和政策；晚清时期东北地区的近代工业和矿业情况；清代前期蒙古地区农业发展及政策和政策评述；清前期对内蒙古、喀尔喀蒙古的赈济及其作用；清代新疆屯田的概况、形式及性质；清中叶新疆与内地开展贸易往来的方式、渠道、贸易类别和产品及贸易往来的作用；清代的茶法与川茶业的发展、川茶业以藏区社会经济的推动；清代云南矿业开发由盛转衰及其原因、矿业开发对云南经济开发的影响；清代云南交通的实况、"铜络"的开凿、三迤地区主要道路的开发、交通工具及设施、邮电和铁路的兴起；清代台湾与海南经济开发比较研究，包括经济开发的地理环境、开发方式和成果的比较②。由于该论文集内容包括清前期、中期和晚期涉及许多边疆地区的开发，又有对整个清代边疆开发的带有共同性问题的综合阐述，因而可以从中窥见清代边疆开发的一般情况。

与上述论文集可以互相参照的是华立《新疆农业开发史》，论述了新疆农业开发的自然条件和历史基础、清政府开发新疆农业的缘由以及开发的方式、手段、制度、措施、活动及其成效。在论证上述问题时，既注意不同层次的人类力量与自然环境的相互关系、又注意生产手段和开发方式与社会环境、政治秩序的相互关系。因而"整个开发过程表现为清代新疆政治、经济和社会多种因素的动态相互作用"③。该著总结的历史经验，可为今天新疆农业开垦提供有益的借鉴。朱永杰《清代满城历史地理研究》④ 对清代满城

---

① 林荣贵：《辽朝经营与开发北疆》，前言，中国社会科学出版社1995年版。
② 马汝珩、马大正主编：《清代边疆开发研究》，中国社会科学出版社1990年版。
③ 序言，黑龙江教育出版社1995年版。
④ 知识产权出版社2017年版。

的数量和基本特征、管理结构和军事实力、时间、发展和地域分布，满城的形制、设施等问题立章阐论，并对新疆"满城"设施进行了个案分析。

清代卡伦制度与驿传制度的研究，也为学者所关注。马长泉《清代卡伦制度研究》[1]对本命题做了全方位的详尽研考。宝音朝克图《清代北部边疆卡伦研究》[2]对清代中国北部（包括东北、西北）边疆卡伦的分布、设置等做了全面、细致、深入的考评，翔实剖析了清代卡伦具有的各种职能，并从与卡伦相关的设施，清政府对卡伦的监督、守卡官兵的拣选及其生计、坐卡等多个角度考察了清代卡伦管理制度的形成过程。刘文鹏《清代驿传及其与疆域形成关系之研究》[3]首先考察了清代驿传在地域范围上的变化，并从功能学的角度，对清代驿传管理制度中的物质供给、信息传递、交通运输等方面制度变革的内容、背景进行了分析，进而在中国走向近代化的时代背景下，研析了清代驿传的近代转型，探讨了传统驿传是如何在功能方面被电报、近代邮政逐步取代，最终退出了历史舞台。刘文鹏于2017年又出版专著《清代驿站考》，80余万言。全书以嘉庆朝《清会典事例》为依据，对清代每个驿站的设置时间、地点、配置沿革等内容进行了严谨考订，涉盛京、吉林、黑龙江、蒙古、新疆、西藏、云南、广西等陆地边疆地区。前置题为《驿站与清朝的国家安全》，言明清代驿站之设常被视为国之要事，其规模宏大，建制齐备，既沿革前代，亦多有创新，对于清代中国之战略安全与多民族统一国家的发展意义重大。

除上述专著外，许多学者还从不同的微观角度阐论中国历代王朝的边疆治理。杨旸、衣兴国肯定了明永乐帝朱棣拓东北和南海诸岛功绩。作者以朱棣设立奴儿干都司为例，概括明政府在该地设官立治、整军经武，开垦荒地、教化士民的措施及其成效；以朱棣六次派遣郑和下"西洋"的史实，指出西沙、东沙和南沙群岛有些岛屿都是"御批"之后或以明年号或以官员名或以郑和随员的名字命名的，从而说明均属中国领土的一部分[4]。

---

[1] 哈尔滨出版社2005年版。
[2] 中国人民大学出版社2005年版。
[3] 中国人民大学出版社2004年版。
[4] 杨旸、衣兴国：《试论永乐帝经拓中国北陲与南海的历史功绩》，《海南师院学报》（社会科学版）1994年第3期。

杜涛论述了明初军屯的兴盛、大兴军屯的缘由、军屯的性质等问题。认为明初军屯的规模大、组织和管理完备，适应了当时特殊的政治、军事和经济形式的需要，但它是一种落后的和残酷的封建隶属关系，得到丰厚利益的是封建国家，其消极作用日益突出，与封建政府的矛盾也随之加剧，由此造成军屯盛极而衰[1]。覃远东系统阐述了明代西南边疆军屯的作用和影响：巩固和加强明朝对西南地区的统治、促进西南地区的经济开发、推动西南边疆地区文化事业的发展、促进西南边疆地区的民族融合[2]。此文可与上文相互补充。近年来从宏观视角阐论中国边疆治理的论著也有所增加，马大正《中国边疆治理：从历史到现实》[3] 一文，以宏阔的学术视野对中国边疆的界定及其发展大势、历史特点与战略地位进行了阐论，归纳了中国古代边疆政策研究中形成的共识和当代启示，评议了当代中国边疆治理的演进阶段和治理举措，对中国边疆治理战略的构建进行了高屋建瓴的思考。笔者分析了中国古代治边政策研究已取得若干共识，并对当代有重要启示。当代中国边疆治理以改革开放为界可划分两个时期，其中"边疆省区实行行省制和民族区域自治制并行的行政区划体系""历史上遗留边界问题的解决""中国现代边防体制的调整""中国政府的海防战略思想"等四端治理举措是须予以关注并应着力研究的。中国边疆治理战略的构建，要重视中长期治疆战略的思考和坚持实事求是的思想路线，重视文化认同与国家认同的建设，推进边疆发展与稳定。

有关新疆开发的论著也多有问世。邹礼洪《清代新疆开发研究》[4] 是一部专题性论集。涉及新疆开发研究的有：左宗棠新疆开发思想初探，新疆的骆驼养殖与驼远史管窥，近代新疆禁鸦片述论，左宗棠西北禁鸦片述论诸题。殷晴、田卫疆主编《历史时期新疆的自然灾害与环境演变研究》[5] 将新疆历史上开发置于环境史、灾害史的大背景下进行了深入细致的考察，全书共收集相关论文25篇，分置于灾害史、地震活动与地震灾害、

---

[1] 杜涛：《试论明初的军屯》，《云南师范大学学报》（哲学社会科学版）1994年第4期。
[2] 覃远东：《明代西南边疆军屯的作用和影响》，《中国边疆史地研究》1992年第1期。
[3] 马大正：《中国边疆治理：从历史到现实》，《思想战线》2017年第4期。
[4] 巴蜀书社2002年版。
[5] 新疆人民出版社2011年版。

疾病与医药、环境演变、评介与综述诸题之下。张安福《西域屯垦经济与新疆发展研究》①，全书内容分为七章，共计33万字，探讨了自西汉以来西域新疆屯垦经济发展的历史，分析了"不同时期屯垦方式的经济绩效，深化了对屯垦经济运行的规律性认识"。刘玉皑《边疆与枢纽：近代新疆城市发展研究（1884—1949）》②，本书尝试以时间与空间结合、中观与微观结合，民族与城市居住环境结合的多维视角，在近代国际格局和国内局势历史变革的背景下，梳理近代我国西北边疆诸多民族地区城市的时间发展历程，展示城市空间形态特征，分析城市发展动力，城市功能及城市类型，探讨城市与城市人的关系及多元城市文化特色等方面的问题，以构建近代西北边疆城市发展模式，对于充实我国城市史研究，理解西北边疆城市在当代发展中面临的某些历史沉积问题有所助益。同类文章还有王耀《清代新疆英吉沙尔城市形态及内部格局变迁研究》。③

有清一代"闯关东"也日益引起学人的关注。刘德铭《闯关东——2500万山东移民的历史与传说》④和范立君《闯关东历史与文化研究》⑤对"闯关东"历史做了有益的探研。

黎小龙等《历史时期西南开发与社会冲突的调控》⑥认为，历史时期西南的开发始终贯穿着两条主线：一是西南疆域的开拓与边疆的治理，二是西南地区经济的开发和社会的发展。这两方面开发的实施进程中，均会产生不同程度的社会矛盾与冲突，从而导致社会动荡。其中尤以民族矛盾与民族社会冲突对边疆的稳定、经济社会的发展、国家疆域的安全影响最大。面对这些矛盾和冲突，各历史时期的统治者均无可回避地进行必要的治理与调控。因此，治理的思想是否切合实际，调控的举措方法是否得当、有效，均直接影响到社会矛盾与冲突调控的效果。切合实际、调控得当者，缓和矛盾、化解冲突；不合实际、举措不当者，加剧矛盾、激化冲

---

① 广东人民出版社2017年版。
② 中山大学出版社2016年版。
③ 《中国边疆学》第四辑，社会科学文献出版社2015年版。
④ 山东人民出版社2008年版。
⑤ 社会科学文献出版社2016年版。
⑥ 西南师范大学出版社2011年版。

突。所以，民族社会冲突与调控状况，直接影响到西南经济开发与社会发展的进程，直接关乎西南边疆的稳定和国家疆域的巩固。全书近40万字的篇幅，对此做了深入的探讨。2008年以来，在国家社科基金重大特别委托项目"西南边疆历史与现状综合研究"项目的推动下，西南边疆开发史的相关研究得到了进一步发展，其成果主要有：覃丽丹、覃彩銮《广西边疆开发史》①，"全面系统地描述了广西边疆开发史。详尽阐述了广西各民族在开发和保卫祖国南疆、推动社会经济文化全面发展、维护国家统一和边疆稳定做出的积极贡献"。杨寿川《云南矿业开发史》②，全书内容分为上下两篇（即古代篇和近代篇），共计15章50多节，古代篇自晚商时期（前11世纪）至清道光二十年（1840）；近代篇自1840年至1949年，即从鸦片战争爆发至新中国成立。全书"对前后3000余年间，云南的铜、锡、金、银、铁、铅、锌、钨、锑、钴、锰、铝等12种有色金属矿产的开发进行了全面、系统研究，涉及各种矿产的地理分布、生产组织、生产方法与技术、生产管理、经营方式、产量与成本、市场与营销、矿产品运输、矿业开发与社会经济发展的关系，以及历朝历代中央与地方政府的监管方式及其实施的'矿政'、'矿法'等"③。该著具有重要的学术价值和社会意义。相关论文还有刘姗姗《20世纪初英国在云南"门户开放"政策与自由贸易活动》④和《20世纪初英国在滇勘测活动与"滇蜀腾越铁路公司"之建立》⑤。

从以上综述可见，有关中国历代王朝边疆政策和边疆开发治理的研究成果显著，相对来说专著较多，质量都较高。各种成果均重视对边疆政策和开发治理的评述，且有深度。但上述两方面都缺乏整体研究的成果；有关历代边疆地区的民族政权的边疆政策和其对边疆的开发、治理方面的论述较为薄弱。

---

① 社会科学文献出版社2015年版。
② 同上。
③ 杨寿川：《〈云南矿业开发史〉简介》，http：//special. yunnan. cn/feature14/html/2016－11/23/content_ 4628182. htm。
④ 《中国边疆学》第七辑，社会科学文献出版社2018年版。
⑤ 《中国边疆学》第九辑，社会科学文献出版社2018年版。

二 历代王朝边疆管理机构研究

有关边疆管理机构的研究有明显进展，但多局限于断代史和地方史角度，缺乏系统性研究。赵云田《中国边疆民族管理机构沿革史》是迄今我国第一部有关中国边疆民族管理机构的通史性专著，全书分五编 11 章，论述了商周迄清末我国边疆民族管理机构的萌芽、产生、发展、完备的历史过程，比较了历代边疆管理体制的异同，探讨了不同政治体制的继承和革新，总结了历史经验教训。该著作把边疆民族管理机构与中华民族的发展，与我国多民族统一国家不断发展和巩固的历史进程联系起来考察，从一个历史侧面反映了各个不同朝代的治乱兴衰。尤其是该著在概括边疆民族管理机构的特点及历史作用①时，既有历史的统一性，又以不同朝代的大量史实为据，充分体现了史论结合的特点，令人信服。赵云田在上列著作的第二章论述了理藩院，后又出版了专论理藩院的专著《清代治理边陲的枢纽——理藩院》。其第一编论述了理藩院的设置、沿革、内部机构，理藩院与蒙古、西藏、"回部"及与藏传佛教的关系，理藩院与四川土司的关系及理藩院与中外关系诸问题。指出清代理藩院是"清朝以前中国历代边疆民族机构的继承和发展"，在评价其积极作用的同时，也揭示其阶级统治和压迫的本质，"它维护的只能是封建国家和少数民族王公贵族的利益"。第二编介绍了研究理藩院的有关资料和文献。

（一）清以前诸朝的边疆管理机构研究

西汉王朝设立的西域都护府，是汉朝政府管理西域的最高机构，其行政长官西域都护，相当于中原地区最高一级地方官——郡太守。卢苇《论西汉西域都护府》②对西域都护府的设置、职能，管辖范围和在维护国家统一上的历史功绩，做了概略论述。这一命题的文章，还有贾应逸《汉代

---

① 赵云田：《中国边疆民族管理机构沿革史》，结论，中国社会科学出版社 1993 年版。
② 《新疆历史论文集》，新疆人民出版社 1977 年版。

西域都护府的由来——兼谈郑吉的历史功绩》①、刘锡淦《关于西域都护与僮仆都尉问题的质疑》②、刘洪波《关于西域都护的设置时间》③ 等。

护乌桓校尉是西汉王朝管辖北方民族事务的重要机构。林幹《西汉时期"护乌桓校尉"略考》④对其设置职责、等级、权限、管领范围等方面做了论述。何天明《西汉皇朝解决北方民族事务的统治机构——"护乌桓校尉"》⑤认为，"设立'护乌桓校尉'这种机构，因时、因地、因俗地解决国内多民族活动地区的有关问题，有益于多民族国家的统一与发展"。

唐代的羁縻府州有都护府，是治理边疆地区的重要机构，也是当时处理民族关系的创新之策。唐启淮《试论唐代的羁縻府州》⑥和程志《唐代羁縻州府简论》⑦对唐代羁縻州的设置、行政职能和历史作用，做了有价值的论述。唐文认为："羁縻府州是我国多民族国家历史发展的产物。它的建立，加深了民族地区与中原的政治关系，促进了民族地区经济、文化的发展，巩固和发展了南北朝以来的民族大融合。这种地方行政制度，直到明代，还以不同的形式，在一些民族地区继续沿用。"吴玉贵《唐代西域羁縻州建置年代及其与唐朝的关系》⑧、孙玉良《唐朝在东北民族地区设置的府州》⑨、林超民《唐前期云南羁縻州县述略》⑩则分别对新疆、东北、云南地区的羁縻府州进行了考评和研究。唐启淮《唐代都护府述略》⑪对唐代的安西大都护府、安北大都护府、单于大都护府、濛池都护府、昆陵都护府、安东上都护府、安东中都护府、北庭大都护府等八个都护府的设置、职能和作用进行了探讨。指出：唐王朝"在其周边广袤的土地上，

---

① 《新疆大学学报》1977年第4期。
② 《新疆大学学报》1983年第1期。
③ 《中国史研究》1986年第3期。
④ 《内蒙古社会科学》1987年第1期。
⑤ 《内蒙古师范大学学报》1987年第1期。
⑥ 《湘潭大学学报》1982年第4期。
⑦ 《东北师范大学学报》1984年第1期。
⑧ 《新疆大学学报》1986年第1期。
⑨ 《社会科学战线》1986年第3期。
⑩ 《云南社会科学》1986年第4期。
⑪ 《西南师范学院学报》1982年第1期。

居住着经济形态不一，语言风习迥异的众多民族。唐中央政府统治这么多民族的一个主要方式，是按民族，或部落建立府州，以其原有的首领部长为都督、刺史，直接统治本民族，中央政府通过边州、都督府和都护府进行管辖。这其中都护府管辖的区域最广，治理的民族最多，对唐代统一的多民族国家的发展的影响也最大"。林超民《安西、北庭都护府与唐代西部边境》①、柳洪亮《安西都护府初期的几任都护》② 以及《安西都护府西州境内时期的都护及年代考》③、孟凡人《唐北庭都护府建置沿革》和《唐庭州北庭历任刺史都护节度使编年》④、陈连开《唐朝渤海黑水都督府述略》⑤、方国瑜《唐代前期南宁州都督府与安南都护府的边界》⑥ 等文章则对设置在今日新疆、东北、云南、广西等省区的机构的职能和作用，做了探讨和考评。

辽东都司和奴儿干都司是明初统治者在东北地区相继建立的两个地方最高行政机构。杨旸、李治亭、傅朗云《明代辽东都司及其卫的研究》⑦，对辽东都司的设置、辽东都司的行政职能，以及辽东都司在完成明王朝统一东北和北部边疆地区的重要作用，做了分析，并对辽东都司下设三万卫等二十三卫和安东、自在二州做了介绍。朱诚如《明辽东都司二十五卫建置考辨》⑧依据《明实录》《明史》《国榷》《明一统志》以及《辽记》《全辽备考》等书对辽东都司下设之 25 个卫的建置年代和治所，做了较翔实的考辨。奴儿干都司的研究，当首推杨旸等编著《明代奴儿干都司及其卫所研究》⑨，全书共分十一章，阐明了奴儿干都司设立之前，黑龙江、乌苏里江流域就是中国的领土，明洪武年间，地处黑龙江下游的奴儿干地区，又置于明政府管辖之下，并进一步叙述了奴儿干都司设立的经过、治

---

① 《文献》1986 年第 3 期。
② 《新疆历史研究》1985 年第 3 期。
③ 《新疆社会科学》1986 年第 2 期。
④ 孟凡人：《北庭史地研究》，新疆人民出版社 1985 年版。
⑤ 《历史教学》1980 年第 3 期。
⑥ 《云南社会科学》1982 年第 5 期。
⑦ 《社会科学辑刊》1980 年第 6 期。
⑧ 《辽宁师范学报》1980 年第 6 期。
⑨ 中州书画社 1982 年版。

所、建置和管辖情况。特别是系统论证了奴儿干都司属下卫所的建置、沿革、辖地、变迁的历史。作者考证出奴儿干都司属下的 188 个卫所，这个数字，超过了以往所有的考证。研究奴儿干都司的论文，还有李兴盛《奴儿干都司的建立》[1]、杨旸、傅朗云《关于王谨等对奴儿干地区的巡视》[2]、李建才《禾屯吉卫和奴儿干都司——禾屯吉卫指挥使司印考》[3]、杨旸《不朽的历史篇章——明代弗提卫及其官员佛家奴巡抚奴儿干地区》[4]、鞠德源《从"三万卫迭薄"看明朝政府对奴儿干地区的经营》[5] 等。奴儿干永宁寺碑记是研究奴儿干都司的一个重要内容，素为中外学人所瞩目。鞠德源《关于明代奴儿干永宁寺碑记的考察和研究》[6] 依据档案文献着重介绍清代前期关于奴儿干永宁寺碑记的图籍文献，同时对 19 世纪以来，中外探险家和学者对永宁寺碑记的考察和研究，做了详尽介绍，并指出：真正揭示奴儿干永宁寺两篇碑文真相，是清代杰出历史地理学家曹廷杰，他的研究成果，推动了明代东北疆域史研究的发展。20 世纪 70 年代以来，对于永宁寺碑考释的重要论文有钟民岩《历史的见证——明代奴儿干永宁寺碑文考释》[7]，钟民岩、那森柏、金启琮《明代奴儿干永宁寺碑记考释》[8]，杨旸《明代奴儿干永宁寺碑记再考察》[9]，傅朗云《明代奴儿干永宁寺碑汉字碑铭补释》[10] 等。

（二）清王朝的边疆管理机构研究

清朝政府统一了多民族国家疆域版图之后，根据"因俗而治""因地制宜"方针，针对各边疆地区的不同情况，设置了相应的管理机构，制定

---

[1] 《求是学刊》1982 年第 3 期。
[2] 《历史教学》1981 年第 5 期。
[3] 《社会科学战线》1979 年第 1 期。
[4] 《延边大学学报》1982 年第 1 期。
[5] 《文物集刊》1981 年第 2 期。
[6] 《文献》1980 年第 1 期。
[7] 《历史研究》1974 年第 1 期。
[8] 《考古学报》1975 年第 2 期。
[9] 《社会科学战线》1983 年第 1 期。
[10] 《博物馆研究》1985 年。

了管理措施。自清初开始，其在边疆地区的管理机构与管理措施，随着对边疆地区的逐步统一，也在不断补充、完善与加强，因而形成了一整套管理边疆的措施与制度。

关于清代边疆管理制度与措施的研究，早于20世纪三四十年代即已引起学者们的重视，当时就有荆三林《近代中国经营边疆史》[①]、陈炳光《清代边政通考》[②] 等著作出版，与此同时先后发表了力保汉《近代边疆政制述略》[③]、佘贻泽《清代之土司制度》[④]、王文萱《清代边疆行政》[⑤]、玄默《清代边政通考》[⑥]、楚明善《清代之治边制度与政策》[⑦]、凌纯声《中国边政之土司制度》[⑧]、陈芳芝《清代边制述略》[⑨] 等论文。1949年以来，发表了不少有关清朝政府对边疆地区的经营管辖的研究论文，主要集中在以下两个方面：

1. 清代边疆管理机构——理藩院研究

清代的理藩院是主管蒙古、新疆、西藏等地区少数民族事务的中央机构。三四十年代发表何建民《蒙古概观》[⑩]、郭冠杰《清代中央官制之略述》[⑪]、王文萱《清代蒙古政制研究》[⑫]、郑鹤声《前清康乾时代之理藩院政策》[⑬]、罗应荣《中俄蒙的接触与清代的理藩政策》[⑭] 等论文和论著，分别对理藩院的创设、性质、沿革、职掌作了论述。这个时期对理藩院的研究处于刚刚起步的阶段。

---

① 西安中国文化服务社西安分社出版。
② 南京边疆政教制度委员会出版。
③ 《新亚细亚》第9卷第2期。
④ 《禹贡》第5卷第5期，1936年5月。
⑤ 《政治季刊》第3卷第2期，1939年6月。
⑥ 《蒙藏月报》第13卷第1期，1949年1月。
⑦ 《边政公论》第1卷第2期，1941年8月。
⑧ 《边政公论》第2卷第11期，1943年12月；第3卷第2期，1944年2月。
⑨ 《燕京学报》1948年第3、4期。
⑩ 上海民智书局1931年版。
⑪ 《社会科学论丛》第3卷第8、9期合刊。
⑫ 《开发西北》第3卷第4—6期。
⑬ 《边政公论》第2卷第3—5期。
⑭ 《历史政治学报》创刊号。

20世纪50—60年代，出版了陶克涛《内蒙古发展概述》①、佘元安《内蒙古历史概要》②、钱实甫《清代的外交机关》③等著述。这一时期的理藩院研究，一方面较前一时期有所深入，出现了研究理藩院的专题论文。但此时研究，资料使用上仍很不充分、完备，因而其研究中所提出的某些观点，难免有些失之于偏颇。

70年代，台湾学术界发表了一批有关理藩院的研究论著，主要有杨正孝《清代理藩院之研究》④、吕士朋《清代的理藩院——兼论清代对蒙藏回诸部的统治》⑤、何耀彰《满清治蒙政策之研究》⑥、周昆田《清代的边疆政策》⑦等。在上述著述中，吕士朋对清朝设置理藩院的意义论述较明确，文章认为：理藩院"组织的严密，事权的统一，职掌的分明，行政的不受牵制，不仅中国历代的中央治边机构无法相比，即清代中央的六部，亦因遇事诸多掣肘，且无与地方督抚的直接联系权力而相形见绌。由于理藩院的行政上具有相当的独立地位，且对驻边的将军、大臣有联系的指导的权力，故于处理边疆要政，有迅赴机宜之功，此为理藩院不同于其他中央行政机构的五大特色"。

80年代，大陆学者对理藩院的研究取得了可喜的成果。先后出版了张德泽《清代国家机关考略》⑧、李鹏年等《清代中央国家机关概述》⑨，书中对管理蒙、回、藏事务的理藩院进行了概括介绍。赵云田发表的《清代理藩院初探》⑩一文对理藩院的组织、职能和历史作用作了论述，指出："理藩院组织系统庞大，在编人员众多，实是清朝的一个重要机构。理藩院的职能、包括参与议政，参与军事，审理刑事诉讼案件，管理喇嘛教，赈济

---

① 内蒙古人民出版社1957年版。
② 上海人民出版社1958年版。
③ 生活·读书·新知三联书店1959年版。
④ 密歇根大学，1974年。
⑤ 《东海大学历史学报》1977年第1期。
⑥ 东吴大学出版社1978年版。
⑦ 台北《东方杂志》复刊13卷第1期。
⑧ 中国人民大学出版社1981年版。
⑨ 黑龙江人民出版社1983年版。
⑩ 《中央民族学院学报》1982年第1期。

救荒，办理满蒙联姻事务，管理会盟驿站、稽查蒙古地区户丁，管理少数民族王公朝觐、贡物、燕赉、廪饩、封爵和禄，管理各旗疆界，调解各部纠纷，管理对俄国的外交事务等十个方面。"赵云田、成崇德《清朝理藩院对南疆地区的管辖》①论述了理藩院管辖南疆地区的特点、内容和历史作用。赵云田《清代理藩院的设置的沿革》②对理藩院的发展过程作了系统论述，认为理藩院大体上经历了三个阶段：即崇德和顺治年间（1636—1661年）是理藩院组织机构的创设阶段，康乾时期（1661—1795年）理藩院组织机构渐趋完善，嘉庆朝（1795年始）以后到辛亥革命爆发，是理藩院沿革史上的第三阶段。赵云田还在《清代蒙古衙门设置时间辨析》③一文中论证了蒙古衙门设置的确切时间，当于崇德元年（1636）。有关理藩院研究的论文还有王锺翰《试论理藩院与蒙古》④、赵云田《清朝理藩院和中俄关系》⑤和《略谈理藩院对西藏的治理》⑥等，上述文章就理藩院对国内蒙、藏地区的管理以及同邻国俄国的关系作了详细的论述。在理藩院的研究上，七八十年代有较大的发展，不仅在论著数量上有所增加，而且研究领域拓宽、选题深化，使用资料更加丰富多样。值得提出的是赵云田在《清代蒙古政教制度》⑦一书中，对理藩院的设置、沿革、内部机构、职掌、历史作用及《理藩院则例》的形成、基本内容作了全面、系统、详尽的论述。赵云田还在《清代理藩院、理藩院资料和理藩院研究》⑧一文中，对近百年来理藩院研究的历程作了概括，认为20世纪三四十年代是研究的起始时期，五六十年代是深入时期，七八十年代是发展时期。

2. 清代边疆管理制度研究

政治体制及其有关行政管理制度的设立，是维护与实现统治权力的主

---

① 《喀什师范学院学报》1982年第2期。
② 《内蒙古师范大学学报》1984年第1期。
③ 《内蒙古社会科学》1983年第6期。
④ 《清史研究集》第三辑，四川人民出版社1984年版。
⑤ 《西北史地》1981年第3期。
⑥ 《西藏研究》1984年第3期。
⑦ 中华书局1989年版。
⑧ 中国社会科学院中国边疆史地研究中心编：《清代理藩院资料辑录》，中国边疆史地资料丛刊·综合卷，全国图书馆文献缩微复制中心1988年版。

要方式与工具，因而历代统治者无不重视行政管理制度的建设。清朝统治者入关以后，除了加强对中原地区广大汉族的统治外，随着对边疆地区的逐步统一，疆域版图不断扩大，而所辖民族地区也日益增多，为了加强对边疆民族地区的统治，清统治者采取了一系列的行政管理制度，从中央来讲由皇帝通过理藩院直接管辖，此外，又根据各个地区的具体情况，采取区别对待、因俗而治的多种不同制度进行统治。大体而言，在东北地区，主要实行军府制度，即由中央派将军分驻奉天、吉林、黑龙江三省，管理军政与民政，实行军府制下的旗、民分治。在蒙古族聚居的北疆和西北部分地区实行盟旗制度。新疆地区，主要采取军府制度，地方行政方面，因民族成分复杂，社会习俗各异，又分别采取郡县制、盟旗制和伯克制。在西藏地区，实行政教合一制度，雍正朝开始，设立驻藏大臣，逐渐形成驻藏大臣制度。西南地区实行土司制度，到雍正年间，清政府推行改土归流政策，土司制度发生了变化。对上述清代边疆的政治体制与管理制度的研究，主要有以下几个方面：

（1）总论方面

20世纪五六十年代，发表了台湾学者张兴唐《中国近代边政制度沿革及其革新刍议》[①]、李绍盛《我国历代边机构简述》[②]、周昆田《中国边疆政治制度的沿革》[③]、田炯锦《边疆政治概述》[④]等论文。田炯锦论述中国边疆政治制度的产生时说："一般国家均有'边疆'的存在，但并不一定均有其'边疆政治'的存在；原因是一般国家的'边疆'，仅指所谓'边界'（Boundary）而言，其内涵并无特殊的意义；换言之，即'边界'仅指与邻国接壤的境界而言，在外交与国防上，容或有其突出之点，但在内政上，则与内地无异。至于我国，因为幅员的广阔，民族的复杂，社会传统的不同，人口的稀少，交通的阻塞等等关系，边疆乃形成了一种特殊地带，它有它的纵深的幅度，而非边界（Boundary）一词所能概括。因此在同一的统一政府之下，而各边疆地区多年来沿习下来的政治制度，仍然保

[①] 《中国内政》第10卷第3期。
[②] 《革命思想》第22卷第3期。
[③] 《华冈学报》1967年第4期。
[④] 《边疆论文集》第1册，台湾"国防"研究院1964年版。

持着旧有的，没有太多的变化。所以在中国，'边疆政治'的产生，是有其事实需要的。对于清代边政制度他划分为三种，蒙古的盟旗例、西藏的政教合一制、西南及西北各省的土司制。"

80年代，清代边疆政治制度总论方面的研究，主要反映在近年国内出版的几部清史专著中。如戴逸主编《简明清史》[①]、郑天挺《清史》[②] 等著作中都有专门章节加以论述。在专题论文方面，赵希鼎《清代边疆和少数民族地区的政治制度》[③] 一文作了有益的研究，该文对西南、东北、蒙古、新疆、青海、西藏、台湾等民族地区的政治建置与政治制度，都作了全面的论述和介绍。

（2）盟旗制

20世纪初，《东方杂志》就刊载了关于盟旗制度的文章，如《蒙古盟旗制观》（9卷8期），《蒙古政治考》（10卷2期）。三四十年代，有关论文有王文萱《清代蒙古政制研究》[④]、札奇斯钦《近代蒙古之地方政治制度》[⑤]、凌纯声《中国边政之盟旗制度》[⑥]、张问童《论内蒙盟旗地方制度》[⑦] 等，凌文对旗制的起源、组织，盟制的起源、组织、部落与盟旗的关系，八旗与盟旗的关系，内属部落及回族的旗制进行了探讨。50年代以后，台湾又发表了张兴唐《蒙古盟旗制的意义和沿革》[⑧] 和《蒙古盟旗地方行政制度介绍》[⑨]、金兆鸿《蒙古的盟旗制度》[⑩]、张国柱《盟旗制度的起源及演变》[⑪] 等论文。

与此同时大陆学者对盟旗制度也进行了深入研究。陶克涛在这方面研

---

① 人民出版社1984年版。
② 天津人民出版社1989年版。
③ 《社会科学战线》1980年第3、4期。
④ 《开发西北》第3卷第4—6期。
⑤ 《国立北京大学社会科学季刊》第6卷第3期。
⑥ 《边政公论》第2卷第9、10期合刊。
⑦ 《边铎月刊》第1卷第9期。
⑧ 台湾"蒙藏委员会"，1954年3月。
⑨ 《中国内政》第10卷第6期。
⑩ 《新夏月刊》1970年第8期。
⑪ 《察哈尔省文献》1980年第2期。

究较为全面系统，他在《内蒙古发展概述》中认为："盟旗制度……具有浓厚的军事性质，是清统治者利用蒙古旧制（军事性政治组织）而仿照满洲旗制加以制定的。"他在探讨了盟旗的起源，组织系统之后认为：盟旗制度"完全建立在落后的自然经济之上，并在很多方面残留了原来氏族末期的原始痕迹"。"由于其分散性、孤立性、割据性和竖的方面的军事性，因而极有利于异族征服者的统治。"陈国干《清代蒙古盟旗制度的来源和性质》①、王湘云《内扎萨克的建立》②、终佳江《清代盟旗制度与吉林省的行政建置》③，对盟旗制度的产生的性质论述了各自的看法。近年出版的《蒙古族简史》④ 和赵云田《清代蒙古政教制度》⑤ 两部著作较全面、系统地论述盟旗制度产生的渊源、不同的组织形式，及会盟制度的意义。史学界比较一致的看法是，盟旗制度是清朝统治者根据满族自己的八旗制度的组织原则，在蒙古原有社会制度的基础上因地制宜逐步建立起来的，不宜把蒙古八旗和盟族制度下的旗混而为一。杨强《清代蒙古旗盟制度》⑥ 尝试将历史学、民族学、法学、政治学诸学科方法相结合，在充分吸纳前人研究成果基础上对有清一代蒙古旗盟旗制进行了系统阐论。

（3）政教合一与驻藏大臣制度

政教合一是西藏社会历史上不同于其他民族的一项制度，元朝的萨迦、明朝的帕竹，均以法王兼领政治，建立了卫藏政教合一的政权。清朝政府保留了西藏的政教合一制度。高长柱《边疆问题论文集》⑦、凌纯声《清代之治藏制度》⑧、周昆田《西藏问题面面观》⑨ 等论文、著作中都涉及政教合一制度。周昆田在其论文中指出："西藏社会是一种佛教文化最深入社会，其地方政治亦蒙受此种影响而与佛教完全合流，形成所谓政治

---

① 《内蒙古社会科学》1981 年第 1 期。
② 《社会科学辑刊》1986 年第 1 期。
③ 《北方民族》1989 年第 1 期。
④ 内蒙古人民出版社 1985 年版。
⑤ 中华书局 1989 年版。
⑥ 民族出版社 2004 年版。
⑦ 正中书局 1939 年版。
⑧ 《边疆论文集》1964 年第 1 册。
⑨ 《大陆杂志》第 1 卷第 12 期，1950 年。

宗教合一的行政制度。"札奇斯钦《蒙古与西藏历史关系之研究》[1] 与丁汉儒、唐景福、温华、孙尔康编著的《喇嘛教源流及社会影响》[2]（未定稿）两部著作中都以专门章节论述西藏政教合一制度。东嘎·洛桑赤烈在《论西藏政教合一制度》[3] 一文中就西藏政教合一制度形成的历史溯源作了系统的论述，认为："公元1652年顺治帝邀请五世达赖喇嘛到北京相见，给以隆重款待……增强了以达赖喇嘛为首的西藏地方政府的权力。西藏地方政府是由格鲁派的上层掌握政教大权的政教合一制度的政权，它是比较完整的行政制度和法律的政教合一制。"东嘎·洛桑赤烈剖析了西藏政教合一制度发展的历史过程后，总结道："简言之，在政教合一制度产生以前，世俗和宗教两方面的领导是分离的，这一制度逐步发生，最后形成世俗与宗教两方面的领主由一个人同时担任的政教合一的制度。"对于清代西藏政教合一制度的形成时间存在着不同说法，《藏族简史》[4] 一书提出，1652年，"达赖喇嘛的封号和其在西藏的政教地位遂正式被确定下来"。五世达赖期间，"更加巩固了西藏封建农奴制的政教合一体制。""在桑结嘉措执政期间，第巴政府的组织逐渐完备，确立了法制和官制，以及黄教寺院领主及其支持者在西藏地方的领导地位，一个政教合一的封建农奴制的政体较前更加健全了。"而王辅仁《藏族史要》[5]（与索文清合著）、《西藏佛教史略》[6]、《蒙藏民族关系史略》[7]（与陈庆英合著），以及黄奋生《藏族史略》则与上述观点完全不同。王辅仁明确指出："清朝初年在西藏实行的宗教和政治权力分开的政策，对西藏的发展，对当时清朝在西藏实行的间接统治，无疑是有利的。至于清朝正式册封达赖喇嘛兼管西藏政教事务，使之成为'政教合一'的领袖，是在此一个世纪以后的事，是清朝为了抑制西藏世俗贵族的权势而采取的对策。有人认为格鲁派的政教合一

---

[1] 正中书局1978年版。
[2] 西北民族学院、甘肃省宗教学会印，1978年。
[3] 陈庆英译，《藏族研究论文集》，1982年。
[4] 西藏人民出版社1985年版。
[5] 四川民族出版社1982年版。
[6] 青海人民出版社1982年版。
[7] 中国社会科学出版社1987年版。

地方政权始于达赖五世，这种提法是不符合清朝册封达赖五世和固始汗的历史事实的。"① 王森早在 1965 年就提出：1751 年"善后章程的制定，加强驻藏大臣的权力。同时也正式由中央授权达赖喇嘛参预管理西藏行政事务，此后二百年间，在西藏黄教掌权的所谓政教合一制度，也正式由中央确定下来。"② 黄奋生论述说："公元 1750 年（清乾隆十五年），取消世俗藏王制度，政务直接统于达赖。分由四噶伦处理，政教合一的实质加强。"③ 对上述问题不同看法，应该说对西藏史研究开展有着促进作用。

史学界对清代驻藏大臣制度也作了许多研究。20 世纪 40 年代黄奋生《清代设置驻藏大臣考》④、丁实存《清代驻藏大臣考》⑤、《驻藏大臣述评》⑥、《清代设置驻藏大臣纪要》⑦ 等论文从驻藏大臣设立的起因、经过、职权、历史作用等不同角度进行了探讨。70 年代以后，台湾学者萧金松相继发表了《清代驻藏大巨之研究》⑧、《清代初置驻藏大臣经过考》⑨、《清代初置驻藏大臣原因之探讨》⑩、《清代驻藏大臣的组织》⑪、《清代驻藏大臣的职权》⑫ 等系列论文。大陆学者发表了一些专门论述驻藏大臣制度的论文，如王忠《中央政府管理地方制度的发展》⑬、陈鸣钟《清代前期中央政府对西藏地方政治制度的改革》⑭。80 年代以后，吴丰培《清代驻藏官员的设置的职权》⑮、顾效荣《清代设置驻藏大臣简述》⑯、张云侠《略

---

① 王辅仁：《蒙藏民族关系史略》，第 144 页。
② 《西藏佛教发展史略》，第 202 页。
③ 《藏族史略》，第 165 页。
④ 《边政公论》第 1 卷第 2 期。
⑤ 《边政公论》第 1 卷第 11、12 期。
⑥ 《康导月刊》第 5 卷第 5、6 期。
⑦ 《民主评论》第 10 卷第 8 期。
⑧ 政治大学边政所硕士论文。
⑨ 《中国边政》1972 年第 39 期。
⑩ 《中国边政》1973 年第 42 期。
⑪ 《中国边政》1973 年第 43 期。
⑫ 《边政研究所年报》1977 年第 8 期。
⑬ 《历史研究》1959 年第 3 期。
⑭ 《史学月刊》1960 年第 1 期。
⑮ 《中央民族学院学报》1981 年第 1 期。
⑯ 《西藏研究》1983 年第 4 期。

论清代驻藏大臣的设置、职权及有关问题》①、曾国庆《清代驻藏大臣一览表》②和《清代驻藏大臣浅探》③等论文以及有关藏族史、清史的专著中都有专门章节论述。尤其引人注目的是吴丰培和曾国庆编撰的《清朝驻藏大臣制度的建立与沿革》④和《清代驻藏大臣传略》⑤两本专著。前一部书全面论述了驻藏大臣设置前西藏政治概况、设置的起因、设置的年代、职称、任期、员额、衙门驻地、职权等问题。作者认为，设立驻藏大臣制度意义深远，"虽然远在 700 年前的元代，中央已设立了宣政院，统辖西藏全区，藏中地方重大事务，如重要机构的设立，委派西藏的高级僧俗官员，采取军事措施等均由宣政院决定，究不如清政府派遣官员、军队，对藏地地政治、军事、经济、宗教、外交等直接管理，更较有效。中央政令，直颁藏区，对于问题解决迅捷"⑥。后一部著作共收入正副驻藏大臣 136 人，并编《清代驻藏大臣一览表》附于书后，使读者一目了然，便于使用。

(4) 新疆军府制和伊犁将军

军府制，是中国历代中央王朝对新疆地区实施管辖的主要方式。18 世纪中叶，清政府统一新疆后，于 1762 年（乾隆二十七年）设置"总统伊犁等处将军"，统辖天山南北军政事务，并管理归附清朝的中亚地区诸部族。管守新《清代新疆军府制度研究》⑦一书对清代新疆军府制度的始末做了较为系统的阐论。阿拉腾奥其尔《清代伊犁将军论稿》⑧本书导论对军府制是清王朝统治新疆的有效方式，伊犁将军是军府制的核心，以及伊犁将军研究基本史料和研究概况诸问题做了专论。并对明瑞、阿桂、永贵、舒赫德、松筠、长龄、奕山、布彦泰、金顺、志锐等十位伊犁将

---

① 《社会科学研究》1985 年第 3 期。
② 《西藏研究》1986 年第 3 期。
③ 《藏族史论文集》，四川民族出版社 1988 年版。
④ 中国藏学出版社 1989 年版。
⑤ 西藏人民出版社 1988 年版。
⑥ 《清朝驻藏大臣制度的设立与沿革》弁言。
⑦ 新疆大学出版社 2002 年版。
⑧ 民族出版社 1995 年版。

军撰写了传稿。管守新《清代伊犁将军职掌考述》①指出，伊犁将军的职掌与权限是本着边疆地区"因俗而治"原则而设置的，在不同时期、不同条件下是不同的。伊犁将军的实际治政权比法定治政权要小，这是由清朝政府为了防止地方势力坐大及在边疆地区实行"因俗而治"政策决定的。

周卫平《清代新疆官制边吏研究》②全书以清代新疆军府制时期地方官制的建立与发展，新疆建省后地方官制的演变，清代新疆地方职官的群体特征，官制、边吏与清代新疆之变乱为题立章，前二章纵论清代新疆军府制时期和建行省后的官制及其演变，后二章则分论了有关新疆边吏的两大命题，在余论对军府制下伊犁将军与行省制下甘肃新疆巡抚等问题进行比较研究，视野颇有新意。书末参考文献中收录有关新疆官制和边吏的研究书目、论文和博士、硕士论文，是一份有用的参考资料。本书是国内首部将清代新疆官制与边吏作为研究对象的学术专著。

张燕等《伊犁将军治疆方略借鉴研究》③，对伊犁将军的设置及其历史演变（设置、发展、完善、衰落、重建、废止）进行了阐论，高度评价了伊犁将军设置的意义及其在边疆治理中的贡献，梳理了伊犁将军治疆方略中的保障措施与制度安排，总结了清代伊犁将军治理新疆的思想、功过及其对当代的借鉴意义。

相关论文还有：周卫平《清代新疆塔尔巴哈台参赞大臣的设置与变迁》④、刘文鹏《清代南疆办事大臣职权考》⑤等。

（5）伯克制度

"伯克制"是我国维吾尔族等突厥语系民族历史上形成的一种官制。18世纪中叶，清朝统一新疆以后，因俗而治，在维吾尔地区继续沿用，并进行了一系列改革，使之成为清朝边疆政策的一个重要组成部分。

---

① 《中国边疆史地研究》2008年第4期。
② 新疆人民出版社2014年版。
③ 知识产权出版社2017年版。
④ 《中国边疆史地研究》2013年第4期。
⑤ 《中国边疆史地研究》2014年第1期。

伯克制研究的论文有：林恩显《清代新疆伯克制度研究》①、冯志文《封建社会晚期新疆的伯克制度初探》②、刘义棠《伯克制度研究》③ 等。刘义棠考证了"伯克"的音、义，认为"伯克一称，始源于古代突厥部落，再由突厥部族渐次传播到其他阿尔泰系民族"。作者进而论述了"伯克制度"的组织、职权、员额、特征，指出："清朝因人、因地、因教的不同，而实施各种不同的边疆政策边疆政治制度，不无其理由存在，亦不无其成功的地方。"苗普生《伯克制度》④ 一书对"伯克"一词的音、意及其语源，伯克制度的形成，清朝政府对伯克制度的改革，伯克制度的行政组织，伯克制度的废除，以及柯尔克孜族、哈萨克族、乌孜别克族等历史上的伯克与伯克制度均做了简洁、准确的阐论，同时还对伯克研究的史料和研究史进行详尽评介，是一部伯克制度研究的入门之书。同时，作者还著有论文如下：《关于伯克制度的形成与发展》⑤、《论清初维吾尔族地区伯克制度的改革》⑥、《废除伯克制度与新疆建省》⑦。此外，刘志霄在其《维吾尔族历史》⑧ 一书中论述到：伯克制度是"构成清朝在天山南北的主要行政建制"，"它是介于札萨克制和郡县制之间的一种行政建制"，"伯克制度既避免了札萨克制过分的封建色彩，同时，也顺应了当地维吾尔族居民的习惯"。相关论文还有：王莎《论〈新疆回部纪略〉与〈回疆则例〉中的伯克制度》⑨、杨亚雄《论清政府对新疆维吾尔地区伯克制度的政策演变》⑩、谢孝明《清代"改土归流"：土司制度与伯克制度的比较》⑪ 等。

---

① 《庆祝朱建民先生七十华诞论文集》1978 年。
② 《喀什师范学院学报》1982 年第 2 期。
③ 《维吾尔研究》，台湾政治大学学报丛书编录委员会 1977 年版。
④ 新疆人民出版社 1995 年版。
⑤ 《西北历史研究》1987 年号，三秦出版社 1989 年版。
⑥ 《清史研究通讯》1988 年第 3 期。
⑦ 《新疆社会科学》1987 年第 4 期。
⑧ 民族出版社 1985 年版。
⑨ 《山西档案》2017 年第 6 期。
⑩ 《青海师范大学学报》2016 年第 4 期。
⑪ 《贵州社会科学》2015 年第 12 期。

三　近代中国的边疆管理研究

（一）综论方面

清朝政府根据"因地制宜""因俗而治"方针，针对各个边疆地区的不同情况，制定了相应政策，设置了相应的管理机构，并不断完善、强化对边疆地区的管理。但进入近代以来，边疆危机频仍，清政府原先推行的行之有效的边疆政策走向破产。同时随着半殖民地、半封建社会的逐步形成，中国的经济成分和社会结构也发生了明显变化，地方行政机构不断出现严重失灵和失控状态，在边疆地区表现尤为严重。清政府在边疆管理上虽采取了一系列补救应变对策，包括从中央到地方的边疆管理体制上的调整。对此问题的研究，虽远不及对清朝前期边疆政策研究深入，但也日益引起学者们的关注。刘子扬编著《清代地方官制考》[1]对近代以来边疆地区官制，以及负责海防事务同知以下官吏的变化，作了较详尽的概述。徐学林《中国历代行政区划》[2]则对更少为研究者问津的中华民国时期的地方行政设置和管理作了虽简略但颇为全面的介绍。综论方面还有赵云田《近代我国边疆民族中央管理机构的演变》[3]，作者从中国社会半殖民地半封建化进程的逐步演进，国家政治机构的陵替和调整的大背景出发，认为"晚清时期边疆民族中央管理机构最大变化，是理藩院改称理藩部"，名称的改变，其职能也发生了变化。"理藩部对俄交涉职能的丧失，是俄国政府单方面愿望的实现，是清政府屈从于资本主义列强的产物。"文章还对北洋时期蒙藏事务局，以及它的后身蒙藏院、民国政府蒙藏委员会的设置、沿革、职掌进行了客观述评。

新世纪以来有关近代边疆治理综论性的学术著作值得重视。

王宏斌《晚清边防：思想、政策与制度》上、下册[4]，该书专门研究

---

[1] 紫禁城出版社1988年版。
[2] 安徽教育出版社1991年版。
[3] 《中国边疆史地研究》1991年第1期。
[4] 中华书局2017年版。

晚清七十年（1841—1911年）中国陆地边疆防务，系统考察了各个时期朝野人士对于边防问题的思考和建议，以及清廷对于边防政策的不断调适，并对清末军制改革在边疆地区的实施情况与巡边制度的沿革进行了细致梳理。作者认为，清廷对边防思想、政策和制度进行的调适和探索尽管充满着困惑和屈辱，但它对于我们今天建立现代化的国防，仍具有重要的参考价值。

阿地力·艾尼《清末边疆建省研究》，该书力图把始自19世纪80年代中期前后清政府对边疆地区统治方式的根本性变化作为一个重要的转折点，探讨清政府是如何将边疆地区纳入同质性、排他性的"中国"秩序中的，即以清末边疆地区建省为三轴，分析探讨清政府如何通过一系列的政策性措施将其版图逐渐整合到一元化的国家之中，如何将传统前近代国家改变为近代主权国家以及这种转变所产生的深远影响。[①]

赵云田《清末新政研究——20世纪初的中国边疆》[②]，该书以档案史料为基础，充分吸收了国内外研究成果，对东北、蒙古、新疆、西藏新政的实施进行了全方位的研究，对众多复杂问题进行了深入分析，既肯定了新政的历史作用，又剖析了其最终失败的原因，书中特别强调了边疆地区新政实施者的爱国情怀和忧患意识，对当今中国社会改革有着重要的启示和借鉴作用。

冯建勇《辛亥革命与近代中国边疆政治变迁研究》[③]。该书选择辛亥革命这一具有传承意义的历史时点，从民族国家构筑的视角，考察晚清民初时期边疆地区的政治实态和民族心理，乃至该地区对中国国家的认同状况。将具有诸多共同点的外蒙古、新疆、西藏，置于同时代的位置上予以探究，同时还从民族国家构筑的角度对辛亥革命前后边疆地区政治变迁的整体状况进行了阐论。

欧阳湘《清末边疆省份司法改革的特殊政策述论》[④]论述了清政府在边疆省区所推行的特殊政策：在普设法院问题上力求减少应设厅数、降低

[①] 黑龙江教育出版社2012年版。
[②] 黑龙江教育出版社2004年版。
[③] 黑龙江教育出版社2012年版。
[④] 《中国边疆史地研究》2009年第3期。

编制标准和展缓筹设期限，在司法人才培养方面施行灵活措施，以便不拘文法选拔官员并吸引省外人才，法政教育则以速成为特色；在法官考试和作用方面，法部在西部六省专设考场，录取标准也较京师考场为宽松。进而指出：这种特殊政策有助于推进边疆省份的司法改革。

（二）对不同边疆地区的管理研究

由于边疆地区情况各异，更多的研究是侧重于具体地区的具体变化。

东北地区。赵云田《晚清东北军政管理机构的演变》[①]对光绪年间盛京将军、吉林将军、黑龙江将军三将军体制的变化，直至最终废除军府制，建立行省的演变进程、原因和作用做了论述，认为："清代东北边疆管理机构，通过晚清的官制改革，由三将军体制演变为建行省、设督抚，在行政、立法、司法等方面表现出了近代国家机构的特点，不仅从一个侧面反映了清朝由盛到衰，而且也一定程度上反映了东北地区社会的发展。"康沛竹《日俄战争后的清廷东北防务》[②]认为，清政府面对边疆危机加剧，在东北地区采取了相应举措，以期缓解"龙兴之地"内外交困的危机局面，其举措有三：变革行政体制——改建行省；继续推行移民实边政策；整军经武以固边防。文章还论述了这一时期主政东北的边吏赵尔巽、徐世昌、锡良、程德全、吴禄贞、宋小濂的政绩。刘家磊《略论清季东北移民实边政策》[③]，考察该政策由封禁到开放，由虚边到实边的发展过程。许淑明《清末黑龙江移民与农业开发》[④]认为，1904年以后，清政府在东北实行土地开放政策，使黑龙江农业开发迅速发展。刘金明《北洋政策对鄂伦春族的政策与"安边"》[⑤]指出，北洋政府对鄂伦春族推行的一系列政策，虽然半途而废，但在当时历史条件下，仍起到安抚东北边疆的某些作用，"主要表现在：一定程度上强化了北洋政府对东北边疆地区的管辖，促进了鄂伦春族农业生产的初步发展，为鄂伦春族培养了一批具有一定文化知

[①] 《中国边疆史地研究》1992年第4期。
[②] 《近代史研究》1989年第3期。
[③] 《清史研究》1991年第2期。
[④] 《中国边疆史地论集》，第195—209页。
[⑤] 《中国边疆史地研究》1993年第4期。

识的人才"。吴禄贞于1907年调迁延吉边务帮办、督办，治边颇有建树，靳大经《吴禄贞经略延边的历史功绩》①认为，吴禄贞是为维护延边领土主权，为延边开发建设做出重要贡献的杰出人物。高月《清末东北新政研究》②基于清末在传统的"满汉一家""中外一体"的"大一统"理念已然失去效用的情况下，王朝统治者必须寻找新的统合手段，以增加王朝中央政府对全部疆域的统治力和各民族对于王朝的认同，清王朝的办法是在全国范围内推行颠覆传统体制的新政改革。本书以清末东北新政为研究对象，从疆域统合的角度切入，阐明清王朝通过在东北实施新政，意图实现疆域的均质化，以达到重新统合疆域之目的。

蒙古地区。学者们研究重点之一是清末移民实边政策和清朝政府在蒙古地区推行的"新政"。翁独健主编《蒙古族简史》③、郝维民主编《内蒙古近代简史》④均有专章专节论述近代以来清朝政府对蒙政策的调整，其主要方面是：放垦蒙地、始行新政；筹蒙改制，强化统治。前书认为："清末大规模'移民实边'，从长远的历史影响看，对蒙古地区的进一步土地开发，是有一定成效的，对蒙古族自身农业的发展，也不无裨益。但是，清政府不顾蒙古地区各阶层的普遍反对，强制推行放垦蒙族土地，搜括巨额押荒银，严重激化了民族矛盾和阶级矛盾，造成了社会动荡。充实边防的目的不但没有达到，而且增加了许多新问题，使危机日益加深，给俄日帝国主义对蒙古封建上层的蛊惑煽动以可乘之机"⑤，应该说这样的分析是比较中肯的。但对这一问题学者们认识并不一致。内蒙古社科院历史所学者们撰写三卷本《蒙古族通史》⑥指出："清末'移民实边'政策的推行，不管统治阶段曾经有过什么样的动机，但最终结果是造成了对内蒙古地区社会生产力的破坏，加剧了阶级矛盾和民族矛盾，也更加暴露了清末统治者的腐败；'移民实边'并没有起到充实地方、抵御帝国主义入侵

---

① 《社会科学战线》1991年第3期。
② 黑龙江教育出版社2012年版。
③ 内蒙古人民出版社1985年版。
④ 内蒙古人民出版社1990年版。
⑤ 翁独健：《蒙古族简史》，第277—288页。
⑥ 民族出版社1990年版。

的作用。"卢明辉《清代蒙古史》也认为："自推行'移民实边'和'新政'以来，致使蒙旗札萨克以下皆有所失，而无一所得，对广大蒙古族人民更加重了政治压迫和经济剥削。"这一论题的论文还有田志和《论清末东部蒙旗地区的移民实边问题》①等。关于民国时期历届政府对蒙古地区治理的研究主要有：王德胜《北洋军阀对蒙政策几个问题的初析》和乌兰少布《中国国民党对蒙政策（1928—1949年）》②。前文在分析了北洋政府蒙藏院的设置、职责后指出："在蒙古地方行政机构方面，袁世凯政府同样是沿袭了清政府分割统治蒙旗，加强军事监督的传统政策，并且将清末在蒙古地区划分行省的计划向前推进了一步。"后文认为这一时期"所实行的统治政策大体上可以说是自清末以来中国统治阶级在蒙古地区推行移垦、同治（在政治上和行政上使蒙古地区与内地汉族地区'一体化'）、同化政策的延续和发展"，这一政策可以简单地表达为"蒙地汉化"政策，十分明显它与"清中叶以前对蒙古实行的封禁、分治、隔离政策恰好截然相反，其对比是非常鲜明的"。

乌力吉陶格套《清至民国时期蒙古法制研究——以中央政府对蒙古的立法及其演变为线索》③，该书主要以中央政府对蒙古的立法及其演变为线索，研究与清至民国时期蒙古法制演变有关诸问题。

闫天灵《汉族移民与近代内蒙古社会变迁研究》④以汉族移民及汉族移民社会的成长为中心，对汉族移民的原因、方式、类型、过程、数量、分布、祖籍地、迁移路线、移民的定居化与本土化，移民过程中的蒙汉关系，移民社会的生产方式、土地制度、租佃习惯、社会分层与社会控制、生活状况与风俗习惯、移民社会的社会问题进行了全面考察。通过对社会历史事象进行纵切式研究，以"问题"统领全局，在具体方法上，主要以历史学实证研究为基础，最大限度地占有史料，通过史料展现以往的社会生活场景，同时又注重个案研究和比较研究，对移民过程中的关键环节、引领人物进行典型剖析，将内蒙古移民与东北、台湾移民，以及内蒙古各

---

① 《北方文物》1987年第2期。
② 《内蒙古近代史论丛》第3辑。
③ 内蒙古大学出版社2007年版。
④ 民族出版社2004年版。

分区移民进行纵横对比，凸显塞外移民社会的丰富内涵和个性特征。该书前言中对该研究命题的中外文文献史料进行了介绍，对国内的相关研究成果也做了综述，为读者进一步深入研究提供了方便。

新疆地区。光绪年间新疆建省是新疆近代史上的一件大事，是清政府巩固其在新疆统治的一个重要举措。新疆社科院民族所编著《新疆简史》第二册[①]和钟兴麒《新疆建省述评》[②]，对新疆建省的前前后后以及历史作用做了较详尽的评述。纪大椿《论清季新疆建省》[③] 指出："由新疆建省而密切了新疆与全国各族人民的政治、经济联系，巩固了各族人民在反帝反封建斗争中用鲜血凝成的情谊，加速了西陲边疆的开发与发展。这些都是当时的封建朝廷和官吏未曾意识到的。"这方面论文还有：沈传经《论新疆建省》[④]、齐清顺《新疆建省及其历史意义》[⑤] 等。研究新疆建省必然要涉及龚自珍、左宗棠、刘锦棠三个历史人物。首先提出新疆建省之议的是龚自珍。纪大椿《龚自珍和他的〈西域置行省议〉》[⑥]具体分析了这一正确主张的内容，认为其最大的贡献在于，"用历史发展的观点分析了新疆实施行省制度的必然性"，所有这些"都是他超过前辈，站在时代的前列而提出的新的斗争任务"。韩式朋《龚自珍议新疆防务》[⑦] 认为，新疆建省和移民实边有利于新疆的稳定，而加强防务的最好办法就是移民实边。这方面论文还有：丁汝俊、马春燕《龚自珍〈西域置行省议〉述评》[⑧]，季镇淮《龚自珍简论》[⑨] 等。左宗棠是新疆建省的实践者。杜经国《左宗棠与新疆》一书对左宗棠关于新疆建省的思想和筹划进程作了剖析，认为"维护西北边防的安全是左宗棠主张在新疆建省的根本出发点。他在这方面的一切部署，从政治、经济到边事，都是

[①] 新疆人民出版社1980年版。
[②] 新疆大学出版社1993年版。
[③] 《新疆社会科学》1984年第4期。
[④] 《新疆历史论文续集》，第393—413页。
[⑤] 《西域史论丛》第1辑。
[⑥] 《新疆历史论文集》，第354—368页。
[⑦] 《北方文物》1984年第2期。
[⑧] 《西北民族学院学报》1988年第2期。
[⑨] 《北京大学学报》1985年第1期。

为这个根本目的服务的"①。同类论文还有：董蔡时《论左宗棠与新疆开置行省》②、牛济《左宗棠与新疆改设行省》③ 等。塞防与海防之争与新疆建行省的争论是有直接关联的，赵春晨《清季关于新疆问题的争论》④ 对清廷对于新疆问题的战略决策作了有益探讨。作者认为争论重点有四个：一是咸同年间放弃新疆论调的抬头，二是"海防"与"塞防"之争，三是南疆弃取之争，四是建省之争。这方面论文还有：张立真《评左宗棠的塞防理论与实践》⑤ 牟安世《论中国近代史上的"塞防"与"海防"之争》⑥、杨策《论所谓海防与塞防之争》⑦、黄顺力《重议海塞防之争》⑧、杨东梁《论中国近代的海防与塞防》⑨、董蔡时《再论左宗棠与李鸿章新疆防务之争的性质》⑩、杨光楣《也谈清代同光年间"海防"与"塞防"之争的性质》⑪ 等。由于左宗棠在新疆期间伊犁地区还没有收复，建省问题一直议而不决，直到1884年清政府才下令建省，任命刘锦棠为首任新疆巡抚。台湾学者陈旺城《刘锦棠研究》⑫ 全面、翔实地评述了刘锦棠治疆生涯。管守新《刘锦棠在新疆建省》⑬ 认为："新疆建省的完成，不仅结束了长期以来所处的'藩部'地位，而且统一了与其他各省的政体，成为清朝的第十九个行省。在新疆建省及其建署最后完成的过程中，刘锦棠作了大量的工作"，因此我们"绝不能忽视新疆建省的最终执行和完成者——刘锦棠在其中所起的重要作用"。另外，于维诚《新疆建置沿革与地名研究》⑭

---

① 新疆人民出版社1983年版。
② 《江苏师范学院学报》1982年第1期。
③ 《湖南师范大学学报》1985年第4期。
④ 《西北史地》1983年第4期。
⑤ 《辽宁大学学报》1985年第3期。
⑥ 《河北学刊》1986年第3期。
⑦ 《近代史研究》1987年第4期。
⑧ 《福建论坛》1988年第6期。
⑨ 《军事历史》1990年第6期。
⑩ 《近代史研究》1992年第1期。
⑪ 《史学月刊》1992年第1期。
⑫ （台北）中国边政协会印行，2003年。
⑬ 《喀什师范学院学报》1992年第2期。
⑭ 新疆人民出版社1986年版。本书修订版，以《新疆地名与建制沿革》为书名，2005年由新疆人民出版社出版。

对于了解近代新疆建置、地名的变化，是一部很有实用价值的参考书。

晚清时期清政府的治疆还有四部著作值得一读。

潘志平《浩罕国与西域政治》①虽然是一部中亚浩罕国的历史著作，且这个汗国早已覆灭并永远地消逝，但二百多年前它崛起之时，甚至于一度盛名中亚，汗国以其国都浩罕为名。清代乾嘉年间浩罕成为清帝国的附属国，听命于清驻喀什噶尔、叶尔羌的边事大臣。19世纪20年代后浩罕崛起，脱离了对清的依附。在道光、同治年间，浩罕成了新疆伊斯兰权贵和卓势力的支持者，不断窜犯骚扰南疆，到了19世纪60年代至70年代阿古柏的"哲德沙尔"政权侵占新疆长达10余年时间。本书是国内第一部探研这一段历史的学术专著。

苏德比力格《晚清政府对新疆、蒙古和西藏政策研究》②，该书以边疆内地政治一体化作为中心论题，研究晚清政府在新疆、蒙古和西藏等边疆地区推行的政策和措施，并对其利弊得失，力求做出客观的分析和总结。

童远忠《近代新疆防务建设研究》③，该书以近代中国历史发展为线索，着眼于"防务"这一独特的视角，以19世纪七八十年代新疆防务形势和防务建设为重点，从清朝统治当局治边理念、边防政策、边防制度和边防效果等方面，对近代新疆防务进行系统考察，概述其兴衰历程，揭示近代新疆防务建设的特点、规律和成败得失，总结其历史启示和经验教训。

徐中煜《交通态势与明清经略新疆研究》④，该书通过深入研究交通运输与中央政府经略新疆之间的关系，探寻交通运输形势与治理模式之间蕴含的逻辑关系，进一步厘清"交通运输"的概念、内涵，并对研究历史时期的交通运输提供一定的参考维度。

西藏地区。清朝驻藏大臣制沿革的研究始终是清朝西藏管理体制的一个研究重点。吴丰培、曾国庆《清代驻藏大臣制度的建立与沿革》⑤指出，

---

① 新疆人民出版社2006年版。
② 内蒙古人民出版社2005年版。
③ 江西人民出版社2011年版。
④ 黑龙江教育出版社2013年版。
⑤ 中国藏学出版社1989年版。

1845年至1911年是驻藏大臣职权松弛时期。驻藏大臣制度研究离不开驻藏大臣研究。吴丰培、曾国庆《清代驻藏大臣传略》① 和贺文宣《清朝驻藏大臣大事记》② 是两部颇见功力的资料性研究著作。前者为有清一代正副驻藏大臣36人立传，后者则辑录了从康熙四十八年正月（1709年3月）到宣统三年（1911）共202年间派往西藏的148位正、副大臣计182任的驻藏事迹1370余条目，内容主要有：签掣达赖、班禅的呼毕勒罕，看视达赖、班禅坐床，颁赏金册，任免西藏地方政府重要官员，制定藏内各种章程，办理对外交涉，调遣营伍，巡阅边防，抗击外寇，抚绥地方，监制钱币，稽查财政，等等。朱先华《清末西藏新设机构及其活动概述》③ 从研究清政府在藏地推行"新政"的角度指出，晚清政府的"筹藏"政策不够健全和完善，虽对推进西藏地方各项工作的发展起到了一定的作用，但它脱离了西藏地区的历史特点和社会实际。因而"不仅没有起到积极的历史作用，相反还造成了严重的后果和影响，它使西藏地方与中央的矛盾日趋尖锐，使帝国主义乘机插手西藏事务，干涉中国内政，使中华民族几度面临西藏被分裂出去的危险"。但也有研究者对晚清政府在西藏的活动予以肯定。张世明《清代前后期藏族地区开发比较研究》④ 对清代后期清政府对藏区开发评价甚高。陆莲蒂《简论清末西藏地方与中央王朝的关系》⑤ 通过对光绪十三年日喀则僧俗"恭贺皇帝亲政"藏文文书考释，认为此举"有力地说明了清末中央政府对西藏地方继续行使国家主权的史实"。对晚清驻藏大臣的个案研究中，比较一致认为升泰和有泰"可谓是昏聩无能之徒"的典型代表，但对琦善、张荫棠和联豫评价存在分歧。吴丰培《试论升泰和有泰》⑥ 通过对他们二人为官西藏的历史考察，认为这二人劣迹多端，丧权辱国，媚外苟延，贪婪昏聩，乃驻藏大臣昏聩之最，是破坏汉藏人民团结的罪魁。文中引述了有泰1904年有关与英国交涉经过的日记，

---

① 西藏人民出版社1988年版。
② 中国藏学出版社1993年版。
③ 《中国藏学》1988年第2期。
④ 《中国边疆史地论集》，第350—367页。
⑤ 《西藏研究》1986年第1期。
⑥ 《中国边疆史地论集》，第368—390页。

实是一份不可多得的罕见史料。关于琦善，吴丰培、曾国庆在《清朝驻藏大臣制度的建立与沿革》一书中认为，琦善在强调驻藏大臣地位的某些职权的同时，放弃了"财务督权"和"部分兵权"，因此，"驻藏大臣自琦善之后有一定程度的削弱"。邓锐龄《关于琦善在驻藏大臣任上改定藏事章程问题》[①]则认为，琦善以驻藏大臣任期内"积极坚决地行使驻藏大臣的权力"，因此，"说琦善在任期间做了什么事就能促使此后驻藏大臣的权力萎缩，还是一个疑问"。徐君《从"固川保藏"到"筹边援藏"：晚清西南边防意识之形成——以丁宝桢督川十年（1876—1886）为例》[②]，以丁宝桢十年督川治边为例，探讨了晚清政府在海防、塞防俱紧背景下川藏经营思想的形成，以及"固川保藏""筹边援藏"等边防策略的实施情况。1906年出任驻藏大臣的张荫棠治藏政绩得到多数研究者的肯定。许广智《张荫棠"查办藏事"始末》[③]认为，这是西藏近代史上一次重要事件，是一场值得充分肯定的进步的改革，为后来西藏社会的发展产生了不可忽视的作用和影响。赵富良《试论张荫棠"查办藏事"及其治藏方针》[④]指出，张荫棠"惩治腐败，肃清吏治，使得全藏人心振奋，他锐意改革，推行新政，虽因种种原因而未能如愿完全实施，但其治藏的思想方针和推行新政的改革精神仍具有不可抹煞的历史意义"。冯丽霞《试论张荫棠"查办藏事"的性质》[⑤]也认为，张荫棠"查办藏事"是"一场值得充分肯定的进步的改革"。但余子明《论晚清政府在西藏的若干政策》[⑥]却认为，张荫棠推行"新政"随心所欲，操之过急，直接给西藏上层分裂分子造成口实，也难辞其咎。总之对张荫棠在藏实施"新政"的评价是褒多贬少。关于联豫，一般认为其人刚愎自用、排斥异己、独揽大权，对十三世达赖出逃及后来清朝政府与西藏地方矛盾的激化负有责任。但张世明

[①]《民族研究》1985年第4期。
[②]《中国边疆史地研究》2009年第2期。
[③]《西藏研究》1988年第2期。
[④]《西藏研究》1992年第2期。
[⑤]《西藏研究》1987年第4期。
[⑥]《民族研究》1991年第1期。

《联豫在清末新政期间对西藏的开发》[1] 认为，联豫在西藏实行新政终致失败，但他"对西藏的开发建设做出了一定的成绩，功不可泯"。民国时期治理西藏问题的研究才刚起步。祝启源、喜饶尼玛《中华民国时期中央政府与西藏地方的关系》[2] 一书系统论述了1912年至1949年从北洋政府到民国政府的治藏历程。近年还出版了这方面史料集。重要者有《黄慕松、吴忠信、赵守钰、戴传贤奉使办理藏事报告书》[3] 等。

云南地区。秦和平《清末民初对滇西北地区的治理与开发》[4] 对战略地位十分重要、毗邻西藏和四川，界连缅甸、邻通印度的今云南怒江州和保山市近代以来的历史进行了有益研究后指出，面对英帝国主义的侵略，"清末民初孱弱的国力与动荡的政局，对滇西北治理开发行动的继续多有制约，但云南地方当局对此已尽最大努力，并取得相应的积极后果"。陈元惠《从国防与外交机构到特别行政区——清末民国时期云南对汛督办的设立与演变》[5] 指出，云南对汛督办的作用和影响除稳定边疆、巩固国防外，还在开发边疆、建设边疆方面做出了重要贡献，推动了河口、麻栗坡对汛区政治、经济和文化的发展。王文成《解放初期的云南边政与边疆民族区域自治的确立》[6] 虽研究内容已属当代史范围，但以此视角论述新中国成立初期的边疆管辖及其成就的研究之作尚鲜见。以期引起更多研究者对当代边政研究的重视。许新民《清代后期云南封疆大吏的省情认知与国家治理研究》[7]，从新的视角对清代后期封疆大吏群体认知云南省情与国家治理实践问题进行了系统研究。论著在云南边疆民族地区治理体系构建、治理危机应对、治理模式近代转型等重要问题的分析讨论上富有新意。

台湾与海南。台湾建省是近代边疆治理一件大事，陈在正《台湾建省方案形成过程的考察》[8] 概述了同治十三年十一月沈葆桢奏请闽抚移驻台

---

① 《中国边疆史地研究导报》1990年第6期。
② 中国藏学出版社1991年版。
③ 中国藏学出版社1993年版。
④ 《中国边疆史地研究》1992年第2期。
⑤ 《中国边疆史地研究》2008年第2期。
⑥ 《中国边疆史地研究》1992年第4期。
⑦ 中国社会科学出版社2017年版。
⑧ 《历史研究》1987年第5期。

湾起,至光绪十三年改设台湾郡县、领取福建台湾巡抚关防止,前后十三年间台湾建省方案的形成过程后指出,"正是由于加强海防的需要,才促进了台湾建省的实现,这是在外国资本主义加紧对我国边疆的侵略,海疆危机日益严重的形势下实现的。其目的主要是为了加强台湾及东南沿海的海防,以抵御外国资本主义的入侵。因而,具有明显的爱国性质"。近代对台湾的治理和开发,岑毓英和刘铭传是有功的。黄振南《岑毓英与台湾防务》[1],对岑毓英的治台政绩做了分析,指出:在台湾期间"除了进行与军事防务有直接关联的工作外,还亲自指挥创办与百姓生活休戚相关,又与台防有间接关系的公益事业"。刘铭传是台湾建省后首任巡抚,姚永森《刘铭传——首任台湾巡抚》以较长篇幅评述了刘铭传治台经历,指出:"刘铭传是一个巩固祖国统一的促进派,一个台湾近代化的先驱者,也是一个悲剧性的历史人物"[2],萧克非等主编《刘铭传在台湾》[3],是1985年召开的"刘铭传首任台湾巡抚一百周年学术讨论会"论文结集,反映了近代学术界对这一问题的最新研究水平。陈国强《台湾建省初期刘铭传与高山族》[4]则从另一视角,通过刘铭传治台政绩研讨了近代清政府对台湾的管理。关于台湾海防问题研究还有:许良国《左宗棠与台湾海防》[5]、杨彦杰《沈葆桢与台湾海防》[6]、陈在正《1874—1875年清政府关于海防问题的大讨论与对台湾地位的新认识》[7]等。

海南岛是我国海疆的第二大岛,何瑜《近代海南开发》[8]重点论述了光绪年间以来海南岛各族人民开发海南的各个方面,特别对以琼籍华侨为主的海外华人在海南开发中的贡献进行了分析。一些学者还通过海南和台湾开发的对比研究,透视了清政府对海南的治理和开发,如司徒尚纪《海

---

[1] 《民族研究》1989年第2期。
[2] 时事出版社1985年版。
[3] 上海社会科学院出版社1987年版。
[4] 《中国民族关系史论集》,第367—386页。
[5] 《光明日报》1983年12月21日。
[6] 《福建论坛》1982年第1期。
[7] 《台湾研究集刊》1986年第1期。
[8] 《历史档案》1992年第2期。

南岛历史开发对比刍议》①、何瑜《清代台湾与海南经济开发之异同》② 和《清代海南开发述略》③。

在着力于研究近代边疆管理的同时，学者们同时也注意到了近代治边思想研究。毛振发《我国强边思想的演替和发展》④ 认为，经过塞防与海防大争论后、清政府采纳了左宗棠关于"东则海防、西则塞防，二者并重"的主张，决定陆海并重全面加强海防建设。刘庆《中国古代国防政策及其在近代的演变》认为，作为古代边疆政策的"强边固防"，具体言之即"筑墙戍守"，和"开发边疆"而开发的实质是加速边疆牧业或狩猎经济向农业经济的转化。牛俊法《浅析中国近代"争胜型"与"守土型"的国防观》指出："在近代，特别是晚清，对国防影响最大、教训最为沉痛的是消极'守土型'国防观。这种消极守土观表现在对敌情判断上，一些人只见有形之兵，不思潜在之祸，以求苟安为目的。他们无视敌情变化，不做相应准备，而是'战则惊，罢则息'。"林则徐的治边思想和实践在近代有一定的典型性，来新夏《林则徐筹边思想与实践》⑤ 深入分析了林则徐治边思想（塞防与海防）和塞防建设的理论，认为林则徐筹边实践"对于动荡的新疆，增添了若干利于稳定局势的因素，增强了人民的团结和对中央政权的向心力"。他的筹边思想，"对于19世纪以来研究西北史地的风气也起了一定的推动作用"。同类题材论文还有，吴廷帧、刘述宝《略论林则徐对西北边患的预见》⑥、苏瑞海《试谈林则徐的筹边安民思想及其实践》⑦、黄保万《论林则徐筹边思想的发展》⑧ 等。

近代的海防问题也日益为学者们重视。黄顺力《鸦片战争时期传统海防观的影响与扬弃》⑨ 认为："在传统的心态制约下形成的传统海防观是千

---

① 《中国边疆史地论集》，第391—408页。
② 《清代边疆开发研究》，第394—422页。
③ 《中国边疆史地研究》1992年第2期。
④ 《中国边疆史地研究》1991年第2期。
⑤ 《林则徐在新疆》，第1—14页。
⑥ 《西北史地》1984年第1期。
⑦ 《实事求是》1987年第4期。
⑧ 《学术月刊》1987年第6期。
⑨ 《厦门大学学报》1992年第2期。

百年来中国人的生存环境、封建社会经济、政治、文化、观念等等因素综合积淀的产物。"尽管鸦片战争时林则徐采取了"以守为战"的海防战略，但仍未脱出传统海防观的影响。因此，"可以说，传统海防观的内向性、保守性，并没有在一场人们还未充分意识到的近代战争中予以有效的克服和扭转，它从鸦片战争时期起一直影响到洋务运动时期近代海军的建设"。俞世福《浅析中国近代海防论》[①]归纳近代海防论基本思想的五个方面，这就是：主张学西方先进技术，提出以己之长击敌之短的战略战术，强调训练一支有素的海军，改革旧制、组编新水师，强调搞好沿海防地设防。李国华《清末海洋观与海军建设》[②]指出："清末海洋观主要在于寻求军事上的自强，以解决清王朝来自海上的威胁。它推动了近代中国军事的发展，尤其是创建了一支有近代水平的海军。然而，它缺乏对经济利益的揭示追求，因而具有很大的保守性，这种保守性直接间接地影响了清海军建设，成为清海军在中日海战中失败的根本原因。"李少莉《论清末洋务派的海防建设》[③]认为，洋务派"这种大胆引进资本主义'奇技淫巧'，进行了长达二三十年的海防建设的行动，以及这种行动的宗旨都应该肯定的，不能因为它的失败而把其正确的东西一起抹杀"。这方面论文还有，施渡桥《林则徐、魏源的海防战略思想是消极的吗?》[④]、何平立《略论晚清海防思想与战略》[⑤]、史滇生《李鸿章和北洋海防》[⑥]等。

石光明主编，国家图书馆分馆编《国家图书馆藏清代边疆史料稿抄本汇编》全50册，收入的史籍内容包括：1.沿革官制（机构设置、地理沿革等）；2.军事（防御、团练、兵营设置等）；3.经济（地方财政、户口赋税、地方土物产等）；4.文化（地方艺文、金石志、游记等）；5.民族民俗（民族风情、地方志等）；6.大事记（对外交涉、各类案件等）。史料的重要性如马大正在为该书所著序中所指出："这批珍贵史料早日揭开

[①] 《军事历史》1989年第6期。
[②] 《历史研究》1990年第5期。
[③] 《辽宁大学学报》1992年第5期。
[④] 《军事历史》1992年第4期。
[⑤] 《上海大学学报》1992年第3期。
[⑥] 《安徽史学》1992年第3期。

'面纱'，走出'深闺'，为众多研究者所渴望，广大读者所企盼。""必将推动中国边疆史、清史诸研究领域更加广泛深入地开展，实是学术界喜事，更是清史研究界的盛事！"①

四　民国时期的边疆治理研究②

对于南京国民政府的边疆治理研究，20 世纪 80 年代以降才逐渐得到大陆学界的重视，相关论著不断问世。

（一）综论方面

段金生《南京国民政府的边政》是近年出版的一部力作。该书以南京国民政府的边疆观与民族观，南京国民政府的治边理念与边防机构，南京国民政府治理边疆的策略与实践，南京国民政府边政之总结为题分设四章，近 27 万字。马大正在为该书所撰写的序言中认为：该书"是目前学术界明确以南京国民政府的边政问题为研究对象的首部较系统的学术专著"③。段金生、董继梅《试论南京国民政府边政研究的内容和方法》④ 对南京国民政府的治边理念和实践进行了初步探讨。

关于国民政府的边疆民族政策、边政机构与边疆观念。杨作山《民国时期边疆民族政策刍议》⑤ 考察了民国时期的边政机构沿革与边疆民族政策的实施，认为当时的边疆民族政策对于协调民族关系、稳定边疆、维护统一起到了积极作用，但也具有局限性。周竞红《南京国民政府初期十年边疆民族事务管理机制与政策》⑥ 分析了国民政府初期 10 年的边疆民族管

---

① 线装书局 2003 年版，第 4、5 页。
② 本题主要以段金生《30 年来南京国民政府边政研究综述》(《中国边疆史地研究》2010 年第 3 期) 为基础，由作者删改、增补而成，特予说明。
③ 本书序一，民族出版社 2012 年版，第 2 页。
④ 《云南师范大学学报》2010 年第 1 期。
⑤ 杨作山：《民国时期边疆民族政策刍议》，《固原师专学报》2000 年第 5 期。
⑥ 周竞红：《南京国民政府初期十年边疆民族事务管理机制与政策》，《中国边疆史地研究》2005 年第 3 期。

理机构的设置及其政策，认为国民政府的管理体制事权分散，管理活动缺乏统筹性和系统性，民族政策内容庞杂而缺乏持续性，政策的执行效果有限，但从长时期来看，这些政策对统一多民族国家的整合仍然起到一定的历史作用。段金生《南京国民政府的边疆观念及民族认识》[1] 认为"九一八"事变之前，南京国民政府的边疆认识以蒙、藏、新为重心，将边疆问题与民族问题等同，边疆区域范围的界定较模糊；事变后西北、西南边疆在其视野中地位开始提升，边疆区域范围的界定才相对明确。

马玉华《国民政府的边疆民族政策初探》[2] 探讨了民国时期的民族观及国民政府边疆民族政策的内容及价值，认为其边疆民族政策大致包括民族平等、扶植边疆民族自治能力、民族边疆文化、经济事业等内容，对改善边疆人民生活，促进整个国家经济的发展具有积极意义。张双志《南京国民政府时期的民族思想和民族政策——以蒙藏问题为中心》[3] 以蒙藏问题为中心，考察了南京国民政府的民族思想与民族政策，认为这些思想与政策有一部分符合国情和边疆地区的情况，但民族理论背弃了孙中山的对外反帝民族思想，并否认少数民族的存在，其政策仅注重蒙藏地区，而忽视其他少数民族的存在，代表的是统治阶级的利益。孙懿《抗战时期民国政府的边疆教育政策》[4] 探讨了国民政府"边疆教育"概念的提出、边疆教育政策的内容及其施行等问题，对抗战时期国民政府的教育政策有较详细的阐述。

李国栋《民国时期的民族问题与民国政府的民族政策研究》[5] 一书研究和总结了国民政府民族政策的发展过程，民族事务管理机构与制度，少数民族政治政策与对边疆民族地区的治理，边疆民族经济政策以及西北开发，边疆民族教育政策与少数民族宗教政策等，认为国民政府的民族政策有整体系统性，并以法律的形式规范了民族政策的基本内容，其民族平等

---

[1] 段金生：《南京国民政府的边疆观念及民族认识》，《云南民族大学学报》2009年第6期。
[2] 马玉华《国民政府的边疆民族政策初探》，《贵州民族研究》2007年第5期。
[3] 张双志：《南京国民政府时期的民族思想和民族政策——以蒙藏问题为中心》，《中国藏学》2003年第4期。
[4] 孙懿：《抗战时期民国政府的边疆教育政策》，《中国边疆史地研究》2005年第4期。
[5] 李国栋：《民国时期的民族问题与民国政府的民族政策研究》，民族出版社2007年版。

虽凸显历史进步，但流于形式，使之具有欺骗性与虚伪性。郑汕主编《中国边防史》①对中国历代边防问题进行了较为系统的考察，其中对国民政府各个时期边防的历史背景、对边疆的经营、边防举措等进行了研究。李鸣《中国近代民族自治的历史演进》②论述了近代中国民族自治的历史过程，研究了国民政府在民族立法上采取的措施，认为国民政府往往将民族问题作为边疆问题来考虑，国家主权观念浓郁，民族自治收效甚微。

赵云田《近代我国边疆民族中央管理机制演变》③考察了国民政府蒙藏委员会的机构设置及其功能，认为蒙藏委员会的设立，促使国民政府颁布一些有利于民族关系的法令及采取一些安定边疆少数民族的措施，并兴办教育以培养蒙藏青年。但由于现实政治环境等方面的影响，许多良好的措施并未得到施行。同作者《中国治边机构史》④一书，对国民政府的治边机构及其职能等做了阐述。

马大正主编《民国边政史料汇编》⑤和《民国边政史料续编》⑥是两套有关民国边政的大型史料汇集。前书全 30 册，所收文献分期刊类、档案资料类、专著类。期刊类收录了两种当时颇有影响，且目前不易查得的期刊：《边政公论》和《西陲宣化使公署月刊》，档案资料类收录了两组档案蒙藏委员会公报，川康边政资料辑要和西康省临时参议会第二届第一次大会汇编；专著类收录了 20 世纪 20—40 年代出版的专著 15 种，涉及省区有新疆、青海、宁夏、西藏和当时的西康省，后书收录了 20 世纪前半叶具有一定影响的期刊五种：《边疆通讯》《中国边疆》《中国边疆建设集刊》《西南边疆》《康导月刊》和《蒙藏委员会工作报告》。马大正在《民国边政史料汇编》序中指出："学人深感二十世纪前半叶中国边疆研究的相关资料数量庞大，收藏分散，加之由于边疆研究物件的特殊性，当时一

---

① 郑汕主编：《中国边防史》，社会科学文献出版社 1995 年版。
② 李鸣：《中国近代民族自治的历史演进》，《云南大学学报》2007 年第 5 期。
③ 赵云田：《近代我国边疆民族中央管理机制演变》，《中国边疆史地研究》1991 年第 1 期。
④ 赵云田：《中国治边机构史》，中国藏学出版社 2002 年版。本书实是同一作者《中国边疆民族管理机构沿革史》（中国社会科学出版社 1993 年版）的同书异名翻版，遗憾的是在《中国治边机构史》中未做任何说明！
⑤ 国家图书馆出版社 2009 年版。
⑥ 国家图书馆出版社 2010 年版。

些著名团体，一些活跃的领导人物，不少都带有旧时代深深的烙印。因此，当时轮进入社会大变革的二十世纪下半叶，上述这些团体和人物很多被扫入历史后院，成为被人们遗忘的角落，由此给今日研究者在资料收集上带来极大的不便和困难。"汇编所集"虽然仅是浩如烟海的民国时期边政史料的小小一部分……但对研究者来说，实是一批寻觅不易而又十分重要的资料"①。

（二）民国政府的西藏治理研究

国民政府的西藏治理是学界较为关注的问题，不仅论著颇多，对相关档案史料的整理也成绩显著。在档案资料整理方面，主要有《元以来西藏地方与中央政府关系档案史料汇编》《九世班禅内地活动及返藏受阻档案选编》《九世班禅圆寂致祭和十世班禅转世坐床档案选编》《十三世达赖圆寂致祭和十四世达赖转世坐床档案选编》《黄慕松吴忠信赵守钰戴传贤奉使办理藏事报告书》等②，为学者研究国民政府治理西藏提供了良好基础。

关于国民政府的治藏政策。刘国武《1927—1937年国民政府的对藏政策及接管措施》③对抗战以前10年国民政府对西藏民族问题的政策理念和措施，西藏在国民政府中的地位及英国阻挠国民政府接管西藏的做法等进行论析。张羽新《民国治藏要略》④论述了民国中央政府对藏行使主权和施政的情况。陈谦平对第二次世界大战后国民政府西藏政策的制订、实施过程及政策失败的原因做了考察，认为抗战后国民政府对藏政策发生了积极变化，主要表现在力图利用"四强"的地位和英国退出印度的机会，加

---

① 马大正：《民国边政史料汇编》，第1—2页。
② 中国藏学研究中心等编：《元以来西藏地方与中央政府关系档案史料汇编》，中国藏学出版社1994年版；中国第二历史档案馆等编：《九世班禅内地活动及返藏受阻档案选编》，中国藏学出版社1992年版；中国藏学中心等编：《九世班禅圆寂致祭和十世班禅转世坐床档案选编》，中国藏学出版社1991年版；中国第二历史档案馆等编：《十三世达赖圆寂致祭和十四世达赖转世坐床档案选编》，中国藏学出版社1991年版；中国第二历史档案馆等编：《黄慕松吴忠信赵守钰戴传贤奉使办理藏事报告书》，中国藏学出版社1993年版。
③ 刘国武：《1927—1937年国民政府的对藏政策及接管措施》，《史学月刊》2004年第3期。
④ 张羽新：《民国治藏要略》，《中国藏学》2000年第4期。

强中央与西藏地方的联系，政策的核心是全面支持以热振为首的亲中央势力，但在实施过程中对热振事件的处理优柔寡断、导致错失良机。① 陈谦平文章的特点是利用现存台湾的档案较多，弥补了大陆学界对国民政府处理热振事件处理过程不甚了解的缺憾。② 杨作山《民国时期中央对藏政策述论》③ 也论及了国民政府对西藏的方针。谢铁群编著《历代中央政府的治藏方略》④ 设专章探讨了国民政府管理西藏的政策措施。徐百永《政教分离，抑或政教合一？——国民政府对西藏政治和宗教关系的政策考量》⑤ 指出：近代中国，共和体制下的国民政府为消除西藏在国家行政上的"特殊之形式，谋求对其政教合一、宗教至上的社会状况，实现西藏与内地政治一体化，从而巩固边疆。但由于民国时期西藏地方对中央若即若离，因而在不同的历史阶段，国民政府内忧外患不断，作为中央政府无暇也无力根本上打破政教合一的局面，在处理西藏政治与宗教关系的政策层面上进行了诸多调整"。文章认为："要想在西藏这个保守势力相当强大的社会推行政教分离，需要依靠中央政府的强大支持，这个中央政府不是清末的中央政府，也不是历届民国政府，而是1949年成立的新中国。自1959年中央政府平定西藏地方的叛乱开始，到1965年西藏自治区正式成立，西藏真正实现了政教分离，实行了近七百年的政教合一制度才真正成为历史。"孙宏年《蒙藏院与民国时期的西藏治理述论（1914—1928）》⑥ 对这一时段主管蒙藏事务的中央机构，在西藏治理方面所做的工作做了述论，并指出：这些工作对加强中央政府与西藏地方的联系，稳固西南边疆还是产生了作用。

皮明勇《九世班禅返藏受阻事件与国民政府的治藏策略》⑦ 考察了九世班禅返藏受阻事件与国民政府的治藏策略，指出国民政府的对藏策略以和

---

① 陈谦平：《战后国民政府的西藏政策》，《南京大学学报》2002年第3期。
② 陈谦平："热振事件"与战后国民政府的西藏政策》，《民国档案》2006年第1期。
③ 杨作山：《民国时期中央对藏政策述论》，《西北第二民族学院学报》1993年第4期。
④ 谢铁群编著：《历代中央政府的治藏方略》，中国藏学出版社2005年版。
⑤ 《中国边疆史地研究》2010年第4期。
⑥ 《中国边疆史地研究》2008年第4期。
⑦ 《近代史研究》2000年第4期。

平、安抚为基本方针，计划利用宗教手段并附加低水平的军事压力来解决西藏问题；认为国民政府所选择的治藏方式缺乏实践的可行性，确立的治藏目标与采用的手段不相适应，对外国势力的干涉亦无有效的应对办法。孙宏年《九世班禅圆寂、转世与国民政府的治藏政策研究（1937—1949）》① 一文对在处置九世班禅灵童寻访、十世班禅坐床时，国民政府坚持把宗教仪轨与历史定制结合起来，坚决维护中央政府的主导性和权威性，在复杂的国内外局势变化中有力地维护中央政府在边疆地区的权威。郎维伟《国民政府在第三次康藏纠纷中的治藏之策》② 探讨了第三次康藏纠纷中国民政府的应对之策，认为这些治策对维护国民政府与西藏的统属关系、平息纠纷起到一定的积极作用。邓锐龄等著《元以来西藏与中央政府关系研究》③ 一书从中央与地方关系的角度研究了元代以来西藏地方政府与历届中央政府的关系，并叙述了国民政府初期的治藏措施、十三世达赖喇嘛圆寂时中央政府调整与西藏地方关系、中央政府调解班禅与噶厦的关系、热振及达札摄政时期西藏地方与中央政府关系、九世班禅转世灵童的寻访与认定和十世班禅坐床典礼的主持、国民政府办事处被迫离藏等方面是目前学界关于这一问题较为全面的论著。陈谦平《西藏革命党与中国国民党关系考》④ 通过对西藏革命党与中国国民党关系的考证，指出国民政府采取积极方式以图实现中央政府对藏行使主权的目的。胡岩认为南京国民政府反对帝国主义分裂西藏的活动，维护了中国领土的完整和中华民族的最高利益，并考察了1942年至1943年英国干涉西藏事务及国民政府的应对经过。⑤

还有研究者从国民参政会、政府财政预算方面入手，对国民政府的治藏政策进行研究。孙宏年《国民参政会与国民政府的治藏政策——以治藏议案为中心》⑥ 与《国民参政会中的藏族参议员与国民政府治藏政策》⑦

---

① 《中国边疆学》第四辑，社会科学文献出版社2015年版。
② 《民族研究》2005年第4期。
③ 中国藏学出版社2005年版。
④ 《历史研究》2002年第3期。
⑤ 胡岩：《南京国民政府反对帝国主义分裂西藏的历史考察》，《民国档案》2003年第2期；《抗日战争时期国民政府对英国分裂西藏的一场斗争》，《西藏研究》1999年第1期。
⑥ 《中国边疆史地研究》2002年第3期。
⑦ 《西藏研究》2001年第4期。

两文，前文归纳了国民参政会有关西藏或藏区治策的议案，认为议案对推动藏区的社会进步，维护边疆稳定和国家统一起到重要作用；后文论述了国民参政会中藏族参议员的组成及其所提议案的内容，指出议案虽未全部得到实行，但有利于中央政府制订和实施更为全面的治藏政策。陈崇凯、刘淼《从国家预算看民国政府对西藏的财政收入与管理——兼驳"民国西藏独立论"》[①] 利用民国时期国家预算、西藏的岁入岁出等报表及其他档案资料等，分析了民国中央政府对西藏财政投入的种类、数量和性质，并论述了南京国民政府抗战前后开发建设西藏的主要举措。

徐中林、王希隆论述了国民政府对藏文化教育政策。[②] 刘琳琳、王立艳从法律的角度，研究了国民政府治理西藏的措施。[③] 唐景福《民国时期历届中央政府维护西藏主权的措施》、喜饶尼玛《民国时期的西藏地位刍议》两文，均论及国民政府的对藏政策。[④] 丁玲辉《清末民国时期中央政府在西藏办学始末》[⑤] 认为国民政府较注意西藏的教育，先颁布《三民主义教育实施原则——蒙藏教育》《边地青年教育及人事行政实施纲领》等文件，并采取制定边疆民族教育计划、编译教材、在藏区推行国民教育制度等措施。

周伟洲《1932—1933年西藏的政局》[⑥] 论述了西藏政局对康青战争的影响、十三世达赖喇嘛的"公开信"、两位活佛系统间的论争与国民政府的调解、九世班禅返藏等问题，认为国民政府自成立起便力图改善与西藏地方政府的关系，西藏地方也接受国民政府的统治。喜饶尼玛《民国时期出席全国性政治会议的西藏地方代表》[⑦] 也探讨了民国时期西

---

① 《西藏大学学报》2007年第1期。
② 徐中林、王希隆：《试论民国时期中央政府对西藏的文化教育政策》，《中国藏学》2004年第2期。
③ 刘琳琳、王立艳：《民国治藏法律研究简述》，《中央政治管理干部学院学报》2001年第5期。
④ 唐景福：《民国时期历届中央政府维护西藏主权的措施》，《中国藏学》1997年第1期；喜饶尼玛：《民国时期的西藏地位刍议》，《青海民族学院学报》1995年第2期。
⑤ 《西藏民族学院学报》2006年第5期。
⑥ 《思想战线》2007年第3期。
⑦ 《中国藏学》1989年第2期。

藏与中央的关系。陈崇凯《民国时期西藏地方代表参政议政活动述略——再驳"民国西藏独立论"》①论述了历届中央政府通过设置管理机构、派遣驻藏长官和设立办事机构、中央人员进藏册封和主持坐床仪式等措施,来维护对西藏的主权。石硕《民国时期西藏独立质疑》②论及了国民政府时期中央与西藏地方的关系。陈立华《浅析 1943 年喜饶嘉措进藏受阻事件》③根据台湾出版的《蒙藏委员会驻藏办事处档案选编（1—6）》,对 1943 年喜饶嘉措入藏受阻的原因及过程做了分析。付晓丽《国民政府与 1947 年西藏"商务代表团"的出访》④考察了 1947 年西藏"商务代表团"出访事件中国民政府的应对措施,认为国民政府通过与美英艰难的外交斗争,最终遏制了西藏地方政权分裂的企图。张子新、喜饶尼玛《略论达扎摄政时期西藏的政局》⑤论述了达扎摄政时的西藏政局。

刘国武《南京政府对康藏纠纷的定性及解决措施》和《三十年代初的川藏战争》、王燕《浅析第三次康藏纠纷》、周伟洲《1930—1933 年西藏与康、青战争之研究》等文,分别对康藏纠纷、川藏战争、康青战争等的起因和经过,以及国民政府的处理措施等进行了论述。⑥吴彦勤《清末民国时期川藏关系研究》⑦从一个新的视角审视清末民国时期西藏与四川之间的关系演变,自光绪二十二年（1896）四川总督鹿传霖提议将瞻对重新划归四川为缘起,论述了巴塘事件,赵尔丰的川边改革,清末入藏川军始末,民元四川军政府的"缓藏",1917 年和 1930 年两次川藏战争,1942 年国民政府未实现的"征藏"计划等重大历史事件。

---

① 《青海民族学院学报》2004 年第 2 期。
② 《中国藏学》1995 年第 1 期。
③ 《西藏大学学报》2006 年第 4 期。
④ 《历史教学》2007 年第 10 期。
⑤ 《青海民族学院学报》2006 年第 3 期。
⑥ 刘国武:《南京政府对康藏纠纷的定性及解决措施》,《史学集刊》2004 年第 2 期;刘国武:《三十年代初的川藏战争》,《衡阳师范学院学报》2001 年第 1 期;王燕:《浅析第三次康藏纠纷》,《民国档案》2003 年第 2 期;周伟洲:《1930—1933 年西藏与康、青战争之研究》,《西藏民族学院学报》2007 年第 1 期。
⑦ 云南人民出版社 2007 年版。

马守平、喜饶尼玛《国民政府"班禅问题"得失谈》①探讨了国民政府处理九世班禅问题的得失，认为国民政府对班禅的封授及支持其在内地活动，有利于宣传中央政府对西藏行使主权的立场和决心，而让班禅认识国民政府的宗教政策及对藏政策，扩大了国民政府在西藏地区的影响力。但是，国民政府对通过班禅解决西藏问题的期望过高，未能妥善处理西藏两大宗教系统间的关系，反而使西藏噶厦对班禅及国民政府产生了误解。周锡银《从民国时期达赖班禅的转世谈中央主权的行使》②论述了国民政府处理十三世达赖、九世班禅圆寂及转世灵童确认的政策及过程。李鹏年《浅析九世班禅返藏受阻及其原因》③认为西藏噶厦反对、英国干涉、国民政府妥协等导致九世班禅未能返藏。马守平和喜饶尼玛《试析国民政府支持九世班禅在内地活动的历史内涵》、刘慕燕《寻访九世班禅转世灵童及认定十世班禅正身概述》、李鹏年《略述九世班禅圆寂致祭和十世班禅转世坐床》、崔巍《国民政府对九世班禅的后事处理》、格桑达吉和喜饶尼玛《抗战前夕九世班禅额尔德尼在内蒙古的活动》、姚兆麟《班禅大师返藏与〈十七条协议〉》、张践《班辕返藏与"甘孜事迹"》等文，论述了国民政府处理九世班禅的相关问题的情况。④

关于十三世达赖及其转世灵童的相关问题。喜饶尼玛撰文考察十三世达赖喇嘛在民国时期对中央政府的心理嬗变。⑤扎洛《第十三世达赖喇嘛转世灵童候选拉木登珠1938—1939年滞留西宁问题探析》⑥认为，十三世达赖喇嘛转世灵童候选拉木登珠滞留西宁，根据性质可分为两个时期，前

---

① 《西藏民族学院学报》2007年第2期。
② 《西藏研究》1995年第2期。
③ 《中国藏学》1992年第1期。
④ 马守平、喜饶尼玛：《试析国民政府支持九世班禅在内地活动的历史内涵》，《西北民族大学学报》2007年第2期；刘慕燕：《寻访九世班禅转世灵童及认定十世班禅正身概述》，《中国档案》1989年第6期；李鹏年：《略述九世班禅圆寂致祭和十世班禅转世坐床》，《中国藏学》1989年第2期；崔巍：《国民政府对九世班禅的后事处理》，《民国档案》2001年第2期；格桑达吉、喜饶尼玛：《抗战前夕九世班禅额尔德尼在内蒙古的活动》，《内蒙古社会科学》1991年第6期；姚兆麟：《班禅大师返藏与〈十七条协议〉》，《中国藏学》1991年第3期；张践：《班辕返藏与"甘孜事迹"》，《青海民族研究》2007年第5期。
⑤ 喜饶尼玛：《论民国时期十三世达赖喇嘛的心理嬗变》，《中国藏学》1998年第3期。
⑥ 《西藏民族学院学报》2004年第2期。

期是中央政府为改善与西藏的关系,通过阻止拉木登珠与西藏噶厦进行政治谈判,目的在于改善双方关系,客观上为维护中央权威创造了条件;后期是马步芳抗拒中央命令扣留拉木登珠,企图借机控制西藏。李鹏年《试述国民党政府主持十四世达赖喇嘛转世坐床》① 从寻找和确认十三世达赖转世灵童候选人,主持十四世达赖的坐床典礼等方面,对国民政府的相关应对措施做了论述,认为这些做法体现了中央政府对西藏的有效管辖。周伟洲《关于十四世达赖喇嘛坐床典礼的若干问题》② 利用清代、民国、英国印度事务部档案和中外相关研究的成果,对国民政府派吴忠信入藏的原因,办理经印度入藏签证,访晤青海灵童及申报、批准免于掣签,是否主持坐床典礼等几个问题展开论述,批驳了一些西方学者对相关问题的歪曲。

关于相关历史人物的研究。刘国武《论吴忠信使藏》、徐中林和王希隆《吴忠信与西藏》、刘国武《论黄慕松使藏》、周传斌《刘曼卿——民国时期的西藏回族女杰》、喜饶尼玛《民国时期西藏驻京总代表贡觉仲尼评述》等文,考察了体现国民政府治藏措施与政策的相关人物的活动。③

总体而言,学者们的研究涉及国民政府治藏政策的诸多方面,取得了较大的成绩,但仍存在研究重复、整体性研究不足及对一些具体问题的探讨视角过窄等问题。

(三) 民国政府对新疆治理研究

民国时期的新疆,以及国民政府对新疆治理得到学者的关注并有著作问世是20世纪90年代以降。

---

① 《社会科学战线》1991年第4期。
② 《中国边疆史地研究》2007年第2期。
③ 刘国武:《论吴忠信使藏》,《衡阳师范学院学报》2002年第4期;徐中林、王希隆:《吴忠信与西藏》,《兰州大学学报》2005年第3期;刘国武:《论黄慕松使藏》,《云南民族学院学报》2003年第1期;周传斌:《刘曼卿——民国时期的西藏回族女杰》,《西北第二民族学院学报》2000年第3期;喜饶尼玛:《民国时期西藏驻京总代表贡觉仲尼评述》,《中国藏学》2000年第1期。

1. 综论方面

白振声和日本鲤渊信一主编《新疆现代政治社会史略》① 和陈慧生、陈超《民国新疆史》② 是两部断代史的通论之作。李洁《民国时期新疆汉族移民探析》③ 和娜拉《民国新疆地方政府对游牧民族的统治政策》④ 分别对民国政府的政策作了有意义的分论。

李芸《国民政府时期新疆基层行政体系研究》⑤ 指出，国民政府时期新疆省基层行政体系发生了前所未有的变化，即由旧式行政体系渐次迈入近代行政之中。纵观新疆基层行政体系的演进历程，呈现出一定轨迹：多元行政体制改进为一元化的近代县制；行政层级下延至乡镇一级；行政机构趋于科学化；行政人员训练日益系统化。同时，新疆省基层行政的革新也展现出了其特点，即因人兴政；因地制宜；因俗施治。

2. 国民政府的新疆治策

黄建华《国民党政府的新疆政策研究》⑥ 上篇研究国民政府控制新疆的政策与目标的实现，下篇论述国民政府统治新疆的政策，并分析国民政府新疆政策的特点及其形成原因。同作者的《国民政府从金树仁手中谋取新疆的设想与失败》⑦ 与《国民政府从盛世才手中谋取新疆的两次策划及失败的原因探析》⑧ 对国民政府企图从金树仁手中夺取新疆控制权的过程进行了论述，并认为国民政府首次从盛世才手中谋取新疆失败，主要是由于无军事实力做后盾及黄慕松举止失当；第二次失败的原因是苏联出兵帮助盛世才。侯风云《试论南京国民政府统一新疆的斗争》⑨ 从建立省党部与金树仁

---

① 中国社会科学出版社 1992 年版。
② 新疆人民出版社 1999 年版。
③ 《中国边疆史地研究》2009 年第 1 期。
④ 《中国边疆史地研究》2008 年第 1 期。
⑤ 光明日报出版社 2015 年版。
⑥ 黄建华：《国民党政府的新疆政策研究》，民族出版社 2003 年版。
⑦ 黄建华：《国民政府从金树仁手中谋取新疆的设想与失败》，《乌鲁木齐成人教育学院学报》2001 年第 3 期。
⑧ 《国民政府从盛世才手中谋取新疆的两次策划及失败的原因探析》，《喀什师范学院学报》2002 年第 1 期。
⑨ 《试论南京国民政府统一新疆的斗争》，《安徽史学》2004 年第 6 期。

争夺控制、两派宣慰使入新与盛世才争夺控制权、国民党势力入新疆三个方面切入，对南京国民政府统一新疆的过程做了论述。王晓峰《民国时期新疆地方宪政研究》①从历史的维度出发，在宪法的语境下对新疆的治理机制进行了研究，一方面从宏观上考察了民国时期新疆地方宪政的走向，并梳理、评价了影响其发展的各种因素；另一方面从微观上探讨了由传统社会迈向近代化过程中，新疆地方宪政建设的具体实践活动。本书弥补了学界对近代新疆法律制度研究的不足，填补了这一领域研究的空白。

3. "三区革命"研究

1944年11月，在我国抗日战争大后方的新疆伊宁市爆发了以维吾尔、哈萨克族民众为主体的武装暴动，后扩展至整个伊犁地区、塔城及阿山（今阿勒泰）三个行政区，当时的国民政府官方及社会舆论将其称为"伊宁事变"，这即是后来的"三区革命"。此后，随着国内外局势发展，这次武装斗争一直持续到1949年新疆和平解放。因此，这成为新疆现代史及中国边疆历史上一个比较重大的历史事件。因为该武装爆发地是我国新疆靠近苏联的地区，加之新疆在亚洲大陆腹地的重要战略地位，该事件还引起了国际学界的注意。长期以来，国内学界对此事件的研究较为稀少。20世纪90年代以来，对此研究日渐增多。此外，我国台湾学界与欧美学界也出版一批特色鲜明的学术成果。目前学界对已有三篇研究综述，②纵观国内外学界研究，大致可以从史观与史料两个方面进行论述。

（1）不同史观指导下的相关研究

史观是历史研究的灵魂，历史研究是在史观指导下的具体展开。"三区革命"研究在不同的史观指导下而呈现出别样的研究成果。总体观之，指导"三区革命"研究的史观主要是"事变"史观、"革命"史观、"苏联阴谋"史观及反分裂史观四大类型。

①"事变"史观

1944年11月7日，"三区革命"在伊宁爆发，次日，新疆省主席吴忠

---

① 中国政法大学出版社2013年版。
② 马合木提·阿布都外力：《新疆"三区革命"研究综述》，《新疆社会科学》2009年第6期；邵玮楠：《新疆三区革命研究述评》，《民国研究》2014年春季号，总第25辑；文志勇：《中国大陆地区"三区革命"史研究概述》，《西域研究》2015年第3期。

信在日记中记载，为查明"伊宁事变其情"，召集保安司令部于参谋长询问。9日，吴又在日记中记载当日属下报告"伊宁匪患"。11月11日，吴忠信向国民党政府及蒋介石汇报称，驻伊犁部队"日夜与匪巷战"。11月21日，蒋介石侍从室高级幕僚唐纵也在日记中记载是"伊犁匪患"或"伊犁匪乱"。从国民党官员的记载看，新疆省主席吴忠信最早将其称为"伊宁事变"。后改称为"伊宁匪患"。随着局势发展，新疆官员逐渐认识到"伊犁匪患"不是一般的"匪患"，改称为"事变"。1945年2月5日，国民党驻新疆第二十九集团军总司令李铁军在给新疆省政府的电报中称呼"事变仅三月"。9月，新疆给国民党政府的电报中称呼"伊犁事变"。10月3日，国民党政府《处理新疆之意见具申》中亦写明为"伊犁事变"。10月17日，国民党政府代表张治中会见阿合买提江等人时，称为"伊宁事变"。此后，在国民党政府的文件中，多以"伊宁事变"称呼"三区革命"。1946年，国民党政府与"三区革命"代表签署和平条款及成立新疆联合政府后，国民党政府将"事变"改为"事件"。当时舆论界则多称为"伊宁事变"。比如1945年在新疆学院（今新疆大学）执教的陈力于1948年出版《伊宁事变纪略》一书。在其自叙中称"事实上中央政府已予承认，故名之曰'伊宁事变'，而不称之'伊宁变乱'"。此外，周东郊在1948年出版的《新疆十年》一书也以"伊宁事变"称呼"三区革命"。

在20世纪80年代台湾出版的张大军专著《新疆风暴七十年》[①] 在相关论述中采用"伊宁事变"称呼。此外，原国民党军政人员在出版的回忆录中，也多以"伊宁事变"或"伊犁事变"相称呼，最典型的是《张治中回忆录》和宋希濂《鹰犬将军》两本书。

从上面论述可见，国民党政府及当时的军政人员和国统区对"三区革命"的态度经历"匪患"或"匪乱"到"事变"或"事件"的用语转变。这反映出国民党政府对待"三区革命"的态度从剿灭镇压到客观承认的重大转变，这既是对"三区革命"认识的改变，也是对"三区革命"政策的转变。

在"事变"史观支配下，前文所及的诸多出版物多是客观论述"三区

---

① 兰溪出版社1980年版。

革命"爆发、扩展及事态演变过程,以及国民党新疆政府要员及蒋介石的应对举措。如李爽撰文指出,张治中入疆是为和平解决"三区革命",对其起因表示理解。张氏认为国民政府的统治未能实现民族间的政治经济平等和自由引发"民族间的仇恨"。[1] 为此,他建议在维护祖国统一和安定新疆的前提下,给予新疆一定的地方自治权。同时,他也强调绝不允许任何分裂祖国的行径。他建议国民政府接受"民族自治"而不是"地方自治"。张治中还认为从根本上解决新疆问题之道是建设新疆,首先是建设新疆与内地的交通,其次是经济建设与文化建设并重。虽然因为诸多因素,张治中的建设思想多未能实施,但这对新疆建设具有重要意义。李爽还与朱杨桂等人细致论述了张治中入疆与"三区革命"代表进行和平谈判的指导思想、谈判原则、谈判过程,高度评价了他为维护祖国领土完整及和平谈判做出的努力[2]。此外,任伊临也细致梳理张治中在和平解决"三区革命"问题上的立场、原则与举措,肯定了其为新疆和平及安定做出的杰出贡献,特别分析了张治中在对"三区革命"态度上从容忍到指责的态度转变。他研究指出,张治中认为新疆和平局面的破坏主要是民族分裂分子麦斯武德的顽固立场,建议国民党政府调离宋希濂,改派陶峙岳入疆,撤换麦斯武德,任命包尔汉为新疆省主席,为和平解决新疆铺平道路[3]。

黄建华较早对国民党在新疆的统治进行研究。他撰文论述了张治中在和平解决"三区革命"过程中的举措及影响[4]。此后,他发文剖析了吴忠信与蒋介石在新疆移民、起用麦斯武德、设置南疆行署及新疆战和诸问题上的分歧[5],认为蒋介石主张派反苏的麦斯武德回新疆并担任省政府主席,结果导致泛突厥主义思潮的泛滥;在解决"伊犁事变"方式上,吴忠信坚持武力解决,要求增派兵力,而蒋介石则迫于当时局势而提出

---

[1] 李爽:《张治中解决新疆问题的主张及措施》,《新疆大学学报》(哲学社会科学版) 1997年第3期。
[2] 李爽、朱杨桂:《张治中与新疆三区革命代表的和平谈判》,《新疆大学学报》(哲学社会科学版) 1989年第1期。
[3] 任伊临:《张治中在新疆历史大转变中的活动》,《西域研究》1996年第4期。
[4] 黄建华:《国民党政府的新疆政策述论》,《西北史地》1994年第4期。
[5] 黄建华:《吴忠信与蒋介石在新疆问题上的分歧》,《新疆大学学报》(哲学社会科学版) 1999年第4期。

和平解决。他撰文论述了蒋介石以打、谈、抚的手法抵制新疆三区革命的转变历程①。他指出，国民党政府对新疆三区革命的政策随着国内外政治局势的演变在不断调整，分别采取了以军事手法抵制三区革命发展的政策、试图用《和平条款》统一三区的政策、与三区武装对峙以待时局的变化的政策、向三区让步以维持新疆现状的政策②。在前期基础研究的支撑下，他出版《国民党政府的新疆政策研究》③。总体观之，黄建华发表的国民党政府对待"三区革命"的若干文章主要是对史实的阐述，而缺乏评价及背景分析。

齐清顺在《论三区革命爆发后国民党政府处理新疆问题之对策——读唐纵"处理新疆问题之意见具申"》一文中④对此文件进行细致解读。他指出当时国民党政府认为"三区革命"爆发的原因有三：一是苏联从中策动，以报复盛世才之反苏，并将新疆置于中苏缓冲地带；二是新疆民族复杂，宗教倾向近东，其内部亦欲脱离中央统治而求民族自决；三是新疆政府军镇压失败。对策是三点：一是加强新疆内向化，划分新疆为六部，分别动员汉族人与当地人士联合治理；二是领导伊斯兰教内向化；三是强化装备与机动能力，完成交通通信设备。齐清顺对"具申"进行了细致分析，认为大体比较符合当时新疆实际情况，肯定了其强调新疆治理内地化的建议。与此同时，特别指出"具申"具有明显的时代局限性，存在明显不足或错误之处。

国外研究方面，美国学者欧文·拉提摩尔于 1950 年在《大西洋月刊》出版了其主编的《亚洲的枢纽：新疆和中俄的内亚边疆》（*Pivot of Asia: Sinkiang and the Inner Asian Frontiers of China and Russia*），是西方学界第一部全面研究当代新疆问题的英文著述，影响较大。该书认为，从 19 世纪初到 1917 年以前，新疆一直是英俄两国争夺的焦点，随着 1918 年日本的

---

① 黄建华：《蒋介石与新疆三区革命》，《中国边疆史地研究》1999 年第 4 期。
② 黄建华：《国民党政府对新疆三区革命的政策》，《新疆大学学报》（哲学社会科学版）2002 年第 4 期。
③ 民族出版社 2003 年版。
④ 齐清顺：《论三区革命爆发后国民党政府处理新疆问题之对策——读唐纵"处理新疆问题之意见具申"》，《西域研究》2008 年第 4 期。

加入，新疆便成了"世界新的重心"。该书的第三章"中国政府在新疆的政策"第四节主要讲述了1944—1949年间国民党中央政府对新疆的政策及其失败的原因。

② "革命"史观

虽然"三区革命"爆发早期与中国共产党并无联系，但随着新疆局势及国际环境变化，中国共产党开始关注，并日渐影响"三区革命"的发展走向，二者的关系越来越密切。1945年4月，毛泽东在党的七大上作《论联合政府》的政治报告中首次提到"三区革命"。他指出，这是"1944年直至现在对于新疆少数民族的武力镇压事件"。[①] 1949年8月，为争取新疆和平解放，中共中央派邓力群以中共中央联络员的身份带3名工作人员和1部电台从莫斯科经阿拉木图到达伊宁，与"三区革命"领导人阿合买提江、伊斯哈拜克以及阿巴索夫等人建立联系，由此开始对"三区革命"的影响，最终将其纳入人民民主运动的大潮中。8月18日，毛泽东以新政协会议筹备会主任的名义给阿合买提江发出正式邀请信，邀请三区方面派代表参加即将在北平举行的新政治协商会议。信中表示："你们多年来的奋斗，是我全中国人民民主革命运动的一部分，随着西北人民解放战争的胜利发展，新疆的全部解放已为期不远，你们的奋斗即将获得最后的成功。"[②] 这是对"三区革命"性质的高度评价，由此将其纳入"革命"范畴。

大陆学界较早运用"革命史观"研究"三区革命"，是杜荣坤在1986年发表《新疆三区革命是我国人民民主革命的一部分》一文[③]。他认为反对国民党反动派统治和帝国主义侵略，维、哈、柯、蒙、汉及锡伯等十来个民族在新疆伊犁、塔城、阿尔泰三区发动起义。在该文中，杜荣坤细致论述了国民党在新疆的民族压迫和残暴统治，以此论证"三区革命"爆发的必然性和正义性。他认为"三区革命"的直接起因，是国民党省政府向牧民征集军马，敲诈勒索。

[①] 毛泽东：《毛泽东选集》第3卷，人民出版社1959年版，第1084页。
[②] 徐玉圻、杜瀚：《新疆三区革命领导人向中共中央的报告及文选》，新疆人民出版社1995年版，第1—2页。
[③] 杜荣坤：《新疆三区革命是我国人民民主革命的一部分》，《民族研究》1986年第1期。

1988年，新疆社会科学院编写了《新疆简史》第三卷，[1] 对新疆历史研究具有开创意义。该书在"三区革命"的记述和评价上，限于当时的环境与认识分歧，对"三区革命"的一些史事采取回避态度，[2] 对其论述遵循着"革命"的范畴。

此后，三区革命史编写组编写的《新疆三区革命大事记》[3] 和徐玉圻主编的《新疆三区革命史》[4] 对此段历史的论述也一如《新疆简史》。虽然也有诸多错误，但相对于《新疆三区革命大事记》，徐玉圻主编的《新疆三区革命史》在涉及论述三区革命有关重大问题时，有许多超越前人而值得一读的地方。如："三区革命"爆发的原因及苏联在"三区革命"中的作用、"三区革命"与中国共产党的关系、"三区革命"的性质、"三区革命"的作用、"三区革命"的经验教训等。他特别指出，反对盛世才和国民党反动统治和争取民族平等和解放应是"三区革命"的主流。

2000年后，国内关于"三区革命"的专题论著不多见，但仍将其列入新疆历史的重要内容。陈慧生、陈超合著《民国新疆史》[5] 在第十六章中专列节目论述"三区革命"。认为"三区革命"爆发的原因是国内与国际因素综合作用的结果，国内因素主要是盛世才的恐怖统治、国民党的压迫与剥削、中国共产党对三区进步人士的影响。国际因素是苏联改变对新疆政策，从人力、武力等各方面支持三区的武装斗争。在第三节中，细致论述"三区革命"的发展势态。

白振声与日本学者鲤渊信一主编的《新疆现代政治社会史略（1912—1949年）》[6] 也遵循"革命"史观，以翔实的史料，在第七章"国民党入新与三区革命"中论述了"三区革命"爆发、发展状况，在第八章和第九

---

[1] 新疆社会科学院：《新疆简史》第1、2册，新疆人民出版社1980年版；第3册，1988年版。
[2] 编写组：《撰写"新疆简史"第三册中几个主要问题的指导思想》，《新疆历史研究》1986年第2期；蔡锦松：《五年磨一剑——"新疆简史"第三册编纂出版过程述略》，新疆社会科学院历史研究所：《新疆历史与文化》，新疆人民出版社2011年版。
[3] 新疆人民出版社1994年版。
[4] 民族出版社1998年版。
[5] 新疆人民出版社2007年版。
[6] 中国社会科学出版社1992年版。

章分别论述了新疆联合政府成立、破裂及新疆和平解放。苗普生、田卫疆主编《新疆史纲》①是继《新疆简史》之后，对新疆历史进行贯通式研究的重要著作。陈超在第八章"民国时期的新疆"第4节"反对国民党统治的三区革命"中依然采用的反抗国民党统治的"革命"论述。此外，《三区革命运动与新疆和平解放》②一书也以"革命史观"为指导，分别论述了"三区革命"运动的初期阶段、"三区革命"运动的二次革命、新疆和平解放三部分内容。

在强调"三区革命"的"革命性内涵"的大环境中，无论是新疆和平解放后的官方话语，还是学界研究，均强调了"三区革命"受到了中国共产党的影响，或是从侧面指出"三区革命"其本身对中国共产党的主动倾向性。1949年11月12日，在伊宁举办的"纪念三区革命爆发五周年"的讲话上，新疆省政府主席包尔汉指出"三区革命"："在一定意义上，一开始便成为了全国人民解放运动的一部分。"他强调："这一成果的取得，一方面是靠中国共产党的正确领导和人民解放军的进疆，另一方面是靠三区的军队和英勇的三区人民坚持不懈的斗争。"③

1984年11月，新疆维吾尔自治区党委书记祁果在"纪念三区革命40周年座谈会"上发表讲话，指出："三区革命虽然不是在中国共产党直接领导下爆发的，但它深受中国共产党的影响。"④1989年11月，中共新疆维吾尔自治区委员会和新疆维吾尔自治区人民政府在《纪念三区革命领导人阿合买提江·哈斯木等5位同志殉难40周年的祭词》中阐明："（三区革命）它是在中国共产党的影响下，在全国人民革命斗争的鼓舞下，由新疆各民族进步分子率领，在苏联人民的支持下爆发的。"⑤

围绕"三区革命"的建设，学界分别研究了"三区革命政权"经济、

---

① 新疆人民出版社2004年版。
② 厉声：《三区革命运动与新疆和平解放》，新疆人民出版社2007年版。
③ 新疆三区革命史编纂委员会：《纪念新疆三区革命文集》，新疆人民出版社1996年版，第22、24页。
④ 同上书，第72页。
⑤ 新疆三区革命史编纂委员会：《纪念新疆三区革命文集》，新疆人民出版社1996年版，第78页。

教育、文化、军事等方面。吴福环对新疆"三区政府"对苏贸易机构、方式、货物、价值及作用与影响进行考察和论述。① 魏长洪从农牧业生产、财政金融整顿和工商交通发展方面探讨了新疆"三区革命"后期的经济建设，指出，"三区"经济的恢复与发展，一定程度上解决了财政困难，起到了巩固政权、安定社会的作用。② 陈延琪从税收角度研究了"三区革命"的政权建设，他认为"三区革命"政府征收了农业税、电影税等十九种赋税，这既是对旧税制的继承，也是根据"三区"特点而有所发展，税务机关是最活跃的机关，为"三区革命"政府的运转提供了强有力支持。③ 齐伊国论述了新疆"三区革命"时期的乌苏独山子石油矿开发情况。认为该石油矿的开发为"三区革命政府"提供了重要的财政来源。④

蒋琳论述了"三区"在报刊创办、文学创作、艺术创作、文艺活动等方面的成绩，认为"三区"的"革命文艺"活动为传统的民族文化注入了新的活力和生机，推动了新疆新文艺的发展和民主运动的进程。⑤ 新疆文化厅史志办公室也撰文论述了"三区革命"的文化建设，认为三区文化也是"三区革命"的一部分，具体体现在文艺表演、文艺创作、群众文化三个方面。⑥ 朱杨桂和木尼热论述了"三区"的教育发展，认为"三区"教育发展迅速的原因是"三区"政府的重视、稳定教师队伍、提供必要经费和发展民族文字教育。⑦ 陈延琪论述了"三区"的教育事业发展与阿合买提江的教育思想。他认为，"三区"的教育事业发展与阿合买提江的教育思想密切相关，其教育思想主要包括尊师重教、教育为政治服务、教育的

---

① 吴福环：《新疆三区革命临时政府的对苏经济关系》，《新疆大学学报》（哲学社会科学版）1998 年第 4 期。
② 魏长洪、周红：《新疆三区革命后期的经济建设》，《新疆大学学报》（哲学社会科学版）2005 年第 1 期。
③ 陈延琪：《从税收看伊、塔、阿三区的政权建设》，《新疆大学学报》（哲学社会科学版）1994 年第 4 期。
④ 齐伊国：《新疆三区革命时期的乌苏独山子石油矿》，《新疆地方志》1993 年第 2 期。
⑤ 蒋琳：《新疆三区革命文艺巡礼》，《新疆地方志》1994 年第 2 期。
⑥ 新疆文化厅史志办公室：《新疆三区革命时期的文化事业》，《新文化史料》1998 年第 2 期。
⑦ 朱杨桂和木尼热：《三区革命根据地的教育建设》，《伊犁师范学院学报》（社会科学汉文版）1995 年第 4 期。

根本目的是培养社会未来主人、教育者必须首先受教育等。①

此外，阎殿卿论述了"三区"的法制建设，具体分析了司法机构、法律法规等内容。他认为"三区"法制建设的主要特点有审判机关与宗教法庭并存、以苏联的刑事法律制度为蓝本。② 杜翰分析了三区方面军事取得胜利的原因和应当吸取的教训，但在苏联支持伊犁地区军事力量的原因上仍需进一步探索。③ 学界关于"三区革命"军事问题的研究总体上比较薄弱，需要加强。

③"苏联阴谋"史观

无论是从当时国民党新疆政府的官员汇报还是南京国民政府的鉴定，均认为苏联始终参与"三区革命"，并向苏联提出抗议。事实上，苏联与"三区革命"存在着千丝万缕的联系。学界较早对苏联与"三区革命"关系进行研究的是安宁和孙福坤。1952年，他在新加坡出版《新疆内幕》一书。该书主要对"三区革命"的国际背景进行了研究，认为苏联策划并最终结束了伊犁事件。同年，孙福坤主编的《苏联掠夺新疆纪实》在香港出版，此书使用了大量政府档案，对苏联介入伊犁事件的情况进行了详细记述。

由于受到"革命史观"影响，我国官方对苏联与"三区革命"关系，多是在"苏联帮助中国革命"的语境下论述。赛福鼎·艾则孜在"庆祝三区革命爆发5周年纪念大会"的讲话中就表示："我们不能不感谢在革命取得胜利过程中给予我们很大帮助的友好邻邦苏联和它的人民。"④ 邓力群在此次大会上也表示："我们不能不感谢我们胜利的鼓舞者，给我们的解放运动提供了物质和精神援助的苏联政府、苏联人民和苏联人民的英明领袖、世界被压迫人民的导师斯大林同志。"⑤ 包尔汉·沙赫德拉在此次大会

---

① 陈延琪：《新疆三区革命教育事业发展与阿合买提江的教育思想》，《新疆大学学报》（哲学社会科学版）1998年第4期。

② 阎殿卿：《新疆三区革命法制史》，中国社会科学出版社1991年版；阎殿卿：《新疆的"三区革命"与法制建设》，《新疆社会经济》1991年第4期。

③ 杜翰：《论新疆三区革命中的军事斗争》，《西域研究》2001年第2期。

④ 新疆三区革命史编纂委员会：《纪念新疆三区革命文集》，新疆人民出版社1996年版，第18页。

⑤ 同上书，第20—21页。

上也表示:"同时,也是苏联共产党从物质上和精神上支援我们的结果。"①1989年8月27日,中共新疆维吾尔自治区委员会和新疆维吾尔自治区政府发布《纪念三区革命领导人阿合买提江·哈斯木等5位同志殉难40周年的祭词》中正式把苏联与"三区革命"的联系直接表述出来:"三区革命是新疆近代史上一次规模较大的反对国民党反动统治的斗争。它是在中国共产党的领导下,在全国人民革命斗争胜利的鼓舞下,由新疆各民族进步分子率领,在苏联人民的支持下爆发的。"②

我国学者在论述苏联与"三区革命"关系时,多采取隐晦笔法,对苏联出兵新疆的事实,做了"革命情结"式的描述。这在《新疆简史》《新疆三区革命大事记》和《新疆三区革命史》中表现尤为明显。此后,虽然描述了苏联对"三区革命"的影响,但仍不能客观论述苏联的行为。比如陈慧生与陈超合著的《民国新疆史》和苗普生、田卫疆主编的《新疆史纲》。陈超在第八章"民国时期的新疆"第4节"反对国民党统治的三区革命"中论述"在苏联支持下,三区革命爆发了"③。虽然文中提及"苏联军官彼得·罗曼诺维奇·阿列克山",但在此后论述和平谈判中,则没有提及苏联官员在其中发挥重要的斡旋与协调作用。

厉声在《苏联与新疆三区革命》④一文中认为新疆"三区革命"是中国民主革命的组成部分,运动初期形成的分裂政权只是少数封建宗教上层分子违背广大各族人民根本利益的反动行径。同时也利用大量俄国档案充分证明了苏联在"三区革命"中的全面主导和支撑作用。作者强调在研究"三区革命"时要把广大人民的反抗斗争与少数封建上层的分裂活动、把革命运动与寄生其中的分裂政权严格区分开来。厉声这种双线式的论述必然导致无法弥合的内在矛盾,并不能合理阐释苏联与伊宁政权之间的关系。"三区斗争"远非革命与反动、统一与分裂所能完全涵盖,当地复杂

---

① 新疆三区革命史编纂委员会:《纪念新疆三区革命文集》,新疆人民出版社1996年版,第24页。
② 同上书,第78页。
③ 苗普生、田卫疆主编:《新疆史纲》,新疆人民出版社2004年版,第435页。
④ 厉声:《苏联与新疆三区革命》,中国中俄关系史研究会、北京大学当代俄罗斯研究中心:《中俄关系的历史与现状》第2辑,社会科学文献出版社2009年版,第370—382页。

的民族主义没有被提及，该文对"二次革命"的解释也过于牵强，虽特地拔高了地方民族人士的"革命作用"，但也并不能掩盖苏联政府的态度。他认为阿合买提江等人掌握三区领导权力是"20世纪新疆历史上第一次由民族领袖带领民族群众反对分裂新疆的重大政治斗争"的提法尚需进一步细致考证和阐述。

大陆学者较早关注苏联与"三区革命"关系的是纪大椿先生。他在《三区革命与苏联的关系问题》[①]一文中较为细致分析了苏联介入"三区革命"的新疆背景、苏军介入"三区革命"、斯大林与南京国民政府的谈判、解放战争后期苏联对新疆政策的转变等内容。他在文中最终呼吁应该加大对苏联与"三区革命"关系的研究，历史研究应该实事求是地客观论述。在此基础上，纪大椿又扩充史料，进一步阐述了苏联与"三区革命"的复杂关系。他在《新疆近世史论稿》[②]一书中，专列一目"苏联与新疆三区革命"。他依据1949年后一些当事人的回忆录或座谈讲话、国民党军政人员的书籍及外国的书籍，对此问题进行深入论述，他认为苏联早在1931年就插手新疆政局。

王登欣在《苏新关系与"三区革命"新论》[③]一文中，从民族主义的立场出发，对现行新疆史著及学校教材把自伊宁事变以来的暴动通称为"三区革命"的定论，提出严厉批评。他认为，绝不能把苏联的军事入侵说成是援助、把伊宁事变说成是人民起义，把"东突国"说成是革命政权；绝不容许用主流、支流，既有、也有，主观、客观来进行辩解。他明确表示：苏联策动伊宁事变，制造"东突厥斯坦共和国"分裂政权，在国内外诸多因素影响下，苏联被迫改变对新疆的侵略方针。

杜瀚、杜飞舟就"三区革命"的起因、苏联与"三区革命"关系、中国共产党和"三区革命"三个问题进行论述。文章指出，苏联组织和策动新疆的"三区革命"、支持和控制新疆"三区革命"，并促成"三区"和国民党中央政府和谈。他认为由于历史和地缘等多方面的原因，"三区革

---

① 《中国边疆史地研究报告》第五辑，1990年6月。
② 黑龙江教育出版社2002年版。
③ 王登欣：《苏新关系与"三区革命"新论》，《伊犁教育学院学报》2003年第1、2期。

命"是在苏联的直接策动下发生的①。

曹国芳就此问题发表一系列论文,他在《苏联与新疆三区革命的兴起》② 一文中也对苏联与"三区革命"的关系问题进行了探讨。他认为,新疆"三区革命"是伊犁、塔城、阿山"三区"各族人民为反抗盛世才和国民党政府的民族压迫和阶级压迫而掀起的一场争取民族平等和阶级解放的民族革命运动,这场运动是在苏联的直接策动、组织和支持下发生和发展的,苏联利用各种有利因素,使"三区革命"一经发动就迅速演变为摇撼新疆国民党当局的政治巨浪。

邵玮楠认为"三区革命"爆发的原因是,"二战"前后十多年间,新疆是一个中苏美新三国四方势力角逐的舞台;苏联不甘心失去在新疆的利益,不愿意看到国民政府、美国挺进新疆,成功地利用新疆的民族和宗教矛盾,促成了"三区革命"的爆发。③

在调停"三区革命"与国民政府过程中,苏联发挥着重要且微妙的作用。薛衔天在《是推进新疆革命还是维护自身安全?——关于苏联调停三区革命的民族因素》④ 一文中指出,苏联之所以推动的"三区革命"割据势力与国民政府达成和解,其最大原因是泛突厥主义和泛伊斯兰主义威胁和由这一威胁决定的苏联务实政策。

随着苏联解体导致国际局势的大变动,以及大量苏联解密档案的公布,国内学界对此问题研究逐渐开阔了视野。近年来,有学者开始利用解密的苏联档案研究苏联与新疆问题。

1999年,俄罗斯学者巴尔明出版《苏中关系中的新疆(1941—1949)》

---

① 杜瀚、杜飞舟:《新疆三区革命史研究中的几个问题》,《西域研究》2009年第1期。
② 曹国芳:《苏联与新疆三区革命的兴起》,《北京科技大学学报》2001年第3期;曹国芳、朱佐山:《论三、四十年代苏联政府对新疆政策的演变》,《北京科技大学学报》1999年第3期;曹国芳、杨英健:《援助,还是攫取?——1933—1942年苏联对新疆之政策述论》,《北京科技大学学报》2003年第4期;曹国芳:《苏联与三区革命前夕新疆边境地区的社会政治局势》,《北京科技大学学报》2005年第2期。
③ 邵玮楠:《动荡之源:新疆三区革命的国际背景》,《西域研究》2013年第3期。
④ 薛衔天:《是推进新疆革命还是维护自身安全?——关于苏联调停三区革命的民族因素》,《中华民国史研究三十年(1972—2002)国际学术讨论会论文集》上卷,2002年版,第345—359页。

一书。该书将20世纪40年代的新疆历史放置于苏联与中国关系的大背景中，重点考察了"北疆三区起义运动"和"苏联对待'三区革命'的立场"。该书利用了俄罗斯的解密档案，得出了关于苏联与"三区革命"关系的结论：我们可以肯定地说，1944—1945年北疆三区起义运动的成功在很多方面取决于苏联全方位的积极援助。

我国学者沈志华在《中苏结盟与苏联对新疆政策的变化（1944—1950）》[①]一文中，综合利用新疆地方档案馆、俄国档案馆、新疆党史研究室编写的历史资料以及有关当事人的回忆录，讨论了1944—1950年苏联对新疆政策的变化过程。他认为，在此期间，中苏双边关系中的新疆问题始终十分微妙。苏联对新疆的政策看似变化无常，实则是为了保持战后中苏之间的同盟关系，并在此基础上确保苏联在新疆地区的优势地位和特殊影响。在"二战"后对华政策中，就其重要性而言，新疆排在蒙古和东北之后，故而成为苏联调整对华关系的外交筹码，这正是苏联对新疆政策时常改变的基本原因。就苏联与"三区革命"关系而言，该文认为"早在苏联势力退出新疆的时候，莫斯科就开始策划一次以少数民族反抗汉族统治为特征的武装行动，并为此进行了充分的宣传、组织和军事准备"。这就是"新疆历史上著名的伊宁事变，或称三区革命"。在苏联驻伊宁领事馆的支持和帮助下，新疆成立了规模最大、最有影响的地下组织"伊宁解放组织"，该组织的主要领导力量是以艾力汗·吐烈为首的宗教、大牧主等民族上层人士。军事方面，苏联的主要作用是大量向新疆少数民族反抗组织提供武器，在苏联境内为武装暴动培训军事干部，并派军事顾问参与对新疆游击活动的领导和组织。此后，苏联还直接派兵越境进入新疆参加对国民党军队的作战。此外，在新疆的苏联侨民也纷纷参与了"三区革命"。沈志华认为，与艾力汗·吐烈等人以把新疆的独立作为这次"革命"的最终目的不同，苏联是利用新疆地区的民族矛盾作为实现苏联在华利益的一个手段。该文从苏联对华整体战略思考苏联的新疆政策，对研究苏联的"三区革命"政策提供了新的视角。

---

① 沈志华：《中苏结盟与苏联对新疆政策的变化（1944—1950）》，《近代史研究》1999年第3期。

此后，沈志华在专著《中苏关系史纲》一书中认为，苏联为"打击盛世才，并给蒋介石制造麻烦"，于1943年5月通过决议，决定推翻盛世才政权，代之以忠于苏联的新疆土著居民代表组成的政府。具体由一个特别行动小组执行此任务。该特别行动小组是苏联在内务部和国家安全部内部成立，并受其直接领导的。苏联向伊犁"民族军"提供支持，"不仅全面负责提供枪支、大炮、弹药、重炮和装甲车等重武器，而且在关键时刻还派苏联红军化装越界，以飞机、重炮和装甲车等重武器，直接参加对国民党军的作战"。因此，"在与国民党军的作战中，民族军几乎是百战百胜"①。

作为"三区革命"的亲历者，格尔夏在其回忆录《历史的回声——格尔夏回忆录》中也对苏联与"三区革命"的关系进行了客观描述。他在"三区革命的起因"一目中指出，由于盛世才的镇压引发"三区"人民的不满。与此同时，美国一方面加紧支持蒋介石，另一方面派以马克南为首的美国使馆人员进驻迪化，与国民党当局密谋进行反苏活动。"这些活动使苏联感到，与其毗邻的中国伊犁、塔城、阿勒泰三专区的少数民族，将受到美国的渗透和颠覆。为争夺战后势力范围，苏联策划了由伊犁北至阿勒泰，东至玛纳斯河，在纵深五百公里近五十万平方公里的广阔地带，把国民党赶出去的暴动，形成苏美对峙的缓冲地带，一旦爆发战争便于调动军队。"②格尔夏的此段论述，认为美国人进入新疆是苏联导演"三区革命"的主要原因，而此前学界认为的盛世才的征收马匹不过是直接原因但并不是爆发"三区革命"的根本原因。这一论述较之学界以往研究，从美国与新疆关系的角度论述，有值得关注之处。至于苏联导演"三区革命"的程度，书中有具体论述。由此可见，苏联对"三区革命"介入至为深入和全面。

曹伟和杨恕依据1947年6月哈共（布）中央给联共（布）中央的报告探求了苏联对中国新疆政策的变化。两位学者认为，1944年伊宁暴动之

---

① 沈志华等：《中苏关系史纲》，新华出版社2007年版，第71、72页。
② 格尔夏口述，王永庆整理：《历史的回声——格尔夏回忆录》，新疆生产建设兵团出版社2013年版，第11页。

前，苏联是先策动成立了"伊宁解放组织"，随之将其扩大到各个领域，再以其为基础发动武装暴动夺取政权。苏联在1945年8月《中苏友好同盟条约》缔结后，基本停止了对"东突厥斯坦共和国"的援助，并迫使"东突厥斯坦共和国"与新疆省政府达成了和平协议，组建了新疆联合政府。此后，苏联也一度减少了对新疆事务的干涉，撤回了派往"三区"的人员和武器装备。但仅过一年，"北塔山事件"爆发后，新疆联合政府濒临解体，苏联准备再次干涉新疆，成立了"新疆人民党"。其目的是想长期控制"三区"并扩大在新疆的利益，甚至企图以"三区"为根据地将苏联势力渗透到新疆其他地区。该文还明确指出，苏联是20世纪40年代中后期新疆一系列变故的幕后策划者和支持者。无论是苏联策划指挥伊宁暴动、建立"东突厥斯坦共和国"，还是迫使该"共和国"解散、促成新疆联合政府的成立，其出发点都是苏联在新疆的利益，体现了大国沙文主义和民族利己主义。①

较之我国学界研究，外国学界较早展开了苏联与我国新疆"三区革命"关系的研究。1953年，由美国学者 M. 贝洛夫撰写的《1944—1951年苏联的远东政策》专门研究了40年代的新疆历史以及苏联对新疆政策的变迁。1958年出版的由美国人艾伦·惠廷与盛世才合著的《新疆：小卒还是轴兵？》一书是研究1933—1949年新疆历史的重要著作，主要叙述了伊宁事变爆发的背景以及与苏联的关系。此书1944—1949年的中苏关系，特别是中、美、俄三角关系的角度进行了论述。该书分为上、下两编。上编是艾伦·惠廷的《苏联对新疆的战略1933—949》，下编是盛世才回忆录的英文节译本，题为《新疆赤化的失败》。

杰克·陈《新疆故事》②的第三部分探讨了1911—1970年的新疆历史，阐述了20世纪40年代新疆的政局变化以及新疆事变的国际背景，分析了苏联对新疆局势的影响。1979年美国出版 D. H. 麦克米伦所著的《1949—1977年：中国共产党在新疆的权力和政策》一书论述了1949年

---

① 杨恕、曹伟：《从哈共（布）中央的报告看苏联对中国新疆政策的变化》，《中国边疆史地研究》2012年第3期。

② 麦克米兰出版公司1977年版。

之后新疆历史。该书对20世纪40年代新疆事变进行了简要分析，指出了"伊宁事变"的苏联背景。G. N. 杰克梅兹在密歇根大学1981年的硕士论文《俄国和苏联（1851—1955年）对新疆经济—政治政策阐述》具体阐述了"三区革命"时期"三区"政府与苏联的政治和经济关系，并论述了早期英俄在新疆争霸的背景。

英国学者安德鲁·D. W. 福布斯在《新疆军阀与穆斯林：1911—1949年民国新疆政治史》[①] 一书中也分析了"三区革命"爆发的背景及国民党政府的应对举措。该书使用了大量英国解密档案，详细论述了民国时期新疆军阀的政治活动，从一个侧面了解当时英国对新疆的政策。该书作者肯定了苏联对于"伊宁事变"的作用，但对苏联对新疆政策的成因及其对国民党治新政策的影响未作论述，对张治中新疆政策的亲苏色彩亦未提及。

美国学者琳达·本森的专著《1944—1949年的伊犁事变：穆斯林在新疆挑战中国当局》（1998年在纽约出版）。本书以大量篇幅研究了"三区革命"，共7章，其中的第三章论述伊犁事变爆发的地理与历史背景，第四章论述"东突厥斯坦"政府的建立，第五章论述1946年联合省政府的成立，第六章论述了1947年1—7月的新疆联合政府，第七章论述1947—1949年联合政府破裂后的新疆，第八章为总结。琳达·本森认为，因为高估了苏联对"三区革命"的影响，蒋介石的南京国民政府因而在1945年的对苏谈判中作出了让步，希望以此阻止苏联对新疆问题的干涉，从而完全解决问题，她把"纯粹的国内政策"转变为"复杂的谈判"。琳达·本森将"伊宁事变"爆发的原因解释为国民党政府新疆政策的失当以及不合理的民族政策。美中不足的是，因为不熟悉新疆少数民族语言，作者没有利用在英国档案馆中新疆当时的报纸杂志作为第一手资料。

美国学者弗雷德里克·斯塔尔主编的《新疆：中国穆斯林聚居的边陲》一书的第三章论及了"三区革命"问题，但对事变的性质未作结论。它重点叙述了"三区革命"与苏联援助的关系，以及苏联对于新疆停战以及和平谈判的作用。在琳达·本森、王大刚和福布斯等人的研究基础上，美国学者詹姆斯·米尔沃德（中文名字为米华健）在其《欧亚大陆桥：新

---

① 王嘉琳、胡锦洲译，剑桥大学出版社1986年版，新疆社会科学院内部资料，1991年。

疆历史》（2007年伦敦出版）一书的第五章"中国和苏联之间的新疆（1910年至40年代后期）"里专门研究了民国新疆历史。在关于"三区革命"的方面，他重点叙述了苏联对"三区革命"的支持与帮助，及苏联从自身利益出发中止"三区革命"等内容，书中还详细介绍了当时维吾尔族知识分子内部的派系之争。

旅澳华人学者王大刚的博士论文《苏联庇护下的伊宁事变：1944—1949年新疆的民族冲突与国际竞争》[①] 充分利用了美国国家档案馆、苏联和俄罗斯档案馆以及台北"国史馆"、市政局、国民党党史会、张大军先生个人所收藏的相关档案，并结合中国大陆学者相关成果研究了1944—1949年的新疆历史，特别是这一时期的新疆政治史。第三章"20世纪30—40年间苏联和新疆的权力斗争"，叙述了这一时期苏联和新疆地方政府的关系、苏联的远东政策、新疆所发生的事件与雅尔塔会议的关系、1945年的中苏谈判与新疆问题等内容。该章中作者引用了大量英、俄等外文资料，明确地指出，对苏联而言，"三区"政府是其与国民党、中国共产党以及以美国为代表的西方势力间谈判的有效工具。

第四章为"伊宁事变爆发的原因"。该章中作者详细分析了引起"伊宁事变"爆发的种种因素，在对爆发的内部因素与外部因素的分析后，他认为外部因素更重要。王大刚认为，苏联是新疆"伊宁事变"的策划者。引起事变的关键性因素是苏联的外部策动。

第五章名为"'伊宁事变'和'伊犁临时政府'的诞生"。该章中作者先就"伊宁事变"爆发前伊宁的形势、苏联军事人员和顾问在伊宁的活动、国民党军队在北疆地区的驻扎情况等做了介绍与剖析，之后阐述了苏联与"伊宁事变"的关系。作者认为，苏联用武力参与了"伊宁事变"。"伊宁事变"是苏联人在他国参与的战争。作者对"伊犁临时政府"领导成员、纲领、对伊犁的作战计划、参加伊犁战争的民族成分、苏联军事人员和顾问等内容进行了细致描述，得出"苏联以武力形式直接参加了双方的武装冲突"（第138页）这一结论。

第六章"临时政府发展壮大的兵力与苏联的操控"中，作者记述了临

---

① 香港中文大学出版社1999年版。

时政府民族军的建立过程，分析了民族军的作战计划，甚至对民族军在各个战场上使用的武器装备都进行了详细描述。在该章中作者重点关注了苏联在新疆的作用，从伊犁军事行动中苏联所起的作用和受苏联控制的伊犁政府两个方面进行了论述，呈现出临时政府在军事上依靠苏联的具体细节。

第七章的题目是"伊犁政府向国民党挑战：是民族主义还是权力斗争"，作者叙述了苏联政府控制的"三区"和国民党控制的"七区"的大体情况，描述了美、苏在上述地区的竞争。作者以1830年第一批俄国移民至新疆为起点，分析了在杨增新、金树仁、盛世才执政时期新疆地方政府与俄国及其之后的苏联之间的关系，作者对"伊犁革命"时期新疆的俄国（苏联）侨民人数进行了估算，分析了他们在革命期间对新疆局势所起的作用。作者认为，"三区"政府中的亲苏派势力全面控制了领导权后，在伊斯兰教旗帜下"伊犁政府"完全变成了一个苏联控制下的政权。

第八章名为"张治中的政策与联合政府的成立"。该章主要研究的问题是伊犁革命前后国民党政府的新疆政策以及国民党和平解决新疆问题的计划等问题。作者谈到了和平谈判中苏联的作用，通过剖析谈判过程中苏联采取的手段，作者认为，谈判实际上是苏联政府和国民党政府之间的谈判，此时新疆的一切政治发展及导向，包括伊犁民族军进军玛纳斯但最终止步玛纳斯河边、国民党中央政府和"伊犁政府"之间的谈判、新疆联合省政府的成立等结果，都与中苏条约有着密切的关系。

第十章"1946—1949年新疆的两个政权"中，概述张治中、麦斯武德、包尔汉执政时期新疆的情况，探讨了新疆现代史上这三位政治人物的治新政策。作者试图从"伊宁事变"各级领导人员的民族身份、政治思想来解释三区政府的性质。作者在梳理了"伊犁政府"的管理机构后认为，1944—1949年的新疆与1924—1945年的外蒙古的情况类似，二者都在名义上属于中华民国，却都享有实际意义上的独立，是"国中之国"，他认为"伊犁政府"和外蒙古都是苏联势力渗入最深的地区。

该书的"结论"，作者回答了"伊犁革命"的性质问题，认为"伊犁革命"既不是中国民主革命的一部分，也不是伊斯兰民族主义运动，更不是中国的国内事件，"它是完全为苏联利益服务的封建割据政权"。王大刚的研究结论是苏联从头至尾导演了"三区革命","三区革命"的爆发、临时政府的成立以及联合省政府的成立等事件,均是苏联新疆政策的产物,当时新疆局势的变化是由苏联的新疆政策所左右。加拿大英属哥伦比亚大学维克多·扎斯菲尼(Victor Zatsepine)在《太平洋事务》杂志中的书评中说:"此书是有关新疆现代历史的一个非常可靠的论著。"法国学者尼古拉斯·别库林(Nicolas Becquelin)在《亚洲研究学刊》上也对此书做了肯定评价:"很多问题有待解决,为什么苏联放弃了他们影响深远且具战略性地位的重要地区呢? 为什么三区的领导几乎没有打仗就放弃了呢? ……王大刚的这本书解决了这些遗留下来的诸多疑问。"

该书从"三区革命"爆发的国际背景以及身处中、英、美、苏等大国利益冲突中新疆的特殊处境出发去研究"三区革命",是一个较好的研究视角,值得肯定。在此视角下,该书认为"伊宁事变"的研究必须放在苏联的亚洲政策中来分析,这是非常正确的。但是,该书过于强调苏联对"三区革命"干涉的论述,从而得出"完全与中共没有什么关系"这样偏颇的结论,这是不客观的。此外,该书也未能分析"三区革命"进展的阶段性,而这恰恰是"三区革命"的复杂性所在。

④反分裂史观

客观而言,"三区革命"早期确实出现了分裂祖国的错误行为,主要表现为成立"东突厥斯坦共和国"(20世纪学界将其翻译为"东土耳其斯坦共和国"),以及在反对国民党统治的军事斗争中出现了对汉族群众的残酷杀戮。对于这段历史,国内最早对此进行反思的是赛福鼎·艾则孜,他在1951年发表的《如何认识三区革命》一文中提出应正确分析和认识"三区革命"的成绩和缺点。他指出,在革命的初期,"把一切汉族人都不加区别地认为是仇人"。他继而指出应坚决反对"大民族主义、狭隘的民族主义、宗教主义和大土耳其主义的错误倾向"[①]。1959年8月,王恩茂在"阿合买提江等烈士逝世10周年纪念大会"上的讲话中指出,阿和买提江等同志对"三区革命"中的错误进行了坚决斗争,"特别是反对了泛

[①] 新疆三区革命史编纂委员会编:《纪念新疆三区革命文集》,新疆人民出版社1996年版,第30、32页。

土耳其主义"①。在此次纪念大会的发言中，赛福鼎·艾则孜再次提及"三区革命"早期所犯的错误，以及阿合买提江等人与之进行的斗争。这些错误主要是大民族主义、反对汉族人民和伊斯兰教徒仇视非伊斯兰教徒的其他民族主义、以麦斯武德、伊敏、艾沙等为首在新疆进行的泛土耳其主义的民族主义。他认为"泛土耳其主义实际上是帝国主义为了达到先分裂后侵略的目的，在突厥语系的人民群众中所惯用的一种工具"②。

马大正高屋建瓴地论述了百余年以来新疆反分裂斗争中的六个问题③，分别是：分裂活动是20世纪以来新疆历史发展中的一股浊流；百年来新疆地区分裂与反分裂斗争的历史分期和发展阶段；要打一场反恐的人民战争；新疆干部是治疆的关键；文化认同与国家认同；必须坚持实事求是的思想路线。文章指出，1933年的"东突厥斯坦伊斯兰共和国"和1944年"东突厥斯坦共和国"成为新疆历史上仅有的两个分裂政权，尽管这两个分裂政权存在时间不长，但其影响深远，"东突厥斯坦国"成了分裂分子追求的政治目标。这一研判，正确指出了"三区革命"分裂行径在新疆历史及我国历史发展中的恶劣影响，值得我们认真研究。

许建英在对"东突"问题的历史与现状述论中阐述100多年来"东突"问题的理论渊源和历史脉络。文章细致梳理了"东突"分裂活动历史，认为"东突厥斯坦共和国"实质上是"东突厥斯坦国"旧梦再现，是"东突"势力又一场"立国"闹剧。④

马大正与许建英合著的《"东突厥斯坦国"迷梦的幻灭》⑤一书是国内较早专门研究"东突"问题的学术著作。该书分为六章，在分析"东突"分裂思想的基础上，系统梳理了"东突"分裂势力发展演变的四个阶段：20世纪初至40年代是形成时期，最典型事件是成立了"东突厥斯坦

---

① 新疆三区革命史编纂委员会编：《纪念新疆三区革命文集》，新疆人民出版社1996年版，第35页。
② 同上书，第48、49页。
③ 马大正：《论百余年来新疆反分裂的几个问题》，《新疆师范大学学报》（哲学社会科学版）2014年第1期。
④ 许建英：《"东突"问题的历史与现状述论》，《新疆师范大学学报》（哲学社会科学版）2016年第6期。
⑤ 马大正、许建英：《"东突厥斯坦国"迷梦的幻灭》，新疆人民出版社2006年版。

伊斯兰共和国"和"东突厥斯坦共和国";1949—1989年是向国外蔓延时期,先是国内"东突"势力在严打下流窜境外,后是在80年代窜入境内,制造一系列事端;1990—2001年是急剧膨胀时期,国外分裂势力形成西亚、中亚、南亚和欧美四股,并出现向国际化演变的趋势;2001年以后进入新的整合阶段,世界各地的"东突"分裂遭到打击后重新进行调整,以图进一步发展。该书的最大特色是从理论高度深入系统分析了"东突"分裂理论的内涵,并从历史长时段视角,从国内与国际两大层面分析了"东突"分裂势力发展演变的各阶段及主要特征。在此宏大叙事背景中,去审视伊犁"东突厥斯坦共和国"在新疆发展历史和中国反分裂斗争历史上的地位,可以更准确地认识和评价"三区革命"的历史意义。

潘志平《"东突"的历史与现状》[①]一书是研究"东突"问题的专题学术专著。该书深入分析研究"东突"问题的深层社会历史原因,树立了"东突"在新疆传入、发展的历史,认为"东突"发端于20世纪三四十年代,在80年代后半期明显地极端宗教化,90年代以来则恐怖主义化,是集民族分裂、宗教极端和暴力恐怖为一体的邪恶势力,是以宗教极端和暴力恐怖手段企图将新疆从祖国分裂出去的极端民族主义。该书在第四章第三节专论了伊犁"东突厥斯坦国",指出这是泛伊斯兰主义和泛突厥主义在新疆政治舞台上最嚣张的时期。在该节中,潘志平详细论述了苏联为维护自己利益,在中亚设立"民族复兴小组",支持阿拉木图"新疆突厥民族解放委员会"和伊犁"伊宁解放组织",这些组织打着宗教的旗帜反对盛世才的统治,实则是进行泛突厥主义和泛伊斯兰主义的极端分裂活动。在其宣传的文件中,赫然出现"我们为消灭汉族在我们东突厥斯坦的统治,为消灭在我们领土上汉族暴政的一切根源而斗争。我们民族独立小组捍卫除汉族以外的所有民族的利益"。如此极端和民族攻击的激烈言语,这充分说明上述组织的分裂中国和民族仇恨的本质。该书还细致分析了苏联在"二战"后期对新疆政策的变化,由此导致了苏联对"东突厥斯坦共和国临时政府"政策的转变,转而支持赞同祖国统一的阿和买提江进入"临时政府"的权力层,以削弱艾力汗·吐烈等分裂分子的势力。该书还

---

① 潘志平:《"东突"的历史与现状》,民族出版社2008年版。

充分肯定并赞扬了阿和买提江对抗分裂和"双泛"势力的种种努力。

潘志平在另一篇文章《"东突厥斯坦共和国"：一个批判性的评估》①中指出，1944年新疆伊犁发生暴动，建"东突厥斯坦共和国"。伊犁暴动发生在一个特别的地域，即深受伊斯兰教影响且与苏联相毗邻的地区，发生在一个特别的时代，即民族主义、社会主义和伊斯兰主义风起云涌的时代。因此，这场暴动与苏联及本地的宗教势力存在着复杂的互动，集中表现在苏联暗地支持下的有宗教色彩的"绿色革命"，但本质上，这场暴动属于旨在分裂中国的民族主义运动范畴。"东突厥斯坦"思想源自泛突厥主义、泛伊斯兰主义（"双泛"），而作为"双泛"之纽带，"扎基德"运动在其中起着至关重要的作用。他最终指出，这场暴动尽管与社会主义苏联及本地的宗教势力发生复杂的互动、交集，但本质上属于分裂中国的民族主义运动范畴。

潘志平又从俄国鞑靼斯坦的"扎吉德运动"谈起，分析了新疆"东突厥斯坦"运动的缘起。他认为，新疆近代文化启蒙运动开辟了新疆近代意义上的民族教育，它的贡献应予充分肯定。但是，其负面作用是："双泛"借"扎吉德"教育大举传入新疆，在造就第一代现代意义的民族知识精英的同时，也培植出麦斯武德等第一批"东突"骨干。这伙人在为"东突厥斯坦独立"而奔走呼号，形成了一个分裂主义的帮派，这就是新疆"东突厥斯坦"运动的由来②。该文从"东突"思想和运动起源的角度，分析了"三区革命"中分裂分子麦斯武德等"东突"骨干的思想和家族来源，拓展了"三区革命"的研究。

在前期研究的基础上，潘志平在其主持的国家社科基金项目《"东突厥斯坦"运动：背景及源流研究》（课题号：10BSS018）中从历史观、民族观、宗教观、文化观、国家观及国际政治背景等多维度剖析了"东突厥斯坦"运动的缘起、思想构建和在新疆历史上的"实践"，指明

---

① 潘志平：《"东突厥斯坦共和国"：一个批判性的评估》，《民族社会学研究通讯》2015年第178期。原文刊载于香港中文大学《21世纪》2014年第12月号。

② 潘志平：《俄国鞑靼斯坦"扎吉德运动"与近代维吾尔启蒙运动——新疆"东突厥斯坦"运动的缘起》，《民族社会学研究通讯》2015年第178期。本文原载《西北民族研究》2014年第3期。

"东突厥斯坦"运动本质是一种极端的民族主义,同时也是新疆外部植入新疆文化层中的一个政治怪胎。该课题较为全面论述了喀什"东突厥斯坦伊斯兰共和国"和伊犁"东突厥斯坦共和国"的历史,特别是较为深入论述了苏联与"东突厥斯坦共和国"的密切关系,分析了1945年苏联对"东突厥斯坦共和国"政策从全面支持到有所转变的国际背景和苏联策略。

齐清顺通过从当时暴动领导人自己、南京国民党政府、中共中央三方面在不同时期对这次武装斗争不同的称呼进行了深入的分析考察,从中既可以看出三方在不同时期对这次武装斗争的不同认识和态度,也可以看出这一武装斗争本身的发展变化,同时说明了这一武装斗争本身的重要性和复杂性。[1]

蔡锦松在《纪念阿合买提江·卡斯米》一文中详细梳理了阿合买提江·卡斯米同"三区革命"中的分裂分子艾力汗·吐烈、麦斯武德、穆罕默德·伊敏、艾沙等人进行斗争的具体表现,充分肯定和颂扬了阿合买提江·卡斯米维护祖国统一和民族团结的爱国主义情怀。[2]

贺萍分析了新疆民族分裂主义的形成、发展及其演变的历史,指出"三区革命"初期,苏联为了自身的大国主义利益,不惜利用艾力汗·吐烈在新疆"三区"广泛进行"圣战"宣传,散布泛伊斯兰主义和泛突厥主义的思想毒素,煽动"东突厥斯坦"的"独立",使"三区革命"一度发生分裂主义错误。[3]

洪涛详细阐述了阿合买提江、阿巴索夫反对艾力汗·吐烈分裂祖国的斗争历程。他指出,在新疆"三区革命"内部发生了以阿合买提江、阿巴索夫为代表的革命力量同以艾力汗·吐烈为代表的反动势力的斗争。这场斗争是围绕维护祖国统一,还是分裂祖国;是团结各民族包括汉族人民,还是反汉排汉这两个根本问题进行。文章指出,新疆"三区革命"中这场斗争给我们的历史启示就是坚持维护祖国统一,必须反对民族分裂主义;

---

[1] 齐清顺:《新疆"三区革命"称呼考察——兼谈对有关问题的断想》,《西北民族研究》1998年第1期。

[2] 蔡锦松:《纪念阿合买提江·卡斯米》,《新疆社会科学》1989年第4期。

[3] 贺萍:《新疆民族分裂主义的形成、发展及其演变》,《天山学刊》1996年第2期。

必须坚持马克思主义的宗教观，坚决打击非法宗教活动。[1]

竹效民认为在"三区革命"期间，以艾力汗·吐烈为首的民族分裂主义势力利用少数民族对国民党反动政府的不满，披着宗教的外衣，挑拨民族关系，使"三区革命"寄生了民族分裂主义的毒瘤。"三区革命"初步胜利后，"三区"临时政府甚至直接打出建立"东突厥斯坦共和国"的旗号。但这一浊流遭到以阿合买提江·卡斯米、阿巴索夫等进步力量的坚决抵制，并在中国共产党的影响下，苏联方面的压力下，最终挫败了民族分裂主义势力，使三区革命汇入中国民主革命的洪流。[2]

一些中亚学界将"东突厥斯坦"运动定性为"土著维吾尔民族"问题及其自决权的"民族解放运动"。对此观点，哈萨克斯坦的中国学学者瑟罗耶日金泽予以驳斥。他在学术专著《中国民族分离主义的幻梦与现实及中亚地区安全》一书中，认为上述观点不仅在学术上经不起推敲，而且在政治上是有害的。他将以"东突厥斯坦共和国"为旗帜的"东突厥斯坦"运动称为幻梦，认为不仅危害巨大，而且必将遭到各国政府和民众的反对。

新疆维吾尔自治区党委宣传部长冯大真主编的《〈维吾尔人〉等三本书问题讨论会论文集》和新疆社会科学院院长杨发仁主编的《泛伊斯兰主义、泛突厥主义研究论文集》，收录了新疆和内地一些学者的重要论文，是国内学术理论界对东突厥斯坦思想的集中清理。

相关资料的整理与出版

史料是史学研究的基础。很多历史问题之所以成为迷案而引发学者们的争论不休，在很大程度上是因为史料挖掘利用的不够。从此角度而言，充分挖掘相关史料，最大限度利用相关资料，就是研究的基本要求。

新疆"三区革命"是当时中国，特别是新疆的重大事件，当时的新疆主政者的日记、回忆录等资料，是研究"三区革命"的重要史料。相关的最早记载当属时任新疆省主席的吴忠信所著《吴忠信主新日记》（1944年

---

[1] 洪涛：《论阿合买提江、阿巴索夫反对艾力汗·吐烈分裂祖国的斗争》，《新疆大学学报》（社会科学版）2004年第1期。

[2] 竹效民：《伊犁三区革命中民族分裂活动与反分裂斗争》，《中共伊犁州委党校学报》2005年第3期。

8月至1946年3月)。这是他私人日记的一部分，因有些内容过于敏感，后来周昆田在抄录整理该日记时，做了很多删减拼合，直到1999年才由中国第二历史档案馆在《中华民国史档案资料汇编》中节录出版，2006年又由新疆社会科学院在《中国西北文献丛书·二编》中影印出版。[①]《吴忠信主新日记》对"伊犁事变"的起源、发生和演变过程，苏联代表的所作所为，国民党军政人士对事件的认识变化、应对措施及实施效果，新疆各界民众的态度、表现与分化，都有真实而详尽的记述。尤其珍贵的是，大量的公文、电报、信函、重要谈话和军政决策内幕都被原原本本地记录下来。《伊宁事变纪略》[②]是事件爆发后，由重庆派往新疆学院（新疆大学）任教的陈力在广泛收集官方档案和新闻报道，采访事件幸存者和知情人的基础上完成的一篇长文。《新疆十年》[③]是东北人周东郊借在督务处工作可查阅官方档案之便利，搜罗各种资料完成的，对盛世才统治新疆期间社会发生的深刻嬗变进行全面论述与反思。总体而论，20世纪40年代出版的相关资料文献，多为谙知内情人士所写，当时人记当时事，且政府的秘密档案、决策文件及关键人物的往来函电也多有引用，实具有很高的史料价值。

20世纪50—70年代，学界对该课题的研究几乎处于停滞状态，仅仅出版数量较少的资料。《新疆的革命运动与暴乱事件》、《新疆历史资料》、《新疆文史资料选辑》（第1—4辑），及油印本《新疆三区革命资料汇编》（共8册）等[④]。从20世纪80年代开始，随着政治、学术环境的改善，

[①] 吴忠信著，周昆田整理：《主新日记》，目前有两个版本：一是节录本（1945年8月至1947年3月），载中国第二历史档案馆编《中华民国史档案资料汇编》第五辑第三编，政治（五），江苏古籍出版社1999年版；二是全文影印本（1944年8月至1947年3月），载苗普生主编《中国西北文献丛书·二编》，线装书局2006年版，第30—37册。

[②] 陈力：《伊犁事变纪略》，正中书局1948年出版，台北文海出版社1977年再版。

[③] 周东郊：《新疆十年》，兰州和平书局1948年油印本；苗普生主编：《中国西北文献丛书·二编》，第29册。

[④] 中国科学院民族研究所：《新疆的革命运动与暴乱事件》，1961年，内部资料。另外还有中国科学院民族研究所编选的多辑本内部资料《新疆历史资料》。新疆少数民族社会历史调查组编译：《新疆三区革命资料汇编》，1959年，油印本。《新疆文史资料选辑》，新疆人民出版社1979年版，第1—4辑。

"三区革命"问题的研究重新起步,相关资料整理和出版工作相继展开。《新疆三区革命领导人向中共中央的报告及文选》①是新疆三区革命史编写组从《新疆三区革命领导人言论选编》(打印资料)以及其他报刊上精选,并加上了"力群电台"的文电而成。该文集收集的新疆"三区革命"主要领导人阿合买提江·哈斯木、伊斯哈克伯克·穆努诺夫、阿不都克里木·阿巴索夫、达列力汗·苏古尔巴也夫的文章及与党中央汇报的材料,史料价值较大。《新疆三区革命大事记》②是新疆学者收集整理关于"三区革命"主要事件的编年体史料汇编,有利于从时间上梳理"三区革命"发展的脉络。《新疆三区革命(画册)》③收录了诸多宝贵的珍惜照片资料。《新疆风暴七十年》④是国民党新疆政府人员张大军汇集了从撤离新疆时带走的新疆政府档案所成。该书大幅辑录了当时档案,为了解"三区革命"提供了大量史料。《新疆文史资料精选(第三辑)》⑤收入反映新疆伊犁、阿尔泰、塔城"三区革命"反抗国民党武装斗争和新疆和平起义(1944—1949年)重大历史事件的史料15篇,这都是历史当事人亲自撰写的或亲历或亲见的史料,有助于研究者从中了解这些影响新疆重大历史变化的内幕和真相。包尔汉撰写的《泛伊斯兰主义和泛突厥主义在新疆的兴亡》收录在《文史资料选集》(第79辑)中。⑥《民国时期新疆大事记》⑦是关于民国时期新疆政治、军事、经济、文化等方面的大事编年,对研究"三区革命"有一定资料帮助。《中苏国家关系史资料汇编(1945—1949)》⑧收录从十月革命到中苏早期建交时期中苏国家关系资料,涉及十月革命与中国、中华民国北京政府与苏联最初外交、接触到正式建交谈判及其协定的签订等问题,包含了国民政府与苏联交涉"三区革

---

① 新疆三区革命史编写组:《新疆三区革命领导人向中共中央的报告及文选》,新疆人民出版社1996年版。
② 新疆三区革命史编写组:《新疆三区革命大事记》,新疆人民出版社1994年版。
③ 新疆三区革命史编纂委员会:《新疆三区革命(画册)》,新疆美术摄影出版社1994年版。
④ 张大军:《新疆风暴七十年》,台湾兰溪出版有限公司1980年版。
⑤ 余骏升主编:《新疆文史资料精选》第三辑,新疆人民出版社1998年版。
⑥ 《文史资料选集》编辑部:《文史资料选集》(第79辑),文史资料出版社1982年版。
⑦ 张君超主编:《民国时期新疆大事记》,新疆美术摄影出版社2003年版。
⑧ 薛衔天编:《中苏国家关系史资料汇编(1945—1949)》,中国社会科学出版社1997年版。

作为"三区革命"的亲历者,他们的回忆录是研究"三区革命"的重要史料。《五军的革命历程》① 一书是"三区革命"民族军(后接受改编为中国人民解放军第五军)主要领导人曹达诺夫·扎伊尔关于民族军的发源、发展及在新疆和平解放后改编的历史,内容丰富翔实,对研究"三区革命"军事发展史提供了第一手资料。此外,曹达诺夫·扎伊尔还出版过《难忘的历程》② 一书,是对其参加"三区革命"历史的回忆录,也有重要史料价值。魏庄《光荣的民族军:中国人民解放军第五军征战纪实》③ 则是有关民族军征战的纪实文学之作。

《马仲英逃亡记》④ 是作者瑞典人斯文·赫定的亲历记,是根据他当时的日记整理而成,内容真实可信,形象具体,所涉人物、时间和地点准确,对我们研究西北现代史、民族史和新疆地方史,特别是研究"盛马之战"提供了大量的第一手资料。另外,书中对当时新疆的社会状况、风土民俗、道路交通和自然地理等方面,也有详细的记载。《新疆五十年》⑤ 一书是"三区革命"亲历者包尔汉所著,主要讲述了新疆和平解放前五十年的历史。

《张治中回忆录》⑥ 是"三区革命"亲历者张治中的回忆录。该书以亲历者的身份,讲述了国民政府对"三区革命"的认识与政策,价值较高。《从迪化会谈到新疆和平解放》⑦ 是张治中关于新疆经历的另一本回忆录。该书记载了"三区革命"后期的迪化会谈及其以后的历史,其中记载了张治中关于新疆问题和"三区革命"的认识、治理新疆的思路与政策,是比较原始的资料。《鹰犬将军——宋希濂自述》⑧ 是曾任新疆警备总司令

---

① 解放军出版社1989年版。
② 张宏超、张世荣译,新疆人民出版社2001年版。
③ 解放军文艺出版社2015年版。
④ [瑞典]斯文·赫定:《马仲英逃亡记》,凌颂纯、王嘉琳译,宁夏人民出版社1987年版。
⑤ 包尔汉:《新疆五十年》,中国文史出版社1994年版。
⑥ 张治中:《张治中回忆录》下册,文史资料出版社1985年版。
⑦ 张治中:《从迪化会谈到新疆和平解放》,《新疆文史资料选辑》第21辑,新疆人民出版社1987年版。
⑧ 宋希濂:《鹰犬将军——宋希濂自述》,中国文史出版社1986年版。

宋希濂的自述，书中对其在新疆期间的"三区革命"进驻有所记述。《陶峙岳自述》①是"三区革命"亲历者陶峙岳的回忆录，书中涉及他在新疆担任警备司令期间对"三区革命"后期事态发展记录。《天山雄鹰——阿布都克里木·阿巴索夫生平》②是新疆"三区革命"亲历者赛福鼎撰写的阿布都克里木·阿巴索夫的传记，书中有一些相关的细节记载。《赛福鼎回忆录》③是"三区革命"领导人之一的赛福鼎·艾则孜的回忆录。该书是"三区革命"领导者的回忆录，其中的《下篇》全部记载"三区革命"的起因、发展、结果和历史意义，对很多历史细节有记述。此外，《历史的回声——格尔夏的回忆录》④是"三区革命"亲历者格尔夏对"三区革命"经历的回忆，提供了某些历史细节。《杜别克》⑤是对"三区革命"活动家杜别克主要事迹的回忆。《达列力汗烈士纪念文集》⑥是阿勒泰地区纪念三区革命烈士殉难四十周年活动筹备领导小组为纪念达列力汗烈士而编辑的纪念文集，书中的回忆性文章对研究"三区革命"发展细节有帮助。《盛世才在新疆》⑦是记载盛世才主政新疆的历史，对分析其统治后期的政策对"三区革命"爆发的影响，提供了较好的史料。

因为"三区革命"前期存在分裂势力，所以国内在整理反分裂资料时，也翻译了国外对"三区革命"的资料。新疆社会科学院组织人员对国外文献进行了翻译和内部出版，为《"双泛"研究译丛》⑧。该丛书内部出版了三辑，翻译了大量国外相关文献，提供了宝贵的资料。兰州大学中亚研究所组织翻译的《国外新疆问题研究译丛（2005—2007）》⑨《俄国解密

---

① 陶峙岳：《陶峙岳自述》，湖南人民出版社 1985 年版。
② 赛福鼎：《天山雄鹰——阿布都克里木·阿巴索夫生平》，中国文史出版社 1987 年版。
③ 赛福鼎：《赛福鼎回忆录》，华夏出版社 1993 年版。
④ 格尔夏口述，王永庆整理：《历史的回声——格尔夏的回忆录》，新疆生产建设兵团出版社 2013 年版。
⑤ 乌拉孜别克·阿布迪力编著：《杜别克》，新疆人民出版社 2004 年版。
⑥ 阿哈提·哈甫赛买提等：《达列力汗烈士纪念文集》，阿勒泰地区纪念三区革命烈士殉难四十周年活动筹备领导小组编印油印简行本，1989 年。
⑦ 蔡锦松：《盛世才在新疆》，河南人民出版社 1998 年版。
⑧ "双泛"研究课题组：《"双泛"研究译丛》第 1—3 集，新疆社会科学院内部印刷，1991—1993 年。
⑨ 兰州大学中亚研究所：《国外新疆问题研究译丛（2005—2016 年）》，内部印刷。

档案：新疆问题》①收录了俄国解密档案中关于国民政府与苏联政府交涉"三区革命"问题的若干外交档案，由此可研究当时国民政府对待"三区革命"及对苏政策。此外，地方志《伊犁哈萨克自治州志》②《伊宁县志》③和《福海县志》④在相关章节中也保存了一些"三区革命"的资料。

上述各项资料的整理和出版，对推动"三区革命"研究，起到积极作用。

对相关研究的思考

"三区革命"是我国新疆近代史上重大事件，对今日新疆发展仍有影响，这是需要非常值得深入研究的重大课题。如前文所述，国内外学界或在相关资料整理或在具体问题研究上付出很多心血，进行了较为深入的研究，取得较好的成果。这对探寻"三区革命"历史真实、探究新疆近代历史发展及新疆在世界发展格局中的地位，均有较好帮助。但是，冷静思考，关于"三区革命"的研究，仍需要从以下数方面进行拓展或深化。

①具体史实的再考证

"三区革命"研究成果中，仍存在诸多史实不明或各方存在争议之处。比如杜荣坤认为维、哈、柯、蒙、汉及锡伯等十来个民族在新疆伊犁、塔城、阿尔泰三区发动起义。他还认为"三区革命"的直接起因，是国民党省政府向牧民征集军马，敲诈勒索。⑤对于参加"三区革命"的群体，到底有多少个，仍需细致考证。汉族人有没有参加？俄罗斯人有没有参加？按照杜荣坤论述，"三区革命"爆发的直接原因是国民政府要求牧民"捐献"马匹，有马则交马，"无马者则政府规定的价格（即每匹马价值七百元新币，高于市价半倍）缴纳现金，若不按期缴纳者将要遭受监禁。"既然政府规定马匹价格是市场价格的两倍，为何牧民不可以在市场买马再上交？有学者研究认为，"三区革命"爆发时的新疆社会矛盾并没有特别激

---

① 沈志华编译：《俄国解密档案：新疆问题》，新疆人民出版社2013年版。
② 伊犁哈萨克自治州地方志编纂委员会主编：《伊犁哈萨克自治州志》，新疆人民出版社2004年版。
③ 伊宁县地方志编纂委员会主编：《伊宁县志》，新疆人民出版社2003年版。
④ 福海县史志编纂委员会编：《福海县志》，新疆人民出版社2003年版。
⑤ 杜荣坤：《新疆三区革命是我国人民民主革命的一部分》，《民族研究》1986年第1期。

烈，换言之，当时并不具备爆发革命的充分条件。笔者认为，"三区革命"爆发的真实原因仍需要研究。

"三区革命"人物研究中也有很多历史细节需要深入探寻。"三区革命"的早期领导人艾力罕·吐烈早期在苏联散布泛突厥主义和泛伊斯兰主义而被苏联逮捕，后逃至新疆，再次被逮捕，后又逃至伊犁活动。和平谈判后，苏联人将艾力罕·吐烈遣送回苏联。此间的历史细节是什么？苏联与艾力罕·吐烈的关系是什么？

20 世纪 30 年代，分裂分子在喀什成立过"东突厥斯坦伊斯兰共和国"，在和田成立过"伊斯兰王国"。上述组织与"三区革命"早期成立的"东突厥斯坦共和国"的关系是什么？在上述三个组织中，苏联均有介入，苏联与上述组织的关系如何，由此可以研究 20 世纪三四十年代苏联与我国新疆的关系。曹伟、杨恕曾利用俄方档案对 20 世纪 30 年代苏联红军两次出兵新疆及其原因进行有益探讨。① 但总体观之，对问题的研究仍处于较薄弱阶段。

另外，关于"三区"在"基本自治"阶段中，如何进行政治、经济、教育、军事等建设，学术界虽然有零星研究，但仍未能有系统、全面的研究。

②各方力量视野下的多元分析

从狭义"中亚"地理概念而论，新疆西部毗邻中亚，是"欧亚大陆岛"的核心地带，也是北亚、南亚、西亚和东亚交往的核心通道，战略价值极为重要。世界历史步入全球化时代后，英国占领南亚次大陆印度，势力深入阿富汗，并依此向北扩展。俄国则翻越乌拉尔山向西伯利亚扩张，并向南侵入中亚哈萨克广袤草原，由北向南，由西向东侵蚀新疆，所以英国和俄国及苏联均企图影响新疆历史发展方向。不仅如此，"二战"后势力大增的美国从全球霸权角度企图进入新疆。故此，我们看到在 20 世纪 40 年代的新疆历史中，英国、苏联、美国以及日本均有势力进入。此外，我党为夺取全国政权的需要，也派人进入新疆。国民党政府为控制新疆和

---

① 曹伟、杨恕：《20 世纪 30 年代苏联红军两次出兵新疆及其原因》，《西域研究》2014 年第 4 期。

维护新疆国土安全,则积极应对"三区革命"。可以说,"三区革命"是20世纪40年代新疆的重大事件,国内及国际多方力量在其中进行激烈博弈。美、英、苏为争夺世界霸权和划分势力范围而左右"三区革命"发展,我党为革命事业和维护领土完整而积极争取新疆民众参加民族革命,国民党新疆政府则为平定叛乱和维护领土完整而尽力。另外,因为苏联利用"双泛"思想去影响新疆社会,故此新疆"三区革命"中出现了"东突"分裂势力活动。从维护中国领土完整的角度观察,研究"三区革命"又具有了另一种色彩。综上可知,"三区革命"研究是牵一发而动全身,不能从单一角度去观察,而需要从各方力量视野下进行多元分析。

③"三区革命"性质问题

"三区革命"历史事件发展本身是复杂的,加之又因各方势力加入,所以学界对其性质的研判,是其研究的难点。事实上,大陆学界关于"东突厥斯坦共和国"的研究,即便现已有很大进步,但还未能突破毛泽东当年对其是属于"民族革命"的定性。中国社会科学院民族研究所杜荣坤等人合著的《新疆三区革命史鉴》[①]一书虽然最近几年出版,但仍是作者于二十年前所撰写,不仅资料利用未有突破,研究内容也未能涉及"苏联与三区革命间关系"等所谓的敏感问题。兰州大学副校长杨恕曾在2004年提出,1944年的"东突厥斯坦共和国"已成为境内外民族分裂分子的一面旗子,应开展并加强这方面的研究,但时任新疆维吾尔自治区党委书记王乐泉则表示此问题太敏感,还是放一放。时至今日,国内学界有关这场"革命"的研究,还存在研究禁区。比如,与当年分裂活动相伴随的对汉族的仇杀活动,至今仍讳莫如深。不过,在学界的一些内部刊物中,已经开始正视这一问题,特别是认识到"三区革命"初期对国家主权和领土完整的负面性影响。

④多方资料的整理、出版与利用

在学者们的努力下,国内和国际上关于"三区革命"的资料已经得到了较好的整理、出版和利用。如前面所述,因为英国、苏联、美国及日本等国在不同程度上影响了"三区革命"的进程,所以关于"三区革命"的

---

① 中国社会科学出版社2013年版。

资料存在较大的分散性，如能系统收集和整理上述资料，可以很好推动相关研究的深化。

因为很多资料是由多种语言记录的，学者们要全面利用上述资料必须能通晓多种语言，这就大大增加了研究的难度。比如，"三区革命"初期的领导人艾里汗·吐烈在返回苏联后撰写了回忆录《突厥斯坦的悲剧》，苏联方面曾予以出版，目前国内学界已经开始组织力量进行翻译工作，期待早日出版，惠及学林。如能全面整理和翻译多种语言的史料，必将为研究提供极大方便。综上，要深化和拓展"三区革命"研究，需要在资料的整理、出版与利用上下苦功夫。

随着国内学术环境的日渐改善，加上从历史长时段发展演变的广域视野，以及对相关史料的整理和挖掘，学界关于"三区革命"的研究会更加深入而全面，从而更加准确"复原"距今70余年的历史事件，更加客观分析这一事件对中国历史以及新疆地方历史发展的影响。

4. 人物研究

民国时期有关新疆的历史人物研究成果众多，仅以著作为选，略作举凡。

杨增新研究。杨增新治新17年（1912—1929），功过评价各异，仅见杨增新传记两部：台湾学者李信成《杨增新在新疆》[1]，段金生《调适与冲突——杨增新思想与治新实践研究》，马大正在为段金生著作所撰之序一中指出："提到民国时期的新疆，就让人想到杨增新不仅是民国时期统治新疆时间最长的地方行政长官，而且以其有特点的治理思想及措施，使新疆处于一个相对平稳的社会政治环境并注意维护西北边疆的领土主权"，"从统一多民族国家发展的大局来看，杨增新所起到的历史作用是十分重要的，值得认真研究"。[2] 张荣《杨增新治新时期哈萨克族在中国境内迁徙述论》[3] 主要通过杨增新治新时期哈萨克族的迁徙活动的叙论，揭示和分析了其后潜藏的威胁，以及杨增新采取的应对措施，即将伊、塔、阿三地

---

[1] 台北"国史馆"印行，1993年。
[2] 序一，云南人民出版社2010年版，第1页。
[3] 《中国边疆史地研究》2008年第1期。

归并新疆省管辖及其在维护国家统一上的历史作用。

2015 年段金生与董继梅合著《新疆都督：杨增新》① 一书是中共云南省宣传部主编"云南百位历史名人传记丛书"选目之一。据作者自述："将这些年来对杨增新人生轨迹的认知，进一步细化梳理，形成文稿。"全书计七章，22 万字，述杨增新一生政绩、其治疆功绩，所论更为详尽。杨镰《守望天山——杨增新与现代新疆》②，是作者在重读《补过斋文献》与新疆现代历史文献的基础上动笔撰写的一部纪实文学之作。

邓缵先研究。邓缵先是民国时期由广东"援疆"的官吏，历任南疆叶城、巴楚县令，1933 年在巴楚殉难于分裂分子暴乱中。崔保新《沉默的胡杨——邓缵先戍边纪事（1915—1933）》③ 将一幅民国初期新疆治世与乱世、广东客家与维吾尔族相片交融的历史画卷呈现于读者面前。苏全贵主编《光到天山，影独圆——邓缵先精神研讨会学术论文集》④ 以定位研究、思想研究、史学研究、边政研究、诗词研究、综合研究、附录为题，收录参会学者提交论文 48 篇。马大正在题为《略论开民民国时期新疆边吏研究的几个问题》的代序中针对"目前民国时期边臣疆吏研究还很薄弱"，吁请"学术机构和民间学者彼此互动、共同努力"，使边吏研究"成为边疆研究百花园中一朵奇葩"！

金树仁研究。1929 年至 1933 年金树仁主政新疆，相关研究著述，据不完全统计有 30 余篇，涉及金树仁个人及金树仁统治时期新疆的政治、经济、军事、外交、文化、民族宗教等诸多方面。⑤ 与其前任杨增新和后任盛世才的研究成果相比，明显要少。值得重视的是 2014 年新疆人民出版社出版了买玉华《金树仁统治时期的新疆政治与社会》，全书 33 万字，研究重点是金树仁统治时期新疆的政治与社会的方方面面。资料翔实，排比考证细密，以实证研究探寻历史真相，同时在力图还原史实基础上，着

---

① 云南人民出版社 2015 年版。
② 新疆人民出版社 2015 年版。
③ 社会科学文献出版社 2010 年版。
④ 序一，社会科学文献出版社 2014 年版，第 9 页。
⑤ 可参阅买玉华《金树仁统治时期的新疆政治与社会》，前言，新疆人民出版社 2014 年版，第 9—10 页。

力归纳、总结，进行理论升华，是值得学界重视的有关金树仁研究的首部学术专著，具有填补研究空白的价值。

盛世才研究。盛世才的传记已出版多部，蔡锦松《盛世才在新疆》[①]和《盛世才外传》[②]对盛世才的治新进行了全方位的探研。张晓玮《新疆王：盛世才》[③]是一部自称"最全面最真实最完整最直言不讳的盛世才传记"，是否真是具有自称"四最"，读者可以自行判断，不过此书还是很可一读的。有关盛世才回忆文章结集，大陆出版了文思主编《我所知道的盛世才》[④]，台湾出版了盛世骥口述、欧播佳整理《蒋介石的封疆大吏——我家大哥盛世才》[⑤]。台湾学者张大军主编《盛世才上莫斯科史大林报告书（1940）》[⑥]是新疆督办盛世才以联共党员身份发生于1940年的新疆"带国际性大阴谋暴动案上史大林的报告书"，原稿为俄文译稿，为张大军在盛世才督办公署秘密档案中发现，这是一份具有颇高史料价值的历史原档。还有两种与盛世才家族有关的作品，黄仁柯《生死天山——俞秀松与盛世才兄妹》[⑦]和窦应泰《盛世才家族血案真相》[⑧]。李嘉谷《盛世才与新疆》[⑨]涉及了国民政府将盛世才挤出新疆，逐步控制新疆的复杂历史过程。

吴忠信与张治中研究。吴忠信和张治中均是南京国民政府主政新疆的大吏，他们的治疆活动是新疆历史上不可缺失的一页。丁剑《吴忠信传》[⑩]设专章评论了1944年吴忠信受命立政新疆的始末。张治中治疆传记有两种，汪朝光《和谈将军张治中》[⑪]和杨者圣《和平将军张治中》[⑫]。在《张治中回忆录》中专设专题——新疆问题：从迪化会谈到和平解放，为今人

---

① 河南人民出版社1998年版。
② 中共党史出版社2005年版。
③ 江苏凤凰文艺出版社2014年版。
④ 中国文史出版社2003年版。
⑤ 台北万卷楼图书有限公司2000年版。
⑥ （台北）中亚出版社1997年版。
⑦ 中共中央党校出版社1999年版。
⑧ 中国文联出版社2003年版。
⑨ 《近代史研究》1996年第6期。
⑩ 人民出版社2009年版。
⑪ 河南人民出版社1995年版。
⑫ 上海人民出版社2011年版。

之研究留下珍贵的当事人第一手回忆史料，如邓颖超所言："由于他（张治中）长期置身于国民党最高决策之列，自述中留下很多重要史料，对研究中国近代历史特别是国共关系问题是具有特殊意义的。"① 张振东《试论张治中对新疆的贡献》② 探讨了国民党大员张治中在任新疆省主席期间的施政。刘文远《从〈施政纲领〉看张治中治理新疆方针》③ 从政治、民族、文化、经济方面，对张治中的治新方针进行论述。冯海燕《张治中在40年代对新疆国际环境的认识及其亲苏政策》④ 探讨了张治中对新疆问题的认识。

与"三区革命"有关的历史人物的回忆录也多有面世。"三区革命"领导人阿合买提江的夫人玛依努尔·哈斯木《回忆阿合买提江（上下）》⑤《新疆五十年——包尔汉回忆录》⑥，以及《回忆包尔汉》⑦《包尔汉选集》⑧《包尔汉画传》⑨，还有《赛福鼎回忆录》⑩《买买提明·伊敏诺夫画传》⑪ 都是历史研究难得的史料。

（四）民国政府对西南边疆治理研究

张轲风《民国时期西南大区区划演进研究》⑫，探讨了民国时期"西南"区域观的演变及其区划实践。"西南"作为我国地理大区，具有在政治、经济、国防等多重因素影响下的人为界定和建构特征，这一过程中呈现出区域观念与区划实践之间的互动，其复杂的空间演进过程，主要体现为"西南"范围演变与地域格局的密切关系。作者从探讨这一关系着手，

---

① 华文出版社2007年版。
② 《新疆地方志》2004年第1期。
③ 《中国边疆史地研究》1990年第6期。
④ 《武汉大学学报》1998年第3期。
⑤ 中国文史出版社2011年版。
⑥ 中国文史出版社2013年版。
⑦ 中国文史出版社1999年版。
⑧ 民族出版社1989年版。
⑨ 华夏出版社1993年版。
⑩ 民族出版社2006年版。
⑪ 中央文献出版社2013年版。
⑫ 人民出版社2012年版。

梳理了"西南"区域认识和范围变化状况，复原历史区域的地域格局，呈现区划实践遵循或引导区域观嬗变的历史进程，并探究导致其变化的影响因素。段金生《南京国民政府对西南边疆的治理研究》①，全书对南京国民政府对西南边疆的治理进行了全面梳理和阐论，指出：南京国民政府对西南边疆这一空间区域力图从政党治国体制的层面进行治理，但缘于西南边疆内部社会政治结构的差异及南京国民政府政党体制的脆弱，造成对西南边疆不同省区的治理方针与实践既有共性，也存在非均质性，国民党脆弱的政党治国体制无力全面控制西南边疆地区。潘先林《寓改进于开发，寓国防于建设——民国时期云南边疆"开发方案"补论》②认为民国云南省政府缺乏整体的边疆开发战略，也就没有具体细致，可操作性的建设计划，但这一时期诸多边疆开发方案，虽时过境迁，仍有其启迪的闪光点。

马玉华《20世纪上半叶民国政府对西南边疆少数民族的调查》③从调查兴起的原因、内容及评价等方面，对国民政府在西南边疆少数民族地区进行的调查做了分析。同作者《国民政府对西南少数民族调查之研究（1929—1948）》④一书，以国民政府或相关省府对云南、贵州、四川、西康等省少数民族的官方调查为研究对象，将这一时期的诸多调查分为政府组织的官方调查、政府所派考察团及相关学者个人调查三类，重点研究了官方组织调查的背景、条件，以及对云南、贵州、川康地区调查的具体内容，还论及了国民政府的治边思想与边疆民族政策。同一作者还著有《论国民政府对西南边疆及边疆民族的治理》⑤。

关于国民政府对云南的治理。谢本书等著《云南民族政治制度史》⑥论述了国民政府在云南地区设立的省级和县级行政机构及其运作的情况。张文芝《抗战时期国民政府对云南边疆民族地区的治理》⑦利用云南省档

---

① 社会科学文献出版社2013年版。
② 《中国边疆学》第三辑，社会科学文献出版社2015年版。
③ 《中国边疆史地研究》2005年第1期。
④ 云南人民出版社2006年版。
⑤ 《中国边疆史地研究》2008年第3期。
⑥ 云南人民出版社1996年版。
⑦ 《云南档案》2005年第3期。

案馆所藏资料，论述了抗战时期国民政府及云南省政府对云南边疆民族地区所采取的政治、经济、文化方面的政策。

王明东等《民国时期云南土司及其边疆治理研究》[1]，对民国时期云南沿边地区土司与中央政府的边疆治理关系问题进行了系统研究，主要探讨民国时期云南的中缅沿边（中甸、维西一带）、怒江流域、腾龙沿边（腾冲、龙陵一带）、思普沿边（思茅、普洱、西双版纳一带）、河麻沿边（红河、文山一带）一线百余家土司对地方大权的控制以及他们与民国中央政府形成对抗、对话与合作的复杂关系。针对这一问题的深入研究，对于提高当代云南边疆地区治理能力与治理体系现代化具有重要的参考价值。

关于云南省设置的边政机构。马玉华《云南省边疆行政设计委员会述论》[2] 研究了云南省边疆行政设计委员会成立的历史背景、机构设置与工作内容。洪崇文《云南殖边督办公署治边能力剖析》考察了云南殖边督办公署设立的过程及机构的组织和管理，对云南殖边督办公署治边能力也进行了分析。作者还撰文论述了民国时期云南边疆管理机构的演变、机构功效与云南殖边督办公署与道的承袭问题。[3] 陈国宝《试论民国时期云南边疆的殖边督办》[4] 论述了在龙云掌政后，云南省政府设立的第一、第二两个殖边督办公署的组织机构及其治边措施、历史作用。

王文成《滇西抗战与云南龙潞边区土司制度的延续》[5] 论述了滇西抗战对云南龙潞边区土司制度的影响。朱昭华《从班洪事件到中缅"1941年线"的划定》[6] 利用中、英文档案，研究了班洪事件发生的背景与过程，指出班洪事件发生后，国民政府在中缅边界问题上进行了抗争，但最终让步，划定了中缅边界的"1941年线"。潘先林《龙云的民族思想及其统治

---

[1] 社会科学文献出版社2015年版。
[2] 《云南师范大学学报》2005年第6期。
[3] 洪崇文：《云南殖边督办公署治边能力剖析》，《中国边疆史地研究》2002年第3期；洪崇文：《民国时期云南边疆管理机构的重组》，《云南民族学院学报》1999年第2期；洪崇文：《民国时期云南殖边督办公署与道的承袭问题》，《云南社会科学》2000年增刊。
[4] 《中国历史地理论丛》2006年第2辑。
[5] 《抗日战争研究》1994年第2期。
[6] 《中国边疆史地研究》2006年第3期。

时期的云南边政建设》①对龙云统治时期云南的边政建设进行了考察。

童恩强《西康建省始末记》②对西康建省的过程及三次康藏纠纷做了简要论述。黄天华《论民国时期西康建省》③考察西康建省的历史过程，并另撰文《国民参政会川康建设期成会述论》④评述了国民政府支持成立的国民参政会川康建设期成会成立的历史背景、活动内容及作用。一些学者整理了民国时期西康省的相关资料。⑤

有关民国时期云南边疆研究还有两部资料汇集值得关注：

林文勋主编：《民国时期云南边疆开发方案汇编》，全书分上、中、下三篇，共收清代以来特别是民国时期云南边疆开发方案13篇，60万字。林文勋在题为《"新云南"建设中的边疆现代化蓝图》主编代前言中指出：清代以来特别是民国时期云南边疆开发方案"可谓林林总总，异彩纷呈，代表了政府、官员、知识分子、土司等不同阶层对云南边疆开发的意见。既有简略、粗疏甚至纸上谈兵的应时应景之作，亦有洞悉边情、心系边疆安危、关心边民疾苦的经世之作。见仁见智，其中不乏真知灼见，勾画出了'新云南'建设中边疆现代化的蓝图，为后来边疆地区的社会发展历程所印证。即使到了21世纪的今天，对于西部大开发建设、云南'桥头堡'建设、东南亚南亚大通道建设等均有一定的借鉴意义"⑥。

马玉华主编：《西南边疆卷》四卷五册⑦，收录了民国时期有关云南边地的论著和调查报告，重要者有：

柯树勋（1862—1926）：《普思治边志略》；

农村复兴委员会（1933年成立，隶属于国民政府行政院）：《云南农村调查》；

---

① 李国强等主编：《中国边疆研究通报·云南专号》，新疆人民出版社1998年版。
② 《民国春秋》1996年第2期。
③ 《四川师范大学学报》2001年第4期。
④ 《四川师范大学学报》2007年第2期。
⑤ 赵心愚等编：《康区藏族社会珍稀资料辑要》，巴蜀书社2006年版；赵心愚等：《康区藏族社会历史调查资料辑要》，四川民族出版社2004年版；四川省档案馆、四川民族研究所编：《近代康区档案资料选编》，四川大学出版社1990年版。
⑥ 代前言，云南人民出版社2013年版，第9页。
⑦ 黑龙江教育出版社2013年版。

华企云：《云南问题》；

云南省立昆华民众教育馆（1932年成立，新中国成立后更名为昆明市文化馆）1933年编：《云南边地问题研究》上、下卷；

姚文栋（1895—1929）：《云南勘界筹边记》（五种）；

徐益棠（1896—1953）：《非常时期之云南边疆》；

尹明德（1894—1971）：《滇缅界务比较调查报告》。

（五）国民政府对蒙古、东北边疆的治理研究

李玉伟《民国时期国民党的民族政策及内蒙古的民族问题》[①] 指出，国民党制定边疆与民族政策虽强调边疆的重要性，但忽视内蒙古民族问题的特殊性，在内蒙古以放垦盟旗土地和强行增设省县为中心的对蒙民族政策也具有局限性。乌兰少布《中国国民党对蒙政策——1928—1949年》[②] 考察了国民政府的对蒙治策。闫天灵《试论抗战前十年国民政府对内蒙古的政策定位》[③] 就国民政府对民族问题的理念和边疆民族地区在国民党政权中所处的地位等问题，对国民政府的内蒙古政策做了考察定位。

金海《日本占领时期内蒙古历史研究》[④] 对本时期处于日本占领下的内蒙古东部地区和西部地区，以及仍为国民政府管辖内蒙古本部地区的政治、社会状况做了全方位的阐论。

对日本占领下的东北地区研究，"东北沦陷十四年丛书"汇集了一大批有价值的学术专著。其中苏崇民《满铁史》[⑤] 对日本政府在日俄战争后为推行其"经营满洲"即侵略中国东北政策而设立的执行机构——南满洲铁道株式会社（1906—1945）（简称满铁）的历史做了全方面、深入的阐论，是国内首部本题材的学术专著。

李洪锡《日本驻中国东北地区领带馆警察机构研究——以对东北地区

[①] 《中央民族大学学报》2004年第1期。
[②] 《内蒙古近代史论丛》第三辑，内蒙古人民出版社1987年版。
[③] 《中国边疆史地研究》2001年第1期。
[④] 内蒙古人民出版社2005年版。
[⑤] 中华书局1990年版。

朝鲜民族统治为中心》①对本命题进行了开创性的研究，为国内首部本题材的学术专著。

此外，饶品良及汪振友分别撰文论及战后国民政府为控制东北所做的政策调整和外交努力。②

（六）民国政府的台湾、南海诸岛治理研究

褚静涛《国民政府收复台湾考论》③从孙中山在台湾问题上的策略、国民政府宣告收复台湾、通过外交途径实现美英苏承诺台湾归还中国、收复台湾的准备工作、台湾回到祖国怀抱五个部分，对国民政府收复台湾的具体过程进行了论述。该作者还撰文对国民政府收复台湾的策略进行考察。④左双文《国民政府与台湾光复》认为，国民政府在光复台湾的过程中尽管对民众力量认识不足、过度依靠外援等，但其立场积极、态度坚定，是对中华民族的重要贡献。⑤郭学旺《开罗会议后中国政府收复台湾的准备》⑥对国民政府及其领导的台湾调查委员会在开罗会议后所进行的收复台湾的准备工作做了论述。杨树标、王侃《论南京国民政府的对台政策》对1927年南京国民政府建立到1949年国民党退守台湾期间国民政府的对台政策进行了考察。⑦

林金枝《1912—1949年中国政府行使和维护南海诸岛主权的斗争》⑧阐述了国民政府在南海诸岛行使和维护主权的历史事实。吕一燃《近代中国政府和人民维护南海诸岛主权概论》⑨指出，20世纪上半叶中国政府和人民从外交斗争，政治、军事、经济建设等方面，采取很多措施来维护南

---

① 延边大学出版社2008年版。
② 饶品良：《战后中苏东北问题交涉及国统区的民众反藏运动》，《俄罗斯研究》2006年第1期；汪振友：《战后中苏关系中的东北问题》，《西伯利亚研究》2007年第4期。
③ 《南京大学学报》2000年第6期。
④ 褚静涛：《论国民政府收复台湾的策略》，《江海学刊》2005年第2期。
⑤ 《历史研究》1996年第5期。
⑥ 《台湾研究》1997年第2期。
⑦ 《首都师范大学学报》2001年第5期。
⑧ 《南洋问题研究》1991年第4期。
⑨ 《近代史研究》1997年第3期。

海主权。李金明《抗战胜利后中国政府维护西沙、南沙群岛主权的斗争》①认为抗战胜利后国民政府通过外交交涉、派军收复和确定南海疆线等方式，维护了我国在西沙、南沙群岛的主权。吴士存对民国时期列强侵犯南海诸岛与中国政府的主权交涉、定名和设治管理、开发建设等问题做了较系统的论述。② 李国强《民国政府与南沙群岛》③和侯毅《中国传统疆域观视角下中国南海疆域的演变与形成》④论及了民国政府对南沙群岛的有效管辖。还有论者简述了民国政府对西沙群岛鸟粪的开发。⑤

侯毅《中美开罗会议上关于琉球问题的讨论及其影响》⑥和王海滨《中国国民党与琉球问题》⑦对琉球问题的由来及国民党处理琉球问题的历史过程进行了考察。左双文则研究了抗战胜利后国民政府收复澳门的策划及受挫经过。⑧

---

① 《中国边疆史地研究》1998 年第 3 期。
② 吴士存：《民国时期的南海诸岛问题》，《民国档案》1996 年第 3 期。
③ 载吕一燃主编《中国海疆历史与现状研究》，黑龙江教育出版社 1995 年版。
④ 《中国边疆学》第七辑，社会科学文献出版社 2018 年版。
⑤ 侯强：《民国政府对西沙群岛的鸟粪开发》，《文史杂志》2001 年第 5 期。
⑥ 《中国边疆学》第八辑，社会科学文献出版社 2017 年版。
⑦ 《中国边疆史地研究》2007 年第 3 期。
⑧ 左双文：《40 年代中国收回澳门的策划及其受挫》，《近代史研究》1999 年第 6 期。

第十章

中国历代王朝边疆民族政策研究

历代的民族统治政策,是历代边疆政策的重要组成部分。随着民族史研究的蓬勃开展,民族政策的研究得到了较深入的发展。田继周等《中国历代民族政策研究》①可视为对历代民族政策研究的结集之作。田继周在前言中对历代民族政策的基本内容作了界定:"1. 历代王朝及其统治民族的民族观;2. 在同一时期存在不同民族建立的不同国家的时候,处理各族建立的国家关系的政策;3. 在统一的多民族国家内,统治民族对被统治民族的政策,包括管理制度,剥削压迫政策,镇抚政策和宗教政策等等。"该书收文12篇,分别论述了上始夏商王朝下迄中华民国的民族政策。

在研究中,汉、唐、元、清诸强大封建王朝的民族政策尤为学者所瞩目,成果斐然。

一 汉、唐、元、清边疆民族政策研究

(一)汉朝边疆民族政策研究

汉王朝民族政策的重要方面是处理与匈奴的关系,(与匈奴的和亲,将在下文综述)。陶克涛《毡乡春秋——匈奴篇》②和林幹《匈奴通史》③;

---

① 青海人民出版社1993年版。
② 人民出版社1987年版。
③ 人民出版社1986年版。

两本专著对汉与匈奴的关系，都有较翔实深入的论析，《毡乡春秋——匈奴篇》指出：匈奴与汉朝之间的"战争大多围绕这些内容而进行：'臣服'不'臣服'，'合市'不'合市'，'断左臂'与争西域，攘斥与略地，'背约'不'背约'，离间与招降等。这中间既有历史原因，也有现实的利益所在，而不论何者，战火的点燃都发端于汉、匈双方的统治阶级"①。刘洪波《试论汉宣帝对匈奴政策的转变》②，认为汉宣帝亲政后，决定改变霍光的黩武政策，偃武修文，不再对匈奴大举用兵，以便休养生息，恢复经济。这是汉王朝对匈奴政策的重大转变，汉自高祖以来，世代以匈奴为敌国，但汉宣帝此时，"在匈奴内乱之时，采取了与匈奴和好的政策"。因此，文章指出："汉与匈奴的友好关系，由汉宣帝与呼韩邪单于肇其治。他们的子孙继其后，双方虽小有矛盾，但一直和平相处。"这方面的文章还有：胡刚《论西汉对匈奴政策的变迁和得失——兼评汉武帝的历史作用》③、张一中《论西汉政府反击匈奴奴隶主侵扰的方略》④、张勇《试论西汉边防兵的几个问题》⑤、莫任南《窦宪击匈奴的正义性质及其意义》⑥等。此外，汉王朝三通西域、治理羌人、和睦南越的政策措施，也为研究者所涉猎。

（二）唐朝边疆民族政策研究

唐王朝是统一多民族国家得到大发展的历史时期，唐太宗的民族政策是推动这一大发展的重要动力之一。唐太宗的民族政策近年来成了学人探索的热点。1984年出版的三本唐太宗传记——赵克尧、许道勋《唐太宗传》⑦、袁英光、王界云《唐太宗传》⑧、胡如雷《李世民传》⑨，对唐太宗

---

① 人民出版社1987年版，第467页。
② 《西北史地》1988年第3期。
③ 《求索》1982年第4期。
④ 《湖南师大学报》1985年第2期。
⑤ 《江西师范大学学报》1986年第4期。
⑥ 《湖南师院学报》1983年第1期。
⑦ 人民出版社1984年版。
⑧ 天津人民出版社1984年版。
⑨ 中华书局1984年版。

的民族政策均列有专章进行论述，共同认为唐太宗推行的是封建社会中比较开明的民族政策，其主要内容是"和亲政策""团结政策""德化政策"①，这些政策虽然"存在阴暗面，但就总体而言，其光明面和进步性毕竟是主要的，占支配地位"②。有关专论唐太宗民族政策的论文，1977年以来已见到10余篇，其中熊德基、胡如雷还就如何评价唐太宗的民族政策，进行了有益的探讨和争鸣。熊德基《唐代民族政策初探》③，认为对唐王朝推行的"开明的民族政策，简言之，即对所谓的'怀柔'政策"做了较深入的分析，充分肯定了唐太宗在制定、实施这一民族政策中的作用，以及唐代民族政策承前启后的历史地位。《历史研究》刊载的胡如雷《唐太宗民族政策的局限性》④则着重分析了唐太宗实施对少数民族统治时采取榨取、分化、挑拨的种种手段。作者认为，"为什么要特别谈一下唐太宗民族政策的局限性呢？我的意图在于从理论上纠正一下，长期以来有关民族关系史的论著中大多说历史上各族之间的友好交往，而有意回避一些民族矛盾的偏向"。熊德基《从唐太宗的民族政策试论历史人物的局限——与胡如雷同志商榷》⑤，对胡文用以说明唐太宗民族政策局限的史实进行了六点辩证，并对胡文中提出的"偏向"提出不同意见。后来胡、熊两位又先后发表了《再论唐太宗的民族政策——兼答熊德基先生》和《对胡如雷同志〈再论唐太宗民族政策〉一文的答复》⑥，对一些史实做了进一步辩证，但在"唐太宗的民族政策，应当加以肯定"这一点上，还是一致的。张雄《从突厥内徙看太宗的民族政策》⑦、《略论唐朝治理岭南的政策》⑧和《从岭南"俚僚"的反抗看唐朝晚期的民族政策》⑨，对自己的命题做了深入论述，有助于对唐王朝民族政策进行更全面的评述。牛致功

---

① 人民出版社1984年版。
② 中华书局1984年版。
③ 《历史研究》1982年第6期。
④ 同上。
⑤ 《中国史研究》1988年第3期。
⑥ 均刊《中国史研究》1987年第4期。
⑦ 《民族研究》1980年第3期。
⑧ 《中南民族学院学报》1983年第1期。
⑨ 《学术论坛》1984年第6期。

《李渊建唐史略》一书中唐高祖李渊对突厥的政策做了深入分析，认为对突厥实施的既战且和政策"比较妥当地解决了和突厥的关系问题，从而加速了全国的统一，致使唐很快强大起来，为唐太宗大力反击突厥的进攻准备了条件"[1]。

（三）元朝边疆民族政策研究

元朝是我国少数民族建立的第一个全国性的统一王朝，对蒙古贵族的民族政策进行研究是十分有意义的。韩儒林主编《元朝史》对这一命题做了全面、细致的分析，指出："蒙古统治者，为了始终保持其最高统治权力，维护他们的特殊利益，在推行阶级压迫的同时，又推行了民族压迫政策。民族分化的政策，是民族压迫政策的重要内容之一。"[2] 韩儒林在该书前言中认为："用汉法治汉民是原游牧民族统治中原的必行之路。"[3] 有元一代"蒙古统治者在中原依靠汉族地主剥削人民，而汉族地主为维护本阶级的利益，也需要依靠蒙古贵族的统治。他们是相互依赖、相互利用的"[4]。近年这方面的论文还有：胡小鹏《试论元代边疆民族政策》[5]、蔡志纯《元朝民族等级制度形成试探》[6]、冉守祖《从元朝四等级制看民族压迫的阶级实质》[7]、李干《试论元世祖忽必烈的民族政策》[8]、吴永章《元代对鄂西民族地区治理》[9] 等。

（四）清朝边疆民族政策研究

随着清史研究的开展，有清一代民族政策研究达到了相当的广度和深度，既有总论清代民族政策的，也有分论各朝的，还有以地区民族为研究

---

[1] 陕西人民出版社1983年版，第94—95页。
[2] 《元朝史》下册，人民出版社1986年版，第53页。
[3] 同上书，第8页。
[4] 同上书，第10页。
[5] 《中国边疆史地研究》2009年第4期。
[6] 《民族史论丛》，中华书局1987年版。
[7] 《中南民族学院学报》1986年第1期。
[8] 《内蒙古社会科学》1982年第4期。
[9] 《中南民族学院学报》1987年第4期。

对象，论述清政府是怎样处理与东北、新疆、西藏、蒙古、西南及至台湾、海南等地区少数民族关系的。专著方面，戴逸主编《简明清史》一、二册，李洵、薛虹主编《明清史》①，周远廉《清朝兴起史》②，郑天挺主编《清史》（上编），阎崇年《努尔哈赤传》③，滕绍箴《努尔哈赤评传》④，孙文良、李治亭《清太宗全传》⑤，孟昭信《康熙大帝全传》⑥，冯尔康《雍正传》⑦，庄吉发《清高宗十全武功研究》⑧，周远廉《乾隆皇帝大传》⑨，白新良《康熙大帝传》⑩ 等专著对清朝民族政策均有较翔实的评述，为人们认识努尔哈赤、皇太极、康熙、雍正、乾隆几代制定和实行有关政策，提供了多角度的研究成果。余梓东《清代民族政策研究》⑪，成崇德《清代边疆民族研究》⑫，吴元丰《满文档案与历史探究》⑬，乌云毕力格《满文档案与清代边疆民族研究》⑭ 和《满蒙档案与蒙古史研究》⑮，黑龙《满蒙关系史论考》⑯ 和《准噶尔蒙古与清朝关系史》⑰，彭陟焱《乾隆朝大小金川之役研究》⑱ 从不同学科的角度和不同层面对清代民族政策的形成、发展、演变过程及其特点、政策体系结构、政策本质等问题进行了探研。

---

① 辽宁人民出版社1985年版。
② 吉林文史出版社1986年版。
③ 北京出版社1983年版。
④ 辽宁人民出版社1986年版。
⑤ 吉林人民出版社1983年版。
⑥ 吉林文史出版社1987年版。
⑦ 中华书局1987年版。
⑧ 同上。
⑨ 河南人民出版社1990年版。
⑩ 辽宁教育出版社1990年版。
⑪ 辽宁民族出版社2003年版。
⑫ 故宫出版社2015年版。
⑬ 辽宁民族出版社2015年版。
⑭ 社会科学文献出版社2013年版。
⑮ 上海古籍出版社2014年版。
⑯ 民族出版社2013年版。
⑰ 上海古籍出版社2014年版。
⑱ 民族出版社2010年版。

至于研究的专题论文，更是呈现出纷繁多彩之势。郑昌淦《明清之际的历史潮流和清王朝的统治政策》①，将民族政策列为清王朝的基本国策之一，认为清王朝统治者，采取政策的出发点是："在维护他们的统治地位的前提下，尽量拉拢各族的上层分子，给予程度不同的政治地位和经济权益，保持各族的旧的剥削制度——不管其多么落后、绝不加以改革和改变——共同压迫和统治各族人民，坚决镇压各种反抗力量和分裂势力。"赵希鼎《清代边疆和少数民族地区政治制度》②，在分论了西南、东北、蒙古、新疆、青海、西藏、台湾诸地区的政权设置和统治措施后，指出：清王朝，特别是在统治前期，"在辽阔的边疆地区，制定了就当时封建社会条件来说，比较成功的民族政策。如在祖国西南地区少数民族聚居的地方，逐步实行'改土归流'，强化了中央对西南民族地区的管理，使少数民族脱离落后状态，走向进步，对民族融合起着促进作用。加强对东北地区、外蒙古、新疆、青海等地的行政体制，密切了边疆地区和中央的联系，得到各族的拥护，由中央紧握军事和外交的大权，收到了统一的实效"。马汝珩、马大正《渥巴锡承德之行与清政府的民族统治政策》③ 通过清政府对安置土尔扈特种种措施的深入分析，指出清政府民族统治政策的基本内容为"众建以分其势""兴黄教而安蒙古""因其俗而统驭之"。赵云田、成崇德《略论清代前期的"因俗而治"》④ 认为，清前期面临民族成分复杂，各民族人口数量不平衡，各民族的社会发展不平衡，各民族宗教信仰不同，作为统治民族的满族，针对上述民族特点，实行"因俗而治"的民族统治政策。马汝珩《清代边疆民族政策浅谈》⑤ 提出："清朝对边疆民族地区实行统治的内容很多，主要包括三个方面：一是对边疆居民（包括汉民）的统治；二是对边疆地区的经济建设和开发；三是抵御外来入侵的筹边措施。这三者是并行不悖、相辅相成的。"这方面的论文还

---

① 《民族研究》1980 年第 4 期。
② 《社会科学战线》1980 年第 3、4 期。
③ 《新疆大学学报》1984 年第 1 期。
④ 《青海民族学院学报》1983 年第 2 期。
⑤ 《中国边疆史地研究导报》1988 年第 4 期。

有，卢明辉《略论清初对北方边疆少数民族的安抚政策》[1]，伍新福《试论清前期对南方少数民族的统治政策》[2]，曾庆瑛《从避暑山庄的兴建看康熙乾隆的民族政策》[3]，李国梁、布尼阿林《试论康熙、乾隆的民族政策》[4]，覃延欢《试论康熙的民族政策》[5]，陈汉楚《论康熙对西北边疆民族地区采取的措施》[6]，黄瑶《试论爱新觉罗·玄烨（康熙）对民族关系的处理》[7]，李景屏《清初民族政策初探》[8]，李治亭《清入关前的民族政策》[9]，刘先照、周朱流《试论清王朝的民族政策》[10] 等。上述论著中，大都肯定了清朝民族统治政策在清代历史上的积极作用。"大一统"思想是中国传统王朝边疆治理的重要思想和理念之一，在指导历代王朝的边疆治理实践中都发挥着举足轻重的作用，特别是清代这一作用更为彰显。李治亭《论清代边疆问题与国家"大一统"》[11]《清帝"大一统"论》[12]，孟繁勇《清代"大一统"思想与东北边疆地区行政管理体制创制》[13]，邹建达《专家学者研讨清代"大一统"与多民族国家形成发展》[14] 等文，从不同视角阐论了"大一统"思想在指导清王朝制定并实施边疆民族政策时所发挥的积极作用及其伟大意义。另外，范传南、佟大群《清代中前期北疆治边政策及其影响》[15] 一文，在肯定清中前期边疆民族政策为"大一统"疆域形成与奠定发挥积极作用的同时，对清代北疆治边政策中存在的滥用武力、地域封禁与民族隔离、阶级压迫与落后的宗教因素等消极作用也给予

---

[1] 《北方文物》1987 年第 4 期。
[2] 《贵州文史丛刊》1986 年第 2 期。
[3] 《中国古代民族关系史研究》，福建人民出版社 1989 年版。
[4] 《内蒙古社会科学》1985 年第 3 期。
[5] 《广西民族研究》1987 年第 2 期。
[6] 《人文杂志》1982 年第 1 期。
[7] 《贵阳师院学报》1982 年第 1 期。
[8] 《北方民族关系史论丛》，内蒙古人民出版社 1984 年版。
[9] 《中国古代史论丛》，1981 年。
[10] 《中国民族关系史论集》，青海人民出版社 1988 年版。
[11] 《云南师范大学学报》（哲学社会科学版）2011 年第 1 期。
[12] 《云南师范大学学报》（哲学社会科学版）2015 年第 6 期。
[13] 同上。
[14] 《光明日报》2016 年 1 月 20 日第 14 版（理论周刊·史学）。
[15] 《甘肃社会科学》2018 年第 1 期。

了批判。孟繁勇《清代盛京将军崇实东北边疆治理及其历史意义》①，对晚清名臣崇实出任盛京将军期间的治边思想及其实践进行了系统和深入的评述，认为他在东北边疆治理中，抓住了整顿吏治和进行改革两个关键问题，且方式方法适宜，取得了显著成效，产生了深远影响，开启了晚清时期东北边疆改革的序幕，具有重要的史鉴价值。

在清朝民族政策研究中，对蒙古和新疆的研究尤显活跃。

对蒙古的治理。本书所指蒙古包括现在的内外蒙古和西北的卫拉特蒙古。清入关前，努尔哈赤、皇太极时期对蒙古的关系和政策，在清朝发展史上占有重要地位。赵云田《试论清太祖、太宗时期对漠南蒙古的关系和政策》②认为，这个时期的关系和政策"导致了漠南蒙古臣服于清朝，成为它的北部屏障和直接借助的力量"，其次，"这为有清一代的民族统治政策奠定了基础"。包文汉《清初科尔沁部与满洲的关系》③论述了满洲与科尔沁蒙古关系的发展对后金臣服漠南的重要性。这方面文章还有魏鉴勋《试论清入关前的满蒙关系》④、刘毅政《清太宗统一漠南蒙古的政策及其意义》⑤、刘蒙林《清太祖时期的满蒙关系》⑥、陈生玺《明代蒙古各部族的分合与后金对漠南蒙古征服》⑦、郭成康《皇太极对漠南蒙古的统治》⑧、张羽新《努尔哈赤对蒙古族的政策》⑨、张成学《试论清太祖、太宗时期与漠南蒙古的关系》⑩等。

清入关后的对蒙政策研究。袁森坡《试论清代前期的多伦会盟》⑪剖析了清统一漠北喀尔喀蒙古部的历史过程及清对外蒙古的统治政策。蔡志

---

① 《云南师范大学学报》（哲学社会科学版）2017年第3期。
② 《北京师范学院学报》1980年第2期。
③ 《民族研究》1981年第4期。
④ 《北方论丛》1982年第5期。
⑤ 《内蒙古民族师院学报》1986年第2期。
⑥ 《内蒙古社联》1986年第8期。
⑦ 《南开学报》1987年第1期。
⑧ 《中央民族学院学报》1987年第5期。
⑨ 《满族研究》1988年第2期。
⑩ 《松辽学刊》1988年第1期。
⑪ 《清史论丛》第一辑，中华书局1979年版。

纯《清政府对蒙古的民族政策》① 论述了清政府统治蒙古民族政策的七项措施及其特点。有关论文还有：华立《试论清顺治朝对蒙古的政策及其作用》②、赵展《论清朝政府对漠南蒙古的政策》③ 等。有意思的是，中国人民大学清史研究所宝音朝克图《清朝对漠北喀尔喀统治政策的失误及其影响——以兵役制度为中心》④ 一文，独辟蹊径，从兵役制度视角探讨了喀尔喀蒙古归清后，清廷对喀尔喀四部臣民所实施兵役政策失误的原因，认为这一政策严重违背了对喀尔喀的"恩惠"之策，兵役负担名目繁多，严重超出了四部人力、财力实际所能承受的能力，使其陷入了困境，"高压政策酝酿出强烈的抗拒心和反清情绪，进而导致边防松弛和民族涣散"，成为外蒙古最终走向分离的重要内因。这一认识与以往学界对清廷"施恩于喀尔喀，使之防备朔方，较长城更为坚固"的认识大为不同，值得学界进一步探研。

清朝对蒙古民族政策还包括军府制度、王公制度等，在这些方面曾发表如康佑铭《满蒙贵族联盟与清帝国》⑤、佟佳江《清代蒙古爵职琐谈》⑥ 等论文。

对新疆的治理。这是清政府统治边疆地区的一个重要方面。新疆地域辽阔，民族众多，清朝统一新疆后，针对当地不同民族、不同地区的特点，建立了军府制下郡县制、札萨克制、伯克制相结合的统治体制。对此，《新疆简史》第二册作了简略概论。这方面的论文有：赵云田《清代前期统治西北地区的政策的措施》⑦、陈汉楚《论康熙对西北边疆民族地区采取的措施》⑧、潘志平《论乾隆嘉庆道光年间清朝在天山南路推行的民族政策》⑨、

---

① 《历史教学》1981 年第 10 期。
② 《历史学刊》1986 年第 3 期。
③ 《四平民族研究》1988 年第 1 期。
④ 《云南师范大学学报》（哲学社会科学版）2018 年第 3 期。
⑤ 《南开学报》1986 年第 2 期。
⑥ 《民族研究》1987 年第 2 期。
⑦ 《北京师范学院学报》1982 年第 1 期。
⑧ 《人文杂志》1982 年第 1 期。
⑨ 《民族研究》1986 年第 6 期。

纳比坚《十八世纪清朝与哈萨克的关系》①等，从不同角度论述了清朝制定政策的原则、具体措施以及实际效果。20世纪70年代末以来，卫拉特蒙古历史成为学者们研究的热点，发表了数百篇论文，出版了近十部专著，论述范围十分广泛。②值得一提的是，台湾学者林恩显《清朝在新疆的汉回隔离政策》一书，该书从行政隔离、军事隔离、经济隔离、社会文化隔离几个方面论述了清朝治理新疆的政策。作者的结论是："论及清朝在新疆的汉回隔离政策之成败及其影响，若就清朝统治利益言，于治标上不失为一个可行方策，在新疆地方言，有保护之利，闭塞之害，利害各半；在整个中国、大中华民族言，阻碍了国家统一，民族团结，实百害而无一利也。"③相关论文还有：杨恕、曹伟《评清朝在新疆的隔离政策》④，张荣《哈萨克问题与清朝乾隆时期西北边防体系的构建》⑤，王希隆、马贵林《额敏和卓后裔与清代新疆》⑥等。

清朝边疆宗教政策也颇受学者关注。宗教政策是清朝边疆统治政策的一部分，也是清代民族政策的重要组成部分。于本源《清王朝的宗教政策》⑦认为：清朝统治者是扬儒而抑佛道传统宗教的。至于清王朝对待佛教、伊斯兰教、道教和基督教的态度完全是从其自身的政治利益出发，因时因势地加以看待和处理的。张付新、张云《乾隆时期清政府的宗教治理与边疆安全探析》⑧，探讨了乾隆时期清政府的多元宗教治理措施，认为乾隆时期在边疆治理中其宗教治理是比较成功的，"坚持了政教分离原则，并针对不同地区、不同宗教和不同民族采取恩威并施、因俗而治的宗教政策，积极推行常态化、制度化的宗教管理，维护了清朝的民族团结和国家统一"，为维护当今国家安全和边疆治理提供了有益的借鉴和启示。

---

① 《中亚研究资料》1988年第2期。

② 有关这一问题研究概况，可参阅马大正、蔡家艺《卫拉特蒙古史入门》，青海人民出版社1989年版，第159—200页。

③ 台湾商务印书馆1988年版，第313页。

④ 《中国边疆史地研究》2008年第2期。

⑤ 《中国边疆史地研究》2012年第4期。

⑥ 《中国边疆史地研究》2009年第2期。

⑦ 中国社会科学出版社1999年版。

⑧ 《陕西社会主义学院学报》2018年第4期。

在清朝边疆宗教政策中，最有影响的是对藏传佛教（俗称喇嘛教）的政策。自20世纪20年代起，学术界就开始研究清政府与喇嘛教的关系，发表了大量的论文和著作，如王森《西藏佛教发展史略》，王辅仁《西藏佛教史略》，札奇斯钦《蒙古与西藏历史关系之研究》，王辅仁、陈庆英《蒙藏民族关系史略》，张羽新《清政府与喇嘛教》[①]，赵云田《清代蒙古政教制度》，金峰《呼和浩特召庙》（蒙文）[②]，张羽新、张双智《清朝塞外皇都——承德避暑山庄与外八庙研究》[③] 等。上述关于藏传佛教的著作对清朝的喇嘛教政策均有翔实的评述。此外，在一些边疆民族史专著，如翁独健主编《中国民族关系史纲要》《蒙古族简史》和《藏族简史》，马汝珩、马大正《厄鲁特蒙古史论集》[④]《承德避暑山庄》[⑤]《中国北方民族关系史》[⑥] 等也都重点论述了这一政策。论文方面，先后发表了王辅仁《关于西藏黄教寺院集团的几个问题》[⑦]，张羽新《清政府与喇嘛教》[⑧]，王辅仁《达赖五世朝清考》[⑨]，商鸿逵《论清代的尊孔和崇奉喇嘛教》[⑩]，张羽新《皇太极时期后金（清）政权的喇嘛教政策》[⑪]，赵云田《清代前期利用喇嘛教政策的形成的演变》[⑫]，张羽新《康熙在加强国家统一过程中是如何对待喇嘛教的》[⑬]，马汝珩《黄寺与达赖五世朝清》[⑭]，孟庆芬《第五辈达赖喇嘛朝清述论》[⑮]，闫清、张羽新《康熙对西藏佛教的政策》[⑯]，巴

---

① 西藏人民出版社1988年版。
② 内蒙古人民出版社1982年版。
③ 学苑出版社2013年版。
④ 青海人民出版社1984年版。
⑤ 文物出版社1980年版。
⑥ 中国社会科学出版社1987年版。
⑦ 《世界宗教研究》1979年第1期。
⑧ 《西藏民族学院学报》1981年第2期。
⑨ 《西藏研究》1982年第3期。
⑩ 《社会科学辑刊》1982年第3期。
⑪ 《西藏民族学院学报》1982年第3期。
⑫ 《西藏民族学院学报》1985年第2期。
⑬ 《西藏民族学院学报》1984年第1期。
⑭ 《燕都》1989年第6期。
⑮ 《民族研究》1985年第3期。
⑯ 《世界宗教研究》1985年第1期。

赫《准噶尔地区黄教及其寺院研究》①，蔡家艺《西藏黄教在厄鲁特蒙古的传播和发展》②，陈生玺《皇太极对喇嘛教的利用和限制》③，赵云田《章嘉和清朝的藏传佛教政策》④，柳升祺、邓锐龄《清代在西藏实行金瓶掣签的经过》⑤等。

上述关于清代喇嘛教政策的论文和著作从不同角度论述了以下几个问题：（1）早在入关前，努尔哈赤、皇太极就确定了笼络和争取喇嘛教是清朝的一项既定国策。（2）在顺治朝，清朝在西藏实行宗教和政治分开的政策，册封达赖五世为西藏宗教领袖。（3）清朝崇奉喇嘛教也是为了统一蒙古各部。（4）康熙、雍正、乾隆各朝，既有利用喇嘛教也有限制喇嘛教的政策，清前期喇嘛教政策的历史作用。（5）金瓶掣签制度。（6）清朝喇嘛教政策造成限制蒙藏社会发展的严重后果。

16世纪中叶，伊斯兰教已成为新疆南疆地区的唯一宗教，清朝统一新疆后，因俗而治，制定了适合当地的伊斯兰教政策。在清代宗教政策研究中，这是一个重要的课题，但是，以往研究论著较少。1976年以后，有关论述才渐见于史坛，先后发表了王治来《论伊斯兰教在新疆的发展》⑥、李泰玉《伊斯兰教在新疆的传播及其对社会历史的影响》，陈慧生《试论清代白山派和黑山派之间的斗争及其影响》⑦，马明达、白文固《试论清朝前期的伊斯兰教政策》⑧，马汝珩《略论新疆和卓家族势力的兴衰》⑨，苗普生《关于清朝政府对新疆伊斯兰教政策中的几个问题》⑩，陈国光《清政府统一新疆前对待伊斯兰宗教民族问题上的态度与政策》⑪，潘向明《略论

---

① 《新疆历史研究》1986年第1期。
② 《民族史论丛》第一辑。
③ 《历史教学》1986年第11期。
④ 《西藏研究》1987年第2期。
⑤ 《民族研究》1982年第4期。
⑥ 《新疆历史论文集》，新疆人民出版社1977年版。
⑦ 《新疆社会科学研究动态》1980年第37期。
⑧ 《西北民族文丛》1983年第2期。
⑨ 《宁夏社会科学》1984年第2、3期。
⑩ 《新疆历史研究》1987年第1期。
⑪ 《西部学坛》1987年第4期。

清政府在新疆地区的宗教政策》①等论文。上述苗普生文就政、教分离政策，清政府对白山派与黑山派的态度，清政府的宗教政策特点进行了剖析。苗文认为："清朝政府统一新疆以后，实行政教分离政策，一方面避免了宗教人员掌握世俗权力，滋生事端；一方面又给宗教人士从事活动的自由，甚至连不应该属于宗教人员的司法权，也未给予过多的干预，照顾当地人们的宗教信仰和习惯，这对于安定社会具有重要意义。"潘向明文指出："作为'齐其政而不易其俗'这一关于边疆民族地区统治总方针的具体内容之一，清政府在南疆地区的宗教政策，包括尊崇保护和管理限制两个方面。就管理限制而言，虽然比较严格深刻，其中或难免某种消极色彩，但它在客观上所起到的有利于国家统一和消除分裂因素的作用，则是显而易见的。至于对无碍于其统治的传统宗教习俗的尊崇和保护，更属明智之举。"

除了汉、唐、元、清诸代民族政策研究外，其他诸代的民族政策研究，近年来也有所发展。其中较重要的有：张正明《先秦的民族结构、民族关系和民族思想》②、田继周《周时的民族和民族政策》③、张大可《论三国时期的民族政策》④、朱绍侯《三国民族政策优劣论》⑤、李耀堂《评苻坚的民族政策》⑥、胡宝国《宇文泰和他的民族政策》⑦、吴永章《南朝对"蛮"族的统治与"抚纳"政策》⑧、王成国《辽代民族政策初探》⑨、刘肃勇《金世宗的民族思想及其民族政策》⑩、吴永章《论宋代对南方民族的羁縻政策》⑪、陈梧桐《论朱元璋的民族政策》⑫、范植清《论朱元璋

---

① 《西北史地》1982年第3期。
② 《民族研究》1983年第5期。
③ 《思想战线》1985年第2期。
④ 《西北民族学院学报》1986年第1期。
⑤ 《河南师大学报》1981年第3期。
⑥ 《许昌师专学报》1985年第3期。
⑦ 《文史研究》1987年第2期。
⑧ 《江汉论坛》1983年第6期。
⑨ 《北方文物》1987年第2期。
⑩ 《沈阳师范学院学报》1987年第2期。
⑪ 《中南民族学院学报》1983年第3期。
⑫ 《中南民族学院学报》1982年第1期。

治理南方各族的政策》①、陈泛舟《试论明代对川西北民族地区的政策》②、陈国安《论朱元璋对贵州少数民族的政策》③、许振兴《简论朱元璋建国后对蒙古民族的政策》④ 和《论明成祖对北部边疆蒙古民族的备御政策》⑤、卢勋《评明代的治黎策》⑥ 等。

二　历史上的和亲研究

中国历史上的和亲源远流长，但作为统治者的一项政策，则是始于汉初，终于清代，是中国古代边疆政策中一项重要内容，在中国民族关系史上，也占有十分突出的地位。早在20世纪20—30年代，王桐龄《汉唐之和亲政策》⑦、邝平章《唐代公主和亲考》⑧ 就对此做了有益的研究。中华人民共和国成立后，老一辈史学家翦伯赞、范文澜等，均有不少独到见解。翦伯赞《关于处理中国史上的民族关系问题》⑨《内蒙访古》⑩《从西汉和亲政策说到昭君出塞》⑪《文成公主说了话》⑫《给文成公主应有的历史地位》⑬ 等论文，至今仍给人以启迪。1977年以来，和亲研究又呈现活跃趋势⑭，研究的重点有三：一是对历史上和亲进行宏观考察，二是对汉唐和亲进行更广更深的研究，三是对清代的联姻进行探讨。现依次做一简述。

---

① 《中南民族学院学报》1986年第2期。
② 《西南民族学院学报》1986年第1期。
③ 《贵州民族研究》1981年第4期。
④ 《民族研究》1988年第4期。
⑤ 《西北史地》1986年第2期。
⑥ 《中国民族史研究》，中国社会科学出版社1987年版。
⑦ 《史学年报》创刊号，1929年。
⑧ 《史学年报》第2卷第2期，1935年9月。
⑨ 《中国民族关系史论文集》上集，民族出版社1982年版。
⑩ 文物出版社1963年版。
⑪ 《光明日报》1960年2月5日。
⑫ 《历史问题论丛》，人民出版社1962年版。
⑬ 同上。
⑭ 据崔明德统计，1970年到2006年刊发有关历史上和亲研究的论文有400篇，参见《和亲研究论文索引》，载崔明德《中国古代和亲通史》，人民出版社2007年版，第620—646页。

(一) 对和亲的宏观考察

张正明《和亲通论》①和《和亲论》②是和亲研究的力作，前文从和亲考源、和亲纪实、和亲的历史条件、和亲与战争、和亲的历史作用五个方面展开了思维的翅膀，不乏发人深思的闪光之论。文章认为，和亲政策可作如下解释："和亲是中国古代任何两个并存的朝廷，或者割据政权之间，出于政策需要，而缔结的和好关系，历来主要指中原的汉族朝廷，同边疆的少数民族朝廷，或者割据政权之间，通过联姻和其他方式缔结的和好关系。"作者指出，翦伯赞"认为和亲政策比战争政策总要好得多"，则是千虑之一失，因为第一违反了中国历史的真实，更重要的是第二，将引出一个错误的结论。对此作者认为："假如说，和亲总要比战争好得多，那么，统一就不算好了，分裂就不算坏了。十六国时期，好多国家都爱搞和亲，可是你灭掉我，他灭掉你，最后统一成北魏，当初的那些小国想和亲也不可复得了，这统一难道比分裂坏吗？北燕央求北魏和亲，北魏不干，把北燕这个汉族的边疆小国灭掉，这不是很好吗？西夏长期阻断中原同西北的联系，又爱搞和亲，蒙古把它灭掉了，这有什么不好呢？元朝固然做了不少错事，但它使中国在分裂了三个半世纪之后，重新统一起来，这总是大好事吧！清朝不跟中国内部大大小小的独立王国和亲，把它们收拾干净，如风卷云撤，这贡献就更大了。如果清朝跟它们一律和亲，让它们继续存在，待帝国主义一来，中国各民族就很难逃脱豆剖瓜分的厄运了。我们不能偏爱和亲，而把有利于国家统一，从而最终必定也有利于民族合作，民族和解的战争否定了。"后文在考释了和亲起源后，概论了从汉代至唐的和亲，并着重分析了"和亲与战争"，"和亲的历史条件和历史作用"。崔明德《汉唐和亲概论》③，是又一篇值得一读的研究论文，文章认为，历史上和亲依其目的可分三种类型："统治阶级关于和亲的指导思想是有利于我，所以，绝大部分的和亲是以此为基础和出发点的。在这一

---

① 《民族史论丛》第一辑，中华书局1987年版。
② 马大正主编：《中国古代边疆政策研究》，中国社会科学出版社1990年版，第424—464页。
③ 《民族研究动态》1988年第2期。

指导思想之下，有三种不同类型的和亲：一、安边结托——西汉时期的和亲；二、逐鹿中原结交军事同盟——魏晋南北朝时期的和亲；三、分化、瓦解、削弱和控制对方——隋唐时期的和亲。"怎样评价上述三种类型的和亲呢？"第一种类型，无疑应当充分肯定。第二种类型，如果为了统一天下，也应肯定；如果为了混战，无疑应当否定。第三种类型应当具体分析，具体地说，和亲本身有利于两个民族的客观作用及和亲公主本人为发展两个民族的友好关系，所作的积极努力应当充分肯定。但是，作为统治阶级的和亲，用意是应当否定的！"同一作者的《汉唐和亲史稿》[①]对这一命题做了更详尽的论述，该书前言中指出了和亲研究中尚待深入的方面，诸如：在不少问题上都有不同甚至相反的观点，如对和亲与战争关系的评价；凭个人感情对和亲公主任意拔高或任意贬低，重视西汉、唐和清三朝的和亲，忽视东汉、魏晋南北朝、宋辽夏金、明等朝的和亲，即使对汉唐和亲也缺少综论方面力作；在和亲公主研究中，忽视入塞公主的研究，对和亲公主的后代也缺乏研究；两个少数民族政权之间的和亲尚未得到研究者重视。朱振杰《中国历史上和亲的类型及作用》[②]，则将我国历史上的和亲分为以下三种类型：一是"中央王朝处于被动地位的消极和亲"；二是"中央王朝处于主动地位的积极和亲"；三是"边疆少数民族之间的和亲"。这方面的论文还有肖之兴《汉唐的"和亲"促进了我国历史上民族的友好团结》[③]、张效禹《略论汉唐的"和亲"问题》[④]、李新达《"和亲"简议》[⑤]等。台湾学者林恩显《中国历朝对边疆民族和亲政策研讨》[⑥]，从"和亲之意义及其渊源""和亲之时代背景""历代和亲次数及其比较""相亲之礼仪及其习俗""和亲政策之得失及其影响"五个命题展开论述，作者的结论是："我国绥靖边疆之政策，虽有城（防）御、怀柔、隔离、牵制、兵威、离间、利诱、羁縻等方法，然以长期性眼光加以

---

① 青岛海洋大学出版社1992年版。
② 《新疆大学学报》1987年第4期。
③ 《光明日报》1978年9月12日。
④ 《山西大学学报》1979年第1期。
⑤ 《北方论丛》1980年第4期。
⑥ "中研院"汉学会论文集，1981年。

评论的话，当推和亲政策较高意义。"

有关历史上和亲的通论性专著，有两部应特别关注：崔明德《中国古代和亲通史》[①]，林恩显《中国古代和亲研究》[②]。

崔明德《中国古代和亲通史》是作者继 1988 年撰写《汉唐和亲概论》，1990 年出版《汉唐和亲研究》论著后，积 20 年之功力，在其同名博士论文基础上写成的一部具有重要学术价值和现实意义的力著。全书分二十三章：先秦政治婚姻及其对后世和亲的影响，西汉与匈奴的和亲，西汉与乌孙的和亲，东汉时期的和亲，魏晋时期的和亲，中原王朝与柔然的和亲，隋唐与吐谷浑及西域的和亲，中原王朝与突厥的和亲，唐与吐蕃的和亲，唐与铁勒诸部的和亲，唐与契丹、奚的和亲，唐与回纥的和亲，唐与南绍的和亲，两宋时期的和亲理念，辽及西辽时期的和亲，西夏与吐蕃的和亲，蒙元与高昌、西夏及金的和亲，元与高丽的联姻，明朝的和亲理念，清代的和亲理念，清代满蒙的联姻，中国古代和亲与丝绸之路的拓展，中国古代和亲与西域文明的提升，中国古代和亲文化的形成、功能及影响，近百年来海峡两岸和亲研究述评，并在概论中阐论了中国古代和亲的渊源、类型、特点，和亲公主的身份、作用，以及关于政治联姻等有关中国古代和亲的重大理论问题，洋洋 80 万字。马大正在为该书撰写的《序一》中认为：从整体上看，全书具有非常鲜明的特色，归之为"一、论述全面，立论公允，自成体系，填补了民族关系史研究中的空白"；"二、拓宽研究领域，加强对薄弱环节的探讨，富有创新精神"；"三、对和亲作用'两点论'的分析尤应予以重视与肯定，针对相当长一段时间以来，学术界在这一研究领域存在非历史主义和无限拔高的倾向，作者指出和亲的局限性是十分必要的"[③]。

林恩显《中国古代和亲研究》，作者是台湾地区研究中国边疆、民族历史的资深学者，全书设十二章，32 万字。作者认为："和亲是中国历史上的重要史实，是中原民族和好优良族群关系的一项重要内容。然综观国

[①] 人民出版社 2007 年版。
[②] 黑龙江教育出版社 2012 年版。
[③] 序一，第 1—2 页。

内外和亲研究，多属史实的描述分析及赋诗、填词、作曲、文艺的对象，而惜未在人文社会科学上深入，寻求其意义和建构理论。在中国历史上，和亲有其共同的原理、原则，但不同时代，民族文化、政治时局等也表现出了差异性。"该书"拟就和亲的整体史实，尝试建构和亲理论体系"①上有所建树，可与崔明德《中国古代和亲通史》互为补充，同为本命题研究的综汇之作。

历史上的和亲日益为人们关注，此类题材已走出了学术的象牙之塔，李鸿建《和亲：那些远去的倩影》则是一部以史话体裁的中国古代和亲史，在题为《化干戈为玉帛，血泪铺就和亲路》序文中，作者写下了对和亲公主们命运的感言："对于这些和亲公主而言，一部和亲史，就是一部悲欢离合的血泪史，她们以柔软的肩膀、似水的柔情，以她们的青春与智慧，以她们的热血与热泪，去充当国家无形的兵戈、城堡与纽带，化干戈为玉帛，为国家、为人民带来和平与安宁，但与此同时，她们也付出了青春，牺牲了爱情，甚至献出了自己宝贵的生命。让我们永远不要忘记她们，那些为了中华民族的交流、融合、发展献出了她们情与爱，血和泪，青春与生命，美丽与幸福的和亲公主们！一部中华民族史少不了她们那忧伤的眼神与美丽的倩影！"②

（二）汉代和亲研究

汉代和亲主要在汉朝与匈奴间进行，因此汉匈间和亲是学者研究的热点。总论方面，敬东《西汉时期三种不同性质的和亲》③ 认为，"西汉初年对匈奴的和亲是处理敌对国家间关系的一种政策"，"西汉中叶对乌孙的和亲是处理友好国家间关系的一种政策"，"西汉末叶对已经内属于汉的匈奴和亲是处理国内兄弟民族间关系的一种政策"，不同历史背景下的"三种和亲并不是同一政策的简单重复，而是各有其不同的性质"。任崇岳《汉代和亲政策的几个问题》④ 指出，关于汉代和亲的友好说和屈辱说，均

---

① 自序，第1页。
② 序，新华出版社2014年版，第8页。
③ 《社会科学》（甘肃）1980年第2期。
④ 《历史教学》1980年第5期。

失之于偏颇，"和亲政策是汉朝和少数民族统治者互相利用的一种外交工具"，而和亲成就的大小则取决于汉朝实力的强弱。作者还认为，和亲者的贡献不应抹杀，但个人的遭遇是悲剧，对于有些著作中对和亲女子的文学描写，提出了批评。李大龙《平城之役与和亲政策的奠定》（提交2009年7月在呼和浩特市召开的"海峡两岸清代满蒙联姻与边疆治理学术研讨会"论文）认为，汉朝建立伊始，匈奴也完成了对我国北部草原地区的统一，汉、匈之间关系的发展因此成为汉代边疆的主要问题，而在平城之役中西汉的惨败以及汉、匈国力的对比，导致了和亲政策成为西汉匈奴政策的重要组成部分，影响深远，一直到清朝还在沿用。他认为，和亲政策施于边疆民族是自汉以后历代各朝治边政策的主要内容之一，单纯地肯定或否定都是不全面的。和亲政策出现在西汉初期是当时西汉的国力和我国古代传统夷夏观双重作用的结果。和亲政策实施最显著的效果是密切了汉、匈之间的关系，和亲使中原传统的礼仪制度开始传入匈奴，促进了匈奴政治制度的发展，使双方的经济交流日益密切，满足了双方经济发展的需求，并使双方的文化交流日益密切，为汉、匈之间的融合提供了基础。同类的论文，还有肖黎《也谈如何评价西汉"和亲"问题》[1]、高景新《评西汉前期的"和亲"政策》[2]，刘先照、韦世明《论汉朝与匈奴的和亲政策》[3]，张长明《试论西汉的汉匈关系及和亲政策》[4]，罗大云《西汉初期对匈奴和亲的实质》[5]，施韦青《关于西汉政府与匈奴相亲的若干问题》[6]等。论及西汉与匈奴和亲，必然要涉及王昭君、呼韩邪单于，还有向刘邦进献和亲之策的刘敬，限于篇幅，无法一一介绍[7]。西汉时期除了与匈奴和亲外，与乌孙国的和亲，也引起研究者的兴趣，黎虎《解忧公主出塞的

---

[1] 《北方论丛》1982年第2期。
[2] 《内蒙古民族师范学报》1987年第2期。
[3] 《中央民族学院学报》1978年第1期。
[4] 《江汉论坛》1983年第6期。
[5] 《云南民族学院学报》1985年第4期。
[6] 《厦门大学学报》1985年第4期。
[7] 著作主要可参阅林幹《昭君与昭君墓》，内蒙古人民出版社1979年版；林幹主编《匈奴史论文选集》，中华书局1983年版；以及林幹《匈奴通史》、陶克涛《毡乡春秋——匈奴篇》等。

历史贡献》①，对解忧公主和亲乌孙的背景、作用和业绩，均做了较全面的论述。但张正明在《和亲通论》一文中指出，尽管解忧公主是所有和亲女子中"最有胆略的一个"，但说她在西域的政治活动"有功无过，这是不够公允的"。翟宛华《论西汉与乌孙的和亲》②，胡昭静《西汉细君公主、解忧公主、冯夫人和戎事》③，对这一历史的始末做了概述。王明哲、王炳华《乌孙研究》一书在分析西汉与乌孙和亲的成功原因时认为，"乌孙由这种半心半意与汉王朝结盟到全心全意结盟，以至后来政治上归属西汉王朝，接受汉王朝的统属，其根本原因，在于西汉王朝政府，在对匈奴的斗争中，不断取得胜利，匈奴实力不断被严重削弱"④。

（三）唐代和亲研究

任崇岳、罗贤佑《试论唐代的和亲政策》⑤，对比了汉唐和亲，指出其具有不同的特点："第一，汉代和亲的对象，只有北边的匈奴和西北的乌孙，比较单纯，而唐朝则与吐蕃、突厥、回纥、奚、契丹、南诏、拨汗那等都和过亲，情况比较复杂；第二，汉代的和亲只限于西汉，而唐代的和亲几乎与唐朝相始终；第三，汉代的和亲总是遣宗室女或宫女出嫁，而唐代有几个却是皇帝的亲女儿、亲妹妹；第四，汉代的和亲不要求对方遣质子，而唐代则有要求对方派遣人质的事例。"唐代的和亲初发于唐高祖李渊，大见成效于唐太宗李世民，因此，凡研究唐太宗民族政策的，无不涉及对李世民和亲政策的探讨。总的倾向是肯定唐太宗推行和亲政策的成功。专论唐代和亲的论文还有：崔明德《对唐朝和亲的一些考察》⑥、何端云《唐太宗和亲政策浅析》⑦、范香立《唐代和亲研究》⑧、苏争艳《唐代

---

① 《北京师范学院学报》1979 年第 4 期。
② 《西北史地》1985 年第 4 期。
③ 《文史知识》1981 年第 3 期。
④ 新疆人民出版社 1983 年版，第 32 页。
⑤ 《中央民族学院学报》1981 年第 1 期。
⑥ 《历史教学》1983 年第 12 期。
⑦ 《西藏研究》1983 年第 2 期。
⑧ 安徽大学博士学位论文，2015 年。

"和亲"的历史考察》① 等。

随着对唐代和亲研究的深入，分别考察唐与突厥②，薛延陀③，回鹘，吐蕃，吐谷浑④，奚与契丹⑤，南诏⑥的论文，多见于史坛，尤以回鹘与吐蕃为最。现简略介绍于下。唐与回鹘的和亲，在《新疆简史》第一册、刘志霄《维吾尔族历史》⑦以及《维吾尔族简史》⑧，均有专节论述。刘美崧《唐代真公主与回纥的和亲》⑨，通过对宁国公主、崇徽公主、咸安公主、太和公主和亲回鹘的评述，指出：这种和亲"是中央王朝与边疆少数民族首领的政治联姻，在封建社会是维持民族友好的一种方式，并产生了深远的影响"。同类命题的论文还有：鲁连《四方万国、回纥最亲——略论唐朝与回纥的和亲》⑩和王有德《唐与回纥和亲研究》等。台湾学者林恩显《唐朝对回纥的和亲政策研究》⑪认为，"追溯唐、回两国关系，系以和亲及绢马互市为主。和亲是互市的基础，亦是安定唐朝强盛的主柱"。文章除论述了唐与回鹘和亲的目的、背景、实况、得失影响外，还专节论述了唐与回鹘和亲之礼仪及有关习俗，这是大陆学者研究中，所尚未涉及的，并列有"唐回和亲礼仪内容表"，"唐回和亲婚姻关系表"。唐蕃和亲，特别是文成公主、金成公主和亲吐蕃已成为千世传诵的佳话，是当今研究的

---

① 《历史教学问题》2018年第2期。
② 林幹：《突厥史》，内蒙古人民出版社1988年版；林恩显：《隋唐两代对突厥的和亲政策研究》，《中华文化复兴》3卷第12期；刘兴成：《试论判定政治联姻的标准问题——以唐与突厥"和亲"研究为例》，《中国边疆学》第四辑，社会科学文献出版社2015年版。
③ 段连勤：《隋唐时期的薛延陀》，三秦出版社1988年版；孟广耀《薛延陀汗国探索》，《北方文物》1986年第1期。
④ 周伟洲：《吐谷浑史入门》，青海人民出版社1988年版；李延恺：《弘化公主和亲及唐浑关系考述》，《青海民族学院学报》1980年第1期。
⑤ 林恩显：《唐朝对奚与契丹的和亲政策研究》，《人文学报》第1期，1975年7月。
⑥ 木芹：《南诏大理史论》，云南省历史研究所《研究集刊》1982年第2期，1983年第1、2期；樊同伟：《唐安化公主和亲南诏质疑》，《民族文化》1984年第3期。
⑦ 民族出版社1985年版。
⑧ 新疆人民出版社1988年版。
⑨ 《江西师院学报》1981年第4期。
⑩ 《新疆大学学报》1984年第4期。
⑪ 《边政研究所年报》1970年第1期。

永恒主题之一,《文成公主与汉藏关系》①,对文成公主相亲的始末与影响,做了较全面的论述。董显铭《文成公主入藏路线初探》②,较翔实地考述了文成公主入藏的路线。研究金成公主和亲吐蕃事迹的则有周方青《金成公主与唐蕃关系》③、郭卫平《唐蕃关系中的又一盛事——浅谈金成公主入藏》④、吴逢箴《金成公主对发展唐蕃关系的贡献》⑤、张云侠《汉藏文化交流的使者——文成、金成公主》⑥ 等,但总地看,颂扬有余,分析不足。给人以启迪的力作,尚不多见。

马大正《公元 650 年至 820 年的唐蕃关系》⑦ 对唐蕃和亲作了如下评议:"唐蕃和亲,特别文成公主和亲吐蕃成为千世传诵的佳话,近几十年为史学界所颂扬、文坛所讴歌,无疑是必要的。但超越真理即成谬误,应客观地评述唐蕃和亲在双方关系发展全局中的实际地位,文成公主在青藏高原传播文化,播种友谊,为汉藏人民崇敬,但文成公主却不能逆转松赞干布逝世后唐蕃关系恶化的潮流,同样,金城公主也充其量在一些具体问题上缓解唐蕃矛盾,作用是极有限的。至于她们个人命运的悲剧色彩,以及封建社会中政治婚姻对人性的摧残,更是我们应予以同情和鞭挞的。"

(四) 清代联姻研究

在清代历史上,满蒙联姻,即清朝的满族统治者与蒙古王公之间长期持续的通婚活动,是一个非常引人注目的现象。作为有清一代奉行不替的基本国策,而成为清代民族统治政策中不可缺少的组成部分。华立《清代的满蒙联姻》⑧,对满蒙联姻的产生发展过程、基本特点及作用,均做了较深入的探讨,是这一命题研究中的力作。文章认为:"清代的满蒙联姻,是一个相当长的历史过程,它与清代相始终,历时二百余年。其中又因具

---

① 《思想战线》1980 年第 2 期。
② 《西北民族学院学报》1980 年第 3 期。
③ 《青海地方史志研究》1984 年第 2 期。
④ 《西藏民族学院学报》1984 年第 3 期。
⑤ 《西藏民族学院学报》1985 年第 3 期。
⑥ 《中国藏学》1988 年第 1 期。
⑦ 《民族研究》1989 年第 6 期。
⑧ 《民族研究》1983 年第 2 期。

体历史条件的变化，在目的、做法及实施效果上有所差异，显示出相对的阶段性。从其发展过程看，可以大致划为四个阶段：努尔哈赤（包括建元天命以前）为发生阶段，皇太极至福临初为发展阶段，康熙至乾隆是趋于完善阶段，嘉庆以后至清末属因循保持阶段。"文章进而分析了清代满蒙联姻的特点：一是清代满蒙联姻"其出发点与归宿，始终落在建立和巩固满洲贵族与蒙古王公之间的政治联盟上，以联姻促进联盟，用'姻好'巩固'盟好'"；二是"满蒙联姻是大规模、多层次的，持续的互通婚姻"；三是"通婚手段与其它手段并用，互为补充"。因此，"这种政策使蒙古王公，不仅从心理和血统上，又从政治、经济利益上与清统治集团结成牢固的联系"。论述努尔哈赤，皇太极时期满蒙联姻的还有王冬芳《联姻政策在女真统一中的作用》[1]，金元山、戴鸿义《试论努尔哈赤、皇太极与科尔沁部的联姻关系》[2]，宝日吉根《清初科尔沁与满洲的关系》[3]，袁森坡《撒满"珍珠的草原"》[4] 等。秦永洲《满蒙联姻——汉唐和亲之比较》[5]，在对比两者不同点后，认为：第一，汉唐是两国之间的和亲而清代则是君臣间的联姻。第二，汉唐时是与少数民族统治者之间时战时合的单向和亲，而清代则是满蒙上层持续不断的相互通婚。第三，汉唐的和亲带有不稳定性、偶发性，而清代满蒙联姻则已制度化。赵云田《清代的"备指额驸"制度》[6]，则具体分析了清朝统治者在蒙古王公贵族里选择额驸（驸马）的"备指额驸"制度。道光初年，清政府制定了备指额驸制度"正式规定满洲贵族选择蒙古额驸，只局限于漠南蒙古七部十三旗范围"，与清前期大规模推行蒙满联姻相比，形成鲜明对照，所以文章认为，"随着清政府在蒙古地区统治的稳定，蒙古王公的作用日益降低，清统治者对她们的感情，也日渐疏远，这是满洲贵族选择蒙古额驸问题上的表现，是数量的锐减和地域、部族范围的缩小。与此相适应，就是'备指额驸'制度的

---

[1] 《社会科学辑刊》1987 年第 5 期。
[2] 《沈阳师范学院学报》1986 年第 1 期。
[3] 《民族研究》1981 年第 4 期。
[4] 《内蒙古社会科学》1985 年第 1 期。
[5] 《山东师范大学学报》1986 年第 2 期。
[6] 《故宫博物院院刊》1984 年第 4 期。

产生"。其他还有张占生《清代满蒙和亲浅析》①，王学愚《娥眉遣嫁为靖边——旧呼和浩特公主府公主的考证谈到清对蒙古的和亲政策》②，郭美兰《恪靖公主远嫁喀尔喀蒙古土谢图汗部述略》③ 等。

有关有清一代满蒙联姻，2003年人民出版社出版了杜家骥《清朝满蒙联姻研究》是几十年来清代满蒙联姻研究的集大成之学术专著。全书分上、中、下三篇，二十五章，近65万字。分别阐论：蒙古各部与清廷联姻史事，满蒙联姻诸制度及相关史事，满蒙联姻之作用与影响。书末附有：满蒙联姻总表，引用及参考资料。

2009年7月20日至22日，由中国社会科学院台港澳学术交流中心主办，中国社会科学院中国边疆史地研究中心、内蒙古师范大学历史文化学院联合承办的"海峡两岸清代满蒙联姻与边疆治理学术研讨会"在呼和浩特市召开，来自中国社会科学院、台湾"中央"研究院等单位学者60余人与会，这是大陆首次将以满蒙联姻置于边疆治理视野下为主题的学术研讨会。研讨会收到论文30余篇，主要围绕两个议题进行了讨论，一是清代的满蒙联姻，二是历朝各代的边疆治理。

有关清代满蒙联姻，大体可分如下内容④：

1. 对清代满蒙联姻的评价

杜家骥《满蒙联姻的评价问题》认为，满蒙联姻的评价是一个非常复杂的问题，原因在于其内容的复杂性及诸多特殊性。它既有由皇帝指婚的政治性联姻，又有非指婚的满蒙王公家族之间的自行结姻。此外，还有蒙古王公贵族与满族皇族之外八旗异姓家族的自行通婚。在联姻之作用、影响的评价方面，还应区别不同情况：指婚者的主观政治目的与结果，非指婚的自行结姻的主观目的与作用，以及联姻的客观结果与影响。这几种不同情况在评价上应有所区别。满族为主体统治的清朝，与漠南、漠北、漠西几大部分蒙古，以及每部分蒙古中的不同部旗，在关系上不尽相同，在

---

① 《河北省历史学会第三届年会史学论文集》，《河北师院学报》1983年增刊。
② 《内蒙古师大学报》1984年第1期。
③ 《中国边疆史地研究》2009年第4期。
④ 参阅吕文利《"海峡两岸清代满蒙联姻与边疆治理学术研讨会"综述》，《中国边疆史地研究》2009年第4期。

实施联姻政策、措施上也不相同。双方关系又具发展变化的阶段性。不同阶段清廷的联姻政策、不同部旗蒙古领主对结姻的态度以及由此产生的影响，会有差别，不能一概而论，应做具体分析。赵之恒《满蒙联姻》认为，作为清代奉行不替的基本国策，联姻蒙古在清建立全国统治和巩固统治方面都起了重要作用。清入关前，满蒙联姻用血缘纽带使蒙古王公成为清进取中原的牢固同盟军。入关后，满蒙联姻虽然成为君臣间的联姻，但这种血亲关系把双方结成休戚相关、荣辱与共的利益一致的整体。包文汉《满蒙联姻在清朝对蒙政策中的地位与作用》（提要）认为，满蒙联姻具有时间长、地域广、世缔国姻、涉及多民族、促进文化传播与交流等特点，并认为满蒙联姻是清廷对蒙政策的一环，其目的是治国安边，巩固统治。联姻服从并服务于清朝不同历史时期、不同阶段的军事、政治任务，以及经济利益之需求，文化传播、交流的需要。孙宏年《清朝前期政治联姻的多种形态及其影响浅析——从"满汉联姻""蒙蒙联姻"看"满蒙联姻"的持久性》一文，梳理了清代"满蒙联姻""满汉联姻""蒙蒙联姻""汉汉联姻"的发展脉络，认为在清前期，无论是清朝统治集团和边疆地方上层的"满汉联姻""汉汉联姻"，还是"蒙蒙联姻""满蒙联姻"，都在一定时期内为清朝统一全国、稳固边疆产生过各自的积极作用，但是由于顺治至雍正时期"满汉联姻"多以"联姻—反目"方式出现，清朝统治者又对"汉汉联姻"和"蒙蒙联姻"颇为警觉，因此在清王朝为了稳固皇权、巩固边陲，在运用联姻方式时越来越重视"满蒙联姻"，并健全其制度、强化其效能，从而使其具有了持久的生命力，这也就使"满汉联姻"在雍正朝之后一度淡出历史舞台，"汉汉联姻"和"蒙蒙联姻"处于不受信任、变相抑制的地位。陈欣新《清代"满蒙联姻"的宪制功能》认为清代的"满蒙联姻"制度，是清王朝及其前身后金为入主中原进而巩固少数民族主导的政权、实现多民族团结稳定，而实行的宪法性制度。陈根发《满蒙联姻的"功"与"过"——文化法制视角》认为，满蒙联姻确实对清政权的建立与巩固具有强大甚至是不可替代的历史作用，对反对分裂和维护国家统一具有重要的历史功绩，但正因为其过分强调了婚姻的政治机能，因此给中国传统的婚姻家庭思想注射了毒液，影响了我国善良婚姻习俗和法律的形成，造成了"满蒙联姻下的许多婚姻具有压抑人性和破坏人伦的局面"。冯建勇《晚清民族国家构建中的"满蒙联姻"地位研究》认为，清代中前期，满蒙联姻在构建满蒙关系、促进民族融合方面具有重要地位。然而，当进入近代民族国家构筑之时代，国家构建成为时代呼声之时，清朝统治者发现，过于执拗"满蒙联姻"与构建一个统一的民族共同体相颉颃。为了维护其统治的合法性，清朝统治者开始放弃满蒙联姻，取消原有人为的地域分离和血缘区隔，努力创造一个"各族群体平等"的神话，然后在此基础上走上铸造近代国民、构建一个统一多民族国家的道路。可以说，满蒙联姻的解体，在很大程度上与清朝统治者试图构建一个统一的民族国家的历程是一致的。吕文利《满蒙联姻与清代边疆——满蒙联姻研究综述》一文，对与满蒙联姻研究有关的档案进行了介绍，并梳理了满蒙联姻研究的学术史脉络，对学术界这些年来关注的热点问题进行综述，最后展望了未来满蒙联姻研究的热点问题。

2. 满蒙联姻个案及相关研究

在恪靖公主及公主府方面，郭美兰《恪靖公主远嫁喀尔喀蒙古土谢图汗部述略》根据大量满文档案，解决了恪靖公主远嫁漠北蒙古，因何府邸却选在漠南蒙古归化城附近以及府邸修建、公主入住的具体时间等问题。李岭《康熙恪靖公主若干问题发微》讨论了恪靖公主的下嫁及其漠南府邸变迁的政治经济背景，公主封号变迁与清对喀尔喀蒙古政策的关系，以及清水河地区现存与四公主有关的碑刻所反映的土地开垦历史。孙利中《清公主与公主府》对公主府邸的历史沿革、建筑规模，恪靖公主下嫁后的活动情况，以及对当地民间产生的影响等方面的相关问题进行了探讨。

定宜庄《"无梦到鞍马，有意工文章"：从清代蒙古女诗人那逊兰保的诗作谈起》一文，从社会史的角度，以那逊兰保的婚姻为满蒙联姻的个案，对其独特的民族认同、国家认同问题进行了考察。吴美凤《满蒙联姻之嚆矢——从台北故宫所藏写本清太祖后妃传稿谈起》一文，根据台北故宫所藏写本清太祖后妃传稿等资料，考证了清太祖努尔哈赤的后妃人数及名讳，并考察了清太祖时期蒙古后妃的地位。关于清代"备指额驸"的产生年代，学术界向有争议。乔吉《从一份蒙文档案看清代"备指额驸"产生年代》一文根据藏于内蒙古赤峰市博物馆的一份蒙文档案，考证出清代"备指额驸"的产生年代为乾隆二年，使这个问题的研究前进了一大步。

祁美琴《公主格格下嫁外藩蒙古随行人员试析》一文，以《清代满蒙联姻研究》一书中的统计数据为依据，对清代下嫁蒙古的公主、格格的随行人员的性质和"陪嫁人户"总体规模进行了估算，认为："有清一代，随同皇家格格下嫁蒙古的陪嫁人口，多则5000人，少则3000人左右。这些人忽略前后期不计，统以每人五代计算，则仅人口的增长应在数万至数十万之间。"白拉都格其《出任"公职"的清室蒙古甥婿》认为，清代外藩王公虽然位高爵崇，除了实际统治所在蒙旗，只有少部分人常年驻京充任宫廷近侍，兼任个别京营八旗职官以及出任外蒙古驻防将军大臣的蒙古辅臣。而出任这些本藩以外"公职"者，绝大部分都是清室额驸及其裔孙。该文并对相关出任"公职"的清室蒙古甥婿进行了考察。乌兰其木格《浅析乾隆年间满蒙联姻中出现的问题——以土默特和硕额驸纳逊特古斯谋害格格一案为中心》一文，以土默特和硕额驸纳逊特古斯谋害格格一案为中心，通过分析乾隆帝谕旨内容，浅析该事件发生的情形、审理过程及处理方法与结果等问题，探讨了其对清朝满蒙联姻政策和北部边疆治理所产生的影响。

此外，相关研究还有方芳《清代满蒙联姻中的女性研究》[①]、高娃《论满蒙联姻关系的形成、影响和内蒙古满族语言文化特点——以兴安盟科尔沁右翼前旗满族屯满族乡为中心》[②]等。

三　土司制度与改土归流研究

（一）综论方面

土司制度是封建王朝在部分少数民族地区分封各族首领世袭官职，以统治当地人民的一种制度。一般认为，始于元、盛于明、衰于清。其盛行的地域分布桂、滇、湘、鄂、甘、青等省区。自20世纪30年代以来，这一论题的论文已过百篇。早在三四十年代就有佘贻泽《明代之土

---

① 《河北北方学院学报》2018年第1期。
② 《内蒙古民族大学学报》2017年第6期。

司制度》①《清代之土司制度》②，凌纯声《中国边政之土司制度》③ 等论文，凌文在论及清代土司制度时指出："清代对于土司制度，一仍时制，甚少积极建树，其消极之统治策略有四：曰改土归流，曰分土降袭，曰改土为屯，曰重流轻土。"之后，胡耐安在《明清两代土司》④ 一文中认为："清代的土司制度，虽说也是'踵明故事'，可是清代的'版图'的'疆地'较之明代却有其大同中的小异，因之清代土司的建置，也自然不全尽和明代类同，而且在体制上，比明代似乎更欠完整。"他通过对比明清两代土司制度中的官职、官位、地区、员额，认为明代是土司体制完成的朝代，清代是土司体制瓦解的朝代。

20世纪60年代初，江应樑、杜玉亭、张永国等先后发表了《略论云南土司制度》⑤《元代云南的土司制度》⑥《试论云南土司制度研究中的几个问题——兼见教于江应樑先生》⑦《也谈土司制度研究中的几个问题——兼向杜玉亭同志请教》⑧，还有尤中《简论"土司制度"》⑨ 等，就土司制度形成的时间和特征、土司制度的社会经济基础、历代封建王朝施行土司制度的具体措施及评价等问题，进行了争论和探讨。但"十年动乱"使土司制度的研究中断。此后，土司制度研究得到很大发展，既有论述一朝一代土司制度发展演变的，也有论述各个不同地区土司制度不同特点的，呈现出研究选题多层次、多角度的特点。1986年《贵州文史丛刊》还专门开辟"关于土司制度问题的讨论"专栏，研究处于方兴未艾之势。

20世纪90年代以降，如下三部学术专著值得关注。李世愉《清代土司制度论考》，龚荫《中国土司制度》和成臻铭《清代土司研究——一种政治文化的历史人类学观察》。

---

① 《禹贡》1936年第4卷第11期。
② 《禹贡》1936年第5卷第5期。
③ 《边政公论》1943年第2卷第11—12合期，1944年第3卷第1、2期。
④ 《大陆杂志》1959年第19卷第7期。
⑤ 《学术研究》（云南）1963年第5期。
⑥ 《学术研究》（云南）1963年第7期。
⑦ 《学术研究》（云南）1964年第1期。
⑧ 《学术研究》（云南）1964年第3期。
⑨ 《学术研究》（云南）1964年第5期。

李世愉《清代土司制度论考》①，全书以雍正改流前的土司制度，雍正朝的改土归流，清代土司制度，土司制度考为题立章，前三章为论，后一章为考。计25万字。本书创新了我国土司制度研究的理论与方法。

龚荫《中国土司制度》是一部学术性、资料性著作。本书对土司制度的起源、形成、发展、消亡做了较系统、全面的论述；对元、明、清王朝先后设置的2569家土司一一作了纂要，即将每一家土司的治所地望做了考订，族属做了识别，承袭做了清理，事迹做了核实；凡是重大、关键性问题，都做了初步研究，全书近120万字。著名民族史学者马曜在本书序文中指出："《中国土司制度》这部专著，不仅填补了对元明清民族政策研究的空白，而且对新时期民族工作提供了有益的历史借鉴。"②

成臻铭《清代土司研究——一种政治文化的历史人类学观察》，全书设十章，即土司区的变动与土司城的变迁，清代土司城的地理分布与建筑布局，清代土司的政治文化互动，清代南方土司区的社会政治阶层与等级，清代土司家族政治文化，清代土司贵族生活方式，清代土司衙署，清代土司政府的机构及其职能，清代土司地方行政系统，清代土司的政治文化特点，在导论中分别阐论了土司政治文化理论研究的概况、意义、价值、内容和方法，近65万字。该书的优点如李世愉为该书所作之序二中所指出："不论是广度还是深度，都在前人的基础上有了很大提高，而且从研究视角，研究层面，研究领域诸多方面都有了新的突破。就制度层面而言，作者对土司的分类，对土司机构职能的归纳总结，对土司地方行政系统的探讨，都将土司制度的研究推向了深入。更为可喜的是，作者以极大的篇幅论述了土司与中央政府的关系，土司与地方政权、社会阶层的关系，土司与土司的关系，土司宗族内部的关系，以及数百年间土司的生活方式。通过本书，我们对土司制度这一特有的政治文化现象有了比较清晰的了解。""本书填补了清代土司制度研究中的一项空白"，"无疑是近年来土司制度研究的力作"。③

---

① 中国社会科学出版社1998年版。
② 《中国土司制度》序，云南民族出版社1992年版，第4页。
③ 序二，中国社会科学出版社2008年版，第3—4页。

在土司制度研究的书林中，高士荣《西北土司制度研究》[①]对从蒙古帝国一直延续到中华人民共和国成立初期，长达七百年时间的西北土司制度的起源、形成、发展及其衰落的历史进行了梳理与阐论，值得一读。

21世纪以来，土司制度研究发展可用"迅猛"形容，对此，成臻铭《新世纪十三年内的中国土司学——2000—2012年土司研究的理论与方法论的取向》作了回顾和小结，21世纪头13年，发表论文论著842篇部，超过以前任何同一时段的几倍、几十倍，其中有著作121部，论文721篇。论文将13年土司研究发展历程分为三个时段：

2000—2004年这一时段发表论文论著197篇部，占13年总量的23.2%。5年之中，出版著作33部，发表论文165篇，各占13年总量的27.3%和22.9%。能承载土司学整体发展趋势的，是资料整理研究著作、专著、文艺作品和新概念论文。这之中，资料整理研究著作10部，主要有王继光《安多藏区家族谱辑录研究》，遵义市政协《海龙囤烟云录》，张兴文等《卯洞土司校释》，宏州州政协《中国景颇族山官》，（明）李化龙《平播全书》，（清）毛奇龄《蛮司合志》，（清）高奣映《鸡足山志》，江应樑、江晓林《滇西土司区诸族图说》，冯艺《广西人文地理笔记：桂海苍茫》，王晓宁《恩施自治州碑刻大观》等。专著18部，主要有杨士宏《从土司到公仆——解放前后的杨复兴》、田敏《土家族土司亡史》、粟冠昌的《广西土官制度研究》、马曜等人《西双版纳份田制与西周井田制比较研究（修订本）》、余嘉华等人《木氏土司与丽江》、石亚洲《土家族军事史研究》、马菁林《清末川边藏区改土归流考》、崔永红《土官与土司》、彭建英《中国古代羁縻政策研究》等。文艺作品5部，有电视剧《尘埃落定》、徐昌照《播州土司杨应龙》、李康学等人《湘西大土司》、召罕嫩《娜允傣王秘史》、彭剑秋《土家英雄赞》，它们具有与传统史学相结合的创作特点。新概念论文，主要是运用"土司文化"和"土司文化旅游"概念的论文，有刘强、卫光辉《古老而又年轻的江外土司文化》，黄惠焜、甘万莲《文化生态旅游景区总策划——以元阳为例》，马艺芳《忻城土司历史文化旅游资源开发利用与营销策划》，吴忠军、梁建峰、胡

[①] 民族出版社1999年版。

海胜《试论民俗旅游区旅游产品开发——忻城中华土司民俗旅游区开发研究之三》等，这些论文主要借用了文化学和旅游学的概念，具有文化学与旅游学结合的特点。

2005—2009 年，共发表论文论著共 382 篇部，占 13 年总量的 45.1%，其中出版著作 69 部，发表论文 313 篇，各占 13 年总量的 57.0% 与 36.9%。这之中，资料整理研究著作 15 部。主要有侯冲、段晓林《〈鸡足山志〉点校》，韦业猷《忻城土司志》，刘纯玺等人《土家族故都老司城》，黄汝迪等人《广西忻城土司诗文选注》，彭剑秋《溪州土司全传》《贵州通志·土司土民志》，马国君《平苗纪略研究》，翟玉前等人《明史·贵州土司列传考证》，王昭武、韦顺莉收集整理的《万承诉状》。考察报告 2 部，有李文海《民国时期社会调查丛编（少数民族卷）》和赵宏《寻访末代土司》。专著 32 部，先后有田玉隆等人《贵州土司史（上下册）》，龚荫《中国民族政策史》，蓝承恩《忻城莫氏土司 500 年》，黄家信《壮族地区的土司制度与改土归流研究》，吴永章、田敏《鄂西民族地区发展史》，成臻铭《清代土司研究——一种政治文化的历史人类学观察》，温春来《从"异域"到"旧疆"：宋至清贵州西北部地区的制度、开发与认同》，周俊华《纳西族政治文化史论》，韦顺莉《清末民初壮族土司社会研究——以广西大新县境为例》等，其突出特色是开始运用政治文化和历史人类学的视野关照中国土司与土司问题。文艺作品 9 部，有胡健《抗倭英雄彭荩臣》、缪武文《鲁土司与清朝惊天案》、征鹏的《傣王宫秘史》、叶梅《最后的土司》、彭剑秋《溪州土司尽风流》、阿贝尔《隐秘的乡村》、降边彭措《最后的女土司》、黄光耀《土司王朝（上下）》、尕藏才旦《红色土司》。新概念论文，主要是运用"土司文化遗产""土司时期政治文化""土司宗法文化""土司文化旅游"等概念的论文，有东人达《酉阳土司文化遗产保护与开发论证》和《三峡石柱土司文化遗产的保护与开发》、周俊华《纳西族木氏土司时期政治文化的形成因素探析》、李良玉《土司与土司文化研究刍议》、向延斌《忻城土司文化研究现状与旅游开发》、覃录辉《广西忻城土司文化对发展地方旅游经济的意义》等，其进一步拓展了 13 年早期的研究范围。

2010—2012 年这一时段发表论文论著共 269 篇部，占 13 年总量的

31.7%，3年之中出版著作30部，发表论文244篇，各占13总量的24.8%和33.7%。其中，资料整理研究著作7部，有温春来、尔布什哈《岭光电文集》，向盛福《老司城民间故事集》，谭庆虎等人《〈卯洞集〉校注》，（清）王履阶《改土归流说》，（清）刘彬《永昌土司论》，韦业酞《广西忻城土司文化故事集》，杨林军《丽江历代碑刻辑录与研究》。考察报告4篇部，有任乃强《西康札记》《泸定考察记》《天芦宝札记》和罗文华《甘肃永登连城鲁土司属寺考察报告》。专著15部，主要有彭陟焱《乾隆朝大小金川之役研究》、贾霄锋《藏区土司制度研究》、陈贤波《土司政治与族群历史：明代以后贵州都柳江上游地区研究》、蓝武《从设土到改流：元明时期广西土司制度研究》、齐德舜《唃厮啰家族世系史》、张中奎《改土归流与苗疆再造——清代"新疆六厅"的王化进程及其社会文化变迁》、龚荫《中国土司制度史（上、下编）》等。文艺作品4部，有金满《末代土司》、电影电视剧《奢香夫人》《绝代——末代女土司》和《木府风云》。新概念论文，主要是指提出和运用"土司学""土司考古学""土司文化"和"土司文化旅游"等概念的文章，先后有成臻铭《论土司与土司学——兼及土司文化及其研究价值》、李世愉《关于构建"土司学"的几个问题》、成臻铭《土司文化：民族史研究不能忽略的领域》、向延斌《广西忻城土司歌圩文化与旅游开发》、马廷中《卓克基地区土司文化与旅游发展》、成臻铭《时势造学：土司残留时期的中国土司学——1908—1959年土司研究理论与方法探源》和《再论土司学的对象与研究方法》等。本阶段，刘庆柱先生提出"土司考古学"概念："老司城遗址是永顺土司的政治中心、经济中心、军事中心、文化中心。它的最大考古价值就是填补了土司考古学的空白，为研究国家制度、民族关系、民族文化等提供了物化载体，为我国土司制度考古学开了一个好头。"在刘庆柱看来，土司遗址的发掘对于土司考古学或者土司制度考古学的建构是十分重要的。试图在多学科交融的视野下构建专门学，可以说是13年晚期土司研究的最大的特色。[①]

2011—2018年，学术界连续召开了八届中国土司制度与土司文化国际

[①] 《青海民族研究》2014年第2期。

学术研讨会。2011年在湖南省吉首市召开的第一届中国土司制度与土司文化国际学术研讨会上，为深化和拓展"中国土司制度与土司文化"学术研讨会，来自中国社会科学院历史研究所、中国边疆史地研究中心、中国人民大学、南开大学、中山大学、香港理工大学、台湾辅仁大学、台湾"中研院"近代史研究所、台北"故宫博物院"、台湾"清华大学"人类学研究所等40余位专家学者就土司制度和土司文化研究畅言己见。中国边疆史地研究中心研究员马大正在题为《深化中国土司制度研究的几个问题》论文中指出：

> 为了使研究的深化和拓展更有序展开和推进，笔者以为提出下述四个注意似也十分必要：
>
> 其一，研究历史上的土司制度，不能忽视中国历史发展进程的大背景。也就是土司制度从其产生、发展、消亡是在中国是一个具有悠久历史的统一多民族国家和多元一体中华民族的中国国情背景下演进的。
>
> 其二，研究中国土司制度，要建立大视野，也就是历代边疆治理的大视野和边疆研究全局的大视野。尤为重要的是前者。土司制度是元明清三朝治理边疆进程中形成的一种特殊的统治方式，即由中央政府任命少数民族贵族为世袭地方官，并通过他们对各族人民的管理，达到加强对边疆地区统治的目的。以有清一代土司制度演进历程观之，从清初沿用土司制度，到雍正朝推行改土归流，正是清政府对西南边疆地区的统治逐步加强的过程。因此，土司制度在历代治边政策中，特别是有清一代治边政策中的重要地位是不容轻视的。
>
> 其三，土司制度是中国历史发展进程中特殊产物，它形成于元代，元政府第一次在西南地区实行了"蒙、夷参治"之法，使地方官有"流"、"土"之分，这就是土司制度的最初形成。明朝统治者出于对巩固边疆地区的要求，制定了一整套土司贡赋、承袭制度，使土司制度得以完备。清初统治者因套明制，保留了土司制度，直到雍正年间，清政府进行大规模的改土归流，废除大批土司而代之以流官的统治，使内地的行政制度得以在西南边疆地区实施。由此可见，土司制

度是元、明、清时期内的特殊产物,我们在研究中应防止将土司制度泛化的倾向。所谓泛化,一是指研究中在时间上超越了元、明、清三代,将秦汉以来历朝统治者推行的羁縻政策统统归入土司制度名下进行研究;二是指在空间上超越了西南边疆范围,甚至将蒙古扎萨克制也扩大进入土司制度范畴,方铁教授曾指出:"土官土司制度主要施行于南方,并非是在全国边疆地区通行的统治制度。"① 当然,对此,学人可以见仁见智,可以求同存异。

其四,学者应坚持实事求是思想路线,以史为鉴是研究者的社会责任,求真求实是研究的终极目标。成臻铭在论及土司制度研究发展进程时曾坦言:百年来土司制度研究经历了四个阶段,"通观上述四个阶段,每一次新进展,均是在政府引导下实现的"。"在土司学形成过程中,先后有一些政府官员、学者和社会人士介入其中,他们各自具有复杂的学科背景。这就产生了不同的学术立场和不同的学科本位观,使传统土司学研究的价值观与范式变得五花八门,从而形成了多元化、多体系的土司理论方向。"② 读后细品其味,一则以喜,一则以忧! 喜则,一门学科受到决策部门关注、支持,成为发展的推动力,在当今中国,当然是件好事;忧则,研究工作一旦受控于某种需要,不管基于何种良好的愿望,其离真正意义上的研究也就远了! 所以在此,我斗胆提出:处理好历史与现实、学术与政治两者关系,让土司制度研究回归真正意义上的研究。

土司制度是地方志、乡土志的重要内容,应集众人之力推动中国土司制度知识的普及,学者不仅应提供有关土司、土司制度、土司文化、土司现象科学研究成果,还应努力参与各种形式的中国土司制度知识普及工作,不能仅仅满足于"阳春白雪"的研究而"孤芳自赏",而应以知识普及的热情,推动并参加知识性普及读物的撰写。③

---

① 方铁:《西南边疆史地研究综述》,见厉声、李国强主编《中国边疆史地研究综述(1989—1998)》,黑龙江教育出版社 2002 年版,第 279 页。
② 杨天波:《土司学:类似红学的专门学——访吉首大学土司历史文化研究中心主任成臻铭》,载《中国社会科学报》2010 年 12 月 21 日第 4、5 版。
③ 《云南师范大学学报》2011 年第 2 期。

本次学术研讨会部分论文，由游俊主编《土司研究新论——多重视野下的土司制度与民族文化》结集出版。①

2014年9月在广西忻城召开的"第四届中国土司制度与土司文化国际学术研讨会"上，"与会者认为，当前的土司制度与文化研究应着关注三方面的问题：第一，应该克服对土司制度的'泛化'和'美化'倾向；第二，要不断拓宽研究视野，在中国历代边疆治理的大视野中深化土司制度研究，为当前的国家治理实践提供有益借鉴；第三，要加强土司遗址的保护和研究，为土司申遗提供更为科学的、坚实的物质和学术基础"。②

与此同时，由吉首大学主编的"土司文化研究丛书"十种十一册也由民族出版社公开出版。丛书书目如次：

游俊主编：《土司研究新论——多重视野下的土司制度与民族文化》；

游俊等：《土家文化的圣殿——永顺老司城历史文化研究》；

龙先琼：《土司城的文化透视——永顺老司城遗址核心价值研究》；

成臻铭：《土司城的建筑典范——永顺老司城遗址建筑布局及功能研究》；

田红、石群勇、罗康隆：《土司城的文化景观——永顺老司城遗址核心区域景观生态学研究》；

成臻铭：《土司家族的世代传承——永顺彭氏土司谱系研究》；

田清旺：《从溪州铜柱到德政碑——永顺土司历史地位研究》；

瞿州莲、瞿宏州：《金石铭文中的历史记忆——永顺土司金石铭文整理研究（一）》；

胡炳章：《尘封的曲线——溪州地区社会经济研究》；

罗维庄、罗中编：《土司制度与彭氏土司历史文献资料辑录（上、下）》。

---

① 民族出版社2014年版。
② 田粉红：《"第四届土司制度与土司文化国际学术研讨会"召开》，《中国社会科学报》2014年10月8日第4版。

土司制度的兴衰与统一多民族中国疆域的形成有着密不可分的关系，土司遗址见证了古代中国作为统一多民族国家对边疆地区（特别是西南地区）"齐政修教""因俗而治"的管理智慧。2012年11月，贵州遵义海龙囤土司遗址、湖北咸丰县唐崖覃氏土司遗址、湖南永顺县老司城遗址联合入选中国世界文化遗产预备名单，由此，开启了"中国土司遗址"的申遗之路。经过两年多的不懈努力，2015年7月4日在德国波恩召开的第39届世界遗产大会上，联合申报的上述三处中国土司遗址获准列入《世界遗产名录》。三处遗址联合申遗的成功，无疑为土司研究提出了更高的要求。2015年7月30日至8月1日在贵州遵义市召开的"第五届中国土司制度与土司文化国际学术研讨会"上，与会学者围绕"土司学理论构建与方法的探讨""土司制度与古代国家认同研究""播州土司历史与文化价值""土司文化与土司申遗"四个主题进行了热烈研讨，一些学者对"土司热"研究中存在的偏差和问题提出了很好的意见和建议。譬如，中国社会科学院历史研究所李世愉研究员指出："土司研究是一个严肃的学术问题，光有热情和积极性是不够的。好的研究成果靠的是充分掌握第一手资料，积极进行田野考察，深入细致的研究，以及正确的理论指导。今后的研究，应重视制度层面的探讨；要规范使用土司制度中的基本概念；要纠正研究中的偏差，这主要表现在对土司制度的美化和泛化。出现这些情况，既有学术方法上的问题，也与理论上重视和积累不够有关。如果这些问题得不到解决，势必会影响到土司研究的深入。"[1] 长江师范学院李良品教授在发言中指出："中国土司制度与土司文化研究不仅存在诸多空白和盲区，而且还存在一些问题和误区，如果不高度重视这些问题，将会对中国土司制度与土司文化研究及'土司学'的构建带来负面影响。他指出了'中国土司制度与土司文化研究应注意的八个问题'：一是中国土司制度具体内容研究，二是中国土司制度运行机制研究，三是中国土司制度与国家治理研究，四是明清改土归流问题研究，五是土司地区风俗习惯研究，六是土司制度史料整理问题，七是中国土司文化保护与利用研究，八是运用'总

---

[1] 陈季君：《应深化对土司问题的研究——第五届中国土司制度与土司文化国际学术研讨会综述》，《光明日报》2015年11月4日第14版（理论周刊·史学）。

体史'的研究方法。"① 与此同时，与会者还认为："'中国土司遗址'申遗成功是中国土司制度与土司文化研究过程中的里程碑，必将推动学界对中国土司制度与土司文化的深入研究。目前还有很多工作要做，一是把收集、整理有关土司史料的工作做好。二是各地学者共同努力，有计划地编纂《土司制度通史》《土司大辞典》《土司印信图录》，以及《土司制度与土司文化地图集》等。同时，积极开展学术探讨与争鸣，努力扩大研究队伍，推动相关研究不断深入。"②

2016年10月22日至23日，"第六届中国土司制度与文化国际学术研讨会"在湖南永顺县顺利召开，来自海峡两岸13个省（市、自治区、特别行政区）和日本、韩国等中外学者、嘉宾130余位参会，收到相关论文125篇。与会专家围绕"土司研究的理论、方法及学术史研究"③"土司制度相关问题研究"④"土司文化及土司文化遗产研究"⑤"土司文献研究"⑥四个方面进行了深入研讨，从参会学者诸多的发言题目中，我们不难看出本次研讨会探讨的问题较以往更加深入和前沿。⑦ 此后，2017年11月1日

---

① 唐燕飞、魏登云：《土司制度与土司文化的当代思考——第五届中国土司制度与土司文化国际学术研讨会综述》，《遵义师范学院学报》2015年第5期。

② 陈季君：《应深化对土司问题的研究——第五届中国土司制度与土司文化国际学术研讨会综述》，《光明日报》2015年11月4日第14版（理论周刊·史学）。

③ 学者们提交的论文发言题目有：马大正《深化土司制度研究与土司学的构建》，邹建达《土司研究中的碎片化问题》，杨庭硕《对土司制度终结的再认识》，罗维庆《土司制度早期学术研究体系的形成与发展》等。

④ 学者们提交的论文发言题目有：李世愉《改土归流与国家治理》，龙先琼《论改土归流时期的湘西开发及其社会历史变迁》，瞿州莲《明代治理永顺土司的策略及政策》，张科《明清甘青川边藏区的土司立法与社会控制》，罗中《武陵山区元代土官行政建制研究》，陈潘、叶小琴《近代康区政治变迁与传统地方精英的角色调适》，马强《土司历史地理研究刍议——以西南地区土司地理为主》等。

⑤ 学者们提交的论文发言题目有：李良品、袁娅琴《土司文化的界定、特点与价值》，付广华《壮族土官祖源记忆的重构及其历史意义》，尚晴《历史记忆与家族建构——以湘西田氏土司后裔为中心的考察》，韦嘉雅《世界文化遗产——永顺老司城遗址保护利用和可持续发展初探》，夏保国《浅谈土司考古、土司文化遗产保护与旅游开发》等。

⑥ 学者们提交的论文发言题目有：张振兴、李汉林《论〈历代稽勋录〉对永顺土司归明记载的可靠性》，马国君《元明清时期贵州土司区民族图像研究》，徐则平《论西南山地民族的款约文化与社会治理》等。

⑦ 瞿州莲：《第六届中国土司制度与土司文化研讨会综述》，《中国史研究动态》2017年第3期。

至 3 日"首届中国土司论坛"、2017 年 11 月 3 日至 5 日"第七届中国土司制度与文化国际学术研讨会"、2018 年 10 月 13 日至 15 日"第八届中国土司制度与文化国际学术研讨会"、2018 年 10 月 17 日"中国土司学高层论坛（2018）"，又相继在重庆市长江师范学院、四川省成都市西南民族大学、贵州省遵义市遵义师范学院、湖南省吉首市吉首大学顺利召开。这些会议的召开不仅进一步推动了土司相关问题研究的深化，而且也彰显了土司研究具有重要的历史意义、现实镜鉴和旺盛的学术生命力。

2015 年至今，从长江师范学院"中国土司制度与土司文化研究创新团队"撰写的《中国土司制度与土司文化研究 2015 年度科研报告（上）》[1]《中国土司制度与土司文化研究 2015 年度科研报告（下）》[2]《中国土司制度与土司文化研究 2016 年度科研报告（上）》[3]《中国土司制度与土司文化研究 2016 年度科研报告（下）》[4]《中国土司制度与土司文化研究 2017 年度科研报告（上）》[5]《中国土司制度与土司文化研究 2017 年度科研报告（下）》[6] 连续三年的年度科研报告统计、综述中可以看出，"中国土司学"的学科构建及其理论方法研究、中国土司制度与改土归流研究、中国土司文化研究、中国土司个案研究、中国土司人物研究、中国土司遗址申遗地研究等方面正在以往研究的基础上得以快速推进，并取得了丰硕成果，各级各类社科基金项目中有关土司研究项目的增多、土司研究平台的持续搭建与研究队伍的不断壮大以及土司学术刊物发表平台的拓展，都已充分表现了土司研究的热潮和学术共同体正在日趋形成。

---

[1] 中国土司制度与土司文化研究创新团队（成员主要包括李良品等）：《中国土司文化研究 2015 年度科研报告（上）》，《长江师范学院学报》2016 年第 3 期。

[2] 中国土司制度与土司文化研究创新团队（成员主要包括李良品等）：《中国土司文化研究 2015 年度科研报告（下）》，《长江师范学院学报》2016 年第 4 期。

[3] 中国土司制度与土司文化研究创新团队（成员主要包括李良品等）：《中国土司文化研究 2016 年度科研报告（上）》，《长江师范学院学报》2017 年第 4 期。

[4] 中国土司制度与土司文化研究创新团队（成员主要包括李良品等）：《中国土司文化研究 2016 年度科研报告（下）》，《长江师范学院学报》2017 年第 5 期。

[5] 中国土司制度与土司文化研究创新团队（成员主要包括李良品等）：《中国土司文化研究 2017 年度科研报告（上）》，《长江师范学院学报》2018 年第 3 期。

[6] 中国土司制度与土司文化研究创新团队（成员主要包括李良品等）：《中国土司文化研究 2017 年度科研报告（下）》，《长江师范学院学报》2018 年第 4 期。

(二) 土司制度演变研究

吴永章《中国土司制度渊源与发展史》① 一书指出："在我国历史上，土司制度是逐步形成和发展起来的，其过程是：渊源于秦、汉代；中经魏、晋、南北朝、隋唐、宋时期，不断得到充实，正式形成于元代；完备于明和清初，清雍正改土归流后，则逐渐衰微"，对自秦至宋各代对南方诸族的治理做了翔实的分析，并系统论述了元、明、清三代的土司制度，从而得出结论："土司制度，是我国封建王朝在统一的领土内的某些地区，即主要是南方少数民族聚居和杂居处，采取一些有别于汉族地区的措施进行统治的一种制度。其主要内容可归结为两个方面：一方面是，中央王朝对归附的少数民族或部族首领假以爵禄、宠之名号，使之仍按旧俗管理原辖地区，即通过土著首领对民族地区实行间接统治。另一方面是，各民族或部族首领须服从中央王朝的领导和听从驱调，并须按期上交数量不等贡纳，即承担一定政治、经济、军事等义务。概言之，其治理的总原则是：'其道在于羁縻。'"

论文方面有王继光《土司制度述评》②，分析了土司对封建王朝的臣属关系，认为主要表现在：一是土司的选授、升调、袭替，完全操之于中央王朝；二是土司必须向中央王朝履行缴贡纳赋义务；三是土司要服从政府征调，参与大小军事行动；四是土司的功赏罪罚，均操之于中央政府，不过赏与罚，都较流官为轻。史继忠《略论土司制度的演变》③ 认为："'土流并治'是中国封建政治制度的一大特征，'土流并治'乃是各民族统治阶级互相联合、互相斗争的一种妥协形式。"文章在论述了土司制度明盛清衰的演变过程后指出："土司制度实际上是土官制度的最高阶段和最后阶段，是由土官走向流官的桥梁。土司制度越严密，它与流官制度的差异越小，最后终究要为流官制度所取代。因此，土司制度极盛之时，也就是改土归流到来之日。由此观之，土司制度是改土归流的前奏。"张永

---

① 四川民族出版社 1988 年版。
② 《西北民族文丛》1984 年第 1 期。
③ 《贵州文史丛刊》1986 年第 4 期。

国《关于土司制度研究中几个问题》[1]提出了"土司制度形成的时间定在明代"和"土司制度只能与封建领土制相适应"两个命题,并通过对贵州几个大土司区改土归流的分析,指出改土归流的积极作用是很明显的。方铁《论羁縻治策向土官土司制度的演变》分析了羁縻治策与土司制度的内容、特点和局限,指出:元代以前的羁縻治策与元明清时期的土官土司制度,两者的核心思想虽有相通之处,但在经营思想、基本策略、施行的范围及成效方面存有明显区别。羁縻治策向土司制度演变,受到历朝治边的思想与策略、元明清三朝尤其是重要帝王重视西南边疆、元代后初步解决边疆经营中高成本与低收益因素的影响。因此,"元明清诸朝推行的土官土司制度,不仅在内容和成效方面有重要改变,而且体现出因地制宜和顺应时势的特点。这一变化既反映了中国历史发展的大势,同时也是诸多重要因素配合的结果,其中忽必烈、朱元璋、康熙、雍正和乾隆等帝王的作用不可忽视。他们审时度势做出重要决策,并支持改革土官土司制度,其历史选择之正确,为此后的历史发展所证实"[2]。罗群《云南土司制度发展与嬗变的制度分析》指出:"云南土司制度的嬗递变化,既表现为在元明清时期国家在追求利益最大化和产出最大化目标下,通过实施政策法令的强制性变迁,也表现为民国时期制度不均衡时追求潜在获利机会的渐进的诱致性变迁。"[3]成臻铭《土司制度与西南边疆治理研究》[4],在探讨元以前中央政府治理西南边疆的基础上对元明清时期土司制度推行后中央政府对西南边疆的治理进行了重点研究,"对我国处理西南边疆地区因土司制度所引发的与中南半岛三国的关系、边疆跨国民族关系、边疆民族社会发展、我国西南疆域的变动、边疆政治安全与稳定的成功经验与失败教训进行了总结,也指出了土司制度在西南边疆安全稳定方面所暴露的政治文化问题"。此外,这一论题的相关研究还有:方铁《土司制度与改土归流及当代启示》[5],彭福荣《"关键少数"治理的历史经验:西南地区

---

[1]《贵州文史丛刊》1986年第4期。
[2]《中国边疆史地研究》2011年第2期。
[3]《中国边疆史地研究》2013年第1期。
[4] 社会科学文献出版社2016年版。
[5]《中国民族报》2017年12月22日第8版。

土司例证》①，李良品、谈建成《"因俗而治"：明清时期土司地区的国家治理政策》②，陈季君《论土司地区的国家认同》③，龚梦川、龚荫《略论古代边疆民族政策》④《中国土司制度的发展历程、历史价值和现实意义》⑤，武沐、张锋峰《再释"土司"一词的演变》⑥等。

（三）清代土司制度与改土归流研究

20世纪80年代以来，研究者对于土司制度衰于清代的传统观点，提出了异议。张捷夫《清代土司制度》⑦认为：清代，特别是雍正年间的改土旧流，不过是清王朝为了巩固自己的统治，打击土司的一系列措施之一，并没有废除这一制度。就是在雍正年间大规模进行改土归流的同时，也还设置了许多新土司的原因。清代不仅土司总数和职衔比明代多，制度也远比明代完备。有清一代，清政府在西南和西北少数民族地区，一直实行这一制度，对这些地区的政治、经济、文化各方面都起了重要作用。所以作者认为，不应忽视对清代土司制度的研究。并指出，从清军入关到康熙二十二年讨平三藩之乱，西南少数民族地区基本上处于动乱状态，清王朝提出土司问题，但未能解决。平定三藩以后，这一问题才正式被提到日程上来，康熙陆续颁布有关法令，土司制度才最终得到确立。清代土司职衔和承袭办法，基本上因袭明制，只是更加明确具体，土司的文职隶吏部，武职隶兵部，西北地区的少数土司隶理藩院。鉴于历代土司在边疆民族地区的重要作用及他们彼此之间长期互相仇杀，反叛朝廷造成的社会动乱，清王朝规定了土司应尽的义务，颁行奖惩和抚恤制度。清朝对土司的政策，各朝不尽相同，顺康年间以抚绥为主，部分地区进行了改土归流；雍正年间，一方面大规模地进行改土归流，另

---

① 《广西民族研究》2018年第3期。
② 《西南民族大学学报》2017年第9期。
③ 《中国史研究》2017年第1期。
④ 《贵州民族研究》2018年第6期。
⑤ 《云南社会科学》2018年第5期。
⑥ 《青海民族研究》2017年第2期。
⑦ 《清史论丛》第三辑，中华书局1982年版。

一方面又新设置大量土司；到乾隆年间，对土司采取了较优厚的态度。尽管如此，整个清代，对土司是实行限制政策。清代，随着地主经济的不断发展，对与土司制度相适应的封建领主经济进行了有力冲击，严重地动摇了土司制度的基础，各地各族不断爆发的反土司斗争，也使清代土司制度出现危机。

雍正年间西南少数民族地区的改土归流是清代治边政策一项重大改革。冯尔康《雍正传》[1] 一书中立有专节进行概述，作者立论是："这一次改流，打击了土司割据势力，减少了叛乱因素，加强了中央政府对边疆的统治，一定程度废除土司、土舍凌虐属民制度，有利于少数民族地区社会经济文化的发展，由于政体的统一，使得民族杂居地区减少了战争，社会秩序比较安定，为民族联系的加强，提供了条件。一句话，它对我国多民族国家的统一，经济文化的发展有着积极意义。"王锺翰《雍正西南改土归流始末》[2] 认为："雍正西南改土归流，恃以有成者。在于'恩'、'威'并用，即'剿'、'抚'两手并用，而又'剿'在'抚'先，'抚'以善其后而已。"文章对鄂尔泰改土归流措置做了详尽分析后指出："是知鄂尔泰对西南三省之改流，削弱当时西南土司之割据势力以加强王权方面，起有一定进步作用。然则雍正年间西南改土归流一事，从长远历史效果着眼，从祖国统一大家庭着眼，其具有进步意义或即在此。"张捷夫《论改土归流的进步作用》[3] 则从政体统一、社会经济发展等方面肯定了改土归流的历史地位，并具体分析和批驳了对改土归流作用持否定态度的几个观点，即认为改土归流是"通过武力，即强制性手段完成的"，认为改土归流"取消了少数民族地区的'自治权'"，认为改土归流"取消了少数民族某些风俗习惯"。张捷夫《关于雍正西南改土归流的几个问题》[4] 以雍正西南改土归流包括哪些地区，改土归流过程是否即是残酷的战争过程，做了补充辩释。李世愉《清雍正朝改土归流善后措施初探》[5] 一文，

---

[1] 人民出版社1985年版。
[2] 《文史》第十辑，中华书局1980年版。
[3] 《清史论丛》第二辑，中华书局1980年版。
[4] 《清史论丛》第五辑，中华书局1984年版。
[5] 《民族研究》1984年第3期。

则从雍正朝五省改流的总体情况出发，指出了清政府的五项善后措施：（1）对革除土司的处理；（2）对新设流官的选任；（3）对各族人民的控制与管理；（4）对各种旧制陋规的禁革；（5）对西南民族地区的开发。作者的结论是："清政府在善后工作中采取的一切措施，都是顺从于改流的最终目的，即在政治上要稳定边区、安静地方，巩固和加强专制主义的封建统治；在经济上要从西南少数民族地区获得更多的利益；在思想文化上要以汉族的传统观念影响西南各民族，达到'以汉化夷'。一句话，就是要使边区同内地一样，无条件置于自己的统治之下。"多年以后，作者在《改土归流与国家治理》①一文中，又从国家治理的高度深化了这一认识，同时也指出了改土归流中也有国家治理失误的地方。该文发表后被《新华文摘》2018 年第 13 期全文转载，引起了学界的关注。陈维新《鄂尔泰与雍正对云南改土归流的"君臣对话"——台北故宫博物院所藏朱批奏折选件》②，通过对台北"故宫博物院"所藏第一手资料朱批奏折分析，探研了鄂尔泰与雍正对云南改土归流推行过程中的"君臣对话"，不仅揭示了雍正与鄂尔泰之间良好的君臣关系（鄂尔泰是雍正皇帝最为喜爱的能臣干吏），而且更彰显了鄂尔泰在雍正皇帝极为信任和大力支持下，对云南土司审时度势而又大刀阔斧地进行"改土归流"的丰功伟绩。这一论题的论文还有：吴永章《清代土司制度》③，罗友林《评雍正时期的改土归流》④，石邦彦《清朝少数民族地区的改土归流》⑤，范同寿《西南各族土司制度的瓦解与清代前期的改土归流》⑥，林建勇《试论"改土归流"政策形成、推行的几个阶段》⑦，尤佳《分袭制度中的土司职衔——兼论清政府在土司地区统治手段的选择》⑧，马亚辉、王巧娟《清前期西南边疆民族政策的动态考察》⑨，常

---

① 《遵义师范学院学报》2018 年第 2 期。
② 《思想战线》2018 年第 4 期。
③ 《南方民族研究集刊》1985 年第 1 期。
④ 《贵州民族学院学报》1987 年第 3 期。
⑤ 《吉首大学学报》1987 年第 2 期。
⑥ 《贵州社会科学》1983 年第 2 期。
⑦ 《广西民族研究》1988 年第 2 期。
⑧ 《青海民族研究》2018 年第 2 期。
⑨ 《广西民族研究》2017 年第 5 期。

建华《清雍正朝改土归流起因新说》[①]，衣长春《论雍正帝西南边疆治理方略》[②] 等；分论各地区土司制度的还有：吴永章《清代广西土司制度》[③]、覃树寇《清代广西的改土归流》[④]、王时阶《清代广西的改土归流》[⑤]、侯绍庄《清代贵州"改土归流"试探》[⑥]、程昭鑫《贵州土司制度与改土归流》[⑦]、龚荫《关于明清云南土司制度的几个问题》[⑧]、徐铭《清末川边藏区改土归流初探》[⑨]、李茂郁《试论清末川边改土归流》[⑩]、孙建伟《明清时期桂西奉议州改土归流过程考辨》[⑪] 等。

[①] 《中国史研究》2015 年第 1 期。
[②] 《社会科学战线》2015 年第 4 期。
[③] 《学术论坛》1984 年第 4 期。
[④] 《广西师范大学学报》1985 年第 1 期。
[⑤] 《广西民族》1988 年第 2 期。
[⑥] 《贵州民族研究》1981 年第 1 期。
[⑦] 《贵州民族研究》1989 年第 4 期。
[⑧] 《西南民族学院学报》1986 年第 3 期。
[⑨] 《西藏研究》1982 年第 2 期。
[⑩] 《西藏研究》1984 年第 2 期。
[⑪] 《广西民族大学学报》2018 年第 3 期。

第十一章

近代以来中国边患与陆地界务问题研究

近代中国的边患与边界问题具有极丰富的内涵,诸如近代中国边疆危机与边界交涉,不平等条约与边界问题,边疆危机与近代边疆社会的变化等,都是研究的重要内容。

从鸦片战争到1949年中华人民共和国成立,中国近代的边界和边疆地区处于剧烈的动荡之中。在资本—帝国主义列强的侵逼下,中国政府(包括清政府和民国政府)被迫签订了一系列丧权割地的不平等条约,边界内缩,大片国土沦丧。与此同时,边疆地区各族人民反抗外敌的斗争与地方分裂主义势力的叛乱活动、东西方列强的广泛渗透相互交织一起,边患丛生,边界危机,社会动荡。

面对如此严峻局势。晚清政府和民国政府曾相继采取应变对策以图自救,按历史进程,大体上可分为三个阶段:

第一阶段,从19世纪40年代到该世纪末,清政府先后被迫与列强进行了两次鸦片战争、中法战争、中日甲午战争和抗击八国联军入侵的战争,都以签订丧权辱国的不平等条约而告终。近代中国大片国土的沦丧,大都在这60年间。这一时期,清政府虽决策派兵收复新疆,并在新疆设立行省,以加强塞防;创建海军,在威海、旅顺等地建筑海防要塞,在台湾设立行省,以加强海防。这些措施,在局部产生了一定的积极效果,但并未使整个边疆危机的形势得到缓解。

第二阶段,1901年至1911年,清政府在"新政"名义下,在边疆地区推行一系列改革:在东北、蒙古等地推行官制改革、移民实边、奖励工商业、兴办新式教育等;在西藏推行"藏政"改革等。但由于列强干扰、边吏不善，总体上并未能逆转列强对中国瓜分狂潮的势头，甚至导致了蒙古、西藏两地区与中央政府关系的严重恶化。

第三阶段，1912年至1949年，由于军阀混战，日本全面侵华，国内政局动荡不安，北洋政府和国民政府都无暇顾及边疆。在边疆地区出现明显的分裂主义倾向，外蒙古、西藏曾宣布脱离中央政府而独立，东北和内蒙古出现了伪政权，新疆军阀盛世才拥兵自重。中国的边疆不仅无法成为抵御外敌入侵的屏障，反而在局部构成了对内地的一种新威胁。值得指出的是，20世纪30—40年代，国民政府为维持中国对南海诸岛及其周围海域的主权，采取了政治、外交和军事上的必要措施，并取得了积极效果。

中华人民共和国成立以来，边界问题一直是关乎我国领土完整、国家安全、民族尊严，以及周边稳定和外交大局的重要问题。抗美援朝战争以来，中国人民解放军进行的五次作战行动均是为了维护我国的领土主权，即1962年中印、1969年中苏珍宝岛、1979年中越边界自卫反击战，以及1974年收复西沙和1988年收复南沙有关岛礁两次海战。目前，我国已与12个陆地邻国划定了边界，但遗留下来的陆地边界划界任务仍十分艰巨，且面临着与八个海上邻国的海洋划界问题。

我国的陆地边界从东北部中朝边界的鸭绿江口，到西南部中越边界的北仑河口，依次同朝鲜、俄罗斯、蒙古国、哈萨克斯坦、吉尔吉斯斯坦、塔吉克斯坦、阿富汗、巴基斯坦、印度、不丹、尼泊尔、缅甸、老挝和越南接壤。

中华人民共和国成立初期，我国面临着巩固国家政权、恢复经济生产、改善人民生活等刻不容缓的任务，边界问题一时难以提上日程。20世纪50年代中期以后，我国的内、外环境有了较大改善，中、印、缅倡导的"和平共处五项原则"成为发展新型国家间关系的指导原则，为我与邻国谈判解决边界问题创造了客观条件。

从1956年初开始，经过友好谈判，中缅两国就解决边界问题达成一致，于1960年10月1日正式签署了边界条约，这是新中国与周边邻国签订的第一个边界条约。随后，1961年至1963年，我国相继与尼泊尔、朝鲜、蒙古国、巴基斯坦、阿富汗五个邻国签订了边界条约。与六国划定的边界线总长度约10326千米，占我国陆地边界总长度的47%。这是我国解决边界问题的第一个高峰。此后相当长时间，由于受国际局势变化和国内"文化大革命"的影响，我与邻国的边界谈判工作没有重大进展。

20世纪90年代以来，随着国际形势深刻变化和我国改革开放和社会主义现代化建设的现实需要，在"睦邻友好、稳定周边"的外交方针指导下，我国边界工作迎来了第二个高峰。1991年至2006年，通过和平谈判，我国先后与俄罗斯、老挝、哈萨克斯坦、吉尔吉斯斯坦、塔吉克斯坦和越南六个国家签订了边界条约。

至今，尚有中印（度）、中不（丹）的边界问题尚未完全解决。

解决边界问题的基本原则和历史经验可做如下归纳：

一是，边界工作要准确把握好维护国家领土主权和领土完整是边界工作的首要目的，每一项具体的边界工作都要切实体现"寸寸国土寸寸金"，都要最大限度地捍卫国家的领土主权。但是为了使问题获得解决，为国内的经济建设创造和平稳定的周边环境，又须作出必要的妥协。两者的总体目标是一致的，都要追求国家利益的最大化。

二是，解决边界问题的原则是通过平等协商、互谅互让、和平谈判，求得公平合理的解决，边界问题解决之前维持边界现状不变。

禁止使用武力与和平解决争端是载于《联合国宪章》的国际法基本原则。领土边界争端只有通过平等协商、互谅互让、和平谈判的方式解决才符合国际法的要求。这一原则的合理性和有效性，在实践中得到广泛而深刻的验证，使得我国与周边各国，特别是与小国顺利地解决了困扰各自多年的领土边界问题。

边界问题解决之前维持现状，是为了避免发生冲突，保持边境地区的和平与安宁，从而为解决边界问题创造条件和气氛。否则，双方很容易发生边境冲突乃至战争，增加边界问题解决的难度。

三是，历史与现实相结合，特定时期的国际形势和我国对外政策是重要的现实因素。

我国与邻国的边界是历史形成的，解决边界问题不能脱离历史，但这并不意味着把整个历史都翻出来作为依据。我国古代，比如汉、唐、元、清时期，曾有过非常辽阔的疆土，可是以后不少地方脱离了我国版图，我们就不能以此来提出我们的领土要求，要正视现实。两国人民经过长期生活而自然形成的传统习惯边界线,是国家之间确定边界的重要依据之一。此外,某一时期的国际形势和我国对外政策是我国在解决边界问题时需要考虑的重要现实因素。

四是,按照国际法的一般原则对待旧界约。

1949年中国人民政治协商会议《共同纲领》规定,对旧中国政府与外国政府所订立的各条约和协定,中华人民共和国中央人民政府应加以审查,按其内容,分别予以承认,或废除,或修改,或增订。但是对于边界条约我国政府采取了按国际法的一般原则对待的基本方针,即一个国家在国体改变和新政府成立后,对旧政府同外国签订的划定边界的条约一般应予继承,如果需要进行调整,也须在已经签订的旧条约基础上,通过双方政府协商加以调整。中俄、中越等边界均是在旧约基础上划定的。

五是,遵循国际惯例划界和勘界。

国际上的划界、勘界实践中形成一些惯例,如以山为界时的分水岭、山脊线、山梁线、山脚线原则,以水为界时通航河流以主航道中心为界、非通航河流以水流中心线或主流中心线为界的原则等,已成为国际习惯法,是我国与邻国解决边界问题时所遵循的重要依据。

在与邻国解决边界问题时,我们将国际法的一般原则和国际惯例作为与对方谈判的重要依据,争回了不少我们应得的权益,有力地维护了国家的领土主权。比如中俄国界东段,由于沙俄和苏联违反国际惯例,在以黑龙江和乌苏里江为界的大部分地段将国界划在了我方岸线上,导致江河中的岛屿大部分由俄方控制。经过谈判,最后双方按国际惯例以主航道中心线或水流中心线明确了两国边界线,争回了应属我国岛屿面积300多平方千米。[①]

百年来,研究者对此进行了大量研究,本题仅以边疆危机与陆地边界交涉为重点,对20世纪前半叶的研究作一简要回顾,重点对20世纪下半叶以来的相关研究略作综述。

---

① 参阅舒泰峰《中国边界谈判策略——专访外交部条约法律司司长刘振民》,《瞭望周刊》2005年第34期。

一　综论方面

早在1915年，上海商务印书馆出版了苏演存《中国境界变迁大势考》，并附图一册。作者在序中明言："曩尝欲将交涉档案约章条文界线沿革厘订一书，使国人晓然于版图之伸缩，而秉政者亦得惩前毖后，以固吾圉。"全书分十编，第一、二编为概念和边徼之山川形势，余各编为分述中俄边界、中日边界（实为中日关于中朝界务交涉）、中英边界（实为中英关于云南、西藏界务交涉）、中法边界（实为中法关于广西界务交涉）。以及中葡关于澳门的交涉。继此之后较有影响的著作可举谢彬编《中国丧地史》[1]和葛绥成编著《中国近代边疆沿革考》[2]。

《中国丧地史》叙述清朝极盛时的版图，近代以降领土的丧失、外国在华的行政管理地域和军港租界地等，涉及范围广泛，但其中最重要的是阐述列强对中国领土的蚕食鲸吞，包括俄国占领中国黑龙江、吉林、新疆和科布多等沿边一带，英印占领拉达克等地及英国租占香港、九龙，葡萄牙租占澳门，日本割占台湾和澎湖列岛等。中国书局向读者推荐该书时说："列强之侵占，国境之变迁，靡不详载，阅之不特可以知祖国缔造之艰难，并可发愤图强，为外交之一助。"当然，此书也有它的不足之处，特别是对"藩属"的叙述，明显带有"天朝上国"的思想。《中国近代边疆沿革考》分为中国与苏联、英、法、葡、日境界等章，"每章叙述条约，除叙述他名称的异同和缘起外，并于条约不容易明了的地方，参用前人已有正确的发现，间且自抒己见，以资明确。又条约中丧失固很注重，而对于我们还可依据约文收回权利的：如日本海航权、江东六十四屯、乌素、帕米尔、江心坡等，尤特别详说，使阅者得惩前毖后，以图挽救"（见编者赘言）。作者在结论中痛心疾首近代以来国土之沦失："帝国主义者层层压迫，今日割我一块地方，这一段的国界就定；明日削我那一块地方，那

---

[1]　上海中华书局1925年版。
[2]　上海中华书局1934年版。

一段的国界就定,于是全国国界使逐渐明确了。换句话来说:现在我国的边界,是列强分割的余裔,用他的办界,来彰明我的国界罢了。"(第298页)基于此,作者在绪论中明言:作为中国人,"对于国境边界问题,理应彻底了解,为外交后盾"(第3页)。

在评述20世纪30年代有关近代中国边患与边界问题综论之作时,还有一位研究者很值得注意,此公名华企云,是新亚细亚学会成员,笔耕颇勤,在30年代有关边疆的著译,即有十余本之多,有关论文已读到的有:《中国边疆问题之概观》[①]《中国边疆之沿革与现况》[②]《中国边防的过去与将来》[③]《中国近代边疆沿革史》[④]《中国近代边疆经略史》[⑤]《中国近代边疆政教史》[⑥]《中国近代边疆界务志》[⑦]《中国近代边疆失地史》[⑧]《中国边疆之勘界与失地》[⑨]《中国边地丧失经过及远东民族之奋起》[⑩]《中国近代边疆外侮志》[⑪]《中国近代边疆民族志》[⑫]《中国近代边疆藩属志》[⑬]《中国边境各民族之对华历史与受治帝国主义的经过》[⑭]等。华企云《中国边疆》[⑮]一书对中国近代边患、丧地及有关中外交涉作了评述,全书分上下两篇,上篇论述了中国边疆的历史与勘界失地的始末,以及中国边疆跨境民族和邻国的概貌;下篇详论:国际角逐下之东三省、外蒙之独立,新疆之三大问题(帕米尔问题、伊犁问题、回民问题),英人侵略下之西藏、云南之界务问题。作者在书序中明言自己研究中国边疆的目的是:"诚能

[①] 《新亚细亚》第1卷第1期,1930年10月。
[②] 《新亚细亚》第1卷第2、3期,1930年10月、11月。
[③] 《新亚细亚》第13卷第4期,1937年第4期。
[④] 《新亚细亚》第9卷第4期,1935年4月。
[⑤] 《新亚细亚》第8卷第3期,1934年9月。
[⑥] 《新亚细亚》第8卷第4期,1934年10月。
[⑦] 《新亚细亚》第9卷第2期,1935年2月。
[⑧] 《新亚细亚》第7卷第6期,1934年6月。
[⑨] 《新亚细亚》第2卷第2期,1931年5月。
[⑩] 《边事研究》第2卷第6期,1935年11月。
[⑪] 《新亚细亚》第9卷第3期,1935年3月。
[⑫] 《新亚细亚》第8卷第8期,1934年11月。
[⑬] 《新亚细亚》第10卷第4期,1935年10月。
[⑭] 《新亚细亚》第2卷第3、4期,1931年。
[⑮] 新亚细亚学会,1932年。

及今努力，以固吾圉，则譬如见兔而顾犬未为晚也，亡羊而补牢未为迟也。国人中岂有意研究边疆今昔之实在状况而谋补罅漏之策乎？则本书源委俱在，不仅可以考见晚清以来之边患，且可兴国防民族安危之思焉。"（第6页）作者在1934年岁末，还写有《一九三四年边疆之回顾》①，对于1934年中国边疆上"触目惊心之大事"分别论次，指出："东北，自民国廿年九月十八日暴劫以来，迄今已存三周年有奇。中国因遭亡省之辱，东北更受失国之痛，原则上中国自未放弃东北，国际亦未承认伪邦，然关外土地长此沦陷本复，久非善策。""蒙古，自民国廿一年要求自治以来，今已如愿以尝，以目下日伪之进窥西蒙，则中央与蒙古亟应切实合作。由中央扶助蒙古建设，而蒙古尽力保卫国土，然后可以应付当前之国难。""新疆，自民国廿二年政变以来，迄无宁日，汉回本无恶感，乃因贪官污吏之苛政虐民，遂引起逞兵作暴动反叛，自相残杀，贻笑列邦。今日南疆虽已澄清．元气犹未恢复，秉政者应如何肝脑涂地，安养吾民，及开诚布公，辑睦各族，皆分所应有事也。""西藏，今年中央加派大员入藏宣慰以来，廿余年隔阂之中藏关系，大告疏通，此诚为可喜可贺之现象。查西藏为喇嘛教之发源地，喇嘛教在边疆各地颇称推行，我人虽非提倡迷信，然喇嘛教为西藏固有之文化表现，应有加以保护之必要。""云南，自今年英兵以武力开采班洪附近矿产以来，滇边存在有失地之可虞。"

20世纪50—70年代，近代中国的边患和边界问题研究，随着帝国主义侵华史和中国近代史的深入开展，成果斐然。由中国社会科学院近代史研究所的学者们撰写的《帝国主义侵华史》（第1、2卷）、《沙俄侵华史》（第1、2、3、4卷）、《日本侵华七十年史》《19世纪的香港》和《20世纪的香港》可视为这一领域的权威著作。80年代以后，随着研究视角的扩大，中国近代边患与边界问题日益被学者们置于中国边疆整体历史发展进程的大背景下来进行考察，成果更显多彩：张振鹍《近代中国的边患与边界问题——一个简要的回顾》②从宏观上回顾了近代中国由于资本帝国主义的侵略，从海疆告警到边界普遍危机，进而发展到危机深化的历程，指

---

① 《新亚细亚》第9卷第1期，1935年1月。
② 吕一燃主编：《中国边疆史地论集》，黑龙江教育出版社1990年版，第59—72页。

出,"一部中国近代史终与中国边患密切联系在一起,后者构成前者的一个重要内容"。而近代边患的直接结果,"一是中国丧失了大量领土,二是历史积累了许多边界问题"。而"这许许多多边界问题,正如中国领土的丧失那样,大多是帝国主义(主要是俄、英、日本帝国主义)的侵略(包括侵略中国和侵略中国的邻国)造成的,与近代中国的边患紧密相连。因此也可以说,这是多年边患的历史给新中国留下的一份遗产,当然是一份负担沉重的遗产"。唐承丽、周国华《近代中国疆域的变化及其历史的教训》[1]认为近代中国疆域变化的特点是:领土丧失的时间较晚、速度较快,领土丧失由边疆向内地深入,又主要集中于北方边疆,领土丧失与不等条约紧密相连。张锡群、吴真明《中国近代割地简史》[2],郑汕、傅元祥主编《中国近代边防史(1840—1919年)》[3],郑汕主编《中国边防史》[4],则分别从丧土失地和边防史角度,对中国历代,特别是近代边患和边界问题作了综论,应引起学者重视。

进入新世纪,中国近、当代边界史研究硕果颇丰,如下四部学术著作尤需重视:吕一燃主编《中国近代边界史》(上、下卷)[5],刘恩恕、刘惠恕《中国近现代疆域问题研究》[6],齐鹏飞《大国疆域——当代中国陆地边界问题述论》[7],聂宏毅《鼎定国疆——新中国成立60年中国边界问题研究》[8]。

《中国近代边界史》分上、下卷,近65万字。主要叙述1840年鸦片战争后至1949年中华人民共和国成立前中国边界变迁的历史。全书分十九章,前十五章为陆路边界部分,叙述中国与朝鲜的边界,中国与俄国—苏联的边界,中国与蒙古国的边界,中国与阿富汗的边界,中国与印度的边界,中国与巴基斯坦的边界,中国与尼泊尔的边界,中国与锡金的边

---

[1] 《湖南师范大学学报》1992年第2期。
[2] 河南人民出版社1989年版。
[3] 西南师范大学出版社1990年版。
[4] 社会科学文献出版社1995年版。
[5] 四川人民出版社2007年版。
[6] 世界知识出版社2009年版。
[7] 中共党史出版社2013年版。
[8] 法律出版社2011年版。

界，中国与不丹的边界，中国与缅甸的边界，中国与越南的边界，中国与老挝的边界。后四章为海疆部分，叙述中国与葡萄牙关于澳门地区领土主权的交涉，中国与英国关于香港地区领土主权的交涉，中国的南海诸岛和中国东海海疆与台湾。作者力求以历史唯物主义为指导，观察和分析历史事件和历史人物，遵循实事求是的原则，去伪存真，还历史以本来面目，详细和准确地阐述了近代中国边界变迁的全部历史过程及其前因后果，回答了中国近代边界是怎样形成的，帝国主义列强是如何割占中国领土的，腐败的中国政府是如何被迫签订不平等条约的，中国人民为了维护国家领土主权是怎样进行斗争的等一系列重大问题。该书是 1931 年葛绥成《中国近代疆域沿革考》出版 70 余年以来，首部全面阐论中国近代边界变迁历史的学术专著。[①]

《中国近现代疆域问题研究》，全书以中俄、中日、中朝、中印，中国与缅甸，中国与阿富汗、巴基斯坦、尼泊尔、不丹、老挝，南海主权自古属于中国，中越有关北部湾的海疆争议，香港、澳门回归和台湾与祖国统一的前景展望为题，分立九章，26 万字。该书书名是中国近现代疆域问题研究，实际上作者在历史地理学学科框架内，对上述所涉的边界问题的历史、现状和前景进行了有益探索。如桂遵义为该书所写序言指出："《中国近现代疆域问题研究》一著完成的学术创新价值则在于：舍弃了中国传统历史地理著作以陈述或表达为主的体例，以史料结合新的时代精神，将其写成一部体例严谨的考证体论著。""我相信《中国近现代疆域问题研究》的出版，一定会为中华学术史增砖添瓦。"[②] 所云甚是矣！

《大国疆域——当代中国陆地边界问题述论》全书由引语、结语和四章组成，并将新中国成立以来已经签订并公开发表的有关 19 个双边陆地边界协定、条约置于附录中，近 75 万字篇幅。作者从外交史的大视野，将中华人民共和国成立以来与周边邻国通过双方政府平等的外交谈判，而正式划定和勘定双边陆地边界线的历史进程，划分为以下四个阶段：1949 年中华人民共和国成立至 20 世纪 50 年代中期，是中华人民共和国与周边

[①] 参阅吕一燃《中国近代边界史·前言》，该书第 1—8 页。
[②] 序言，第 5—6 页。

邻国之间进行关于解决历史遗留下来的双边陆地边界问题之政治对话和外交谈判，以及双边陆地边界划定、勘定"暂时搁置"及其在解决之前"维持现状"时期；20世纪50年代后半期至20世纪60年代前半期，是中华人民共和国与周边邻国进行关于解决历史遗留下来的双边陆地边界问题之政治对话和外交谈判，以及双边陆地边界划定、勘定"第一个高峰期"；20世纪60年代中期至80年代中期，是中华人民共和国与周边邻国进行关于解决历史遗留下来的双边陆地边界问题之政治对话和外交谈判，以及双边陆地边界划定、勘定"被迫停滞期"；20世纪80年代后半期至21世纪初，是中华人民共和国与周边邻国之间进行关于解决历史遗留下来的双边陆地边界问题政治对话和外交谈判，以及双边陆地边界划定、勘定的"第二高峰期"。从而为中华人民共和国建设一个持久和平、共同繁荣的和谐世界之和平外交，为新中国与邻为善、以邻为伴之睦邻、安邻、富邻、强邻外交，奠定一个坚实的基础，为中华人民共和国和平发展、和谐发展和中华民族的伟大复兴事业，奠定了一个相对和平、稳定、和谐的周边环境之坚实基础。作者克服了本书研究内容"选题所涉之外交政策的极端敏感性"和"基础研究资料的支撑力不足"两大似乎不可逾越的难点，大胆求索，填补了"研究60余年的新中国外交史，如果'无意'甚至是'有意'地忽略掉了陆地边界问题这一部内容"的空白。[①]

《鼎定国疆——新中国成立60年中国边界问题研究》，全书分八章，近28万字，并收录了中国历代疆域变迁图8幅，中国历史上部分领土争端示意图13幅。本书运用"权力转移理论"，采用历史文献法与实证主义的研究方法，从陆地邻国的政策属性对中国处理领土争端时的态度影响这一角度，系统地研究中国与陆地邻国领土争端问题。同时，运用统计分析与比较研究的方法对案例进行统计分析，对影响中国态度成因的其他主要竞争性解释变量进行逐一剖析，实证分证了中国在处理与陆地邻国领土争端问题时宽和与强硬两种截然不同的态度成因。该书的出版，说明了中国边疆问题，当然包括边界问题的研究的深化，需要突破历史研究的范畴，而采用多学科的理论和方法的可行性，从而也印证了构筑中国边疆学对于

---

① 参阅该书作者引语和结语。

深化中国边疆研究的必要和重要。

另外，栾景河主编《中俄关系的历史与现实》① 是一部 80 余万字的专题性学术论文集。这是一部由不同学科背景研究者所撰写的有关中俄关系历史与现实的研究论文的结集，共收论文 59 篇，其中中俄边界问题的论文有：宿丰林《〈从尼布楚条约〉到〈恰克图条约〉——中俄文化交流的历史片断》，刘存宽《中俄关系与外蒙古自中国的分离（1911—1915）》，于晓丽《中俄"争议岛屿"问题论析》等。

二　陆地界务问题的个案研究

近百年来，中国近代界务问题的个案研究始终是中国学者关注的热点，但研究者的步履却颇艰辛；研究的进程呈现波动式发展轨迹。

20 世纪前半叶，由于外敌入侵，国土沦失、民族危亡，在此大背景下的界务问题个案研究面覆盖东北、蒙古、新疆、西藏、云南和海疆。前面提及的华企云，他除了写了大量有关近代界务研究的综论之作外，还著有关于界务问题的个案研究之作。诸如：《满洲与蒙古》②《满蒙问题》③《新疆问题》④《西藏问题》⑤《云南问题》⑥ 等。关于云南界务交涉，还另有《云南界务问题之研究》⑦《滇缅界务之实况》⑧《重勘滇缅南段界务的认识》⑨《滇缅南段勘界之现状》⑩ 等。华企云的著作与文章有二大特点，一是综合性强，对所述地区界务纠纷始末都有清晰、简明的阐述；二是现实

---

① 河南大学出版社 2004 年版。
② 黎明书局 1932 年版。
③ 上海大东书局 1931 年版。
④ 同上。
⑤ 上海大东书局 1930 年版。
⑥ 上海大东书局 1931 年版。
⑦ 《新亚细亚》第 5 卷第 4 期，1933 年第 4 期。
⑧ 《边事研究》第 2 卷第 1 期，1935 年 6 月。
⑨ 《东方杂志》第 32 卷第 11 期，1935 年第 6 期。
⑩ 《新亚细亚》第 13 卷第 2 期，1937 年 2 月。

感强，有感而述，以史为鉴，诚如华企云在《云南问题》一书自序所言："满蒙、西藏问题诚属重要，而云南问题亦未可忽视也。……自缅亡于英、越并于法，云南已觉藩篱尽撤，强邻逼处。滇越交界以大山大水为多，尚能拒人于外；而滇缅之犬牙相错，实属无所依恃，所幸者，犹有野人山之天险，可以限隔中外，作为天然长城，然而即此一地，英人尚属不肯放松，必欲划入其版图而后快。清季之进占片马，最近之侵略江心坡，皆为英入侵略野人山显著之例。野人山而为英人所占，则非特云南唇亡齿寒，即北邻之川藏诸省，必亦若不安。在此千钧一发之际，若不广为宣传，则将何以惩以往越缅之失。此所以有《云南问题》一书之编著也。"其他如"间岛"问题的研究也是由于日本帝国主义制造所谓"间岛问题"挑起事端所引发。先有出版于1918年，由留日学生编译社编《间岛问题》，续有吴大澂《吉林勘界记》、吴禄贞《延吉边务报告书》、匡熙民《延吉厅领土之解决》、宋教仁《间岛问题》、周维桢《调查延吉边务报告书》等问世，1908年前后的《东方杂志》《地学杂志》等刊物也刊出多篇关于"间岛问题"的论文和调查记，这些都成了后人研究的史料名篇。

20世纪50年代以降，除了从帝国主义侵华史的角度论及近代中国国土丧失外，涉及中俄、中朝、中印、中缅、中越等国的历史上界务纠纷，由于受意识形态或政治因素的制约，成了研究的禁区，直至60年代以后，随着沙俄侵华史研究的蓬勃开展，上述研究禁区才得以打开一个小小的缺口。80年代以后，在政治家和研究家的共同努力下，近代界务中的个案研究才得以缓慢地发展，人为制造的禁区渐被打破。下面我们分别简介界务问题中个案研究的某些片断。

（一）中俄以及中国与独联体三国的边界研究

中俄两国有着漫长的边界线。最初的中俄东段边界是通过1689年中俄《尼布楚条约》确定的，两国以额尔古纳河、格尔必齐河、外兴安岭至海为界。到19世纪中叶，沙皇俄国逼迫清政府签订不平等的中俄《瑷珲条约》（1858年）和中俄《北京条约》（1860年），将中俄东段边界推进到黑龙江、乌苏里江至图们江口一线，留存至今。中俄中段边界是通过1727年中俄《布连斯奇条约》和中俄《恰克图条约》确定的，相当于今蒙古国和俄罗斯的边界线加上唐努乌梁海的北界，自1946年1月中国国民政府承认蒙古国独立后，中俄中段边界（除唐努乌梁海这一历史悬案外）已不复存在。中俄西段边界是通过中俄《北京条约》和中俄《勘分西北界约记》（1864年）等条约确定的，今天已成为中国的新疆与哈萨克斯坦、吉尔吉斯斯坦、塔吉克斯坦的边界，中国的新疆与俄罗斯仅有54千米边界线。

对中俄边界问题迄今权威的著述当推余绳武主编《沙俄侵华史》第1—4卷[1]，这部凝聚了一批学者20余年心血的巨著，对中俄东、中、西段边界形成的历史进行了深入的研究。论及中俄边界问题的著作还有：《沙俄侵略我国蒙古地区简交》[2]《沙俄侵略中国西北边疆史》[3] 等。

下面将以东段边界、中段边界、西段边界问题研究为序，略作介绍。

1. 东段边界研究

步平、黄定天《〈瑷珲条约〉被逼签订原因的再探讨——19世纪中俄若干问题比较研究》[4] 以《瑷珲条约》签订始末为中心，着重分析了面对俄国的侵略清政府传统边疆政策破产的必然性。关于《瑷珲条约》的研究还有：步平《〈瑷珲条约〉有效性的几项形式条件的分析》[5]，祁学俊、韩来兴《〈瑷珲条约〉确定了中俄黑龙江边境的合法性》[6]，陆钦墀《1858年和1860年东北边界的变迁》[7]，刘淑杰《瑷珲条约》签订前沙俄武装侵占黑龙江地区述论》[8]，韩宾娜《试论清代中俄东段界碑的勘定》[9] 等。张本政《评一八八六年中俄勘界》[10]，对自图们江至乌苏里江口一段边界第二次"会勘"始末作了分析，认为在这次勘界中，"中国收复了一部

---

[1] 人民出版社1976—1990年版。
[2] 内蒙古人民出版社1979年版。
[3] 人民出版社1979年版。
[4] 《瑷珲历史论文集》，第126—141页。
[5] 《黑河学刊》1984年第3期。
[6] 《黑河学刊》1989年第3期。
[7] 《史学集刊》1991年第2期。
[8] 《北方文物》1994年第2期。
[9] 《吉林师范学院学报》（社会科学版）1994年第4期。
[10] 《学术研究丛刊》1980年第3期。

分1860年以后沙俄侵占的中国领土，纠正了错立和被沙俄私移的界线，增立了许多新界牌，争得了中国船只自由出入图们江口的权利"，对主持此次勘界的中国官员吴大徵的功绩与不足也给以评述。步平《中俄东部边界西段的勘定》①分析了1910年至1911年中俄派员合同勘测呼伦贝尔地区中俄边界，签订了中俄《满洲里界约》的始末，指出此举奠定了中俄东部边界西段的基础，"尽管小国在部分领土上受到损害，但是，由于经过勘定大大提高了边界的精密度，在一定程度上限制了觊觎中国领土的俄国扩张。制止了其蚕食中国领土的活动，所以，勘界在这一意义上的作用是积极的"。关于东段边界研究的论文还有：董万仑《一八六一年兴凯湖会谈勘界与沙俄侵略扩张阴谋》②等。

《尼布楚条约》的研究可以说是中俄东段边界问题研究的源头。20世纪70年代末出版由北京师范大学清史研究小组（实际上是由著名史学家戴逸教授领导下的一个研究集体）执笔的《一六八九年中俄尼布楚条约》③，该书对《尼布楚条约》签订始末，以及早期中俄东段边界的形成进行详尽论述和考释，今天读来仍不失其学术价值，实为难得！刘远图《早期中俄东段边界研究》④的学术成就，余绳武教授在该书序中指出：作者"对有关早期中俄东段边界的一系列重要问题，诸如界河格尔毕齐河的位置，额尔古纳河的边界起点，威伊克阿林界碑的位置以及库页岛的历史主权等等，逐一详加考证，提出许多论据充分的见解；有力地批驳了帝俄学者的谬说。关于乌第河未定界范围问题，作者也提出自己的看法和论据，不失为一家之言。总之，《早期中俄东段边界研究》是一部资料丰富，颇有见地的专著、中俄关系史研究领域中一项值得重视的新成果"。

姜长斌《中俄国界东段的演变》洋洋42万字，分五编二十三章，详尽阐论了中俄国界东段演变的历史进程，并对国际条约法关于国家主权与领土边界的通行准则作了概述。本书是有关中俄国界东段历史和现状的集大成之具有权威性的学术专著。作者在导论中讲了一段充满爱国激情的话：

---

① 《中国边疆史地研究报告》第1辑，1987年。
② 《延边大学学报》1978年第2期。
③ 人民出版社1977年版。
④ 中国社会科学出版社1993年版。

> 近代以来，中国饱受国际列强的侵略与奴役，国家主权和领土完整难以自保，人民深陷水深火热之中。……
>
> 有些外人国（其中也包括某些日本人）总是希望中国不要再谈中国遭受侵略的历史。他们认为，只要我们谈"过去"，就是鼓动狭隘民族主义，就是煽动仇外情绪，甚至是教育年轻人、后代子孙有朝一日还要把失去的领土用武力或者用"非法移民"等手段夺回来。事实证明，这些都是极其错误的观点。
>
> 试想，如果我们完全不谈"过去"，如果把列强侵略奴役中国的内容从教科书中删去，那样一来，中国的近代史岂不变成了一片"空白"？！果如此，中国民众怎能答应？！如果我们用"一片空白"编写中国近代史，又如何去面对子孙后代？！我们的看法和做法是：讲清历史，正是更好地服务于未来，引导后代自立自强，与邻国，与国际社会寻求互利双赢的关系，我们的总方针是：和平、发展、合作——这也是本课题抱定的宗旨。[①]

以铜为镜，可以照人，以史为鉴，乃知国家事。四百年沧桑成过去，善处邻邦创未来，这是作者的寄言，诚然！

刘家磊《东北地区东段中俄边界沿革及其界碑研究》[②]，本书以翔实的档案资料，考证了清政府与沙俄签订《瑷珲条约》《北京条约》《中俄勘分东界约记》《瑷珲东界约》等条约，勘定国界，割让国土的屈辱过程，作者还实地考察研究了东北地区东段中俄边界的界碑与记号竖立的时间、位置和走向，为东北地区东段中俄边界史的深入研究，提供了坚实的理论和事实依据。

《尼布楚条约》签订后，清政府在东北边界采取了巡边制度。初丹在《中俄〈尼布楚条约〉签订后的东北巡边制度》[③]一文中，阐述了清朝在中俄东段边界设立的巡边制度，这虽然有利于边疆安全，但对外兴安岭地

[①] 姜长斌：《中俄国界东段的演变》导论，中央文献出版社2007年版，第4—5页。
[②] 黑龙江教育出版社2014年版。
[③] 《世纪桥》2014年第6期。

区不够重视，更有甚者将巡边转变为巡察卡伦，从而自行缩小了巡察范围，直接导致了兵力日益远离中俄边境，对东北边界长期发展造成了不利影响。陈鹏则对清代东北地区新满洲守卡巡边职责进行了分析，他在《清代东北地区新满洲守卡巡边职责浅析》①一文中指出，新满洲巡边的职责主要有守卫卡伦、巡察边界，为防御沙俄侵扰，保卫东北边疆做出了重要的贡献。

张宗海、张临北在《吴大澂与〈中俄珲春东界约〉》②认为会办北洋事宜大臣吴大澂奉清政府之命与俄方的勘界大员巴拉诺夫重勘兴凯湖至图们江口的一段中俄边界，并签订了《中俄珲春东界约》。"喀（K）"字界牌越兴凯湖至乌苏里江口一段水路边界，因吴大澂"未能亲往履勘"，致使后来"产生若干问题"。其最主要者，当属黑瞎子岛问题。在抢占领土、边界划分等问题上，与俄国人的多多益善、寸土必争相比，吴大澂的思维定式，仍然停留在作为天朝之国、礼仪之邦对"外藩"施恩、施德进行感化的层面。

宿丰林针对部分俄罗斯学者歪曲自1689年《尼布楚条约》以来的中俄东段边界形成史，煽动对划界的不满情绪，特撰《关于中俄东段边界形成史问题的再探讨——兼评俄罗斯学者的"新观点"》③一文。文章指出，《尼布楚条约》是在平等谈判的基础上签订的，是在中俄双方各自作出一定让步的基础上达成了彼此可以接受的条款，《尼布楚条约》并不是沙皇政府"被迫"签订的。总之，那种签订条约"对俄国不利"的论调不值一驳。1858年的《瑷珲条约》和1860年的《北京条约》则均是俄国对我国施压签署的"不平等"条约。对此，俄方学者则极力淡化这一问题，反而强调"关于俄中领土划界历史问题的争论，应当注重分析问题的其他方面，而不是拘泥于弄清究竟是'不平等'还是'平等'的性质"。关于1991年中苏国界东段协定问题，某些俄罗斯学者却对该协定的签署表达了不满甚至否定的态度。对此，宿丰林认为1991年中苏国界东段协定是两

---

① 《黑龙江民族丛刊》2012年第4期。
② 《俄罗斯学刊》2013年第6期。
③ 《俄罗斯学刊》2011年第3期。

国代表本着互谅互让原则，平等协商的结果。中国表现了巨大的耐心和诚意，作出了重大让步。协定的签订并没有损害俄罗斯的利益。关于2004年《中俄国界东段补充协定》问题，作者驳斥了一些俄方专家观点，指出这是解决复杂的中俄边界问题的一个相对合理的办法，表现了中方最大的诚意，为世界上解决边界争端树立了一个样板。在文章最后，作者提出了一个关于边界历史研究的重要性问题，"同样重要的是，国家层面边界问题的解决，绝不意味着我们从此无须再去关注中俄边界形成的历史真相的探究"。这个观点充分指明了边界历史研究仍具有时代性，不容忽视。

顺利签署《中俄国界东段补充协定》是中俄两国边界的重大事件。姜长斌《中俄边界谈判内幕》[①] 一文针对国内人士提出的《瑷珲条约》和《北京条约》是不平等条约而不需尊重，以及中俄"平分"黑瞎子岛等不满，提出边界谈判是本着"实事求是解决问题"的方针，以条约为基础，对现有边界线进行合理调整。

肖丹在《中苏（俄）边界谈判中的黑瞎子岛问题述论》[②] 一文中具体论述了黑瞎子岛谈判问题。自1964年到2004年，中苏（俄）两国政府之间共举行了4次外交谈判，最终比较圆满地解决了历史遗留问题，划定了中俄双方约4300千米长（原中苏之间是约7600千米长）的共同边界。黑瞎子岛问题由于其特殊的性质和历史地位，一直是影响中苏（俄）边界谈判之历史进程甚至是结局的重要因素。在中俄双方的共同努力下，以"大体平分"的方式得以解决。

2. 中段边界研究

继《尼布楚条约》之后，清朝与俄国签订了《布连斯奇界约》，这是划定我国与俄国中段边界的重要文件。郑人瑞《中俄〈布连斯奇界约〉的换文日期》[③] 考证认为换文日期是公历1727年8月31日，华历清雍正五年七月十五日。张宗海《试论中俄最初边界的形成及特点》[④] 认为从17世纪40年代起，中俄作为两个本不相邻的欧亚大国，经过了80多年的纷

---

① 《世纪桥》2005年第12期。
② 《党史研究与教学》2011年第3期。
③ 《历史研究》1980年第4期。
④ 《学习与探索》1992年第3期。

争，结果签订了最初的边界条约《尼布楚界约》和《恰克图界约》，这不单是两国军事冲突的产物，也是一个欧洲民族充满开拓进取精神同一个东方民族较为封闭的农耕文明相撞击的结果。在这种撞击中，后者表现了传统的保守和消极。樊明方《〈布连斯奇界约〉与唐努乌梁海北境中俄国界的确定》[①]一文细致分析了条约产生的历史背景、签约过程、唐努乌梁海北境中俄国界的确定，认为该条约的签署和划界，使唐努乌梁海作为中国神圣领土一部分的法律地位获得了国际条约的保证。

日本学者柳泽明《恰克图条约以前的外蒙古——俄国边境地区》[②]一文认为，《恰克图条约》基本保证并巩固了缔约双方的对人主权和领土主权，某种程度上具有长期有效的机能。从领土主权方面来看，清朝方面始终未能在图瓦边界设卡布防，导致了唐努乌梁海地方的商业被西伯利亚商人所垄断，从而使俄国人控制了这一地区。究其原因，在于清朝的内政或对蒙古统治的种种矛盾。

《恰克图条约》是在《布连斯奇条约》的基础上签订的，主要包括《阿巴哈依图界约》《色楞额界约》等子约。从此，中俄双方正式确定了中部边界，从额尔古讷河向西延伸至沙毕纳依岭，"阳面作为中国，阴面作为俄国"。除国界外，该条约还涉及贸易、边境管理、双方交往等诸项内容。马长泉、张春梅《〈恰克图条约〉及其子约所涉北疆卡伦问题》[③]一文细致考察了卡伦的名称、位置、功能等，以及卡伦制度本身的一些问题。该文指出，中俄中段边界地区的卡伦一般属于蒙古各部落管辖。这既沿袭了过去的做法，又体现了清政府因俗而治的策略和满蒙联盟的需要。

陈开科在《嘉庆中俄中段边境防务体系及边境地方层面的双边交往》[④]一文中指出，中俄两国在雍正五年签署系列界约后，中俄中段边界线初步确立。自此迄于嘉庆，中俄中段边界的防务体系之建构亦渐趋完善。就地理布局言，嘉庆中国中段边界防务体系分别可概括为"两点一线"；就防务制度言，中俄两国的防务体系主要由塞堡、卡伦与巡边制度等要素构

---

① 《中国边疆史地研究》1995 年第 2 期。
② 《蒙古学资料与情报》1990 年第 1 期。
③ 《内蒙古师范大学学报》2016 年第 1 期。
④ 《中国边疆史地研究》2013 年第 4 期。

成。中国中段边界的边境卡伦仅是单线，而不是俄国的内外双线。立足于双边界约，中俄防务体系内的各类人群在边境线发生密切的地方层面的交往。嘉庆十一年（1807），由于戈洛夫金使团事件，中俄中段边境地区地方层面双边交往的总态势表现为"既防且和"，且基于当时中俄两国所面临的国际国内政治形势，"防"为其表，"和"为其实。

3. 西段边界研究

希达《沙俄对我国西部地区的早期侵略》①和余绳武《〈中俄北京条约〉订立前沙俄对中国西北的侵略》②是两篇论述俄国对包括新疆在内的中国西北边疆蚕食和侵略的力作。韩敏《我国西北边界变迁的历史真相》③和郑绍钦《清代沙俄侵吞中国西北边陲史实考》④揭示了沙皇俄国侵占巴尔喀什湖以东以南中国大片领土的事实。赵春晨《〈伊塔通商章程〉是中俄关系史上第一个不平等条约》⑤全面探讨了章程签订的背景和经过，论证了这个条约是近代中俄关系史上第一个不平等条约。薛衔天《霸权主义的王法——关于〈中俄北京条约〉西部边界条款的几个问题》⑥分析了中俄《北京条约》边界条款的不平等性及其存在的矛盾和谬误。

有关中俄伊犁交涉是近代中国边疆问题中一个研究热点，学者们围绕中俄伊犁交涉及《改订条约》的不平等性质，中俄伊犁交涉的背景，中俄伊犁交涉的得失以及对曾纪泽评价，《改订条约》规定的西段中俄边界走向及有关界务问题等方面进行了广泛、深入研究。厉声《中俄伊犁交涉》⑦对中俄伊犁交涉的历史全过程，以及有关史料和国内外研究概况作了全面、系统的评述。这里仅对《改订条约》规定的西段中俄边界走向及有关界务问题的研究作一介绍。1881年中俄《改订条约》最后确定了两国西段边界的走向，经双方依约会勘划界后签署的有关西段中俄边界走向的五

---

① 《历史研究》1976年第3期。
② 《近代史研究》1979年第2期。
③ 《新疆历史论文集》，第425—450页。
④ 《世界历史》1982年第1期。
⑤ 《中俄关系史论文集》，第180—201页。
⑥ 同上书，第78—98页。
⑦ 新疆人民出版社1995年版。

个子约：《伊犁界约》《喀什噶尔界约》《科塔界约》《塔尔巴哈台西南界约》《续勘喀什噶尔界约》，至今仍是边界定向的依据。李之勤《略论〈中俄伊犁条约〉关于西疆分界的条款》[①] 全面论述了条约签订对中国西部边界的影响。赵春晨《谈〈中俄伊犁条约〉的性质和清政府谈判的成败》[②] 分析了清政府在改约谈判中的成败得失，以及曾纪泽个人的功与过。关于五个子约的研究有：李之勤《论1882年的中俄伊犁界约》[③]、李之勤《略谈〈中俄喀什噶尔界约〉》[④]，沈传经《评〈中俄续勘喀什噶尔界约〉》[⑤]，苏北海《1884〈中俄续勘喀什噶尔界约〉的签订及其勘界问题》[⑥]，李之勤《略论沙克都林札布的南疆勘界日记图说》[⑦]，李之勤《论〈中俄塔尔巴哈台西南界约〉》[⑧]，李之勤《清光绪九年勘定俄国借地界图实为同治年间塔城军民在科布多借住地界图》[⑨]，以及吕一燃《伊犁索伦营卡伦的变迁》[⑩]、齐清顺《中国收复巴尔鲁克山的交涉》[⑪] 等，上述论文从不同角度细密地论证了五个子约签订过程，以及沙俄在勘界中不断违约多占中国领土的史实。

樊明方《19世纪60年代中俄西段边界的划定》[⑫] 一文从18世纪中叶确定的清朝西北疆界、西北边防的废弛与俄国对中国西北边疆的蚕食、中俄《北京条约》关于西疆划界的条款、中俄《勘分西北界约记》的签订与西北边疆大片领土的丧失四个方面具体论述了我国西北边疆遭到俄国入侵蚕食后不断丧失的过程。

乌梁海地区分为三个部分，即唐努乌梁海、阿勒泰乌梁海、阿勒坦诺

---

① 《西北历史资料》1983年第1期。
② 《西北历史资料》1983年第2期。
③ 《中国边疆史地论集》，第482—502页。
④ 《西北历史资料》1981年第2期。
⑤ 《新疆大学学报》1980年第3期。
⑥ 《新疆师范大学学报》1983年第2期。
⑦ 《西北历史资料》1983年第2期。
⑧ 《中国边疆史地研究报告》1991年第1—2期。
⑨ 《西北历史资料》1980年第2期。
⑩ 《中国边疆史地研究报告》1992年第3—4期。
⑪ 《中俄关系史论文集》，第152—162页。
⑫ 《历史档案》2007年第2期。

尔乌梁海。清政府在上述地区设旗置官、行使主权。19世纪以来沙俄对这一地区进行渗透和侵略，导致与清政府边界纠纷。关于阿勒坦诺尔乌梁海研究，吕一燃《清政府对阿勒坦诺尔乌梁海的管辖》[1]论证了被沙俄侵占的阿勒坦尔乌梁海地区是中国固有的领土。同一作者还写有《阿勒坦诺尔乌梁海历任总管考略》[2]等论文。唐努乌梁海是未经任何条约规定而被沙俄侵占的中国领土。樊明方《中国历代政府对唐努乌梁海的管辖》[3]、马曼丽《从乌梁海问题看沙俄对中国的侵略》[4]、荣丽贞《沙俄怎样窃占中国唐努乌梁海地区的》[5]、康右铭《沙皇俄国对唐努乌梁海地区的侵略》[6]、樊明方《〈中俄蒙协约〉签订后中国收复唐努乌梁海的斗争》[7]等，论述了沙俄从渗透到侵占的经过，以及自清末至北洋政府时期中国历届政府为收复该地区所进行的斗争，并于1919年夏收复该地区的历程。1921年唐努乌梁海成立了图瓦人民共和国，1944年8月，图瓦人民共和国被并入苏联，中国历届政府均未予承认。

有关唐努乌梁海研究迄今集大成之作则是樊明方《唐努乌梁海历史研究》[8]。本书依据大量鲜为人知的历史档案、文献，系统、全面、深入地论述了唐努乌梁海地区的历史，详细阐述了唐朝以来中国历代政府对唐努乌梁海地区的管辖和管理，其中重点论述了清政府对该地区的有效管辖，以及中俄国际条约所确定的唐努乌梁海地区中俄边界线的具体走向，有力地论证了唐努乌梁海是中国固有领土的历史事实。并在此基础上，本书进一步论述了以下问题：19世纪中叶以后俄国在该地区所进行的各种侵略活动，中俄两国政府关于唐努乌梁海问题的交涉，辛亥革命后俄国以"保护"名义侵占唐努乌梁海，俄国十月革命后中国政府收复该地区，20世纪20年代初苏联控制了唐努乌梁海并于1944年将其兼并。书中史料丰富，

---

[1] 《中国北部边疆史研究》，黑龙江教育出版社1990年版，第39—51页。
[2] 同上书，第52—60页。
[3] 《中国边疆史地研究报告》1992年第1—2期。
[4] 《中俄关系史论文集》，第382—396页。
[5] 同上书，第163—179页。
[6] 《中亚学刊》第2辑。
[7] 《中国边疆史地研究报告》第5辑，1990年。
[8] 中国社会科学出版社2004年版。

尤其征引了大量原始档案，为还原唐努乌梁海地区的历史真相起到重要作用，不仅具有很高的学术价值，也有重要的现实意义。作者研究唐努乌梁海历史始于1988年，历时八年完成书稿，在大陆出版困难重重。1996年由台北蒙藏委员会用繁体字将书稿印刷发行，书名为《唐努乌梁海》，又经过近八年的非学术性运作，本书终以《唐努乌梁海历史研究》为书名，2004年由中国社会科学出版社正式出版，如作者在后记中言"我的夙愿遂得实现"！

帕米尔是清朝新疆地方的一部分，清军在平定回部大小和卓叛乱时，深入帕米尔，三战三捷，在帕米尔建立纪功碑，帕米尔归清朝喀什噶尔参赞大臣管辖。至19世纪末为沙俄武力侵占，今天成为中国和塔吉克斯坦的边界争议区，20世纪30—40年代，发表了一些研究帕米尔的论文，如：充与《俄人测量帕米尔之警告》[①]、陶懋立《帕米尔形势及中英俄分界述略》[②]、毕燕士《中国边疆之两大瓯脱地——帕米尔与江心坡》[③]、倪志书《帕米尔与帕米尔问题》[④]、吴敬之《帕米尔为中国属地见于中邦记载考》[⑤]、付角今《帕米尔应为中国领土说》[⑥] 等。

70年代以后，郑史《沙俄武装侵占我国帕米尔地区的历史真相》[⑦]、钱伯泉《帕米尔问题的历史真相》[⑧]、吕一燃《中国历代王朝对帕米地区的管辖》[⑨] 和《清政府对帕米尔地区的管辖》[⑩]，以及黄盛璋《我国历史上的帕米尔》[⑪] 和《清代帕米尔设立卡伦考》[⑫]，从不同角度论述了帕米尔地区自古以来就是中国的领土和帕米尔未定界产生的由来。黄盛璋《清代在

---

① 《地学杂志》第4卷第5期。
② 《地学杂志》第5卷第3期。
③ 《新亚细亚》第2卷第2期。
④ 《新亚细亚》第8卷第1期。
⑤ 《西北研究》第4卷第6期。
⑥ 《国防新报》第17—18期。
⑦ 《历史研究》1977年第6期。
⑧ 《新疆社会科学研究》1982年第2期。
⑨ 《中国边疆史地研究报告》第5辑，1990年。
⑩ 《史学月刊》1992年第5期。
⑪ 《新疆社会科学》1982年第2期。
⑫ 《新疆历史论文续集》，第414—444页。

帕米尔的管辖范围及其变迁》（一、二）①详细考订了18世纪中叶至19世纪末中国在帕米尔地区主权管辖范围的变化。而刘存宽《中苏帕米尔争议的历史背景》②认为，关于这一问题的争议，现存的唯一依据就是1884年《中俄续勘喀什噶尔界约》，任何越过或离开这个条约的其他解决办法都是行不通的。同类主题的论文还有：黄盛璋《驳无耻的浩罕继承论》③、金延《近年中苏两国关于帕米尔问题的争论——评8月11日苏联外交部声明》④等。董志勇《19世纪英俄争夺瓜分中国帕米尔地区述略》⑤对英俄私分帕米尔做了深入研究，认为争夺中国的帕米尔成为这两大殖民帝国争夺中亚细亚的重要内容之一。同一作者的《论海英、李源鈵踏勘新疆南部边境》⑥论述了1891年至1893年清朝政府为了与俄英交涉勘分位于中国新疆南部的中俄、中阿和中印边界，派遣海英、李源鈵等官员实地踏勘中国与俄国、阿富汗两国，以及中国与拉达克、坎巨提两部落交界的帕米尔地区和喀喇昆仑山北坡，以及昆仑山西段，测绘了地图，认为："这次踏勘对当时正在进行的中俄帕米尔划界交涉和以后进行的中英界务交涉产生过一定的影响，也是中国地理学史上一件值得重视的大事。"

乌宗图什河源是中国与吉尔吉斯斯坦边界争议区。朱炳耀《关于新疆乌宗图什河源"争议"地区的调查报告》⑦对这块东西长85千米、南北最宽48千米，总面积2843平方千米争议区产生由来和现状，以及中国对这一地区历来管辖情况均作了简述，这是一篇还不多见的融历史与现状为一体的调查报告。2004年《中华人民共和国关于中吉国界线的勘界议定书》的签订标志双方彻底解决了边界问题。对此，史谢虹《中吉边界问题的解决及其影响》⑧分"中吉边界问题的由来""中吉边界问题解决的进程——谈判与实践""解决中吉边界问题的影响"三大问题进行了有益的

---

① 《中亚研究资料》1986年第3—4期，1987年第1—2期。
② 《社会科学战线》1987年第3期。
③ 《中俄关系史论文集》，第412—437页。
④ 《中俄关系问题》1981年第4期。
⑤ 《中国边疆史地研究报告》第1辑，1987年。
⑥ 《中国边疆史地研究报告》第4辑，1989年。
⑦ 《中国边疆史地研究报告》1992年第1—2期。
⑧ 《中国边疆史地研究》2014年第1期。

叙论。

帕米尔的范围到底是什么？侯杨方在《清代帕米尔西部、南部国界与什克南、瓦罕疆域范围》①一文中认为，霍尔果什山口、库尔帖节克山口、布才拱拜孜以及乾隆纪功碑址四个重要地标确定了清朝版图全盛期的帕米尔高原西部、南部国界线。侯杨方自称："纠正了《中国历史地图集》第八册（清时期）嘉庆二十五年同一地区的国界线画法失误，以及地图集各时期全图帕米尔国界的画法由来。"这一研究成果与传统研究结论有较大差异，值得注意。

中国和哈萨克斯坦、吉尔吉斯斯坦和塔吉克斯坦之间的双边陆地边界问题由苏联和中国之间的双边陆地边界问题演变而来。为了维护边界地区的和平与安宁，彻底消除中国与三国之间双边关系健康发展的障碍和隐患，从1992年9月开始，中国与俄罗斯、哈萨克斯坦、吉尔吉斯斯坦、塔吉克斯坦组成联合代表团进行关于解决双边陆地边界问题的集体谈判。徐海燕《中国和中亚国家三次边界划分：历程与启示》②一文中指出，苏联解体后，在共同的诉求下，中国与中亚国家在划界问题谈判中，遵循着照顾历史、考虑现实、平等协商、互谅互让、逐步进行的方法，通过谈判顺利解决了边界问题。中国与哈、吉、塔边界解决表明，只要本着平等协商、互谅互让的精神，尊重国际法基本准则，以公正合理为出发点，通过和平方式解决国与国之间的争端、实现互利双底是可以做到的。

何羽在《中哈、中吉、中塔边界问题圆满解决的历史过程及其启示》③一文中具体阐述了中哈、中吉、中塔边界问题圆满解决的历史过程，指出在谈判过程中，国际国内大背景、周边安全环境、灵活的谈判策略以及国家实力的增长等因素都是促成边界问题圆满解决的重要因素。无论从历史过程、历史意义及其经验启示来看，都是具有特殊性的。中俄、中哈、中吉、中塔边界的谈判解决，为中国最终全面、彻底地解决与周边邻国之间历史遗留下来的双边陆地边界问题以及世界范围内各国解决边界争议问

---

① 《中国历史地理论丛》2018年第3期。
② 《新疆社会科学》2010年第1期。
③ 《党史研究与教学》2012年第1期。

题，提供了重要的成功范例和有益启示。

值得一提的是，中国社会科学院中国边疆史地研究中心主持的《中国边疆史地研究报告》曾提供一批近代边界研究资料，为西北地区边界研究深入提供了第一手边界研究资料。李之勤整理点校的沙克都林扎布撰《南疆勘界日记图说》①，是清光绪八年（1882）巴里坤领队大臣沙克都林扎布奉命勘分新疆南路边界时的图说日记，其所历道途，所办事件，无不一一记载。杜春和整理《中俄勘订西北边界文件（1882年—1884年）》②，是从中国社会科学院近代史研究所图书馆馆藏总理各国事务衙门档案中辑录的原始文件，撰者都是当时直接参与勘界的地方大臣。所收文件反映了当时勘界进程、埋藏暗记，以及沙俄官员蓄谋侵占中国领土的骄横野心等诸多史实。吕一燃辑注《中俄霍尔果斯河界务交涉资料（1912年—1915年）》③，是从北洋政府外交部内部文书《外交部交涉节要》和中国社会科学院近代史研究所图书馆馆藏档案中选录的相关文件，为了解中俄围绕于1915年签订的《沿霍尔果斯河划界议定书》进行交涉的史实，提供了第一手资料。何星亮《边界与民族——清代勘分中俄西北边界大臣的察合台、满、汉五件文书研究》④，是一部研究近代边界问题的力作。该书系作者根据自己在新疆做调查时所获中俄勘分西北边界大臣所写五件文书，结合大量文献资料和实地调查资料完成。作者在对这五件文书本身进行全面、细致的考释、分析的基础上，结合其他相关文献资料，对中俄科塔界约的谈判过程、清政府对边民的政策，以及清代印信、关防制度、护照概念的发展演变等做了深入的研究。具有很高的学术价值。

（二）中蒙边界研究

蒙古人民共和国（简称蒙古），东、南、西三面与我国接壤。清代，蒙古领土在中国版图之内，属清王朝管辖，称外蒙古，或称喀尔喀蒙古、漠北蒙古。1911年，辛亥革命后，外蒙古在沙俄支持下曾宣布"自治"，

---

① 《中国边疆史地研究报告》第五辑，1990年。
② 《中国边疆史地研究报告》1991年第1、2期合刊。
③ 同上。
④ 中国社会科学出版社1998年版。

后来在俄国十月革命的影响下，外蒙古的人民革命于 1921 年取得胜利。1924 年，蒙古人民共和国宣告成立。第二次世界大战后，随着当时国际局势的变化和战后世界新格局的形成，根据 1945 年《雅尔塔协定》的规定，如果大多数到了法定年龄的蒙古公民以投票的方式表决要求独立，那么中国政府应承认其独立。结果，1945 年 10 月的公民投票以绝大多数赞成独立。于是，1946 年 1 月 5 日，当时的中国国民政府承认外蒙古独立。1949 年 10 月 1 日，中华人民共和国宣告成立，中蒙两国很快相互承认，并建立了正式外交关系。1949 年 10 月 16 日，中国同蒙古建立外交关系，并在 1950 年 2 月重新签订的《中苏友好同盟条约》中重申中华人民共和国承认蒙古独立。

20 世纪 60 年代初，中国政府遵循和平共处五项原则，以尊重邻国领土主权、互谅互让的精神，经过友好协商，解决了从未划定过也无条约议定书等法律依据的中蒙边界问题。1962 年底，两国签订了中蒙边界条约，接着又签订了中蒙边界议定书。双方共同努力在短时间内进行勘界立标，顺利划定了 4698 千米的中蒙国界线。①

阿尔泰山是中蒙边界的重要地段。杨永福、段金生《杨增新与科布多事件及阿尔泰并新》②认为，沙俄在 1912 年策动外蒙古宣布独立后，唆使外蒙古出兵侵占科布多，并试图以外蒙古为工具图谋新疆及阿尔泰地区。时任新疆都督的杨增新在内外压力重重的背景下，积极出兵援助科布多。在科布多沦陷后，精心筹办新疆边务，确保阿尔泰地区安全，最终实现了新疆历史上第一次真正行政及军事意义上的完全统一，对维护国家领土完整与安全做出了积极贡献。关于清末科阿分治问题，杜党军、王希隆认为沙俄的扩张致使与其毗邻的清朝科布多参赞大臣辖地范围日趋缩小，阿尔泰段防务形势如同累卵。伊犁将军长庚力陈阿尔泰在加强西北边防方面的重要地位，奏请清廷于阿尔泰单独设官进行管理。光绪三十年（1904），清廷以科布多办事大臣专管阿尔泰事务，实行科阿分治。科阿分治的实行是清廷对科布多地区管理体制上的一次重大调整，它的实施使清朝强化了

---

① 参考阿拉腾奥其尔《中蒙边界》，《中国边疆史地研究导报》1990 年第 1 期。
② 《中国边疆史地研究》2007 年第 2 期。

对阿尔泰地区的开发和军事防守,有效地遏制了沙俄企图通过阿尔泰继续南侵的阴谋,对以后新疆地区的变化产生了重要影响。①

马军《晚清至民初阿尔泰地区政治地理格局变动》②一文指出,清朝后期阿尔泰地区由于沙俄侵略政治地理格局发生了剧烈的变动,西北地区中俄边界逐步推进至阿尔泰山地区。《中俄勘分西北界约记》的签订以及此后一系列的补充协定,基本奠定了今天中国的西北边界。清末的阿尔泰山区除西北的奎屯山为中俄交界外,东南走向的主体山区尚属清朝内部疆域,原本游牧于此的三大部,除阿尔泰乌梁海西北部分游牧地划归俄罗斯外,其余大部基本维持稳定。

徐建平《清中期以来阿尔泰山地区分界研究》③一文较为细致梳理了清中期以来阿尔泰山地区分界问题。他认为清乾隆年间开始,阿尔泰山地区的游牧部落内附,清政府依例编置佐领,划分游牧地,形成阿尔泰乌梁海七旗、新土尔扈特部二旗和新和硕特部一旗的政治区域划分。各旗之间依据游牧地界形成相互之间的传统习惯线。清同治年间开始,中央政府对阿尔泰山地区的政治区域划分进行了多次调整,从布伦托海办事大臣的置废到新疆建省,再到清末将阿尔泰办事大臣作为独立区域直属中央,直至民国初年正式归入新疆省。这一区域整合过程并未打破最基层的政治单元(旗)之间的传统习惯线。由国民政府内政部编绘的《蒙古地方行政区域图》理应作为中蒙边界划分的依据。实际上,从晚清至中华人民共和国成立初期,阿尔泰山地区的边界划分经历了从习惯线到争议线再到法定线的变迁过程。徐建平认为,中蒙国界线的最终走向即法定线并非沿用传统的游牧民族的习惯分界线,而是与民国以来中蒙之间的历次军事冲突以及由此而签订的军事分界协定密切相关。作为中蒙双方对峙的军事分界线成为决定政治分界走向的决定性因素。

(三)中印边界研究

中印边界问题研究,拟分综合、东段、西段(广义西段含1947年分

---

① 《烟台大学学报》(哲学社会科学版)2010年第2期。
② 《西安社会科学》2012年第2期。
③ 《复旦学报》(社会科学版)2018年第3期。

出的巴基斯坦与我国边界及中印中段边界，这里讲的是狭义）和1962年中印边境自卫反击战四个方面略做综述。

1. 综论方面

王宏纬《喜马拉雅情结：中印关系研究》① 从边界史的视野阐论了中华人民共和国成立后中印关系从合作到对抗的演进历程。该书后修改增订出版，名为《当代中印关系述评》②。杨公素《中印边界问题的真相》③ 对中印之间传统习惯线，英国私自划定"麦克马洪线"，以及中华人民共和国成立后印度进一步侵占中国领土和中印边界交涉，直至1962年中国进行自卫反击战等问题，进行了系统深入探讨。作为资深外交官的作者还著有《中国反对外国干涉西藏地方斗争史》④ 和《沧桑九十年——一个外交特使的回忆》⑤ 值得参阅。柳升祺《1929年版〈艾奇逊条约集〉第14卷何以两种不同版本？——兼评西姆拉会议（1913—1914）》⑥ 通过缜密考证得出结论：1929年版《艾奇逊条约集》第14卷是真书，而1938年版的该书为伪书，伪书对1913—1914年西姆拉会议的事实进行了全面篡改，其目是歪曲中印边界问题的历史真相。

柳升祺（1908—2003）是我国老一辈著名藏学家，早年就读光华大学英国文学系，1940年到光华大学成都分校执教英文。1944年进藏任蒙藏委员会驻藏办事处英文秘书。1949年中华人民共和国成立前夕，辞职离藏赴印度，受聘于印度国际大学中国学院任名誉研究员，研究藏学。1952年底离任回国，先后任职中央民族学院研究部和中国科学院哲学社会科学部民族研究所（今中国社会科学院民族学、人类学研究所）。他逝世后出版了两部专著：《西藏与西藏人》⑦ 和《拉萨旧事（1944—1949）》⑧。前者成书于1953年，是作者和沈宗濂合著第一部国人用英文向世界揭示西藏

---

① 中国藏学出版社1998年版。
② 中国藏学出版社2009年版。
③ 《中国边疆史地研究报告》第4辑，1989年。
④ 中国藏学出版社1992年版。
⑤ 海南出版社1999年版。
⑥ 《中国藏学》1990年第1期。
⑦ 中国藏学出版社2006年版。
⑧ 中国藏学出版社2010年版。

历史、文化、社会真相的学术专著，在西方世界颇受好评；后者记载作者居拉萨五年（1944—1949）间所见所闻，真实、生动，颇具史料价值，上述两部著作对于今天我们了解中印边界的争端，提供了更为宽广的历史背景。

吕昭义、孙建波《中印边界问题、印巴领土纠纷研究》① 全书分上下编，上编探讨中印边界问题，下编论述印巴克什米尔争端，作者力图对"中印边界问题和印巴克什米尔问题的由来与演变，对印巴制衡结构型的三角关系的形成与发展，新的发展趋向的出现与演变的进程进行历史研究，在错综复杂关系中发现主导事物发展的基本矛盾，梳理出事物发展的基本趋向，同时还要捕捉到那些引起蝴蝶效应的大事件，深入剖析其成因及后果"，从而得出结论："中印巴三国关系可以称为以边界问题为驱动因素的，以敌我友为结构组成的，以此升彼降为运动机制的制衡结构型的三角关系。"② 作者之一吕昭义长期从事南亚史、中印关系史、中国西南边疆史研究，他的《英属印度与中国西南边疆（1774—1911年）》③ 和《英国帝国与中国西南边疆（1911—1947）》④ 两部专著，也可视为是中印边界问题研究力作。《吕昭义学术文选》⑤ 一书收集作者代表性论文12篇，均为中印边界问题之研究，或与此相关。其中《印度"东向政策"：发端、演变、新趋向》《印度东北地区的民族分离运动与反政府武装》有助于认识印度政府对于中印边界问题的战略考虑。

周卫平《百年中印关系》⑥ 一书深刻分析了20世纪50—60年代之交中印关系逆转的深层次原因，充分反映我国政府有理、有利、有节地对印斗争的方针及其正面效应。第一编"清末时期中国与英印政府关系"中有两章分别论述英印向西北扩张及中印西段边界问题的产生、英印政府对西藏的入侵。第二编"民国时期的中印关系"有一章专论西姆拉会议和"麦

---

① 人民出版社2013年版。
② 序，第5页。
③ 中国社会科学出版社1996年版。
④ 中国藏学出版社2001年版。
⑤ 云南大学出版社2014年版。
⑥ 当代世界出版社2006年版。

克马洪线"。第三编"中华人民共和国与印度的关系"有五章分别论述在"印地—秦尼帕依帕依"中印度向北扩张、西藏叛乱前后的中印关系、印度把边界争端推向边界战争、1962年中印边境反击战、边界战争停火后的中印关系以及《关于在中印边境实际控制线地区保持和平与安宁的协定》的签订。总体来看,本书较为系统梳理中印边界争端产生、发展、激化及缓和的全过程,并分析了两国关系发展与边界争端之间的辩证互动关系。

此外,周伟洲《英俄侵略我国西藏史略》[①]、杨公素《中国反对外国侵略干涉西藏地方斗争史》[②]和张永攀《英帝国与中国西藏(1937—1947)》[③]虽对中印边界问题立有专章或专节,但一本是侵华史、一本是反抗史、一本是地方史,由于研究角度的局限、体例的限制,未能对中印边界问题进行作者本有能力完成的系统深入研究。冯明珠《中英西藏交涉与川藏边情(1774—1925)》[④]一书主要依据现存台北的总理衙门文件及北洋政府外务部文件写成,讨论了18世纪以来英国势力抵达印度北部,积极向西藏挺进所衍生出来的中英西藏交涉;西藏与其周边地区如不丹、尼泊尔、克什米尔等的关系,也因为英国的介入而发生了变化;辛亥革命后民国政府对西藏问题的因应,特别是西姆拉会议的本末经过与影响等内容。值得注意的是,该书附录了《中英会议藏印条约》《中英会议藏印续约》《英藏条约或拉萨条约》《中英新订藏印条约》《中英修订藏印通商章程》《西姆拉会议草约》等文件。

关于中印边界的资料方面,人民出版社编辑《关于中印边界问题》[⑤]是1962年中印边境自卫反击战前后中方声明及《人民日报》社论等的汇编,包括《中华人民共和国政府声明(1962年10月24日)》《从中印边界问题再论尼赫鲁的哲学(1962年10月27日)》《拒绝谈判的是尼赫鲁,下令要打的也是尼赫鲁(1962年10月20日)》和《公平合理的建议(1962

---

① 陕西人民出版社1984年版。
② 中国藏学出版社1992年版。
③ 中国社会科学出版社2007年版。
④ 中国藏学出版社2007年版。
⑤ 人民出版社1962年版。

年10月27日)》。《中印边界问题》① 不仅收录了详细阐述中方观点的外交部照会，以及周恩来总理致尼赫鲁以及亚非国家领导人的两封信。更有价值的是周恩来的致信中，为了清晰准确地解释中方立场，而附上的11幅地图，包括《中印边界传统习惯线示意图》《印度向中国提出大片领土要求示意图》《1959年11月7日中印双方实际控制线示意图》《1959年11月7日以后至1962年10月20日印度大举进攻前印度向中国境内扩大入侵设立军事据点示意图》《中国政府建议双方武装部队沿1959年实际控制线各自后撤20公里示意图》《1862年印度加尔各答测量局长办公室出版的"英属印度斯坦北部边境"图》《1917年印度测量局出版的"西藏及邻国"图》《1929年大英百科全书第十四版第二十四卷第六十八页至六十九页上"中国"全图之一部分》《1950年印度测量局出版的印度图》《1954年印度测量局出版的"印度政治地图"》《麦克马洪线原图西端部分放大图》《一九一四年三月二十四日英国代表和西藏地方代表背着中国中央政府的代表非法画出的"麦克马洪线"原图复制本》。如此完整详细的地图附录，这在任何其他关于这场战争的书籍中是罕见的。《苏共领导联印反华的真相》② 收录了苏联《真理报》发表的相关社论及我国《人民日报》发表的社论。这帮助我们不仅从中印关系本身，而且从中苏关系紧张角度及美苏冷战国际大格局全面审视中印冲突原因。

此外，还有研究中印关系的专著或专题性论集，如张力《印度总理尼赫鲁》③、尚劝余《尼赫鲁研究》④ 和《尼赫鲁时代中国和印度的关系》⑤，张忠祥《尼赫鲁外交研究》⑥，孙士海主编《印度的发展及其对外战略》⑦，随新民《中印关系研究：社会认知视角》⑧，赵蔚文《印中关系风云录》⑨，

---

① 人民出版社1962年版。
② 人民出版社1963年版。
③ 四川人民出版社1997年版。
④ 四川人民出版社1999年版。
⑤ 中国社会科学出版社2009年版。
⑥ 中国社会科学出版社2002年版。
⑦ 中国社会科学出版社2000年版。
⑧ 世界知识出版社2007年版。
⑨ 时事出版社2000年版。

张敏秋主编《中印关系研究（1947—2003）》①和《跨越喜马拉雅障碍：中国寻求了解印度》②，这些著作的研究主题虽是中印关系的演变或尼赫鲁的生平，但都有相当的篇幅论及中印边界的历史和现状，以解决前景的预测分析。郑汕主编《印度战略文化与国防政策》③则从印度战略文化与国防政策的视角探讨了中印边界争端的长期性和复杂性。

中印边界问题，特别是1962年中印边界冲突，是中印双边关系、地区关系乃至国际关系史中具有重要影响的事件，长期以来为国内外所关注。20世纪90年代以来，随着相关档案的陆续解密，我国研究者的研究视野和领域逐步扩大，在《中国社会科学》《历史研究》《当代中国史研究》《国际问题研究》等国内重要的学术刊物上，发表了相当数量的研究论文。其选题从单纯的中印关系的研究，转向从更为广阔的国际史的角度，探讨这一时期的中印关系的演变，特别是围绕着中印边界问题的双边关系和大国政治的互动。对于中印边界问题的始作俑者英国的作用，孟庆龙《中印边界冲突中的英国因素》依据解密的英国档案文献，以及中、印等国的一些文献资料，对英国在1962年中印边界战争前后的态度及所扮演的角色进行剖析。他认为英国作为印度的前殖民国，直到20世纪60年代中期之前，在中印边界问题上一直有着特殊的地位和影响，特别是通过策划西姆拉会议，炮制"麦克马洪线"，为中印边界埋下了纷争的种子。但在中印关系恶化并发展为边界冲突的过程中，虽向印度提供了一些支持，但多有保留，同时与中国维持较为稳定、平和的关系，在1962年中印边界战争前后把握、拿捏得较有分寸。④

尚劝余《20世纪80年代以来印度学界对中印边界战争的解析》⑤指出，印度学界对此次战争的观点分为：①印度是战争的受害者，这是印度学界认识的主流；②中印边境自卫反击战的责任在印度；③中印双方均有责任。张世均《19世纪后期至20世纪初英国构建"印度安全"战略与中

---

① 北京大学出版社2004年版。
② 重庆出版社2006年版。
③ 军事科学出版社2005年版。
④ 《清华大学学报》（哲学社会科学版）2014年第6期。
⑤ 《当代中国史研究》2010年第4期。

印边界争端问题的源起》①认为英国加紧了对中国新疆、西藏的侵略，造成了中国与印度边界地区的领土争议问题，成为当今中印边界领土争端问题的源头。吕昭义、林延明《尼赫鲁政府关于中印边界问题的单边主义及其对1954年〈中印协定〉的解读》②认为，尼赫鲁政府对协定的这一解读是其在中印边界问题上推行单边主义、施展外交谋略蓄意制造的，其目的在于将印度关于边界问题的单方面主张强加于中国，将其对"麦克马洪线"以南争议地区的侵占合法化。邓红英《论印度民族主义对中印边界争端升级的影响》③指出，在民族主义等因素的作用下，印度政府提出历史边界论和推行单边主义边界政策，致使中印关系恶化，两国走向边界冲突。中印边界战争后，印度民族心理遭受重挫，对华不信任感和仇恨心理长期存在，并成为中印达成边界协议的巨大障碍。

关于清代中印边界问题研究，离不开清政府经略西藏。国家图书馆文献开发中心编《清季筹藏奏牍》（全三册影印版）④，收录清咸丰以来有关西藏事务的奏折、文牍，奏者都是这一时期的驻藏大臣：丁宝桢、文硕、刘秉璋、升泰、鹿传霖、安成、裕钢、有泰和张荫棠等。奏折中多是反映藏英问题、宗教问题、政治和经济问题等，同时也一再奏请朝廷加大对西藏的关注和援助。丛书内容充分反映了清朝末年西藏的政治、经济、民族、宗教以及民生的现实状态，其史料价值极高，对研究西藏历史的学者将大有裨益。

2. 中印东段边界研究

吕昭义《19世纪中期中印边界东段的若干问题》⑤指出，19世纪中期有关中印边界东段的协定文本及形成这些协定的背景、进程、结果表明，在英属印度入主阿萨姆前，存在着一条沿着布拉马普特拉河谷平原边缘，或喜马拉雅山南侧坡脚行走的传统习惯线。这条线在一些山口地带的两属状况及不完全按照属地原则的管辖情况正体现了传统习惯线不同于近现代

---

① 《思想战线》2015年第1期。
② 《南亚研究》2012年第1期。
③ 《武汉大学学报》（人文科学版）2015年第3期。
④ 国家图书馆缩微中心，2009年。
⑤ 《中国边疆史地研究》2013年第1期。

国际边界的特征。英属印度入主阿萨姆后，通过这些协定的订立承袭了传统习惯线，并以有利于它的方式解决了两属及不完全按照属地原则管辖的状况，但并未改变传统习惯线的基本走向，也未将管辖扩大到山地部落地区。吕昭义、刘名望《民国标界第一桩——民国元年察隅巡防标界史实考》① 对民国元年中华民国特使会同察隅地方政府与驻军南下巡察边界，在压必曲龚建立中华民国界碑一事进行了考释，指出：这一界标是在西藏地方分裂势力掀起"驱汉"狂潮围攻之际，针对英印政府推行"战略边界计划"侵占我国察隅等边境地区固有领土而树立的，标志着新建立的中华民国对中印传统边界线的继承，并向中外宣示了中华民国对察隅边境地区固有领土的主权。吕昭义《清末中印边界东段察隅南界标界史实考》② 一文在考诸中外档案文献的基础上，认为程凤翔所部从1910年至1911年前后共进行了三次标界活动。标界的位置为传统的中国边界压必曲龚。标界活动内容：一为树立大清龙帜；二为建立界牌，上书"中华帝国四川省边界之察隅南界"。程凤翔部除在压必曲龚外，还在杜莱河谷僜人地区也树立龙帜标示边界。赵尔丰、程凤翔所标示的边界与中印边界东段传统习惯线沿喜马拉雅山南侧坡脚的走向相符的，当时不仅中国方面遵循这一走向，英属印度，包括英属印度负责该区域边境的官员威廉森等人也承认这一走向。上述历史事实再次表明，我国政府所主张的中印边界东段传统习惯线有坚实可靠的历史证据。

在《西藏文史资料选辑》第十辑③中专论东段边界的仅有拉鲁·次旺多吉《德里秘密换文未曾得到原西藏地方政府的承认》一篇，其余均言门隅及珞渝地区，没有涉及察隅地区，其中研究门隅的有洽贝·次丹平措《门隅地区自古以来属我国领土之历史佐证》、土登群沛《印度烟队侵占门隅达旺地区亲历记》、班觉《赴马果征税遇阴记》及索朗班觉《1962年赴达旺地区见闻》。

研究珞渝的有玛贡·益希占堆《面斥印度侵略军纪实》、米林·达觉

---

① 《中国边疆史地研究》2014年第2期。
② 《云南师范大学学报》（哲学社会科学版）2018年第5期。
③ 西藏人民出版社1989年版。

《回忆我同印度侵略军之间的一场争论》、辛东《白恰西饶地方是我国无可争议的领土》、德饶次多《我任嘎尔恰奚堆期间印度侵占白恰西饶地区的真相》等。

门隅地方古代史是我国西藏地方史的有机组成部分，在与西藏地方史共同融入中华民族整体发展史的进程中，达旺成为门隅政治、宗教、文化中心。吕昭义、杨永平《达旺历史归属论》① 通过对大量历史史实的考证指出："英国入主阿萨姆后在相当长时期内沿袭了沿喜马拉雅山南侧坡脚的传统习惯线。1910 年英属印度提出战略边界计划，谋图将传统边界线北移至山脊，目的是建立封锁印度民族解放运动的防火墙。英国对战略边界在达旺地区的走向多次修改，但根本目的没有改变，是在不同形势下出于维护对印度殖民统治需要而做出的扩展或收缩的调整，战略边界计划及有关活动是英国单方面作为，直至 1951 年中国西藏地方政府仍然对达旺进行有效的治理。"这方面研究工作还有［印度］卡·古普塔《中印边界秘史》②。

有关中印东段边界研究近年还发表了梁俊艳《英国对藏政策的调整与"麦克马洪线"的前期策划——以 1911 年威廉逊事件为中心》③、张永攀《英印以色拉（Sela）为界的"麦克马洪线洪线"变更计划及政策分歧》④、李国栋《西姆拉会议及中英交涉》⑤、李金轲、马得汶《中印领土争议东段地区珞巴族塔金人及其社会变迁》⑥、康民军《试析"麦克马洪线"问题的来龙去脉》⑦、刘红良《达旺的历史归属及其在中印边界问题中的影响》⑧ 等。

近年来，一些关于达旺及门隅的史料有新的发现。台湾著名藏学家欧阳无畏 1938 年 7 月 17 日至 8 月 30 日，自拉萨经错那秘密前往达旺，往返历时 45 天，写下 7 万余字调查记录（包括《达旺调查报告》《达旺调查游记》《达旺调查日记》）以及其绘制的三幅地图《达旺调查地图》（含《英

---

① 《中国边疆史地研究》2011 年第 1 期。
② 王宏维、王至亭译，中国藏学出版社 1990 年版。
③ 《中国边疆史地研究》2011 年第 4 期。
④ 《中国边疆学》第一辑，社会科学文献出版社 2013 年版。
⑤ 《中国边疆史地研究》2013 年第 2 期。
⑥ 《中国边疆史地研究》2012 年第 1 期。
⑦ 《首都师范大学学报》2002 年第 6 期。
⑧ 《国际论坛》2016 年第 5 期。

人营地图》《门隅地位图》）。① 该手稿详述西藏达旺地区政治的流年碎影，多层次、多视角地映照出达旺地区跌宕起伏的社会生活，凝结了著者丰富的内涵和复杂的情感，有着极高的史料价值和重要的现实参考。扎雅·洛桑普赤发现整理的藏文档案《水羊清册》是迄今发现的有关西藏门隅人口、土地、税制等情况记载的最详尽的第一手资料，是关于门隅主权归属中国的铁证。②

围绕中印边界的法律问题，陈体强在《中印边界问题的法律方面》③长文中认为中印边界争端涉及历史、地理、法律等多方面的问题。针对印度方面的论点，作者从边界条约、传统习惯线两大方面，具体从分水岭、管辖权范围、官方地图、传说、旅行家游记、测录人员的记载等方面论证印度的观点是荒谬的。文章最终得出结论是中印边界未经条约划定，但存在着一条传统边界线，可中印双方对于这条边界线的确切位置有不同的看法。这种分歧不能用片面的主张来解决，而必须通过联合划界和标界来解决。张卫彬还从国际法院解决领土争端判案证据规则视角，分别论述了中印领土西段和东段边界争端中的证据分量问题。④ 康民军认为地理原则不能成为印度索取"麦克马洪线"以南地区的依据。⑤ 他针对印度政府以1684年条约和1842年条约是其主张的中印边界西段东半部分（西藏—拉达克边界）的条约根据的观点进行了细致考证，认为"中国政府认为这两个条约并不能成为这段边界合法有效的条约根据"的主张是有事实依据的，而印度政府的观点则无法成立。⑥

---

① 《达旺调查记（一）、（二）、（三）、（四）》，《西藏民族大学学报》（哲学社会科学版）2018年第1、2、3、4期。
② 《藏文长卷历史档案〈水羊清册〉的内容、特点及其价值》，《中国藏学》2015年第3期。
③ 《国际问题研究》1982年第1期。
④ 张卫彬：《中印领土西段边界争端中的证据分量问题——基于国际法院解决领土争端判案证据规则视角》，《国际观察》2015年第1期；《中印领土东段边界争端中的证据分量问题——基于国际法院解决领土争端判案证据规则视角》，《法学论坛》2015年第1期。
⑤ 康民军：《地理原则能论证"麦克马洪线"的有效性吗？——评析20世纪五六十年代印度政府对"麦克马洪线"的一个观点》，《南亚研究》2009年第3期。
⑥ 康民军：《中印边界西段的东半部分有条约根据吗？——试析20世纪五六十年代中印双方关于边界问题的一个分歧》，《中国边疆史地研究》2008年第2期。

曾皓《中印东段边界划界的法律依据》① 一书从分析陆地划界的法律依据入手，先确定了可以用来研究中印东段边界划界的法律依据；然后通过论述这些陆地划界法律依据的构成要件及其在中印东段边界划界中的适用。该书共有六章，认为中印边界争端是印度力图继承英国殖民遗产造成的。谈判虽是解决中印边界问题的最合适方式，但在中印边界谈判中也应当适用国际法。选择划界的法律依据是妥善解决中印边界争端的关键问题。陆地划界的法律依据包括：国家同意（如条约）、其他形式的国家同意（承认、默认与禁止反言）、第三方的划界决定（如司法判决等）、保持占有、争议领土的归属、国际法中的衡平等。可用于研究中印东段边界划界问题的法律依据包括：相关条约，承认、默认与禁止反言，中印争议地区的归属，国际法中的衡平等。基于上述法律，作者分别探讨了与"麦克马洪线"有关的条约与中印东段边界划界，承认、默认、禁止反言与中印东段边界划界，中印争议地区的归属与中印东段边界划界，国际法中的衡平与中印东段边界划界等几个问题。

3. 中印西段边界研究

中印西段边界同中印东段和中段一样从未划定，有一条我方认定的传统习惯线，西段的传统习惯分为两部分，以空喀山口为交接点。空喀山口是新疆皮山、和田两县和印属克什米尔辖下拉达克的边界，空喀山口以南是西藏日土、噶尔、札达三县和拉达克的边界。丁名楠《中印西段边界问题由来的片断考察》②、金宗英《1899年英国建议划定中印西段边界照会问题》③ 分别对中印边界西段的形成与界务纠纷的交涉作了论述。这方面论文还有董志勇《英国非法侵占"麦克马洪线"以南部分中国领土述略》④、宗黎明《西姆拉会议召开的历史背景述略》⑤ 等。房建昌《近代中印西段边界史略》⑥ 等，周伟洲《19世纪前后西藏与拉达克的关系及其划

---

① 中国政法大学出版社2013年版。
② 《中国边疆史地研究报告》1999年第3—4期。
③ 《中国边疆史地研究报告》第1辑，1987年。
④ 《中国边疆史地研究报告》1992年第1—2期。
⑤ 《中国藏学》1992年第2期。
⑥ 《历史研究》1997年第5期。

界问题》①，陆水林《森巴战争前后》② 对中印边界西段半部分做了初步研究。21世纪以来康民军《"约翰逊线"及其在中印边界争端中的地位》③和《中印边界西段的东半部分有条约根据吗？——试析20世纪五六十年代中印双方关于边界问题的一个分歧》④将中印边界西段东半部分归属问题研究又向前推进了一步，后一篇文中指出：印度政府认为1684年多条约和1842年条约是其主张的中印边界西段东半部分（西藏—拉达克边界）的条约根据是无法成立的，"历史已经证明，中国政府主张谈判解决包括西藏—拉达克边界在内的整个中印边界问题的做法是切合实际并顺应历史潮流的"。

4. 中印边境自卫反击作战研究

中印边境自卫反击作战史编写组的《中印边境自卫反击作战史》，⑤ 师博《1962年：中印大战纪实》⑥，孙晓、陈志斌《喜玛拉雅山的雪》⑦，王咸金《热血冰山》⑧ 和《铸盾西线》⑨，陈家卫《中印战争征战纪实》⑩ 等，除第一种是全面记录、研究中印边境中印边境自卫反击战的专书外，后五种均是纪实性文学读物。当然纪实性读物阅读时要注意鉴别史实真伪，国防大学徐焰曾著长文《喜马拉雅山的雪——中印战争实录百谬》，对孙晓、陈志斌《喜马拉雅山的雪》一书提出责疑。作者在文中严肃指出："白纸黑字，千年为证。任何从事历史题材作品创作的作者，都应想到自己出版成果会长留人间，无法涂改，不能为一时眼前之利而采取不负责的态度。在历史题材的创作中，无意识出现的错误总是难免的，但这与有意编造历史是有本质区别的。我们允许作品中出现客观上难以避免的一

---

① 《中国藏学》1991年第1期。
② 《中国边疆史地研究》1993年第4期。
③ 《首都师范大学学报》2004年第4期。
④ 《中国边疆史地研究》2008年第2期。
⑤ 军事科学出版社1994年版。
⑥ 中国大地出版社1993年版。
⑦ 北岳文艺出版社1991年版。
⑧ 中共中央党校出版社1993年版。
⑨ 解放军文艺出版社2000年版。
⑩ 伊犁人民出版社2002年版。

些错误，即探索中的缺点，并鼓励其改正；但是对于那种根本不认真对待历史和读者，任意胡编、粗制滥造的行为，则决不能听之任之，必须给予批评和揭露。这样，才能够端正历史题材创作领域中的风气，真正保证精神领域产品的质量及社会效益。"① 李向前《从领土主权之重看一九六二年中印边界反击作战决策》②认为，中印边界自卫反击战是新中国成立以来第一次陆路边界反击作战，凸显了中国政府维护国家领土主权完整的意志和决心。张岚岚、魏代强《1962年中印之战中共中央军委的战略运筹与应对》③认为，中共中央军委所做的战略筹划实属因应危机的被动选择，原本应付印军蚕食和"使冲突局部化"的战备举措在对抗中不断升级，迫使中共中央军委在运筹危机控制的实践中将战略预置和实战准备紧密结合，进而掌握了危机失控后的战略主动。廖心文《处理中印边界问题的对策方法——老一辈革命家与边界问题研究之三》④具体分析了党中央在处理中印边界不同阶段所采取的不同方法，最终有理有利有节地回击了对手，取得了国际舆论的支持，在政治上始终保持了主动。

（四）中尼、中锡（金）、中不（丹）边界研究

这方面论述除了在相关西藏历史的专著中有所涉及外，专论之作甚鲜。

1. 中尼边界研究

尼泊尔是个南亚国家，其北部边界与我国西藏接壤，房建昌《中尼边界初探》⑤试图钩稽更多中外史料，并利用藏汉文对照地图及地名，对1840—1949年的中国西藏与尼泊尔边界史进行了初步探讨，文后附有"清代中尼边界示意图"以为参考，同一作者还著有《中尼边界洛敏汤考》⑥。

---

① 徐焰：《"内幕大曝光"》，团结出版社1994年版，第196页。
② 《中共党史研究》2012年第5期。
③ 《当代中国史研究》2016年第1期。
④ 《党的文献》2013年第6期。
⑤ 《中国边疆史地研究报告》1992年第3—4期。
⑥ 《中国边疆史地研究报告》1991年第1—2期。

相关论文还有董莉英《元代以来西藏与尼泊尔边境管理及边界划分》[1]，齐鹏飞《中尼边界谈判的历史进程和基本经验》[2]，穆阿妮《1960年中尼边境"科里山口事件"影响因素探析》[3]、《中尼边界谈判中的印度因素辨析》[4] 和《中尼边界谈判进程的历史考察及启示》[5]，田小兰等《西藏定日县绒辖界碑藏、汉文碑刻简释》[6]，朱昭华等《藏尼边界纠纷与咸丰朝的廓尔喀之役》[7]，周振《毛泽东与"珠峰"归属问题的解决》[8] 等。

2. 中锡（金）边界研究

锡金，在清代乾隆以后汉文史籍中称为"哲孟雄"。锡金与中国西藏的划界在六世达赖喇嘛后期就有明确记载，七世达赖喇嘛时期，西藏与锡金并无边界交涉。直到1861年英国与锡金签订《英印锡金条约》之后，锡金的边界线勘察权落入英国人之手。

有关中国与锡金边界问题研究国内著述不多。20世纪80年代黄盛璋《清代中锡边界历史研究》[9] 重点研究的对象是乾隆时涉中锡边界的地理考订，房建昌《中锡边界研究》[10] 参考有关汉藏及外文史料，对近三百年来中锡边界交涉作了考述，后附"清代中锡边界示意图"以为参考。张永攀《1895年中英"藏哲勘界"研究》[11] 对1895年清朝驻藏大臣奎焕主持"藏哲（孟雄）勘界"的始末进行了慎定的梳理，填补这一问题研究的空白。同类论文还有史昭华《藏锡边界纠纷与英国两次侵藏战争》[12]。

2017年6月中旬，印度边防军队在中印边界锡金段越过双方实际控制线进入中方境内，阻挠中国边防部队在洞朗地区的正常活动，并与我军在

---

[1] 《东南亚南亚研究》2009年第4期。
[2] 《当代中国史研究》2011年第2期。
[3] 《当代中国史研究》2013年第4期。
[4] 《南亚研究》2015年第3期。
[5] 《南亚研究》2016年第1期。
[6] 《考古与文物》2014年第6期。
[7] 《云南民族大学学报》（哲学社会科学版）2016年第3期。
[8] 《西藏民族大学学报》（哲学社会科学版）2017年第3期。
[9] 中国科学院地理研究所编印：《边界历史地理研究论坛》，第52—61页。
[10] 《中国边疆史地研究报告》1991年第1—2期。
[11] 《中国边疆史地研究》2013年第4期。
[12] 《历史档案》2013年第1期。

我国领土内进行长时间的军事对峙。由此，中印边界锡金段就成为研究热点问题。曾皓《中印边界锡金段的历史由来与法律依据》①认为中印边界锡金段系从中国西藏和英属锡金之间的边界演变而来，该中（藏）英（锡）边界已由1890年《中英会议藏印条约》正式划定。中印两国历届政府均承认这一事实，而且长期以来中印两国持续、和平地沿《中英会议藏印条约》划定的边界行使管辖权。因此，中方所主张的中印边界锡金段具有国际条约、保持占有、禁止反言等法律依据。依据国家责任法，印度的越界军事行动是违背《联合国宪章》与国际法基本原则，违反相关国际条约的严重国际不法行为，印度必须对此承担相应的国家责任。我国有权根据国际法相关规定，采取反措施敦促印度履行其国际义务，并实施适当的自助措施以有效地维护国家主权与领土完整。

3. 中不（丹）边界研究

有关中不边界史的藏汉及外文史料较缺，因此，国内外的研究成果很少。阿拉腾奥其尔《不中边界》②据汉文外交资料对中不边界作了简介。房建昌《中国与不丹的边界及不丹在西藏的飞地》③在前人的研究基础上，通过进一步发掘汉藏及外文史料，对中不边界史作了较为深入的探讨，文中指出：与中国和印度边界争端相比，中国与不丹的边界争端并不大。中国与不丹同属第三世界发展中国家，两国出于共同的利益，都迫切需要发展相互间的睦邻友好关系。对边界问题，考虑到历史的原因，双方都愿意平心静气地商量解决。要解决中国与不丹边界形成的历史问题，就需要做一番历史的考证；可是真正来说，无论是关于边界的具体划分，还是西藏地区与不丹的关系史，实在没有什么人做过认真的研究，更没有留下什么专著，档案文献也很少，这就给我们具体研究带来了极大的困难。1959年以前，西藏西部有一些不丹的飞地，这些飞地主要是不丹主巴噶举派在那里的寺院及寺属地，这些飞地不仅涉及中国与不丹的外交关系的问题，也是两边界谈判中不能避开的话题。对于这些飞地我们所知不多，有关资料

---

① 《中国藏学》2017年第3期。
② 《中国边疆史地研究导报》1990年第5期。
③ 《中国边疆史地研究报告》1990年第5辑。

也相当零散。房建昌一文钩稽汉文、藏文及外文记载,对这些飞地做一简述。有关清朝与不丹关系尚鲜有研究成果的当前,扎洛《清代西藏与布鲁克巴》[①]对有清一代与不丹关系做了全方位研究,认为在清朝整体性的宗藩体制下还存在地区性的次级系统,提出了"清代的喜马拉雅山宗藩关系模式"的概念。该书有助于人们从宽广的视野来观察中不边界形成的历史。扎洛还著有《不丹在第二次英国侵藏战争中的角色探析》[②]。朱昭华等《中印洞朗对峙事件的历史考察》[③]认为印度政府提出洞朗是中不边界争议地区,以支持不丹边界主张为由出兵洞朗,不仅是对国际条约义务和国际法基本原则的公然违背,也体现出南亚霸权主义外交的历史传统。相关研究还有,黄华平、凌燕《论清王朝与布鲁克巴之间的宗藩关系》[④],扎洛、敖见《布鲁克巴德布王希达尔流亡西藏事迹考述——兼论18世纪中叶中国西藏与布鲁克巴的关系》[⑤]。

(五) 中缅边界研究

尤中《中国西南边疆变迁史》[⑥]在清朝时期的西南边疆一章中,对普洱府、顺宁府、永昌府、腾越厅、丽江府等地区边境变迁的论述颇详,大助于人们对近代以来中缅边界变迁的了解。

钮钟勋等著《清代中缅边界的历史研究》[⑦],对清代中缅边界问题形成和演变的历史过程,做了较为全面的研究。全文包括如下部分:①中缅边界的地理及居民,文章对中缅边界地区的自然地理条件和民族分布进行了简述。②清乾隆中叶以前中缅边疆疆域的变迁,作者叙述了元代和元代以前中缅边界开拓和置建的情况,清朝对上述地区的统治,基本上是承袭了明代旧制。③叙述清代极盛时期的中缅边界。作者认为乾隆中期滇西的疆

---

① 中国社会科学出版社2012年版。
② 《中国边疆史地研究》2009年第4期。
③ 《西藏民族大学学报》(哲学社会科学版)2018年第1期。
④ 《青海民族研究》2008年第1期。
⑤ 《民族研究》2012年第4期。
⑥ 云南教育出版社1987年版。
⑦ 中国科学院地理研究所编:《边界历史地理论丛》。

界，北段与乾隆中叶以前相同，南段则略有变化，主要是因清朝采取军事行动后沿边土司先后内属，边界向外有所扩展，形成了所谓"乾隆新界"。④近代中缅边疆的形成过程。作者认为光绪二十三年李鸿章与英国殖民者重订《滇缅界务商务续议附款》时，因受后者的欺骗，新订条款较二十年所订条款有较大出入。光绪二十三年中英边界谈判后，英国殖民者背信弃义在未定界地区进行侵略活动，又强占茶山地区以及坎底、球夷、浪速、野人山等地。二十四年、二十五年中英双方派员勘界后，滇缅北段新定界乃告形成，我国丧失了以下领土：八关以外至大金沙江以东的地区，猛卯三角地区及南坎、遮兰、猛谷和木邦等地，潞江以西所谓北大尼地区，科干地区和滚弄地区。至于滇缅南段新定界，即自滚弄附过南帕河汇入南丁河之处起，到孟连以西的南卡江一段（主要经过佤族地区），对划界所经地区中英颇有分歧，中方多次交涉无结果，遂形成了拖延达数十年的南段未定界。总而言之，中英两国在光绪二十年、二十三年两次订约，从尖高山至南丁河及自南卡江达中老边界的两段边界基本上成定界，剩下康藏高原至尖高山及南丁河南卡江两段一直未能确定，直至1960年签订《中缅边界条约》，中缅边界问题方告全面解决。张植荣《论中缅边界问题》①对中缅边界问题的历史背景、交涉过程、中国政府指导中缅交涉的边疆战略与边界政策均作了有益探讨。中缅边界交涉始于1885年至1960年结束，费时七十余年。若以尖高山划分南、北，则有关南段的交涉远比北段为繁。余绳武《近代中缅北段未定界问题的由来》②和《有关猛卯三角地的一些历史情况》③对所述命题进行细致分析。金宗英《麦克马洪线与中缅北段边界问题》④通过对中英间关于中缅北段边界早期交涉和麦克马洪在西姆拉会议中玩弄伎俩的分析，认为英国炮制麦克马洪线的目的之一是"借此为解决中缅北段边界的长期悬案创造条件，把尖高山以北除独龙江以外的恩梅开江与迈立开江流域全部土地据为己有"。张振鹍《近代史上

---

① 《中国边疆史地研究报告》1991年第3—4期。
② 《中国边疆史地研究报告》1992年第3—4期。
③ 《中国边疆史地研究报告》第2辑，1988年。
④ 《中国边疆史地研究报告》第3辑，1988年。

中英滇缅边界"南段未定界"问题》①分析了1894年和1897年中英条约关于中缅南段边界约文本身存在的矛盾，以及1899—1990年中英会勘的失败结局。文章认为：1941年中国政府与英国换文，就南段未定界划定界线，但这段边界始终没有竖大界桩，"所以直到1948年缅甸独立，南段未定界并没有最终解决"。相关研究，还有杨宝康《论中缅南段边界问题与班洪事件》②，杨煜达、杨慧芳《花马礼：16—19世纪中缅边界的主权之争》③。

对片马地区的边界问题，谢本书《片马问题的考察与研究》④认为，历史上的片马地区实际上包括整个小江流域；包括片马地区在内的中缅北段未定界地区，总面积约相当于我国的浙江省。至迟元明时期，中国政府在片马地区已设官治理。光绪十七年以后，英国军队多次侵入野人山和江心坡等地，光绪二十年中国与英国签订《续议滇缅界务商务条款》，内容第一次涉及中缅边界未定界，但条款有关内容笼统含糊，埋下了片马问题发生的伏线。光绪二十五年，英国和缅甸军队共千余人侵入中国腾越厅所属地区，中国当地守备左孝臣等率众抵抗。光绪三十一年中英代表对当地边界进行会勘，但并无结果。宣统元年，保山县属登梗土司与所辖片马地方的商人徐麟祥等因商务纠纷发生冲突，被英缅当局利用发展为片马事件的导火线；同年英军数千人侵入片马，遭到当地少数民族的猛烈反抗。由于清政府仅提出外交抗议未派军到片马前线，致使英军长驱直入，占领了中缅北段未定界的大部分地区；1922年，英军又侵入江心坡一带。1948年缅甸独立后，中缅北段未定界地区被划入缅甸克钦邦。1960年中缅两国签订边界条约，面积总计153平方千米的片马等地始归还中国。罗世保《潇潇雨歇——怒江片马百年风云录》⑤，以纪实报告的体裁对20世纪初发生在怒江边界震惊中外的"片马事件"的始末及最后之收复作了全方位的记述。关于片马问题还有王丹《片马问题调查报告》⑥。

---

① 《中国边疆史地研究报告》第2辑，1989年。
② 《云南师范大学学报》（哲学社会科学版）2003年第2期。
③ 《中国边疆史地研究》2004年第2期。
④ 载李国强主编：《中国边疆研究通报·云南专号》。
⑤ 云南人民出版社2002年版。
⑥ 《云南现代史料丛刊》1986年第6期。

清末滇缅界务交涉的过程十分复杂，秦和平对这一问题做了研究。他撰文《述论1885年至1886年间清政府关于英灭缅甸及中缅界务的交涉》①《艰难的历程：清末滇缅界务交涉之回顾》②认为，1885年，英国加快了侵略缅甸的步伐。以驻英公使曾纪泽为代表的清政府官员，力图维护缅甸独立国家的存在，兼保云南边界的安全。但由于缺乏现代外交观念，外交手段单一无回旋余地以及受"不勤远略"陈旧观念的束缚，曾纪泽等清朝官员的努力终告失败。1890年薛福成出任驻英公使，面对云南边地大片丧失的局面，在清总理衙门的积极支持下，薛福成与英国殖民者进行了针锋相对的斗争。经过多次交涉，英国政府被迫接受中国政府的部分要求，于1894年签订了《滇缅边界条约》，正式划分了中缅两国间中段、南段的边界。条约虽存在一些明显缺陷，但仍不失为在缺乏足够实力的情况下，清政府维护国家权利一次成功的行动。1894年至1908年，由于云贵总督坐失外交良机，致使英国殖民者利用条约漏洞，派兵从北段地区进入高黎贡山东侧侵占中国大片领土，并进而提出将中缅边界定在高黎贡山山巅。1910年，英国殖民者借保山县属登梗土司与片马民众发生纠纷之机，侵占片马并有进兵怒江之势。由于外交努力终难奏效，滇缅界务交涉最终仍以清政府的失败而告终。他认为，由于武力难与英国殖民者对抗，外交手段是清政府唯一能维护权益的途径。在这样的情况下，准确把握外交活动的时机和施行外交手段的"度"，便成为外交手段能否奏效的关键。在滇缅界务交涉的过程中，清政府维护边界努力的成功与失败，均与对外交活动"度"的把握程度有关。

驻英公使薛福成在滇缅界务交涉中的作用引人注目。吕一燃撰文《薛福成与中英滇缅界务交涉》③研究了薛福成1890年至1894年在滇缅界务交涉中的活动。他认为薛福成捍卫国家的领土主权已属尽心尽力，对内薛福成委婉地批评了清政府不关心边疆安危的错误政策，对外他与英国官员反复争辩坚持斗争，收回了被英国侵占的科干、昔马等地。与云贵总督王文

---

① 《中国边疆史地研究》1993年第3期。
② 《中国边疆史地研究》1995年第3期。
③ 《中国边疆史地研究》1995年第2期。

韶相比较，可看出薛福成是努力捍卫国家领土主权的爱国者，是进行边界问题谈判出色的外交家，而王文韶是严禁边疆人民反击英国入侵的不抵抗主义者。薛福成签订的边界条约，虽使中国失去了"野人山"的一些土地，但其面积并不像尹明德等研究者所说的那样多，把签订边界条约100多年以前丢失的领土，全都算在薛福成身上是欠公道的。朱昭华《薛福成与滇缅边界谈判再研究》[1]对学界关于薛福成与滇缅边界谈判是否丧地做了细致考辨，认为薛福成谈判分界时，只能依据英国曾做出的允诺进行力争，而不是索回中国原有的领土。这根源于清政府近代领土主权观念的缺乏。

17—19世纪西方殖民者侵略云南等中国西南边疆，有其深刻的时代背景和社会原因，一些研究者关注了这一方面的问题。如包黎《十九世纪后期英国觊觎云南之原因》[2]一文认为，英国侵略云南是出于如下的战略考虑：打开云南门户，使英国进入具有巨大潜力的中国西南与长江中上游的市场，再通过上述地区，使其殖民地印度、缅甸与在中国长江中上游的殖民势力连成一体，从而构建英国在远东地区的殖民霸权，文章还对英国为实现上述计划实施的步骤作了进一步分析。高鸿志《英国与中国边疆危机》[3]一书全面阐述了英国侵略与中国边疆地区危机之间的关系。他以下述史实为题，按照时间顺序分析了英国殖民者对西南地区的侵略：英国以缅甸为基地向云南扩张侵略势力，英法争夺云南及英法与杜文秀政权的关系，英国斯劳登"探险队"侵入腾越，英国与中法战争，英国吞并缅甸和中缅边界交涉，英法争夺云南和《中英续议滇缅界商务条款》的订立。高鸿志对上述问题进行的研究，不仅依据《清实录》《李鸿章文集》等中国史料，而且大量参考了英国政府的档案文献与当事人的回忆录，从而较系统地勾画出这一段历史的原貌；对史料的充分掌握与正确利用，也增加了其研究成果的准确性和可靠性。

特别值得提及的是朱昭华《中缅边界问题研究——以近代中英边界谈判为中心》[4]，除绪论、结语外，以晚清中缅边界问题凸显，中英关于中缅

---

[1] 《中国边疆史地研究》2004年第1期。
[2] 《云南教育学院学报》1997年第4期。
[3] 黑龙江教育出版社1998年版。
[4] 黑龙江教育出版社2007年版。

边界问题的交涉与协议,中英围绕中缅未定界问题的争论,清末中缅划界问题悬而未决的原因,民国时期中英关于中缅未定界问题交涉及遗留,中缅边界的最终划定为题分设六章,近24万字。全书以时间为线索,从外交史的角度,详细论述了近代中缅边界纠纷的产生、发展,分析、评论两国政府在交涉过程中的态度与策略,成败得失及其原因,探讨了中缅边界长期悬而未决的原因。在论述过程中,力求把中英两国有关中缅的边界谈判置于当时的社会环境、国际形势下进行分析,避免孤立、简单的就事论事,并在研究中尽量采取比较研究的方法,对中英两国内部各决策参与部门的意见进行比较分析,对双方谈判中的态度、策略进行比较,阐明双方争论的焦点,进一步拓展了对这一问题的研究范围。此书如学人所评:"朱昭华博士的著作透过近代中外关系发展的大背景,从外交史角度,完整地论述了近代中缅边界纠纷的来龙去脉,条分缕析地探讨中英谈判、中缅谈判的前因后果,引用了新的史料,纠正了不少前人的舛误,堪称一部关于中缅边界沿革史的总结性的专著。"① 此外,还有张子建《和谐世界视域下中缅边界问题研究》② 一书。

1960 年 10 月 1 日,中国和缅甸联邦政府在北京签订《中华人民共和国和缅甸联邦政府边界条约》,是中华人民共和国成立后解决的第一个边界问题。于海洋《〈中缅边界条约〉签订》③ 论述了条约签署的经过。英国学者埃里克·海尔在《中缅边界问题的解决》文中高度赞赏中缅处理边界的态度,认为这建立了处理边界争端的新模式④。刘金洁《中缅边界中的"麦克马洪线"问题及其解决》⑤ 指出,中缅边界中的"麦克马洪线"问题是英国在中国西南边疆进行殖民扩张的产物。中缅双方全面解决了包括"麦克马洪线"问题在内的中缅边界问题,对中印边界问题的解决具有借鉴意义。齐鹏飞《关于中缅边界谈判中的"麦克马洪线"问题之再认识》⑥

---

① 该书徐万民·序,第 2 页。
② 云南民族出版社 2014 年版。
③ 《党史天地》2001 年第 1 期。
④ 《南洋资料译丛》2017 年第 2 期。
⑤ 《当代中国史研究》2006 年第 1 期。
⑥ 《南亚研究》2014 年第 1 期。

认为中缅边界谈判在解决该问题时所遵循的"尊重历史、尊重现实"和"互谅互让"的指导思想和基本原则,并没有改变中国政府不承认非法的"麦克马洪线"的一贯立场,并不构成中印边界谈判之"遵从先例"的法律和事实约束,而仅仅是"特殊情况特殊处理"的非典型个案。范宏伟《中缅边界问题的解决:过程与影响》①则认为中缅边界问题的解决将中缅关系推向了高潮,为解决缅甸国民党军问题提供了契机,并给印度造成了一定的压力。戴超武《中缅边界问题与尼赫鲁的干预及其战略意图(1956—1960)》②指出印度总理尼赫鲁对中缅边界问题采取了积极干预的政策,其战略意图是支持缅甸的边界主张,特别是依照"麦克马洪线"来划定中缅边界北段,从而达到确认中印边界东段"麦克马洪线"的合法性之目的。这体现出印度意图将这些国家牢牢纳入印度的势力范围,扩大和巩固印度在这一地区的支配力。

(六) 中老边界研究

关于中老边界问题。自 1893 年法国侵占老挝,清政府与法国政府签订了《续议界务专条附章》,将中国和老挝间的边界作为滇越边界的第六段划定。中老边界以分水岭为界,界线相对清楚。1991 年 10 月,中国与老挝政府签订了《中华人民共和国和老挝人民共和国边界条约》及其附图,1993 年 1 月又签订了《中华人民共和国政府和老挝人民民主共和国政府关于两国边界的议定书》,确定两国的边界从东端点柯拉山 1784 米高地,至西端点澜沧江—湄公河主航道中心线中、老、缅三国交汇点,长度共计 710 千米。

李国强《中老边界历史形成探微》③一文对中老边界的形成过程做了研究。他认为中老边界的形成大体经历了三个阶段,在 13 世纪以前,该地区并无严格意义上的国界线,1353 年澜沧王国建立后,中老之间乃有边界,但当时的边界比今天的边界更靠近南部,两国约在本怒、本再一带分界。自 1885 年中法界务交涉开始,经过频繁的交涉,清朝终将猛乌、乌

---

① 《南洋问题研究》2010 年第 3 期。
② 《中共党史研究》2016 年第 11 期。
③ 邢玉林主编:《中国边疆研究通报》,新疆人民出版社 1995 年版。

得地区划给法国。尤中的《中国西南边疆变迁史》对英国控制下老挝与中国云南之间的边界问题做了细致研究。他认为自雍正七年清朝设置普洱府，普洱府所属车里宣慰司的辖地，与老挝南掌、缅甸孟艮地区遂相接界。乾隆三十一年至三十七年，普洱府南部边境一度扩大到今西双版纳以外；乾隆三十七年以后，普洱府南部边界又恢复到乾隆三十一年以前的状况。光绪二十一年，中法、中英划界时，把西双版纳边境的一部分地区划给了西方列强控制下的老挝与缅甸，于是形成了今西双版纳与老挝、缅甸之间的边界。具体来说，今云南西双版纳地区打洛、布朗山以西南的界外山区，清代称之为"三岛"，其地共分布有 40 多个寨子。在中英划界以前，"三岛"地区已被缅甸境内的土司所控制。在中英勘测这段边界以前，原议定以南洛河为界；后双方谈判代表了解到中缅双方实际控制线的情况，遂改以南览河为界，"三岛"地区于是划给了缅甸。

（七）中越边界研究

中越边界可分为陆界和海界。陆界形成于宋代，中越边界沿革也经历了复杂的发展过程。1883 年法国与越南签订《顺化条约》，越南沦为法国的殖民地。为明确中越边界的云南段，清政府与法国政府进行了 12 年艰苦的谈判，最后双方签订《续议界务条约》《续议界务专条附章》和《滇越界约》，确定中越边界云南段总体的走向，是东端始自云南、广西和越南的交界点马鞍山角，西至中、越、老三国的交界点十万大山止，总长约 1353 千米，1897 年基本完成定界与立碑的工作。但是，对中越边界云南段的具体划分，清政府与法国政府一直存在争议。清代中越两国在边界问题上的交涉，有研究者认为较重要的有这样几次，即康熙三十六年（1697）关于清朝开化府所属牛羊、蝴蝶、普圆等地的交涉；雍正三年（1725）关于云南马白关以外赌咒河以南都龙地区的交涉；自乾隆四十七年（1782）开始，延续到道光年间关于"六猛"地区（猛赖、猛喇、猛丁、猛梭、猛蚌和猛弄）的交涉[①]。但细察有关史籍，清代中越在

---

① 参见中国社会科学院历史研究所编《古代中越关系史资料选编》，中国社会科学出版社 1982 年版，第 557 页。

边界问题上的较大的交涉或斗争，还远不止以上列举的这几次。尤中《云南地方沿革史》①对这一段历史进行了细致考察。李国强《中越陆路边界源流述略》②，概述了中越边界形成的过程，认为中越边界条约使中越边界走向有了明确的规定，却也使清政府丧失了许多土地。陆界又分为滇越段、桂越段。关于滇越段边界研究，尤中《中国西南边疆变迁史》第六章对滇越交界的广南府、开化府、临安府边境变迁作了详述，为人们全面了解滇越段边界的历史提供了基础材料。木芹《清代中越边界云南段述评》③对19世纪末，云南省临安、开化、广南三府边境大片领土，被法帝国主义划入越南的历史作了深入论述。龙永行《中越界务会谈及滇越段勘定》④，论述了自1885年起至1897年止中法两国关于滇越段界务谈判、勘定始末，指出，"中国最大的失败在于第六段边界即后来普洱府属猛乌、乌得之割让"。关于桂越段边界研究，萧德洁《中越边界广西段历史概述》⑤、刘钦麟《清政府对中越边界广西段的管理》⑥和龙永行《中越边界桂越会谈及勘定》⑦对本命题进行了研究，龙文还分析了会办桂越界务的勘界大臣邓承修的功绩，认为邓承修在界务会谈和勘界过程中能坚持原则，展开激烈的外交斗争，"这种精神是十分难能可贵的。他们这种不计个人私利，将个人的得失置之度外的行为，不能简单地归结为'忠君'二字，而是中华民族传统的爱国主义精神的体现"。其他还有徐舸《清末广西边防问题》⑧、苍铭《〈滇省舆地图说〉与滇越边界及边防》⑨、吴智刚《中法战争后清政府勘分中越边界中的观念变迁与措置纠葛》⑩等。

---

① 云南人民出版社1990年版。
② 《中国边疆史地研究报告》1989年第1期。
③ 《中国边疆史地研究报告》1991年第1—2期。
④ 《中国边疆史地研究报告》1991年第3—4期。
⑤ 《中国边疆史地研究报告》1993年第1—2期。
⑥ 《中国边疆史地研究报告》第3辑，1988年。
⑦ 《中国边疆史地研究报告》1992年第1—2期。
⑧ 《印度支那》1988年第4期。
⑨ 《中央民族大学学报》（哲学社会科学版）2016年第6期。
⑩ 《中国历史地理论丛》2017年第4期。

谭天《中法战争后中法对两广与越南边界的勘定》① 从中国国家博物馆馆藏的桂越边界与粤越边界旧界碑阐述了中法在《中法会订越南条约十款》签订后会勘了中国与越南的边界情况。何新华《清代雍正三至六年中越赌咒河边界争议研究》② 认为雍正三至六年中越在滇越接壤地带的大、小赌咒河流域发生领土争议，但最终边界未变。传统的宗藩理论、地方大吏以及军事威慑在边界争议中起了重要作用。

中法战争是近代中法关系史上的大事，与中越边界问题也有密切的关系。中法战争一直为学术界所关注，有研究者深入研究了中法战争中清廷的国防政策等重要的问题。如刘庆《中法战争与晚清国防政策的转变》③ 认为在中法战争以前，清朝的国防政策主要是：针对外来内陆上的内部威胁进行防御，并且以北方的防御为主；在国家力量建设方面，坚持以单纯的自然农业经济为主要基础，所采取的措施主要是重农抑商、屯田实边和修镇戍守；实行国防政策的基本目标是维护"普天之下，莫非王土"的天下体系，以及保护各族百姓在和平的环境下进行农业生产；在处理宗藩关系时，一般是以威力平乱作为后备，以"德政"安边作为核心。中法战争以后清朝的国防政策发生了重要的变化，主要是海防、塞防之争到全面防卫，从"耕战"到"商战"，从"宗藩"体系到"藩篱"政策。中法战争对清朝国防政策的转变产生了巨大的催化作用，但当时所发生的变化仍较有限；对更本质的以及国防体制问题方面的思考，则是在甲午战争后，乃至辛亥革命以后才提上了日程。1989 年还出版了两本研究中法战争有分量的论著，即刘子明著《中法战争始末》④ 和广西中法战争史研究会编《中法战争史论文集（3）》⑤。有关研究还有郑维宽《边疆危机与行政应对——中法战争后清政府的西南治边策略探析》⑥、黎瑛《论中法战争前岑毓英的边防思想》⑦、付世明《中法

---

① 《中国国家博物馆馆刊》2013 年第 3 期。
② 《东南亚研究》2014 年第 3 期。
③ 《学术论坛》1991 年第 3 期。
④ 江西人民出版社 1989 年版。
⑤ 广西人民出版社 1989 年版。
⑥ 《安徽史学》2008 年第 6 期。
⑦ 《中国边疆史地研究》2008 年第 3 期。

战争后的广西边境对汛》①。

中法战争前夕清朝内部保越与弃越之争,是关系到中法战争发生与进程的重大问题,对这一问题学术界以前注意不多。黄振南《中法战争前夕保越与弃越之争》② 一文对此进行了研究,从另一个侧面来探讨中法战争爆发的时代背景。作者认为,在中法战争中,清朝统治集团的多数人主张继续保护越南,但弃越说为李鸿章等重要人物所提出,使这场论争得以延续。李鸿章等人的理由是:越南与法国已订约接受法国的保护;因越南软弱不振,清朝不如尽早放弃;保越若失败有损清朝威望,保越成功亦会带来麻烦,不如一断了之;若过问越南之事,清朝势必与法国失和,导致兵祸连连,因此主张撤回出关的清军,仅暗中支持刘永福指挥的黑旗军抗法。因遭到统治者的反对与时论的抨击,李鸿章等人的主张遭到挫折,清朝决定出兵保藩。中法战争爆发后,在保越论和弃越论的基础上进一步形成了主战派与主和派。中法战争最终以清朝的失败宣告结束,李鸿章被迫在《中法新约》上签字,事实上是标志着保越论者在实践中遭到了失败。吴智刚《"建阃"与"撙节":中法战争后越边务规制的酝酿与措置》③ 指出:中法战争后由于越南"藩夷"地位的变化,中越边务经理方式及规则有了很大差别。由防"藩夷"到防"敌国",但战后清廷力求"撙节"及对海防善后的重视,如何能够妥为"建阃",又能照顾清廷"撙节"之难题,最终给予了滇粤边吏。张之洞对此就大发牢骚,称半年来大为饷所困,而僚属、户部则"省事省钱便好,疆土有所不计也",无奈与愤恨之感溢于言表。但无论如何,中越沿边之规制经此一议,亦能勉强给人以崭新之面貌,中越边地之新格局亦从此开始。黄振南在《中法战争后清政府勘分中越边界中的观念变迁与措置纠葛》④ 文中认为清政府在战后中法勘分中越边界指导思想经历了从划留"隙地"到争取"新界"再到最后始定"一线为界"的转变。有关资料集则有萧德浩、吴国强《邓承修勘界资料

---

① 《广西民族研究》2011 年第 3 期。
② 《学术论坛》1991 年第 6 期。
③ 《中国边疆史地研究》2012 年第 4 期。
④ 《中国历史地理论丛》2017 年第 4 期。

汇编》①，该书收录了 1885 年 9 月至 1887 年 8 月邓承修关于勘界的往来电稿，邓承修勘界日记（1885—1886 年），以及法国档案馆有关中法勘界函电，史料价值颇高。萧德浩、黄铮主编《中越历史资料选编》（上下集）②的出版，是对中越边界问题研究的重要贡献。正如吕一燃在序言中所指出："中越边界研究，近年来虽然发表过一些文章，出版过一些资料，但规模如此宏大而结构自成体系的资料专集，却从来未曾有过，所以特别值得重视。"该书计 100 余万字，以按照历史发展顺序与分类编排相结合的方法，披露了大量珍贵的历史资料，并在每章资料前面撰写了简要的内容说明。除提供了充分的中国文献资料外，还收集了大量的越南与法国的文献资料，书中收入的采自法国外交部档案馆和法国国家档案馆的有关档案资料，首次译成中文公布于世。由于广泛收集了中国、越南和法国的有关历史文献以及全书编排得当，从而使系统性成为该书一个主要的特点，全面系统地反映了从古代到近代中越边界的史事。黄国安、萧德浩、杨立冰编《近代中越关系史资料选编》③也收录了中越边界交涉的大量资料。类似的资料集还有中国第一历史档案馆编《清代中国与东南亚各国关系档案汇编（第一册）》④。作为国家社科基金重大特别委托项目"西南边疆历史与现状综合研究项目·档案文献系列"成果的《法国档案中的清末中法（中越边界）划界史料选编》是近年来关于中越边界研究的重要成果，该书由张宁、孙小迎、李燕宁主编，从现存于广西社会科学院东南亚研究所的法国档案资料中整理选出部分资料编辑成 16 章，系统地反映了清末中法（中越）边界史事。该批档案资料涵盖了函电、文件、报告、日记、笔录、清单、布告等形式，其内容丰富、记录详细，以相对完整的资料原始状态，为研究者从不同角度研究这段历史提供了诸多鲜活的历史细节，其最核心的价值在于档案文献资料的"原始"性。⑤

---

① 广西人民出版社 1990 年版。
② 社会科学文献出版社 1993 年版。
③ 广西人民出版社 1988 年版。
④ 国际文化出版公司 1998 年版。
⑤ 社会科学文献出版社 2016 年版。

（八）中朝边界研究

早在明朝和李朝建立之初，中朝两国边界即明确以鸭绿江、图们江为界河。清代两国疆界依然以鸭绿江、图们江为界，两国从无异议。但进入19世纪80年代，中朝两国界河图们江段产生争议。至20世纪初，沙俄插手其间，之后日本帝国主义又制造间岛归属，掀起轩然大波，最后经吴禄贞等据理力争，始得解决。

20世纪80年代以前，中朝边界沿革及界务交涉研究被视为禁区，论文很少、专著更无。80年代后期，始有所涉及，但一些论著只是在论及中国东北疆域变迁时，才提及中朝边界变迁；有的论著只是阐述1907—1909年中日"间岛案"涉及中朝边界争议，未能全面阐述1885—1887年中朝边界争议及交涉，总之，学者们还是回避中朝边界争议及交涉的历史本来面貌。有关著作与论文主要有：张博泉《东北历代疆域史》[①]，佟冬主编《中国东北史》第1卷[②]，孙进己《东北历史地理》1、2卷[③]，高永一《间岛问题的始末》[④]等。进入90年代，中朝边界沿革及界务交涉研究渐趋活跃。先有杨昭全《中朝界务史略》[⑤]，继之又有杨昭全、孙玉梅《中朝边界史》[⑥]问世。有关专著还有：杨余练《清代东北史》[⑦]，杨昭全、韩俊光《中朝关系简史》[⑧]等。这方面论文除杨昭全《清代穆克登查边及中朝两次勘界》[⑨]论述了1712年乌喇总管穆克登赴长白山查看中朝边界界河鸭绿江、图们江江源地段经过外，大部集中在"间岛案"的交涉，以及吴禄贞经办延吉边务的历史功绩评议上。如关俊鹏《略论"间

---

① 吉林人民出版社1981年版。
② 吉林文史出版社1987年版。
③ 黑龙江人民出版社1989年版。
④ 《延边大学学报》1981年第3期。
⑤ 《中国边疆史地研究报告》第3、4辑连载，1988年、1989年。
⑥ 吉林文史出版社1993年版。
⑦ 辽宁教育出版社1991年版。
⑧ 辽宁民族出版社1992年版。
⑨ 《社会科学战线》1991年第3期。

岛"问题》①，崇实《历史上的以团们江为中朝东段边界的考察——驳"间岛"学说》②，建文《论明代对东疆地区的管辖问题——兼就"北间岛"研究驳韩国学者》③，任熙俊《长白山"定界碑"始末——兼考图们江边界问题》④ 等。

台湾学者的论著主要有，张存武《清代中韩关系论文集》⑤，《明季中韩对鸭绿江下游岛屿归属权之交涉》⑥，金泽中《中韩对东北韩民之交涉》⑦，胡春惠《延边的朝鲜垦民及其对日后中韩两国的影响》⑧，黄惠琴《中韩"间岛问题"之探讨》⑨ 等。

亦有观点认为，引发"间岛问题"的直接起因是 20 世纪初朝鲜农民越垦。日本占领朝鲜后，利用这一问题，同中国讨价还价，使问题更加复杂化。经过长达近 20 年的中朝边务交涉，这一问题才得以最后解决，中国以大量的"东三省利权"为代价，保全了对延边的"领导权"⑩。

李花子《1905—1909 年日本调查"间岛"归属问题的内幕》⑪ 认为日本为了挑起"间岛问题"，派遣测量手考察长白山，指出碑以东的沟壑（指黄花松沟子）与松花江相连，这支持了所谓的土门、豆满"二江说"。同时任命"嘱托"进行文献研究，指出土门、豆满是同一条江，光绪年间勘界时朝方承认以豆满江"今图们江"为界，实际上放弃了"间岛"所有权。外务省认识到"间岛"属朝的论据薄弱，但为牵制中方和进行谈判，仍坚持"二江说"及光绪十三年勘界案无效，最后以承认"间岛"属中作

---

① 《辽宁师范大学学报》1993 年第 3 期。
② 《社会科学战线》1993 年第 6 期。
③ 《北方文物》1995 年第 2 期。
④ 载《朝鲜—韩国文化与中国文化》，中国社会科学出版社 1995 年版。
⑤ 台湾商务印书馆 1987 年版。
⑥ 《韩国学报》1989 年第 8 期。
⑦ 《韩国学报》1991 年第 10 期。
⑧ 同上。
⑨ 《韩国学报》1991 年第 11 期。
⑩ 姜龙范：《关于清季中朝边务交涉的研究》，《延边大学学报》1998 年第 1 期；《19 世纪末二十世纪初东亚政治风云与中朝外交争端——以中朝两国对在满朝鲜人的政策纷争为中心》，《延边大学学报》1998 年第 3 期。
⑪ 《近代史研究》2015 年第 2 期。

为谈判筹码，获得了在"间岛"设置领事馆和"东三省五案"的利权。《中日"间岛问题"和东三省"五案"的谈判详析》[①]对1907—1909年中日两国围绕"间岛问题"和东三省"五案"的谈判过程、内容及双方讨价还价的内幕进行了详细的探析。《试析1907—1909年日本界定的"间岛"地理范围》[②]指出，地理名称是近代朝鲜人向图们江以北地区移民、开垦的产物。1907年日本利用朝鲜人向这一地区渗透时借用了"间岛"概念，它是日本准备行使特权的势力范围。统监府派出所界定的"间岛"假定区域包括海兰河、布尔哈通河及嘎呀河流域（后来的延吉、和龙、汪清县），二道松花江流域（后来的安图县）。后在签订《间岛协约》时，将二道松花江流域排除。高翔宇《〈南满东蒙条约〉的签订与中日间岛交涉述论(1915—1916年)》[③]认为1915年《南满东蒙条约》签订后，日本借口《间岛协约》与《中日新约》条款的冲突，主动挑起了间岛交涉事端。日方理论上曲解条约，实践上对中方诉诸以武力威胁，弱势的北京政府终难逃其有限外交的命运。

　　穆克登查边是中朝界务史的重要课题之一，学者们对此进行了十分细致的研究。中朝界河鸭绿江、图们江皆发源于长白山，两江中游以下，河宽水深，两国边界分明，但两江尤其是图们江江源分支较多，源头不清。朝鲜边民屡屡非法越境，酿成边界纠纷。康熙派穆克登查边皆缘于此，此点学术界并无争议，关于穆克登查边争议的焦点是图们江源头问题，图们江上游有四个分支，分别为石乙水、红土水、红丹水、西豆水。光绪年间，清廷勘界代表确认红丹水为图们江源头，而朝鲜代表则坚持把石乙水之一水文流红土水为图们江源头。杨昭全根据当时朝鲜接伴使的最初报告，认为穆克登当年坚持以红丹水为图们江源头是有充分根据的。徐德源在其《穆克登碑的性质及其凿立地点与位移述考》一文中也持相同的观点[④]。陈慧《穆克登碑问题研究——清代中朝图们江界务考证》一书25万字，以穆克登查边为基本内容，对穆克登查边中所涉及的诸多问题逐一加

[①]《史学集刊》2016年第5期。
[②]《近代史研究》2017年第3期。
[③]《历史教学》2014年第9期。
[④]《中国边疆史地研究》1996年第2期。

以辨析，通过对 1885 年、1887 年中朝两次勘界与谈判的考察，就"土门"即今图们江予以论证，并在上述研究基础上，进一步阐述了中国与朝鲜自 15 世纪中叶起就以图们江为界的历史事实。该书作者是历史上第一位全程踏查中朝图们江边界线的女性研究者。"一部学术价值甚高的著作之问世绝非偶然。是作者的学识使然，也是其不畏艰辛的必然结果。在现有成果面前，尤其是韩国著述累累的情况下，作者能够将这一课题作出新意，得出创造性结论，难能可贵。"①

李花子《明清时期中朝边界史研究》②和《清朝与朝鲜关系史——以越境交涉为中心》③是两部值得关注的学术专著。前书通过考察古地图、地理志、古文书等资料，阐述了明清时期中朝两国的疆域观和实际疆域。在以往的研究中，学者们往往忽视疆域观和实际疆域之间的差异，然而即使是标注于地理志和地图上的疆域，那也不过是生活在那个时代的人们对疆域的认识而已，它和实际疆域是有区别的。朝鲜时代（李朝，1392—1910）的疆域观常常伴随着错误的地理认识，最典型的就是认为土门、豆满是两条江。该书不仅考察了朝鲜疆域观的种种表现，还阐明了这些疆域观产生的社会背景和思想根源。对于学界存在争议的康熙五十一年（1712）穆克登碑的位置、指定的水源和朝鲜移栅的位置，以及光绪年间乙酉（1885）、丁亥（1887）勘界的具体细节，本书也进行了详尽的考察和辩证。全书共五章，25 万字。

后书以清朝与朝鲜的越境及定界交涉为中心，包括以下内容：第一，朝鲜人越境问题及其交涉；第二，康熙年间中朝查界交涉与长白山定界；第三，中国人越境问题及边务交涉；第四，鸭绿江流域中朝两国共禁体系崩溃的历史过程；第五，同治年间朝鲜人大规模越垦浪潮的内外因。时间范围从清朝入关前皇太极时期到晚清同治年间，即 17 世纪 20 年代至 19 世纪 70 年代。该书力求综合运用中朝双方史料。朝鲜对清朝交涉文书的汇成集《同文汇考》，既包括皇帝的诏敕、清朝礼部咨文，也包括朝鲜表、

---

① 马大正为本书序，第 3 页。
② 知识产权出版社 2011 年版。
③ 香港亚洲出版社 2006 年版。

咨、奏文，为本书的研究提供了丰富的资料。为了加深理解国家外交行动背后的政策实质，本书还参考了中朝两国官方年代纪史料，如《清实录》《康熙起居注》《朝鲜王朝实录》《备边司誊录》《承政院日记》等。边务问题的研究涉及历史地理学知识，故该书参考了中朝两国的地理志和地图，如《大明一统志》《大清一统志》《皇舆全览图》《平安道邑志》《咸镜道邑志》《大东舆地图》《青邱图》《海东地图》等，以提高研究的准确性和科学性。全书共七章，20 万字。

针对少数韩国右翼分子借机炒作中韩《界务条款》的所谓法理性，并以日本军国主义的逻辑，否定图们江是中朝的界河，妄图染指中国不可分割的土地延边地区。曹中屏撰文《国外政客炒作〈图们江中韩界务条款〉的法理性徒劳无益》[①] 一文从韩末韩国的国际地位与中韩关系的实际状况，特别是从中朝边界的历史沿革和近现代两国界谈和中朝《边界条约》的史实，从法理的角度批驳了国外政客的谬论，论证了延边地区自古就是中国的神圣领土，图们江的界河地位不容挑战。李花子《中朝边界的形成及特点——以明清为中心》[②] 分别论述了中朝鸭绿江、图们江边界的形成，长白山地区边界线的形成，光绪十一年第一次勘界、光绪十三年第二次勘界的历史，认为中朝边界史的特点主要是以自然的河流、山脉为主；是高丽、朝鲜两个王朝不断向北拓展领土的结果；康熙五十一年的穆克登定界，第一次明确划分了长白山地区的边界，即以线为界，具备了现代边界的特点；两国的边界纷争出现在晚清光绪年间，是由朝鲜人越界定居引发的，经过两次勘界，双方基本解决了以图们江为界的问题，非未能解决上游地区划界；1962 年《中朝边界条约》的签订，以国际法承认的条约的形式，正式规定双方以"两江一山"为界。孙景超《朝鲜古地图所见之清代中朝边界诸问题初探》[③] 通过对多种朝鲜古地图的解读，认为朝鲜古地图体现了朝鲜领土观念与"北拓传统"。

[①] 《朝鲜·韩国历史研究》2015 年。
[②] 《黑龙江社会科学》2015 年第 2 期。
[③] 《中国历史地理论丛》2018 年第 1 期。

三 研究展望

自近代我国边疆危机以来，学界对我国边患与陆地边界问题的研究就已经开始了。百余年来，研究者们爬梳史料，精心钻研，为探求我国边疆边界的变迁事实，总结演变规律，做出了卓越贡献。在此百余年学术研究回顾之际，为更好促进学术发展，尚需进行必要的总结与展望。

第一，古代"边界"问题仍是需要直面正视和亟待研究的重大议题。探究古代"边界"问题，首先遇到古代王朝有无"边界"。学术界对此存在明显分歧，一种观点认为古代王朝有"边界"，另一种观点则认为没有。如果认为古代没有"边界"，那么就会面临严峻的现实问题，即近代时期外国列强迫使清政府签订的一系列不平等条约所分割出去的领土，如何认定其本来主权归属？其边界在哪里？此外，还有当前尚未解决的中印和中不边界，如何界定现在处于"争议"地区的边界？现在学界使用"传统习惯线"一词，熊武一认为"习惯线，亦称'传统习惯线'。相邻国家在长期和睦相处过程中，按照双方行政管辖范围逐渐形成的、已具有传统习惯的边界线"[①]。那么如何界定"传统习惯线"与今日"边界线"的关系，这是需要认真思考的。换言之，如何承认"传统习惯线"的历史性权利与今日"边界线"的国际法权利的关系。

第二，随着我国与周边国家边界的逐渐划定，边界历史研究时段从古代王朝日渐转移到民国时期甚至中华人民共和国成立后，由此产生了新的研究热点和学术增长点。比如中印边界、中缅边界、中越边界及中朝边界等。由于种种因素，中朝边界研究成果没有中缅边界和中印边界研究较为深入。针对我国与周边国家边界谈判问题，学界也需要从我国国情和国际局势发展综合进行研究。

第三，边界划定后，学界对边界研究明显呈现出冷化趋势。边界纠纷成为历史后，边界研究如何与边疆建设及边防研究相结合，需要学者们

---

① 熊武一、周家法主编：《军事大辞海·上》，长城出版社2000年版，第187页。

思考。

第四，边界历史研究需要充分挖掘中外史料。近年来，随着我国有关边界档案的整理出版，及外国解密档案的公布，原本一些研究不明的地方，可能会因此得以明晰。

第五，边界研究需要与国际学界接轨和对话。目前中印边界仍未划定，且因爆发过激烈冲突而引发国际学术界的关注。目前国内关于此问题的研究，缺乏与国际学界的接轨与对话。随着国际热点的出现，掌握边疆学术研究的话语权是重大的现实需要。若国内学术研究能与国际学界对话、交流，对掌握国际话语权，无疑是大有裨益的。

第十二章

中国海疆史研究[*]

一 中国海疆史研究历程回顾

在中国边疆史学术领域，中国海疆史无疑是其不可或缺的重要组成部分。开展对中国海疆史的研究，极大地丰富了中国边疆史研究的学术内涵，对学科建设和发展起到了十分重要的作用。

尽管由于种种原因，历史上我国海疆史研究在深度、广度等方面，很难与陆地边疆史的研究同步，造成海、陆边疆研究之间存在明显的不平衡，但我们从前人的大量成果中不难发现，与陆地边疆史地研究一样，海疆史的研究在我国有着悠久的历史和良好的学术传统。在《尚书》《尔雅》《管子》等我国上古时期的经典著作中，对"海"有着各种各样的记述，反映了古代中国对海的认识和思想。以后，历朝历代大量史书中与海相关的记载更是屡见不鲜，其中既有对开发、经营、管辖海洋的史实之记录，也有对海洋思想、海洋政策、海防、海洋经济等各个层面所进行的研究。前人对中国海疆充满智慧的研究成果，为我们今天的深入研究打下了坚实基础。

中华人民共和国成立以来，中国海疆史研究始终处于成长和发展的进

---

[*] 本题写作系以李国强《新中国海疆史研究60年》（载《中国边疆史地研究》2009年第3期）和《海疆史研究综述》[载厉声、李国强主编《中国边疆史地研究综述（1989—1998年）》]二文为基础，增补撰写而成，特予说明。

程当中。随着中国边疆史研究的不断深入、随着相关学科领域研究的不断繁荣，我国大陆学术界在海疆史研究方面取得了前所未有的成绩，学术成果大量问世，研究的内容、研究的层面、研究的深度、研究的广度以及史料的挖掘、整理、利用等，均超过了以往任何一个时期。不仅在传统研究领域涌现新的观点、取得新的突破，而且研究领域得以大大拓宽。

与陆地边疆史研究有所不同的是，60余年来中国海疆史的学术研究不仅因循学术发展的规律、助力哲学社会科学的不断繁荣，而且与社会发展的现实紧密相关。其一，我国重视海洋，致力于发展海洋事业，海洋日益成为我国社会经济体系中不可或缺的重要环节之一，从而促使海疆史研究呈现出蓬勃发展的局面和强劲的上升势头；其二，我国海洋领土主权、海洋权益始终面临着严峻挑战，海上安全、海上划界问题直接影响着地区稳定和双边关系，这一现实一方面给海疆史的理论研究提出了诸多命题，另一方面极大地推动了海疆史研究不断深化。

中国海疆史研究的范围至少包括三个方面：我国拥有主权的海域；我国拥有主权或管辖权的岛屿；沿我主权海域的陆地部分，即海岸线部分。中国海疆史研究的学术范畴大体上包括历代海疆疆域史、历代海洋政策与海洋思想史、历代海防史、历代海上丝绸之路和海上贸易史等。其中以历代海疆疆域史所涉及的内容最为多样，不仅包括历代海疆疆域的通史性研究，而且包括南海、钓鱼岛、海南、台湾、香港、澳门等专题性历史研究。

（一）1949年至20世纪60年代是中国海疆史研究开创期

1949年至20世纪60年代，是中华人民共和国海疆史研究的开创时期。学术界以马克思主义史学观为指导，摒弃旧时代史学观念的桎梏，就海疆史所涉及的主要学术范畴进行了初步研究，特别是在一些专题性研究上开展了有益探索。这一时期的突出特点有两个：其一，关于海疆史的基本概念和学术框架尚未提出，海疆史的研究尚未从地方史和传统史学体系中剥离出来；其二，关于海疆史研究的若干重大理论问题尚未展开充分研究，但某些专题领域的研究取得了突出成绩。尽管这一时期所开展的海疆史研究，带有较为浓重的时代特征和政治色彩，但这些研究大都具有开创性或奠基意义，学者们所阐述的学术观点甚至影响至今。

这一时期研究较集中的是海上贸易史、台湾史、南海诸岛史等。先后出版了丁又《香港初期史话》[1]、介子《葡萄牙侵占澳门史料》[2]、鞠继武《祖国的南海诸岛》[3]、朱宏富等《台湾》[4]、王芸生《台湾史话》[5]、刘大年《台湾历史概述》[6]、吴壮达《台湾的开发》[7]、朱契《中国人民开发台湾反抗侵略斗争史略》[8]、万克家《台湾人民斗争史略》[9]、张雁深《美国侵略台湾史》[10]、近代史资料编辑组《台湾战争记》[11]、张宗洽等《郑成功收复台湾》[12]等专著。

在海上交通史研究方面，章巽在《地理知识》1955年第11期至1956年第2期连续发表了《中国古代的海上交通》《秦汉三国时代的海上交通》《隋唐时代的海上交通》《宋元时代的海上交通》多篇论文，方楫在《文史哲》1957年第9期发表了《明代的海运与造船工业》，等等。

在海上贸易史研究方面，主要成果有卢苇《宋代海外贸易的发展表现在哪些方面》[13]、刘勉之《元代的民间海外贸易》[14]、田汝康《十五至十八世纪中国海外贸易发展缓慢的原因》[15]、韩振华《1650—1662年郑成功时代的海外贸易和海外贸易商的性质》[16]等。

在南海诸岛史研究方面的主要成果有王斤役《唐代以来西沙群岛已是

---

[1] 生活·读书·新知三联书店1958年版。
[2] 上海人民出版社1961年版。
[3] 上海知识出版社1954年版。
[4] 江西人民出版社1955年版。
[5] 中国青年出版社1955年版。
[6] 生活·读书·新知三联书店1956年版。
[7] 科学出版社1958年版。
[8] 湖北人民出版社1955年版。
[9] 江西人民出版社1958年版。
[10] 人民出版社1956年版。
[11] 中华书局1962年版。
[12] 福建人民出版社1962年版。
[13] 《历史教学》1963年第12期。
[14] 《人民日报》1959年2月1日。
[15] 《新建设》1964年第8—9期。
[16] 《厦门大学学报》1962年第1期。

中国的领土》[①]《南沙群岛史》[②]，朱偰《南沙群岛和东、西、中沙群岛一向是中国的领土》[③] 等。

台湾史是学术界着力较多的领域，成果相对丰富，代表性论文有丁名楠《台湾历史概述》[④]、荣孟源《台湾设巡检司时间》[⑤]、王芸生《台湾自古以来是中国的领土》[⑥]、刘大年《1874年英国与日本合作进攻台湾的经过》[⑦]、王绳祖《1874年日本侵占我国领土台湾和英国的"调停"》[⑧]、余绳武《美帝早期的侵台阴谋》[⑨] 等。在台湾史的研究中，关于郑成功收复台湾的问题成为研究热点，代表性成果有朱杰勤《郑成功收复台湾事迹》[⑩]、刘经发《郑成功收复台湾》[⑪]、陈国强《郑成功收复台湾的时间问题》[⑫] 等。

涉及澳门史、海南史、中琉关系史的代表性成果有洪启翔《明季葡萄牙对中国的侵略和它对我澳门的窃据》[⑬]、郭沫若《说儋耳》[⑭]、谭其骧《李德裕谪崖州》[⑮]、张一纯《谈海南岛历史的二三事》[⑯]、董蔡时《琉球与中国的历史关系》[⑰] 等。

（二）20世纪70年代至80年代初是中国海疆史研究探索期

20世纪70年代至80年代初期，是海疆史研究艰难探索的时期。总体

---

① 《新史学通讯》1956年第11期。
② 《史学月刊》1958年第1期。
③ 《光明日报》1956年6月7日。
④ 《光明日报》1954年9月2日。
⑤ 《历史研究》1955年第1期。
⑥ 《世界知识》1954年第15期。
⑦ 《新建设》1951年第3期。
⑧ 《南京大学学报》1962年第2期。
⑨ 《大公报》史学1951年第13期。
⑩ 《中山大学学报》1955年第2期。
⑪ 《历史教学问题》1958年第10期。
⑫ 《厦门大学学报》1962年第1期。
⑬ 《华南师院学报》1960年第3期。
⑭ 《人民日报》1950年4月2日。
⑮ 《文汇报》1962年6月30日。
⑯ 《史学月刊》1964年第10期。
⑰ 《历史教学》1955年第4期。

来看，这一时期海疆史研究面临诸多困境，一方面学术界对海疆史的认识依然没有大的改观，构建海疆史学科体系仍然没有提到应有的高度；另一方面存在种种学术外因素的干扰。因此，除台湾史、南海诸岛史等专题领域外，海疆史研究基本上呈现低迷的状态。不可否认的是，尽管关于海疆史的基础理论研究既不系统也不完善，但依然具有突出的特点：其一，学术研究紧扣时代要求，在对台湾史、南海诸岛史持续研究的基础上，对海上交通史、海上贸易史、钓鱼岛及中琉关系史的研究不断进行探索；其二，出版或发表了一批理论价值高、实践意义强的学术成果和学术资料，理论研究的深度和广度又取得突破性进展。

这一时期出版的论著数量不多，主要有北京出版社 1979 年出版的编写组《中国人民保卫海疆斗争史》、福建人民出版社 1980 年出版的施联朱《台湾史略》、中华书局 1981 年出版的韩振华《南海诸岛史地考证论集》等。

台湾史的研究是这个时期取得成果最多的领域，无论是成果的数量还是质量，都有相当大进展。在台湾历史地理、郑成功收复台湾以及台湾建省等问题上，还展开了热烈的讨论和学术争鸣。代表性成果有周维衍《台湾历史地理中的几个问题》[1]、商鸿逵《论康熙收复台湾及其善后措施》[2]、黄盛璋《有关郑成功收复台湾的几个问题新证》[3]、施联朱《郑成功收复台湾及其对高山族的政策》[4]、黄志中《台湾最先设立行政机构始于何时》[5] 等。

关于南海诸岛历史的研究也较为集中。一方面围绕南海诸岛历史开展研究，另一方面从新的角度对我国南海诸岛主权进行论证，代表性成果有谭其骧《七洲洋考》[6]、韩振华《七洲洋考》[7]、史棣祖《南海诸岛自古就

---

[1]《历史研究》1978 年第 10 期。
[2]《中国史研究》1980 年第 4 期。
[3]《中国史研究》1981 年第 1 期。
[4]《中央民族学院学报》1982 年第 3 期。
[5]《福建论坛》1982 年第 3 期。
[6]《中国史研究动态》1979 年第 6 期。
[7]《南洋问题》1981 年第 3 期。

是我国领土》①、林金枝《南海诸岛范围线画法的由来演变》②、劳祖德《清末关于东沙岛的一次中日交涉》③、韩振华《西方史籍上的帕拉塞尔不是我国西沙群岛》④、张鸿增《从国际法看中国对西沙群岛和南沙群岛的主权》⑤、戴可来《漏洞百出，欲盖弥彰》⑥等。

此外，学术界还就海上交通史、海上贸易史、钓鱼岛及中琉关系史进行了研究，代表性成果有李成林《公元前后的中西古航线试探》⑦、于豪亮《我国古代海上交通中几个地名的考释》⑧、洪建新《我国古代海上交通述略》⑨、陈佳荣《古代南海交通史上的"海"、"洋"考释》⑩等。

（三）20世纪80年代初至今是中国海疆史研究发展期

20世纪80年代初期到现在，是海疆史研究蓬勃发展的时期。首先，海疆作为我国疆域的有机组成部分，海疆史研究成为不可或缺的学术领域，日益为学术界所关注已成必然。其次，人们对海洋的认识水平和重视程度超过了以往任何一个时期，科学探索中国海疆形成、演变的历史规律，着重解决海疆历史上的疑点问题、海疆理论上的难点问题以及海疆现实中的热点问题，是社会发展的必然要求。最后，我国在海疆方面与一些邻国的争端、纠纷明显加剧，领土主权、国家安全和海洋权益面临着严重威胁，加强和深化海疆史研究成为学术界的责任。应该指出的是1983年中国社会科学院中国边疆史地研究中心的成立，是这一时期海疆史研究得到大大推进的重要因素之一。中国边疆史地研究中心明确提出中国海疆史是中国边疆史的重要组成部分，在多年的科研实践中不断推广和深化这一

---

① 《地理知识》1975年第9期。
② 《南洋问题》1979年第4期。
③ 《历史与文物资料》1979年第3期。
④ 《光明日报》1980年4月5日。
⑤ 《红旗》1980年第4期。
⑥ 《光明日报》1980年6月9日。
⑦ 《学术月刊》1980年第3期。
⑧ 《文物》1978年第11期。
⑨ 《历史教学问题》1982年第6期。
⑩ 《厦门大学学报》1981年增刊。

认识，由此推动了海疆史学术体系、学术框架的探索和构建。2001年《中国边疆史地研究》第2期刊载了一组关于海疆史研究的学术论文，围绕"海疆"的定义、海疆史研究的性质和任务、海疆史研究的学术内涵和外延等问题集中进行了讨论。在科研组织方面，中国边疆史地研究中心精心遴选课题、整合国内学术力量，集中力量开展海疆史研究，出版了多部著作，如黑龙江教育出版社分别于1992年、1995年、1996年、1999年、2003年出版了吕一燃主编《南海诸岛：地理·历史·主权》和《中国海疆历史与现状研究》、韩振华《南海诸岛史地研究》、安京《中国海疆史纲》、李国强《南中国海研究：历史与现状》。

厦门大学出版社2001年出版了陈在正专著《台湾海疆史研究》、中州古籍出版社2003年出版了张炜与方堃主编《中国海疆通史》、上海人民出版社2008年出版社了王颋《西域南海史地考论》、四川人民出版社2016年出版了吕一燃主编《中国海疆史研究》等。需要重点介绍的是吕一燃主编《中国海疆史研究》一书，这是对曾获第二届中国出版政府奖图书奖的《中国近代边界史》相关海疆部分内容的扩展和深化。全书系统阐述了中国南海诸岛，中国东南海疆、台湾及其附属岛屿钓鱼列岛，以及中英、中葡关于香港、澳门领土主权交涉等重大海疆历史问题，以拓荒性、前瞻性的独特视野，呈现中国领土主权原貌和中国海疆形成的沿革，史料翔实，持论客观公正。

近年来，中国第一历史档案馆公布了一些清代关于东沙岛的档案。日本亚洲历史资料中心也公布了一些关于我国东海和南海的日文档案。亚洲历史资料中心是在近现代的日本内阁、外务省、陆军、海军的公文书以及其他记录当中选出与亚洲近邻各国之间相关的资料，其中涉及我国的东海、南海。中华书局整理出版的《顺风相送·指南正法》是牛津大学博德利图书馆馆藏的手抄孤本。[①]《顺风相送》包括127则，《指南正法》包括87则。二书均是记载钓鱼岛有关情况的珍贵文献，《顺风相送》更是现存很早记录钓鱼岛属于中国的文献。上述档案和重要史料的公布，对深化相关历史研究，提供了珍贵史料支持。

---

① 中华书局2017年版。

在学术界的共同努力下，海疆史研究持续深入，可以说30多年来是中国海疆史研究硕果累累的时期，研究内容的全方位、研究成果的创新性都得到大大提高，逐步形成了基础研究与应用研究有机结合的基本学术体系。据不完全统计，20世纪80年代初期以来，我国出版的有关海疆史研究的专著、译著有上百种，各种论文集、资料集、工具书100多种，发表专题学术论文达数千篇、研究报告近千篇，几乎涵盖了海疆历史和现实问题研究的各个领域。

这一时期最突出的特点是，在传统学术领域不断延伸和推进的同时，关于海疆史基础理论的研究日益深入；在专题研究不断深化的同时，关于中国海疆历史演进规律的探索逐步展开。在新史料和考古资料广泛利用的基础上，随着研究手段和研究方法的推陈出新，海疆史跨学科、整合性研究的趋势日益明显，从而在诸多重大理论问题上取得了创新性成果。

二 海疆史理论研究

理论研究既是具体研究的深化与提升，也是对具体研究的指导。对海疆史研究而言，理论研究是不可或缺且非常重要的。长期以来学者更多是关注具体问题研究，对海疆史理论研究不多。海疆含义是海疆史研究的最核心和最重要的内容。2000年，马大正在《中国边疆经略史》一书的"序言"中最早进行了界定。"海疆可以包含两大部分，一是大陆海岸线至领海基线之间的海疆，这是国家的内海，其法律地位与领土完全相同；二是领海基线以外的国家管辖海域与岛域。这样海疆的内涵是明确的。"同时，马先生还指出："将拥有大陆海岸线的省区称为海疆地区似欠科学，但论及海疆，尤其是历史上的海疆，也难以将它们与这些省区之间的政治、经济诸关系完全割裂。"[①] 这开启了海疆史理论研究之发端。《中国边疆史地研究》2001年第2期刊发了张炜和李国强的两篇文章，进一步阐发相关概念。张炜《中国海疆史研究几个基本问题之我见》认为海疆首先是

---

① 马大正主编：《中国边疆经略史》，中州古籍出版社2000年版，第2、3页。

一个国家范畴的地理概念。中国古近代海疆史的"海疆"概念应定位于中国的沿海地区，主要指海岸带，包括沿海的陆地、滩涂、港湾、岛屿。现代海疆历史则应当完全包括管辖海域，同时应包括根据现代国际海洋制度赋予的合法权利在公海进行的海洋开发利用活动。海疆史是一门专史，属于历史学的学科门类，同时具有历史地理学的性质。它以沿海疆域的地理沿革为基础，渗透于经济、政治、军事、文化及其社会各个领域，具有很强的边缘性质。张炜认为，中国海疆史研究内涵是中国特定历史地理条件下海洋文明发生和发展的历史。正确揭示中国海疆自然地理环境的一般性和特殊性、中国海洋文明与世界海洋文明的联系和区别、中国海疆史与中国历史的关系，应是中国海疆史研究的理论重点。中国海疆史研究之目的是研究中华民族开发海洋的历史进程，揭示中国海洋文明发展的历史进程及其规律性，探索海洋对中华民族兴衰荣辱的重大影响。李国强《关于中国海疆史地学术研究的思考》认为我国的"海疆"由三部分构成：一是我国拥有主权但同时与相邻国家的陆地或海域毗连的海域；二是我主权海域的沿海领土；三是与周边国家有明确的海洋国界线。

经过七年沉寂后，李国强在《新中国海疆史研究60年》[1] 中指出，中国海疆史研究的范围至少包括三个方面：我国拥有主权的海域；我国拥有主权或管辖权的岛屿；沿我主权海域的陆地部分，即海岸线部分。中国海疆史研究的学术范畴大体上包括历代海疆疆域史、历代海洋政策与海洋思想史、历代海防史、历代海上丝绸之路和海上贸易史等。此后，李国强在《海岛与中国海疆史的研究》[2] 中进一步深化对海疆史研究的思考。他认为，应该以海岛为核心进行海疆史学术架构。中国海疆史的学术内涵包括十一个方面：①中国海岛管辖权的形成与海疆疆域史研究；②中国历代海岛及其海域经略史研究；③中国历代海岛管理立法及制度研究；④中国历代海岛及其海域开发研究；⑤中国历代海岛军事史研究；⑥中国历代海岛经济发展模式研究；⑦中国历代海图中的海岛及其海域研究；⑧有争议海岛的历史与现状研究；⑨21世纪地缘政治中的中国海岛研究；⑩中国海岛

---

[1] 《中国边疆史地研究》2009年第3期。
[2] 《云南师范大学学报》（哲学社会科学版）2010年第3期。

及海域与国家安全研究；⑪中国海岛文化史研究。

李国强在《关于海疆史研究的几点认识》[①]中认为海疆史研究的主要内容还包括近当代中国海上边界，这是新增的内容。他还提出一个新的议题：中国传统疆域观与海洋疆域形成之关系。中国海洋疆域同样经历了古代历史上由无疆无界到有疆无界，直到近代最终确立以断续线为标志的中国海洋疆域的范围。海洋疆域的断续线，是表明中国在海洋实施管辖的区域范围或者是海疆范围，而不是国界线。我国在海疆区域内享有的主权权利和以断续线为标志的历史性权利是一个完整性的体系，共同构成了我国在海疆内的主权权利。确定海洋领土主权归属的条件概括为最早发现、最早命名、最早开发与经营、最早进行连续不断的行政管辖，从这四个要素出发，展开对中国海疆史的历史考察，不仅合乎国际法的基本原则，而且有助于我们建立中国海疆史的话语体系，有助于我们占领国际舆论高地，从而使历史研究发挥出服务于现实的最大效益。这正是我们开展海疆史研究，构筑海疆史研究理论体系的核心目的。

在深入研究中，学界逐渐意识到我国边疆史学的国际话语权的重要性。2015年，李国强在《中国海疆史话语体系构建的思考》[②]中认为我国的"海疆"至少应该有两部分构成，一是我国拥有主权、管辖权同时与相邻国家的陆地或海域毗连的海域；二是我主权范围内的沿海领土。中国海疆史理论研究的核心目的，一是探寻中国海洋疆域形成、发展、演变的历史规律，从而更好地阐释中国拥有海洋领土主权、管辖权和海洋权益的必然性、合理性和合法性；二是探寻中国海疆治理的历史，在思想、制度、手段、方式等多个层面追溯历史渊源，从而为我国实施海洋现代治理提供理论支持；三是探寻中国海疆开发经营的历史，从海上航行、通道安全、渔业生产、海上贸易等多个角度总结历史经验和教训，从而为海洋事业、海洋经济社会的可持续发展提供历史借鉴。中国海疆史话语体系的基本内涵包括：海疆领土主权的要素，海疆历史的时空脉络，海疆历史的基本范畴，海疆历史的中外比较。2016年，李国强在《关于海洋史与海疆史学术

---

① 《史学集刊》2014年第1期。
② 《中国边疆史地研究》2015年第4期。

界定的思考》①中区分了海洋史与海疆史的区别与联系，认为海疆史是关于海洋疆域形成、发展、演变的历史。从其范畴上而言，它包含了自古至今从海洋疆域到海洋领土主权、管辖权演进的全部历史。从研究对象上而言，主要集中于历代海洋政策、海洋制度、海洋管辖、海洋管理、海洋开发。从时间上而言，海疆史具有断代史的所有特性，依照历史演进的时间顺序，来探索海洋疆域形成、演变的历史脉络。从研究目标上而言，它通过对海洋政治史、海洋经济史、海洋外交史、海洋军事史、海洋文化史全要素的考察，诠释海洋疆域、海洋领土、海洋权益的内涵与外延，从而探寻海洋疆域从无疆无界到有疆无界，再到有疆有界发展的历史规律。海疆史是中国历史学特有的特色领域，既可视为海洋史的重要分支，同时又是中国边疆史研究的有机组成部分，所以更准确地说，"海疆史"即为"中国海疆史"。

自 2000 年学界开始探索海疆史理论以来，学界基本对海疆史的概念和研究内涵有了较为清晰而明确的认识，并在当今中国海疆现实环境中的海疆史研究重要性及海疆史研究话语权建设进行了深入思考，这有利于海疆史向更为学科化发展奠定了理论基础。

三 历代海疆政策及海禁政策研究

从历代海疆思想和海疆政策的角度，探讨我国治理海疆的历史规律，无疑是揭示海疆历史演进极为重要的途径。学者们围绕不同时期的海疆政策及其思想根源展开了探索，并引起越来越多的关注。

清代的海疆政策在很多方面因循了以往历代的要素，同时在某些方面有所变化。对此，何瑜撰文《清代海疆政策思想探源》②进行了研究，文中将清代的海疆政策纳入其整个治边政策中加以研究，认为其政策的思想基础与整个清代的治边思想是完全一致的。清代海疆政策的首要目标是宁

---

① 《中国边疆史地研究》2016 年第 2 期。
② 《清史研究》1998 年第 2 期。

靖海疆、保卫海疆；同时"还有一个高层次的发展目标，虽然它不是封建统治者既定和追求的目标，但却是社会发展的需要，那就是不断地开发海疆，发展海洋经济，通过发展对外贸易和科技文化交流，以达到富国强兵、提高综合国力的目的"。文中将清政府无法实现其目标的思想根源归纳为：①"在继承儒家治国平天下思想的同时，依然用传统的治边思想和治边政策去对付从海上来的西方殖民主义者"；②清朝统治者均重西北陆路边疆而轻视东南海疆；③日益强调"天子守在四夷"的"守"字，使得其海疆政策中防范和限制的内容更加突出，集中反映在"禁"与"防"上。此外，何瑜《康乾盛世与海疆政策》[1]和《康熙晚年清政府海疆政策变化原因探析》[2]，许毅《试论清代前期对外贸易政策与海禁的性质》[3]，范东升《浅谈清初海禁对台湾开发的作用》[4]，孙海峰《略论明朝的海洋政策》[5]，李德元《海疆迷失：对中国传统海疆观念的反思》[6]，庄国土《论中国海洋史上的两次发展机遇与丧失的原因》[7]，刘俊珂《清前期海疆治策之检讨》[8]，李国强、刘俊珂《挑战与变调——明代海疆政策探论》[9]，王日根《清代海疆政策与开发研究的回顾与展望》[10]，李德元《论中国近代海疆观念的形成》[11]，张振国《清代海疆缺考论》[12]等文章也是这方面研究的主要成果。

中国历史上传统的"重土轻海"思想，使得历代统治者将其统治的重心放在了陆地，这也造成历史海洋政策并不像陆地边疆政策一样，在连续性和多样性上略显缺乏。而明清时期海禁政策，不仅在中国历代海洋政策

---

[1]《清史研究》1993年第1期。
[2]《清史研究》1991年第2期。
[3]《财政研究》1992年第7期。
[4]《武汉教育学院学报》1989年第3期。
[5]《河南大学学报》2003年第2期。
[6]《厦门大学学报》2006年第2期。
[7]《南洋问题研究》2006年第1期。
[8]《中国边疆史地研究》2013年第2期。
[9]《史学集刊》2014年第1期。
[10]《华中师范大学学报》（人文社会科学版）2014年第3期。
[11]《厦门大学学报》（哲学社会科学版）2014年第3期。
[12]《史学月刊》2015年第9期。

中独具特点，而且历来是史学界研究的重点之一。

在元代海禁问题研究中，邓端本《试论元代的海禁》①认为海禁政策始自元朝，与明清时期有所不同，元朝的海禁并非禁绝所有的海外贸易，而只是在国内"禁商泛海"。之所以实行这一临时性措施，是对权豪势要经营海外贸易加以约束，为了推行"官本船"制度，对违禁品大量外流进行约束。权豪势要势力的膨胀，是元代海禁政策最终废止的原因。这一研究对我们探讨元代的海疆政策及明清两代的"海禁"问题，有一定的学术意义。

关于明清时期"海禁"政策研究，则是学术界较多关注的问题。明代海禁肇始洪武年间，明太祖朱元璋厉行海禁，这一观点已成定论。但对涉及明代不同阶段实行海禁的诸多问题，史学界进行了多方面深入研究。卢建一《明代海禁政策与福建海防》②一文对明代实行海禁政策的深层原因和作用进行了分析，认为明代海禁政策源于明初从战乱走向统一，封建中央集权制度逐步巩固的时期。为保障沿海地区安定局面，朱元璋由开海迅速转变为禁海，是明初实行海禁的主要政治原因，而恢复和发展封建自然经济是实行禁海的主要经济原因。其直接动因是作为防御倭寇的一个具体措施，同时也是海防战略的一个主要环节。但在实际上海禁政策却对海防起了消极作用，更促使一些海商入海为寇，致使掠夺规模更大、破坏性更强。林瑞荣《明嘉靖时期的海禁与海寇》③认为：①在分析嘉靖时期的倭寇时，不能只涉及真倭，不涉及假倭，即实际上是中国海盗的"倭寇"，否则便不能得出正确的结论。而假倭既有盗的一面，也有其商的一面。②在肯定明朝抵御"倭寇"侵扰的正义性质的同时，也应指出其一味禁止海上贸易所反映出来的落后和愚昧；而在否定大肆杀戮、破坏东南沿海社会安定和经济发展的"倭寇"时，也应承认他们中的一部分，主要是那些假倭们要求海上贸易权利的正当性。邹萍《朱纨与明代海禁政策》④一文认为后人之所以对朱纨的评价褒贬不一，根本原因在于明代私人海上贸易

---

① 《海交史研究》1990年第1期。
② 《福建师范大学学报》1992年第2期。
③ 《历史档案》1997年第1期。
④ 《福建师范大学学报》1998年第2期。

与倭患这一对相联系又相对立的矛盾。本文认为，作为明朝政府既定的海禁政策的执行者，朱纨的悲剧性结局早就深埋在他衷心掩护并死力执行的海禁政策中，他是海禁政策坚决的执行者，有功于抗倭，但同时也成了海禁政策的牺牲品。李金明《明代后期部分开放海禁对我国社会经济发展的影响》[①] 一文认为明代后期海禁的部分开放，不仅抑制了走私活动，增强了中国货物在海外的竞争能力，而且改变了海外贸易商的结构，促进了沿海一带手工业生产的繁荣，对我国社会经济的发展起到了一定的积极影响。但明朝政府部分开放海禁的目的并不是发展海外贸易，而是从维护自身统治、抑制走私活动及征收税饷等方面来考虑，所以是在严密地限制下进行部分开禁的，其影响作用难以长久保持。

明成祖朱棣即位后，是否继续执行海禁，史学界存有分歧。多数著述认为朱棣宽弛了海禁，有的甚至认为他实行了开放政策。苏松柏撰文《论明成祖因循洪武海禁政策》[②] 提出了截然不同的观点。文中认为倭寇势力的消长是决定朱棣在海禁问题上宽严的基础，而朱棣即位后，沿海地区倭患仍然十分猖獗，寇掠事件不断，使朱棣一如朱元璋厉行海禁。而他"宽宥""诸番国遣使来朝"及派遣郑和七下西洋，均是为了发展政府间的朝聘关系而积极遣使海外和放宽海国来朝的限制，至于民间私人海上贸易，是坚持实行海禁的。

陈尚胜《明朝后期筹海过程考论》[③] 一文对相关问题展开了专题性研究。文中认为如何处理海外国家来华贸易问题，是明朝统治阶级内部最先争议和改革的筹海问题。而是否废止"海禁"政策，则是争论最为热烈的筹海问题。明后期筹海思想家们虽然已经认识到了海防与海外贸易之间高度相关的联系，也提出了设防海洋的积极主张，但对制海权的认识则较为朦胧。文中指出，明后期筹海争论的内容表明，明王朝长期实行的"海禁"等闭关政策，严重束缚了人们对海外世界的认识和了解。在筹海实践上，同处东南沿海的浙、闽、粤在筹海格局上产生较大

---

① 《海交史研究》1990 年第 1 期。
② 同上。
③ 同上。

差异。而筹海的短期行为最终葬送了筹海的前程，使中华民族失去了一次重要的历史发展契机。此外，李建军《试论明代海禁派代表朱纨》[①]，晁中辰《论明代实行海禁的原因——兼评西方殖民者东来说》[②]，李爱军、吴宏岐《明嘉靖、万历年间南海海防体系的变革》[③] 等论文也从不同角度加以研究。

四 历代海防研究

在中国古代史上，对于北部、西部陆地的防御始终占据极为重要的地位，而海防则处于相对滞后的次要位置。除了与中国历代海防思想紧密相关外，与古代水师、水军的建设和发展也有十分密切的关系。学术界的研究更多地集中在对历代海防思想、古代海军的发展两个方面，而清末和近代海防的研究更成为重点。

在该领域研究中，张铁牛、高晓星的《中国古代海军史》[④] 是历代海防研究中的一项重要成果。书中认为远在春秋末期中国古代海军就已出现雏形。公元前 6 世纪至前 2 世纪是形成时期；前 2 世纪至公元 13 世纪是发展时期；13 世纪至 17 世纪中期是鼎盛时期；17 世纪中期至 20 世纪初是衰亡时期。书中对各个时期海军的作用、地位，水师的建制、海防特点及战船、装备的发展等进行了较为详尽的论述。指出中国古代海军在奴隶社会末期形成，在整个封建社会时期不断发展壮大，成为一支装备精良、能征善战的军事力量，为统一中国、抗击外敌入侵发挥了重要作用。但也成为历代封建统治者对内镇压人民、对外进行扩张的工具。书中还以大量史实分析了历代海军建设和海防上的成败得失。

学者们从不同角度，对历代的海防进行了学术探讨。王宏斌《清代前

---

① 《云南师范大学学报》1994 年第 3 期。
② 《海交史研究》1989 年第 1 期。
③ 《中国边疆史地研究》2013 年第 2 期。
④ 八一出版社 1993 年版。

期海防：思想与制度》①和《晚清海防：思想与制度研究》②，以及张晞海《中国海权报告（古、近代部分）》③都是值得重视的学术之作。安京《秦汉时期海疆的经略》④一文认为秦汉时期是我国统一海疆形成的时期，秦皇汉武海上巡狩的主要目的是巩固其统治，反映了这一时期中央政府在军政上致力于海疆经略的事实。同时，秦汉时代还是我国海疆开发的重要时期。本文将中国海疆史的研究延展至秦汉时期，不失为有益的探索。邸富生《试论明朝初年的海防》⑤认为明朝初年加强海防的主要目的是防御来自日本的倭寇对中国沿海地区的骚扰和侵略，采取的主要海防政策是"陆聚步兵，水具战舰"，实行以陆防海和陆海并重的措施，在中国万里海疆建立起较为严密的防御体系，改变了以往中国历代统治者重陆防轻海防的局面。明初中国沿海防御体系的建立，对保卫沿海地区社会经济的发展，维护国家领土完整，抵御外来侵略，起了重要作用。范中义《明代海防述略》⑥一文则对明代海防进行了较为系统的叙述。张金奎《明代山东海防研究》⑦分析了山东海防建设在明代不同历史阶段发展变化状况以及海防建设与山东半岛地方经济社会发展的影响。姜鸣《中国近代海军编年史志（1860—1911）》⑧详细记录近代以来中国面临西方海上入侵所开展的加强海防建设，创立海军的历史过程。刘清涛《南宋至明初的海防与海权论析》⑨梳理影响南宋至明初海防与海权的产生与发展过程的各项历史因素。认为中国历史上海防与海权的产生与演变，除了由海外贸易繁荣发展、航海技术进步与知识积累、海疆秩序维持、海外威胁挑战、王朝向陆向海的选择等各历史因素累积作用影响外，也离不开当时国际背景和与海外诸国关系的文化解释。牛传彪《明代巡洋会哨制度及其在海疆防务中的

---

① 社会科学文献出版社2002年版。
② 商务印书馆2005年版。
③ 海潮出版社2000年版。
④ 《中国边疆史地研究》1995年第1期。
⑤ 同上。
⑥ 《历史研究》1990年第3期。
⑦ 中国社会科学出版社2014年版。
⑧ 生活·读书·新知三联书店2017年版。
⑨ 《中国边疆学》第八辑，社会科学文献出版社2014年版。

地位》①，赵红《山东海防与山东沿海社会发展——以万历抗倭援朝战争为背景》②，贾浩《〈沿江沿海各省炮台图说〉与叶祖珪的海防思想》③，韩虎泰《明代广东海防分路新考》④，周伟峰、黄忠鑫《明代潮州府巡检司的设置与山海防御》⑤，高志超、王云英《清前中期黄海海防述论》⑥ 等文也进行有益探讨。

《苍梧总督军门志》是我国流传至今较早的一部体例完备的军事志书，何林夏《〈苍梧总督军门志〉与明代广东海防研究》⑦ 对这一史籍进行了详细介绍，并指出书中关于海防驻兵置将、沿海报警烽堠、"全广海图"等方面的记载，对于研究明代广东海防有重要意义。郭双林《〈南海群岛兵要地志初稿〉的内容及其价值》⑧ 对收藏于美国哥伦比亚大学图书馆的《南海群岛兵要地志初稿》（油印稿）一书的内容及其价值做了详细解读。该书稿是一部极其罕见的以"兵要地志"命名的南海军事地理著作，对南海诸岛的地理位置、地势、地质、气象及部分地区的海流、交通、物产、军事价值做了初步介绍，记载了国人发现、管理南海诸岛的经过，揭露了近现代日本、法国侵占南海诸岛、掠夺南海资源的罪行。

吴昊《明代澎湖海防制度探析》⑨ 一文分析了明代澎湖地区海防制度演变，认为洪武初年虽倭寇连续侵扰中国沿海，但明政府无力控制澎湖，遂采取迁民弃守的收缩战略。万历中后期，随着海上危机的不断加剧，明政府逐渐加强对澎湖列岛的军事防卫，力图将其纳入国家海防体系之中，并将其作为东南海防的第一道防线。澎湖之战后，明政府改变了先前的汛防做法，在澎湖建立堡垒营寨，派水陆军长戍于此。明政府对澎湖海防的不断强化，不仅是国家海洋安全空间扩展的大势所趋，也是打击外敌侵

---

① 《中国边疆史地研究》2015 年第 4 期。
② 《烟台大学学报》（哲学社会科学版）2015 年第 5 期。
③ 《中国国家博物馆馆刊》2016 年第 8 期。
④ 《历史档案》2017 年第 2 期。
⑤ 《历史档案》2017 年第 3 期。
⑥ 《中国边疆史地研究》2018 年第 3 期。
⑦ 《中国边疆史地研究》1993 年第 2 期。
⑧ 《中国边疆史地研究》2015 年第 1 期。
⑨ 《中国边疆学》第六辑，社会科学文献出版社 2016 年版。

略、维护国家海疆的必然举措。

在关于清代海防问题的研究中，研究者更多地将重点放在了晚清时期。李少莉《论清末洋务派的海防建设》[1]认为纵观洋务派二三十年的经营，其筹办海防，创建海军，基本宗旨是抵御外侮，并且也发挥了一定的积极作用，对此应予肯定。王宏斌对清代内外洋有着深入思考，他在《清代内外洋划分及其管辖问题研究——兼与西方领海观念比较》[2]《清代前期广东内外洋划分与水师职能》[3]《清代前期江苏的内外洋与水师巡洋制度研究》[4]《清代前期台湾内外洋划分与水师辖区——中国对钓鱼岛的管辖权补证》[5]等文中认为清代前期，官府将接近大陆海岸和岛岸的海域划分成三个部分：一是内洋，这部分海域由于靠近大陆海岸或岛岸，以一些小岛为标志，由沿岸州县和水师官兵共同管辖；二是大洋、深水洋或黑水洋，这部分海域无边无际，"非中土所辖"，类似于现代的公海；三是介于二者之间的一条洋面，清人称其为外洋，这部分海域通常以距离中国海岸、岛岸最远的岛礁为标志，由于超出了文官的管辖能力，主要委派水师官兵来巡阅会哨。

对晚清时期"海防"与"塞防"论争的研究，长期以来就是学术界研究较多的问题。如陈贞寿、谢必震、黄国盛《晚清"海防"与"塞防"论争新探》[6]一文针对史学界把晚清的"海防"与"塞防"之争的实质，看作是"对于列强侵略到底是应该采取抵抗自卫政策还是采取投降妥协政策的根本问题"的观点，提出了不同意见。文中认为1875年清朝统治阶级内部的这场争论，是由总理衙门发起的，并非由李鸿章挑起。论争的主题是如何发展近代海防。通过讨论，不但推动了中国近代海军的发展，而且促进了清政府着手收复新疆失地，其意义应充分肯定。在论争中，由于筹饷和从策略上的考虑，李鸿章同意曾国藩"暂弃关外"的设想，主张全

---

[1]《辽宁师范大学学报》1992年第5期。
[2]《近代史研究》2015年第3期。
[3]《红旗文稿》2015年第23期。
[4]《安徽史学》2017年第1期。
[5]《军事历史研究》2017年第3期。
[6]《福建师范大学学报》1993年第1期。

力经营海防，这一主张虽不利于西北塞防，但基本上只是一个提供商讨的建议。文中同时认为，李鸿章对海防、塞防的最后裁决，并未表示抵触和有意与左宗棠对立，更未形成左与李之间"爱国与卖国之争"的问题。李鸿章关于发展新式海军、优先筹防日本的主张值得肯定。孙占元《海防之议与甲午战争》①一文对晚清从甲戌至甲午20年间的海防之议与甲午战争的关系进行了较为系统的论述。文中认为，由1874年日本侵台事件而引发的第一次海防之议为北洋海军的初创提供了契机。因1884年中法战争而再次兴起海防之议，清政府制订了"以大治水师为主"的计划，使北洋海军于1888年正式成军。1894年中日甲午战争爆发不久，清政府重申"海军为国家第一要务"。北洋海军虽有黄海一搏，却在李鸿章"保船"思想的束缚下，逐步失去了制海权，最终坐以待毙。本文从海防之议与甲午战争的关系这一视角出发，揭示出清政府加强海防与建设海军的举措是被动的，而这使得我们错过了发展成为海上强国的历史机遇。陈传胜《对"海防"与"塞防"之争的再评价：与杨东梁等同志商榷》②、闫存庭《文祥与近代中国的海防和塞防之争》③、黄顺力《晚清海塞防之议与台湾海防地位的衍变》④等文也对该问题进行了进一步探讨。

从海防的角度来揭示中国近代的历史进程，有着十分重要的学术意义。沈波《从清朝海防看鸦片战争失败原因》⑤、赵国通《晚清近代海防意识与甲午海战的失败》⑥等具有一定的代表性。前文认为到18世纪末和19世纪初，中国传统国防战略危机日重，较之于陆防，加强海防日益迫切。清朝落后的水师体制、原始的装备、陈旧的战术以及和平时期水师训练的严重不足，是其在鸦片战争中遭到失败的重要原因。后文认为在外强侵略的刺激下萌发的晚清、近代海防意识，由于缺乏历史的继承、晚清封

---

① 《社会科学辑刊》1995年第4期。
② 《争鸣》1992年第2期。
③ 《石河子大学学报》（哲学社会版）2007年第6期。
④ 《厦门大学学报》（哲学社会科学版）2018年第4期。
⑤ 《杭州大学学报》1993年第2期。
⑥ 载海军军事学术研究所、中国军事科学学会办公室编《甲午海战与中国海防》，海军出版社1995年版。

建统治的腐朽、以防为核心的海洋观，致使晚清海洋观和海权意识与同时代的世界先进水平差距甚大。进而造成其海防建设、海军发展都缺乏宏伟的长远规划，战略思想狭隘保守。文中指出晚清时的中国不具备培育近代海军并使之正常发展的根本条件。而董丛林《湘、淮派系因素与晚清海军、海防》①、戚其章《晚清海防思想的发展及其历史地位》② 两文也进行了有益的探讨，前文研究了湘、淮派系"同源异流"的基本关系，指出在晚清海军、海防的影响上两派系表现为既有相互结合、共同发挥一致性作用的一面，又有相互排斥、分离而产生消耗或特异性作用的一面。后文将晚清海防思想的发展分为五个阶段，即萌发（1840—1861年）、重倡（1861—1874年）、趋实（1874—1879年）、深化（1874—1884年）和高潮（1884—1894年）。文中对晚清海防思想的历史地位和价值给予了积极的评价，认为海防问题与中国社会近代化问题密切相关，海防思想由理论走向实践，不仅带来海防建设的现代化，而且也启动了中国社会近代化的进程。

何平立《略论晚清海防思想与战略》③、黄顺力《鸦片战争时期传统海防观的影响与扬弃》④、孙占元《近代海防观的萌发与海防议》⑤、张公政《甲午中日战争时期的东北海疆危机》⑥ 等多篇论文也就海防问题进行了深入研究。

此外，清代以来涌现出一批具有不同海防思想的历史人物，如林则徐、魏源、姚莹、姚锡光、李鸿章、左宗棠等，对他们的海防思想进行深入研究成为这一时期的一个特点。马金旗《中日两国近代海防理论和政策之比较》⑦ 和苏小东《林则徐、魏源海防战略思想之异同及其影响》⑧ 两文提出大致相同的观点，即认为林则徐和魏源的海防战略思想是消极防御

---

① 《军事历史》1991年第5期。
② 载《鸦片战争与中国现代化》，中国社会科学出版社1991年版。
③ 《上海大学学报》1992年第3期。
④ 《厦门大学学报》1992年第2期。
⑤ 《浙江学刊》1995年第5期。
⑥ 《中国边疆史地研究》2015年第4期。
⑦ 《军事历史》1992年第4期。
⑧ 《史学集刊》1995年第3期。

论，对此施渡桥撰文《林则徐、魏源的海防战略思想是消极的吗?》[①] 则提出不同观点。刘爱文《〈海国图志〉海防思想研究——兼析〈海国图志〉的若干新观念》[②] 一文剖析了魏源在《海国图志》中所反映出的完整的海防思想，包括敌我力量的对比，"守外洋不如守海口，守海口不如守内河"的战略防御，采用近战、以小制大、以近制远的机动灵活的战术，修筑防御工事以及整顿和改革军队，这些海防思想博大精深，在当时具有极大的可操作性。作者高度评价魏源提出的"师夷长技"的思想，强调其意义在于讲求战争实效，不盲目模仿；讲求经济实效，军用与民用相结合，军工生产与民用生产相结合。戚其章《姚莹的海防思想与海国研究》[③] 一文认为姚莹提出"保固藩篱，守定而后议战"的积极防御战略，并采取了有针对性的措施。正是由于姚莹敢于发挥人民群众的力量，其海防思想得以在实践中奏效，在抗击英国侵略者的斗争中取得辉煌战果。文中认为姚莹撰著的《康輶纪行》是继《海国图志》之后，另一部以探求"制夷之策"为宗旨的重要著作，在主张对英国要作全面而深入的了解、强调发动群众抗击侵略者的重要性、介绍西方政治制度和自然科学、科学技术等方面，均比魏源更加深刻。张良俊《论郭嵩焘〈条议海防事宜〉的思想价值》[④] 一文认为在《条议海防事宜》中，郭嵩焘提出海防、塞防并重，主张循习"西洋政府"以为中国自强的"本源之计"的方策，冲破了"中体西用"的理论体系，使寻求救国真理的认识水平提到了新的高度。赵书刚《姚锡光对清末海权的深度诠释》[⑤] 认为姚锡光认识到并明确地提出，海权为中国固有之物，海军应逐步向海心拓展，到太平洋、大西洋、印度洋巡历；海军是争取海权的重要力量，应建立巡洋舰队，建设近代化的军港，装备近代化的武器；人才"为开设海军之根本"。

对李鸿章海防思想的研究不仅成果较多，而且分歧颇多，学术上的争鸣既推动了对李鸿章海防思想的研究，也进一步加深了我们对清末中国海

---

① 《军事历史》1992年第4期。
② 《史学集刊》1995年第3期。
③ 《安徽史学》1994年第1期。
④ 《江西社会科学》1994年第4期。
⑤ 《郑州大学学报》（哲学社会科学版）2018年第5期。

防问题的思考。史滇生分别撰文《李鸿章和北洋海防》[1]和《李鸿章左宗棠海防思想比较》[2]，前文认为李鸿章是海防以北洋为重点的倡导者、是北洋海防方针的制定者、是北洋海防近代化的推进者，但是由于其消极防御的海防战略、没有建立统一的海防指挥系统、忽视实战性训练、轻视和贬低人民群众在海防中的作用，所以他又是导致北洋海防崩溃的重要责任者。后文则指出李、左海防思想继承和发展了林则徐、魏源的海防主张，他们在海防问题上有益的认识，对清政府在国防战略中确立海防地位、对中国近代海军的建立和发展等方面都起到了积极的推动作用。但他们的海防思想的许多方面对中国近代海军建设的方针、途径和速度，产生了不利影响，特别是他们奉行的消极防御的海防作战方针，对中国近代海军反侵略作战，更是造成了直接的危害。文中认为李、左二人在海防思想上的差异，既不是爱国与卖国之争，也不是湘淮集团间的利害之争，而是他们在海防实践、在对西方先进技术的认识和引进上、在接受林则徐、魏源思想影响上有差异。

张炜《李鸿章海防战略思想刍议》[3]一文将李鸿章的海防战略思想概括为：其对战略形势判断为中国的主要威胁来自海上，其海防战略为"三洋布局，海口防御"，在海防兵力建设上主张外海水师与沿海炮台相为表里，在海防兵力使用上为"守定不动"和"挪移泛应"两法，而19世纪末，"远东海上威慑"则标志着李鸿章海防战略思想的发展。文中认为以海防"守疆土"、以外交"保和局"的两手铸就了李鸿章海防战略思想的定势和逻辑，也规定了其后海防战略思想的发展走向。文中指出李鸿章的海防战略思想具有鲜明的国家战略意识，同时由于时代和阶级的局限也具有致命的缺陷。刘申宁《李鸿章海防思想与晚清变局》[4]一文认为李鸿章的海防主张与其说是当时为加强海防而提出的具体措施，不如说是晚清国家建设的一个重要战略，它使自强的意识更加具体化。文中认为阻于朝枢、囿于清议、穷于饷源是造成李鸿章海防思想未能全面实施的原因。苏

---

[1] 《安徽史学》1992年第3期。
[2] 《安徽史学》1996年第2期。
[3] 载《甲午海战与中国海防》。
[4] 同上。

小东《李鸿章的海军威慑思想及其对甲午海战的影响》[①]一文认为海军威慑是李鸿章海防思想的核心内容，曾发挥过积极作用，但李鸿章对海军威慑的片面理解以及运用中的失误，最终造成了甲午海战的被动和覆没等严重后果。于海君《试论李鸿章的"和戎"与"海防"路线》[②]一文认为李鸿章的"和戎"之议是恪守"万国公法"，保持大清国残局；"海防"之议是师夷之技与之抗衡。其"海防和戎"路线，没有给中国打下"求富求强"的政治基础，实际上却产生了维护半殖民地半封建之中国的作用。曾志文《西方铁甲舰议购与晚清海疆筹防——以李鸿章私函为中心》[③]从李鸿章的角度探讨了清政府购买西方铁甲舰的历程。史滇生《李鸿章左宗棠海防思想比较》[④]认为，李、左二人继承了林则徐、魏源的海防主张又有较大的发展，是洋务派海防思想的主要内容。他们在海防、海军建设上的一些不同主张，既不是爱国与卖国之争，也不是湘淮集团间的利害之争。杨东梁《试析左宗棠的海防思想与实践》[⑤]、刘中民《左宗棠的海防思想》[⑥]具体分析了左宗棠的海防思想。

史学界对于近代中国海军建设和海防思想的研究，大多集中于19世纪洋务运动发端至中日甲午战争北洋海军覆灭这一时期，对于甲午战争之后海军的建设和发展则鲜有论及，黄乘矩《甲午战后的海军建设和海防思想》[⑦]进行了初步研究，认为甲午战后的海军建设不仅没有停止，而且具有一定规模的发展，有其积极的意义。随着海军建设的实践中国近代海防思想也继续发展，表现了清政府在中国必须保持海上武装力量的问题上有所认识，对海军建设依赖于国家经济总体实力、必须实行统一领导和指挥、必须保持海军建设的开放性等方面的认识更加深刻。李国华《清末海洋观与海军建设》[⑧]一文认为清末海洋观的特点是以海防为中心，"守"

---

① 载《甲午战争与中国国防》。
② 《东疆学刊》1996年第2期。
③ 《学术研究》2017年第3期。
④ 《安徽史学》1996年第2期。
⑤ 《福建论坛》（文史哲版）1985年第3期。
⑥ 《海洋世界》2009年第9—10期。
⑦ 《中国边疆史地研究》1994年第4期。
⑧ 《历史研究》1990年第5期。

始终是清末海防论的核心思想。其主要目的是寻求军事上的自强,以解除来自海上的威胁,因而推动了中国近代海军的发展;但它缺乏对经济利益的揭示和追求,所以具有很大的保守性,对海军建设产生了影响,成为清海军在甲午中日海战中失败的根本原因。苏读史《甲午战争与晚清海防战略》[①]一文认为在晚清的海防方略中有较为明确的御侮自强的目标,它既对付西方列强,也对付日本侵略,同时偏重防口自守。文中认为确立海防建设的决心、创建近代海军、培养海军人才是晚清海防力量建设的主要举措。张仁善《简析近代中国海防实践失败的原因》[②]一文认为:由于海防发展的被动性、海军组建的割据性、海防建设的依赖性以及海防战略的保守性,成为近代中国海防实践失败的主要原因。孙占元《近代海防观的萌发与海防议》[③]一文认为从鸦片战争到甲午战争的50余年中,由于中国海疆备受列强侵扰,海防问题受到国人关注,不仅萌发了近代海防观,而且通过两次较大规模的海防之议,促成了中国近代海防的不断加强,从而冲击了传统的漠视海防的观念,但传统的以守海为主的海防观束缚了近代海防观的深化,制海权意识的淡薄为甲午战败埋下了伏笔。此外,季云飞《光绪乙酉年间"海防筹议"述论》[④]等也从不同角度进行了探讨。

五 海上丝绸之路及海上贸易研究

作为中国与世界经济往来的重要通道,海洋始终发挥着其不可替代的作用,同时开展海上贸易的研究,成为中国海疆史研究中不可或缺的组成部分,为此,学术界从断代或专题等方面进行了大量研究,取得了一系列重要成果。

余思伟《中外海上交通与华侨》[⑤]一书深入研究了通过海上交通古代

---

① 载《甲午海战与中国海防》。
② 《历史教学》1993年第3期。
③ 《浙江学刊》1995年第5期。
④ 《学术界》1994年第4期。
⑤ 暨南大学出版社1991年版。

中国与东南亚诸国的政治关系及相互间经济文化的交流，并研究了从西南边疆乃至南部沿海地区，移居海外华侨与华人有关的问题。而李金明、廖大珂《中国古代海外贸易史》① 一书是1989—1998年10年来该专题学术研究中的一项重要成果。书中对秦汉至鸦片战争这一历史时期我国海外贸易的发生、发展、变化，海外贸易管理机构——市舶司的设置、沿革，海外贸易港口的变迁、兴衰等问题，进行了全面、系统的研究；对各个朝代海外贸易政策的制定、官方朝贡贸易与私人贸易之间的矛盾冲突、私人贸易的性质变化等，进行了较为客观的评述。书中还对殖民者东来后，中国海外贸易的若干变化等问题进行了研究。

与陆地丝绸之路一样，海上丝绸之路一直为国际学术界所重视。20世纪80年代以后，我国学术界对"海上丝绸之路"的研究逐渐形成热潮。1980年陈炎在国内学术界较早论述了"西南丝路""西北丝路"与"海上丝路"的关系，并出版了《陆上和海上丝绸之路》② 和《海上丝绸之路与中外文化交流》③ 两部著作。1991年，福建省社会科学院成立"中国与海上丝绸之路研究中心"。同年，海洋出版社出版陈高华、吴泰、郭松义编《海上丝绸之路》；1995年福建人民出版社陆续出版《中国与海上丝绸之路论文集》（上、下卷）、《海上丝绸之路与福建》、《海上丝绸之路与伊斯兰文化》等著作；1998年浙江人民出版社出版《丝路文化》陆上篇和海上篇；1998年汕头大学出版社出版《海上丝绸之路与潮汕文化》；1999年福建人民出版社出版《海上丝绸之路研究》。此外还发表了大量论文，如唐嘉弘、张建华《海上丝绸之路疏证》④、刘重日《明代海上丝绸之路与澳门》⑤ 等。龚缨晏《中国海上丝绸之路研究百年回顾》⑥ 认为海上丝绸之路研究经过了萌芽、形成、停滞、繁荣四个阶段，并分别就我国与东亚、东南亚及印度洋、欧洲、美洲海上丝绸贸易研究进行了综述。

---

① 广西人民出版社1995年版。
② 北京大学出版社1989年版。
③ 北京大学出版社1996年版。
④ 《南方文物》1997年第2期。
⑤ 《东岳论丛》1999年第5期。
⑥ 浙江大学出版社2011年版。

由于宋代至明清是我国古代海上贸易发展、变化较为剧烈的时期，所以学术界把研究的重点也放在了这个历史阶段，研究内容涉及有关政策、制度等方面。如李传印《宋代发展海上贸易的政策措施》[①] 一文从政策角度进行了研究，认为宋代确立了主动、积极、开放的海外贸易政策，以支持和发展对外海上贸易，并以之为国家经济政策的重要组成部分。同时制订和实施了一套完整的管理体制，将对外贸易纳入国家严格而有效的管理和控制之一，确保了外贸事业正常发展。但是，宋代对外海上贸易依然是一种以贩运海外舶来奢侈品为主要业务的消费性商业活动，是为封建统治阶级服务的，不能从根本上冲击封建社会的自然经济结构。

元代海外贸易研究，喻常森《元代海外贸易》[②] 与高荣盛《元代海外贸易研究》[③] 二书探究了元代海外贸易的制度、分析了海外贸易的阶段与形态，评价了元代海外贸易的历史地位。廖大珂《元代官营航海贸易制度初探》[④] 一文则从制度的角度进行了探讨。认为元朝推行大规模的官营航海贸易活动，其航海贸易制度主要有三种，即使臣贸易、斡脱贸易和官本贸易。它们各有渊源，其形成、发展和结局也不尽相同，但都在一定程度上压制了私人贸易的发展，阻碍了海外贸易的正常进行。

海外贸易是产生资本主义萌芽的重要历史前提，明代实行的海禁与开放政策对我国的经济发展有着重大的影响。张维华《明代海外贸易简论》[⑤] 是我国学界研究明代海外贸易的开山之作。李金明《明代海外贸易史》[⑥] 一书对明代海外贸易的兴衰及其原因，明代的对外开放、闭关所造成的影响，市舶司与饷税制的沿革，明后期海寇商人的走私贸易等方面进行了较为深入和客观的研究与评述。晁中辰《明代海禁与海外贸易》[⑦] 和《明代海外贸易研究》[⑧] 两本学术专著是作者三十余年研究明代海外贸易的结晶。

---

① 《安庆师院学报》1992年第3期。
② 西北大学出版社1994年版。
③ 四川人民出版社1998年版。
④ 《厦门大学学报》1996年第2期。
⑤ 学习生活出版社1955年版。
⑥ 中国社会科学出版社1990年版。
⑦ 人民出版社2005年版。
⑧ 故宫出版社2012年版。

晁先生在书中细致分析了明代海禁的深层次原因，阐述了明代海禁政策的阶段演变过程及其海外贸易的关系，论述了明中期以后海外贸易的发展对中国社会的影响。日本学者松浦章所著《清代海外贸易史研究》① 指出清代海外贸易史研究的问题和范围，综合考察中国商人向海外拓展时的海外贸易对象与地域、海外贸易的资本筹措方式以及海外贸易工具即海船航海时的运营模式等问题。这是研究清代海外贸易的重要论著。

在明代海外贸易史上，隆庆、万历年间（1567—1619）是一个重要的转折时期，聂德宁《明代隆、万年间的海寇商人》② 进行了研究，文中对这一时期所实行的饷税贸易制度进行了分析，认为在这一制度的限制下，民间海商只能以各种手段从事违禁私贩活动；而明朝对他们采取了镇压措施，促使民间海商向海寇商人转化。以偷税漏税为主要目的来从事武装走私贸易活动，是这一时期海寇商人的特点。文中进而指出这一制度极大地阻碍了民间海外贸易活动的正常发展。林仁川《明后期海禁的开放与商品经济的发展》③ 一文认为明后期海禁的开放，使私人海上贸易进入一个重大发展的时期，促进了商品经济的发展，为资本主义萌芽提供了有利的条件。文中通过考察认为，中国资本主义萌芽无论是从山区还是从沿海平原地区发展起来的，都与海外贸易的发展和商品经济的繁荣有关。

曾少聪《明清海洋移民的两类宗族组织发展比较》④ 一文从中国海洋移民的角度进行了有益的探讨，认为：明清海洋移民移居台湾和菲律宾，宗族组织也被移植到移居地。台湾既有大宗族组织，也有小宗族组织；菲律宾只有宗亲会而没有小宗族组织。这是因为台湾自晚清以后，经过移民社会向定居社会的转变，而菲律宾没有经过这种转变。该文较为深入地研究了中国海洋移民的上述两种不同方式及其特点，探讨了明清海洋移民在国内和国外宗族发展的不同趋势。这一研究在中国海疆史领域尚不多见，该文对中国海洋移民社会史的研究有着积极的推动作用。

---

① 日文版，朋友书店 2002 年版；中文译本，天津人民出版社 2016 年版。
② 《厦门大学学报》1992 年第 2 期。
③ 《安徽史学》1992 年第 3 期。
④ 《厦门大学学报》1998 年第 2 期。

此外，俞云平《十八至十九世纪前期的海上贸易》[1]、郑克晟《郑成功海上贸易及其内部组织之特点》[2]、李金明《清康熙时期中国与东南亚的海上贸易》[3] 等成果也进行了深入研究。但总的来看，关于中国历代海上贸易史的研究尚未全面展开，研究层面和内涵有待进一步拓宽。

进入 21 世纪后，关于海上丝绸之路的研究依然蓬勃开展，呈现两个特点：一是研究的深度和广度大大扩展，学术专著和论文大量涌现；二是社会关注度大大提升，除学术界外，各级政府和社会各界热情参与，并将这一研究与各地社会经济的发展联系起来，举办的学术讨论会难以计数，而有关海上丝绸之路始发地点和讨论更是成为重点。主要成果有陈良伟《丝绸之路河南道》[4]、黄启臣主编《广东海上丝绸之路史》[5]、泉州港务局和泉州港口协会主编《泉州港与海上丝绸之路——纪念郑和下西洋六百周年论文集》[6]、王元林《国家祭祀与海上丝路遗迹——广州南海神庙研究》[7]、李庆新《海上丝绸之路》[8]、宁波市文物保护管理所等编著《宁波与海上丝绸之路》[9]、吴传钧主编《海上丝绸之路研究》[10]、高凤鸣《山东半岛与东方海上丝绸之路》[11]、顾涧清等《广东海上丝绸之路研究》[12]、合浦县人民政府与北海市地方志办公室合编《北海合浦海上丝绸之路史》[13] 等。

需要注意的是，以往海上贸易史研究更多是关注贸易层面，海禁政策也由此从海上贸易的角度去审视。近年来，随着南海争端的兴起，某国单

---

[1] 《南洋问题研究》1990 年第 2 期。
[2] 《中国社会经济史研究》1991 年第 1 期。
[3] 《南洋问题研究》1990 年第 2 期。
[4] 中国社会科学出版社 2002 年版。
[5] 广东经济出版社 2003 年版。
[6] 中国社会科学出版社 2005 年版。
[7] 中华书局 2006 年版。
[8] 五洲传播出版社 2006 年版。
[9] 科学出版社 2006 年版。
[10] 同上。
[11] 人民出版社 2007 年版。
[12] 广东人民出版社 2008 年版。
[13] 广西人民出版社 2008 年版。

方面提起的南海仲裁案进行的所谓"裁决"。"仲裁庭"在"南海仲裁案裁决书"中，指出我国古代实施海禁是放弃对海洋管辖。这是荒谬的言论。不过，这也提醒我们，对海禁的研究可能需要从海洋管理的角度去重新审视。这或许是新的研究视角。实际上，无论是实施海禁，还是松弛海禁，均是对海洋管理的一种方式。至于何时何地何种程度实施禁止与开放，这恰恰说明了我国古代政府对海疆管理一直是掌握主动权，充分彰显了我国对海洋管理的有效性。

六　海南史研究

就海南省的历史进行区域性研究在学术界始终未曾间断，1988年海南建省之后，这一领域的研究从广度和深度上都有了新的进展。其中以谭其骧先生与杨武泉先生的学术论辩为先导，进一步推动了海南史的深入研究。

谭其骧在《自汉至唐海南岛历史政治地理——附论梁隋间高凉冼夫人功业及隋唐高凉冯氏地方势力》[①] 文中提出从西汉初元三年珠崖罢郡以后至萧梁建置崖州以前大约600年的历史时期，"大陆王朝未在岛上设治，全岛不在王朝版图之内"，此岛一直属于"化外之地"，而"大陆王朝重新在岛上设置郡县，实始于梁"。这一观点引起了学术界的争论，杨武泉撰文《西汉晚期至萧齐海南岛不在大陆王朝版图之外——与谭其骧先生商榷》[②] 认为，西汉罢郡以后的600年中，海南岛仍然有县，大陆王朝仍在管辖，并非化为异域，也不能当作边疆之空白区。谭其骧先生著文《再论海南岛建置沿革——答杨武泉同志驳难》[③] 从12个方面就杨文的质疑一一进行了分析，指出杨文的取证与论断均难以成立，再次说明西汉晚期以后的600年之中，海南岛不在大陆王朝版图之内。

---

① 《历史研究》1988年第5期。
② 《历史研究》1990年第6期。
③ 同上。

两位学者的学术论辩，使人们对涉及历史上海南行政管理的一系列问题展开了较之以往更加深入的研究。如林漫宙《汉珠崖郡史话》[①]认为汉武帝于元鼎六年设置珠崖、儋耳二郡，海南开始了正式的设郡制；昭帝始元三年并儋耳入珠崖，珠崖郡的设置加强了海南与中原的联系，促进了海南的发展。元帝初元三年珠崖郡被罢弃，阻滞了海南的发展。

曾昭璇《先秦至隋海南省行政区划史研究》[②]《南汉后海南省行政区划史研究》[③]两文对两个不同历史时期海南的行政区划进行了研究，前文认为秦代海南岛属象郡；汉初海南岛建儋耳、珠崖两郡，其中学术界对珠崖郡的朱卢县是否在海南存有争议，文中不仅确认朱卢县设于海南是可信的，而且是当时珠崖郡重要的一个县。认为东汉马援部队上过海南岛是可能的；三国时期吴重建珠崖、儋耳失败，但置珠官都反映了其羁縻性质；南朝梁代之所以能建立"崖州"，得力于海南岛俚族人民归附于大陆俚族土国之故。大多数学者认为隋代临振县即今崖县，在海南岛南部，该文则认为当时的临振县和崖州均在琼北。后文认为南汉两宋分海南为琼、崖、儋、万州，与唐代相比这一时期的建置与海南岛的自然地理更相适应，使管理更加有效。元明时期行政区划得以扩大，有利于海南的开发。清末海南岛一府一州的行政区划，反映了黎汉分治、岛南和岛北分治的意向。

高伟浓《宋代以前海南政权建置与改制探源》[④]则将宋代以前海南的政权建置分为环岛政权建置和腹地政权建置两个阶段。文中分析历代封建政权在海南腹地无法建立有效的行政管理，最重要的原因是海南沿海与腹地的交通滞塞与巨大的政治、经济反差，因而造成了一种独特的行政管理模式，即中央政权只有在沿海平原地区才表现出最强的管理效能。这一历史时期海南政权建设的侧重点明显不同，隋代以前大多数封建统治者不重视海南开发，政权内机构罢设无常；宋代则对已建立的政权本身加强建设和完善，并进行了若干次体制改革、简化管理层次、建立一元化的领导机制。文中还指出海南的政权建设与祖国大陆的稳定和统一密切相关，政权

---

① 《海南大学学报》1997年第3期。
② 《中国边疆史地研究》1993年第2期。
③ 《中国边疆史地研究》1993年第4期。
④ 《暨南学报》1990年第4期。

建设促进了海南开发，历史上中央政权在海南政权建设中的进步作用应予以肯定。

一些学者就近代以来海南政治史进行了研究。如杜昭《孙中山与海南建省》①指出孙中山关于海南建省的主张是当时中国社会政治经济形势发展、海南独有的自然经济条件及军事地位日趋重要，以及他自身思想发展的必然结果。文中认为海南建省与孙中山的民主思想相一致，是体现其民主革命思想的一个重要组成部分。符和积《试析辛亥年琼崖政局的嬗变》②认为辛亥革命初从刘永滇背清改旗易帜，到赵仕槐武力接权，琼崖政局几经嬗变和曲折，终致近代海南进入了民主革命时期。房建昌《关于日本侵略海南岛的考察》③认为早在14世纪上半叶至明代晚期，倭寇就对海南岛进行了侵略，尔后抵琼的日本人不绝如缕。文中对1939年日军侵略海南岛的历史进行了揭露，并指出在海南岛历史研究中，对日文第一手资料的使用十分不够。唐卓昌《琼崖抗战与琼西根据地》④论述了琼崖抗战与琼西根据地的密切关系，深入研究了琼西抗日根据地的产生及其党政组织的状况，分析了琼西根据地坚持抗战的原因，指出其在琼崖抗日斗争中具有重要地位。

针对海南开发问题所进行的探讨，一直是海南史研究中的一个重要环节。纪宗安《古代移民和海南的早期开发》⑤认为秦汉至南北朝时期海南岛与大陆一直就有政治、经济、文化联系，从汉代正式纳入中原王朝版图后，不断有汉族移民迁徙定居在岛上，开始了海南局部和初级的开发。以后内地大批移民涌入，促进了海南的进一步开发。符玉川《海南古代移民与海南方言》⑥从地名的角度进行了有益的探讨，认为海南自古以来就是个移民社会，在海南地名中，遗留了移民的许多方言地名。历来研究者认为，海南话是由闽南的漳州话、泉州话演变而产生的；但从早年的汉族移

---

① 《暨南学报》1990年第4期。
② 《海南大学学报》1998年第3期。
③ 《中国边疆史地研究》1998年第3期。
④ 《海南史志》1995年第4期。
⑤ 《暨南学报》1990年第4期。
⑥ 《海南大学学报》1996年第2期。

民籍贯看，闽中的莆田人最多，所以海南话应是多元方言的综合体。黄进先《海南开发史略》（一、二）[①]对历代开发海南的历史进行了较为全面的研究，涉及琼崖体制的变迁、前人谈琼崖开发、帝国主义染指琼崖、琼崖民族、琼崖华侨及琼崖农业等内容。杨东晨《海南岛先秦及秦汉时的民族和经济》[②]认为海南岛在新石器时代才有人类活动，其先民是从华南、黄河流域迁入的；夏、商、周时代，海南还处于原始部落的历史阶段；至秦汉时代才出现封建社会，海南岛进入了民族融合和经济大发展的时期。杨先保《从黄道婆看海南"熟黎"对宋元明棉纺织业的贡献》[③]认为海南黎族中的"熟黎"在宋代就创造了先进的治棉工具，并运用于纺织，黄道婆不是向"闽籍汉人"学习而是向海南"熟黎"学习治棉工具和纺织技术的，她传播到淞江地区的"乌泥泾被"也是学习"熟黎"的技术、运用黎锦工艺的结果。黄道婆和"熟黎"都为我国治棉和纺织技术的发展做出了贡献。汤开建《元代对海南岛的开发与经营》[④]认为元代中央王朝对海南控制的严密程度远远超过了前代，海南与中原内地的政治联系更加紧密。元代的治黎方策是以武力为后盾，采取软硬兼施的强制手段将海南的黎人真正纳入中央王朝郡县的统治中。而频繁"黎乱"的原因是过重的经济剥削、超经济强制以及自然灾害和残酷的镇压。文中认为元代极大地推动了海南的经济开发和文化建设。何瑜《清代海南开发述略》[⑤]认为由于清朝政府对海南采取了相对放任的宽容政策，客观上有利于海南社会经济和文化的发展，虽不及同期台湾的发展，但较之于明朝则大大地进步了。易泽丰《清代海南岛农作物的地域分布》[⑥]认为清代是海南岛农业经济空前发展的重要时期，农业作物结构有了质的变化，粮食生产的发展，经济作物的崛起，一些作物的专门化生产使得清代海南农业地理面貌具有明显的时代风格和强烈的地域特色。但从总体上看仍以封建制的自然经济为主体，

[①] 《海南师范学院学报》1995年第4期、1996年第2期。
[②] 《海南大学学报》1994年第2期。
[③] 《海南大学学报》1998年第1期。
[④] 《暨南学报》1990年第4期。
[⑤] 《中国边疆史地研究》1992年第2期。
[⑥] 《中国历史地理论丛》1998年第4期。

处于小农业和家庭手工业相结合的自给自足的经济状况。刘冬梅《清代海南黎族教化政策探析》①认为清政府为使黎族民众归顺，服从清统治，从心理上消除反清意识，一方面通过学校教育，在黎人中培养诵经习儒的风尚，消弭黎族的反抗精神；另一方面以各种手段甚至暴力改造黎人的传统习俗，使其能与中原"一道而同风"。何瑜《近代海南岛开发》②认为近代资本主义的入侵造成了海南经济的畸形发展。光绪年间为了稳定海疆、维护清王朝的长治久安，而制定了"抚黎章程"，这是近代海南经济文化开发的具体规划。文中对华侨在近代海南开发中的贡献给予了高度评价。王禹《传教士在海南岛》③考察了明清至近代三百年间西方传教士在海南的一系列活动，认为这其中有其卑劣、肮脏的行径，同时，在其布道过程中，也不自觉地成为近现代海南社会发展的工具，所以其在客观上对海南近代开发的影响和促进是不能忽视的。本文从西方传教士的角度来研究海南的开发，在该领域研究中尚不多见。李亚锋《民国至海南建省前黎族调查述论》④从民族学角度分析了民国以来至海南建省之前对黎族的实地调查过程及其历史作用。李琳《日本占领海南及其对资源的开发和掠夺》⑤认为：日本侵占海南岛后对资源的调查，目的是掠夺海南的热带农作物资源、矿产资源等；其掠夺的特点是军部和财团相勾结，有组织、有计划地采用现代科学方法进行掠夺。陈川雄《论琼崖人民在抗战中的爱国主义精神》⑥文中历书抗战中琼崖知识阶层、特委、妇女、黎苗民族、海外侨胞等不同群体的丰功伟绩，指出面临民族危机时刻，琼崖人民表现出了高度的爱国主义精神。伦祥文《抗日战争期间日本侵占海南岛及其经济掠夺》⑦认为日本帝国主义侵占海南岛的战略目标之一，就是攫取海南的天然资源。文中以大量事实揭露了日本帝国主义对海南经济的疯狂掠夺，指出琼崖抗

---

① 《东岳论丛》2013 年第 8 期。
② 《历史档案》1992 年第 2 期。
③ 《清史研究》1997 年第 2 期。
④ 《海南师范大学学报》（社会科学版）2017 年第 4 期。
⑤ 《海南大学学报》1997 年第 2 期。
⑥ 《海南史志》1997 年第 3 期。
⑦ 《历史教学》1992 年第 2 期。

战的历史功绩在于阻止了日军的经济掠夺,保护了海南的自然资源。邢益森《抗日战争时期日寇的经济掠夺和琼崖人民的反经济掠夺斗争》[1] 认为日军占领琼崖后,对琼崖进行了全面的疯狂的经济掠夺,琼崖人民在中共琼崖特委的领导下,对日寇的暴行和经济掠夺进行了英勇抗击。此外,张雪慧《明代海南岛的进出口贸易》[2] 等从不同领域展开了研究。

明代是海南人口变化的重要时期,王家忠《明代海南人口论》[3] 通过对明代社会经济因素的分析,认为明中叶海南人口下降的原因是土地兼并日趋严重、赋役徭役沉重、海盗活动猖獗。此外黎族人民反抗明朝统治的起义斗争,也是人口下降的原因之一。卢苇《明代海南的"海盗"、兵备和海防》[4] 认为海南的地势是造成明代海南海盗活动持续时间长和流动性大的原因。文中将明代海南海盗的活动分为三个阶段,进而指出海南海盗活动贯穿于明代始终。纪宗安《古代移民和海南的早期开发》[5] 从移民的角度探讨了海南的开发。

对影响海南历史进程的人物进行研究,是这一时期海南史研究中的一个重点,研究对象涉及马援、鉴真、海瑞等。东汉马援南征交趾时是否至海南岛,这是海南历史研究中的一个悬案。李勃《马援至琼考略》[6] 对此进行了研究,文中以史籍为基础、以海南岛各地之马伏波祠为旁证,并对《后汉书》的记述加以推论,确认马援到过海南岛。这一问题的研究有助于澄清东汉时期海南岛的归属和建治情况。陈世民、文山《鉴真与他羁旅海南期间的事迹》[7] 对公元748年鉴真在海南振州(今三亚)羁旅期间的史实进行了研究,认为在海南的文化事业、佛教事业等方面,鉴真均功不可没。郭沫若先生曾在《李德裕在海南岛上》中提出李德裕的后人化为黎人。韩敏《李德裕后裔化黎辨》[8] 对此提出疑义,认为新旧唐书并没有李

---

[1] 《海南史志》1997年第1期。
[2] 《中国社会经济史研究》1991年第4期。
[3] 《中国边疆史地研究》1998年第2期。
[4] 《暨南学报》1990年第4期。
[5] 同上。
[6] 《海南史志》1994年第2期。
[7] 《海南师范学院学报》1996年第1期。
[8] 《海南大学学报》1992年第2期。

德裕有弟名德禧的记载，其他史料也无处考证。结合有关记载，文中认为所谓李德裕后裔化黎之说，是好事者的附会之言，不可信。周伟民《流放者的心路历程——苏轼在海南》①对苏轼被贬儋州三年期间思想感情的变化过程进行了考察，认为苏轼到海南后，不断加深对海南风土人情的了解，得到黎族百姓的敬重和爱护，为发展海南的教育文化事业、为改变海南落后的农业有所贡献。陈家传《海瑞抚黎的基本策略》②认为"选好抚黎官，严考功过"，"建立黎区峒组织，确保开路顺利进行"，"设连珠营，破黎人天险"，"垦荒屯田，保证供给"，"创立寨学，传授知识"构成了海瑞抚黎的基本策略。王昭夷是海南具有政治影响的黎族峒主，符和积《黎族头人王昭夷述评》③进行了研究，认为他为黎族的经济教育做出了一定的贡献，具有强烈的民族意识。但他政治上变幻无常，没有认识到解决民族问题的正确道路。其充满悲剧色彩的一生，反映了黎族社会在近代海南剧烈政治变动中的复杂性。

在海南史研究中，对海南地名的由来也十分关注，人们力图通过这一层面的研究来揭示海南历史发展中的诸多人文因素。主要论文有刘剑三《海南地名的史料价值》④通过对海南地名的研究，反映出的历史上海南民族的分布、定居海南岛的居民的主要职业特征、从汉唐以来的移民、物种和物产分布、地貌信息以及地理沿革等方面的情况，这一成果对于海南史的进一步研究无疑有重要的辅助作用。周伟民《试论海南省地名的特点和地名标准化问题》⑤对诸多地名的历史、地理渊源进行了研究，指出海南地名从一个侧面反映了海南历史文化和地域性特色。李勃《"海南"考释》⑥认为和他在另一文《"亶洲"不是海南岛》⑦中也进行了研究。刘剑三《地名：海南民族活动史的"化石"》⑧一文对海南地名进行了较为系

---

① 《海南大学学报》1992年第2期。
② 《海南史志》1993年第2期。
③ 《海南大学学报》1994年第3期。
④ 《海南史志》1993年第2期。
⑤ 《海南史志》1995年第1期。
⑥ 《中国历史地理论丛》1997年第1期。
⑦ 《中国历史地理论丛》1994年第3期。
⑧ 《海南师范学院学报》1992年第1期。

统的研究，并通过地名研究了早期海南各民族在历史上的分布及活动情况。

关于汉代珠崖郡遗址究竟在哪里，学术界有分歧。黄培平《珠崖郡治遗址辨正》[①]认为珠崖郡治在今琼山龙塘镇博抚村东侧的珠崖岭上，而不是琼山县遵谭区东潭乡。林巨兴《汉珠崖郡治遗址研究》[②]认为汉昭帝始元五年（前82）省儋耳郡入珠崖郡，其城址在今琼山区龙塘镇，但珠崖岭不是在博抚村东，确切的地点是在琼山县东谭都石陵村珠崖岭。

古今史料对儋耳、珠崖二郡始建的时间有汉元鼎和元封两种不同观点，梁统兴、陈献池《儋耳、珠崖郡始建时间考》[③]对此进行了研究，认为元鼎说是符合事实的。

此外，一些学者对海南部分县市的历史也进行了研究，如何铭文《琼山建治沿革》[④]、王军《临高县建治沿革小考》[⑤]等，特别是后文对存有争议的临高县建置时间等问题进行了研究，认为临高县建置于隋大业六年和大业三年较为可靠。文中对史料上所载之临机县（即临高县）就是汉代的临振县一说提出质疑，并修正了史料上关于临高县"本崖州平昌县"的记载。

文焕然《海南省一些地方志考》[⑥]考证认为《琼管志》的成书年代约在1203—1208年；《琼海方舆志》的刊印年代是1431年；王佐《琼台外纪》的成书年代最迟为明弘治十七年至正德二年或三年以前。这一研究不仅确定了上述珍贵史料的成书年代，而且对海南史的深入研究有很大裨益。

七　南海诸岛历史研究

就中国海疆史地的区域性研究而言，南海诸岛无疑有着十分重要的意

---

① 《海南史志》1994年第4期。
② 《海南史志》1997年第3期。
③ 《海南师范学院学报》1996年第2期。
④ 《海南史志》1995年第4期。
⑤ 《海南史志》1995年第1期。
⑥ 《内蒙古大学学报》1992年第1期。

义。第一，南海诸岛在中国海疆中是最为辽阔的海域，中国古代文献中有十分丰富的记载，为我们研究南海诸岛问题提供了大量的史料；第二，在学术上而言，中国人民发现、命名、经营、开发、管理南海诸岛有着悠久的历史，无论是发现、命名、开发、管理的整个历程，还是其中所反映的古代朴素的海洋观、海疆治理的思想和管理形态等，都充分显现出其丰富的研究内涵，从多个方面研究南海诸岛具有重要的理论意义和学术价值。第三，由于南海诸岛特殊的战略地位，从 20 世纪 80 年代以来南海诸岛主权问题，特别是南沙群岛主权问题为世人所关注。所以，深入研究南海诸岛问题，为维护我南海诸岛的主权提供确凿有力的历史依据和法律依据，成为学术界的一个重要任务。我国学术界对南海诸岛历史的研究一直持续不断，成为海疆史研究中学术连续性最强、学术成果最丰富的领域之一。自 20 世纪 80 年代起，围绕南海诸岛历史所开展的研究相对十分活跃，学术界在宏观上对我国拥有南海诸岛主权的历史依据、基本史实进行了更加深入的剖析，在微观上则涉及地名考证、史料辨析等更多的方面，一批具有较高学术质量的专著先后面世，研究成果的数量和质量、研究的深度和广度都有了长足的进展，大量高水平的学术成果纷纷面世。在宏观上就中国拥有南海诸岛主权的历史依据、基本史实进行了深入剖析，在微观上则涉及地名的考证、史料的辨析等诸多方面。

（一）南海诸岛史地综合性研究

陈史坚、钟晋梁《南海诸岛志略》① 一书从历史、地理等多个角度，对南海诸岛进行了综合研究。韩振华继《南海诸岛地名论稿》② 以后又出版了《南海诸岛史地研究》③。书中包括 11 篇论文，内容涉及我国历史上的南海海域及其界线、从近代以前中国古籍记载看南海诸岛历来就是中国的领土、宋代的西沙与南沙群岛、南海九岛（九屿）和九洲洋、南沙群岛古地名考、南沙群岛史地研究等。这些论文运用大量史料，从不同角度进

---

① 海南人民出版社 1989 年版。
② 中华书局 1981 年版。
③ 社会科学文献出版社 1996 年版。

行了深入研究，在诸多方面提出了有较高学术价值的观点。如认为从明代以来，中国南海海域东北部以万里石塘（在琉球、潮州海面）的起点为界线，西北部以万里石塘终止于龙牙山（今西沙群岛的宣德群岛及其海面）为界线。南海西部以万里长沙（古帕拉塞尔）外罗山附近的"分水洋"为"中、外"海界；南海是以"千里石塘"即南沙群岛及其海面为界线。又如书中认为商、周时代南海诸岛就和我国大陆有了一定关系，而在秦代开辟了南海海上航道。至汉唐时期中国政府对南海行使了主权并进行了开发。到宋元明时期南海诸岛已列入我国版图。书中还对南海诸岛历史上的多个地名、航线进行了研究。

陈克勤主编《中国南海诸岛》[①] 一书是近年来南海诸岛学术领域中集专业性、知识性为一体的著作，在地理方面尤为见长。书中详细介绍了南海的自然地质地理、岛屿、气候水文和丰富的资源，分上、中、下三篇系统叙述了南海、南海诸岛的人文历史，文中还收录了多篇由当事人撰写的纪实性文章，内容包括中华人民共和国成立后南海诸岛的政治经济建设、科学文化建设、国防军事建设等，对深入了解和认识南海诸岛具有相当的价值。值得注意的是书中提出了一些新的观点，如：认为早在公元前18世纪沿海居民就从事南海水产资源的开发了；公元前2世纪（即秦代）南海诸岛（部分）正式列入我国版图，受中央政府的行政管辖等。

黄彩虹《遥远的国土》[②] 是一部知识性和趣味性较强的普及性读物。书中除对南海诸岛的岛礁沙滩洲以及资源、自然景观等进行了全面介绍外，还对南海诸岛的历史加以详细叙述。书中认为自汉代以来中国即已命名南海为涨海；三国时期则称为"珊瑚洲"；至唐代正式宣布"涨海"为中国的海域。宋代西沙群岛称为"九乳螺洲""七洲洋"，南沙群岛则称为"长沙""石塘"。中国政府至少自唐宋以来就对南海诸岛行使主权，进行行政管理。

其他还有李金明《中国南海疆域研究》[③]，林金枝、吴凤斌《祖国的

---

① 海南国际新闻出版中心1996年版。
② 海洋出版社1991年版。
③ 福建人民出版社1999年版。

南疆》①，王颋《西域南海史地考论》② 和《西域南海史地探索》③ 等多部从历史、地理等多个层面进行了综合性研究，在学术界产生较大影响。张良福《南海万里行：在南沙群岛巡航的日子》④ 不仅是一部关于南海诸岛，尤其是南沙群岛的历史、地理、来龙去脉的报告文学，而且记录其在南海巡航的所见所闻。

（二）中国拥有南海诸岛主权的历史依据研究

通过充分、科学的历史研究，以便从中探求中国拥有南海诸岛的脉络和演进历程，不仅是论证中国在南海诸岛的主权地位所必需的，而且也是史学界长期以来的研究内容。1988 年至 1998 年，这一研究更加充分，研究者就不同历史时期中国在南海诸岛的活动进行了研究。

黄盛璋《南海诸岛历来是中国领土的历史证据》⑤ 和林金枝《中国最早发现、经营和管辖南海诸岛的历史》⑥ 两文均以大量历史事实证明中国人民最早发现、最早经营开发、并最早管辖了南海诸岛，指出南海诸岛在中国发现以前是无主之地；中国对南海诸岛的主权管辖有着千年的历史；千百年来世界上没有任何国家对中国领有南海诸岛提出异议，也没有任何国家对南海诸岛提出领土要求。陈启汉《中国渔民是开发南海诸岛的主人》⑦ 等论文也进行了研究。

李金明在《我国史籍中有关南海疆域的记载》⑧ 认为，自宋元至明清，我国南海疆域的范围与界线已有了明确的划定。南宋时，越南北部的交趾洋与印度尼西亚的纳土纳群岛，被看作与我国南海疆域西面和南面接境的两个地方。至元代我国南海疆域的界线基本确定为西面与越南北部的交趾洋相接，西南面到达越南东南端的昆仑洋面，南面与印度尼西亚的纳土纳

---

① 上海人民出版社 1985 年版。
② 上海人民出版社 2008 年版。
③ 中国人民大学出版社 2010 年版。
④ 海洋出版社 2006 年版。
⑤ 《东南文化》1996 年第 4 期。
⑥ 吕一燃主编：《南海诸岛：地理·历史·主权》，黑龙江教育出版社 1992 年版。
⑦ 《广东社会科学》1993 年第 6 期。
⑧ 《中国边疆史地研究》1996 年第 3 期。

群岛相邻，东南面到达文莱与沙巴洋面。明清时进一步把越南中部的外罗海，与从海南岛南面一直延伸到昆仑洋面的七洲洋，一起确定为中国海域与外国海域的天然界线，而位于七洲洋东面的南沙群岛也普遍被视为中外海洋的分界。文中指出清初广东水师经常巡视西沙群岛海域，代表当时的中国政府行使主权和管辖权。曾昭璇《中国古代南海诸岛文献初步分析》[1]则从古文献的角度进一步证明南海诸岛最早出现在中国古代的记载上，是中国人民最早发现和认识了南海诸岛。林金枝《中国人民对西沙、南沙群岛物产开发的悠久历史》[2]认为中国古籍对西沙群岛和南沙群岛及其海域资源的记述和物产开发有大量记载，可以追溯到汉代；中国人民发现西南沙群岛后，就世世代代在这里捕捞谋生、开发和生产，上溯至晋代我国渔民就在南海海域捕鱼。季国兴《南沙群岛与中国国家利益》[3]认为中国早在2100多年前汉武帝时期就发现了南沙群岛，取得了对南沙的主权；并从15世纪初郑和代表明朝朝廷把南沙收归中国版图和正式命为"万生石塘屿"起，就对南沙进行管辖和行使主权。文中认为：维护南沙群岛主权是中华民族的根本利益所在、维护南沙海域的海洋权益是我国家利益之必需、寻求南沙群岛争议的和平解决符合我国家利益。林琳《汉代以前中国人民对南海诸岛的开发和经营》[4]则围绕着汉代以前在南海诸岛开辟航线、进行渔业生产等活动，来阐释中国人民对南海诸岛的开发和经营。吴凤斌《古地图记载南海诸岛主权问题研究》[5]文中将明清时期记载南海诸岛的地图详加分类，并逐一进行了研究。指出这一时期的地图绘法最初以"长沙""石塘"或"万里长沙""万里石塘"来泛指南海诸岛，以后发展到把"万里长沙"和"万里石塘"明确区分来指某一二群岛并有长沙海和石塘海之分，再发展到分别绘出南海诸岛四个岛群，这不仅反映了我国人民对南海诸岛地理的认识过程，而且充分证明南海诸岛自古以来就是我国领

---

[1]《中国历史地理论丛》1991年第1期。
[2] 吕一燃主编：《南海诸岛：地理·历史·主权》。
[3]《东南亚纵横》1993年第1期。
[4]《北京社会科学》1995年第4期。
[5] 吕一燃主编：《南海诸岛：地理·历史·主权》。

土。王志强《从〈抚边杂录〉版本的比对看南海争议岛屿的归属问题》[1]指出：《抚边杂录》是越南方面对我国南沙群岛与西沙群岛主权声索的核心证据之一，该文通过对《抚边杂录》5种版本中涉及南海争议岛屿内容的比对研究发现，《抚边杂录》的记载无论在"大长沙岛"或"黄沙渚"所在岛屿的位置上，这是在证明"黄沙队"对我国西沙群岛的开发上均证据可述，与越方所宣称的最重要和最有说服力的证据里的相差甚远。周伟民《中国在南海四沙群岛上的主权不容置疑》[2]认为：几千年来，南海一向被视为中国的内海，世界各国的史地舆图都名之为南中国海。中国史书通称南海或涨海。北宋以后，由于指南针的发明并应用于航海事业，因此，中国与南海诸国的航运，也就十分方便地经常来往于西沙和南沙群岛之间，航线所经的通道也逐渐命名。南海诸岛，自从郑和绘出航海地图以后，统统归入中国版图。南海的四沙群岛在唐代就属于岭南节度使的管辖范围之中，中国政府最早管辖和行使主权。李国强《从地名演变看中国南海疆域的形成历史》[3]通过对南海诸岛古今地名变化的梳理，认为，对中国大陆而言，中国南海从模糊的区域概念到明确的地理界线，恰恰反映了中国南海疆域形成的历史过程。从古代历史上的"有疆无界"到以"U"形断续线的标志的南海疆域的底定，经过了漫长的历史发展过程。在这一过程中，中国人民不仅发现、命名并长期开发经营了南海诸岛，而且历代中国政府行使了连续不断的管辖权，从而确立了中国在南海诸岛及其附近海疆的主权地位。

对近代以来的南海诸岛进行研究的主要成果有吕一燃《近代中国政府和人民维护南海诸岛主权概论》[4]，本文指出在20世纪的上半期，中国政府和人民无论是在外交斗争方面，还是在政治、军事、经济建设方面，都采取了许多措施来维护南海诸岛主权。虽然由于国势衰弱，20世纪30年代未能遏制法国和日本先后侵占南沙群岛和西沙群岛，但不法行为不产生权利，所以抗战胜利后，中国政府采取有效措施收复南海诸岛。事实表

---

[1] 《中国边疆学》第十辑，社会科学文献出版社2018年版。
[2] 《海南大学学报》1992年第1期。
[3] 《中国边疆史地研究》2011年第4期。
[4] 《近代史研究》1997年第3期。

明，南海诸岛不仅古代属于中国，近代也属于中国，中国对这些群岛及其海域具有无可争辩的主权。林金枝《1912—1949年中国政府行使和维护南海诸岛主权的斗争》[1]详细论述了1912—1949年我国政府在南海诸岛行使和维护主权的历史事实，为我们坚持自古以来拥有南海诸岛主权的立场提供了可靠的依据。侯毅、吴昊《法国侵占九小岛后中国社会舆论的反应》[2]对论题做了叙论。李金明《抗战胜利后中国政府维护西沙、南沙群岛主权的斗争》[3]认为抗战前西沙、南沙群岛成为帝国主义觊觎的对象。而在抗战胜利前后，中国政府以外交交涉、派军收复和确定南海疆线等方式维护了我在西沙、南沙群岛的主权，值得肯定。吴士存《民国时期的南海诸岛问题》[4]就民国时期列强的侵犯与中国政府的主权交涉、定名和设治管理、开发建设南海诸岛等几个方面进行了较为系统的论述，以大量事实再次证明中国拥有南海诸岛主权。有别于上述论文的是，亲身参与过1946年接收西、南沙群岛的张君然先生撰文《抗战胜利后我国海军进驻南海诸岛纪实》[5]，以亲历进驻南海诸岛的事实，再次证明中国拥有南海主权。壬之《抗战胜利后接收南海诸岛》[6]也详细叙述了1946年接收南海诸岛的历史过程。李琴芳《本世纪初我国政府在南海诸岛设灯标经过》[7]详细叙述了20世纪初期我国政府在东沙群岛、西沙群岛历次设立灯标的过程。

在对南海诸岛进行整体研究的同时，研究者还进行了南海区域性和专题性研究。

关于南海诸岛历史遗迹与考察研究。王恒杰先生在1991年五六月间赴西沙群岛进行了考古调查，在永乐、中建、北礁及宣德群岛的永兴、石岛等岛礁进行了踏勘，发现并采集到从史前、战国、秦、汉、隋、唐、宋、元、明、清直至近代各时期的遗物，包括石器、陶器、瓷器及大量陶

---

[1]《南洋问题研究》1991年第4期。
[2]《中国边疆学》第五辑，社会科学文献出版社2016年版。
[3]《中国边疆史地研究》1998年第3期。
[4]《民国档案》1996年第3期。
[5]《文史精华》1998年第2期。
[6]《民国春秋》1991年第4期。
[7]《南京史志》1991年第1—2期。

瓷残片和铁器。据此考古调查，王恒杰撰文《西沙群岛的考古调查》[①] 进行了全面深入的研究，认为所发现的遗物表明，至少在距今 2500—3000 年前，海南和华南居民的先人就已经在永乐群岛生产和生活了；从公元前 7 世纪到前 1—2 世纪时，我们的先民继续在西沙及南海活动，进行了大量的开发。侯毅、吴昊《南海历史遗迹与文物的保护、发掘与利用》[②] 提出应切实保护、开发和利用南海历史遗迹与文物，使之转化为法理优势和政治优势，为我国南海维权提供有力支持。赵焕庭《西沙群岛考察史》[③] 论述了西沙群岛被中国古人发现和开发利用、地名沿革、中国政府对其管辖和行使主权、古代对其自然的记述、近代和现代进行的科学考察等情况。20 世纪 50 年代末 60 年代初全国性的海洋普查之后，中国科学院海洋研究所、国家海洋局南海分局对南海进行了多次科学考察。考察区域主要在西沙群岛、中沙群岛、东沙群岛。80 年代中期起，在国务院的支持下，开始对南沙群岛进行综合考察。1984 年起，中国科学院南海海洋研究所执行了为期三年的南沙综合科学考察，查明了曾母暗沙和八仙暗沙的位置，绘制礁区新的地形地貌图。1987 年开始的南沙综合科学考察队对南沙群岛及其邻近海域进行大规模、综合性科学考察，查明了大面积海洋油气资源，发现了一批海洋生物物种，论证了历史上我国对南沙群岛的发现和开发，获得大量第一手水文气象、海洋化学、海底声学、环境质量等综合考察资料。这些考察活动是这一时期中国政府在南海海域行使主权管辖权的一个重要方面。1991 年至 1996 年，海洋出版社先后出版了《南沙群岛西南部陆架海区底拖网渔业资源调查研究报告》《南沙群岛及其邻近海区海洋生物多样性研究》《南沙群岛海域的同位素海洋化学》《南沙群岛及其邻近海区海洋生物研究论文集》《南沙群岛及邻近海区晚第四纪的微体生物与环境》《南沙群岛及其邻近海区海洋生物分类区系与生物地理研究》《南沙群岛及其邻近岛屿植物志》《南沙群岛及其邻近海区综合调查研究报告》《南沙群岛海区海洋动物区系和动物地理研究专集》等重要资料。

---

① 《考古》1992 年第 9 期。
② 《暨南学报》2017 年第 7 期。
③ 《热带地理》1995 年第 1 期。

关于东沙群岛的研究。吕一燃《日商西泽吉次强占东沙群岛与中日交涉》[①]对东沙群岛问题进行了研究,认为1909年起中日关于西泽强占和掠夺东沙群岛及其海域资源的交涉,是衰弱的清朝与强横的日本国之间的交涉。在清朝官员端方、张人骏等人的努力下,终使日本政府不得不承认东沙群岛属于中国,从东沙撤出;尽管清朝官员在某些方面有所妥协,但其为维护国家领土主权的斗争并成功收复国土,是值得称道的。张建斌《端方与东沙岛交涉》[②]据中国第一历史档案馆藏端方档案,考证清廷对东沙岛的调查取证情况,分析交涉期间中央与地方对东沙岛的认识,并介绍端方在交涉中的作用,并勘正《西沙岛东沙岛成案汇编》一书的个别错误。张维缜《民国时期东沙群岛海产纠纷刍议》[③]论述了中国商人在东沙岛开发过程的内斗及与日本渔民之间的纠葛。刘永连、刘旭《从1927—1937东沙群岛争端看近代中国海疆制度》[④]认为,日本商人、渔民疯狂盗采东沙群岛海产资源而引发的中日交涉,暴露出近代中国海疆制度的诸多弊病:民国政府盲目追随英美列强,未能根据自身海防需要和当时国际舆论合理制定领海宽度;忽视渔业界线的划定,未对海产资源加以有效保护;岛礁定名混乱,为日方纠缠留下口实。这些漏洞导致东沙群岛问题反复发生,我国海洋权益未能有效得到保护。

关于南沙群岛的研究。由于南沙群岛已经成为南海诸岛中主权争议最大的区域,所以研究者也更多地将目光转向对南沙群岛的研究,因此有不少的专题性论著涌现。其中较为主要的成果包括林荣贵、李国强《南沙群岛史地问题的综合研究》[⑤],文中从历史上中国人民对南沙群岛的发现、命名及经营;中国对南沙群岛的管辖及行使主权等方面对南沙群岛问题进行了深入、细致的研究。认为历史上中国对南沙群岛的发现和命名,是在对南海诸岛的认识不断扩大和深化的过程中开始的。中国人民世代致力于开

[①] 《中国边疆史地研究》1994年第3期;又见吕一燃主编《中国海疆历史与现状研究》。
[②] 《中国边疆史地研究》2017年第2期。
[③] 《史学月刊》2012年第8期。
[④] 《中国边疆史地研究》2016年第2期。
[⑤] 《中国边疆史地研究》1991年第1期;另见吕一燃主编《南海诸岛:地理·历史·主权》。

发经营南沙群岛并成为南沙唯一的主人，在正式列入中国版图前，即已经历了一个事实上属于中国的阶段。在此基础上，清中央政府将其列入中国版图，并置于广东省琼州府万州辖下。本文是近年来南沙群岛史地研究中十分重要的成果，其最重要之处，就是将中国拥有南沙主权放在历史过程中予以考量，因而更具有说服力。李亚明《南沙群岛历来就是中国领土》[①]认为：早在汉代中国人民就在南海航行并发现了包括南沙群岛在内的南海诸岛。在一千多年前中国就有关于中国渔民在南海诸岛海域进行捕捞生产活动的记载。明清时期中国官方将西沙群岛和南沙群岛列入万州管辖。李国强《民国政府与南沙群岛》[②]一文通过对民国时期围绕南沙群岛所发生的重大史实，指出民国政府对南沙群岛进行了有效的行政管辖，在肯定这一时期维护南沙主权的功绩的同时，也指出了其不足之处。同时文中还揭露了菲律宾染指南沙群岛的历史过程。另外，王静、郭渊《中法西沙争议及西沙气象台的筹设》[③]和张维缜《20世纪20—30年代东沙群岛海产纠纷案新探——以中国海产商人与日本渔民关系为中心》[④]两文，对20世纪前半叶中法、中日围绕西沙、中沙群岛的交涉做了有益探讨。中国科学院南沙综合科学考察队编《南沙群岛历史地理研究专集》[⑤]一书则集中了多篇论文，内容涉及南沙群岛的诸多方面。刘延华《南海断续线的历史疆域基础》[⑥]利用海内外南海历史档案、图籍、调查资料等，界定我国南海历史疆域范围，分析历史上我国在南海历史疆域内的活动尤其是专属性渔业活动、海防等，归纳南海断续线地图公布前南海历史疆域在我国地图上的演变，认为绘制南海断续线的过程中，我国视南海相关水域为历史疆域是在南海用线段圈划海域的意识基础，断续线圈划海域的范围大致以南海历史疆域的范围为基础。

关于西沙群岛的研究。 王涛《从"牛角Paracel"转为"西沙群岛

---

① 《岭南文史》1995年第3期。
② 吕一燃主编：《中国海疆历史与现状研究》。
③ 《中国边疆史地研究》2013年第4期。
④ 《中国边疆史地研究》2010年第3期。
⑤ 中山大学出版社1991年版。
⑥ 《云南师范大学学报》2018年第4期。

Paracel"——18 世纪末至 19 世纪初西人的南海测绘》① 认为 18 世纪让·达约在越南沿海的测绘，证明了"牛角"Paracel 实为早先的航海家认识上的谬误。为继续沿用这一地名概念，豪斯伯格将"牛角"头部以东的岛礁，即今西沙群岛，纳入 Paracel 之中。1808 年罗斯船长的南海测绘，发现外沟航线上的危险区域，即西沙，实为海中的群岛。Paracel 成为专指西沙群岛的名称。在豪斯伯格的推广下，这一命名逐渐得到认同。1830 年以后，"牛角"Paracel 从西文文献中消失。因此，越方的证据并不能成立。

许盘清、曹树基《西沙群岛主：围绕帕拉塞尔（Paracel）的争论》② 对 Paracel 向西沙群岛演变的历史进行重新梳理。从 16 世纪初至 19 世纪初，在包括文字与地图在内的西文文献中，Paracel 专指位于越南东海的"牛角"沙礁。1808—1810 年，西人开始用 Paracel 命名西沙群岛。1832 年以后，"牛角"在西文地图中消失。1845 年以后，Paracel 专指西沙群岛。在地理学上，"牛角"Paracel 与西沙群岛 Paracel 一直被认为是两个各自独立，且不混淆的地理存在。在地图学上，由于丹尼尔·罗斯与詹姆斯·豪斯伯格将地理上不存在的"牛角"Paracel 之名转移到西沙群岛，才造成两个地理形态的重名与混淆。丁雁南《史实与想象："嘉隆王插旗"说质疑》③ 针对越南提出的"嘉隆王插旗"说进行了细致考证，认为此实为法国传教士塔尔伯特借鉴他所熟知的欧洲常规，通过夸张的想象，把从他人那里获知的阮朝"黄沙队"的活动虚构成了一场威严雄壮的占领行为。19 世纪早期的越南不具备科学测绘的物质条件和技术准备，也不具备产生现代意义上的领土主权思想的意识基础。越南方面通过"嘉隆王插旗"说而主张对西沙群岛的主权是脱离历史的谬论。

关于黄岩岛的研究。王胜、华涛《1908 年菲律宾群岛地图研究》④ 认为"1908 年菲律宾群岛地图"地图的绘制与 20 世纪初期美国缺少一幅比例尺适中、多功能于一体的菲律宾地图密切相关。该地图鸣谢中所到人物与机构为地图的设计提供可靠而全面的地理与人文信息，揭示了其背后蕴

---

① 《南京大学学报》2014 年第 5 期。
② 同上。
③ 《南京大学学报》2015 年第 4 期。
④ 《中国边疆史地研究》2015 年第 1 期。

藏的官方背景。"巴黎和约线"是规制菲律宾群岛岛屿范围的岛屿归属线。"巴黎和约线"的设定为黄岩岛不属于菲律宾提供了直接依据。王胜《"巴黎和约线"（"菲律宾条约界限"）与黄岩岛主权归属》[1] 指出，1898年美西巴黎和约形成的"巴黎和约线"不仅规定了菲律宾群岛的范围，而且明确将黄岩岛排除在菲律宾群岛之外。20世纪30年代以前，尽管巴黎和约线经数次变动，最终演变为菲律宾条约界限，但其未涉及黄岩岛。20世纪30年代末至菲律宾独立之初，部分美制菲律宾地图和美菲相关法律文件，从事实上证明了菲律宾条约界限已然固定，且不包括黄岩岛。菲律宾条约界限具有开放性的观点不能成立。许盘清、何晴霞《西班牙从未将黄岩岛划入菲律宾地图》[2] 认为菲律宾在2012年举办的"1598年至1898年三百年间菲律宾古地图史"展览重展出的101张地图，均证明了西班牙从未认为黄岩岛属于菲律宾。李孝聪《从古地图看黄岩岛的归属》[3] 认为西班牙人在测量菲律宾以西海域时，由于没有发现吕宋岛近海的"Panacot"浅滩，因而将吕宋岛西岸港口 Masingloc 名字移植到斯卡巴洛礁，导致黄岩岛曾经一度被改称"Masin-gloc"。20世纪以来的地图和文件充分证明黄岩岛从来就不在菲律宾的国界线之内，不是菲律宾的领土，菲律宾不享有主权和管辖权。李孝聪《对〈菲律宾历史地图集〉的评述》[4] 对《菲律宾历史地图集》中的44幅地图进行细致分析，认为图44标记"西菲律宾海"是遵照2012年第29号行政命令画上去的，不是尊重历史的真实。真实的菲律宾历史地图恰恰证明了菲律宾的领土并不包括我国的海南岛礁。

值得关注的是戴可来、童力合编《越南关于西南沙群岛主权归属问题文件资料汇编》[5] 一书。书中汇集了越南政府有关西南沙群岛主权问题的外交文书、白皮书以及4篇署名文章，集中了越南方面对西南沙群岛主权归属问题的主要论点和论据。编者还对原文中的大量史地引文进行了校

---

[1] 《江海学刊》2017年第1期。
[2] 同上。
[3] 《南京大学学报》2015年第4期。
[4] 《边界与海洋研究》2017年第2期。
[5] 河南人民出版社1991年版。

核。该书有助于深入掌握越南方面在西南沙群岛主权问题上的立场和观点,有助于南海诸岛主权问题的深入研究,具有较高的学术价值。此外,学者们还对南海相关问题进行了研究,如曾昭璇《中国南海环礁目录》[1]对南海环礁的地形分布、形成及其他地理特征进行了深入研究。王路平、宋太庆《论南海国际文化旅游圈》[2]将中国大西南和东南亚各国所组成的广大区域的经济、文化和旅游称为"南海经济圈"。认为南海文化旅游圈具有相似性、差异性、互补性、共同性和相关性。陈清潮《在南海开展若干探索性研究的建议》[3],就开展珠江三角洲及华南沿海海陆相互作用研究、南海环流、物质能量输送及气候与资源的影响的研究、南海海洋生态系、生产力和生物资源调查研究、南海环境减灾评价及对策的研究、南海第四纪古海洋学的研究等方面的问题提出了建议。赵洪、廖少廉《南海主权归属问题现状与我国应采取的对策》[4]一文对有关国家和地区对南海主权归属问题的基本观点、论据及相关建议进行了分析,就我国应采取的对策提出了建议:在处理主权争端问题时,注意妥善处理同周边国家和地区的关系。采取积极合作的态度,谋求争端的和平解决。周良彪、叶洪《解决南沙问题必须重视经济开发》[5]认为目前南沙的经济开发呈现出由单纯的军事占领转化为固守、开发并举;由一国单独开发转向多国联合开发;由地区力量争夺转向国际力量争夺。指出我国应调动各方面的积极因素,加强对南沙的经济开发。图老汀《"美济礁"风波的背后》[6]则对1995年美济礁事件进行了研究,认为菲律宾之所以"炒热"美济礁问题,就是为了从根本上巩固其非法得到的南海海上利益,实现其拥有最大限度的海上管辖范围。吴杰伟《中菲"美济礁"争端》[7]认为菲律宾政府在美济礁问题上挑起事端是无视中国对南海诸岛主权的非法行为。徐焰《中菲南海争

---

[1] 吕一燃主编:《南海诸岛:地理·历史·主权》。
[2] 《中国边疆史地研究》1994年第2期。
[3] 《南海研究与开发》1994年第3期。
[4] 《南洋问题研究》1990年第3期。
[5] 《中国边疆史地研究》1995年第1期。
[6] 《海洋世界》1995年第7期。
[7] 《东南亚研究》1999年第5期。

执几十年》① 系统论述了自"二战"结束后,中菲在南海的争执历史。

(三) 中国拥有南海诸岛主权的法律依据研究

随着南海诸岛问题研究的不断深入以及学科间相互交叉和相互渗透的不断加强,对南海诸岛问题的研究已不局限于单纯对历史问题的研究,而是将历史研究与法律研究或与其他学科相结合,从而拓展了南海诸岛问题研究的空间。

主要的成果,如林金枝《外国确认中国拥有西沙和南沙群岛主权的论据》② 通过对大量历史文献的研究,认为西沙群岛和南沙群岛历来属于中国,长期以来得到包括越南在内的世界上很多国家的政府及其官员、国际会议和各国舆论的广泛承认;同时世界上许多国家出版的重要书刊和地图,也都记载和标注西沙群岛和南沙群岛的主权属于中国。王丽玉《初论中国发现和有效占有南海诸岛的国际法意义》③ 通过对国际法上的发现和有效占有原则的研究,并结合中国对南海诸岛发现、有效占有的历史事实,认为根据国际法,发现和有效占有使中国在古代就完全确立了对南海诸岛的领土主权。赵理海《从国际法看我国对南海诸岛无可争辩的主权——驳越南的所谓"法理依据"》④ 从国际法的基本原则和法理,如"时际法""有效原则""先占""禁止反言"等多个方面,对越南就南海主权提出的所谓"法理依据"进行了系统研究和批驳,证明中国拥有南海诸岛主权有充分的法律依据。吕一燃《驳南沙群岛"无主土地论"》⑤ 依据大量历史事实证明,早在公元前 2 世纪中国人民就发现并航行于南海,菲律宾声称的南沙群岛"无主土地"是十分荒谬的。李金明《从国际法看菲律宾对我国南沙群岛的侵占》⑥ 从历史和国际法的角度,对菲律宾在南沙主权争议上提出的"邻近即主权"、南沙"无主地"、"盟军托管"以及

---

① 《学习时报》2012 年 5 月 21 日第 7 版。
② 《厦门大学学报》1992 年第 2 期。
③ 《海洋与海岸开发》1991 年第 4 期。
④ 吕一燃主编:《南海诸岛:地理·历史·主权》。
⑤ 同上。
⑥ 《中国东南亚研究会通讯》1997 年第 2、3 期合刊。

大陆架问题诸一进行了分析,再次指出菲律宾方面提出的所谓法理依据是站不住脚的。王可菊《中国对南沙群岛拥有领土主权——兼评越南在南沙群岛问题上出尔反尔的行为》[1] 追述了越南承认我拥有南沙群岛主权的事实,指出按照国际法上的禁止反言原则,越南当局虽然自食其言,但仍要受其原来的立场约束。越南当局置过去承认中国对南沙群岛的主权的事实于不顾,对南沙群岛提出领土要求并以武力蚕食岛礁,是对国际法的粗暴践踏。马涛《从国际法看南沙群岛的主权归属问题》[2] 从国际法的基本原则入手,就南沙群岛的"发现"问题、"先占"问题、国际继承与国际承认问题、现代海洋法对南沙问题的效力等方面进行了剖析。指出越南和菲律宾以"发现"来主张主权可认定于法无据,而且最早"发现"南沙群岛的也不是他们而是中国,"发现"的后果也应由中国承受。至于菲律宾提出的"邻近"问题,不管在传统国际法还是现代国际法中都不承认"邻近"可以产生主权,因此可以认定该事由不能成立。南沙群岛历史上虽遭受过其他国家侵略,但这种侵略从来未产生过"时效"效力。既然在国际承认上已有充分证据证明南沙主权应归属中国而不是法国,那么越南的"国家继承"在权利上也就不能及于南沙。中国早在20世纪40年代以前就确立了对南沙群岛的主权,凡与该主权效力有关的法律问题,均应适用当时的国际法,而不是20世纪50年代以后的国际法,故此《海洋法公约》对南沙问题不能产生约束力。郭明《〈联合国海洋法公约〉与南沙群岛的海洋权益》[3] 结合历史事实进行了研究,认为我国在南沙群岛的权益符合《联合国海洋法公约》的有关条款规定,而某些国家片面解释和实行《公约》的有关规定,随意划定海洋权益界限,损害了中国的正当权益,侵犯了中国的领土主权。汪兆椿《中国在南沙的主权不容动摇》[4] 指出南沙群岛绝不是"无主地""自由地",不存在"共管"或"南极模式",而国际化不利于解决南沙问题。罗钰如《"中国在南海制造威胁"的论调可

---

[1] 《法学研究》1990年第2期。
[2] 《东南亚研究》1998年第5期。
[3] 《中国东南亚研究会通讯》1997年第2、3期合刊。
[4] 《海洋世界》1995年第4期。

以休矣!》①一文认为中国在国际上宣布在南海"具有历史性权利"的"历史性水域"和国际社会承认"中国南海的主权"在前,而有的国家向这一"历史性水域"提出领土要求在后。散布"中国在南海制造威胁"的目的,就是为有关国家侵占南沙群岛的永久化和合法化寻找借口。此外,赵理海《关于南海诸岛的若干法律问题》②、朱奇武《从国际法看南沙群岛主权的归属问题(上、下)》③、刘楠来《论菲律宾侵占我国南沙群岛的非法性》④、林琳《国际社会对南海诸岛中国主权的确认》⑤等多篇论文也从国际法的角度进行了研究。

2013年1月,菲律宾阿基诺三世政府就中菲在南海有关争议单方面提起仲裁。2015年10月和2016年7月,仲裁庭分别作出裁决。中国始终认为仲裁庭对有关诉求没有管辖权,坚持不接受、不参与所谓仲裁,始终反对推进仲裁程序。在仲裁庭作出两份裁决后,中国政府均当即郑重宣布,仲裁庭有关裁决是无效的,中国不接受、不承认。中国国际法学会组织撰写的《南海仲裁案裁决之批判》(中英文)2018年由外文出版社出版。同时,牛津大学出版社将《中国国际法论刊》以专刊形式出版英文本。学者们以包括《联合国海洋法公约》在内的国际法和国际实践为依据,对仲裁庭所作裁决进行了全面、深入的分析研究,认为仲裁庭明显没有管辖权,有关裁决涉及仲裁庭管辖权、历史性权利、大陆国家远海群岛法律地位以及海上活动合法性等问题,其裁定缺乏基本的事实和法律依据。

此外,研究者们还从国际政治、国际关系的角度进行了研究,主要成果有沈红芳《菲律宾政府解决南中国海主权争端的"综合安全框架"述评》⑥,文中就菲律宾官方与学术界提出的运用"综合安全框架"解决南中国海主权争端的主张进行了研究。认为菲政府的这一主张是为打破我国在南中国海主权问题上所持的双边谈判原则,促使南中国海主权争端国际

---

① 《国防》1995年第4期。
② 《法制与社会发展》1995年第4期。
③ 《政法论坛》1990年第6期、1991年第1期。
④ 《法学研究》1992年第1期。
⑤ 《广西民族学院学报》1995年第3期。
⑥ 《东南亚研究》1998年第4期。

化，并为菲律宾在南中国海的一些岛屿的"有效占领"或"占领获得"这一既成事实服务。其实质就是要从根本上否定我国对南中国海全部主权，并用集体的力量与行动法规，对我国进行遏制，迫使我国放弃双边谈判和与中国联合开发的原则，承认南中国海岛屿占有现状的合法化，从而达到菲方对南中国海岛屿"占有所有"的目的。江洋、王义桅《美国亚太安全战略中的南中国海问题》[1] 认为美国亚太安全战略的调整与深化，是其介入南海事务的动因。而美国对南中国海政策的变化从某个侧面便反映了冷战结束后美亚太安全政策的调整与战略企图。文中认为南中国海对美国的利益主要包括经济利益、安全战略利益、政治利益等，其中经济利益是先导，安全利益是立足点，而政治利益则是美追求的根本目标。文中指出南中国海的区域安全必将在美亚太安全乃至世界安全战略中扮演越来越重要的角色；而随着事态的发展，南中国海完全可能成为像台湾因素那样掣肘中美关系发展的又一重要支点。郭渊《合作：解决南海问题的必由之路》[2] 认为：关涉南海问题的因素错综复杂，无论从理论上还是从地区发展趋势看，只有以互信为基础，认真遵守已经达成的协议或有关规定，真诚合作，才能解决南海问题。

《旧金山对日和约》是一个涉及南海诸岛主权归属的文件。孙瑜《〈旧金山对日和约〉的签订及其影响》[3] 认为该文件严重地损害了中国的利益，并对历史观、南千岛群岛以及战后日本国际地位的提高等问题产生了不良影响。张明亮《〈旧金山对日和约〉再研究：关于其对西沙群岛、南沙群岛的处理及后果》[4] 认为《旧金山对日和约》只表明日本放弃这些岛礁，未明确主权归属问题，为的是防止中国（大陆）从《对日和约》中得出对中国主权有利的结论来。《对日和约》如此处理主权问题为日后两群岛"主权未定"论埋下了祸根。何维保《再论〈旧金山对日和约〉关于西沙、南沙群岛的规定及影响》[5] 则认为1951年的《旧金山对日和约》只规

---

[1] 《东南亚研究》1998年第5期。
[2] 《中国边疆史地研究》2009年第2期。
[3] 《现代日本经济》2005年第4期。
[4] 《当代中国史研究》2006年第1期。
[5] 《美国研究》2014年第4期。

定了日本放弃西沙群岛和南沙群岛，而没有规定这些岛屿的主权归属，这主要是因为美国当时认识到了中法等国在这些岛屿的主权归属问题上存在争议，美国难以解决这一争议问题；美国与英国围绕对日和会与对日和约问题的分歧，以及美英当时轻视南海诸岛的战略和经济价值，也是导致它们在该条约中没有规定这些岛屿归属的原因。防止这些岛屿落入新中国的手中并不是导致美国在条约中做出这种规定的主要原因。《旧金山对日和约》并不是南海争端的"根源"或"祸根"，它也没有为后来的菲律宾及越南的南海领土主张提供任何法理支持，因此，不宜夸大《旧金山对日和约》的相关规定对中国所产生的消极影响。郑海麟《从"条约法"看战后对台湾及南海诸岛的处置——纪念中国人民抗日战争胜利 70 周年》① 指出，《开罗宣言》与《波茨坦公告》对日本所产生的法律效力在 1945 年 9 月 2 日签字的《日本投降书》中即获得落实。中华民国政府是通过《开罗宣言》《波茨坦公告》的规定，《日本投降书》作出的承诺而接收台湾，并将台湾的主权事实上回归中国，然后通过"中日双边和约"完成主权转移的法律手续。台湾及钓鱼岛问题、南海岛屿争议等问题，严格说来都是"二战"后遗留的历史问题。根据 1943 年的《开罗宣言》和 1945 年的《波茨坦公告》，这些岛屿都应归还中国。郑海麟认为，在 1952 年 4 月 28 日《旧金山和约》生效，以及"中日双边和约"签订这一关键日期之后，这些岛屿的主权和一切权益无疑归属中国。南海问题的关键时间点也是在 1952 年 4 月 28 日。1971 年以后，中华人民共和国继承了中华民国在联合国的席位，所以也就继承了台湾、澎湖列岛和西沙群岛、南沙群岛等岛屿的主权。王晓鹏、郑海麟《中国对南海诸岛主权的关键性历史依据与战略选择》② 认为美国权威出版社兰德·麦克纳利公司在 1947 年出版的《柯林斯地图集与地理名词索引》中《中国、法属印度支那、暹罗及朝鲜的公认地图》明确标识台湾、西沙群岛及南沙群岛主要岛礁以中国名称注明，这表明 1947 年美国承认南海诸岛归属中国的铁证。1879 年出版的英国皇家海军档案《中国海航行指南》中对我国人民在南海诸岛生产和生活的记

---

① 《太平洋学报》2015 年第 12 期。
② 《太平洋学报》2016 年第 7 期。

载，以独立第三者的身份，印证了中国史料的记载和千百年来中国渔民的口头传述，从而有力地证明中国对南沙群岛及其附近海域拥有无可争辩的主权。

（四）其他研究

1. 关于地名的研究

刘南威《中国南海诸岛地名论稿》[①]一书及《中国古代对南海诸岛的命名》[②]一文对南海诸岛的地名进行了详细的研究，这一研究在论证南海诸岛主权问题上无疑具有重要的意义。韩振华《有关我国南海诸岛地名问题》[③]从历史、语言等方面，就南海诸岛译音、意译、另改名称、共称地名中存在的问题逐一进行了较为深入的研究，认为南海诸岛地名有诸多不尽规范的地方，需有所改进。吴凤斌《南海诸岛中几个地名考释》[④]对南海诸岛中的古地名进行了考证，认为17世纪初日本地图上标绘的"银屿"即我国古籍所记载的南澳气，也就是今东沙群岛；古籍所载之"九乳螺州"，指今西沙群岛；"红毛浅"即指今中沙群岛；"龙御"和"龙蛇屿"当指今南沙群岛。这一研究不仅廓清了南海诸岛史地研究中多个含混不清的地名，而且使我们进一步看到历史上对南海诸岛命名的多样性。李金明《南海诸岛史地研究札记》[⑤]通过对若干有关南海诸岛史料的考释，否认了将竺屿、上下竺或东西竺视为今马来半岛南部柔佛州东部海上的奥尔岛的观点，认为西竺是今北纳土纳群岛；东竺则是今南纳土纳群岛，从宋代以来纳土纳群岛就一直被作为中国海境与外国海境的南部分界处。文中对明清时期史料中的石塘、长沙进行了研究，指出其所指究竟为何处，应依据记载的具体内容加以研究。周伟民《中国在南海四沙群岛上的主权不容置疑》[⑥]中也对史籍有关南海的记载进行了研究，特别是考证了初唐沈佺期

---

① 科学出版社1996年版。
② 《地理科学》1994年第2期。
③ 《中国边疆史地研究》1995年第1期。
④ 吕一燃主编：《南海诸岛：地理·历史·主权》。
⑤ 《中国边疆史地研究》1995年第1期。
⑥ 《海南大学学报》1992年第1期。

的诗句中"安海""涨海""南海"三个地名,认为均指今南海。

隋大业三年(607),屯田主事常骏出使赤土国,其行程先后经历了南海诸岛和东南亚诸国,但史学界对常骏行程鲜有研究。韩振华《常骏行程研究》① 考证了常骏海上行程所历诸地,纠正了中外学者在有关地名研究上的"舛误",认为:九州石即七洲洋,今之西沙群岛;焦石山为越象山;陵伽钵拔多洲为 So-ho 岬之一岛;师子石在暹罗湾中;狼牙须国位于马来半岛北部;鸡笼岛即吉兰丹;赤土国都城僧祇城即新加坡岛。通过以上的考证,更加丰富了南海诸岛史地的研究。

周运中《南澳气、万里长沙与万里石塘新考》② 认为南澳气不仅包括东沙群岛,还包括东沙群岛东北的台湾浅滩。南澳气的原名应是南澳崎,指南澳岛的延伸海岬。宋末元初,中国人开辟了从福建经台湾到菲律宾的东洋新航路,更加熟悉南澳气,并为之命名。于是宋代原指西沙群岛、中沙群岛的千里长沙扩展到了南澳气,所以千里长沙在明清时代演变为万里长沙。与此同时,中国人对南海诸岛也更加了解,所以宋代还是专指南沙群岛的万里石塘在元明时期也包括西沙群岛。宋元时代中国人在南海的航海事业大发展,导致了南海诸岛出现命名一体化的趋势。

越南方面一直认为其文献上所记载的"罢葛黄"和"罢长沙",就是今我国的西沙群岛和南沙群岛。针对这一问题,韩振华撰文《罢葛黄、罢长沙今地考》③ 进行了研究。文中通过对史料、古航道航程、古地理等多方面的缜密考证,指出:罢葛黄、罢长沙仅指越南广东群岛(外罗山)附近与越南海岸之间的一些水浅的沙洲,与我国西沙、南沙群岛风马牛不相及。戴可来《越南古籍中的"黄沙"、"长沙"不是我国的西沙和南沙群岛——驳越南关于西、南沙群岛主权归属问题的"历史地理论据"》④ 对越南方面论证其南海"主权"方面最重要的古籍《纂集天南四至路图书》《抚边杂录》和《大南一统全图》进行了深入细致的研究,指出越南古籍中的"大、小长沙""大长沙岛",是指越南中部平治天沿岸的岛屿、沙

---

① 《中国边疆史地研究》1996 年第 2 期。
② 《海交史研究》2013 年第 1 期。
③ 吕一燃主编:《南海诸岛:地理·历史·主权》。
④ 同上。

洲和沙带。《纂集天南四至路图书》记载的"长沙"即"罢葛黄"是今越南占婆岛、宗岛和广东列岛一带的岛屿沙洲。《抚边杂录》中所载"大长沙岛"或"黄沙渚"是今越南的理山岛，而其记载的"黄沙队"是越南阮氏封建王朝为了剥削人民而建立的劳役性组织，其任务是为阮氏统治者捡拾"海物舶货"，根本不能作为越南行使主权、管辖的"法理依据"。文中不仅对《大南一统全图》的可靠性提出质疑，而且指出其图上所绘"黄沙"和"万里长沙"也不是我西沙和南沙群岛。戴可来、于向东还著有《〈抚边杂录〉与所谓"黄沙""长沙"问题》[1]。李金明《越南黄沙长沙非中国西沙南沙考》[2] 也对越南史籍《纂集天南四至路图书》中"广义地区图"注释的长沙进行了研究，认为这个长沙实际上是越南外罗海中一些小岛、沙洲，与我国的西沙群岛无任何联系。对《抚边杂录》有关"黄沙渚"的记载进行分析后认为，此"黄沙渚"与我国清人编撰的《越南地舆图说》中的椰子塘属同一地，指越南沿海理山岛北部的小岛。同时指出，越南外交部依据的《大南一统全图》中的黄沙、万里长沙，实际上是1613年英国人约翰·沙利撰写的《航海志》中的地图上标绘的"长条地带"，这两份地图无论从标出的位置，还是从绘制的形状以及地处的经纬度看，均与我西沙、南沙群岛毫无相似之处。作者指出越南史籍中的黄沙、长沙绝非我国的西沙、南沙群岛。

此外，陈史坚《南海诸岛资料和地名研究》[3] 一文详细介绍了中国科学院南海海洋研究所有关南海诸岛资料的情况以及在南海诸岛地名研究方面的成果，为研究者提供了有益的信息。许桂灵、司徒尚纪《从南海诸岛地名类型看中国对其拥有领土主权》[4] 分析了南海诸岛地名的主要类型，显示了南海诸岛为中国人认识、开发、利用它们的历史过程和历为中国政府命名和管辖，是中国领土主权的一部分。

2. 关于"四海测量"问题

以往研究中对元代郭守敬南海测验的地点存有争议，一说在广州，一

---

[1] 《国际问题研究》1989年第3期。
[2] 《中国边疆史地研究》1997年第2期。
[3] 《南海研究与开发》1989年第1期。
[4] 《岭南文史》2018年第1期。

说在林邑（今越南中部海岸），一说在今中沙群岛的黄岩岛。曾昭璇《元代南海测验在林邑考——郭守敬未到中、西沙测量纬度》①认为林邑是当时实测得北极出地15°的地点，林邑洋面向为中外分界海洋，林邑界海正好合"南逾珠崖"一语，从当时的政治背景看，郭守敬的观测队伍容易到达林邑，而林邑测点符合元代设计新测的以元大都为中心的南北子午线范围，所以林邑（即今天越南中部海岸）应该是郭氏测景之地。

李金明先后撰文《南海诸岛研究札记》②和《元代"四海测量"中的南海》③，文中考定元代郭守敬"四海测验"中南海的测点应位于北纬15°12′、东经116°07′，即今西沙群岛一带。该文指出，元代把南海作为"四海测验"中最南的一个测点进行测验的史实，说明当时的西沙群岛就在元朝的疆域之内，元朝政府已经对之行使了主权和管辖权。

钮仲勋《元代"四海测验"中"南海"观测站地理位置考辨》④从历史地理的角度，对学界关于元代南海观测站的四种不同观点即广州、林邑、西沙群岛、黄岩岛进行了考辨，认为西沙群岛地处北纬15°47′—17°08′，与"南海"观测点的极高观测值较为接近；西沙群岛在海南岛的东南，在地理上也较为吻合；同时从文献和考古资料来看，在元代以前渔民对西沙群岛已经有了相当的认识，为元代的测量提供了可能。所以作者认为元代"南海"观测点在西沙群岛。

元代郭守敬进行的南海天文测量是我国对南海行使主权和管辖权的重要力证。目前学界对其测量地点的研究结果，尚不能一致。学界在此问题研究上尚需努力，力争得出一个可以没有争议的准确地点。

3. 关于《更路簿》研究

《更路簿》又称《水路簿》，是历史上我国海南省沿海渔民在南海长期作业的航程（古称海道针经）记录和航行指南，是他们长期在南海诸岛航海实践的经验总结。世代传抄的《更路簿》是研究我国渔民开发南海诸岛的珍贵史料。

---

① 《历史研究》1990年第5期。
② 《中国边疆史地研究》1995年第1期。
③ 《中国边疆史地研究》1996年第4期。
④ 《中国边疆史地研究》1998年第2期。

《更路簿》目前主要集中在海南省文昌和琼海两市，之所以在这两市发现，是因为当地渔民从文昌的清澜港或琼海的潭门港出海。迄今为止，共发现不同版本的《更路簿》共20种，计有苏德柳本《更路簿》，郁玉清本《定罗经针位》，陈永芹《西南沙更路簿》，林鸿锦本《更路簿》，王国昌本《顺风得利》，麦兴铣《东北海更路簿》，李根深《东海北海更路簿》，许洪福《更路簿》，卢洪兰本《更路簿》，李魁茂本《更路簿》，蒙全洲口述、麦穗整理《去西南沙的水路簿》，彭正楷本《更路簿》等。

1. 苏德柳本《更路簿》。该版本是苏氏父亲于1921年抄自文昌县渔民。该本共记载了22个地名。记录航道29条，其航路大都自北向南行驶。

2. 郁玉清本《定罗经针位》。该版本中比较细致地区分了北风和南风针路。其中记载的穿越南海各岛礁航道较多。

3. 陈永芹《西南沙更簿》。该版本成书于民国，但也是经清代《更路簿》修改而成的。

4. 林鸿锦本《更路簿》。该版本《更路簿》记载较为详细，航道数目较多，各岛礁之间距离也比较具体。

5. 王国昌本《顺风得利》。该版本记载非常详细。有南风、北风、东风针路各不相同。其记录长于航向记载，转航方向也比较明确，具有很强的实用性。

6. 麦兴铣《东北海更路簿》。麦氏系琼海潭门镇人，其《更路簿》原本藏于华南师范大学地理系。

7. 李根深《东海北海更流簿》。李氏系琼海潭门镇人，其《更路簿》原本藏于华南师范大学地理系。

8. 许洪福《更路簿》。该版本记录航线较少，只有三条航线。

9. 卢洪兰本《更路簿》。该版本记录各个岛礁回航和出航都较其他版本为多。

10. 李魁茂本《更路簿》。该版本记载海南岛、越南航路较多，包含南海岛礁地名20多个。

11. 蒙全洲口述，麦穗整理《去西南沙的水路簿》。该版本所载各主航道的针路都是依据明代以来渔民生产作业经验记录。

12. 彭正楷本《更路簿》。彭氏系琼海潭门人。该版本《更路簿》是其在 1924 年抄录的，原本藏于广东省博物馆。

刘南威、张争胜合作编著的《〈更路簿〉与海南渔民地名论稿》① 一书的第一部分收录了《更路簿》与南海诸岛渔民地名研究相关的学术论文 20 篇，探究《更路簿》起源与形成的环境条件、名称由来、主要版本和内容、形成年代、航海线路、文化内涵与价值，及南海诸岛渔民地名，分析南海诸岛地名的由来、发展演变、权力关系、历史文化价值等问题。第二部分为《更路簿》汇编，收录苏德柳抄本《更路簿》、许洪福抄本《更路簿》、郁玉清抄藏本《定罗经针位》、陈永芹抄本《西南沙更路簿》、林鸿锦抄本《更路簿》、王国昌抄本《顺风得利》、麦兴铣《注明东、北海更路簿》、李根深《东海北海更流簿》、蒙全洲口述《去西沙、南沙的水路簿》、卢洪兰抄本《更路簿》、李魁茂抄本《更路簿》、彭正楷抄本《更路簿》、柯家裕抄本《更路簿》、符树万抄本《更路簿》、王诗桃抄本《更路簿》、卢家炳祖传本《更路簿》、陈泽明抄本《更路簿》、黄家礼祖传本《驶船更流簿》、吴淑茂家藏《更路簿》、梁琦瑞抄本《更路簿》等 20 种版本的保护者情况、版本结构与内容、更路与土地名数量、收集及发表经过等，然后详细列出各版本的全部内容。

《顺风得利》是其中最为完备的之一，它成于清同治以前，涉及南海诸岛的地名、航线及航海知识。曾昭璇、曾宪珊《清〈顺风得利〉（王国昌抄本）更路簿研究》② 认为，王本《更路簿》具有记录范围广、更路多和地名多的特点，对研究清代南海诸岛航行史提供了丰富的素材。同时，王本充分说明清代南海诸岛已经是我国渔民进行生产活动的主要地区，从中可以总结出在清代已找到南海诸岛的三条"最佳作业线"，同时其中记录的 70 个地名对我们厘定南沙群岛的地名有积极作用。

《更路簿》的史料价值日益为人们的认识，更多学人也将对《更路簿》研究纳入自己的研究范畴，王晓鹏就对彭正楷本《更路簿》进行了细致研究。

---

① 海洋出版社 2018 年版。
② 《中国边疆史地研究》1996 年第 1 期。

从期刊网检索主题词"更路簿"来看，学界研究日益火热。2013年为8篇文章，2014年4篇，2015年14篇，2016年26篇，2017年32篇，2018年1—11月为13篇。有关部门也将《更路簿》纳入高层次研究课题项目中，体现出对《更路簿》保护、研究的高度重视。虽然学界对其研究取得了丰硕成果，但在一些问题上仍存在空白或不明之处。例如，《更路簿》产生的年代仍不明确，对《更路簿》所载地名、航线、航程的释读缺乏新意，低水平重复现象较为严重。《更路簿》更多强调是记载航时和航程的"更"，而此前的一些航海文献更多强调是记载方向的"针"。这一转变的原因和过程是什么？学界尚未研究。鉴于当前学界研究状况，海疆史专家李国强研究员在《〈更路簿〉研究评述及创建"更路簿学"初探》中建议成立"更路簿学"的设想。[①] 李先生认为，"更路簿学"是研究中国渔民在南海生产生活的历史文化、作业工具、捕捞技术、航海技能等问题，兼及社会组织、管理制度、海洋意识、价值理念等多个层面的综合性学问。这一倡议是我国海疆史研究在新时代进一步发展的结果，也是进一步维护海洋领土主权和海洋权益的必然要求。

（五）北部湾问题研究

北部湾是南海中较为特殊的海域，位于南海西北部，东起广东雷州半岛、琼州海峡，东南为海南岛；北面为广西壮族自治区大陆沿海岸；西至越南陆地沿岸；南面紧接我国南海及越南南部海一部分，是三面陆地环绕的一个大海湾。

对于北部湾问题的历史研究大致集中在两个方面，一是北部湾海域的历史问题，二是有关北部湾海域或岛屿名称的问题。前一方面研究的主要成果有肖德浩先后撰写的《北部湾问题刍议》[②] 和《北部湾海上通道概说》[③]，前一文认为中法双方在议定1887年的《续议界务专条》时，并没有划分北部湾的边界线。而中法界约中的东经108°03′13″"红线"，仅是

---

① 《南海学刊》2017年第1期。
② 吕一燃主编：《中国海疆历史与现状研究》。
③ 《学术论坛》1993年第1期。

划分中国与越南在北仑河口一带交界沿海附近岛屿归属的标志。后一文则回顾了北部湾海上通道的兴衰历史，指出北部湾不仅是我国最早命名的，而且北部湾海上通道也是我国最早开辟的，并被誉为"海上丝绸之路"。同主题论文还有刘文宗《是"海上边界线"还是岛屿分界线——评越南当局对1887年〈中法续议界务专条〉第三款的解释》①。

此外，沈固朝《关于中法勘界斗争中的北部湾海域问题》② 一文认为从秦王朝设象郡后到越南沦为法国殖民地，北部湾一直是中国的专属区域。近代中法交涉中越边界时，北部湾海域和岛屿不在谈判之列；双方签订的《中法续议界务专条》也根本不涉及北部湾，北部湾中不存在108°国界线。条约签订后中国仍然行使着对北部湾大部分地区的主权。

在后一问题研究上的主要成果有李德潮《白龙尾岛正名》③ 和周定国《"北部湾"称谓质疑》④ 两文。李文指出白龙尾岛真正的名称为"浮水洲岛"，明清以来又称"夜莺岛"。文中还认为：北部湾海界从未划分，1887年中法界约中的108°03′线是北仑河口附近近岸岛屿归属线，不具有确定浮水洲岛地位的法律效力。周文认为"北部湾"一名来源于越南语，我国最早在1958年采用了这一名称。而中华人民共和国成立以前这一海域被称为"东京湾"，则是沿袭了近代西方殖民者的称谓。文中指出：1955年中国人民解放军解放该岛，建立党政机构，1957年为越南政府接管。

20世纪90年代以来，位于北部湾海域中心的夜莺岛沿革也引起学者的关注，这方面学术论文不多，马大正在其散文考察集《海角寻古今》中有如下概略描述：

> 有关夜莺岛的沿革似乎并不复杂。
>
> 夜莺岛是一个面积约5平方公里的小岛，坐落于北部湾的中心位置，北纬20°01′，东经107°42′。东西长轴4.5公里，南北短轴2.5公里。我国50年代以前发行的地图上标名为夜莺岛，又称为海宝岛。

---

① 《中国边疆史地研究报告》第4辑，1989年。
② 《中国边疆史地研究》1995年第1期。
③ 吕一燃主编：《中国海疆历史与现状研究》。
④ 《海洋世界》1993年第3期。

不过，我国广东、广西、海南的渔民和沿海居民，均称该岛为浮水洲岛。50年代中期以后的地图才标称为白龙尾岛。

夜莺岛的居民全部是中国汉族人，大多是本世纪初从海南儋县迁入，讲儋州（海南儋县）话。因此，近代中国人上岛定居的历史，有据可考的当在百年以上。

岛民分住在两个村庄，大村名"浮水洲村"，小村名"公司村"。"公司村"得名源自1931年儋县蒲公才、蒲文江、陈有德等热心实业人士，集资成立开发公司，在岛内大规模种植西瓜。可惜，后因法帝国主义侵略及抗日战争爆发，公司业务未能开展，可"公司村"的名称却留了下来。1931年，法国以越南宗主国名义，申明领有西沙、南沙主权，并于1933年宣布占领南海9座岛屿。同时也把侵略魔爪伸向夜莺岛，当时曾受到中国政府及舆论界强烈谴责。1937年，中国忙于抗日战争，无暇顾及，法国向该岛派兵，并非法委任里长统治。1943年，日军派兵统治该岛。1946年法国又卷土重来。1950年海南解放，国民党儋县党、政、军、特40余人逃窜上岛，并据此为基地，骚扰大陆和海南，1954年法国勾结国民党驻岛军队，劫持岛民71户、269人到越南。

1955年7月，我中国人民解放军解放夜莺岛，该岛在行政上隶属广东省海南行政区儋县，设立区级行政单位儋县人民政府浮水洲办事处，同时设立党的基层组织中共儋县委员会浮水洲工作委员会和驻军单位中国人民解放军海南军分区浮水洲守备大队。银行、供销社、小学、渔业生产合作社等，均使用浮水洲名称。1955年解放时，有居民64户、249人（男127人，女122人）。当时岛上有庙宇一座，奉祀天妃娘娘和伏波将军。天妃娘娘是中国渔民海上保平安的神祇。伏波将军即是汉王朝出兵交趾（今越南北部）的马援。庙内有铁钟一口，系光绪三年（1877年）所铸，首事人是海南文昌人符连明、符怀积等。

夜莺岛，或者叫浮水洲岛的历史沿革应该是清楚的，问题复杂是在于如下一个历史事实：该岛于"1957年3月交给越南"。为了更多了解这一"交给"的始末，我们在海口拜访了当时完成这"交给"任务的当事人原海南军分区副司令马白山将军。

将军用他海南乡音很重的语言，对我们说：

> 1950年海南解放，1955年解放军解放了浮水洲岛。解放军驻此岛时，岛上有工事。部队一个连队驻守岛上，也管理老百姓。1955年实行军衔制，我授衔为少将，任海南军分区副司令员。
>
> 1957年3月，上级指派我为代表，把浮水洲岛移交给越南，越南来的代表，也是一个军分区的副司令。当时有文件，说委任马白山作为移交浮水洲岛的全权代表，同去的还有当时的海南区党委的一位副书记。
>
> 移交时，部队撤。老百姓不动，有的老百姓不高兴。说我们是中国人，为什么要变成越南人。其他设施，如商店等都移交。移交前，我去过这个岛。岛上渔民主要是捕捞近海的鲍鱼。他们捕来的鱼，卖给大陆，也贩运到越南去卖。
>
> 移交仪式在岛上举行，文件都准备好，履行签字手续就成。移交的一切准备工作都是上面安排的，移交仪式：开茶会，桌上摆水果、点心，都是越方带来的，晚上还设宴请客，越南还派了一个文工团演出。文工团员不少是在越的华侨。
>
> 移交给越南，主要是当时两国关系好，我们与胡志明是"同志加兄弟"的友谊，反正是兄弟嘛，该岛又稍近越南一点，就通过一个仪式移交给它。①

夜莺岛主权归属的变迁，对北部湾划界于中国的负面影响是显而易见的，让历史来评说这段是非吧！

2000年中越两国关于北部湾划界协议签署之后，学术界的研究并未中止，而是从不同角度进行了深入分析和总结，主要成果有于向东《北部湾边界：海域划界的成功实践》②、张植荣《中越北部湾划界谈判及其对解决海疆争端的启示》③、覃翊《北部湾划界问题成功解决意义》④、陈真波

---

① 马大正：《海角寻古今》，新疆人民出版社2000年版，第38—42页。
② 《东南亚纵横》2005年第1期。
③ 《国际论坛》2005年第2期。
④ 《东南亚纵横》2006年第5期。

《中越北部湾划界的国际法分析》[1]、安京《北部湾与中国近代海界问题》[2]等。纵向观之，随着中越北部湾划界的顺利解决，学界关于北部湾历史问题的研究趋向冷淡，现在更多是关注北部湾地区社会经济文化发展，且是放之于地区发展视域下进行。

八　钓鱼岛历史及中琉关系研究

钓鱼岛主权是中日两国之间一直悬而未决的问题，同时也是中国海疆史研究中较为传统的研究领域，20世纪80年代初期以来，该领域研究持续开展并有近百篇学术论文和多部学术专著先后问世。该研究领域最引人关注的成果是吴天颖《甲午战前钓鱼列屿归属考——兼质日本奥原敏雄诸教授》[3]，鞠德源《日本国窃土源流/钓鱼列屿主权辨》（上下册）[4]和《钓鱼岛正名：钓鱼岛列屿的历史主权及国际法渊源》[5]，郑海麟《钓鱼列屿之历史与法理研究（增订版）》[6]，以及刘江永《钓鱼岛列岛归属考：事实与法理》[7]五部专著。

吴书根据翔实的档案史料及大量收藏于国内外的重要图籍，阐明了钓鱼列屿是中国人民首先发现并命名的事实，以及日本帝国主义通过甲午战争、《马关条约》得以占领的史实，深刻批驳了日本奥原敏雄等人及日本军国主义分子歪曲历史的行径。不容置疑地证明："钓鱼岛及其附属岛屿是在中日甲午之战签订《马关条约》后被日方侵占的中国领土。"在此之后，本书的缩写本《甲午战前钓鱼列屿归属考》（由青山治世翻译）和《钓鱼列屿归属考——兼驳日本方面种种谬论》两书以日文形式先后由香

---

[1] 《贵阳学院学报》2008年第2期。
[2] 《中国边疆史地研究》2001年第2期。
[3] 社会科学文献出版社1998年版。
[4] 首都师范大学出版社2001年版。
[5] 昆仑出版社2006年版。
[6] 中华书局2007年版；中华书局2012年增订版；海洋出版社2014年最新增订版。
[7] 人民出版社2016年版。

港田园书屋和北京外文出版社出版，在社会上引起极大关注。中国民主法制出版社在 2013 年出版了该书的增订本。新书对 1994 年版行了必要补充和订正。十分可贵的是，该书不仅仅针对奥原敏雄的观点进行研究，而且增加了对若干日本学者观点的研究，比如第三章第三节第二目《石井望副教授弄巧成拙，帮了倒忙》。此外，书中新增了第五章第七节《〈马关条约〉割让钓鱼列屿考》，不仅厘清了《马关条约》与钓鱼岛的关系，而且使全书的体系更加完整。

鞠德源《日本国窃土源流／钓鱼列屿主权辨》和《钓鱼岛正名：钓鱼列屿的历史主权及国际法渊源》两书：前书分上篇、中篇和下篇，上篇《日本国窃土源流》对日本军国主义的贪欲、侵略、扩张和窃土的历史进程，作系统的历史的考察和论述，中篇《钓鱼列屿主权辨》，对中国台湾附属岛屿以钓鱼屿为中心主岛的东北诸岛的领土主权、历史与地理，作全面系统的考察论证，揭露日本歪曲、篡改历史与地理的具体事实，下篇《铁案如山证据说》，专门以台湾附属岛屿钓鱼列屿为中心，阐释中国固有领土主权的各项历史证据，具体剖析与揭示日本军国主义在窃土历程中形成的各种图籍与实证，揭破日本窃土者所制造的"尖阁列岛""南西诸岛"之谜，全书 110 余万字，并附了大量地图、图幅和各种统计表格。后书则依据我国历代所拥有的"钓鱼台列屿"史料，特别是中国各朝代及西方各国，包括日本所绘海图，证明"钓鱼台列屿"的主权归属，廓清了中国台湾东北附属岛屿与历史上中国的藩属国琉球（1875 年后被日本吞并）及日本之间的海权沿革，并进一步指明了 20 世纪 70 年代日本借美国归还冲绳管辖权之际，欲乘机"接受"我钓鱼岛列屿这一可笑伎俩背后的强盗逻辑：侵华窃土、"放弃"窃土、窃土再占。作者还指出，今天人们一般所称的"钓鱼岛"或"钓鱼岛列屿"是指包括了钓鱼屿、橄榄山、黄尾屿、赤尾屿在内的"钓鱼台列屿"中的钓鱼岛。全书约 35 万字，附图 80 幅。

郑海麟《钓鱼岛列屿之历史与法理研究》是作者 1998 年在香港出版同书名的修订版，本书首次将钓鱼岛问题放进中西交通史学科领域，运用语言学、地理学、史料考据学、地质构造学，以及国际法原理等多学科知识和研究方法，对钓鱼岛主权归属的历史及现状作了深入考察研究，得出了钓鱼岛主权属于中国的科学结论。2014 年最新增订版，增加了新发现的

《大日本全图》，根据日本方面的回应进一步完善表述，增加作者的新研究成果，并介绍了"保钓"最新形势和各方观点。全书分为上编、中编、下编三个部分，分别从中日史籍看钓鱼岛列屿的主权归属、中日钓鱼岛列屿之争的法理研究、钓鱼岛列屿相关地图考释三个方面阐述钓鱼岛及其附属岛屿归属中国。

刘江永《钓鱼岛列岛归属考：事实与法理》一书是作者长期研究钓鱼岛的结晶，也是国内学界研究钓鱼岛的最新成果，入选国家哲学社会科学成果文库。全书共60余万字，图片220张。该书通过历史考据和国际法研究相结合的方法，对六百多年来中外相关文献、史料证据进行了较为详尽的考证与分析，从事实和法理两方面厘清了钓鱼岛列岛属于中国的证据链；同时，针对日本政府"购岛"的错误行为和日方的相关错误观点，予以了有理有据的批驳；对中国学界的某些不同观点也提出了自己的考证结果。该书首次披露了日本海军省的一些地图和文献，证明自1874年日本首次入侵台湾至1894年发动甲午战争约20年间，日本官方已认定钓鱼岛列岛是中国台湾东北岛屿；出示了日本早年登岛偷猎者后代留下的历史证言，证明钓鱼岛是日本明治政府通过甲午战争连同台湾一起夺走的，战后应归还给中国；彻底否定了日本所谓"根据1896年敕令第13号将钓鱼岛划入冲绳县"和所谓"古贺辰四郎1884年发现钓鱼岛"的谎言；披露了日本利用1894年甲午战争获胜之机窃占钓鱼岛的内幕。

上述诸书可以说是世纪之交中国学者关于钓鱼岛问题研究的扛鼎力作。

学术界的研究主要集中在以下方面：

（一）钓鱼岛归属问题研究

主要有陈本善《关于钓鱼岛归属问题的初步意见》[①]、刘江永《论钓鱼岛的主权归属问题》[②]、钟严《论钓鱼岛主权归属》[③]、王春良《略论钓

[①] 《现代日本经济》1995年第1期。
[②] 《日本学刊》1996年第6期。
[③] 《人民日报》1996年10月18日。

鱼岛列岛是中国固有领土》[1]、曲波《条约视角下钓鱼岛主权归属探究》[2]、张海鹏和李国强《论〈马关条约〉与钓鱼岛兼及琉球问题》[3]、王军敏《从琉球问题的演变看钓鱼岛的主权归属》[4]、夏帆《从1885年前西方绘制地图看钓鱼岛及其附属岛屿的归属》[5]、崔丕《美日两国政府应对本国国会审议返还冲绳协定的对策及其对钓鱼岛归属争端的影响》[6]等。这些研究从历史和法律两个方面证明钓鱼岛主权归属中国是毋庸置疑的。例如，陈本善在文中认为钓鱼岛等岛屿在地质上是中国台湾的附属岛屿，是中国人民最早发现、命名，早在明清500年间就是中国的领土，而绝非"无主地"。日本政府通过《马关条约》在割占台湾时，将其窃取。2013年，张海鹏、李国强合著《论〈马关条约〉与钓鱼岛问题》[7]驳斥了日本政府有关钓鱼岛与《马关条约》无关的说辞，指出日本"窃占"钓鱼岛是甲午战争中日本侵华战略的一环。正是基于侵华战争胜券在握，日本内阁才抢先窃据钓鱼岛，接着才有了《马关条约》；通过《马关条约》，日本力图以所谓条约形式，实现其对钓鱼岛"窃占"行为的"合法化"。引证大量史料，论证钓鱼岛是中国台湾附属岛屿。此外，本文还指出，虽然日本在1879年吞并琉球，但史料证明清政府立即提出了抗议，此后形成所谓琉球交涉，根据1880年中日琉球交涉，日本政府同意宫古岛、八重山诸岛划归中国。直到1887年总理衙门大臣曾纪泽还在声明，琉球问题并未了结。只是因为甲午战败，琉球问题淹没在甲午战败的阴云之中。中国政府宣布废除《马关条约》后，《开罗宣言》《波茨坦公告》作出了战后处置日本的规定，日本天皇接受了这些规定。依照这些规定，不仅台湾及其附属诸岛（包括钓鱼岛列屿）、澎湖列岛要回归中国，历史上悬而未决的琉球问题也到了可以再议的时候。

---

[1] 《烟台大学学报》1998年第2期。
[2] 《当代亚太》2013年第4期。
[3] 《台湾历史研究》2013年。
[4] 《太平洋学报》2014年第4期。
[5] 《边界与海洋研究》2017年第4期。
[6] 《首都师范大学学报》2018年第4期。
[7] 《人民日报》2013年5月8日；《台湾历史研究》（第一辑），2013年。

(二) 关于中国拥有钓鱼列屿主权的历史依据研究

主要有何慈毅《从几则历史资料看钓鱼岛等岛屿的归属》[①]、杜继东《钓鱼岛等岛的历史与现状》[②]、营种《日本阴谋窃取钓鱼岛的经过》[③]、王春良《略论钓鱼列岛是中国固有领土》[④]、司徒尚纪《关于钓鱼岛群岛历史地理的若干问题》[⑤]、吕一燃《历史资料证明：钓鱼岛列岛的主权属于中国》[⑥]、陈亚洲《钓鱼岛，中国领土的又一佐证》[⑦]、刘江永《论钓鱼岛的主权归属问题》[⑧]、钟严《论钓鱼岛主权归属》[⑨]、周兆锐《钓鱼岛等岛屿问题的来龙去脉》[⑩]、杜继东《钓鱼岛等岛的历史和现状》[⑪]、周兆锐《钓鱼岛等岛屿问题的来龙去脉——钓鱼岛屿是中国的领土》[⑫]、韩结根《从琉球语"友昆姑巴甚麻"及久米赤岛等地名考释看钓鱼岛及其附属岛屿的主权归属》[⑬]、吴巍巍和张永钦《康熙时期中国天文生测绘琉球地图考——兼论钓鱼岛主权归属问题》[⑭]、费杰《新发现19世纪西文地图与钓鱼岛及其附属岛屿的主权归属》[⑮]、刘江永《日本官方承认钓鱼岛属于中国之证据考》[⑯]等。这些研究认为：历史上琉球属地历称三十六岛，从来就不包括钓鱼岛、黄尾屿、赤尾屿三岛，明清史料和日本史料均表明这三岛为中国领土，至少自明初开始就已并入了中国版图，并包括在中国的海上防御区

---

① 《东南文化》1993年第1期。
② 吕一燃主编：《中国海疆历史与现状研究》。
③ 《文史精华》1998年第4期。
④ 《烟台大学学报》1998年第2期。
⑤ 《岭南文史》1997年第1期。
⑥ 《抗日战争研究》1996年第4期。
⑦ 《中学地理教学参考》1996年第11期。
⑧ 《日本学刊》1996年第6期。
⑨ 《人民日报》1996年10月18日。
⑩ 《武汉师范学院学报》1978年第2—3期。
⑪ 《人民日报》1980年8月1日。
⑫ 《中国边疆史地研究报告》1990年第5期。
⑬ 《复旦学报》2013年第6期。
⑭ 《国家航海》2014年第4期。
⑮ 《台湾研究》2015年第3期。
⑯ 《国际政治科学》2016年第2期。

域内；从地理上看，钓鱼岛等岛与彭佳屿、棉花屿等一脉相承，属我国大陆架的自然延伸部分，以琉球海沟与琉球分界。从上述意义上而言，中国自古以来就拥有钓鱼列屿。

（三）中国拥有钓鱼列屿主权的法律依据研究

主要有刘文宗《从历史和法律依据论钓鱼岛主权属性》[①]、王乃昂等《略论中日钓鱼岛之争》[②]、丛俊《钓鱼岛与南中国海主权争端的现状及前景》[③]、王翰灵《中国对钓鱼岛拥有主权法律依据充分》[④]、谭及虎和汪开明《从国际公法角度论钓鱼岛主权归属》[⑤]、鞠德源《从地图看钓鱼岛列岛的主权归属》[⑥]、尹立杰《试论钓鱼岛领土争端》[⑦]、李清州《国际法视角下的钓鱼岛问题》[⑧]、邹晓翔《钓鱼岛主权与划界分离论——马英九〈从新海洋法论钓鱼台列岛与东海划界问题〉一书的内容及理论价值》[⑨]、郑海麟《钓鱼岛主权归属的历史与国际法分析》[⑩]、张磊《关于中日对钓鱼岛"有效管辖"主张探微》[⑪]、金永明《钓鱼岛主权若干国际法问题研究》[⑫]、疏震娅和李志文《从相关国际条约考察钓鱼岛主权归属》[⑬]等。学者们以国际法的原始发现、行政管辖、经济活动、自然延伸等原则为基础，进一步论证了钓鱼诸岛主权属于中国是符合国际法原则的。

---

① 《海洋开发与管理》1997年第1期。
② 《中国边疆史地研究》1996年第4期。
③ 《东南亚研究》1994年第6期。
④ 《法制日报》2005年6月10日。
⑤ 《西北第二民族学院学报》2003年第4期。
⑥ 《地图》2004年第1期。
⑦ 《中国政法大学学报》2002年第1期。
⑧ 《党政论坛》2003年第12期。
⑨ 《东北亚论坛》1997年第1期。
⑩ 《中国边疆史地研究》2011年第4期。
⑪ 《中国边疆史地研究》2013年第4期。
⑫ 《中国边疆史地研究》2014年第2期。
⑬ 《郑州大学学报》2015年第5期。

（四）日本在钓鱼岛挑起事端的政治图谋及对中日两国关系影响的研究

主要有陈本善《日本政治右倾化和钓鱼岛问题》[①]、杨金森《钓鱼岛争端和日本的海上扩张》[②]、杨丹《从钓鱼岛争端看日本军事发展走向》[③]、李晔《钓鱼岛问题与中日关系》[④]、赵平安《钓鱼岛问题及其对中日关系的影响》[⑤]、苏崇民《关于钓鱼岛问题的思考》[⑥]、刘文宗《石油资源与钓鱼岛争端》[⑦]、张良福《中国政府对钓鱼岛主权争端和东海划界问题的基本立场和政策》[⑧]、刘霏《论日本的东海政策及其对中国的影响——基于美国亚太再平衡战略的视角》[⑨]、刘亚洲《从钓鱼岛问题看中日关系》[⑩]、刘江永《以钓鱼岛为视角透视新中国与日本的关系》[⑪] 等。学者们认为：日本之所以在钓鱼岛制造事端，就是将其放在其东亚战略框架内加以考虑的，其目标不仅仅是台湾以北 20 万平方千米的海域，而是日本在整个亚太地区的战略利益。同时学者们指出在钓鱼岛问题上充分暴露了日本政治右倾化以及军国主义势力的复活。钓鱼岛主权问题对中日两国关系带来一定影响，并将是影响中日两国间安全关系的核心问题。

（五）关于解决钓鱼岛主权问题研究

主要有苏崇民《关于钓鱼岛问题的思考》[⑫] 等。这些论文在维护我钓鱼岛主权的同时又在遵循"搁置主权、共同开发"原则的前提下，从不同角度就钓鱼岛主权问题的解决前景或解决方案进行了预测或提出了建议。

---

① 《东北亚论坛》1997 年第 1 期。
② 《中学地理教学参考》1996 年第 10 期。
③ 《航船知识》1996 年第 11 期。
④ 《日本学论坛》1998 年第 2 期。
⑤ 《中学政治教学参考》1997 年第 4 期。
⑥ 《现代日本经济》1995 年第 1 期。
⑦ 《中国边疆史地研究》2002 年第 1 期。
⑧ 《太平洋学报》2005 年第 8 期。
⑨ 《日本研究》2015 年第 4 期。
⑩ 《当代世界》2015 年第 10 期。
⑪ 《东北亚论坛》2017 年第 3 期。
⑫ 《现代日本经济》1995 年第 1 期。

刘江永《以钓鱼岛为视角透视新中国与日本的关系》认为，中日关系的改善有赖于三个层次的努力：一是以可持续安全观为导向，妥善处理钓鱼岛等敏感问题；二是以海洋事务对话磋商为平台不断推进对话协商与合作，防止事态恶化；三是以澄清钓鱼岛归属真相的对话交流为基础，纠正日方的系统性错觉，促使两国民间感情改善。

除上述较为集中的研究内容外，学者们还从其他方面进行了研究，例如，许森安的《隋朝陈棱到的地方究竟是琉球还是台湾》[1]。隋朝时派朱宽、陈棱出征琉球，对其所到之地史学界存有分歧，有的认为其所到即现在的琉球，有的认为其未到琉球，到的只是台湾。认为其所到确为琉球，其所途径的高华屿是澎湖地区的某个岛，而途径的鼍鼊（句辟）即指钓鱼岛。朱素梅《钓鱼岛问题与台湾的"保钓运动"》[2] 一文则就台湾的"保钓运动"进行了研究。

此外，于福顺、刘耀祖编《钓鱼列岛历史资料》[3]，摘录中外文献63种，包括地理形势、主权归属、中日交涉等方面，并加了按语和说明，是一份带有研究性的资料。还有红旗出版社于1998年出版了《钓鱼岛档案》。1996年10月国家海洋局海洋发展战略研究所内部发表了《钓鱼岛问题纪事》，其记录内容从1403年至1996年10月，不仅勾勒出钓鱼岛的整个历史发展情况，而且为研究者提供了十分清晰的线索和较为丰富的资料，对于钓鱼岛问题的深入研究有一定的参考价值。但由于是内部出版，所以其影响力受到局限。此外，在钓鱼岛及琉球问题上，美国有着密切关系，美国涉及钓鱼岛与琉球的档案已经引起学者注意，如陈海懿《美国的琉球政策与钓鱼岛问题再研究——以 CIA 文献为中心》[4] 通过已解密的 CIA 文献，审视战后美国琉球政策的形成、美国琉球返还政策的演变以及美国对钓鱼岛问题的早期认识。但总体而言，学界对美国的相关档案重视度不够，使用率不高，需要系统收集整理。南京大学出版社2016年出版了一套"钓鱼岛问题文献集"，包括《清季琉球交涉档案》《日本档案与

---

[1] 吕一燃主编：《中国海疆历史与现状研究》。
[2] 《台湾研究》1997年第1期。
[3] 《中国边疆史地研究报告》第1辑，1987年。
[4] 《东北亚论坛》2016年第6期。

文献》《明清文献（1/2/3）》《英国外交档案与日藏美国文件》《美国外交关系文件》《"国史馆"藏档》《"中研院"藏档》，该成果共10卷，433万余字，汇集了课题组从美国、日本、英国、中国大陆和台湾地区的档案馆、图书馆、资料馆搜集的中文、日文、英文等相关资料，是目前国际上规模最大的钓鱼岛问题专题资料集。这套档案的整理出版，必将深化相关问题研究。

（六）中国和琉球关系史研究

中琉关系史在钓鱼岛归属问题研究上有其特殊的意义，随着一批重要的档案资料不断被发掘，大大推进了中琉关系研究的深入，研究内容包括了明清时期中国对琉球的册封、清代琉球对中国的朝贡、清代中琉贸易问题等方面。同时，学术界还对新近发现的有关史料进行了研究。这方面的主要成果包括：

米庆余《琉球历史研究》[①]一书阐述和论证了琉球王国的历史兴亡，以及延续数百年的中、日、琉三国关系。书中详细论述了琉球自身的历史和传统，认为明代洪武年间中琉两国正式形成册封关系，琉球成为向中国朝廷纳贡称臣的属国，延及清代两国延续并加强了这种关系。至1879年日本强行"废除"琉球王国，改为冲绳县。中日双方进行了激烈的交涉，然而由于日本政府对琉球请愿者的强行镇压，以及当时中日围绕朝鲜问题的矛盾等，致使琉球争议被搁置下来。孙晓光、赵德旺、侯乃峰合著《琉球救国请愿书整理与研究（1876—1885）》[②]以晚清"琉球救国请愿书"为切入点，关注琉球人对清政府的32份"救国请愿书"及其救国请愿运动，深入探讨琉球君臣在琉球国危亡之际，所提出的复国运动形态及国家构想。

除此之外，研究的内容还包括：明清时期中国对琉球的册封、清代琉球对中国的朝贡、清代中琉贸易问题等众多方面。同时，一些文章还披露了近年来新近发现的有关史料。中国第一历史档案馆整理出版的《中琉历史关系档案》（套装共三册）于2018年在国家图书馆出版社出版。本书收

---

① 天津人民出版社1998年版。
② 新华出版社2018年版。

录中国第一历史档案馆藏内阁、军机处、宫中、内务府等全宗中有关中琉历史关系的档案,此前已出版自顺治朝至道光朝二十一年九月的档案,本次是将道光朝二十一年九月之后剩余未出完的近200件档案资料影印出版。《中琉历史关系档案》于2006年由中国档案出版社出版。《中琉历史关系档案:嘉庆朝(套装共3册)》于2014年由中国档案出版社出版。这些档案已分别编于《清代中琉关系档案选编》《清代中琉关系档案续编》《清代中琉关系档案三编》《清代中琉关系档案四编》《清代琉球国王表奏文书选录》《清代中琉关系档案五编》《清代中琉关系档案六编》及《清代中琉关系档案七编》中,本书在原有基础上,逐件摘写内容提要,注明原书出处,采用编年体例,重新整理编纂而成。中琉历史关系源远流长,从隋朝开始至清朝初年交往不断,留下了许多珍贵的档案资料。这些档案都是清政府有关机构及地方督抚在办理琉球国事务过程中形成的,主要记载了清代中琉在宗藩封贡、海难救助、经济贸易、文化交流等各个方面的密切交往。方宝、谢必震整理的《琉球文献史料汇编(明代卷、清代卷)》①也是对琉球资料的整理,有助于研究的深化。此外,还有黄润华、薛英编《国家图书馆藏琉球资料汇编》(全三册)②主要内容为国家图书馆收藏的琉球王国相关资料,包括琉球对华交往史、琉球王国地理与文化等。2002年又出版《国家图书馆藏琉球资料续编》(上下册),2006年出版《国家图书馆藏琉球资料三编》(上下册)。2012年,两套琉球文献相继出版。一种是复旦大学出版社出版的《琉球王国汉文文献集成》,影印了琉球、日本、美国夏威夷等地图书馆、博物馆存世的琉球王国"汉文"文献资料。一种是鹭江出版社出版的《传世汉文琉球文献辑稿》(第1辑)。2015年,鹭江出版社出版《传世汉文琉球文献辑稿》(第2辑)。此外,还有陈占彪对琉球史料收集整理,先后出版《清季琉球悬案始末》③、《从琉球国到冲绳县:琉球亡国史料辑录》④,主编有《琉球认同与归属文献丛刊》(共四辑,商务印书馆2014年起陆续印行)。

---

① 海洋出版社2014年版。
② 北京图书馆出版社2000年版。
③ 商务印书馆2014年版。
④ 同上。

曾丽民《泉州与琉球的民俗关系》①认为泉州与琉球有着密切的历史关系，明洪武二十五年闽人三十六姓和琉球留学生将泉州民俗带到了琉球，使得琉球的风俗大有别于日本本土，而与泉州更为相似。韩行方《明崇祯朝册封琉球始末考辨》②一文经对史料的考证，认为《明史》所载明代最后一次对琉球的册封为"崇祯二年"有悖史实，实际上应为六年五月。吴怀民《清代中国对琉球的册封》③认为：清代中琉册封关系，对加强双方政治、经济、文化的联系，起了很大作用。琉球成为中国文化圈内的一个忠诚属国。中国的册封使对琉球的开化、文明和进步，以及生产技术的发展，起了积极的推动作用，提高了琉球国的国际地位。戈斌《清代琉球国朝贡活动概述》④认为：有清一代的中琉关系，是亲密友好的宗藩关系，是双方在完全自愿的基础上于当时特定的历史条件下形成的。琉球国朝贡活动的目的与结果，正是在政治、经济、科学文化诸方面从中国得到了实惠，所以在中琉两国交往历史上，往往琉球方面更为主动。清代皇帝重中琉睦邻友好之义、轻贡品及赏赐之利，是长期维系中琉关系的重要原因。同时也反映了其政治虚荣心理。傅朗、谢必震《〈明实录〉中确有"洪武二十五年赐琉球闽人三十六姓"的记载》⑤，这是一个在学界存有争议的问题，也是中琉关系研究中一个较为重要的问题，在以往的研究中已有一些成果面世，本文通过对《中山沿革志》与《明实录》的比较以及对《明实录》版本的研究，认为《明实录》中确有"洪武二十五年赐琉球闽人三十六姓"的记载。杨彦杰《论明清之际的中琉关系》⑥对此也进行了研究。俞玉储《清代中国和琉球贸易初论（上、下）》⑦对这一命题进行了较为系统的研究，涉及清代中琉贸易的性质、琉球向清朝政府朝贡的贡期、进贡贸易的地点、商品种类、税收情况、发展状况、清朝政府革除中

---

① 《海交史研究》1994年第2期。
② 《海交史研究》1993年第1期。
③ 《福建师范大学学报》1992年第3期。
④ 《历史档案》1993年第2期。
⑤ 《海交史研究》1993年第1期。
⑥ 《福建论坛》1995年第3期。
⑦ 《历史档案》1994年第1期、1995年第1期。

琉贸易中的弊端等。认为：作为中琉经济交往主要形式的琉球对华进贡贸易，在长达 200 年的时间内很少中断过，其贸易地点固定、贸易程序规范、商品种类繁多。清朝政府对琉球贡船来华贸易，一直采取厚往薄来的优惠政策，保证了中琉贸易的顺利发展。清代中琉贸易成为联系两国关系的一条重要纽带。俞玉储《再论清代中国和琉球的贸易——兼论中琉互救飘风难船的活动》[1] 认为：清代中琉在互救飘风难船中所开展的贸易活动，加深了两国的友好关系，进一步促进了两国贸易的发展。李少雄《清代中国对琉球遭风船只的抚恤制度及特点》[2] 认为：清代中国对琉球遭风船只的抚恤是建立在中琉友好关系基础上的，虽然琉球国是清王朝的属邦，朝廷在主观上也将抚恤难民视为怀柔政策的一部分，但抚恤制度本身客观上是平等互助的，促进了中琉两国的友好往来。秦国经《清代国子监的琉球官学》[3] 认为，琉球官生来华入监学习，始于明洪武二十五年，终于清同治十二年。这一制度为琉球国培养了大批安邦治世的人才，传播了中华文明，在琉球宣传、普及了儒家思想文化，对促进当时中琉友好关系的发展，起到了重要作用。这方面论文还有：王晓云《明代中国、日本、琉球关系研究》[4]、柳岳斌《明朝时期中、日琉球关系研究》[5]、戚其章《日本吞并琉球与中日关于球案的交涉》[6] 和《李鸿章与中日琉球交涉》[7]、马钰《日本吞并琉球与清政府对日交涉》[8]、王瑛《李鸿章与琉球宗主权的丧失》[9]、王营《日本吞并琉球与清代中琉宗藩关系的终结》[10]、隋淑英和陈芳《战后初期日本对琉球的领土政策——兼论钓鱼岛问题》[11] 等。

---

[1] 《历史档案》1995 年第 1 期。
[2] 《海交史研究》1993 年第 1 期。
[3] 《历史档案》1993 年第 1 期。
[4] 《福建师范大学学报》2004 年第 4 期。
[5] 《安徽史学》2006 年第 4 期。
[6] 《济南教育学院学报》2000 年第 5 期。
[7] 《历史教学》（高校版）2007 年第 3 期。
[8] 《文史精华》2002 年第 8 期。
[9] 《云梦学刊》2006 年第 1 期。
[10] 《东北师范大学学报》2006 年第 10 期。
[11] 《近代史研究》2013 年第 5 期。

值得一提的是，2011年海洋出版社推出"中琉关系研究丛书"，已见书目有《清代中琉关系研究》《清代琉球使臣进贡活动考》《明清中琉交往中的中国传统涉外制度考》《明清时期中琉友好关系历史遗存考》《中琉文化交流史》《明清士大夫与琉球》《古代中国教育体制下的琉球留学生》《闽人与琉球》《中国·琉球戏曲比较研究》《中琉历史关系及其文献研究论稿》《中琉关系史料与研究》《琉球国兴衰史》《琉球，一个没有武器的国家》，共十三种，涉及明清时期中琉关系的方方面面，其中赖正维《清代中琉关系研究》分别论叙：清代封贡体制下的中琉关系，中琉交流制度考，中琉的贸易往来，中琉科技与文化交流的互动与影响，中琉友好关系历史遗存，全书24万字。对近年来新发现有关史料的研究方面，主要有：朱淑媛《新发现的明代册封琉球国王诏书原件》[1]，文中对中国第一历史档案馆所藏的一件明代册封琉球国王的诏书进行了研究，认为该诏书是万历三十四年册封琉球国王尚宁的诏书原件，颁诏时间是万历三十一年三月初三日，这是迄今为止中国第一历史档案馆发现的时间最早的中琉历史关系档案，也是现存最早的中国皇帝册封琉球国王的诏书。徐艺圃《新发现的研究中琉关系的重要史料——梅松著〈汉文〉》[2]一文对梅松著、藏于日本石垣市八重山博物馆资料室的《汉文》一书进行了研究，认为该书以第一手的记载对中琉早期关系，特别是中国—琉球—东南亚诸国相互贸易往来方面的情况，提供了新的史料。朱淑媛《清代琉球国的谢恩与表奏文书》[3]认为：清代的中琉关系，即是政治上的藩属关系，也有经济文化方面的交流关系。琉球国王的谢恩表奏文书足以证明，清代中琉经济文化的交流与发展是中琉封贡关系发展的必然结果。吴元丰《新近发现的清代中琉关系满汉档案及其价值》[4]对新发现的有关琉球国王舅马宗毅出使中国、清政府遣使册封琉球国尚质、琉球国王遣使向清政府进贡和清政府赏赐琉球国来使等方面的满汉档案进行了研究，指出这些新资料对上述史实的研究具有一定的史料价值和

---

[1]《历史档案》1995年第2期。
[2]《历史档案》1996年第3期。
[3]《清史研究》1998年第4期。
[4]《清史研究》1998年第1期。

研究价值。徐勇、汤重南主编《琉球史论》① 是最近力作。该书以十五章篇幅论述了琉球的历史演变脉络及现状，并提出"琉球学"的概念。通过这一部著作，可一窥琉球王国的兴亡轨迹，进而思考东亚地区历史与现实的政治、外交、文化等基本课题。黄天著《琉球冲绳交替考——钓鱼岛归属寻源之一》② 梳理了大量相关文献记录，论证琉球国从未领有钓鱼岛，使得日本之说无法成立。同时按照历史顺序从早期有琉球文献记录的隋代一直写到"二战"结束琉球国如何最终归入日本，在琉球王国的兴替衰亡的历史过程的讲述中重温了中琉两国五百年的仁与义，揭露了美国别有用心制造中日矛盾的前因后果。

除上述之外，这个时期在海疆史学术领域，学术界对史料、海图的研究都有了新的推进。如汪家君著《近代历史海图研究》③、由《中国边疆史志集成》编委会编辑《中国边疆史志集成——海疆史志》（52 册）④ 等都是值得关注的成果。

九　台湾史、香港史和澳门史研究

（一）台湾史研究

海峡两岸关系经历了从对立到缓和的漫长过程，其间大陆学术界对台湾史的研究从未中断，尽管受两岸关系的制约，不同时期的研究都带有明显的时代特征，但依然不乏理论的创新和推进。这一时期，大陆学术界在台湾史的研究上取得了前所未有的成就，一批高水平的学术著作先后问世，如刘大年、丁铭楠、余绳武合著《台湾历史概述》⑤ 是大陆学界出版的第一部台湾历史读物。陈碧笙编《台湾地方史》⑥，陈孔立《台湾通史

---

① 中华书局 2016 年版。
② 人民出版社 2016 年版。
③ 测绘出版社 1992 年版。
④ 全国图书馆缩微复制中心，2005 年。
⑤ 生活・读书・新知三联书店 1956 年版。
⑥ 中国社会科学出版社 1982 年版。

辨误》[1]、《台湾历史纲要》[2] 和《清代台湾移民社会研究》[3]，周文顺《台陆关系通史》[4]，杨彦杰《荷据时代台湾史》[5]，陈在正《台湾海疆史研究》[6] 等。台湾地区学者的台湾史研究以连横和戚嘉林为代表。前者所著《台湾通史》于 1920—1921 年由台海出版社出版，此后一再出版。该书为有关台湾历史的一部通史著作，是历史学家连横一生最重要的著作。全书分为纪 4 篇、志 24 篇、传 60 篇，共 88 篇 36 卷，约有 60 万字，另附表目 101 项，记叙了台湾起自隋代终于 1895 年因《马关条约》被迫割让的历史，尽录上下千年台湾之事，是第一部较为完整的有关台湾的史书。后者《台湾史》1985 年在台湾出版，2011 年于海南出版社出版，2014 年于华艺出版社出版最新的修订本。该书较为完整、系统地介绍了 1945 年以前台湾地区历史的演变过程，对英国、美国、日本、沙俄、德国的侵台计划和事件，尤其是对日本当局为占领台湾所做的基础性工作，法国进攻基隆和被迫撤离台澎地区，都有完整和周到的论述。书中以大量篇幅介绍了台湾在不同发展阶段经济发展的状况，对明清时期开始的大批大陆移民到来后对当地经济发展所起的作用，郑成功和康熙先后统一台湾后大陆农业、手工业技术和汉文化进入台湾等内容都做了系统记载和介绍。此外，宋光宇《台湾史》[7] 一书也是重要的成果。

随着台湾问题日趋突出，国内学界不断加大对台湾历史的研究力度，取得丰硕成果，其中以张海鹏、陶文钊主编《台湾简史》[8] 和《台湾史稿》（上下卷）[9] 为代表。《台湾简史》借鉴已有的学术成果，在分析历史资料的基础上，对台湾历史，特别是近百年的历史作简明的概括与分析，探讨重大问题的成因，剖析台湾的发展走向。该书主要从学术普及角度撰

---

[1] 江西人民出版社 1990 年版。
[2] 北京九州图书出版社 1996 年版。
[3] 厦门大学出版社 1990 年版。
[4] 中州古籍出版社 1991 年版。
[5] 江西人民出版社 1992 年版。
[6] 厦门大学出版社 2003 年版。
[7] 人民出版社 2007 年版。
[8] 凤凰出版社 2010 年版。
[9] 凤凰出版社 2012 年版。

写，使读者了解台湾历史的由来，认识台湾自古以来就是中国版图的一部分的历史事实，正确理解台湾和大陆都是中国的一部分，一个中国的领土和主权不容分割的历史依据，这对于在新的世纪里解决祖国统一问题将有助益。《台湾史稿》较多从学术著作着眼探讨了台湾社会从远古时期到2010年的发展轨迹，对近百年的历史作详尽的概括与分析，探讨重大问题的成因，剖析台湾的发展走向。此外，还有大批高质量的学术论文从不同方面对台湾历史进行了研究，如徐晓望《论晚明对台湾、澎湖的管理及设置郡县的计划》[①]、王政尧《简论清初收复台湾》[②]、李祖基《清代台湾行政区划的变迁与台湾历史》[③]、安京《清朝消极治台政策与台湾行政区划的设置》[④]、贾小叶《晚清台湾建省的台前与幕后》[⑤]、李国强《透过台湾史解读中国海洋主权的历史发展脉络》[⑥] 等。其中，李国强的文章值得注意。该文指出，台湾是一个海岛，其本身就是中国海洋历史发展中不可或缺的重要组成部分，而透过台湾岛的历史，为我们打开了了解中国海洋主权形成发展历史的一扇窗口。这一观点，是从中国海洋史的整体观和大局观去审视台湾的地位，这有助于更准确和全面认识台湾的价值。

档案方面，中国第一历史档案馆、福建省档案馆、福建师范大学合编《明清宫藏闽台关系档案汇编》（共30册）于2016年由福建人民出版社出版。这是一部反映明清时期闽台关系的大型档案文献。本书所辑档案时间起自明朝天启四年（1624），至晚清光绪三十四年（1908），所涉内容丰富翔实。其中有反映明朝收复澎湖、郑氏集团早期活动、康熙时期统一台湾、清廷对台湾的管辖、台湾建省、日本割台等重大历史事件，还有物产交换、官员任免、班兵调防、科举考试、财政调拨、平叛除乱、修筑城池、建造炮台、整肃番务、抗击外侮、建省建制等诸多内容，是研究明清时期福建与台湾关系的珍贵史料，全面反映了明清时期闽台历史的演变，

---

① 《中国边疆史地研究》2004年第3期。
② 《清史研究》1995年第3期。
③ 《中国方域——行政区划与地名》1995年第1期。
④ 《中国边疆史地研究》2008年第3期。
⑤ 《史学月刊》2016年第7期。
⑥ 《台湾历史研究》2014年。

深刻揭示了台湾历史的发展变迁与两岸中华儿女的血缘关系。

（二）香港史研究

20世纪80年代初，随着中英两国就香港问题展开谈判，关于香港史的研究在内地学术界受到极大重视，大量论著相继面世，包括余绳武和刘存宽主编《十九世纪的香港》①、关礼雄《日占时期的香港》②、萧国健《香港古代史》③、余绳武和刘蜀永主编《20世纪的香港》④、刘蜀永《香港的历史》⑤、侯书森《百年沧桑：香港的过去、现在和未来》⑥、李宏《香港大事记：公元前214年—公元1997年》⑦、刘存宽《香港史论丛》⑧、彭琪瑞等《香港、澳门地区地理》⑨等分别从香港地方史、香港与内地关系史等多个方面进行了研究，成为香港史研究中具有较高学术水平的专著。

此外学者们还发表了大量论文，其中有关香港近代史研究的成果最多，代表性有邓聪《古代香港历史的新发现》⑩、郭双林《晚清香港设领问题初探》⑪、刘存宽《英国强占香港与所谓"穿鼻条约"》⑫等。囿于文献、史料的匮乏，有关香港古代，特别是宋代以前经济活动问题始终是香港历史研究中的难点，汤开建《宋代香港地区的盐业生产及盐的走私》⑬、徐曰彪《近代香港华商的崛起（1841年—1900年）》⑭、郭卫东《香港开埠初期与内地贸易研究：以〈虎门条约〉第十三款为案例》⑮等进行了有

---

① 中华书局1994年版。
② 生活·读书·新知三联书店1995年版。
③ 中华书局1995年版。
④ 香港麒麟书业公司、中国大百科全书出版社1995年版。
⑤ 新华出版社1996年版。
⑥ 中国文联出版公司1996年版。
⑦ 人民日报出版社1988年版。
⑧ 香港麒麟书业公司1998年版。
⑨ 商务印书馆1991年版。
⑩ 《历史研究》1997年第3期。
⑪ 《近代史研究》1998年第6期。
⑫ 《世界历史》1997年第2期。
⑬ 《暨南学报》1995年第2期。
⑭ 《中国边疆史地研究》1993年第3期。
⑮ 《中国经济史研究》1997年第2期。

益的探索。

（三）澳门史研究

中华人民共和国成立之后相当长的时期里，内地学术界对澳门史的研究较为薄弱，20 世纪 80 年代之前仅有为数不多的学术论文发表，而从 80 年代以后，对澳门历史和现状的研究日益受到关注，相关论著不断发表，其中葡萄牙占据澳门的时间及经过、明清对澳门的管理、澳门对外贸易史、澳门历史人物、文化思想、史实考订等均成为研究热点。

继 1984 年中国社会科学出版社出版戴裔煊《〈明史·佛郎机传〉笺证》之后，费成康《澳门四百年》[①]、唐思编著《澳门风物志》[②]、黄鸿钊《澳门史纲要》[③]、林子升《十六至十八世纪澳门与中国之关系》[④]、黄启臣《澳门历史（自远古—1840 年）》[⑤]（后以《澳门通史》于广东教育出版社 1999 年出版）、邓开颂《澳门历史（1840—1949）》[⑥]、汤开建《明清士大夫与澳门》[⑦]、吴志良与汤开建等主编《澳门编年史》[⑧] 等论著从不同侧面展开研究。张海鹏主编《中葡关系史资料集》[⑨] 收入大量中、葡、英、法、日文档案资料，是至今关于澳门史最全面的资料汇编。黄启臣等合编《澳门港史资料汇编（1553—1986 年）》[⑩] 为深入研究澳门史提供了珍贵史料。

除上述多部重要著作外，还发表了大量学术论文，研究内容集中在政治史、葡澳关系史、经济史等方面。代表性成果有赵立人《葡萄牙入居澳门的再研究》[⑪]、张德信《葡萄牙人初寓壕镜澳的历史考察》[⑫]、郑炜民

---

① 上海人民出版社 1988 年版。
② 中国友谊出版公司 1998 年版。
③ 福建人民出版社 1990 年版。
④ 澳门基金会 1998 年版。
⑤ 广东人民出版社 1991 年版。
⑥ 珠海出版社 1999 年版。
⑦ 澳门基金会 1998 年版。
⑧ 广东人民出版社 1999 年版。
⑨ 四川人民出版社 1999 年版。
⑩ 福建人民出版社 1991 年版。
⑪ 《学术研究》1998 年第 8 期。
⑫ 《东岳论丛》1998 年第 2 期。

《从有关条约看澳门"附属地"问题》[①] 等。《中国边疆史地研究》1999年第2期还开设了"澳门专号"学术专栏。

十 海疆史研究前瞻的建言

在海疆史研究取得显著进展的同时，也应看到该领域仍然存在一些不足，主要表现在：

第一，海疆理论的研究在哲学社会科学研究中的地位有待进一步提高，研究领域有待进一步拓宽。由于受历史上"重陆轻海"思想的长期影响，我国海疆史研究在相当长的时期内未受到应有的重视，从整体上看海疆史研究仍然十分薄弱，在我国哲学社会科学体系中的地位亟待提高，研究理论和研究方法亟待创新，与陆疆历史研究相比成果的总量和质量都有待提高。海疆史研究的现状，与我国数千年海疆开发、管理的历史和拥有辽阔海洋国土的现状相比极不相称，与社会的发展很不适应，更不能满足维护领土主权、维护海洋权益和加强海疆管理的现实需要。

第二，海疆史研究尚未形成完善的学术规范和完整的学术体系。这主要反映在海疆史研究缺乏学科建设的整体规划，没有可供因循的自成一体的学术规范，各相关领域、专题研究自身或相互之间尚未形成有机联系的学科体系，关于历代海疆治理思想、历代海疆政策等重大基础性理论问题的研究依然十分薄弱。

第三，对涉及领海主权、海洋权益的重大问题，缺乏系统、全面、深入的研究；对侵犯我领海主权和权益的突发事件，缺乏必要的历史总结、预案研究和对策研究。

第四，研究力量分散，没有形成集团优势。目前学术界对海疆史研究既缺乏总体规划和相互协调，又没有一个专门从事海疆史研究的科研机构，使得学术交流和沟通渠道不畅通，研究力量各自为"战"，研究课题重复，不仅造成学术资源的浪费，而且研究成果的学术水平普遍不高，学

---

① 《中国边疆史地研究》1992年第2期。

术创新能力受到严重制约。由于研究经费缺乏，诸多重大课题，特别是跨省市、跨学科的综合性研究课题无法开展，一批珍贵的历史文献无法整理、出版，不少重要的国外研究成果不能及时地翻译、出版。

第五，令人担忧的是，目前正值我国海疆史研究队伍处于新老交替的时期，研究队伍人才外流、后继乏人已日益严重，年龄结构的不合理、知识结构的失衡，导致海疆史研究的学术发展步履维艰，原本实力较强的一些科研单位也出现人才断层现象，并呈现日益恶化的态势。近年来，一些院校在系所调整时将部分相关研究机构拆分、解散，既不利于海疆史研究的深化，也不利于后备人才的培养、科研队伍的建设，对学科建设和发展产生严重制约。

第六，在海疆史研究中，史料的使用、借鉴国外最新研究成果等方面也存在着明显欠缺：

一是国内相关机构保存了大量档案文献，特别是清末民国时期的档案涉及海域管理、岛屿开发、经济社会变迁等多个方面，这些档案不仅是珍贵的历史文化遗产，而且对于海疆史的研究有重要史料价值。但是，这些档案至今未得到充分利用，以此为基础开展海疆史研究的成果更是鲜见，甚至在国家级历史档案馆和沿海省市档案馆等部门所藏的相关档案不仅尚未得到有效整理，而且面临着保护不善、损坏严重的窘境。而外国保存的有关中国海疆历史的中文和外文文献、资料、档案更是难以问津，甚至难窥其貌。文献、资料、档案的欠缺已经成为海疆史研究中的"瓶颈"问题。

二是多年以来国外研究我国海疆史的成果颇为丰富，特别是以英文、法文、日文和东南亚各国文字发表的成果较多，但其中大多数成果仍未为我国学术界翻译、利用。这一现象不利于我国海疆史研究水平的进一步提高，不利于中外学术界的交流。

综观60年来中国海疆史研究发展的历程，可以简单概括为：学术成果丰硕，学术体系薄弱；专题性研究突出，系统性研究欠缺；史实类研究显著，理论类研究滞后。与中国边疆史其他学术领域的理论研究相比较，中国海疆史的研究可谓任重道远。

第十三章

中国边疆研究史研究（上）
——第一、第二次中国边疆研究高潮研究

对边疆问题研究，在中国有悠久的历史、丰硕的记述。近代中国边疆研究继承了爱国主义和求实精神的中国边疆史地研究优良传统，并有了新的发展。对于近代中国以降，中国边疆研究的思潮、群体、学者和著作的研究真正引起学人的关注并取得成果还是近十余年的事。马大正《当代中国边疆研究者的历史使命》[①]，从宏观上概括了近代以来中国边疆史地研究发展的历程，指出："中国的边疆研究源远流长，但中国边疆研究的兴盛，则是近代以降的事。鸦片战争之后，曾出现过边疆研究两次高潮。第一次，鸦片战争后，资本主义列强用鸦片和大炮敲开了闭锁的清帝国大门，一系列不平等条约的签订导致西北、东北、西南边疆相继出现严重危机，以魏源、何秋涛、夏燮、梁廷枏、曹廷杰等为代表的具有爱国主义思想的地主阶级学者深感大清帝国国运日落，为捍御外侮，巩固边防，乃发愤潜心于边疆研究。他们的著作，至今仍不失为警世之作。这一研究发展的势头至清末而不衰。第二次，时在20世纪20年代至40年代，一批接受资产阶级史学研究理论和方法和中国学者，痛心于深重的民族危机，希冀通过边疆问题研究，抒发国人之爱国热忱。他们孜孜耕耘，取得了令世人瞩目的成果。一时学人辈出，学术团体和刊物如雨后春笋，用群星灿烂形容此时研究发展盛况，并不为过。"下面即依上述概括的两次研究高潮之序列，评述百年间，特别是近30年来对两次高潮的研究进程，并从中国边疆研

[①] 《中国边疆史地研究》1992年第2期。

究的视野对19世纪以来中国边疆考察的研究进行综述。

一 关于第一次研究高潮的研究

对于嘉、道间西北地理之学的兴盛，梁启超写于1920年的《清代学术概论》中已有精辟概论："自乾隆后，边御多事，嘉、道间学者渐留意西北边新疆、青海、西藏、蒙古诸地理，而徐松、张穆、何秋涛最名家。松有《西域水道记》《汉书西域传补注》《新疆识略》，穆有《蒙古游牧记》，秋涛有《朔方备乘》，渐引起研究《元史》的兴味，至晚清尤盛。""近人丁谦于各史外夷传及《穆天子传》《佛国记》《大唐西域记》诸古籍，皆博加考证，成书二十余种（无总名，最近浙江图书馆校刻），颇精赡。要之，清代地理学偏于考古，故活学变为死学。惟据全祖望著《刘献廷传》，知献廷有意治'人文地理'，惜其业不竟，而后亦无继也。"① 顾颉刚、史念海在《中国疆域沿革史》中对这一时期的研究也有中肯评述："清代朴学最为发达，疆域沿革之研究亦因以远超前人之范围。清人之治疆域沿革者，多偏重于整理古籍，而于校补各史地理志，用力尤勤。"②"疆域沿革之学，其初本为史学之附庸，自经清代朴学诸君子之努力，渐由附庸而为大国，吾人细览前人之成绩，诚不禁响往之甚也。"③

吴泽主编，袁英光、桂遵义著《中国近代史学史》④从史学史高度对1840—1919年边疆史地学的发展进程做了总结性回顾，涉及龚自珍、魏源、张穆、何秋涛、杨守敬、丁谦、洪钧、屠寄、王国维等近代有影响的学者。胡逢祥、张文建《中国近代史学思潮与流派》⑤开篇第一章"鸦片战争时期的经世致用史学思潮"中，以"西北史地学的兴起"为题列有专节，认为："鸦片战争前后，对西北史地的研究已成为一种风气和时事针

---

① 《梁启超史学论著四种》，岳麓书社1985年版，第61页。
② 商务印书馆1938年版，第12页。
③ 同上书，第14页。
④ 江苏古籍出版社1989年版。
⑤ 华东师范大学出版社1991年版。

对性很强的专门学术，而不再仅仅是治辽金元史的兼涉学问或极少数亲历边塞者的话题，并且在一些进步学者的提倡下，初步形成了一个有着共同学术志趣和治学风格的西北史地学派。其中，成就最大的则是张穆和何秋涛。"

郭丽萍《绝域与绝学——清代中叶西北史地学研究》，全书近27万字，导言外分设七章，七章之目颇具特色。轮廓初现：疆域拓展与西北著作出现；"显学"之势：道光初年的西北研究盛况；重回文献：西北研究之重心移转；再读经世：学以致用的努力；走向终结：三部代表作的问世；同光余声：学术史的延续与演变。作者从学术史角度，系统地总结了清中叶西北史地学的兴起缘由、治学理路、学术贡献，涉嘉庆、道光、咸丰时期西北史地学的代表人物：祁韵士、徐松、龚自珍、张穆、沈垚、何秋涛等，并以学者个人际遇、学术交游、师友传承诸方面入手，探研学术著作从酝酿到成品的过程，并深入学人心灵深处，体味他们献身学术研究的执着与艰辛。全书展现出一段有时间、地点、人物、事件甚至还有情节的学术史事，此可谓本书特色之一。特色之二是，以往对西北史地学多作赞颂歌曲，作者没有再翻新调，而静然感触到这一派学术辉煌灿烂的背面，即在世界近代地理学展开中的落伍。诚如作者在尾声中指出："清代中叶的西北史地学是乾嘉以来学术资源的一次能量绽放，是传统士人以传统学术来应对新问题的一声绝响。"①

侯德仁《清代西北边疆史地学》②和贾建飞《清代西北史地学研究》③都是立足于边疆研究中的视野，阐论西北史地学演进历程的学术专著。前者将有清一代西北史地学发展从乾隆朝迄止光绪朝分为兴起、发展、繁荣、终结四个阶段。对所涉及之重要学者和著作多有中肯的叙述和点评。本书不但研究清代私家在西北边疆史地学上的成就，而且重点考察了清朝官修《西域图志》，乾隆、嘉庆《大清一统志》之"西域新疆统部"和《新疆图志》的学术成就，并认为：清朝官修《西域图志》的纂修完成，

---

① 生活・读书・新知三联书店2007年版，第306页。
② 群言出版社2006年版。
③ 新疆人民出版社2010年版。

标志着清代西北边疆史地学的兴起；具有总结性的《新疆图志》修成，则成为清代西北边疆史地学的终结，改变了历史学术界研究清代边疆史地学偏向于私家名著的倾向，在学术上具有开拓创新意义。后者则重点阐论了嘉庆、道光、咸丰、光绪诸朝西北史地学由兴到"显"直至衰全过程的代表人物和代表性著作，并将"近代西方国家新疆研究的兴起"列为专章，既反映了新疆是作者治学重点的特色，也为认识国外学界新疆研究开启了一个窗口。朱玉麒《徐松与〈西域水道记〉研究》[1]以徐松和《西域水道记》为中心，对嘉道之际西北历史地理学的兴起进行了深入研究。认为虽然徐松的学问途径和兴趣所至，不仅是传统文化研究重要的环节，也折射出时代变革重要的走向。2015 年，上海古籍出版社出版了朱玉麒整理编校的《新疆图志》，这是对清代新疆史籍整理的重要成果。这方面的学术专著还有：郭双林《西潮激荡下的晚清地理学》[2]，冯天瑜、黄长义《晚清经世实学》[3]，彭明辉《晚清的经世史学》[4]，陈国庆《晚清新学史论》[5]，都从不同角度对有清一代的西北边疆史地学有所论及。

有关论文当首推马汝珩、张世明《嘉道咸时期边疆史地学的繁荣与经世致用思潮的复兴》[6]认为："嘉、道、咸时期，清代边疆史地学方面的著述更是种类繁富，体制斑烂，这时期潜心于边疆史地研究的学人如群星璀灿、交相辉映，极一时之盛，涌现了祁韵士、徐松、洪亮吉、龚自珍、魏源、何秋涛、姚莹、沈垚、俞正燮等一大批硕学之士。"这是一个当时极有影响的"边疆史地学研究者的趣缘集合体"，"成员之间是一种全渠道式的交往；其交往的媒介是志向、志趣相近"。"他们之间的学术交往是一种催发剂，他们在多方面的双向交流中相互协作、鼓励，获得自己所需要的各种精神材料"，"这样便容易形成一种整体效应，产生了嘉、道、咸时期边疆史地学繁荣昌盛的局面"。文章的结论是："这时期边疆史地学的繁荣

---

[1] 北京大学出版社 2015 年版。
[2] 北京大学出版社 2000 年版。
[3] 上海社会科学院出版社 2002 年版。
[4] 台北麦田出版社 2002 年版。
[5] 三秦出版社 2003 年版。
[6] 《中国边疆史地研究》1992 年第 1 期。

局面，不仅是人—时关系契合、即边疆史地学顺应了时代的客观要求的产物，也是人—人关系融合的产物。由于边疆史地学经世致用效应缺乏一些社会条件的支持和配合，所以没有得到最大限度地发挥，其中封建制度的腐败是这些学人经世之才难就的根本原因。"赵俪生《论晚清西北之学的兴起》① 是这一论题又一研究力作，文章评价了张澍、俞正燮、徐松、龚自珍、张穆、何秋涛等西北史地大家的学术与交往后，指出："鸦片战争前后，一大批爱国学者看到国势的转变，看到外国入侵力量的胁迫，感到对祖国境内一些边徼地区、一些不发达地区、在科研上是一些空白点的地区，一些少数民族，有一种进行过细研究的迫切需要。他们看到了，并且马上动手来弥补这些空白点和缺门。他们一步一个脚印开创了这条路"，终于开创了"后来的西北之学，包括西北历史地理之学和西北少数民族之学"。喻大华《论19世纪中国史学界边疆史地研究的热潮》② 分析了19世纪边疆史地研究热潮兴起的原因后，指出当时边疆史地研究的两大特点，一是着眼于开发边疆、维护国家统一；二是着眼于巩固边防，抵御外侮。张承先《简论鸦片战争前夜的边疆史地研究》③ 依当时一些学者不同学术风格进行论述，认为祁韵士、徐松是注重实地考察，俞正燮是继续使用考据方法，龚自珍、沈垚是力倡经世致用。周丕显《清代西北舆地学》④ 认为："清代西北舆地学，是18世纪期间，研究新疆地理的一个学派。随着国内政治形势和学术方向的发展，研究的范围逐渐扩大到青海、西藏和蒙古，最后与蒙元史研究成为这一研究的主流，形成清代后期一大学术潮流"；并进一步指出："从清代学术史看，乾嘉时期朴学考据，是纯科学的道路，道咸以后由于内忧外患，国家逐渐患贫，学术风气也发生了变化，经学方面，由训诂典章名物之学，转向讲求微言大义，以求通经致用，以求政体改革；史学方面，由于考订校勘，转而趋向研求本朝吏治，讲述边防地理，特别是西北舆地，以谋筹边强国，御侮图强。经世致用之学，朴学考据和谋筹强国之学，三者并不相同，而在西北舆地研究中，却殊途同

---

① 《西北民族研究》创刊号，1986年。
② 《辽宁大学学报》1991年第2期。
③ 《西北史地》1992年第4期。
④ 《社科纵横》1994年第2期。

归，都对这一学术潮流作出了贡献。"

章永俊《嘉道之际中国边疆史地研究的兴起》[1]认为时局变动与经学变动是对嘉道之际中国边疆史地研究兴起的总体原因。王鹏辉《龚自珍和魏源的舆地学研究》[2]认为龚自珍和魏源站在传统中国的前列，以今文经学经世致用，倡导变革现实，究心边徼舆地学，主张移民实边进行国家建设，回应社会和时代的双重危机，其中的边疆建设事关全局。龚自珍"天地东南西北之学"包含了西北陆地边疆和东南沿海海疆，魏源进一步明确了西北陆地边疆的历史空间涵盖了东北、蒙古、新疆和西藏地区，东南海疆的历史空间涵盖了从辽东到海南岛的沿海地区。魏源同时并重的塞防和海防历史空间涵盖了西北陆地边疆和东南沿海海疆，提出"师夷长技以制夷"的卫国方略。正是在鸦片战争所导致全面爆发的边疆危机背景下，"龚魏"倡导西北陆地边疆轴向和东南沿海海疆轴向的互动，开启了近代边疆史地学，事关近代中国前途和中华民族整体的历史命运。刘进宝《东方学视野下的西北史地学》[3]认为在东方学的形成、发展时期，我国正遭受着英、俄等帝国主义的入侵，一些有识见的知识分子开始关注、研究西北边疆，从而产生了"西北史地学"。东方学的主要研究方法是历史比较语言学，"西北史地学"的重要特点就是"经世致用"，并用历史比较语言学的方法从事西北史地及蒙元史的研究。清末"西北史地学"的显著特点是一批遣戍新疆的知识分子从事调查、研究和著述。他们的著作客观上促进了西北史地学的研究。他认为，"西北史地学"也主要是研究我国西北地区的历史、地理、语言、民族、文化等。作为"西北史地学"研究范围的"西北"，基本上是固定的，即新疆、甘肃、内蒙古、青海、宁夏五省、自治区。由于"西北史地学"不是一门有系统、成体系的学科，其研究的重点和范围也与其他的学科有重叠或交叉。有关论文还有：陈振江《晚清舆地学与史学研究》[4]，刘汉屏《清中叶后西北边疆史地学的兴起》[5]，

---

[1] 《史学理论》2014 年第 4 期。
[2] 《历史研究》2014 年第 3 期。
[3] 《社会科学战线》2017 年第 4 期。
[4] 《第三届明清史国际学术讨论会文集》，天津人民出版社 1993 年版，第 140—156 页。
[5] 《光明日报》1987 年 4 月 8 日。

周丕显《清代西北舆地学与元史研究》[1]，余敏辉、张扬《论俞正燮对清代边疆史地学的贡献》[2] 等。

近年来对祁韵士著作的整理和研究的作品有：

刘长海整理《祁韵士集》[3]，包括《西陲竹枝词》《皇朝藩部要略》《皇朝藩部世系表》等著作，均以筠渌山房刻本为底本，校订时参考了新文丰出版公司印行《丛书集成新编》和山西人民出版社影印本《山右丛书初编》中所录祁韵士著《万里行程记》《西陲要略》《西域释地》《濛池行稿》，以及《振绮堂丛书》中收录祁韵士《己庚编》刻本进行互校，同时还收录了祁韵士所著未印稿本《覆瓿诗稿》《袖爽轩文稿》以及嘉庆十六年刻本《平舒山庄六景诗》。全书65万字，可视为是迄今为止祁韵士著作的校勘本。

包文汉致力于祁韵士著作《皇朝藩部要略》和《蒙古回部王公表传》的版本整理和研究。包文汉整理《清朝藩部要略稿本》[4]，作者整理采用底本是北京图书馆藏张穆改定的清代稿本，并参考了清代精抄本和道光年间筠渌山房刻本。包文汉和奇·朝克图整理《蒙古回部王公表传》，戴逸教授为本书所撰序言中指出："《王公表传》的整理出版，对清史研究特别是对明末清初蒙古、新疆、西藏等边疆地区民族史、民族关系史、汉族与它们之间的关系、边疆史地、田赋制度、农牧业经济及牧业赋税制度等方面有重要参考价值。"[5]

吕文利《历史书写与藩部政治——〈皇朝藩部要略〉研究》，除了在版本、内容、价值等问题上对《皇朝藩部要略》进行研究外，"还试图从一个更高的角度，在理论层面上有所突破。即通过深入剖析'藩部'等相关概念以及此概念确立的过程，试图建立与外国学者称之为'国际关系'

---

[1] 《甘肃社会科学》1993年第1期。
[2] 《淮北师范大学学报》2013年第4期。
[3] 三晋出版社（原山西古籍出版社）2014年版。本书系国家清史编纂委员会·文献丛刊选题之一。
[4] 黑龙江教育出版社1997年版。
[5] 内蒙古大学出版社1998年版，第2页。

的'朝贡制度'有别的藩部体系，并探讨其内涵"[1]。

关于活跃学者的研究

对活跃于这一时期的学者研究，翟忠义《中国地理学家》[2] 一书对这一时期有影响的学者如洪亮吉、祁韵士、沈垚、徐松、龚自珍、魏源、张穆、何秋涛、洪钧、杨守敬、丁谦、曹廷杰等均立有专传。

有关研究论文简介如下：

1. 祁韵士（1751—1815）

作为中国边疆史地研究的大家，在众多史学史著作中对其评述颇多，但专题研究论文却甚鲜。师道刚《西北地志研究的开创者——祁韵士》[3] 是一篇颇有分量的论文，作者介绍了祁韵士的著述生活和学术成就，重点评述了他纂修的《蒙古回部王公表传》和与该书相为表里的姊妹篇《皇朝藩部要略》，以及他遣戍新疆期间的著述《伊犁总统事略》（曾以《西陲总统事略》名目印行）、《西域释地》《西陲要略》等著述。文章的结论是祁韵士是"西北地志学的奠基人"。周轩、高力《清代新疆流放名人》[4] 一书中有祁韵士详传，也认为"祁韵士对西域史地的研究，是开创性的，卓有成效的"。宝日吉根《蒙古王公表传纂修考》[5] 和宝日吉根、宝音图《〈皇朝藩部要略〉张穆改定稿本评介》[6] 两文分别对祁韵士编著的两部名著的成书、版本进行了详细考释与分析。

徐秋巍、田志勇《祁韵士：19世纪西北史地学第一人》[7] 认为：祁韵士不仅开创了19世纪西北边疆史学研究的风气之先，而且以丰硕的研究成果奠定了19世纪西北边疆史地学研究的基础；同时祁韵士执着追求鲜明自觉的经世致用的治学旨趣，与认真谨严、实事求是的学风，非但是当

---

[1] 黑龙江省教育出版社2009年版，第6页。
[2] 山东教育出版社1989年版。
[3] 《晋阳学刊》1980年第1期。
[4] 新疆人民出版社1994年版。
[5] 《内蒙古大学学报》1987年第3期。
[6] 《蒙古史研究》第四辑，内蒙古人民出版社1993年版。
[7] 《北方工业大学学报》1998年第4期。

世之楷模，也对其后研究西北边疆史地的学者产生了重大而深远的影响。牛海桢《清代西北边疆史地学的开创者祁韵士》[①] 指出：祁韵士的西北边疆史地研究，在清代诸学者中起步最早，也早早提出了"信今而证古的研究原则，这种求真求实又追求经世致用的学风，直接影响到清中叶后西北边疆史地的研究"。郭丽萍《祁韵士与嘉道西北史地研究》[②] 系统地研究了祁韵士学术发展的动态过程，并进而探讨了祁韵士的西北史地研究与前人后世传承与延续。章永俊《清道咸时期边疆史地学者的考证学特点》[③] 认为道光、咸丰时期学者学术改考释为主而变为以论为主和以考为辅，或考论结合，这体现了他们的研究紧扣时代跳动的脉搏，并与筹边谋防紧密相关的学术特点。周新国、高奋强《祁韵士与西北边疆史地研究》[④] 认为是祁韵士开始了中国学者对蒙古的系统研究和对新疆进行实地考察与文献考据结合的研究，这既与他习满文充国史馆纂修及谪戍伊犁的特殊经历有关，也与康雍乾三朝用兵西北平叛拓疆及诸多学者转向蒙古新疆学有关；他的实地考察与文献考订相结合的研究方法和经世致用的学术宗旨，对当时及现在的边疆史地研究产生深远影响。郭院林、焦霓《论祁韵士〈西陲竹枝词〉中的国家认同感》[⑤] 认为祁韵士以竹枝词的形式描绘了西域的史地风貌和民俗风情，从历史认同感、空间一体感，以及对西域民情风俗的认同感三方面来表达他对西域的认同。同类论文还有宋守忠《祁韵士及其〈万里行程记〉〈西陲要略〉》[⑥]，丁永春《嘉道之际山西史地学者的历史地位》[⑦]，陈其泰《对清代多民族统一局面的及时总结》[⑧]，章永俊《鸦片战争前后研究边疆和域外史地的学者群》[⑨] 等。

---

① 《伊犁师范学院学报》2001年第3期。
② 《北京理工大学学报》2004年第6期。
③ 《史学史研究》2009年第2期。
④ 《江海学刊》2010年第5期。
⑤ 《石河子大学学报》2012年第5期。
⑥ 《甘肃民族研究》1986年第4期。
⑦ 《晋阳学刊》2003年第4期。
⑧ 《西南大学学报》2006年第4期。
⑨ 《学术研究》2007年第3期。

2. 何秋涛（1824—1862）和张穆（1805—1849）

蔡家艺《何秋涛的西北边疆史地研究》①，详细分析了《朔方备乘》成书的历史背景和学术价值，认为"何秋涛不仅是一位边疆史地研究的大师，也是一位'中俄关系学''中国俄罗斯学'的伟大学者"，"《朔方备乘》的诞生，是何秋涛爱国主义精神的具体体现，是寓政治于学术的典范"。章永俊《从〈朔方备乘〉看何秋涛的边疆史地研究》②认为何秋涛是鸦片战争时期主要从事西北边疆史地研究的学者，其代表作《朔方备乘》有着明确的撰述原因和意旨，该书集中表达了他的史地学思想，体现了求实致用的治学风格，在近代边疆史地研究中占有重要的地位。陈其泰《论何秋涛〈朔方备乘〉》③分析了《朔方备乘》的宗旨、编纂的特点、记载中俄关系史上的重大事件及详载土尔扈特回归祖国始末。该书的总体特点是记述全面、议论精辟。

余大钧《清代学者张穆及其对我国西北史地学的贡献》④指出："张穆在清代道光年间不仅编纂了名著《蒙古游牧记》及其他西北史地著作，而且在校勘、编辑、刊行、传抄有关西北史地的重要古籍以及审校清代学者的西北史地著作方面作过大量工作。"蔡家艺《浅论〈蒙古游牧记〉》⑤通过分析该书写作经过、内容、体例，认为该书是我国第一部以蒙古盟旗制度作为研究对象的专书，它的学术价值在于"打破了蒙古研究中有史无志的局面"，"填补了西北边疆舆地学研究的空白"；王惠荣《位卑未敢忘忧国——〈蒙古游牧记〉著述年代考》根据对张穆遗留于世的书信、文集及与其关系密切的学者的相关文献的考订，确定《蒙古游牧记》的始撰之年为道光二十五年（1845）⑥。王惠荣、刘继红《张穆部分未刊书札及相关问题研究》⑦通过张穆写给许瀚的三封书信，探讨了《蒙古游牧记》的

---

① 《中国边疆史地论集》，第503—527页。
② 《云南民族大学学报》2003年第1期。
③ 《史学理论与史学史学刊》（2004—2005年卷），社会科学文献出版社2005年版。
④ 《内蒙古大学学报》1984年第2期。
⑤ 《中国边疆史地研究》1991年第1期。
⑥ 《中国边疆史地研究》2010年第1期。
⑦ 《中国典籍与文化》2012年第4期。

撰写情况及张穆与王筠、许瀚的学术活动和交往，推翻了《蒙古游牧记》撰于道光二十六年（1846）的说法，而确定张穆、王筠失和在王筠出京赴乡宁任时就已发生。朱玉麒《良朋相与志春秋——〈蒙古游牧记〉成书考》[①] 以流散在海外的《蒙古游牧记》稿本为中心，集中描述其成书在撰述、续补、刊印等不同阶段的艰辛历程，旨在彰显一个自发的学术共同体如何保障了一个学科的薪火相传。刘治立《论〈蒙古游牧记〉自注》[②] 认为张穆为更好地记述内外蒙古各地的地理和历史变迁，阐明各种地名和人名的异同，书中采用自注的方法将大量的材料置于注文中，既保证了正文的简练通畅，又能很好地保留了史料、深化观点，使自注与正文交相呼应，相得益彰。同类研究论文还有：张承宗《张穆、何秋涛对边疆历史地理的研究》，[③] 郭丽萍《"学精"与"学新"之间：张穆的学术思想》[④]，齐荣晋《张穆的学术准备及思想走向——兼论清朝西北舆地学》[⑤]，贾文才、白晓芬《何秋涛的〈朔方备乘〉与中国近代边疆史地研究》[⑥]。

3. 姚莹（1785—1852）

龚书铎《姚莹交游论略》[⑦] 通过姚莹在政治、学术、文学方面交游的研究，透析姚莹所处的时代特点，指出围绕姚莹"台湾之狱"前前后后的各方面反响，表明当时社会风气的变化，"不仅表现在思想学术上，而且也表明在政治上。这种变化反映了清政府高度中央集权力量已经削弱，在政权结构中一种离心力量在抬头，那种万马齐喑的禁锢窒息开始被冲破"。吴怀祺《评姚莹的边疆史地研究》[⑧] 认为，中国近代边疆史地学的五个特征：具有强烈反对外国资本主义侵略的爱国主义思想；具有一种渴求了解世界、认识世界的欲望；对海事、海外诸国史地给予更多的关注；要求有精确可信的史地书，由边疆史地研究引发出政治变革的要求。程仁桃

---

① 《西北民族论坛》2017 年第 2 期。
② 《西部蒙古论坛》2017 年第 3 期。
③ 《史学史研究》1991 年第 1 期。
④ 《福建论坛》（人文社会科学版）2002 年第 4 期。
⑤ 《晋阳学刊》2003 年第 3 期。
⑥ 《内蒙古社会科学》（汉文版）2003 年第 1 期。
⑦ 《北京师范大学学报》1982 年第 5 期。
⑧ 《中国边疆史地研究》1993 年第 1 期。

《〈东槎纪略〉与姚莹》①认为《东槎纪略》记述姚莹首次在台湾为官时的经历和见识,展示姚莹治军和为政的思想,体现姚莹对台湾问题的洞察,集中呈现姚莹的经世思想,也是姚莹边疆史地研究的代表性著作之一。相关论文还有:乔还田《提倡开眼看世界的姚莹》②、闵传超《姚莹反侵略的爱国主义思想》③、张承宗《〈康輏纪行〉与姚莹的治学特点》④、陈经忠《姚莹和他的历史地理著作》⑤和《姚莹与康輏纪行》⑥,刘建丽《略述〈康輏纪行〉的史料价值》⑦、方盛良《姚莹集外书札四通考释》⑧等。

4. 曹廷杰(1850—1926)

丛佩远、赵鸣歧《简评曹廷杰》⑨认为,曹廷杰的全部著作及其思想倾向,可以甲午战争为界,分为前后两个阶段。"甲午战前,曹廷杰的思想比较激进,爱国和抗俄是其思想的主流",这一阶段的代表作是《东北边防辑要》《西伯利亚东偏纪要》和《东三省舆地图说》。甲午战争后,曹廷杰逐渐放弃了东北史地研究,"他的武装抗俄,规复旧境的锐气开始消逝,逐渐趋向于妥协、退让"。徐松巍《19世纪边疆史地研究的时代精神》⑩认为张穆、曹廷杰等学者都是激于筹边谋防、抵御外侮之爱国精神和社会责任感而进行边疆研究的。孙明《清遗民关怀中的治统与道统——以沈曾植、曹廷杰为个案》⑪分析了曹廷杰在清末民初时代变革中对清朝的态度。中华书局 1985 年出版了丛佩远、赵鸣歧编《曹廷杰集》,收录了曹廷杰的重要文献,对研究其边疆史地成就大有裨益。

5. 宋教仁(1882—1913)

宋教仁是中国近代著名资产阶级民主革命家,他在革命活动之余,还

---

① 《中国地方志》2013 年第 6 期。
② 《光明日报》1984 年 2 月 8 日。
③ 《安庆师范学院报》1984 年第 4 期。
④ 《苏州大学学报》1984 年第 2 期。
⑤ 《文史杂志》1989 年第 1 期。
⑥ 《四川师范大学学报》1986 年第 1 期。
⑦ 《西藏研究》2011 年第 2 期。
⑧ 《文献》2014 年第 6 期。
⑨ 《社会科学战线》1984 年第 4 期。
⑩ 《中国边疆史地研究》1998 年第 2 期。
⑪ 《史林》2003 年第 4 期。

从当时帝国主义侵略中国边疆的危急形势出发，进行了边疆史地研究。樊明方《宋教仁与中国边疆史地研究》①评述了宋教仁对间岛问题、片马问题、中俄修约问题、中葡澳门划界问题的研究成果。作者认为，宋教仁研究的目的是"通过有针对性的史地研究探寻解决这些问题的途径与方法。所以他的研究带有很强的政治性，学术的研究与外交策略的拟定紧密地结合在一起，学术论著同时也是政论著作"。金元山、王晓兵《中日"间岛交涉"与宋教仁、吴禄贞》②认为宋教仁《间岛问题》和吴禄贞《调查延吉边务报告》为清政府对日谈判的主要文献依据。他们共同强有力地证明了间岛自古以来就是中国的领土。日本学者松本英纪在《革命·爱国·节操—读宋教仁〈致李胡二星使书〉》③通过宋教仁《致李、胡二星使书》证明宋教仁主动将该书送给清朝驻日公使李家驹，后者分别送给外务部和吉林边务督办陈昭常。陈接到该书后立即致电东三省总督徐世昌，请求调宋教仁前来协助边务，却遭徐反对。支持外务部工作的袁世凯却在请示清政府后决定邀请宋教仁回国，后者却为革命而断绝与清政府联系。虽然如此，该书依然迫使日本承认间岛是中国领土。相关文章还有迟云飞《宋教仁与〈间岛问题〉新证》④，拓晓堂《宋教仁关于"间岛问题"的两封信》⑤。关于宋教仁的史料主要是陈旭麓主编《宋教仁集》⑥和《宋教仁自述》⑦。

6. 王国维（1877—1927）

钟兴麒《王国维与西北史地学》⑧从西北史地文献整理、西北政治经济文化研究、西北地理沿革考证、西北民族史和民族关系史研究，以及历史研究方法论五个方面，对史学大师王国维的西北史地研究作了深入分析，认为"王氏继承了乾嘉学派的治学经验，又吸取了世界近代资产阶级

---

① 《西北大学学报》1991年第4期。
② 《日本研究》1993年第1期。
③ 《湖南师范大学社会科学学报》1987年第6期。
④ 《近代史研究》1996年第1期。
⑤ 《文献》1988年第4期。
⑥ 中华书局1981年版。
⑦ 人民日报出版社2011年版。
⑧ 《新疆社会科学》1985年第6期。

的研究方法，在前人的基础上，把西北史地学推向了一个新阶段，把西北史地学的研究范围，扩展到整个中亚地区，大大丰富了这个领域的研究内容"。余大钧《从王国维的蒙古史研究论王国维学术的基本特点》①则从王国维对我国古代北方民族史、蒙古族史、元史的研究工作探讨、总结王国维学术研究工作的基本特点和他在学术上卓有成就的主要原因。文章指出：王国维"善于选择符合学术发展的重要课题从事研究，以其渊博的学术修养解决了许多重要学术难题，在古戏曲史、甲骨金文、殷周史、古器物、汉晋木简、敦煌文献、西北地理、蒙古史等许多尖端学术领域为我国学术发展作出了重大贡献"。"尽管距离他去世已有半个多世纪，但是他的许多学术研究成果迄今尚未随着时光的流逝变得陈旧不堪、没有多大价值"。邢玉林《近代新史学的开山者王国维》②论述了王国维在西北史地及北疆历史研究的杰出成绩，肯定了其以实证史、以史考实的研究方法。相关研究还有王刚《王国维经学路向与新史学之构建》③等。

其他论文还有，贾建飞《陶保廉与西北问题研究——以〈辛卯侍行记〉为中心》④、李之勤《略谈王树枏编纂的〈新疆图志·国界志〉——〈新疆图志·国界志〉点校前言》⑤等。

二　关于第二次研究高潮的研究

直到 20 世纪 80 年代，国内学界对时处民国时期的中国边疆研究第二次研究高潮的研究尚显沉寂，有关论著鲜见。仅有胡斯振《西北学刍议》⑥，论文以民国时期的边政学为题，对这一时段的研究成果作了初步综述，认为"可以 1931 年为界划分前后两个阶段：前一阶段，由于沙皇俄

---

① 《中国蒙古史学会论文选集（1983）》，内蒙古人民出版社 1987 年版。
② 《中国边疆史地研究》1991 年第 1 期。
③ 《学术月刊》2013 年第 11 期。
④ 《中国边疆史地研究》2010 年第 2 期。
⑤ 《中国边疆史地研究》2010 年第 1 期。
⑥ 《西北民族学院学报》1985 年第 1 期。

国策划外蒙古'独立''自治',促使全国人民继续重视西北史地的研究,后一阶段,由于日本帝国主义的侵略,不仅西北史地之学迅速发展,同时为边政学研究更开辟了新的领域,提出了新的内容"。韦清风《近代中国边疆研究的第二次高潮与国防战略》[1]认为中国20世纪30—40年代边疆及民族研究高潮的直接原因,是当时边疆危机的加深。1937年全面抗战的爆发和大批学者西迁,将20世纪三四十年代的边疆研究区分出前后两个阶段:第一阶段从"九一八"事变前后开始,研究中心在南京、上海、北平等东部地区。1937年全面抗战爆发,中国政治、经济、军事重心西移,边疆研究中心也西移,形成边疆研究第二阶段的新高潮。相关研究,还有段金生《民国边疆研究的嬗变、学科构建与启示》[2]、蒋正虎《从边缘到中心:20世纪30—40年代中国的边疆研究》[3]等。

20世纪90年代以降,民国时期的边疆研究渐次引起学界关注,马大正、刘逖《二十世纪中国边疆研究——一门发展中的边缘学科的演进历程》在综论篇中将20世纪前半叶的中国边疆研究作了专题阐论,认为20世纪前半叶中国边疆研究重要进展表现如下方面:1. 在爱国救亡运动中发展的中国边疆研究;2. 在中国社会现代化过程中发展的中国边疆研究群体;3. 在拓宽中国边疆研究视野过程中发展的边疆考察活动;4. 中国边疆研究资料的整理与出版。[4] 进入21世纪相关研究专著多有问世,且系大多是作者据自己博士论文增补修改而成,现选重要者略作介绍。

孙喆、王江《边疆、民族、国家——〈禹贡〉半月刊与20世纪30—40年代的中国边疆研究》[5],全书28万字。该书以《禹贡》半月刊为主线,从中国边疆史研究的角度出发,系统梳理该刊物的创办缘起、边疆史地和民族学研究状况,以及顾颉刚、禹贡学会的主要活动,并对同一时期的《新亚细亚》等其他重要刊物、学术团体和学者进行考察。借此探讨了中国边疆研究第二次高潮的演进脉络、特点以及走向"合流"的发展趋

---

[1] 《中国边疆史地研究》1996年第3期。
[2] 《中国边疆史地研究》2018年第3期。
[3] 《中国边疆史地研究》2016年第4期。
[4] 黑龙江教育出版社1997年版,第63—94页。
[5] 中国人民大学出版社2013年版。

势，透视当时学者试图"在真实的学识里寻出一条民族复兴的大道来"的不懈探索。

孙喆《江山多娇：抗战时期的边政与边疆研究》，该书紧紧抓住民国时期边疆治理和边疆研究学术史两个命题展开研究，分设五章：第一章，统一与"自治"：抗战前夕的边疆危局；第二章，"无实力则需要有政策"：1928—1937 年国民政府治理边疆的思想和政策；第三章，抗战与新中国成立并重：抗战时期国民政府的边疆政策和实践；第四章，"伸尽书生报国之志"：两大边疆研究会在战时的活动；第五章，"一体"与"多元"：抗战时期边政学的双重内涵。马大正为本书所写序中指出："作者的研究视野并非只局限于民国时期，而是将中国边疆置于统一多民族国家历史发展的全局之中，将中国边疆历史与现状结合起来进行考察与研究，突出体现了 21 世纪以来在中国边疆学构筑大命题下中国边疆研究发展趋势与特点，对中国边疆学这门新兴、交叉学科的构建无疑起到了推动作用，并给人以启迪。"[1]

汪洪亮《民国时期的边政与边政学（1931—1948）》[2]，全书分七章：第一章，民国时期的边疆与边政；第二章，20 世纪 30 年代中国边疆研究的复兴；第三章，边政学的兴起及其"学科性"；第四章，边疆政治的历史鉴戒与兴革方案；第五章，边疆经济的地理基础与开发路径；第六章，边疆民族的多元性与社会文化建设；第七章，余论。计 31 万字。民国边政学是中国学者将人类学应用于"国族"构建与国家政治建设的尝试。边政学虽在民国煊赫一时，但缺乏厚重积淀，远未发展成熟。边疆研究在近代以来总处于政治倡导之下，为时势变化而转移，其兴与衰，率由政局定之。边政学的学科命运及学术观点，对于建设多民族统一国家具有重要启迪意义。

丁超《史地徘徊》[3] 是从科学社会学的视角，通过史实复原与逻辑重建，对现代中国历史地理学（当然包括边疆史地）的发展历程进行了探

---

[1] 岳麓书社 2015 年版，第 3 页。
[2] 人民出版社 2014 年版。
[3] 商务印书馆 2016 年版。

讨，通过对禹贡学会、学术谱系、现实关怀、课程专业与学科设置、历史地图编绘等关键性问题的梳理与考辨，解读了中国历史地理学与政治、经济、教育、社会诸层面的复杂关联。

段金生编《中国近代边疆民族研究的方法与理论》选编了20世纪20—40年代18篇有关边疆民族研究方法与理论探讨的文章，这些文章的作者，大都是当时关注边疆民族问题研究的知名学者。编者指出："他们关于中国边疆民族研究方法与理论的诸多见解，在今天看来亦不过时，尽管时代学理及国策的表述等不尽相同，但对于今天构建当代中国边疆民族研究的理论与方法仍具有重要借鉴意义。"[①]

在中国抗日战争最艰苦的1939年，著名历史学家顾颉刚先生在《益世报·边疆周刊》上发表了题为《中华民族是一个》的文章，明确提出中国只存在一个"中华民族"，而把中国的汉、满、蒙、回、藏等群体都称为"民族"，是帝国主义分化和瓦解中国的策略与阴谋，伪满洲国即是一例。文章发表后引发了关于"中华民族"定义的激烈争论，有人支持，有人反对。费孝通先生曾撰文明确表达不同意见。成为当时社会关注的热点，并远远超出了纯学术的范畴。马戎《"中华民族是一个"——围绕1939年这一议题的大讨论》[②]一书汇集了围绕1939年这一议题发表的重要论文，以及对当年那场争论进行回顾的文章，并撰写了长篇"代导言"：《如何认识"民族"和"中华民族"——回顾1939年关于"中华民族是一个"的讨论》，指出：今天中国固然没有面临帝国主义侵略和瓜分的直接威胁，但一些地区民族关系的发展趋势令人担忧。中国的"民族构建"究竟应当以"中华民族"为单元，还是以56个"民族"为单元，直至今日这个问题依然没有得到真正解决。这一论题论文还有汤莹《顾颉刚的"民族不出于一元论"及其影响》[③]，赵梅春《西北考察与顾颉刚"中华民族是一个"理论的建构》[④]，王传《学术与政治："中华民族是一个"的讨

---

① 云南人民出版社2016年版。
② 社会科学文献出版社2016年版。
③ 《史学月刊》2017年第8期。
④ 《青海民族研究》2018年第2期。

论与西南边疆民族研究》①、李帆《求真与致用的两全和两难——以顾颉刚、傅斯年等民国史家的选择为例》②、曹为《中华民族何以是一个：顾颉刚中华民族理论新解》③、俞祖华、耿茂华《单一国族·一元一体·多元一体：民国时期中华民族整体观念的三种类型》④、李大龙《质疑、继承与发展——费孝通对中华民族理论阐述的重要贡献》等⑤。

以阐论民国时期政府、学界有关云南边疆研究的专著，有如下五种值得关注：

马玉华《国民政府对西南少数民族调查之研究（1929—1948）》，全书20万字，以档案资料为依据，采用史料研究和理论分析相结合的方法，首次对国民政府及西南诸省地方政府的西南少数民族调查进行系统研究，不仅考察了国民政府调查西南少数民族的背景，对政府的诸多调查进行了分类和总结，并进一步研究了国民政府的治边思想、边疆民族的政策及治理西南地区的措施。作者认为，国民政府组织的西南少数民族调查，"作为中国历史上第一次由政府官方组织的民族调查，在西南少数民族史研究乃至中国民族学史上都写下了光辉的一页"。"国民政府对西南少数民族的调查，不仅为当时的国民政府制定的边疆民族政策提供参考，为制定开发边疆计划提供依据，而保留下来的边疆少数民族调查资料，对于我们今天研究民国时期西南少数民族的历史也有非常重要价值。调查研究积累的大量资料，还为新中国成立后的民族识别、地方志的编纂，以及民族地区的社会、经济、文化、教育的建设和发展提供了宝贵材料。"⑥

白兴发《二十世纪前半期的云南民族学》，全书32万字。作者充分利用了散藏云南各地的文献和档案，并多次亲赴有关州县地方作实地考察，对于20世纪前半期云南地区民族学的发展状况，作了比较深入、细致的梳理，形成了一条云南地区民族学早期、中期、抗日战争时期和抗日战争

---

① 《中国边疆史地研究》2018年第2期。
② 《近代史研究》2018年第3期。
③ 《思想战线》2018年第5期。
④ 《东岳论丛》2018年第1期。
⑤ 《中国边疆学》第九辑，社会科学文献出版社2018年版。
⑥ 云南人民出版社2006年版，第168页。

胜利后学科发展特点的较为清晰的脉络线索。指出："20 世纪前半期对云南少数民族的调查研究，出现了政府、学术团体和学者个人多层次、多形式开展的局面，留下了大量的调查资料、调查报告，取得了一大批开创性的研究成果，不少论著成为不朽之作。"①

聂蒲生《民族学和社会学本土化的探索——抗战时期迁居昆明的专家对云南的调查研究》②，全书 31 万字。该书主要探讨了抗战时期西南联大和云南大学的民族学家、社会学家对云南边疆民族地区实地考察的学术实践和重要成果，并指出：抗战时期的云南大后方是民族学中国化和社会学中国化的重要试验基地。

王振刚《民国学人西南边疆问题研究》，全书 26 万字。该书以"民国学人研究西南边疆问题"作为研究对象，其中民国时期的西南边疆是指当时具有陆路边境线的西南四省区（康、藏、滇、桂），分设五章：第一章，学人研究西南边疆问题的背景及基础；第二章，学人对康藏边疆问题的研究；第三章，学人对滇桂边疆问题的研究；第四章，与西南边疆问题相关的诸如康、藏、滇、桂边政研究异同，西南边疆问题研究机构与学人团体，西南边疆问题研究相关学术刊物和学人的考察，对华企云、吴丰培、刘曼卿、任乃强、方国瑜、徐益棠诸位学术活动的评议；第五章，学人研究西南边疆问题的成就、局限及其影响。作者在全书结尾，对民国学人西南边疆问题研究的历史地位，做了如下总结：

> 民国学人对西南边疆问题的研究，在艰难困苦中，取得了辉煌成就，留下了一大批有关边疆问题研究的"传世精品"与"典范之作"，见证了中华民族跌宕起伏、兴衰成败的历史足迹，强固了"爱国主义"这面"常立不倒"的光辉旗帜。其成果在有关西南边疆问题研究的学科发展史上具有着重要奠基意义，是一笔宝贵的精神财富与厚重的文化遗产。学人对西南边疆问题进行的专志研究以及提出的诸多"治边理疆、安边固圉"之策，尤其是在抗战时期，得到了国民政府

---

① 民族出版社 2011 年版，第 8 页。
② 贵州民族出版社 2007 年版。

的高度关注，尽管深深地打着时代的烙印，但有些对于我们今天西南边疆（甚至整个陆疆和海疆）的开发与建设，仍具有重要的史鉴价值及其启示（警示）意义。特别是学人不畏艰险、劳驾西行、考究学理、著述边疆、学术救国的旨趣，已成为近代边疆学术史上的一座精神丰碑，至今仍是令后世学人"高山仰止，景行行止，心向往之"的一种境界。①

娄贵品《方国瑜与中国西南边疆研究》，全书 27 万字。全书对 20 世纪 30—40 年代由方国瑜主持的云南大学西南文化研究室和《西南边疆》杂志学术实践进行了深入、系统综述和评议。正如林超民为该书所撰之序中言："这本著作第一次系统深入地论述了云南大学西南文化研究室的创建、成就、影响；第一次廓清了《西南边疆》杂志和西南文化研究室之间即相关又有区别的关系，澄清了在两者关系上的诸多模糊认识。""本书浓墨重彩地论述了方国瑜在创办《西南边疆》杂志与西南文化研究室中的重大贡献和不朽业绩，凸显方国瑜在西南边疆研究中巨擘的引领作用与泰斗的楷模地位。"②

相关研究论文，21 世纪以来问世数量甚巨，这里仅选《中国边疆史地研究》刊发中我认为重要者略做综述。

综论这一时段边疆中心研究演进历程的论文有段金生《20 世纪三四十年代的中国边疆研究及其发展趋向》③ 和李勇军《时局与边疆：民国时期边政学的发展历程》④。前文认为，20 世纪三四十年代大量专业的边疆研究刊物、社团创立，部分大学设置了边疆学系等边疆教育研究机构，边疆研究的内容在传承中得到了拓伸，同时也开始了构建近代意义的边疆研究方法与理论的尝试。在研究理念上呈现出跨学科综合研究的多维视角。后文指出：20 世纪三四十年代在抗战建国、学术救国的大背景下，传统边疆史地研究吸纳了现代民族学、人类学和其他相关学科的理论方法，以边疆

---

① 人民出版社 2013 年版，第 290 页。
② 人民出版社 2014 年版，第 2 页。
③ 《中国边疆史地研究》2012 年第 1 期。
④ 《中国边疆史地研究》2013 年第 3 期。

民族地区为研究对象，为国民政府的边疆治理服务，熔铸成一门新兴学科"边政学"。抗战胜利后，随着时势的转移，在战时特殊国情下形成的热门学科"边政学"逐渐式微。边政学发展的历程，从一个侧面反映了国家时局与边疆危机的发展变化。

这一时期名噪一时的边疆研究学术期刊《禹贡半月刊》和《新亚细亚》，以及《康导月刊》仍是研究者关注的题材。范铁权、李海健《新亚细亚学会及其边疆问题研究》[①]，孙喆《全国抗战前夕边疆话语的构建与传播——以〈禹贡〉与〈新亚细亚〉的比较为中心》[②]，赵伟《20世纪40年代西康文学管窥——以〈康导月刊〉为窗口》[③]对此命题做了很有意义的学术评议。

民国时期学人研究的成果众多，成绩显著。其中既有为今日学人所熟知的著名学家，如梁启超[④]、方国瑜[⑤]、马长寿[⑥]、冯家昇[⑦]，也有20世纪下半叶以降已被人遗忘的马鹤天[⑧]。

在评研第二次研究高潮的研究成果中，中国地学会和张相文，禹贡学会和顾颉刚关于边疆研究的成绩，引起学者的注意，并成为迄今评述这一阶段研究进展的重要内容。

（一）关于中国地学会和张相文研究

20世纪30年代《燕京学报》刊发过张相文先生传略（13期，1933年6月），半个世纪后，张天麟《张相文对中国地理学发展的贡献——纪念"中

---

① 《中国边疆史地研究》2012年第4期。
② 《中国边疆史地研究》2013年第2期。
③ 《中国边疆学》第十辑，社会科学文献出版社2018年版。
④ 王光文、段红云：《论梁启超后期的中国民族史研究》，《中国边疆史地研究》2009年第1期。
⑤ 林超民：《方国瑜与中国西南对外关系史研究》，《中国边疆史地研究》2008年第4期。
⑥ 王欣的《马长寿先生的边政研究》，《中国边疆史地研究》2008年第3期；《马长寿先生的川康民族考察》，《中国边疆史地研究》2013年第4期。
⑦ 张永帅、张炜：《致用史观与冯家昇的边疆史研究》，《中国边疆史地研究》2010年第2期。
⑧ 赵夏：《马鹤天先生对边疆考察和研究的贡献》，《中国边疆史地研究》2003年第4期；范子烨：《马鹤天和他的〈内外蒙古考察日记〉》，《中华读书报》2012年12月19日第15版。

国地学会"成立七十周年》[①] 对中国地学会和张相文的学术活动做了较为全面评述。指出："在中国近代地理学术发展史上，张相文是一位重要的先驱人物。他筚路蓝缕，承前启后，积极推动我国旧地理学向新的现代地理学迈进，促进早期现代地理学成长，贡献是很大的。""他的一生，正处在我国地理学新旧交替的过渡时期，他在地理学上的最大贡献，就是大力推动这个过渡，积极促进我国新的现代地理学的萌发和成长。"之后刘逖又连续发表《诚心爱国的志士　勇于开拓的学者——著名地理学家历史学家张相文先生》[②] 和《中国地学会》[③]，分别论述了中国地学会和张相文在中国边疆史地研究方面的业绩。1999 年学苑出版社出版了吴传钧、施雅风《中国地理学 90 年发展回忆录》。谢皆刚《学以致用：民初中国地学会的边疆研究》[④] 认为中国地学会倡言学以致用，本着专门学理研究边疆，提议殖产兴业发展边疆，以维系人心巩固国基，并上书当道以为国用。然限于国家的实力，中国地学会只能收集、留存证据，以待国力复兴后有所作为。王健《民国初期张相文塞北之行与草原丝绸之路》[⑤] 论述了张相文在 1914 年对内蒙古河套地区的考察，对北京至河套五原段的近代状况做了详细的描述。

（二）关于顾颉刚和禹贡学会

有关顾颉刚学术生平的年谱、评传、回忆以及专题论文集，除前述孙喆、王江《边疆、民族、国家——〈禹贡〉半月刊与 20 世纪 30—40 年代的中国边疆研究》外，依笔者目见尚有：

顾潮编著《顾颉刚年谱》[⑥]，[马来西亚] 郑良树编著《顾颉刚学术年谱简编》[⑦]，顾潮、顾洪《顾颉刚评传》[⑧]，顾潮编《顾颉刚学记》[⑨]，刘起

[①] 《历史地理》创刊号，1981 年。
[②] 《中国边疆史地研究导报》1990 年第 2 期。
[③] 《中国边疆史地研究》1991 年第 2 期。
[④] 《云南民族大学学报》2017 年第 6 期。
[⑤] 《学海》2017 年第 1 期。
[⑥] 中国社会科学出版社 1993 年版。
[⑦] 中国友谊出版公司 1987 年版。
[⑧] 百花洲文艺出版社 1995 年版。
[⑨] 生活·读书·新知三联书店 2002 年版。

纡《顾颉刚先生学述》①，刘俐娜《顾颉刚学述思想评传》②，顾潮《历劫终教志不灰——我的父亲顾颉刚》③ 等，对于顾颉刚的边疆研究和禹贡学会的业绩均有或详或略的记载和评述。根据顾颉刚在不同人生阶段撰写的自传，纂编成的《顾颉刚自传》载有"我怎样从事边疆运动"④，顾先生的回忆真切、生动，有助于今人认识这位史学大家边疆史地研究的学术经历和成就。

王学典、孙延杰《顾颉刚和他的弟子们》，作者认为"从20世纪20年代开始至新中国成立，学术界，特别是史学界，真正创立一个学派，扭转一时学术风气的，可以说除胡适、顾颉刚外再无他人"。并专题论及顾颉刚"主编《禹贡》首开现代历史地理学研究的先河"⑤。这方面论文有：王煦华《顾颉刚先生的学术贡献述评》⑥，吴怀祺《〈禹贡〉半月刊的爱国主义史学思想》⑦，徐兆奎《"禹贡学会"的历史地理研究工作》⑧。冯春龙《试论禹贡学会对历史地理学的贡献》⑨，朱士嘉《顾颉刚先生与〈禹贡〉半月刊》⑩，吴丰培《顾颉刚先生和所著〈西北考察日记〉》⑪，王希隆、付军《顾颉刚先生在西北》⑫，孙喆、王江《时代变局下知识分子对"致知"与"致用"的探索——从顾颉刚创办〈禹贡〉半月刊谈起》⑬，汪洪亮《顾颉刚与民国时期的边政研究》⑭，张文静《近代中日史学者对中国古代

---

① 中华书局1986年版。
② 北京图书馆出版社1999年版。
③ 华东师范大学出版社1997年版，该书2010年书名改为《我的父亲顾颉刚》，由人民文学出版社出版。
④ 北京大学出版社2012年版，第82—97页。
⑤ 山东画报出版社2000年版，第2、30—34页。
⑥ 《顾颉刚选集》，天津人民出版社1988年版。
⑦ 《史学史研究》1983年第1期。
⑧ 《历史地理》创刊号，1981年。
⑨ 《扬州师范学报》1987年第4期。
⑩ 《晋阳学刊》1984年第4期。
⑪ 《西北史地》1983年第4期。
⑫ 《中国边疆史地研究》2005年第4期。
⑬ 《中国边疆史地研究》2009年第2期。
⑭ 《齐鲁学刊》2013年第1期。

疆域的考辨——以白鸟库吉与顾颉刚为中心》[1]，刘子凡《黄文弼与顾颉刚——民国时期新疆考古与边疆研究的交汇》[2]，杨思机《民国时期顾颉刚的边疆教育思想和实践》[3] 等。

马大正《略论禹贡学会的学术组织工作》[4] 则"以禹贡学会的边疆史地研究为中心，对其学术组织工作的经验"进行了研讨，认为禹贡学会无论在学术研究上还是在造就人才上均成绩卓著。从学术组织角度看，禹贡学会成绩在于，一是"提出符合学科发展的远景规划，以及为实现这一规划的切实可行的近期计划"；二是"有一套行之有效的学术组织工作的正确方法"。文章最后总结禹贡学会学术组织工作成功的经验有三：一是"爱国主义与创业之情是推动禹贡学会同仁艰苦创业，共同前行的原动力"；二是"同事之间、同人之间的'同声相应、同气相求'，是促进禹贡学会同仁默契配合、上下求索的催化剂"；三是顾颉刚"兼具了作为一位优秀学术组织者不可缺少的品德：他学识渊博、心有全局，能将远景规划溶于切实可行的实践之中；他广交同仁、切磋学识，随时吸取有益营养，日新又新地开发新的学术园地；他平易近人、心胸宽广，热心提携青年，不断扩大研究队伍"。

相关论文至多，无法一一罗列详述，但有两本论文集值得一记：

中国社会科学院历史研究所，中山大学历史系合编《顾颉刚先生诞辰110周年论文集》[5]，本集收录论文 27 篇，同时还收录了顾颉刚先生诞辰 100 周年时举办的纪念会和学术讨论会的论文和部分发言 23 篇。

王煦华编《顾颉刚先生学行录》，据编者在前言中述："一九八〇年十二月二十五日，顾颉刚先生逝世后，学术界的同志们筹议编辑出版一本回忆录性质的文集，以缅怀他的一生的治学和行事。在顾先生的同学、学生和亲友的响应和支持下，收到数十篇来稿；另外书刊上也发表了一些怀念回忆顾先生的文章，我就所见到的尽量收集了，虽不能说一点没有遗漏，

---

[1] 《东北师大学报》2016 年第 6 期。
[2] 《西域研究》2016 年第 2 期。
[3] 《学术研究》2017 年第 7 期。
[4] 《中国边疆史地研究》1992 年第 1 期。
[5] 中华书局 2014 年版。

但漏掉的肯定是不会太多的（书刊上发表的则在篇末注明书刊名称、出版年月及卷期）。现在把两者合在一起，编成这本《顾颉刚先生学行录》。"①合书45万字，共收文章122篇。

三 关于第一、第二次研究高潮的研究展望

在国际与国内形势发展及个人学术报国的综合作用下，学者对在我国遭遇边疆危机的时刻，投身于边疆研究，取得了较多丰收成果，特别是在传统史学研究的路径下，又进行民族研究的理论思考，提出了"中华民族"学术概念，从而将边疆问题提升到一个新的高度。这是第一、二次边疆研究高潮的重要理论成果。但是就目前学术研究而言，还存在一些不足，值得注意。

第一，对西北史地和西南史地的研究需要进入深耕阶段。从清代西北史地研究开展以来，西北边疆史地一直是学界研究的热点地区，这既是学术传统，也是学术不断继承发展的现实。抗日战争时期，西南边疆史地研究异军突起，成绩斐然。因为长期耕耘，学界对两个边疆方向的研究已经是硕果累累。近年来，一些低水平的重复研究不断出现，学术创新动力不足。学界从单一著名学者的角度进行研究的空间已不太大，这需要学者必须发掘新资料和拓展新的视角进行研究。

第二，对东北史地及海疆方向的史地研究需要学界重视。因为诸多因素影响，学界对东北史地及海疆方向的关注度不够，从而在边疆各方向研究格局中出现了"较冷"现象。事实上，自明末以来，学界对东北史地的研究也未断过，特别是在北洋政府时期，学界对东北史地投入了一定热情和精力，取得一定成果。此外，清代以来，学界对海疆方向也有相关研究成果，但是缺乏系统研究。

第三，关于第一次和第二次研究高潮的衔接与比较问题。我国边疆面临的挑战，并没有因为清王朝灭亡和国民政府的建立而削弱，相反，民国

---

① 中华书局2006年版，第1页。

时期的边疆问题是在清末边疆问题的延续和恶化。换言之，第二次边疆研究高潮是对第一次研究高潮的发展。比如，"中华民族"的提出是在第一次研究高潮期间，而其发展却是在第二次研究高潮时期。这就涉及二者的衔接问题。此外，民国时期，特别是在抗日战争时期的边疆危机更为严峻，学界研究的学者群体、学术机构、学术热点等方面均有不同，这需要进行比较研究。

第十四章

中国边疆研究史研究（下）
——新疆考察史资料整理和研究

边疆考察史是中国边疆研究史的重要内容，但长期以来边疆考察研究存在两个倾向：一是中国学人的边疆考察，特别是当代中国学人的边疆考察研究少有研究者问津；二是将19世纪以来外国各类人士对中国边疆考察活动均划入帝国主义侵华史范畴。20世纪90年代以来，上述倾向有所改观，相关档案、文献的整理和翻译，当代中国学人撰写的边疆考察记，以及研究论文、著作多有问世，所涉中国边疆地区以新疆考察最多，西藏、云南则次之。

本章拟以新疆考察史为主，试做综述。

一 有关综论新疆考察的文与书

马大正《有清一代新疆考察述论》[①] 和《20世纪新疆考察述论》[②]，概论了自康熙以来迄止20世纪90年代，中国学者和其他人物在新疆的考察活动。前文指出了有清一代考察的历史功绩有六：

一是，考察者既是实践者又是亲历者，他们是所记述历史事件的当事人或同时代人，因此所记所述都是第一手史料，值得今天研究者重视，尤

---

① 马大正等主编：《西域考察与研究》，新疆人民出版社1994年版。
② 《中国边疆史地研究》1992年第3期。

其是行纪中对所经历之地的现场描述，实是地方史研究中不可多得的资料。

二是，考察者对新疆时政的评议，特别是同治、光绪年后对新疆时政弊病的评议和治新之策的论说，从一个侧面可使人们了解清政府治新政策成功与失误的演变历程，从中还可体味到国力兴盛和边疆稳定与发展的密切关系。

三是，社会经济，特别是林则徐南疆勘垦调查，对于发展新疆农业起了促进作用，于今仍不失其借鉴价值。

四是，民俗民情是考察者记述的重点之一，这对多民族聚居的新疆是一项不可缺少的国情知识的积累。

五是，地图的测绘和沿边的巡查，对后人的工作具有不容低估的奠基意义。

六是，众多考察者足迹遍及天山南北、昆仑山麓、帕米尔高原，他们的行纪反映了新疆交通发展的历史进程。

后文指出，综观百年来的新疆发展历程，可发现三点带规律性的共同点：一是"新疆考察的成败得失始终与中国的国运、国势密切相关"；二是新疆地区的政治稳定和社会安定，国家和社会的支持和组织是"新疆考察兴衰的两个重要制约因素"；三是"20世纪中国学者在新疆的考察经历了一个继承、开创和发展的过程"。

尚季芳《国民政府时期的西北考察家及其著作述评》则从整个西北地区范围对在民族危机和"开发西北"的呼声下，一大批中国考察家在极其困难的条件下，到包括新疆在内的广大西北地区进行深入细致的考察，对当时西北的一些突出的社会问题进行了详细记载和精确的剖析，为人们认识西北、开发西北起了很重要的先导作用。文章指出："根据'中国西北文献丛书'和甘肃省图书馆西北文献部的一些资料，笔者统计国民政府时期到西北的考察家共有100多人，著作有85种，当然实际数字远不止此。这些考察家里面，有政府官员、地质学家、考古学家、人类学家、社会学家、历史学家、边疆工作者，等等。"他们的著作涉及西北的政治、经济、文化艺术、民族宗教等方面的内容，按书名大体上可分为四类：

第一类是以含有"西北"二字命名的著作。如林竞《西北丛编》，陈赓亚《西北视察记》，范长江《中国的西北角》，林鹏侠《西北行》等。需要明确的是这些书里面的西北范围并不是专指今天的陕、甘、宁、青、新，有时候范围扩大到绥远、察哈尔等地，有时候范围缩小，仅涉及一省或数省。

第二类是有关陕、甘、宁、青、新的著作。如写陕西的有陕西省实业考察团编的《陕西省实业考察》，张继曾《陕南游纵》等；写甘肃的有王志文《甘肃省西南部边区考察记》，聂守仁《甘肃省大通县风土调查录》，程先甲《游陇集》等；写宁夏的有叶祖灏《宁夏纪要》，范长江《塞上行》等；写青海的有周希武《玉树土司调查记》，曹瑞荣《青海旅行记》，杨希尧《青海风土记》等；写新疆的有谢彬《新疆游记》，吴蔼辰《新疆纪游》，王应榆《伊犁视察记》等。同样，这些著作不仅仅写某一省，大部分是以一省为主，兼及其他省的一些情况。

第三类是有关少数民族风俗习惯的著作。如光白《回族同胞的生活与风俗》，兰生智《蒙古人的生活特质》，潘凌云《拉卜楞寺与喇嘛生活》等。

第四类是有关文学艺术的著作。如研究西北"花儿"的专家张亚雄的名著《花儿集》，研究西北民歌的专家于式玉、王文华的《西北民歌》，还有孟述祖的《西北花絮》等。

综观这些著作，它们从不同侧面勾勒出西北的概况，大部分著作以游记的形式表达，文字优美，语言平实，内容深刻。今天看来，这些著作仍有很大的社会价值。[①]

21世纪以来，两本有关新疆考察史的综合性研究专著先后问世。

一是，王嵘《西域探险史》[②]，这是一部专写中国人的西域探险史，从先秦到清朝，涉及人物有周穆王、张骞、冯嫽、班超、法显、宋云、玄

[①] 《中国边疆史地研究》2003年第3期。
[②] 新疆人民出版社2008年版。

奘、岑参、王延德、邱处机、陈诚、祁韵士、徐松、林则徐、左宗棠等。全书30万字。这是作者只完成上半部的绝笔，我猜想，下半部将是外国探险家的新疆探险，惜未能完成而驾鹤西归，殊为可惜。

二是，丁笃本《中亚探险史》，全书43万字，叙述的地域空间是包括新疆在内的中亚地区，[①] 时间跨度上起远古时代，下迄中华人民共和国成立前。地理大发现之前人类在中亚地区开展的探险、旅行与考察活动，对中国人活动多有介绍，而地理大发现以后人们在中亚地区所从事的探险考察活动和发现成果，对欧洲及俄国探险家与发现者的介绍占的比重最大。所涉中外相关人物有：张骞、班超、法显、玄奘、马可·波罗、伊本·白图泰、谢苗诺夫、普尔热瓦尔斯基、科兹洛夫、阿特金逊、罗伯特·沙敖、扬哈斯本、邦瓦洛特、斯文·赫定、斯坦因、伯希和、马达汉、大谷光瑞、华尔纳等。

二 清代至民国的中国学者和各界人士新疆考察著作的整理、出版和研究

（一）有清一代

有清一代中国各阶层人士到新疆考察并留下了纪述，散见各处，寻检十分不易，吴丰培整理《丝绸之路资料汇钞（清代部分）》上、下册收录了38种，其目如次：

甘肃至新疆路程（佚名）

奉使库车琐记（庆林）

哈密至准噶尔路程（佚名）

西征纪略（张寅）

从军杂记（方观东）

[①] 作者界定："本书中的中亚包括：阴山—贺兰山—黄河以西的内蒙古、宁夏、甘肃、青海四省区的西北部和新疆全部，蒙古国西部、中亚五个共和国、伊朗东北部、阿富汗、克什米尔以及巴基斯坦的北端"。新疆人民出版社2009年版，第7页。

第十四章　中国边疆研究史研究（下）　539

西行日记（赵钧彤）

西征纪程（王大枢）

遣戍伊犁日记（洪亮吉）

万里荷戈集（洪亮吉）

百日赐环集（洪亮吉）

万里行程记（祁韵士）

濛池行稿（祁韵士）

西陲竹枝词（祁韵士）

东归日记（方士淦）

红山碎叶（黄濬）

荷戈纪程（林则徐）

南疆勘垦日记（林则徐）

西行记程（杨炳堃）

莎车行纪（倭仁）

冰岭纪程（景廉）

度岭吟（景廉）

西征日记（吴慎傑）

东归日记（吴慎傑）

泽雅堂纪行诗（施补华）

额鲁特行程日记（宜珍）

西行日记（冯焌光）

辛卯侍行记（陶保廉）

叶折纪程（王廷襄）

河海昆仑录（裴景福）

西辕琐记（宋伯鲁）

北征日记（李德贻）

入关日记（李德贻）

西征续录（孙希孟）（据考应为方希孟——作者注）

游历蒙古日记（余培森）

析游闻见录（易炳燨）

昆仑旅行日记（温世霖）

抚新记程（袁大化）

壬子日程记（袁大化）

所收诸篇均原文影印，整理者吴丰培做了两项工作，一是每篇均写跋文一篇，述作者生平、论书之得失；二是撰写《丝绸之路资料汇钞（清代部分）》前言，在前言中对所涉各篇作者进行了分类："考清代之作，可析为几部分人所撰，一为赴新疆履任官员所记，乃极少数。二为查勘边界，记山川险要，是国防要著，极可珍视。三为文人墨客，因获罪而遣戍新疆，名为赴军台效力，这些人大部分被当时新疆当政者罗入幕中，由于此类人氏，知识渊博，考古论今，并记述了当时的政治、经济、文化及考古等方面的情况，其作品应列为上品……除上述三类人之外，另有一部著作名为《辛卯侍行记》，作者陶保廉非赴任官员，更非军台效力人员，乃随其父陶模履新巡抚之任而赴新，此人好学不倦，行囊中带有大量图书，考古论今，记述沿途见闻，确为独一无二的作品，值得提出。"[1] 本集实有文献资料整理奠基之功。于 2002 年由甘肃人民出版社出版了一套"西北行记丛书"，其中收录了陶保廉《辛卯侍行记》、裴景福《河海昆仑录》，和方希孟《西征续录》的点校本。其中方希孟《西征续录》本共收了祁韵士《万里行程记》、方士淦《东归日记》、林则徐《荷戈纪程》、倭仁《莎车行记》、方希孟《西征续录》、袁大化《抚新记程》六种文献，按照方希孟《西征续录》点校者王志鹏考证，吴丰培《丝绸之路资料汇钞（清代部分）》中因据泰州古旧书店之抄本将方希孟误作孙希孟。[2] 天津古籍出版社 2005 年出版了温世霖原著、高成鸢编注《昆仑旅行日记》的点校本。

对上述人物和著作的评议大多在相关跋文、编校记之中，专题论文不多。周轩、高力《清代新疆流放名人》[3] 一书中对洪亮吉、祁韵士、林则徐、裴景福的流新生涯和相关著述略有评议。

---

[1] 全国图书馆文献缩微复制中心出版，1996 年，第 1—2 页。吴丰培所撰跋文，均收录于吴丰培自选、吴锡祺、于敏整理《吴丰培边事题跋集》，新疆人民出版社 1998 年版，第 182—202 页。

[2] 方希孟：《西征续录》，甘肃人民出版社 2002 年版，第 5 页。

[3] 新疆人民出版社 1994 年版。

（二）民国时期

民国时期的新疆考察研究中除外国探险家外，涉及最多的是 1928—1934 年的中瑞西北科学考察团[①]与斯文·赫定，上述两个方面拟在下文设专题论及。除此之外，除谢彬有专文论及外，研究论文不多，更不用说研究专著。

20 世纪 90 年代以降，民国时期的各种涉新疆的考察记、游记多有整理出版，值得欣喜。

1. 民国初年

民国初年谢彬、林竞的两本考察记都有整理本出版。

谢彬（谢晓钟）《新疆游记》，有两个点校整理本：一是杨镰、张颐青整理本[②]；二是薛长年、宋廷华点校本[③]。谢彬于 1916 年 10 月以财政委员身份赴新疆考察，历时 14 个月，《新疆游记》即是此行的实录。对谢彬及其《新疆游记》的研究，吕一燃《谢彬及其边疆史地研究》[④]，杨镰《谢彬和他的〈新疆游记〉》均论述了谢彬的边疆考察经历和成就。前文通过详述谢彬《新疆游记》和《云南游记》，指出"实地观察和进行社会调查，是谢彬研究边疆史地的重要方法"。后文则是同一作者整理谢彬《新疆游记》一书所写的前言，认为"他（谢彬）倾心撰写的《新疆游记》，呼吁举国上下瞩目西部，敦促新疆政界面对世界潮流，在较长一个时期内，这部游记被视为关于新疆的百科全书"。

林竞《西北丛编》已有两种整理本：一是甘肃人民出版社 2003 年出版的刘满点校本，书名采用《蒙新甘宁考察记》[⑤]；二是新疆人民出版社

[①] 按：中瑞西北科学考察团，当时实际上用的是考查团，现按通用习惯，一律用考察团，特说明。

[②] 新疆人民出版社 1990 年版。2013 年新疆人民出版社出版了新的整理版本，据"整理后记"自述："1990 年第一次整理出版时，只收了作者一行自嘉峪关之后，游历新疆天山南北的内容。""新的整理本不再以嘉峪关为界，而是按原书的先后，编入了《新疆游记》的全部章节。"（第 394 页）

[③] 甘肃人民出版社 2003 年版。本书系"西北行记丛萃"选目之一。

[④] 《西北史地》1988 年第 2 期。

[⑤] 本书系"西北行记丛萃"选目之一。

2013年出版的杨镰、张颐青整理本，书名采用《亲历西北》，杨镰、张颐青为本书撰发了题为《智者西行》代序，对林竞其人、《亲历西北》其书，均做了极有价值的学术点评。①

2. 20世纪20—30年代的相关考察记：

刘文海《西行见闻记》②，作者刘文海曾留英国、美国十年，回国后先后任教东南大学、西北大学、东北大学。1927年转入政界。其父兄在甘肃酒泉经商，颇富实力。1928年12月，其父病笃，乃奔丧酒泉，在酒泉居留近五个月，于1929年8月1日乘驼从酒泉入哈密，取道内蒙古，经张家口，返北京，于1930年1月14日返回南京。该书即为此行见闻。

吴蔼宸《边城蒙难记》③，整理者杨镰撰有代序和整理后记。吴蔼宸1929年冬任天津整理海河委员会总务处副处长，1932年受聘为新疆省政府顾问。当时，国民党正筹建新疆省党部，任命在南京的宫碧澄、白毓秀为特派员，吴蔼宸与宫、白同赴新，同年12月25日抵迪化（乌鲁木齐）。自进入新疆起，吴蔼宸经历了新疆从杨增新时期安定到盛世才时期战乱不断的全过程，成了这一时期一个难得的目击者和见证人。1933年8月，南京国民政府派司法行政部长兼外交部长罗文干赴新疆视察，国民政府外交部电令吴蔼宸为外交部新疆特派员，随同罗文干巡视塔城、伊犁，次年返京述职，并写下《新疆纪游》，即本书《边城蒙难记》。

陈庚雅《西北视察记》同样有两个整理版本：一是甘肃人民出版社2002年出版的甄暾点校本④；二是新疆人民出版社2013年出版的杨镰整理本。⑤ 杨镰在为本书撰写题为《西望天山》代序中指出：陈庚雅是民国时中国第一大报——上海《申报》的名记者，于1934年3月赴新疆采访，但在新疆行程止于哈密，于1935年5月3日返回上海。当时《申报》为他采访之行专门开辟了一个栏目，题名即称为"新疆视察记"，1936年10

---

① 参阅第1—11页。本书系2013年版"西域探险考察大系"选目之一。
② 甘肃人民出版社2003年版。本书系"西北行记丛萃"选题之一。
③ 新疆人民出版社。本书系2013年版"西域探险考察大系"选目之一。
④ 本书系"西北行记丛萃"选题之一。
⑤ 本书系"西域探险考察大系"选题之一。按：2001年本书曾列入杨镰、陈宏博主编"探险与发现丛书"选目之一，新疆人民出版社出版。

月,《申报》报社将这一纪实之作结集出版,因未能完成预期的对新疆天山南北的采访,仅止于东天山之麓的哈密,故改题为《西北视察记》。《走进西部》为整理者杨镰取题。

天涯游子《人在天涯》,整理者杨镰为本书撰写了题为《天涯并不遥远》代序,代序中指出"天涯游子"这一组"西行记"并无总的题目,"《人在天涯》是我们将它们汇集在一起,并整理成书时所拟的名字"[①]。这是一部写成于20世纪30年代的"西行记"——始于古都西安,终于新疆塔城。

萨空了《由香港到新疆》[②],萨空了(1907—1988),记载了作者1939年3月10日至9月13日由香港到新疆的见闻和感受。

3. 20世纪40年代的相关考察记

黄汲清《天山之麓》[③],这是一部1942年冬到1943年初夏,一群才华横溢的青年科学家在天山南北的见闻录,是中国地质学家黄汲清的长篇探险考察纪实。

李烛尘《西北历程》[④],2003年甘肃人民出版社出版杨晓斌点校本。李烛尘于1942年10月率西北实业考察团赴西北考察盐碱情况,在新疆考察了哈密、七角井、鄯善、吐鲁番、达坂城、乌鲁木齐、绥来、乌苏、精河、伊犁、霍尔果斯等地。于1943年2月回到重庆,《西北历程》即为其考察旅程报告。

(三)中瑞西北科学考察团的资料整理和研究

中瑞西北科学考察团的学术实践开创了我国独立自主地与外国科学家平等合作进行科技活动的先例,学术界誉之为中外科技合作的先驱。

---

① 新疆人民出版社2000年版,第3页,本书系杨镰、陈宏博主编"探险与发现丛书"选题之一。

② 宁夏人民出版社2000年版,本书系"走进大西北丛书"选题之一。

③ 新疆人民出版社,本书是2013年版"西域探险考察大系"三十种选题之一。新疆人民出版社2001年还出版了另一版本。有关黄汲清的学术经历和成就,还可参阅任纪舜主编《从天山之麓到松花江畔——纪念黄汲清诞辰110周年》,科学出版社2014年版。

④ 本书系"西北行记丛萃"选题之一。

1927年至1933年，由中国和瑞典科学家共同组成的西北科学考察团，在我国新疆、甘肃、宁夏和内蒙古等省区境内，进行了历时6年的科学考察活动。考察团的中方团长是徐炳昶教授，瑞方团长是斯文·赫定博士，袁复礼、丁道衡、詹蕃勋、龚元忠、崔鹤峰、马叶谦、李宪之、刘衍淮、陈宗器、郝景盛、徐近之、胡振锋、刘慎谔和黄文弼等曾作为中方团员参加考察活动，在地质学、地磁学、气象学、天文学、人类学、考古学和民俗学等多学科取得了丰硕成果。

1987年是中瑞西北科学考察团建团60周年，中国科学技术协会委托中国地质学会、中国气象学会、中国地理学会、中国考古学会、中国地球物理学会和中国科学技术史学会联合举办纪念活动，并于1987年12月2日，在北京科学会堂召开了"纪念中瑞西北科学考察团60周年座谈会"，会后中国地质学会以《开创中外科技合作的先驱》为书名编选了纪念集。[①] 全书收编了两部分文稿。第一部分是西北科学考察团60周年的纪念文章和诗作；第二部分是王忱同志（徐炳昶之女）编写的西北科学考察团大事记和中国团员著作目录。此外，还附录了当年订立的3个文件，颇具历史价值。2007年气象出版社出版了《"中国西北科学考察团"八十周年大庆纪念册》。

自此之后，有关中瑞西北科学考察团的相关文献、资料陆续与读者见面。

徐炳昶、黄文弼、斯文·赫定、贝格曼等人有关此次考察活动的著述，本章已有介绍。除此之外，以下五种著作为我们从多个侧面了解、认识中瑞西北科学考察团的活动提供了可贵的资料。

王忱编《高尚者的墓志铭——首批中国科学家大西北考察实录（1927—1935）》[②]，全书分两大部分，考察实录中收录了徐昶生（徐炳昶）、袁复礼、丁道衡、刘衍淮、李宪之、陈宗器、胡振锋、徐近之、郝景盛等中方团员在不同时期所撰的考察记；资料中收录了有关考察团的相关文件等历史文献。

---

① 中国科学技术出版社1991年版。
② 中国文献出版社2005年版。

杨遵仪主编《桃李满天下——纪念袁复礼教授百年诞辰》[1]，该集共收录纪念文章78篇，专题论文7篇，袁复礼教授未刊著作4篇。袁复礼教授主要学术业绩在地质学，但该纪念集对袁复礼当年参加中瑞西北科学考察团的活动仍多有忆及。

陈雅丹《走向有水的罗布泊》[2]，陈宗器是著名地球物理学家，中国地磁学的开拓者、奠基人，国际知名罗布泊学者。1930年11月底至1931年6月与瑞典科学家霍涅尔测量并完成改道后的罗布泊及其水系的精确地图。1934年4—8月与瑞典探险家斯文·赫定进行地形、水文、地质、气象等考察。作者是陈宗器之女，该书是陈宗器西北考察的传记，作者所提献辞是："谨以此书献给我亲爱的父亲和母亲，献给所有不畏艰险走向西部的前辈们。"

有关中瑞西北考察团的介绍和研究，邢玉林、林世田《西北科学考察团组建述略》[3] 评述了西北科学考察团组建过程中的曲折历程，认为科学地了解这段历史"对促进中瑞科学文化交流和加深中瑞两国人民的友谊显有意义"。王忱、徐恒先后发表了《中瑞西北科学考察团简介》[4] 和《西北科学考察团六十年祭》[5]，记述更为详述。

作为西北科学考察团成员，黄文弼的边疆考古，在中国边疆研究史上占有特殊地位。他的《高昌砖集》《罗布淖尔考古记》《吐鲁番考古记》《塔里木盆地考古记》等都是边疆考古的传世之作。黄烈《艰辛的历程、丰硕的奉献——黄文弼与西北考察》[6] 对黄文弼的学术活动和成就做了系统评估。黄烈还致力于黄文弼遗著的整理，先后出版了《黄文弼历史考古论集》[7]《黄文弼蒙新考察日记》[8]。进入21世纪，又有朱玉麒、王新春编

---

[1] 中国地质大学出版社1993年版。
[2] 昆仑出版社2005年版。
[3] 《中国边疆史地研究》1992年第3期。
[4] 刊王忱编《高尚者的墓志铭——首批中国科学家大西北考察实录（1927—1935）》，第7—29页。
[5] 刊《"中国西北科学考察团"八十周年大庆纪念册》，气象出版社。
[6] 《中国边疆史地研究》1992年第3期。
[7] 文物出版社1989年版。
[8] 文物出版社1990年版。

《黄文弼研究论集》①、荣新江编《黄文弼所获西域文献论集》② 面世。前书收集了有关黄文弼生平及其西北考古研究的资料和文章 36 篇，全面展示了学术界对黄文弼及其时代的西北科学研究的全貌，是了解早年西北学术研究的完整画面；后书第一次全面汇集了海内外研究黄文弼所获西域文献的重要论文 26 篇。2015 年黄文弼《西域史地考古论集》入选商务印书馆"中华现代学术名著丛书"。

相关论文还有：刘进宝《中瑞西北科学考察团及其成就》③、纵横《西北考察团的丰功伟绩》④、洪永祥《土尔扈特汗王与中国西北科学考察团》⑤、[瑞典]诺登斯坦《1927—1935 年中瑞科学考察中的自然科学》⑥ 等。

瑞典考古学家贝格曼在中瑞西北考古考察团工作期间的业绩，王新春《贝格曼与中国西北考古》⑦ 做了较为详尽和公正的评述，指出：贝格曼对西北历史、地理中的诸多问题，诸如中国史前史、额济纳地区汉代边防遗址、丝绸之路等方面的研究考证，为西北史地研究开辟了新的领域。

刘炘《贝格曼黑河大发现》⑧ 对贝格曼先后发现上万枚珍贵汉代居延简牍、罕见的新疆若羌小河墓地和史料中没有任何记载的汉代明水要塞的奇特经历，做了全景式的纪实描述。

三　新中国成立后中国学者的新疆考察实录

中华人民共和国成立，新疆和平解放，新疆历史揭开了全新一页，储安平、蒲熙修《新疆新观察》可称为是"对新疆新时期的即时报道"。本

---

① 科学出版社 2013 年版。
② 同上。
③ 《西北史地》1993 年第 1 期。
④ 《新疆地方志》1994 年第 2 期。
⑤ 载马大正等主编《西域考察与研究》，新疆人民出版社 1994 年版。
⑥ 同上。
⑦ 《中国边疆史地研究》2011 年第 3 期。
⑧ 中共党史出版社 2011 年版。

书编者杨镰将储安平的《新疆新面貌》(《新疆旅行通讯集》)与蒲熙修的《新疆纪行》合汇成集,指出:"这两本通讯集是率先对和平解放之后的新疆作出的调研,并且以独特的视角报道基层情况的纪实之作。同时,它们反映出当时中国的两大强势媒体《新观察》杂志与《文汇报》对新疆的特别关注,对新疆位置的认同。"[1]

自此之后,整个20世纪50年代至80年代,疆内疆外学人、记者等在新疆进行各类主题的社会调查、科学考察持续不断,但见于公开发表的文章尚少。郝时远主编《田野调查实录:民族调查回忆》[2]收集了参加20世纪50—60年代全国民族大调查的学者撰写的调查工作回忆文章43篇。涉及云南、广西、四川、海南、福建、西藏、新疆、黑龙江等边疆地区的民族调查。真如主编郝时远在"前言"所坦言:"时过境迁,虽然今天从事民族研究的中青年学人,谁都知道50年代的民族调查,谁都知道'三套丛书'或'五套丛书',谁都会从这本书的作者中找到自己所熟悉或知道的名字并联想到他们的学术著述。但是,我敢说,没有多少人了解他们及其所代表的那一代民族工作者学术经历中的艰辛过程及其中包含的思想、感情和献身精神。""谨以此书铭记所有参加过50年代民族调查的前辈学人及其合作者,为中国民族研究事业和民族工作作出的贡献。"本书涉新疆民族调查有6篇,分别是:谷苞《新疆社会历史调查的一些情况、体会和教训》、纪大椿《新疆察布查尔调查散记》、刘锡淦《回首往事,感慨万千》、周宝钰《难忘的岁月——记我在新疆少数民族社会历史调查组的学习和工作》、陈宗振《突厥语族语言调查琐忆》、陈鹏《我陪苏联专家搞语言调查》。至于对这些考察活动进行学术评述和研究的作品更少。

(一)四套由学人撰写的考察丛书

20世纪90年代以降,随着对外国探险家新疆探察研究的展开,学界痛感中国学者的新疆探察实践成了研究中被遗忘一角的现状,开始着力组织新疆探察学者撰写回忆录性的考察记,并取得了成功,引起学界关注,

---

[1] 新疆人民出版社2013年版,第1页。本书系"西域探险考察大系"选题之一。
[2] 社会科学文献出版社1999年版。

并渐成风气。

这方面较成功的有如下四套丛书：

一是马大正主编"中国边疆探察丛书"，1997年由山东画报出版社出版。这是一套由中国学者撰写自己边疆考察实录的丛书，正如丛书的介绍词言："专家学者的考察散记，边陲僻地的探险亲历。"丛书迄止2001年，共出书12种。其中涉及新疆探察的有马大正《天山问穹庐》，王嵘《无声的塔克拉玛干》，涉及东北边疆的有米文平《鲜卑石室寻访记》，魏国忠等《谜中王国探秘》，顾德清《探访兴安岭猎民生活日记》；涉及北部边疆的有：盖之庸《叩开辽墓地宫之门》，盖山林《草原寻梦》；涉及西北边疆的有：白滨《寻找被遗忘的王朝》；涉及西南边疆（含西藏）的有：汪宁生《西南访古卅五年》，黄光成《大江跨境的回眸》，曹成章《版纳絮语》，李坚尚《喜马拉雅寻觅》。丛书主编马大正在丛书献辞中说："瑞典探险家斯文·赫定一册《亚洲腹地旅行记》曾倾倒了几代中外读者。百年来，特别是近几十年来，中国学者的边疆探察实践远远超越了前辈，众多研究成果世人瞩目。出版一套由中国学者撰写的边疆探察实录，由此描述一个历史和未来沟通的文化景观，进行一番具有文化色彩的哲学思辨，传递一种文化考察的信息。总之，让中国学者几十年埋头边疆探察工作中所经历的发现的快乐，田野作业的艰苦、奇观、险情、趣事以及他们的感慨和思考，通过主观的视角，以旅行记、日记、随笔加照片的形式讲述给读者，使读者在轻松的阅读中得到历史学、考古学、人类学、民族学、民俗学、地理学诸方面的知识，让鲜为人知的专业研究进入普通读者的视野，这是我多年的夙愿。今天呈现给读者的就是这样一套由专家学者共同完成的著作。"

二是马大正主编"边地文化探踪丛书"，2000年由新疆人民出版社出版。这套丛书实际是"中国边疆探察丛书"的孪生兄弟，共出书5种，3种是新疆探察题材：胡文康、王炳华《罗布泊——一个正在解开的谜》，胡文康《走进塔克拉玛干》，齐东方《走进死亡之海》；另外两种是唐戈《在森林在草原》，马大正《海角寻古今》。丛书主编马大正在《写在前面》明言：

"《边地文化探踪》丛书，之所以定名边地，除了习惯上的边疆地区外，还将包括青海、宁夏、贵州等极具特色的边远之地；而文化探踪的定名，意在突出考察的文化内涵和作者的学者背景，以与漂泊探险的实践者和相关作品相区别。

"《边疆文化探踪》丛书将邀请当代具有边疆文化探察亲身经历的学者参加撰写工作。

"我们希望《边地文化探踪》丛书不仅成为致力于边地文化考察实践者共同的园地，也能为更广大的读者所接受、所喜爱。

"让学术走入大众，让大众了解学术。

"让文化充满雅趣，让大众在雅趣熏陶下揭谜心醉。"

三是马大正主编"走进中国西部的探险家"系列丛书。[①] 马大正在丛书的"序"中坦言："19 世纪至 20 世纪前半叶外国探险家在中国西部的考察活动，曾是帝国主义侵华史研究的一项重要内容，中国人民每想到这一时期外国探险家在中国西部考察时无视中国主权私挖文物、偷猎珍稀动物的行径，总有一种民族感情受到莫大伤害的耻辱感。

"对此，我们不会忘记，也不应忘记！

"但是，我们也应认识到，外国探险家们在当时的历史条件下，他们为追求自身目标所体现的不达目的誓不罢休的精神，以及他们的考察实录和考察成果，均无一例外地成为可供后人借鉴、研究、评述的历史遗产。"

这就是该套丛书立题的出发点和归宿点。

丛书以个人立传、重点评介传主走进中国西部的考察经历，兼及传主的成长过程和晚年生活，使读者对传主有一个全景式了解。丛书是一套以严谨的学术研究为依托的知识性评传，评价人物时坚持两点论。一切从当时历史实际出发，该肯定的肯定，该否定的否定，对传主既不美化，也不妖魔化，坚持实事求是原则。

"丛书"包括六册：《斯文·赫定》《斯坦因》《马达汉》《普尔热瓦斯基》《橘瑞超》《黄文弼》，惜《黄文弼》一册因故未能成稿而付阙。

四是杨镰主编的"中国西部探险丛书"，1999 年由中共中央党校出版社出版，共出书 4 种：夏训诚、胡文康《与彭加木同行》，林梅村《楼

---

① 中国民族摄影艺术出版社2002年版。

兰——一个世纪之谜的解析》，奚国金《罗布泊之谜》，杨镰《最后的罗布人》。主编杨镰在题为《走进新世纪——"中国西部探险丛书"缘起》的编后记中明言：

"这是一部以探险与发现，历史与现实，知识与趣味，深刻与曲折并重的丛书。

"为体现这一特色，我们特邀请在同一领域有研究、有影响的学者执笔撰写每一部书稿。这些作者不但是近年来坚持在中国西部探险考察的前沿位置的专家，学术活动相当活跃，有相关的专著、论文发表，而且都是多次亲身到中国西部从事探险考察的亲历者，甚至可以说本人就是当代的中国西部探险家。他们所写的，不但有自己的研究心得，也有自己在生活中积累的丰富感受。在中国西部这个贯穿古今的宏大背景下，充分体现了每一位作者的学术个性、治学特点和生活道路。换句话说，这是由突出成就的专家学者写给广大读者的书。而他们将自己丰富的人生经历，都融入到字里行间。我们提倡作者表现独特的思考，并从不同的视角来深化这一共同的主题。"

丛书作者中胡文康还著有《天山地图》[①] 等，林梅村还著有《寻找楼兰王国》[②] 等探察实录类作品。

（二）四位学人所写的考察纪综述

除上述四套丛书外，还有四位边疆考察者撰写的学术考察值得注意。

一是穆舜英。穆舜英1960年毕业于北京大学历史系考古专业，同年赴新疆从事考古研究，历四十年。她是世界上第一位成功闯入"死亡之海"罗布泊，进入楼兰地区进行探险考察的女考古学家。在其所著《寻找楼兰：一个世纪的发现》一书中，"生与死的楼兰——历史回眸"是一位历史学家所写的楼兰简史；"经行者的足迹——20世纪初的探险"则是一位考古学家对楼兰探险史的回溯和评议。而该书最有价值，也是最吸引读者的是"去楼兰——寻找失落的文明"，在这里作者详述了1979年6月、11月和

---

① 新疆人民出版社2006年版。
② 北京大学出版社2009年版。

1980年3—4月三次考察罗布泊、寻找神秘王国楼兰的奇异经历。正是在1980年3—4月考察中发现了轰动中外的"楼兰美女"。穆舜英在书中回忆道："参加挖掘的人员主要是考古所人员，有艾尔肯、伊弟利斯以及我，刘玉生负责摄影，司机陈树德也来帮忙。""这是一具女性干尸，保存完好。古尸面目清秀，瘦削的脸庞上有一尖尖的下颏，深且微闭，鼻子直而尖，薄薄的嘴唇紧闭着，身长约有1.50米。古尸的皮肤、指甲、毛发保存完好，皮肤呈褐色，蓬松地散披在肩上。据我国从事古人类学的研究的学者初步鉴定，这具古尸具有雅利安人种的特征，据此判断，死者生前应是我国古代一位少数民族妇女。""这具女性古尸经上海第一医学院等单位测定，死亡年龄约在40—45岁之间，生前是一个强壮的中年妇女。世称'楼兰美女'。"[1] 穆舜英还与梁越合著《楼兰：千年传奇和千年的谜》[2]。

二是王炳华。王炳华1960年毕业于北京大学历史系考古专业，同年赴新疆从事考古研究，历四十年，足迹及于天山南北、葱岭东西、塔克拉玛干沙漠内外。曾任新疆文物考古研究所所长、研究员。现为中国人民大学国学院西域历史语言研究所特聘教授、博士生导师。著有《丝绸之路考古研究》《天山生殖崇拜岩画》《吐鲁番古代文明》《新疆古尸》《西域考古历史论集》《西域考古文存》等。王炳华还撰写自己的新疆考古实录、散记。主要有：《新疆考古散记》[3]《沧桑楼兰——罗布淖尔考古大发现》[4]《精绝春秋——尼雅考古大发现》[5]《悬念楼兰——精绝》[6]《原始思维化石——呼图壁生殖崇拜岩刻》[7]。上述均是以作者第一人称的视角撰写的考察实录。作者在《新疆考古散记》序中对自己的考古生涯有一段自述："这40年中，足迹所及，真可以说是'上穷碧落下黄泉'；到过海拔5000米以上的帕米尔高原，实际进入了前去阿富汗、巴基斯坦的大坂、峡谷；

---

[1] 新疆人民出版社2006年版，第47—49页。
[2] 外文出版社2007年版。
[3] 中华书局2007年版。
[4] 浙江文艺出版社2002年版。
[5] 同上。
[6] 浙江文艺出版社2012年版。
[7] 商务印书馆2014年版。

也曾在海平面以下的吐鲁番盆地，访古问今。在罗布淖尔荒原上，不断寻找，终于捕捉到了 4000 年前古代罗布淖尔土著居民葬身的古墓沟，重新找到了小河古墓沟，旅游业者形象称之为'太阳墓'；小河，当地维吾尔族称之是埋葬着一千口棺材的魔幻葬穴。在哈密五堡的戈壁上，寻觅到了一大片青铜时代的墓地，由此揭开了哈密绿洲现代考古的篇页，这里出土的精美毛织物，至今仍是令人迷惑不解的一个谜团。在人迹罕至的天山腹地，发现了古代先民祈求生殖繁衍能力的原始宗教圣地——康家石门子岩刻。同样是在天山深处，认真观察了至今依然屹立、傲视远近的唐代鸜鹆镇戍堡，它控扼吐鲁番进出天山的咽喉。在阿勒泰山深处的岩洞中，与易漫白、王明哲一道，寻找到了一万年前古人进行祈祷、渴望围猎有获的彩色壁画；还在阿勒泰山前一起发掘了克尔木齐石棺古冢。俄罗斯考古学家认为它是解开南西伯利亚与准噶尔盆地古代文明之谜的钥匙。在伊犁河流域的乌孙古冢，同样捕捉到古代文献中不见一点痕迹的历史生活鸿爪。塔克拉玛干沙漠尼雅河流域，只是为了一探古代精绝居民的来龙去脉，从昆仑山口到沙漠腹地，曾经有幸踏沙 7 年。帕米尔东麓的佛教圣迹、克里雅河古人留下的灌溉渠系，米兰河畔的伊循屯地、楼兰城地下的早期文化遗存、天山北麓峡谷中的汉代关戍……这 40 年中，确实，可以无愧说，生命没有虚度：在新疆考古这一园地中，不少点，是因着我和一些同事的汗水，才得可能呈现在世人面前，填补了既往的空白，书写了新的考古、历史篇章。"① 而所有这一切，作者"用轻松一点的文字"，用散文的体裁，通过考察实录的形式，介绍相关地区的历史和文化，"实际是同样存在社会需要，值得专业研究人员去做的"②。

三是杨镰。中国社会科学院文学研究所研究员、博士生导师。研究专长是元代文学史和西部探险考察史，在后一领域奉行"读万卷书，行万里路"的古训，不仅整理、著文点评大量中外探险家考察的文献，而且亲自踏勘新疆秘境，并撰写了引人入胜的考察实录。他所著《寻找失落的西域文明》综述了中外探险家在新疆进行的探险考察活动，所涉及的时段，以

---

① 王炳华：《新疆访古散记》，第 2—3 页。
② 同上。

20世纪前期为主。据作者自述："本书与一些同类著作的区别，主要在于：一，注重人物的活动；二，不忽略细节。从有了写作契机，我就希望书中的人物不同于史传的传主，而如同一部场面恢宏的历史小说的各种角色，在不同的场景中起着不同的作用。只是书中所写的一切，都有相应的文献依据，没有虚构成分。"① 而对所涉形形色色的中外探险家们，作者认为："不论赞成，还是贬斥，只要你想了解认识新疆和中国西部，就不可能无视他们的存在。"② 他撰写的个人考察实录，依笔者所读有：《发现西部》③《云游塔里木》④《发现新疆——寻找失落的绿洲文明》⑤《最后的罗布人》⑥《守望绿洲》⑦《黑戈壁》⑧ 等。还编著了《亲临秘境——新疆探险史图说》⑨。杨镰新疆考察既有孤身独行，也有结队而行。1992年10月由中国社会科学院中国边疆史地研究中心、新疆维吾尔自治区文联西域艺术研究会与瑞典国家民族博物馆、瑞典斯文·赫定基金会联合组织的"20世纪西域考察与研究"学术考察队穿越塔克拉玛干沙漠的学术考察，杨镰是考察队队长之一，王嵘在其《无声的塔克拉玛干沙漠》⑩ 一书中对作为考察队队长杨镰有生动的记述。在马大正主编《塔克拉玛干考察纪实》⑪ 一书中也可找到杨镰在此次考察活动中的踪迹。2006年杨镰作为"中国社会科学院罗布泊探险科考队"队长，在杨匡满《罗布泊的太阳等我回家》一文中尽显其风采!⑫

---

① "导语"，北京航空航天大学出版社2010年版，第1页。按：本书初版于1995年，由中共中央党校出版社出版，时书名为《荒漠独行——寻找失落的文明》。
② 同上。
③ 新疆人民出版社2003年版。
④ 同上。
⑤ 北岳文艺出版社2009年版。
⑥ 北京航空航天大学出版社2011年版，按：本书初版于1995年，由中共中央党校出版社出版。
⑦ 新疆青少年出版社2011年版。
⑧ 北京航空航天大学出版社2011年版，按：本书初版于2005年，由知识出版社出版。
⑨ 新疆人民出版社2003年版。
⑩ 山东画报出版社1997年版。
⑪ 新疆人民出版社2013年版。
⑫ 杨匡满：《一个人的冒险》，东方出版中心2009年版，第1—33页。

杨镰在其学术回忆录《在书山与瀚海之间》对自己的西域考察与研究学术生涯列了如下三个专题：新疆探险与发现，"新疆绿洲文明"国情调研，地平线上的绿洲。作者在跋语中这样总结自己的研究生涯："在我，新疆并不遥远，北京也从无'象牙塔'。我是以'发现'为立足点，将古代文献研究和新疆人文地理与探险考察联系起来。无论是小河、老阿不旦、通古孜巴斯特……它们的立足点都是'发现'。而'发现'是以文献（古今中外）与抵达实地的现场感为共同支撑。文献，必不可少的工作离不开推导来源。亲临实地，则是对文献的补充与加深理解。"① 在刊于该书封底的献辞中还如此告白："通过四十多年的持续不断的追寻、求索，在新疆天山南北，我留下了跋涉者的足迹，也留下了汗水与泪水。在寻找失落文明的同时，我们也在寻找精神家园的守望者、古老文明的传承者，以及潜藏在文明史字里行间的永恒的情感。"

四是本书作者马大正，我本人。

由于中国边疆史地研究工作的需要，作为中国边疆研究史的有机组成，新疆考察史研究进入我的研究范围。20世纪90年代，我先后撰写了《20世纪新疆考察研究》②和《有清一代的新疆考察》③。同时自20世纪80年代以来，我也遵"读万卷书，行万里路"古训，对中国边疆地区进行实地考察，其中新疆是去得最多的一个边疆地区。

2012年曾撰文《我的新疆考察与研究》④一文进行了简要回顾与小结。

1. 新疆考察的基本概况

其一，自1981年以来，迄止2014年12月，33年间我共去了新疆56次；

其二，新疆共有33个边境县，我走马观花到了其中27个县，当然已去过的27个县中，30余年间有的去过不止一次、两次，甚至是五次、六次，我目睹了30余年间翻天覆地的变化。

---

① 中国出版集团、东方出版中心2012年版，第216页。
② 《中国边疆史地研究》1992年第3期。
③ 刊于《西域考察与研究》，新疆人民出版社1994年版。
④ 《石河子大学学报》2012年第6期。

其三，新疆的口岸我去了伊犁的霍尔果斯口岸，现在是中国和哈萨克斯坦共和国边境最大的公路口岸，我第一次去是1986年；博尔塔拉蒙古自治州的阿拉山口口岸，我第一次去是1982年。南疆克孜勒苏柯尔克孜自治州的吐尔尕特口岸和伊尔克什塘口岸；中国跟巴基斯坦交接的红其拉甫口岸，红其拉甫口岸海拔4700米，1995年在红其拉甫口岸，充分体验到这个口岸自然条件的恶劣和中国跟巴基斯坦两国关系的友好，真是感触很深，我们在红其拉甫口岸海拔4700米的界碑前待了有将近一个小时，正好遇上巴基斯坦巡逻的边防军，他们对中国的态度太友好了。还有就是跟蒙古国交接的塔克什肯口岸，塔克什肯口岸在青河县。上述几个新疆比较大的口岸，我去了不止一次。从这些口岸我们可以体会到我们国家的30余年的经济实力的变化、综合国力的提升和边贸活动的展开的一个发展脉络。

其四，我有幸沿塔克拉玛干沙漠边缘，断断续续地车行走圆了一圈，涉及的大小城市有库尔勒、轮台、库车、阿克苏、巴楚、喀什、阿克陶、英吉沙、莎车、泽普、叶城、皮山、墨玉、和田、策勒、于田、民丰、且末、若羌等。而且1992年我还曾沿和田河床由北向南穿越过塔克拉玛干沙漠，在沙漠深处的麻扎塔格古戍堡遗址有过一夜宿营的经历。

其五，边境线。边境一线我走得不太多，我曾从塔城出发，沿着边境线，从塔城到了博尔塔拉蒙古自治州的博乐市。博尔塔拉蒙古自治州的384千米的边境线，我基本上都走了，到了它最西端的卡昝边防卡，海拔3700米。这是我们从地图上来看的最西端。另外在伊犁，我沿着伊犁的察布查尔县的边境线走过不止一次，实感了哈萨克族护边员对国家的忠诚。

其六，新疆周边有8个邻国。我去了5个国家，蒙古国、俄罗斯、哈萨克斯坦、吉尔吉斯斯坦和巴基斯坦。我到哈萨克斯坦的时候，还专门到巴尔喀什湖的南角，咱们外交部文件说，过去巴尔喀什湖以东、以南是中国的领土，19世纪以后给俄国割走了。我们从阿拉木图到那里去看看。而位于巴尔喀什湖以东、以南的东南角察林河畔，又是土尔扈特回归以后，跟清朝政府的巡逻部队见面的地方，这也很有历史感。另外，我们还沿着吉尔吉斯斯坦的伊塞克湖转了一圈，伊塞克湖就是过去历史上的热海，这个地方确实是自然条件非常好。有实感跟没有实感是不一样的。

2. 新疆考察的四个重点

自 1981 年我第一次踏上新疆的土地，迄今已有三十余年了，我的新疆考察是与我的新疆研究同步推进的，三十余年研究未间断，故三十余年间新疆考察也未停止。与我所研究的内容有关，我的新疆考察大体上是围绕着如下四个研究方向展开的。

一是，围绕新疆蒙古族研究展开的考察。

新疆蒙古族包括卫拉特蒙古和察哈尔蒙古两部分。我开始涉足新疆研究，就是研究卫拉特蒙古，1981 年完成了《准噶尔史略》一书，这是一本集体著作，1985 年由人民出版社出版，时过 20 余年，2007 年广西师范大学出版社又予以再版，也就是说本书的学术价值经住了时间的检验，这是对研究者最高的奖励。

围绕着卫拉特蒙古历史研究的展开，1982 年我们组织了"新疆蒙古族社会历史考察"，考察了新疆蒙古族主要聚居地巴音郭楞蒙古族自治州的库尔勒市、和硕县、和静县、博尔塔拉蒙古自治州的博乐市、精河县、温泉县，伊犁哈萨克族自治州的和布克赛尔蒙古族自治县、伊宁市、察布查尔锡伯自治县、特克斯县、尼勒克县、昭苏县等，还专门踏访了天鹅湖、博斯腾湖、赛里木湖的奇艳景色，领略了巴音布鲁克草原沃美的自然条件，行程 5000 余千米。这是中华人民共和国成立以来首次对卫拉特蒙古社会历史进行的一次综合性考察，我曾以此次考察为基本线索，撰写了《天山问穹庐》一书。

通过考察推动卫拉特蒙古历史研究，从学术角度言有如下三个方面：

其一，收集到托忒文文献有十余种之多，对于历史研究来说，这是一批十分重要的原始文献，考察结束后我们组织力量将这批托忒文文献进行汉译，并以此为线索，从中国第一历史档案馆里又收集到一批清代顺治年间的托忒文档案，所有这一切无疑大大有利于卫拉特蒙古历史研究的深化。

其二，在考察中发现了一些史书上没有记载的史事，对于我们历史研究是一个很重要的补充。比如在土尔扈特东归时，有个非常重要的喇嘛，叫罗布藏丹增（洛桑丹增）。这个喇嘛在土尔扈特蒙古东归时起了很重要的作用，他是东归的领导核心的成员。可是这个人物，我们从史书上来看，从汉文档案中来看，卫拉特蒙古回来以后，所有的东归首领们都受封了，就这个喇嘛从史料上消失了，但是这个人物实际上没有消失。我们通过实地调查和满文档案的查阅，把这个人物的来龙去脉，特别是他回归以后的生活情况基本上复原了。而这个复原的工作的起点，就是我们这次考察。因为我们在考察过程中，在巴音郭楞蒙古族自治州的巩乃斯，发现了一个已经在"文化大革命"中间被毁的喇嘛庙的遗址。我们去的时候这个喇嘛庙正在酝酿要恢复重建，我们找到了这个喇嘛庙的原来主持的活佛。他告诉我们，东归时的罗布藏丹增原是这个庙的主持，还向我们提供了藏文的昂嘉活佛的世系谱。回到北京后，我们就顺着这个线索，到中国第一历史档案馆去找有关的满文档案。最后才弄明白，回来以后乾隆皇帝不让他参与政治活动，让他回归宗教，给他建了个喇嘛庙，也不让他回新疆。当时乾隆皇帝实际上对回归的土尔扈特还不是很放心。所以他把这个政治人物，他们的精神领袖给留在北京了，没让他回去。通过这个事情，我们不仅是把东归中间的这么一个重要的领袖人物的来龙去脉弄清楚了，而且对于我们进一步认识当时清朝的治边政策也提供了一个很好的案例。我据此撰写了《罗卜藏扎尔桑史事述叙》[①] 获得学界同人的好评。

其三，通过这次考察以后，结识了很多蒙古族朋友。认识他们，有助于我们在研究这段历史的时候，考虑问题更全面了。这是我长期从事民族史、边疆史研究中间的一个很深的体会。凡是研究过民族史的，或者涉及边疆史研究的学者，跟研究断代史的学者看问题，发现问题的视角不完全一样，对一个问题的反应，对现实中间的一些涉及民族边疆问题的反应，对历史上的涉及民族边疆问题认识不完全一样。所以会是不一样的一个很重要的因素，就是研究民族边疆的学者们，他们多少都有和民族的同行交流的机会，从各民族的同行中间的一些看问题、分析问题的视角中间得到启发。从卫拉特蒙古历史研究来看，长期以来就把所有的卫拉特蒙古那些历史人物，凡是反对清朝的统统说成是叛乱。这其实不符合历史事实，有一些不是叛乱，有一些是叛乱。我们跟蒙古族的乡亲们和专家一起讨论中间我们会受到非常大的启发。由此，我们在20世纪80年代的卫拉特蒙古

---

① 《民族史论丛》第一辑，中华书局1987年版。

史研究中，提出了一些可以称为拨乱反正的命题。为此，我撰写了《论噶尔丹的政治和军事活动》①。我们把18世纪的卫拉特蒙古的历史，回归它的真实的历史地位。我们现在认为，在18世纪的中国的历史上，特别是西北和北方地区，卫拉特蒙古是当时一支非常重要的政治力量。他既有跟清朝政府对抗的一面，也有跟清朝，跟内地和好的一面，关系是非常密切的。从另一个角度看，当清王朝的力量还没有发展到控制整个新疆时，面对俄国的侵略，抵抗俄国侵略的就是卫拉特蒙古的领袖和群众，当时他们在第一线。从统一多民族国家全局的角度来看，18世纪的卫拉特蒙古历史地位和历史作用，应该予以充分肯定，这个命题得到了国内外的学术界的认同。

二是，围绕瑞典探险家斯文·赫定研究展开的考察。

20世纪80年代，我所在的中国边疆史地研究中心着力开展中国疆域史、中国近代边界沿革史、中国边疆研究史的研究，新疆考察史作为中国边疆研究史的重要组成部分引起我们的关注。找一个怎样的切入点呢？

记得1989年秋天，瑞典驻华使馆文化参赞通过友人给我传递有意就瑞典探险家斯文·赫定的新疆考察进行合作研究的意向。斯文·赫定一册《亚洲腹地旅行记》我读过，学习中国近代史时，斯文·赫定是归入帝国主义文化侵略范畴里的人物，但我又觉得如此评价斯文·赫定似还有推敲的空间，而且通过国际合作，无论从学术上还是物质上对于推动新疆考察史研究都应该是有百利而无一害的，于是经过几年的酝酿，终于在1992年我们和瑞典有关机构在乌鲁木齐召开了"西域考察与研究"国际学术讨论会，会后组织了由10余位中外学者参加的沿和田河河床由北向南的学术考察，我有幸成为这次国际学术合作的组织者和参加者。由于这次学术考察使我们亲历了塔克拉玛干沙漠周缘的绿洲库尔勒、库车、阿克苏、和田、民丰、且末、若羌诸县市，以及秋日已干涸的和田河河床和大沙漠的奇景。

更重要的是通过这次国际学术合作，学术上取得了如下两点可称为是新的突破：

---

① 《民族研究》1991年第2期。

其一，对瑞典探险家斯文·赫定探险生涯，做了综合性研究，组织相关专家撰写了《瑞典探险家斯文·赫定评传》，这是当时国内第一本较为翔实、公允的有关斯文·赫定的评传，同时对晚年斯文·赫定在组织中瑞西北科学考察团的学术实践进行了资料收集与初步评议。

其二，对斯文·赫定以及与他同时代的外国赴新疆考察诸多探险家的历史评价有了新的认识，改变了以往将所有探险家都归之为侵华势力代表、走卒的简单化倾向，而是提出了两点论，亦即是坚持实事求是的原则，对于斯文·赫定的探险活动的业绩和精神应予以充分肯定，对于其著作和考察成果的学术价值应予足够的重视，两者都是值得我们今天应予批判继承的不可轻视的历史遗产。当然，对于形形色色探险家在其探险活动中损害中国人民感情，破坏中国主权的行径则应予以揭露与批评。我们提倡两点论，简言之就是把19世纪以来外国探险家在新疆的探险活动，要具体人具体分析，具体问题具体分析，该肯定的要肯定，该继承的要继承，该研究的要研究，该批判的要批判，而再不要简单化地将他们的活动统统归之于帝国主义侵华史的一部分。这一认识现在已成为学界的共识。

这次学术考察成果的结集《西域考察与研究》，1994年由新疆人民出版社出版。

三是，围绕新疆稳定和发展研究展开的考察。

1990年我们启动"当代中国边疆系列调查研究"第一期项目，至2001年历时十年共进行了四期，其中涉及新疆稳定与发展内容共有六项，有全疆性的也有地区性的，为完成上述研究项目，我有机会深入新疆各地州，诸如喀什、和田、阿克苏、伊犁等地州，博尔塔拉蒙古自治州更是不止一次深入基层、边境一线和相关口岸，开拓了当代新疆治理研究的视野和思路，深化了对新疆地区反分裂斗争长期性、复杂性、尖锐性的认识，正是在此基础上，完成了一批理论性与应用性兼具的调研报告。

在调研报告中总结了反对分裂、打击恐怖、维护稳定的六点战略共识：

①分裂是新疆的主要危险，暴力恐怖活动日益成为分裂势力主要破坏形式，新疆地区反分裂斗争将是长期的，复杂的、尖锐的。

②维护新疆稳定是一项社会系统工程，"求因治本"，应在下大力气进

行敌情和社情调研基础上寻求治本之策，把争取民心，团结各族群众大多数作为治本之策的根本，对敌人打击，对人民教育，两手都要抓，才能使我们在反分裂斗争中立于不败之地。

③发展新疆经济，改善各族人民生活是第一位工作，是硬道理。在西部大开发的大好形势之下，及时调整新疆经济发展战略，以及"得民心工程"的出台，都可视为是这方面努力的有益尝试。

④从稳定和发展新疆全局出发壮大兵团，发展兵团战略决策的出台，兵团改师建市的步伐应有实质性进展。

⑤干部问题是新疆发展和稳定诸多问题中的重中之重，如何发挥新疆汉族干部的作用，进一步加强民族干部的培养和选拔成为当务之急。

⑥牢固树立"是什么问题，就作什么问题来处理"的观念。过去，分裂势力一闹，就笼统地归之为民族问题，自缚手脚，按法律该抓的不抓，该判的不判，要解除精神枷锁，敢于正视问题，才能解决问题。

上述归纳与总结，得到了从中央到地方决策部门的关注与重视。

四是，围绕新疆生产建设兵团分布格局研究展开的考察。

新疆生产建设兵团近270万人口，团场遍及北疆、南疆。兵团是中国历史上屯垦戍边传统的继承和发展，也是当代新疆稳定和发展的重要力量。发展兵团、壮大兵团是治理新疆的战略需要。

新疆生产建设兵团分布格局研究是新疆稳定战略研究课题派生出来的一个子课题，这个课题1999年立项启动，调研了农一师（阿克苏地区）、农三师（喀什地区）、和田管理局、农四师（伊犁州）所属团场，特别是边境团场，行程近一万千米，调研工作持续了近两个月。2000年我们又对哈密管理局的兵地关系进行了补充调研，于2001年完成了《新疆生产建设兵团布局与新疆稳定研究》的调研报告，提出了21世纪完善兵团布局的基本思路：

完善兵团布局的基本思路可用16个字来概括：抓住两头，突出中心，画圆南圈，加强一线。[1]

同时我们还建议：改局建师设市和建设新疆通向内地第二通道。

---

[1] 详细内容可参阅本书第五章"二、边疆中心的当代中国边疆研究"。

所谓改局建师设市，即和田管理局、哈密管理局、乌鲁木齐管理局改局建师，阿拉尔、图木舒克、五家渠和北屯设市。

所谓建设新疆通向内地第二通道，即打通库尔勒至青海的交通通道。

上述建议得到兵团的高度重视，已为党和国家相关决策部门所采纳，并已付诸行动。

综上所述，我深感新疆考察是一个非常大的题目，值得一个人花一辈子精力来实践，我在研究新疆的同时，也成为一个新疆考察的实践者，这是我人生之幸事！

为了推动新疆考察研究的深化，我还参与了大型翻译系列丛书"西域探险考察大系"选目、翻译的组织工作，并担任了顾问。该丛书1993年由新疆人民出版社开始出版，获中外学界的重视与好评。新疆人民出版社于2013年又总体推出由张新泰任总主编，杨镰任主编的新版该套丛书共30册。同时基于世人了解中国学者新疆考察的成就和"让学术走向大众，让大众了解学术"的理念，主编了三套丛书："中国边疆探察丛书""边地文化探踪丛书"和"走进中国西部的探险家系列丛书"，并撰了个人的两本考察实录：《天山问穹庐》[①]和《海角寻古今》[②]，还主编了《塔克拉玛干考察纪实》[③]，本书共收录了参加1992年"西域考察与研究"穿越塔克拉玛干沙漠国际考察活动的15位中外考察队员撰写的22篇考察记。

（三）两部"中日共同尼雅遗址学术考察"的实录

始于1988年的"中日共同尼雅遗址学术考察"至2004年学术考察工作结束，历时16年，成果丰硕。学术考察成果有：《中日/日中共同尼雅遗迹学术调查报告书》第一卷（1996年中日/日中共同尼雅足迹学术调查队、法藏馆印刷），第二卷（1999年中日/日中共同尼雅遗迹学术调查队、中村印刷）。在1995年的考古中发现了有"王侯今昏千秋万岁宜子孙""五星出东方利中国"字样的织锦等珍贵文物，1996年初，尼雅调查被选

[①] 山东画报出版社1997年版。后经补充修订，2010年由山东画报出版社再版。
[②] 新疆人民出版社2000年版。
[③] 新疆人民出版社2013年版。

为"1995年中国十大考古新发现"之一。

景爱《尼雅之谜》①是作者1993年10—11月受国家文物局委派，参加"中日共同尼雅遗址学术考察"的纪实。神秘的尼雅废墟是塔克拉玛干沙漠深处的古代绿洲国家"精绝"的故址。本书根据实地考察所见所闻，从不同角度介绍了尼雅昔日的辉煌和后来的衰败、废弃；从古代著名的绿洲之国、丝绸之路上的明珠，变成现实生活中这样没有生命的一片废墟。

齐东方《唤醒沉睡的王国——尼雅探秘》，作者是北京大学考古文博学院教授，他是"中日共同尼雅遗址学术考察"1995年考察活动的参加者。在书中他以亲身经历和学者的情怀描述了考察中生活、工作的故事。并通过历史文献的追述，将1700年前一个文化璀璨、歌舞升平的古老王国呈现在读者面前。

有关尼雅考察，前述王炳华也是参加者之一，他的《精绝春秋——尼雅考古大发现》和《悬念楼兰——精绝》对本项学术考察也有精彩记述。另一位尼雅考察的参加者刘文锁著名《尼雅：静止的家园和时间》对尼雅考古做了全景式的记述。②

有关此项学术活动还有两本书值得一读：

佛教大学尼雅遗迹学术研究机构编，中国历史文化遗产保护网译：《丝绸之路——尼雅遗址之谜》③，本书对历时16年的"中日共同尼雅遗址学术考察"做了一次全景式描述的尝试。

刘宇生、杨新才主编《小岛康誉之谜》④，日本友人小岛康誉是"中日共同尼雅遗址学术考察"的推动人、资助人和日方负责人，该书是一本旨在走近一位充满神秘色彩的日本友好人士，意图反映他真实面貌的书。

此外，由学者撰写的新疆考察实录，还有：

张平编著《草原民族文化的灵魂——新疆草原文化遗址考察》，作者是考古学家，新疆文物考古所研究员。2004年3月由中央电视台科教节目制作中心与中国社会科学院中国边疆史地研究中心策划组织"阿勒泰—伊

---

① 中国书店1999年版。
② 外文出版社2007年版。
③ 天津人民美术出版社2005年版。
④ 新疆人民出版社1998年版。

犁"的人文遗迹学术考察与科普专题片拍摄活动。张平作为考古工作者参加了此项考察活动，考察的主要路线为：乌鲁木齐—吉木萨克—青河—富蕴—北屯—阿勒泰—布尔津—哈巴河—乌尔禾—克拉玛依—奎屯—乌苏—精河—霍城—伊宁—巩留—特克斯—昭苏—察布查尔—伊宁—吉木萨尔—乌鲁木齐。该书即是此项考察的实录。

黎羌《神州大考察——激情燃烧的人生之旅》①，全书近70万字。作者是山西师范大学教授，该书是他考察神州大地的散文集，涉新疆占了全书十三章的五章，其目如次：诗情画意游天山，走进塔克拉玛干，魂牵梦绕准噶尔，遥祭塔尔巴哈台，乌鲁木齐回旋曲。作者的学者身份，让这些考察记多了些文化的底蕴。

四 20世纪80年代以降记者及诸多文化人的新疆探险考察实录

20世纪80年代以降，随着边疆形势的稳定，丝绸之路研究持续升温，中国记者及其他各色文化人新疆考察实录不断问世，与同时期中国学者所撰的新疆考察实录互为补充，形成又一道认识边疆、了解边疆的亮丽窗口。有关著述实在太多，孟辉云的《胡杨泪》名噪一时，王蒙、周涛诸位有关新疆的散文，更是了解新疆必读的美文。下面所举凡的各书，仅以罗布泊—楼兰的考察实录为主。

（一）中国记者所撰新疆考察实录

强荧《死亡之海60天》②，作者身为上海《新民晚报》记者，参加"中英联合探险队"，于1993年9月23日至11月21日穿越塔克拉玛干沙漠，该书即是对此次考察的纪实，对这次死亡之海的穿越，作者还著有《死亡沙漠之旅》《穿越死亡》。1999年强荧又著《绝境的地图——一个人

---
① 中国社会出版社2009年版。
② 上海人民美术出版社1995年版。

的死亡之旅》，除了第一篇"死亡沙漠之旅"仍是记述1993年穿越塔克拉玛干沙漠之行外，还设专章介绍了刘雨田、余纯顺在新疆"死亡之旅"的事迹。

陆小娅，记者。1994年7月随中国探险协会"沙漠之舟"探险考察队，在夏季的酷暑中，乘着昆仑山的洪水，在和田河上漂流了11天，由南向北穿越了塔克拉玛干沙漠；1995年，她独自上路，坐一辆军用卡车，跃上了喀喇昆仑山脉，来到世界上最高的哨所——海拔5380米的神仙湾边防连；1996年，她作为记者团唯一的女记者，从拉萨西行阿里，一直深入喜马拉雅山中与世隔绝的什布奇峡谷，然后又沿新藏公路北上，再次穿越喀喇昆仑。《横渡"死亡之海"》[①]是她这三年行程的纪实，也是她心路历程的纪实。

唐守业《威海晚报》高级记者，张彬彬《吉林日报》高级记者，1999年11月作为"《库尔勒晚报》、《威海晚报》、《城市晚报》记者世纪末罗布泊南北大穿越"探险队成员，与李立一起成功穿越了罗布泊，走了一条"魔鬼不敢走的路"。探险结束后，唐守业《惊吻罗布泊》[②]即是此次探险考察的纪实；2004年11月和2006年4月唐守业又率队两次深入天寒地冻的罗布泊，第五次、第六次寻找彭加木，《寻谜彭加木》[③]则是这两次探寻之旅的实录。张彬彬《穿越罗布泊——魔鬼不敢走的路》[④]，是国内第一位女记者对罗布泊的记录和描述。张彬彬《徒步大漠——塔里木河古道探险纪事》则是作者2003年1月走进塔克拉玛干沙漠北缘的塔里木河古河道探察的纪实。作者在该书后记中深情表述："我探险，是因为我爱；我写书，也是因为我爱。生活待不我薄，我将自己所经历的故事，用诚实的笔不加修饰地叙述出来，讲给关注我的朋友，讲给热爱旅行的朋友，讲给那些渴望探险、而又没有机会和条件探险的朋友……"[⑤]

[①] 国际文化出版公司2000年版。
[②] 人民日报出版社2001年版。
[③] 人民日报出版社2007年版。
[④] 新蕾出版社2000年版。本书2008年修订再版，书名改为《罗布泊印象——张彬彬的探险世界》，由江苏人民出版社出版。
[⑤] 中国青年出版社2004年版。

杜培华《去楼兰：一部记录片的拍摄与上古传述》①，作者是八集电视纪录片《寻找楼兰王国》的制片人、导演、终稿撰稿人，该书是作者在20世纪90年代拍摄进程中的寻访素材的记述和对楼兰历史的思考。从记者、媒体人的视角来观察历史上未知的探索，对学人研究历史是有启迪意义的。

武纯展是新华社新疆分社高级记者，《天山南北的记忆》②是他的新闻采访实录，是作者对采访生活的回眸，也是对旧地新知的感悟，更是一个老新闻工作者对新疆社会稳定和可持续发展的有力见证。

邓志勇《魔鬼之旅——中国记者首次穿越四大无人区探险纪实》③和张天元《生死大穿越——中国记者西部四大无人区科教探险纪实》④都是作者对2003年8月"中国记者2003年西部科考"探险活动，穿越罗布泊、阿尔金山、可可西里和藏北羌塘四大无人区的纪实之作。

刘湘晨，集探险家、作家、摄影家、影视导演、文化学者多种身份于一身，常年游走在中国地理的最边缘，已出版有关新疆的探险考察纪实之作有：《太阳部落》⑤《留给你的高原》⑥《垂直新疆：从高山堆雪到坎儿井》⑦《凝瞩之下》⑧《众山的拴马桩——帕米尔的另一种讲述》⑨等。

曹家骧《罗布泊笔记》⑩，作者是《文汇报》主任记者。长期关注生态环境——天蓝、地绿、水清的保护，本集收文22篇。罗布泊笔记仅是其中一篇。但作者关注重点的寓意也在其中了。

（二）诸多文化人所撰新疆考察实录举凡

尚久骖、吴云龙《背着一篓梦：新疆访察散记》⑪，作者长期生活在新

---

① 光明日报出版社2001年版。
② 新疆人民出版社2011年版。
③ 广西人民出版社2004年版。
④ 甘肃人民出版社2005年版。
⑤ 中国旅游出版社2004年版。
⑥ 中国民族摄影艺术出版社2004年版。
⑦ 新疆电子音像出版社2008年版。
⑧ 新疆青少年出版社2011年版。
⑨ 新疆青少年出版社2014年版。
⑩ 广西人民出版社2005年版。
⑪ 新疆人民出版社2006年版。

疆，从事戏剧创作和理论研究，深入天山南北采访创作素材，本书即为所写采访散文的结集。其中"麻扎塔克的灵感""徒步考察楼兰古城日记"等尤显真切、感人。

王族，军人出身散文家，现居乌鲁木齐，他在《游牧者的归途》① 中对新疆六个地方：阿勒泰、吐鲁番、库车、塔什库尔干、喀什、和田，做历史叩问和地理经历，充满着文化情趣。

孤岛（本名李泽生），散文家，《西部》杂志社编委，《新疆流浪记》② 这部长篇散文游记，记述了20世纪80年代末他从乌鲁木齐、经石河子、奎屯、伊宁，到那拉提，翻越天山，往库车、阿克苏、喀什，到莎车，经和田、于田、民丰、且末、若羌、米兰古城、库尔勒，返回乌鲁木齐，再从乌鲁木齐往东北方到奇台、木垒，"流浪"新疆的所见所闻。

庞天舒《探险神秘之地——一位军中女作家穿越罗布泊的手记》③，本书记叙了1995年12月作者跟随中国地质科学院及新疆第三地质大队的科学家组成的考察队，深入我国著名的死亡之海——新疆罗布泊无人区寻找钾盐矿，历时一个多月，终于在罗北凹地找到特大型钾盐矿床的传奇经历。它不仅是一本科考作品，作者还描述了这片土地的历史变迁、古城兴衰，以及最后被漫漫黄沙吞噬的故事，显示了历史与文化的厚重感。

高建群，作家，1998年他与作家周涛、毕淑敏参加中央电视台大型纪录片《中国大西北》撰稿工作，其间随摄制组在死亡之海罗布泊待了13天，《穿越绝地——罗布泊腹地神秘探险之旅》④ 即是此次探险考察的实录，也讲述了罗布泊的历史，以及与罗布泊探险有关著名的和不著名中外探险家、考察家的事迹与故事。

刘沙，1997年10月9—26日由中国旅游总社组织的中国首次百人徒

---

① 新疆人民出版社2006年版。本书2007年由花城出版社出版再版，书名改为《马背上的西域》。
② 中国文化出版社2009年版。
③ 长虹出版公司1998年版。本书2007年由新华出版社再版，书名改为《与楼兰同在：寻找消失的罗布泊》。
④ 湖南文艺出版社2000年版。本书2014年由陕西师范大学出版社再版，书名改为《罗布泊档案——罗布泊腹地探险之旅揭秘》。

步罗布荒漠"探险旅游",1999年初春写就这本十余万字的《有限背叛——一群都市人的罗布荒漠行》。在洪丕谟所撰的序一中说:"同样是涉险者,在这一百人组成的大团中,要把这涉险旅游的所见所闻,上升为文化,上升为哲理性思考,并形成文字,哲人之思、楚人之心、艺人之眼、文人之笔,当此重任,为人所不能为。"①

柴火,原名紫燕蒲,当过记者的自由职业者,她也是上述"中国首次百人徒步罗布荒漠"探险旅游的参加者,她写就了一本更富于历史沉淀,更带有哲理思考的《魂系罗布泊》②。

毛毛(原名毛眉),任职新疆昌吉回族自治州文联,著有《西藏纪行》《内蒙古纪行》《宁夏纪行》《青海纪行》《海南纪行》《广西纪行》《去呀去,走到云之南》等旅游散文集。《边疆游记——走遍新疆》③ 记述了她1996年行走新疆时的所见、所闻、所思。正如刘雨田所撰序言所指出:"这组文字的作者在她女性化的叙述里叫其孤单一身,独力前行的经历,流畅地表达出了她的主观意识。在这样的叙述中,我们看到了一个自由灵魂的飞舞,我们看到了一幅幅长久期待的内心梦境。"《家住天山北坡》是"一部游记体形象化的庭州小史","天山北坡,沙漠南缘,八颗明珠,一脉贯穿"。"女作家以特有的敏感细腻书写着自己真诚纯洁而又深刻的情思。"④

毕然,作家。因著有被誉为"解密楼兰最新读本、体验楼兰最美读本、行走楼兰最全读本"的《楼兰密码》,终于在21世纪初"如愿进入到朝思暮想的楼兰古城,了解楼兰真正的痛楚和它的现状"。一位柔弱女子用镜头记录,用画笔抒情,用心灵徊入楼兰秘境的一册《生死楼兰》⑤ 是老少皆宜阅读的好书。

林帝浣《遇见·新疆》⑥,作为摄影家的作者,用他的镜头记录了自己游走新疆的经历,每幅照片又配上了诗一样语言的说明词,于是帕米尔、

---

① 上海人民出版社1999年版。
② 北京出版社1999年版。
③ 陕西旅游出版社1998年版。
④ 马登杰《诗心漫步走故园》,该书序言,中国旅游出版社2004年版。
⑤ 中国对外翻译出版有限公司2014年版。
⑥ 九州出版社2014年版。

伊犁河、那拉提、喀什、和田，直至塔克拉玛干沙漠——立体式地呈现在读者面前。作者献辞中"穿越千年丝绸之路，揭开新疆神秘面纱，见证西域万种风情，体味大漠壮丽苍茫"的愿望实现了。

许天喜《寻找楼兰人的后裔》[1]记述了2005年11月17—21日考察鄯善县从迪坎尔到楼兰一线，寻找楼兰人后裔的探寻之旅。

黑明是国家一级摄影师，在文化部中国艺术研究院工作，《探秘克里雅人》是他深入于田县达里雅布依乡，寻访生活在此的克里雅人的实录。作者在题为"永远不会忘记"的后记中说："这本历经半年时间调查、撰写完成的'调查报告'不仅记录了塔克拉玛干的一段历史，也展现了克里雅人的生活现状，并且呈现了我在'死亡之海'的一段特殊经历。"[2] 罗沛编著《沙漠绿洲克里雅人》[3]是一本记述克里雅人历史、社会、文化、风习民情的图文并茂的精美小书。

有关罗布泊探险考察实录还有：李希光、包丽敏主编《清华女孩罗布泊探险记》，记述了2000年暑期清华大学两个女学生跟随他们老师走向"死亡之海"——罗布泊，寻觅传说中神秘楼兰古城。张明亮、王汉冰编著《走入罗布淖尔》[4]，作者均是在新疆尉犁县工作的文化人，本书既有罗布泊的历史追述，也有作者在罗布泊的寻访传奇。周奇彩《罗布泊探险旅游日记》[5]，作者是一位退休警官，新闻工作者，该书收录了作者第一次（1997.10.1—11.20），第二次（2002.5.1—5.6），第三次（2003.1.31—2.6），第四次（2003.7.3—7.12），第五次（2004.5.1—5.10）穿越罗布泊的日记。

五　中国行者群体的新疆探险考察

中国边疆蕴藏着丰富的自然、人文资源，吸引着一代又一代中外人士

---

[1]　中国文献出版社2008年版。
[2]　中国摄影出版社2004年版，第291页。
[3]　新疆人民出版社2006年版。
[4]　新华出版社2001年版。
[5]　南方出版社2004年版。

来探险考察。当时光流入20世纪下半叶，由于国力昌盛、社会稳定，对边疆的探险考察日渐成为一种时尚。在众多的边疆考察者中有两类人士，一类可称为文化考察，大批从事边疆研究、民族研究的历史学家、考古学家、民族学家、人类学家、社会学家、地理学家、记者、作家，以及其他文化人群体，他们所撰写的新疆考察实录，前文已有记述。

另一类可誉称为行者或漂泊者的仁人志士群体。他们在徒步走进祖国山山水水的征程中，表现出一种不畏任何艰难险阻，勇于向严酷自然和生命极限挑战的大无畏精神，选择的是肉体的苦难，获取的是心灵的自由。他们中有中华壮士行、最后长卧罗布荒漠的余纯顺，有自称是一群"疯子"、坚持孤身步行四方的曾哲、曹华波、孙心圣、尚昌平、刘雨田……只要世界上有路，就有上路的。有天职在，就有听从召唤的。有死神在，就有敢去赴约的。正是抱着这样的信念，他们走上了奇特的边疆考察之路。我们姑且将这一类考察称为漂泊探险，或称为"行者无疆"。可喜的是这一行者群体已留下不少或自述或他人记述的行者记录，1997年长春出版社出版的"漂泊者之旅"丛书是由行者撰写的探险实录汇集，共收录了如下五册：曾哲《西路无碑》、曹华波《走进墨脱》、孙心圣《十年旅痕》、尚昌平《荒原有爱》、范春歌《独守苍茫》。

现试对行者群体和他们所撰的新疆探险考察实录做综述。

（一）四种有关当代行者群体新疆探险经历的综述之作

郑石平编著《中国的探险家》[1]，刘东平等《天涯路——当代中国探险旅行家纪实》[2]，肖海曦编著《险境秘辛——当代中国探险寻秘》[3]，西北平原《西域探险故事》[4]是我读到四种有关当代中国行者探险经历的综述之作。共涉及已为人熟知和尚不为人知的探险家和探险家团队有（以四本书所述先后为序）：傅庆胜、傅宗科、楼兰亭、刘雨田、罗开富、府天宫、尧茂书、王殿明、宋元清、徐力群、宋小南、于涓涓、余纯顺、严江征、

---

[1] 上海科技教育出版社1998年版。
[2] 当代中国出版社1998年版。
[3] 解放军文艺出版社1999年版。
[4] 新疆美术摄影出版社、新疆电子音像出版社2008年版。

孙振华、赵以雄、耿玉昆、刘华、巴荒、刘欢、唐锡阳、马霞、王琦、赵子允、尹小星、李学亮、袁国映、杨春风、李刚、崔迪、克德尔汉·哈巴什等。他们的足迹遍及雪域险峰、长江源头、死亡之海、昆仑峰巅、谜雾神农、莽林边缘、千坑万洞……

四本书的作者将上述人物和团队均誉称为中国探险家，这一称号我以为他们是受之无愧的。探险是一种在自然环境中进行的、以发现为目的的，同时又带有一定风险的活动，也就是说探险者不仅要身临险境去迎接大自然严峻的考验，也有责任将他在险境中的发现与感受告知社会公众，使之成为社会共同的精神财富。

中华人民共和国成立以来，我国的探险事业获得了许多重大成就。如1960年5月，中国登山运动员第一次从北坡登上了世界最高峰——珠穆朗玛峰；从1973年开始，中国科学院对世界屋脊——青藏高原进行了长达十余年之久的大规模多学科的综合科学考察，特别是20世纪80年代以来，我国民间的探险活动也日趋活跃。在高山、江河、丛林、沙漠，一支支探险队，一个个探险者纵横驰骋，各种探险活动正在不同的地域，特别在中国的边疆地区，以多样化的形式蓬勃开展。而且有越来越多的探险者将他们的探险活动同生态平衡、环境保护事业自觉联系在一起，并开始从哲理的高度来感悟人生，从而将中国的探险事业推向一个更高的台阶。[①]

（二）余纯顺诸君的行者自述已成为中国边疆考察史研究一份独特的文化积累

余纯顺，1988年7月开始坚持"孤身徒步走访全国"，1996年6月魂断罗布荒漠。生前编订了《余纯顺风雨八年日记汇选》和《余纯顺孤身徒步走西藏》，1996年12月由上海文艺出版社出版，两本书近60万字。同年10月华东师范大学出版社出版了由赵丽宏题诗的余纯顺摄影集《挑战罗布泊：余纯顺徒步中国纪实摄影》，为他的"壮士中华行"画上了一个悲壮的句号。正如赵丽宏为《挑战罗布泊：余纯顺徒步中国纪实摄影》一书所撰题为"永恒的足音"序文所说："在二十世纪行将结束之时，人

[①] 参阅郑石平编《中国的探险家》，序言。

类正陶醉在现代科技所带来的物质丰裕和生活便捷之中。而余纯顺,却用一种最原始的方式——走路,弘扬着一种不应该退化的精神,这种精神就是勇敢和进取,就是诚实,就是对理想的不屈不挠的追求。他用惊人的行动向世界证明:人,依然是地球上最坚强的生命。他也在用坚韧的脚步告诫,提醒人类:不要沉溺在现代文明的温床里,丧失了刚健的毅力和勇气,丧失了向命运挑战的激情!"

在行者群体中留下文字记录,对自己探险经历进行第一人称记述的,依我所见还有:

阿坚《流浪新疆》①,作者酷爱探险,多年来以旅行与写作为业。本书第一部分是作者1998年环行新疆纪实;第二部分题为"关于西域的叙与议",内容既有1986年作者骑车至新疆的逸事、叶城至西藏阿里地区狮泉河的新藏公路纪实,也有作者对新疆历史、文化、民风的观察与思考。

白李主编《生命罗布泊——大漠孤骑王龙祥》②,王龙祥,著名车手,上海籍探险家。2000年6月参加中国西部摩托车万里行,途经陕西、甘肃、青海、新疆、西藏等省、自治区,穿越青海和甘肃的大戈壁、西藏阿里无人区,从沙漠公路穿越塔克拉玛干沙漠,探险历时58天,总行程12000千米。2000年12月27日至2001年元旦,单骑摩托两次成功穿越"死亡之海"塔克拉玛干沙漠,创造了21世纪"第一人、第一车、第一次"成功穿越塔克拉玛干大沙漠的吉尼斯世界纪录。2002年2月17日至25日,从库尔勒出发,用9天时间单骑摩托经34团、老开屏、龙城雅丹、余纯顺遇难地、罗布泊湖心、罗布泊南岸、彭加木失踪地、三垅沙雅丹、王门关,返抵甘肃敦煌。本书即是这次活动的实录。

陈达达《一个人的西域》③,该书的作者简介这样写道:"一个好奇心重的人,一个非专业的文字工作者。热爱旅行,并喜欢深度发现的人。80年代,在理工科学院求学过程中,被李泽厚先生的《美的历程》启发,从此踏上了探寻美的征程,并一发而不可收。"本书是作者2011年9月始,

---

① 中国文联出版社2000年版。
② 上海教育出版社2002年版。
③ 中信出版社2013年版。

由青海越阿尔金山、踏库姆塔格沙漠进入新疆，沿塔克拉玛干沙漠南缘一路西行，经若羌、且末、民丰、和田、喀什，沿 314 国道直抵海拔 4800 米的红其拉甫边防哨所和国门。作者的心声是：

> 我热爱一个人旅行，前行在陌生的土地上，独自迎接各种挑战。我穿越雪域、高原、冰山峡谷、湍急的河流、生长着沉默胡杨的绝望沙漠、生活着呆滞骆驼的危险沼泽。然后，突然间，笨重的大鸟响亮地拍打着翅膀，怪叫着飞起来。
>
> 我几乎从未停止过用脚步来丈量我们生活的这片土地，体力上的疲劳随着年龄的增长如期而至，而天真的热情却丝毫不减，但愿一个人的旅行让我们的生命不再苍白。

雷殿生《十年徒步中国》和《31 天穿越罗布泊》①，一位坚持徒步行走边地探险家的心声记录。十年准备（1989—1998），十年徒步（1998 年 10 月至 2008 年 11 月），作者足迹最南至海南省的西沙群岛，最北到中俄边境黑龙江省漠河县北极村，最东到黑龙江省抚远县乌苏镇，最西到新疆维吾尔自治区乌恰县境内的伊尔克什坦，走过川藏、滇藏、青藏、中尼、新藏及唐蕃古道（214 国道）六条进藏路线，历时一年走遍青藏高原，又历时一年走完新疆。总行程 81000 余千米，相当于绕赤道两圈，是世界上连续徒步距离最远的人。

（三）尚昌平：从行者到学人

在当代中国的行者群体中，尚昌平是很奇特的一员，之所以称为奇特：一是，一位出身江南水乡的小女子，舍家弃业，跻身在徒步走遍祖国山山水水的行列中，表现出不畏任何艰难险阻，勇于同严酷自然和生命极限挑战的壮士气概；二是，她不仅勤于行还善于思，并用优美的散文笔触写下了一本又一本予人以心灵震撼且充满文化内涵的探险实录，完成了由行者到学人的华丽转身！基于此，我愿在这本拙著中，专设一题讲些自己

---

① 两书均由中国地图出版社出版，2013 年。

的认识。

1997年一个偶然的机遇读到昌平的处女作《荒原有爱》,"我从远方来,来到了洪荒之野。荒原有爱,洗去了我的孤独和尘土。黑夜一无所有,为何给我安慰?我到远方去,遥远的路程经过这里,我的长发填满周围的黑暗和寂静,远在远方的荒原离我有多远?请你告诉我!"这段作者以"漂泊者的话"为题的自述给我留下了极深的印象。不过此时我尚是只读其书,而未识其人。

1999年4月14日在北京,我参加席殊书屋组织的"中国西部探险丛书"出版座谈会,尚昌平大名列于出席者的名单上。经主持人指点,我看到了坐在会场一角,穿着朴素、文文静静,像个平常大学生的尚昌平。坦率言,轰轰烈烈与文文静静,面对眼前的尚昌平,我实在难以找到一个合理的结合点和平衡点。只能用一个难得的奇才来自圆这一矛盾的印象。

时间又过去4年有余,2003年7月初我突然接到昌平的电话,要相赠她的新著。几天后,一册散发着油墨清香;署有昌平独特签名的《西出阳关》[1] 到了我的案头。读后的感受简言之是:当刮目相看,还有刮目相看后的惊喜!为此,我写了一篇小文《她走在理想之途——〈西出阳关——我和新疆的七次约会〉读后》[2]。

下面我想引述拙文的部分文字:

> 刮目相看的感受从何而生?昌平不满足于行程中的浮光掠影的记述,而是在行万里路的同时,坚持读万卷书,终于为读者奉献了自己行中思、思中行的续集。她的执着、她的勤奋、她的思考,确乎让我刮目相看。
>
> 刮目相看后又何以让我惊喜呢?
>
> 惊喜之一,从感性而言是她与我边疆考察足迹的重合。昌平的7次新疆之行,所到之处,除楼兰遗址我与之失之交臂而无缘踏勘外,

---

[1] 上海人民出版社2003年版。
[2] 该文后作为尚昌平新著《走读新疆》的代序,刊发时题为《她走在理想之途》,四川民族出版社2006年版。

塔克拉玛干沙漠周缘昌平所历诸地我都不止一次到过。当然，要自愧不如是，昌平是以步为主的踏勘，我则是以轮代步的"走马观花"。两者艰辛的差异不可同日而语，给个人的印象、体验，并由此引发内心的震撼，也是差之万千。但毕竟我们属于在同一条路上合格的不合格的"行者"！

惊喜之二，从理性而言是昌平对"漂泊探险""独行考察"文化内涵的感悟和思考给我留下了极深的印象。

作为"行者"，昌平对行走发自内心的感悟：

"'走路'自古至今都称不得一种时尚，只是认识大自然和磨砺自我的手段。对我而言，它还有另一种涵义：我把它看作生命状态，换言之，是我生活方式之全部。"（第8页）

"天长；地久；周游的我已习惯于在青天下独守苍昊"（第8页）。

"脚步走在断断续续的古道上，漫长而遥远，只有我自己清楚，路，其实在我心里，坎坷艰险的路再长也终有尽头，而我心里的路很长，很长……"（第145页）

昌平并不满足于停留在感悟的层面，她还时时进行深邃的思考：

"人群中，探险者崇尚的是无畏的牺牲精神，挑战极限者追求的是带有冒险性的刺激，而路上的我是一个平淡无奇的行者。大行者苦于心，小行者苦于身，大行者无为事，小行者事事为，二者我可能兼而有之。"（第14页）

"走在路上的行者不是行为艺术的表现，广义上的行者是包括对历史、考古、地理、建筑、民俗等学科的探究者。行者似可以归类为文化边缘人，行者的见闻和内心的感受便是一种行者文化。"（第14页）

思考所迸发出的思想的火花，我称为行者哲学的思考。在这里，行者的昌平，将自定位于"文化的边缘人"，其实，她的实践、她的思考早已跨越了"边缘"，而成为实实在在的文化人！

昌平是一位将漂泊探险注入文化考察内涵的成功的实践者。

《西出阳关》不同于其他漂泊探险诸君的作品，是书的内容充满了文化内涵的沉积。

昭怙厘寺、克孜尔千佛洞、艾尔尕提清真寺、楼兰遗址、罗布泊变迁的历史和考古，在昌平笔下如涓涓细水，在读者眼前缓缓流淌，充满着学术的内涵和文化的沉积，出自非专业研究者笔下，让人折服。

而对烽燧演变，楼兰历史，特别是在《古道怨咏》一题中对消失在西域和亲路上女性：细君、解忧，还有并非走在西域古道的王昭君足迹的追寻，人们似乎听到了当年史学大家翦伯赞《内蒙访古》的遗韵。

历史上的和亲，是具有中国特色的古代中国边疆政策的重要内容。对此，我在《公元650年至820年的唐蕃关系》[①] 一文中有一段感而慨之的议论：

> 唐蕃和亲，特别文成公主和亲吐蕃成为千世传诵的佳话，近几十年为史家所颂扬，文坛所讴歌，无疑是必要的，但超越真理即为谬误，应客观地评述唐蕃和亲在双方关系发展全局中的实际地位，文成公主在青藏高原传播文化、播种友谊，为汉藏人民崇敬，但文成公主却不能逆转松赞干布逝世后唐蕃关系恶化的潮流，同样，金城公主也充其量在一些具体问题上缓解唐蕃矛盾，作用是有限的。至于她们个人命运的悲剧色彩，以及封建社会中政治婚姻对人性的摧残，更是我们应予以同情和鞭挞的。

我这番发自于20世纪80年代的议论，在历史上民族关系友好是主流的一片颂扬声中显得有些另类。让人高兴的是我的议论在昌平的书中得到了回响。

昌平说："汉武帝的'和亲'，汉元帝的'赐嫁'，都是君主的政治手段，这道理，千百年来平民的心里都很清楚。现代文学、戏剧创作大可不必用实用主义的眼光，去冷热历史上的悲剧女性，不要让她们含怨九泉之下再怨一回，简言之，尊重历史，不需要妙笔生花。"（第121页）

下面一段充满女性感情色彩的抒发，更值得让人深省："作为一个平平常常的人，古往今来的女性心情是一样的。因此，当我走在她们走过的

[①] 载《边疆与民族——历史断面研考》，黑龙江教育出版社1993年版。

古道上,便为她们的不幸而行吟一路。那个无涯的黑洞,曾吸去了那几位年轻女子鲜活的青春,她们游离两千年的魂灵,是否能与我相伴,同归故里?"(第121页)

《西出阳关》文化内涵的沉积还表现在,昌平笔下记录了维吾尔人淳朴的民风和独特的风情。她在喀什亲历100个微笑的体味,她对生活在塔克拉玛干沙漠边缘阿米娜一家的记述,她在最后的村落中对底坎尔人心声的记录……都应该成为民族学家、社会学家、人类学家难得的、鲜活的资料,而受到重视。

《西出阳关》另一个给我留下深切印象的是其散文之美的回味。

我以为散文之美不在于辞藻的华丽,而在于作者心灵呼喊在读者中引发的震撼力。这种震撼力给人以沉思,以回味!

西出阳关,昌平笔下西行的路是"阳关外的路,像一条浣洗得发白的丝带,在风中瑟瑟发颤……"(第113页)"荒漠西行,感悟最多,最深的是生命自身的短暂与大自然的永恒。生命赋予人感受的本能,而人的感受并意味只感受生命的自身,对自然界万千生命的感受,远远胜过人的自身生命的珍惜与垂怜。我喜欢自己钟情于荒野的天性,追逐着一种自我的感受,卷帙浩繁的史章是别人感知的东西,我追求的感触属于自己,亲历的体会是一种享受,从未有过的感受是最美的,哪怕是残酷的"(第137页)。景和情的交融,才能有如此精彩有独白!

对夕阳下的"行者",昌平的描述充满诗意:"我欣悦夕阳久久不落的那刻,将我的身影拉得很长,走动时像风中摇摆的树,停下时像直立的山石,我的影子在空中膨胀。我在独享太阳给我的特写,对着自己的影子,尽兴地手舞足蹈,尽情地摆布自己的造型,直到耗尽夕阳的光亮,将我所有的底片印在大地上。"(第33页)

在喀什体味了100个微笑的昌平,对西陲重领喀什的感悟不同常人,"在我的眼里,喀什是这样一个城市:空间里永远都容纳着精神和物质财富而不张扬;时光的座钟里永远都能听到历史的回音;人群中永不乏淳朴的民风。"(第62页)当置身于洒满如银月光下的艾尔尕提清真寺前大广场之中时,昌平从心底呼出"出于对宗教信仰的尊重,而无法矜持内心深处的感触,我欣赏这种浓郁风情中的宁静。"(第66页)这就是昌平心目中的西陲重镇喀什!

也许是生活经历的某种类同和行者路程的重合,昌平对一些精神和物质的独特感受,于我不仅是回味,而是共鸣。

我归之有二:

一是,孤独。身处沙漠戈壁中的孤独,孤独的极致是恐惧。

昌平如是说:"我没法说清那样一种恐惧。人要真正站在那里才知道。在那里,没有一点点生命的迹象,没有飞鸟,小虫,植物,水。这些东西在沙漠里总还找得到。我在夜间行走,如果听到狼嗥,心里我会感到有一丝安慰,因为知道有活的生命与我同在。那里只有天空,雅丹台地,自己惟一听到的声音就是自己的心跳,非常响,像要从胸膛里跳出来。那里没有时间的感觉,完全丧失时间感。人要是走出十米以外,就会走丢。这种恐惧让人发疯。那地方不能久留。"(第4页)这段文字喊醒了1999年我在新疆古尔班通古特沙漠五彩湾一段亲身经历的回忆:极目所至除了灼人的阳光照射下的戈壁大地,寂静笼罩一切,唯一听到的声音是自己的心脏跳动,即使纵声高喊,也得不到半点回响。这种孤独,这种由孤独而引发的恐惧,是莫名的,可却是极其强烈的。虽然明知在4千米周缘有同伴在,有车队在,他们正拎着水向我走来,也难以摆脱由孤独产生恐惧的强烈冲击。

我钦佩时时被这种恐惧笼罩着的戈壁中的独行者。他(她)们是真正的精神上的强者。

二是,幸福。什么是幸福,100个人有100种理解,100种的追求。在社会多元化的今天更是如此。行者昌平理解并追求的幸福是什么?"我很幸福。我一直认为自己很幸福,想去的地方我就去,想做的事情我就去做。"(第3页)真是朴实无华的坦言。是的,能做自己想做的事,这是幸福。如果自己想做的事做成了,并证明于社会是有益,得到了社会的承认。那是幸福的升华!

我是这么想的,也是这么感受的。

成功的边疆考察纪行,诸如外国的斯文·赫定、斯坦因、马达汉等,国内如收入"中国边疆探察丛书"诸君的作品,空间和时间的清晰均是突出特点。遗憾的是,本书结构安排上时间的因素却是不清晰的,人们费了很大劲，大体可知，作者的七次新疆约会是在1996年至2002年实现的。看来罗布泊、楼兰遗址还走了不止一次。但到底是几次，又是如何进入的，合上书后还是一头雾水。

我想《西出阳关》结构上能更多考虑的时间的顺序，读者思绪与作者的步伐将会有更和谐的统一。

总之，《西出阳关》将以它文化内涵的沉积和散文之美的回味成为当代边疆考察著作中一部颇有特色的作品而存世！

自此之后，厚积薄发的昌平，在继续行走边疆同时笔耕不息，新作品一本又一本问世，这里有2006年出版的《走读新疆》（四川民族出版社）和《沿河而居》（山东画报出版社），2007年出版的《刀郎》（山东画报出版社），2008年、2009年、2010年中华书局分别出版了《玉出昆仑》《风展如画》和《天赋泰宁》，2011年新疆青少年出版社出版了《南疆》。

"在漫长的路上，她不满足于视野中历史的背影和侧面，她期望看到是历史的正面，这是一种解读历史的方法"，于是有了《走读新疆》这么一本书。

沿克里雅河深入塔克拉玛干沙漠腹心，造访达里雅博依人，于是有了《沿河而居》这么一本书。

昌平一次又一次走进塔里木盆地西缘麦盖提县刀郎人聚居的村落，探访一个个升华的心灵，于是有了《刀郎》这么一本书。

春去秋来，十余年间，从东迤逦向西，陆续行走在中国境内最大的山脉——昆仑山，漫步于历史悠久的古城于田县城，考察群玉之山和古代玉石之路，并以辨玉、琢玉、赏玉、礼玉，诸子论玉为题探究了玉文化精深内涵和今生来世，于是有了《玉出昆仑》这么一本书。

深入南倚昆仑山，北接塔克拉玛干沙漠南缘，以维吾尔族为主的多民族聚居地策勒县。考其历史之悠远、探其汇聚于此之佛教遗址、思其生态环境保护之业绩、述其民俗民风之艳丽多彩，于是有了《风展如画》这么一本书。

《南疆》则是作者行走南疆，综合考察昆仑、楼兰、罗布泊、克里雅、烽燧、喀什老城，以及诸多佛教石窟、寺庙和遗址后的哲理性思考。

而《天赋泰宁》是昌平对地处闽西北武夷山脉中段泰宁自然景观和人

文地理的全景式描述。

综观上述作品，可归之为有如下特点：

其一，作者的知识积累、写作技巧、哲理思考由雅致走向成熟，呈现明显与时俱进的态势，作为学人已具备了历史学、考古学、民族学、民俗学、人类学、社会学、生态学等学科的相当丰厚的知识积累；

其二，每本书均配以大量自摄的精美照片，显现了作为摄影家作者的精湛水准，"让瞬间定格为永远"，为作品增添了异彩。

昌平曾写了一篇题为《行者无为》的文章，对行者生涯做了坦诚的自白，此文似尚未见诸公开发表，我愿借本书篇幅与读者共享：

世间只有一条路，从历史中来，变成历史让人走。

"走路"自古至今算不得一种时尚，只是认识大自然和磨砺自我的手段。对我而言，它还有另一种涵义：我把它看作生命状态，换言之，是我生活方式的全部。我和正常人惟一的区别在于，他们把"走路"当成生活的一部分，从本质上讲，这是没有区别的，我不过是狂热于此，以至于游走不归罢了。

于是，我背负行囊，走进荒山僻壤，苍茫绝域，游走在历史和现实之间，意欲将散落在荒野的历史遗迹逐一走到，直至在路上老去，天长、地久。周游的我已习惯于在青荧下独守苍昊。

人生是一个圆梦的过程。

我从不曾追求时尚而弃离童梦，早已拥有了属于自己的伊甸园，其它不是我的奢求。童年的梦，是我生活的地图和指南针，穿沙漠，登雪山；趟沼泽，越荒原，我都是仿照梦中的路线行走的。

很多东西在生活中难得一现，而我在萦梦索骥中逐一实现，因此，有时也会舍弃身边拥有的许多。好在一切令我并无怨悔！

在我从东向西的漫游中，遴选了古丝绸之路，为此，我作了长时期的准备。

浩瀚的荒漠和屺秃的山峦，有很多条古道等待着我，旷废已久的古丝绸之路需要一个野性未泯的人亲昵它！

西出阳关，是历史上丝绸之路中道，历来被人称为绝地危途，当我从雅丹群中那座峙立的"风蘑菇"旁悄然走过,已经跨越了无碑界域——从甘肃进入了新疆,像去赶赴一个迟到千年的约会。

出玉门关,过白龙堆,我进入罗布泊,对罗布泊地区进行为时19天的人文历史及地理环境考察。罗布泊是让人长大成熟的地方——尽管它苛刻的教诲方式可能会让聆教者付出生命代价。

或许我受的文化熏陶滞后于社会时尚,从不以时尚游戏规则约束自己。既如此,在我的行程中没有挑战自我极限和征服大自然的欲望。然而,我也并不是大自然的宠儿,屡次在险境中得以逃生,除了凭恃野外生存的基本常识和本能外,侥幸占有很大的成分。

在罗布泊地区,常年难得无风的天气,季节性的风并不可怕,骤然而至的风是最可怕的——因为缺乏必要的通讯工具得不到气象预报,尤其是处在最危险的地带而毫无察觉。

我遇到了罗布泊风的极至:两米高的危岩块垒被风从方山顶摧落于地;一座帐篷像风一样腾空而起;空中旋起的砾石撞击出闪闪火星;轰鸣的震颤声让人直想呕吐……

这场百年不遇的飓风过后,距罗布泊几百公里外的新疆哈密地区失踪11人,而那一天——1984年4月18日——我正在罗布泊中。

我从新疆库尔勒一路南下若羌,在一个叫喀尔达依的地方,用望远镜隐约看见荒漠深处浮现的烽燧,向东北方向走进荒漠不到10公里,天色突转灰墨,地面上凭空出现一道巨大的风障,风吹流沙像破堤的洪水迎面而来,流沙吞没膝胫,推搡我不知疲倦地向西南方向的公路逃生,那一夜我被风沙吹行7公里。第二天,分明记得夜间躲在塔里木河岸边阶地,忽然间发现,自己被移坐在流沙壅成的一座小沙丘上……

我经常为一些人描述的"沙尘暴"感到迷惑,在他们诉说里,沙尘暴是一种席卷砂石的暴风。其实,他们遇到的可能是7级疾风或8级大风。严格地说,"沙尘暴"是大风卷扬沙尘形成的沙漠地区特殊天气,是大风过后弥漫在空中的浊尘,生活在塔克拉玛干沙漠边缘的居民称之为天上"下土"。

在我沿着克里雅河起程前往夏里达的途中,就遭遇了沙尘暴而未能成行。天空像一柄漏勺，能听到一团团沙土落在身上的声音，伸开臂肘看不清自己的手指，我几乎是贴着地面，听着村驴叫声回到大河沿村落的。我的摄影器材成为这场沙尘暴的殉葬品！

走在地理环境复杂的荒漠中，人对气候的变化十分敏感，因此，我的行程计划避开盛暑季节，通常选择在春秋两季，尽管如此，昼夜温差可达50℃以上，白天汗水涔涔，夜间滴水成冰，相比较而言，我宁愿忍受剧烈的温差变化，也不愿顶风出行——因为它能终止行程并带来不可预见的灾难。

大自然中，亲近野生动物，这是许多人梦寐以求的浪漫之旅，但在古丝绸之路所经的荒山绝域里是一种奢望。凄凉的山前灌木、荒草地带很少见到10峰以上的野骆驼群，大型野生动物及野禽在水源奇缺的荒漠中几乎灭绝了。我在新疆阿提米西布拉克见到两只狼——苍老得只能颤栗在几米开外望着我，那种面对人无奈的乞怜，令人心酸，我从并不宽裕的食品袋里掏出一包香肠留给了它们。

当我两周后再次途经阿提米西布拉克时，那两只苍狼早早地恭候在我曾宿营的地方，一向被视为凶残的狼，乖巧地乞伏在地，那一刻人狼之间不再仇恨。生存濒危时，狼与人求生欲望是相同的，可悲的是，一个物种在环境恶化和人类捕杀下，连它的本性都丧失了！

一路西行，我没有见到过三只以上的狼群，即使在黑夜里，也听不到风中的狼嗥，我并不欣赏狼嗥，但我希望夜幕中有另一种生命与我同在。荒道上没有野生动物可以对人构成危胁，对于行路者值得庆幸，而荒漠化的蔓延却又让人忧虑。

我在历史遗留的废墟旁遇到过"掘宝人"，他们绝不趋近搭讪，关心的只是地下的"宝藏"，在远离人烟的地方这种情景并非绝无仅有。

可能我是一个比较幸运的行路者，西行途中没有遇到心怀叵测的歹人。这或许是因为我走在人迹罕至的荒远地域，倘若真的有一个劫道者，他必然会成就一个荒漠大侠的形象，因为他不仅要在心理及物质上忍受跋涉之苦，还要在荒野伫候十年九不遇的行路者。

我走过的村落，从来没有捱受露宿和饥饿之苦。如果是路途中行经一个村落，时常遇到奉上奶茶、食物的好心人。当我离去时，背囊里总是塞满了食品，那种"艾曼克"馕饼直径有50厘米，像一面斗笠。还有一种"托喀西"馕，表皮上撒满一种叫"萨亚旦"的黑草籽，带在路上几个月都不会变质的。

记得离开塔里木乡上路时，行走大约5公里狂风骤起，维吾尔族吐尔洪一家五口赶着毛驴车在风里追寻我，那场风整整刮了三天，如果没有他们的救助，我就只能困在沙海中，为生死未卜而祈祷。

淳朴的心是没有雕饰过的玉。在距民丰县67公里的亚通古孜兰干，黄昏时投宿路边的一户人家，看到女主人家只有一间住屋，半间灶房，时值男主人外出做帮工，家里留下妇人和两个孩子。虽然孩子们正是上学的年龄，却时常赶着毛驴车去沙漠深处的河谷捡拾枯木，我问妇人为什么不让他们去读书，她垂下头不肯回答我。

疲惫不堪的我没有等到孩子回来，就倒在炕头酣然入睡。一觉醒来天色已白，看到妇人和两个孩子和衣坐卧在炕边的麦草上，我心里有说不出的内疚。

带着炕头的余温上路，我知道，此去一别将不会再见，反倒觉得毋言回报是最好的辞行。素昧平生的一位女性，能够在漫漫长夜中把温暖送给别人，她的心里一定贮存着一个春天，因而她不再需要一个春天的回报。

我不知道是否一个走在异乡的女性，更容易受到人们的同情，或者在他们眼里独行者更应当予以周济。在贫瘠的塔克拉玛干沙漠周边地区，我时常得到本不富裕的人热情的帮助，每想至此，感到内心郁结的是永远无法卸除的沉重……

行者上路，虽不成其为大方之雅，但绝不会煞风景的。

总之，昌平的边疆之路仍要走，昌平的作品还将不断面世，我们期望昌平由行者到学人的华丽转身得以升华，成为一位名副其实的人文地理的专门家。

我们有理由期待着！

让人欣喜的，昌平没有让人期待太久。2017年民族出版社出版了尚昌平著/摄影的《和田人》。全书选收了昌平所拍摄的照片457幅。她在后记中满怀真情地写道："谨以此书献给生活、工作在塔克拉玛干沙漠边缘的和田人，以表达我深深地崇敬之情。"我有幸撰写了题为《地之美、人之美的新疆和田》序文，我这样写道：

昌平的《和田人》正充分显现了作为摄影家"让瞬间定格为永远"的精湛水准，其学术性的价值将为历史学、考古学、民族学、民俗学、人类学、社会学、生态学的研究提供一份独特的人文地理的图像信息资料。

近年来，我还欣喜地看到昌平由行者到学者的华丽转身，我也欣喜在当代中国学人群体中增添了一位名符其实的人文地理专家，一位善于用镜头记录边疆人文、自然景观的优秀摄影家。

昌平的边疆考察之路仍在继续，我期待着她不同题材的边疆探索作品不断面世。

六 外国探险家新疆探险考察的档案文献资料整理与研究

（一）外国探险家新疆探险考察档案资料整理与翻译

21世纪以来，中国新疆维吾尔自治区档案馆和日本佛教大学尼雅遗址学术研究机构合作，由许新红担任主编，已出版三本专题档案汇集。

一是，《近代外国探险家新疆考古档案史料》[①]，本集收录了新疆维吾尔自治区档案馆馆藏历史档案467件，真实记录了1893年至1931年，俄国人罗布罗夫斯基、鄂登堡，英国人斯坦因，法国人伯希和，德国人格林威尔德、勒科克，瑞典人斯文·赫定，日本人大谷光瑞、橘瑞超，美国人亨廷顿，芬兰人曼纳林（马达汉）等著名外国探险家及其考察队在新疆考古和考察活动的概貌。本集所收档案均系首次公布，档案集中反映了当时

---

① 新疆美术摄影出版社2001年版。

中国政府和新疆地方政府对外国人来新疆进行探险考古的态度、对策，以及外国探险家一些鲜为人知的探险活动，弥为珍贵。

二是，《中瑞西北科学考察档案史料》①，本书收录档案318件，绝大部分为新疆维吾尔自治区档案馆馆藏，少部分为中国第二历史档案馆馆藏，这些史料反映了1927—1934年，中瑞西北科学考察团在中国西北（主要在新疆）进行历史、考古、人类、民俗、地质、地磁、气象等内容科学考察活动的基本情况。同时还包括了中国学者1933年10月至1935年4月受中央政府铁道部委托，由北京启程赴内蒙古、新疆等地考察修建一条横贯中国大陆交通动脉可行性的汽车旅行考察的档案史料。

三是，《斯坦因第四次新疆探险档案史料》②，本书收录108件1930年5月至1932年9月有关斯坦因第四次新疆之行的档案史料，其中82件为新疆维吾尔自治区档案馆馆藏，26件为其他档案馆馆藏。斯坦因分别于1900—1901年、1906—1908年、1913—1915年在新疆进行探险和考古，盗掘和非法携带大量文物出境。1929年，斯坦因在美国哈佛大学和英国博物馆襄助下，组织赴新探险考古，于1930年9月由印度进入新疆喀什。谁料，此时的中国政治局势发生了显著变化，由于受到中央研究院、古物保管委员会、中国学术团体协会等机构及各界有识之士的抗议，国民政府最终决定撤销斯坦因的护照，责令行政院将其驱逐出境。1931年2月，斯坦因被迫停止在新疆于阗、若羌一带的盗掘古物活动，经库尔勒返回喀什，并于同年5月底由蒲犁（今塔什库尔干塔吉克自治县）边卡出境。所有通过不正当手段获得的古物均暂存于当时英国驻喀什领事馆内，后经新疆省政府交涉，移交至北平古物保管委员会。斯坦因离境前将这批古物拍摄成照片，带回英属印度。这些照片及改进玻璃底版现存于大英国家图书馆东方与印度收藏品部。斯坦因对第四次新疆考古探险活动的流产始终讳莫如深，从未在公开场合及其著述中提及。本集为揭示这段鲜为人知的历史提供了可贵的原始档案。

---

① 新疆美术摄影出版社2006年版。
② 新疆美术摄影出版社2007年版。

（二）中外学者和探险家考察日记和日记体裁文稿的整理和翻译

徐炳昶（1888—1976），字旭生，中国历史学家、考古学家，曾任北京大学教务长，北平研究院代副院长。1927年中瑞西北科学考察团成立，徐炳昶与斯文·赫定共任团长。著有《徐旭生西游日记》，由大北印书局1930年印制。2000年6月，宁夏人民出版社以"走进大西北丛书"之一种出版整理本，书名为《徐旭生西游日记》；2002年1月，甘肃人民出版社以"西北行纪丛萃"之一种，出版范三畏的点校本，书名为《西游日记》。

黄文弼（1893—1969），考古学家，中国科学院考古研究所研究员，曾任中瑞西北科学考察团专任研究员，随团到内蒙古、新疆考察，《黄文弼蒙新考察日记（1927—1930）》为黄文弼遗著，黄烈整理，文物出版社1990年出版。考察日记记事起于1927年5月9日，即从北京出发的前一天，迄于1930年9月5日，即绕道西伯利亚回到满洲里的第二天。在三年零四个月的考察期中，除了1929年至1930年之交约有3个月系在迪化（今乌鲁木齐）休整，没有记日记，其他时间的日记均连贯下来了，是相当完整的一部记录。这部考察日记，不仅是一部难得的中瑞西北科学考察团成员的现场实录，而且经过半个多世纪时流的洗刷，"不仅社会的变迁翻天覆地，而地理上的变迁也十分巨大，特别是沙漠地带河流湖泊的移徙消失，道路的改变，废墟遗址的湮没，文物艺术的毁坏，沧桑之变用在这里毫不夸张。我们从这一份60年前的记录中可以找到许多已经消失了的痕迹"[①]。

沃尔克·贝格曼，瑞典人，1927年，24岁的他成为中瑞西北科学考察团一员，自始至终参与了中国西北最大规模的多国、多学科的科学考察。1935年回国后埋头于整理自己的考古发现。1946年因病去世，享年只有43岁！他留下了两本著作，一本是学术专著《新疆考古记》[②]，另一本是以日记体裁撰写的通俗探险纪实《考古探险手记》。本书内容分两部分，一部分是作者在内蒙古的考古探险，这以居延汉简的发现为核心；另

[①] 黄文弼遗著，黄烈整理：《黄文弼蒙新考察日记（1927—1930）》，序言，第4页。
[②] 新疆人民出版社，本书是2013年版"西域探险考察大系"三十种选题之一。

一部分是作者在新疆塔里木东端和阿尔金山、昆仑山的考古探险，这以发现"小河古墓"为高潮。杨镰在为本书所撰题为《西部探险者的视野》代序中说："读其中许多感人至深的段落，就如同在观看一部成功的电视记录片，不但领略了作者所见的风光物态，而且也随着作者的喜怒哀乐在激动、在失望、在回忆、在思考。"①

马达汉，又译作曼纳林、曼涅海姆，芬兰探险家，1906—1908年马达汉骑马从中亚进入我国新疆，他的足迹踏遍了南疆和北疆，又从新疆走进河西走廊，到西北重镇兰州，然后经过陕西、河南、山西、内蒙古、河北到达北京，行程14000千米。由王家骥翻译，阿拉腾奥其尔校订《马达汉西域考察日记（1906—1908）》（原书书名为《马达汉穿越亚洲之行——从里海到北京的旅行日记》）即是马达汉的考察日记。诚如译者王家骥所言："马达汉的旅行日记内容极为丰富，他把沿途所见和调查所得详细地写在日记中，内容包括沿途地形地貌特征、河流水系分布、动植物资源、城镇居民点位置、历史沿革及交通、商业、文教、军事、经济情况等等，特别是对地方官吏、军队、少数民族、寺院古迹、风土人情和各种见闻作了生动描述。马达汉日记虽属旅行随笔性质，但文笔流畅、生动活泼，读起来有如行云流水、兴味盎然，实在是一部不可多得的力作。"②

与《马达汉西域考察日记（1906—1908）》相关的还有《1906—1908年马达汉西域考察图片集》和《百年前走进中国西部的芬兰探险家自述——马达汉新疆考察纪行》。前者共收录了87幅照片，是从马达汉中国之行时所拍摄的上千幅照片中精选的。正如马大正在为本书写的序言中所言："将历史定格于瞬间的老照片的独特魅力，让我痴迷，心灵为之震撼。"③ 后者则是马达汉晚年所撰《回忆录》④ 第二章"骑马跨越亚洲之

---

① ［瑞典］贝格曼：《考古探险手记》代序，第8页。新疆人民出版社2000年版。本篇也收入2013年版"西域探险考察大系"选题之一《横渡戈壁沙漠》之中。

② 参阅［芬兰］马达汉《马达汉西域考察日记（1906—1908）》，中国民族摄影艺术出版社2004年版，"代序言"第4—5页。

③ ［芬兰］马达汉：《马达汉西域考察日记（1906—1908）》，王家骥译，山东画报出版社2001年版，第2页。该书还有一种杨恕译本，书名为《曼涅海姆1906—1908年亚洲之旅摄影集》，兰州大学出版社2003年版。

④ 新疆人民出版社2009年版。

行"的汉译本，内容生动，文字简洁，极具可读性，是读者了解马达汉1906年至1908年中国之行的入门读物。这两部书连同马达汉日记都将成为难得的史料而存世。

橘瑞超和野村荣三郎都是日本大谷探险队的队员，1902—1914年，日本京都西本愿寺第22代法主大谷光瑞（1876—1948）组织了三次以新疆为中心的中亚探险考察。第一次是1902—1905年，第二次是1908—1909年，第三次是1910—1914年。承担大谷探险队三次探险任务的共有五人：第一次是渡边哲信（1874—1957）和堀贤雄（1880—1949），第二次是橘瑞超（1890—1968）和野林荣三郎（1880—1936），第三次是橘瑞超和吉川小一郎（1885—1978）。《橘瑞超西行记》记录了他以日记体裁撰写的西部考察实录：《中亚探险》《新疆探险记》，以及橘瑞超新疆通信摘抄。①野林荣三郎著有《蒙古新疆旅行日记》②。大谷探险队其他成员渡边哲信著有《西域旅行日记》、吉川小一郎著有《支那纪行》，在大谷光瑞等著，章莹译《丝路探险记》一书中收录了大谷光瑞《帕米尔纪行》，渡边哲信《在中亚古道上》和《克孜尔踏查记》，吉川小一郎《敦煌见闻》和《天山纪行》，堀贤雄《塔里木之行》诸篇。

日野强（1866—1920）供职于日本参谋本部，受军部派遣，于1906年9月至1907年12月赴中国考察，行程历时一年四个月，如不包括最后归途从印度加尔各答登船后那段海路，陆路行程10392英里，其中在新疆境内停留了9个月。回国后撰写了《伊犁纪行》③，1909年（日本明治四十二年）5月由东京博文馆付梓刊行。全书上下两卷，上卷为"日志"，也就是日野强的旅行日记，下卷为"地志"，是他根据各方面史料汇编的有关新疆各地、历史、地理、风土人情的记载。本书是了解20世纪初叶的新疆，以及同时代日本人的新疆探险史时不可缺少的基本

---

① 新疆人民出版社，本书是2013年版"西域考察大系"三十种选题之一。本书收录的《中亚探险》，有新疆人民出版社1993年版。

② 新疆人民出版社，本书是2013年版"西域探险考察大系"三十种选题之一。该日记1908年8月18日至12月8日部分的节译，曾刊载于章译《丝路探险》（新疆人民出版社1998年版）中。

③ ［日］日野强：《伊犁纪行》，华立译，黑龙江教育出版社2006年版。

文献。

艾尔特·特林克勒，德国考古学家，1927—1928年曾到新疆进行考古探险，1930年出版了一本通俗的考古探险纪实《未完成的探险》[①]，1931年4月19日死于一次车祸。1932年他的一部学术遗作《中亚西部及喀喇昆仑——喜马拉雅地理考察》在柏林出版。

王冀青著《斯坦因第四次中国考古日记考释》[②]全文刊布现藏于英国牛津大学包德利图书馆的斯坦因第四次中亚考察日记，并据日记手写原稿进行了汉译和考释。斯坦因第四次中亚考察日记始于1930年8月11日，结束于1931年7月2日，这部日记是研究者得以能"站在当事人的角度了解这次考察进程的唯一依据"，因此，"在中亚考察史和中国西北考古史研究方面具有不可替代的史料价值"。

欧文·拉铁摩尔（Owen Lattimore，1900—1989），旧译赖德懋，美国著名汉学家、蒙古学家，曾任蒋介石的私人政治顾问。1901年随其父来华。1912年被送洛桑入学。1914年送至英国，但因经济拮据未能上大学。后返华，与荷格特结婚，夫妇俩决定经新疆赴印度。1926年，他留下妻子，从北京至归化，与一中国商队做伴，经额济纳旗及戈壁，又经新疆的古城（今奇台县）抵达乌鲁木齐，与其妻在塔城会合。到吐鲁番后，又回到乌鲁木齐，再到伊宁、阿克苏、喀什、叶城经喀喇昆仑山口去拉达克、克什米尔及孟买，从孟买乘船，1927年冬抵意大利。这段经历就是其对新疆的考察。1928年经伦敦返美国。1929年，与其妻去中国东北地区，研究满蒙民族，并研究黑龙江的赫哲族。1930年从东北返京，继续写作、研究及旅行。1933年去热河省，考察及报告日本对热河的侵略，后返美任太平洋国际学会的出版物《太平洋事务》月刊杂志社编辑。1934年返北京后在内蒙古旅历，从事长城边疆研究。拉铁摩尔著述颇多，有关中国的著作主要有《满洲：冲突的摇篮》《满洲的蒙古人》《中国的边疆》及《蒋介石的美国顾问——欧文·拉铁摩尔回忆录》等。

[①] 新疆人民出版社，本书是2013年版"西域探险考察大系"三十种选题之一。该书还有新疆人民出版社2000年版本。

[②] 前言，甘肃教育出版社2004年版，第10页。

(三) 外国探险家所撰新疆考察实录和学术著作的翻译与出版

1. 斯文·赫定（1865—1952），瑞典探险家

斯文·赫定一生著述丰硕，既有艰深的学术专著，也有通俗的探险考察记述。其中最著名的当是他的自传《我的探险生涯》[①]（即《亚洲腹地旅行记》）。该书作为斯文·赫定前半生（从幼年到1914年）的自传，出版于1923年。1932年李述礼翻译的中文本由开明书店出版，书名为《探险生涯——亚洲腹地旅行记》，在1949年前曾一再重版，1949年后台湾又沿用旧译多次重印，前后累计重印达十余次，1980年上海书店又据开明书店原本影印出版。该书另一个译本为1933年孙仲宽所译，书名为《我的探险生涯》，作为"中国西北科学考察团丛刊"之一，由中国西北科学考察团理事会印行。这个译本1997年新疆人民出版社出版了杨镰的整理本。2002年中国青年出版社出版了李宛蓉译本，书名为《我的探险生涯——西域探险家斯文·赫定回忆录》。

斯文·赫定作为中瑞西北科学考察团团长之一的科考实践。在他一生探险考察活动中占了一个十分重要的地位。由徐十周、王安洪、王安江翻译的《亚洲腹地探险八年（1927—1935）》[②]，记述了中瑞西北科学考察团长达8年的考察实践，多角度地再现了考察团中外学者的野外生活和工作，以及取得的成绩。

斯文·赫定在完成了《亚洲腹地探险八年（1927—1935）》的写作后，又连续出版了有关此行的著述，一是《马仲英逃亡记》（原名《大马的逃亡》）[③]，二是《游移的湖》[④]，三是《丝绸之路》[⑤]，这三部著作都是有名的丝绸之路探险史杰作，又被称为有关"战争""湖泊"与"道路"的

[①] 新疆人民出版社，本书是2013年版"西域探险考察大系"三十种选题之一。本书系根据孙仲宽译本。并参考了李述礼译本，由杨镰进行了整理。

[②] 新疆人民出版社1992年版。

[③] 凌颂纯、王嘉琳译，宁夏人民出版社1987年版，2003年再版。

[④] 江红译，新疆人民出版社，本书是2013年版"西域探险考察大系"三十种选题之一。

[⑤] 江红、李佩娟译，新疆人民出版社，本书是2013年版"西域探险考察大系"三十种选题之一。

"三部曲"。三部著作都有了中译本。

有关1927—1935年中瑞西北科学考察团的活动,斯文·赫定还著有《长征记》①和《戈壁沙漠之路》②。《长征记》还有王鸣野译本,书名改为《从紫禁城到楼兰——斯文·赫定最后一次沙漠探险》③。由许建英等译,书名为《戈壁沙漠之谜》④,也是叙述中瑞西北科学考察团在1928年和1929年的活动。译后记中说,"应出版社要求,就原稿的前12章作了较大的变动,删节、压缩成8章,原书的'引言'部分,作为'附录'放至全书之后",对原著做如此大幅度的改编,是否达到"以便使整书更为紧凑"的本意,实在不敢苟同,我认为如此"改编"是对原著的不尊重,同时译著也未写明斯文·赫定原著的书名,让人遗憾!

《穿过亚洲》⑤和《罗布泊探秘》⑥是斯文·赫定撰写的两部探险考察纪实巨著。前者完成于1898年,纪实了他于1893年至1897年横贯亚洲考察四年的经历;后者出版于1905年,是作者1900年至1901年在新疆罗布荒原所作探险考察的全景写实。

王鸣野译,书名为《西极探险》⑦,是斯文·赫定著《西藏探险》的中译本,记述了斯文·赫定1899年至1901年由新疆叶尔羌到藏北的探险经历。遗憾的是中译本既无序言导读,连译后记都没有。我们在文中一再提及"西域探险考察大系"每本选题均有杨镰撰写的长篇序言,大大提升了译著的学术含量,这是对学术、对作者、对读者负责任的态度。斯文·赫定探险西藏的著作不少,译成中文的还有《失踪雪

---

① 西北科学考察团丛刊之一,铅印本。李述礼译,杨霞文、徐炳昶校。
② 收入《横渡戈壁沙漠》,本书是新疆人民出版社2013年版"西域探险考察大系"三十种选题之一。新疆人民出版社2001年曾以《戈壁沙漠之路》为书名出版了单行本。
③ 吉林出版集团有限责任公司2009年版。
④ 喀什维吾尔文出版社2005年版。
⑤ 赵书玄、张鸣译,新疆人民出版社。本书是2013年版"西域探险考察大系"三十种选题之一。本书部分内容曾以《生死大漠》为书名,2000年由新疆人民出版社出版,编译者田杉。
⑥ 王安洪、崔延虎译,新疆人民出版社。本书是2013年版"西域探险考察大系"三十种选题之一。
⑦ 新疆人民出版社2003年版。本书是"新西域文库""穿越昆仑山丛书"选题之一,但翻遍全书找不到半点对上述"文库""丛书"的相关文字,对出版社来说实在是不应该有的"疏忽"?!

域750天》①。

2. 斯坦因（1862—1943），英国探险家、考古学家

《斯坦因考古记》②是他多次在中国西部考古探险的纪实，也是新疆探察史名作，向达先生的译本是名译。就新疆探察史而言，斯坦因和斯文·赫定都是不能忽视的人物，就自传而言，《斯坦因西域考古记》与斯文·赫定的自传《我的探险生涯》（即《亚洲腹地旅行记》）并称为"西域探险"的"二记"。斯坦因著述颇丰，举其要者，他第一次探险（1900—1901年）出版了《古代和田》③（考古报告，二卷，1907年），《沙埋和阗废墟记》（通俗本，1904年）④；第二次探险（1906—1908年）出版了《西域考古图记》⑤（考古报告，五卷，1921年），《沙埋契丹废墟记》（通俗本，二卷，1912年）⑥；第三次探险（1913—1915）出版了《亚洲腹地考古图记》（考古报告，四卷，1928年）⑦；第四次夭折的探险（1931年），此行斯坦因留下了考察日记。⑧《沿着古代中亚的道路》⑨是斯坦因综合他三次中亚探险与考古发掘的成果，在哈佛大学做了系列讲座，并据此而写成的通俗性著作，书中事实叙述简洁而重点突出，对于中亚历史上

---

① 包菁萍译、李恺整理。新疆人民出版社2000年版。
② 向达译，新疆人民出版社，本书是2013年版"西域探险考察大系"三十种选题之一。向达译本最早由中华书店于1936年出版，1987年中华书局、上海书店重印，2013年商务印书馆将本书列入"汉译世界学术名著丛书"选题出版新版印本。本书还有2009年由西苑出版社出版的编译本，将书名改成《斯坦因西域盗宝记》，同时译者所撰前言中将《西域考古记》与《西域考古图记》混成同一书，译者不是行内专家。
③ 巫新华、肖小勇、方晶、孙莉译，山东人民出版社2009年版。
④ 殷晴、剧世锁、张南、殷小娟译，新疆美术摄影出版社1994年版。
⑤ 巫新华、刘文锁、肖小勇、秦立彦等译，广西师范大学出版社1999年版，因篇幅过巨，为便于广大读者阅读，广西师范大学出版社于2000年对本书做了一些技术性处理：删除了一些专业性特别强的内容，给一些难懂的专有名词加上注释，将插图进行适当调整并重新编序等，以"西域游历"为总题分六册出版：之一重返和田绿洲，之二踏勘尼雅遗址，之三路经楼兰，之四从罗布沙漠到敦煌，之五发现藏经阁，之六穿越塔克拉玛干。
⑥ 巫新华、伏霄汉译，汉译本采用书名是《斯坦因中国探险手记》，四册，春风文艺出版社2004年版。
⑦ 广西师范大学出版社2004年版。
⑧ 参阅王冀青《斯坦因第四次中国考古日记考释》，甘肃教育出版社2004年版。
⑨ 巫新华译，广西师范大学出版社2008年版。

各种问题的解读与评述也基本得到学术界认可。全书配有大量遗迹插图、遗址图、剖面图，还有一些遗物图版和调查地区的地图，以考古为核心，并基本上涵盖了前述诸多学术领域，内容十分丰富。该书是我们了解西域以及20世纪中国西部探险、考古情况不可多得的著作。

与斯文·赫定著作的翻译相比，斯坦因的作品这些年在中国社会科学院考古研究所巫新华博士的推动和努力下，主要作品已有了中译本。

3. 俄国探险家考察记的中文译本

谢苗诺夫《天山游记》[①]，1856年至1857年谢苗诺夫到当时属于中国领土的伊塞克湖地区，及其附近的天山考察。作者晚年根据考察日记撰写成本书。

格尼·波塔宁著，B. B. 奥布鲁切夫编《蒙古纪行》[②]，波塔宁对亚洲的考察始于1863年（比普尔热瓦尔斯基要早），终于1899年，在这段时间里他进行了8次考察。本书收编了波塔宁1876—1877年和1879—1880年对蒙古西北部进行的第一次大规模考察，以及1899年赴大兴安岭做最后一次考察时写的日记，本书虽定名为《蒙古纪行》，实际上波塔宁不仅讲述了蒙古，也写到了图瓦（乌梁海边疆区）、新疆和东北边疆地区。

普尔热瓦斯基《荒原的召唤》[③] 是他1870年11月至1873年10月首次"中央亚细亚"考察的真实记录《蒙古和唐古特人之乡》翻译而成。这是一部以地理考察为主线的科学著作。普氏的另一部著作《走向罗布泊》[④]则是他1876年至1878年第二次中亚探险的纪实，这次从伊宁出发，翻越天山，后经库尔勒沿塔里木河下游进入罗布泊探险的经历。

别夫佐夫《别夫佐夫探险记》，是作者1889—1891年第三次中亚考察的记述。苏联科学院院士奥勃鲁切夫评价俄国的中亚考察时写道："内陆亚洲真正的科学考察，从波塔宁、普尔热瓦斯基和别夫佐夫的旅行开始……他们三个人共同勾画了内陆亚洲地理面貌基本轮廓。……在这三位

[①] 李步月译，新疆人民出版社1989年版。2001年又出版了新一版。
[②] 吴吉康、吴立珺译，兰州大学出版社2013年版。本书是余太山主编"欧亚历史文化文库"选题之一。
[③] 王嘎、张友华译，新疆人民出版社2000年版。
[④] 黄健民译，新疆人民出版社1999年版。

地理考察先驱当中，舍弃哪一位都是不可能的，甚至很难说出，作为亚洲探险家，他们谁比谁做得更多，谁是第一、谁是第二、谁是第三。"①

奥勃鲁切夫《荒漠寻宝》②，1894年和1905年曾两次率探险队到新疆、甘肃、青海考察。晚年写了这部通俗探险游记，书名直译是《中央亚细亚的荒漠》。这部书在"文化大革命"时期就有中译本，书名用的就是《在中央亚细亚荒漠》。本书是当年我爱读而放不下的三部书之一，其余两种是斯文·赫定《亚洲腹地旅行记》和美国著名记者威廉·夏伊勒的《第三帝国兴亡记——纳粹德国史》。

波·库·柯兹洛夫《蒙古和喀木》③和《蒙古、安多和死域哈喇浩特（完整版）》④。柯兹洛夫是著名的俄国中央亚细亚考察家。他曾七次深入到我国西部地区，对内蒙古、新疆、甘肃、青海，以及西藏、四川等地区的自然生态、民族社会等方面进行考察，并在内蒙古额济纳旗黑城（哈喇浩特）遗址进行了大规模的考古发掘，掠走大批珍贵文物。《蒙古和喀木》记述了1899年柯兹洛夫第一次独立领导的考察活动，他率领考察队从恰克图进入我国，经蒙古高原深入青藏高原和四川西部，考察了科布多、阿尔泰山、中央戈壁、腾格里沙漠、河西走廊、西宁、青海湖、柴达木、昌都、长江和黄河发源地、兰州、库伦，于1901年从恰克图返回俄国，该书即为此次考察的纪实。《蒙古·安多和死城哈喇浩特（完整版）》是柯兹洛夫一生中最为重要的第六次考察的记述，考察活动始于1907年11月至1909年7月。这次考察对柯兹洛夫来说"最大收获"是在额济纳黑城（哈喇浩特）的考古发掘，这次发掘的文物满载了40峰骆驼运回了俄国，本书对此次考察做了详尽纪实。由于当时清朝的衰败，外国考察家在我国西部考察期间，大肆发掘珍贵文物，使我国西部的文物遭受了一场浩劫，

---

① 杨镰、阿拉腾奥其尔：《探索天山与昆仑的奥秘》（代序），佟玉泉、佟松柏译，《别夫佐夫探险记》，新疆人民出版社，第10页，本书是2013年版"西域探险考察大系"三十种选题之一。

② 王沛译，新疆人民出版社，本书是2013年版"西域探险考察大系"三十种选题之一。

③ 丁激琴、韩莉、齐哲译，兰州大学出版社2014年版，本书是余太山主编"欧亚历史文化文库"选题之一。

④ 王希隆、丁淑琴译，兰州大学出版社2011年版。本书是余太山主编"欧亚历史文化文库"选题之一。本书还有一种陈贵星译本，书名为《死城之旅》，新疆人民出版社2014年版。

但考察家们留下的考察著作，对于我们了解中国的历史和当时西北地区自然环境、社会生活则是一份极其宝贵的资料。

瓦里汗诺夫是俄国著名中亚探险家，他撰写的《准噶尔概况》和《喀什噶尔》中译文刊登在魏长洪、何汉民编《外国探险家西域游记》[①]一书中。

4. 英国探险家考察记的中译本

阿托金逊《横跨亚洲大陆》，作者在1848年至1853年，从乌布苏诺尔湖区（现蒙古国境内）向东，经色楞格河，再向西南方进入新疆北部，经巴里坤、天山山脉向西，经塔城向西北进入中亚城市塞米巴拉金斯克，然后南下到吉尔吉斯草原，再攀登新疆与吉尔吉斯界山——阿拉套山，北上进入西伯利亚，东进到贝加尔湖，最后抵达伊尔库茨克，结束漫长的旅途。该书即是对这次耗时七年探险生涯的纪实。"在中亚探险史中，阿托金逊占据着'先驱者'之席，他的著作在中亚文献中有着重要地位。"[②]

戈登《世界屋脊》[③]，作者是英国军人，1873—1874年他作为英印当局派往阿古柏"哲德沙尔汗国"的福塞斯使团第二指挥官赴新疆，该书即是此次经历的实录。

杨哈斯本《帕米尔历险记》[④]，作者1887年、1889年、1890年三次赴帕米尔探险考察，该书是杨哈斯本1884—1894年的经历，是他一生中最辉煌的探险旅行的记录。

约翰·海尔《迷失的骆驼》[⑤]，这是一部当代英国人的中国西部考察记。作者在设于非洲肯尼亚首都内罗毕的联合国环境规划署任职。一个偶然机会，1993年他与一个蒙古—俄罗斯联合考察队一起到蒙古国戈壁荒

[①] 新疆美术摄影出版社1994年版。

[②] 林丽：《编者的话》，沈青、季元中译，新疆人民出版社2000年版，第3页。

[③] 成斌、王曼译，新疆人民出版社，本书系2013年版"西域探险考察大系"三十种选题之一。

[④] 任宜勇译，新疆人民出版社2001年版。

[⑤] 袁磊、李华、薛波译，新疆人民出版社2001年版。本书还有董晓航、刘冰的中译本，书名为《绝地野驼》，海南出版社2000年版。有关中国学者撰写的新疆野骆驼的考察著作，我尚未读到，有一本与野马有"亲密接触"的科学工作者张赫凡和新疆野马繁殖研究中心科考活动的作品，张赫凡《野马：重返卡拉麦里——戈壁女孩手记》（新疆青少年出版社2005年版）值得一读。

漠，就生活在此的野骆驼的生存状况做了初步调查。从此野骆驼成了他生活最重要内容。1995年、1996年、1997年他与中国同行连续三次进行入罗布荒原，进行了以野骆驼生存状况为主体的探险考察，据此经历写成了此书。

5. 法国和德国探险家考察记的中译本

伯希和是法国著名汉学家，由耿昇编译的《伯希和西域探险记》[①] 收录了伯希和撰写的《高地亚洲3年探险记》《中国新疆居民考察报告》《高地亚洲历史地理考察》《喀什与图木舒克考古笔记（节录）》《三仙洞水磨房探珍》《库车地区考古笔记》《大海道踏古记》《敦煌藏经洞访书记》等。该书是由耿昇、马大正主编的"中国大探险丛书"选题之一，马大正在为丛书所写"前言"中指出：长期以来，有关中外各色人等撰写的探险考察实录"或因深藏国内外书库而难以觅见，或因涉及多种文种而不易为人们阅读，难以为研究者所利用，更无法进入广大读者的阅读视野，成了迫切需要利用此类图书的研究者和关心此类题材读者的遗憾"。在云南人民出版社的鼎力支持下，推出'中国大探险丛书'正是为弥补这种缺憾，为让更多的读者利用这份历史资料创造条件"。

邦瓦洛特《勇闯无人区》[②]，是作者1889年9月至1890年9月考察新疆罗布泊、川藏交界处的巴塘和穿越藏、康、滇、川的纪实。邦瓦洛特的探险有自己的特色，是一种"最终想寻出一条欧洲人从未走过的路"的单纯意义上的探险。该书法文版原名为《从巴黎到东京湾》，于1892年在巴黎出版，译文略去书中前半部分（从巴黎到扎尔干图）。

勒柯克《新疆地下文化宝藏》[③]，作者是20世纪初德国"吐鲁番探险队"第二、三次考察的参加者，并任第二次探险的队长。第三次探险由于身体不适，提前回国，该书是这两次探险考察的纪实。"德国吐鲁番考察队"，是德国柏林民俗学博物馆在德皇和军火大王克房勃等人资助下，在1902—1903年、1904—1905年、1906—1907年、1913—1914年所派出的

---

① ［法］伯希和：《伯希和西域探险记》，耿昇译，云南人民出版社2001年版，前言，第2页。本书于2011年以《人民·联盟文库》第二辑书目，由人民出版社重排出版。
② 简明译，新疆人民出版社2001年版。
③ 陈海涛译，新疆人民出版社，本书是2013年版"西域探险考察大系"三十种选题之一。

四次新疆考古探险队，虽然名为"吐鲁番考察队"，实际发掘古物的地点是以吐鲁番盆地为中心，东到哈密，西到喀什，包含了整个丝绸之路北道的古代遗迹。勒柯克对待新疆地下文化宝藏的态度，是探险家式的，是找宝和挖宝式的，而不是严格意义的考古，他本人也是一个集探险家、学者、盗宝者于一身的人物。该书中译本，早在1934年就有郑宝善译本。书名为《新疆之地下宝库》（南京蒙藏委员会出版）。大约同时，向达也翻译此书，题作《勒柯克高昌考古记》，显然是想和他所译《斯坦因西域考古记》成为姊妹篇。2002年中国青年出版社出版了刘建台中译本，作者名译为寇克，书名为《新疆地理埋宝藏记》。

赫尔曼《楼兰》，作者参加了斯文·赫定从楼兰遗址所得文物的研究，该书即是他的研究之作。随着对楼兰遗址兴趣的加深，两个问题成了人们争论的话题：一个是，楼兰古城的发现时间究竟是1900年3月28—29日，还是1901年3月3日？换句话说，奥尔得克寻找遗失的铁锹时闯入的那个遗址是不是楼兰古城呢？另一个则是，楼兰古城是不是楼兰王国的首都？它在历史上的地位如何？对此，《楼兰》一书中已明确说，"奥尔得克发现木雕的地点，距离楼兰古城直线距离有14英里；楼兰古城不是楼兰人建立的都市，而是一个特点鲜明的'中国屯戍军区'所在地"，而此项研究是"受赫定直接委托进行的，其成果是经赫定认可的"。"关于上述这些争论，最有发言权的当然是赫定。赫定不是考古学家，他的成就在于发现，但发现者第一印象（第一目击）的重要性自不待言。"[1] 本书的译者和译稿也有一段让人寻味的奇特经历，译者姚可昆是中国著名学者、诗人冯至的夫人，20世纪30年代译者应人之约将《楼兰》德文版译成中文，但再无下文。据杨镰自述："在冯伯母的追悼会，冯至伯伯的长女冯姚平告诉我，她在母亲的遗物之中发现了一部不完全的《楼兰》译稿……经过大家努力，特别是高中甫先生将冯伯母未完成的部分翻译完成，楼兰发现史与研究史上的第一部专著终于呈现在读者面前。"[2]

---

[1] 杨镰：《世纪话题——楼兰》，新疆人民出版社，第5页。本书是2013年版"西域探险考察大系"三十种选题之一。姚可昆、高中甫译，《楼兰》。

[2] 杨镰：《世纪话题——楼兰》，新疆人民出版社，第6页。

布鲁诺·鲍曼《没有归途的沙漠之旅》① 是作者1889年作为第一个欧洲人徒步穿越塔克拉玛干沙漠，深入考察喜马拉雅山的纪实。

艾米尔·特林克勒（Trinkler E.）《西域探险考察大系：未完成的探险》② 记述了德国探险家格伦威德尔、冯·勒柯克在库车、吐鲁番等地的作为，以及塔里木西南的经历，在古迹密集的诸绿洲——库车、吐鲁番、和阗等地探险考察经历。附有珍贵插图。是西域探险考察大系丛书之一，资料珍贵。

6. 瑞典、丹麦探险家考察记的中译本

安博特《驼队》，作者是中瑞西北科学考察团瑞典籍队员，天文学家，该书是他的探险考察回忆录。杨镰在为该书撰写的题为《走向地平线的驼队》中说："《驼队》是关于20世纪20—30年代的中国和阗与塔里木难得一见的佳作。《驼队》的着眼点并不在于考察的终极结果——发现了（做出了）什么，而在于发现过程的真实感受。"③

雅林《重返喀什噶尔》④，作者是瑞典著名东方学家，1929—1930年，为准备撰写研究毕业论文，雅林随马帮翻越了帕米尔高原，抵达新疆的喀什噶尔，用半年多时间深入民间许多不为人知的角落，出色地完成了修学考察。1978年已经是瑞典皇家文学、历史、文物科学院成员的雅林重访了喀什，该书记录了雅林两次来新疆——1929—1930年、1978年的观感。

亨宁·哈士纶《蒙古的人和神》，丹麦人，20世纪20年代他在北京以北的张家口、北京西北的大同一带经商，精通汉语和蒙古语。1926—1927年中国和瑞典共同筹建中瑞西北科学考察团时，斯文·赫定聘用哈士纶为考察团副队长。考察期间，他对生活在巴音布鲁克草原的蒙古土尔扈特部落做了深入的调查和考察，并成为当时土尔扈特部落"摄政王"——僧钦格根（多活佛）的好友。为了使世人更多地了解生活在天山环抱中的土尔

---

① 新世界出版社2002年版。
② 赵凤朝译，新疆人民出版社2013年版。
③ 杨子、宋增科译：《驼队》，新疆人民出版社，代序第10页。本书是2013年版"西域探险考察大系"三十种选题之一。
④ 崔延虎、郭颖杰译，新疆人民出版社。本书是2013年版"西域探险考察大系"三十种选题之一。

扈特部落，他为瑞典民族博物馆征集了一整套土尔扈特的服饰、鞍具，甚至包括一个真的（不是仿制的）活佛的金帐。本书不是一部内容艰深的研究著作，而是一部颇具可读性的、生动曲折的探险记。可贵的是"作者从始至终都是力图站在一个正统的土尔扈特人的角度来描写他所听到、所见到的一切。在他的书中，他从来不是一个无所谓的旁观者，而自视为那个历史悠久、有着光荣传统的部落的一个'编外'成员"①。

7. 美国探险考察记的中译本

亨廷顿《亚洲的脉搏》②，美国地理学家。按照瑞典探险家斯文·赫定的成例，一般 20 世纪的中亚探险家在完成一次探险之后，总是出版两本书，一本是学术考察报告，另一本是纪实性游记。前者提供学术界参考，往往也是对设立课题者或出资方的总结、报告；后者则是面向广大读者，是写给一切对此有兴趣的人阅读的。亨廷顿在 1905 年 3 月—1906 年 4 月，完成了他的第二次中亚考察，他的课题是中亚气候与文明的演变，其专著《文明与气候》便是本课题的直接学术成果，该书则是专门为普通读者写的塔里木探险记。

兰登·华尔纳《在中国漫长的道上》，美国中亚考察家，曾两次代表美国哈佛大学福格艺术博物馆赴中国西北地区进行考察。他的第一次考察于 1923 年至 1924 年进行，1926 年出版的该书，即为本次考察的实录。他的第二次考察于 1925 年进行，1938 年出版的《万佛峡：一个 9 世纪佛教壁画洞窟的研究》是这次考察的实录。兰登·华尔纳"是一个极富争议的人物。在中国人眼里，他因为用化学胶水盗取敦煌莫高窟精美壁画而成为 20 世纪前半叶来敦煌考察的外国探险家中最臭名昭著的一个"③。

欧文·拉铁摩尔《中国的边疆》是作者长期在东北、长城沿线及新疆考察后所撰写的一本著作。该书与 1940 年在美国出版，1941 年由西北边

---

① 杨镰：《土尔扈特部落的光荣与梦想》（代序），刊徐孝祥译，《蒙古的人和神》，新疆人民出版社，第 2—3 页。本书是 2013 年版"西域探险考察大系"三十种选题之一。

② 王彩琴、葛莉译，新疆人民出版社本书是 2013 年版"西域探险考察大系"三十种选题之一。本书还有新疆人民出版社 2001 年版本。

③ 荣新江：《序》，姜洪源、魏宏举译，新疆人民出版社，第 1 页。本书是 2011 年版"西域探险考察大系"三十种选题之一。

疆研究学者赵敏求翻译，正中书局出版发行，1946年在上海再版。2005年，唐晓峰对其重译，更名为《中国的亚洲内陆边疆》以全译的方式，作为刘东主持的"海外中国研究丛书"重新出版。《中国的亚洲内陆边疆》分为四个部分，分别是长城的历史地理、传说时代与早期历史时代、列国时代、帝国时代。拉铁摩尔是民国时期美国在中国生活、研究的重要人物，加之多次在东北、内蒙古及新疆的游历考察，他对我国东北、北部及西部边疆的认识比较直观而深刻。其回忆录《蒋介石的美国顾问——欧文·拉铁摩尔回忆录》[1]中，记录了自己在中国的生活和考察过程。值得学界注意的是，赵敏求将其著作题目翻译为"中国的边疆"，而唐晓峰翻译为"中国的亚洲内陆边疆"。吴心伯在《蒋介石的美国顾问——欧文·拉铁摩尔》一书中将其译为"中国的亚洲腹地边疆"（第65页，复旦大学出版社1996年版）。可是为何赵敏求却删去"Inner Asian"这两个单词？这是值得我们深思的。该书自赵敏求翻译后，在国内学术界并未引起较大反响。可是自唐晓峰将其重译后，该书在国内学界影响骤然扩大，掀起一股"拉铁摩尔研究的高潮"，不但有诸多学者撰文探究拉铁摩尔及其著作，而且有很多研究生的学位论文做相关研究。唐晓峰、姚大力等主编《拉铁摩尔与边疆中国》[2]收录了国内对拉铁摩尔研究的论文。一些学者对拉铁摩尔的研究非常推崇，尊其为"边疆范式"。更需注意的是，一些学者尤为突出和强调拉铁摩尔对中国边疆研究的"内亚"性，或尊为"边疆研究内亚范式"。该书的内容主要是拉铁摩尔对我国东北、内蒙古及新疆地区的考察和历史研究，对中原的研究较少，更凸显我国的东北、北部及西部"边疆"，而削弱了对中国内地的论述。从此角度而言，该书凸显了中国的边疆与内地互动史而不是"内亚史"。由此，赵敏求对该书书名的翻译为"中国的边疆"，似乎更加准确贴切。袁剑《边疆的背影：拉铁摩尔与中国学术》[3]梳理了拉铁摩尔在中国生活的经历，并评述了其对中国边疆研究的贡献。"但最大的问题可能在于，虽然拥有这样独特的政治与'边疆人'

---

[1] ［日］矶野富士子整理，吴心伯译，复旦大学出版社1996年版。
[2] 生活·读书·新知三联书店2017年版。
[3] 社会科学文献出版社2016年版。

身份，拉铁摩尔仍和费正清一样有着深刻的时代局限。究其一生，终未能走出局限，这让他的边疆史和其他中国研究成果大打折扣。然而，《边疆的背影》对此毫无感知，甚至错把显然的局限当成优点来表彰，这在一定程度上抵消了该书梳理拉铁摩尔中国研究的功绩。"①

鲍大可《中国西部四十年》②，作者鲍大可与费正清、斯卡拉宾诺三人，曾在一本中国学专家名录中被称为美国的"三大中国通"。1947—1949年，鲍大可作为美国当代世界事务研究所的中国和东南亚的研究员，以及《芝加哥每日新闻》的特派记者，来中国西部宁夏、青海、西康、新疆等地考察抗战十四年后又开始国内战争的中国现状。40年后的1988年，鲍大可又到中国西部故地重游，除去过的地方再走一遍外，还去了四川、内蒙古和云南。本书即是跨越40年他的中国西部之行的纪实。该书第六章的章名即是"新疆"。

比尔·波特《丝绸之路》③，当代美国汉学家、作家。1992年循丝绸之路从西安出发，经天水、兰州、武威、敦煌进入新疆哈密、吐鲁番、乌鲁木齐、伊宁、巴音布鲁克草原、库车、阿克苏、喀什、塔什库尔干、红其拉甫口岸，抵巴基斯坦的吉尔特、伊斯兰堡。该书即是此行的纪实之作。

（四）外国探险家新疆探险考察的研究

对近代以来外国探险家在中国考察活动的研究，20世纪40年代吴传钧《近百年外人考察我国边陲述要》④ 分1871年以前，1871—1888年，1888年至1931年三个时期作了述论。文章指出："近百年来考察我国边陲者，以越帕米尔或假道蒙古而来之俄人，与经喀喇昆仑山或西藏高原而来之英人为主。""外人之来我国边陲者络绎不绝，或窃绘山川险要，记述风土实情，归以告其国人，或探发古墟宝藏，满载以去，陈于其国之博物馆以为殊荣"，故重点评述了近百年来外国探险家在我国天山、帕米尔、蒙

---

① 韩福东、詹夺：《拉铁摩尔：不该被遗忘的"中国通"》，《凤凰周刊》总第592期。
② 孙英春等译，东方出版社1998年版。
③ 马宏伟、吕长清译，四川文艺出版社2013年版。
④ 《边政公论》第3卷第5、6期，1944年5月、6月。

古、西藏等地区的活动。20世纪前半叶研究外国探险家在中国考察活动的评述，当以该文为详。

20世纪50年代以降，大陆学者对于19世纪以来外国探险家在中国边疆地区的探险考察活动的研究基本上都是在帝国主义侵华史的大框架下展开，在各种《帝国主义侵华史》《沙俄侵华史》中均有专章、专题论述。1983年杨建新、马曼丽《外国考察家在我国西北》[1]试图冲破上述传统认识框架，全书集中论述了斯文·赫定、斯坦因、伯希和、大谷光瑞考察队、波塔宁、科兹洛夫、普尔热瓦斯基的探险生涯。在后记中指出："近代到中国进行考察活动的外国人，大体可分为三类：一类如俄国的瓦里汉诺夫、明茨洛夫等人，他们带着收集中国政治情报的指令，不经中国政府的批准，化装成商人等，混入中国境内进行活动。他们实际上不是考察家，而是间谍、侵略分子。这种人在俄国的考察者中，为数不少，但在当时众多的各国考察者中，毕竟是少数。第二类如美国人华尔纳等，他们到我国肆意破坏、盗窃文物，根本说不上什么科学考察，纯粹是殖民主义者的掠夺行径。第三类人，他们的主要活动经当时清政府的同意，确实有科学考察的内容，并有一定成绩。但同时，他们也在不同程度上有损害中国人民利益的活动。但这类人，终身以考察为主，当然可以称为考察家。"

1992年在乌鲁木齐召开了"西域考察与研究"国际学术讨论会，马曼丽向会议提交了论文《评外国考察家对西域的考察》[2]，进一步提出："尽可能一分为二地评价不同的外国考察家"，评价过去的外国考察家在西域的活动，应该历史地看待三对关系，即派遣国的政策、宗旨与考察者个人之间的关系，当时中国政府的责任和外国考察者的责任之间的关系，考察家本人功过的关系。马大正《面向21世纪的西域研究——"20世纪西域考察与研究"国际学术讨论会与考察记述》中也支持一分为二对待历史上的外国探险家的探险活动，指出要"揭露和批判这些人的活动实际上是

---

[1] 河南人民出版社1983年版。
[2] 本文刊于马大正、王嵘、杨镰主编：《西域考察与研究》，新疆人民出版社1994年版，第25—34页。

适应帝国主义对华侵略，争夺势力范围需要的实质；但是，作为研究者应认识到，外国探险家们尽管每个人的目的不同、方式各异，其所作所为或可称道或被谴责，但应该承认，他们的考察实录和考察成果，均无一例外地成为可供后人借鉴、研究、评述的历史遗产"①。

"西域考察与研究"国际学术讨论会是一次深化外国探险家研究重要会议，提交会议的论文还有：刘存宽《普尔热瓦尔斯基的"中央亚细亚考察"及其评价》，杨镰《法国杜特雷依探险队遭际考实》，王淑梅《斯文·赫定与中国新疆》②等。

1. 综合介绍外国探险家的知识性作品

一是，新疆维吾尔自治区人民政府新闻办公室编《外国探险家的足迹》③，这是一本图文并茂、印制精美的图集。在"寻找失落的文明"总主题下，对形形色色的外国探险家们在新疆吐鲁番、库车、拜城、罗布泊、楼兰、塔里木、喀什、和田的考古探险活动，做了客观的介绍和评议。

二是，田卫疆《没有航标的沙海之旅：近代新疆探险百年》④，本书选择近代新疆探险史上最引人入胜的百余年，即从1840年鸦片战争以后至1949年中华人民共和国成立这段探险史里一些有代表性的中外探险家，简要地对他们进行叙述和评价。作者写作以史料以依据，以众前贤研究成果为基础，所述探险的人和事，是学术研究成果的知识化、通俗化的尝试。

三是，田卫疆编著《新疆：探险家眼中的新疆》，近代以来到新疆从事探险考察的外国探险家是一个不能忽视的特殊群体，无论是探索西域史，还是准确地认识近代新疆社会，倘若缺少或者遗漏对这批外国探险家的认识和了解，特别是对他们诸多成果的汲取参考，恐怕任何研究都将会是不完整的。作者"期望这部书能给力图进一步了解近代新疆社会状况的读者一个独特的视角，提供一些可贵的借鉴和启迪"⑤。

---

① 《中国社会科学》1993年第2期。
② 均刊于马大正、王嵘、杨镰主编《西域考察与研究》，新疆人民出版社1994年版。
③ 五洲传播出版社2005年版。
④ 新疆青少年出版社2001年版。
⑤ 外文出版社2006年版。

四是，唐栋《西域劫踪：中国西部文物被盗纪实》①，这是一部尚可一读的长篇纪实文学之作，只是多了一些感情的抒发，少了一点理性的思考。

2. 杨镰对外国探险家新疆探险考察的系列评议

杨镰在新疆探险史资料整理和研究方面业绩是多方面的，有关他组织中国学人撰写边疆考察实录，并亲自撰写，直至主编丛书，推动社会关注度的业绩，在本章"三　新中国成立后中国学者的新疆考察实录"中已有评述。杨镰另一项工作是对外国探险家的考察记撰写研究性导读，是了解、研究外国探险家值得重视的学术成果。这些成果主要集中刊发在由新疆人民出版社 2013 年版"西域探险考察大系"相关著作中，现将目列于次：

《斯文·赫定及其〈我的探险生涯〉》，［瑞典］斯文·赫定《我的探险生涯》代序；

《生死大漠》，［瑞典］斯文·赫定《生死大漠》代序；

《一个游移的湖和一个执著的探险家》，［瑞典］斯文·赫定《游移的湖》代序；

《丝绸之路的经行者与探索者》，［瑞典］斯文·赫定《丝绸之路》代序；

《世纪之谜》，［瑞典］斯文·赫定《罗布泊探险》代序；

《从绝境走向成功》，［瑞典］斯文·赫定《穿过亚洲》代序；

《戈壁沙漠横渡记》，［瑞典］斯文·赫定、沃尔克·贝格曼《横渡戈壁沙漠》代序；

《"小河"之谜与新疆考古探险》，［瑞典］沃尔克·贝格曼《新疆考古记》代序；

《走向地平线的驼队》，［瑞典］尼尔斯·安博特《驼队》代序；

《土尔扈特部落的光荣与梦想》，［丹麦］亨宁·哈士纶《蒙古的人和神》代序；

《世纪话题》，［德］阿尔伯特·赫尔曼《楼兰》代序；

---

① 解放军文艺出版社 1998 年版。

《最后一个独行侠》，[德]艾米尔·特林克勒《未完成的探险》代序；

《从喀什噶尔开始——贡纳尔·雅林及其东方学研究》，[瑞典]贡纳尔·雅林《重返喀什噶尔》代序；

《斯坦因与新疆探险史》，[英]斯坦因《斯坦因西域考古记》代序；

《走上世界屋脊》，[英]T. E.戈登《世界屋脊》代序；

《现代西行记》，[英]米德莱·凯伯等《修女西行》代序；

《一边是绿洲，一边是沙漠》，[美]亨廷顿《亚洲的脉搏》代序；

《探索天山与昆仑的奥秘》，[俄]米哈伊尔·瓦西里耶维奇·别夫佐夫《别夫佐夫探险记》代序；

《西域找宝人的独白》，[俄]费·阿·奥勃鲁切夫《荒漠寻宝》代序；

《西域探险史上的东瀛释子橘瑞超》，[日]橘瑞超《橘瑞超西行记》代序；

《横断蒙古、纵贯新疆的探险考察》，[日]野村荣三郎《蒙古新疆旅行日记》代序；

除了以上21篇我将它称为"代序系列"作品外，杨镰还发表了《斯文·赫定的探险活动及〈亚洲腹地探险八年〉》[①]，《〈罗布泊探秘〉与罗布泊之谜》[②]，《罗布泊探险考察一世纪》[③]，《法国杜特雷依探险队遭际考实》[④]。

上述25篇论文，我认为是当前了解19世纪以降外国探险家新疆探险考察的入门之作，也可以视之为是研究深化的奠基之作，大有结集出版之价值。

3. 对瑞典探险家斯文·赫定研究

对中瑞西北科学考察团的关注，必然引起对瑞典探险家斯文·赫定的

---

① 《中国边疆史地研究》1992年第3期。
② 《中国边疆史地研究》1997年第2期。
③ 马大正等主编：《西域考察与研究续编》，新疆人民出版社1998年版，第3—30页。
④ 马大正等主编：《西域考察与研究》，第59—99页。

评议和研究。20 世纪 40 年代即有聂崇歧《斯文·赫定穿行亚洲述要》①和徐炳昶《斯文赫定先生小传》② 等。

时隔半个世纪，1992 年出版了邢玉林、林世田《探险家斯文·赫定》，这是 40 多年来中国学者撰写的第一部有关外国探险家传记，全书以 1/3 以上篇幅评述了斯文·赫定在促进考察团工作上的特殊作用，同时对斯文·赫定的政治立场、政治态度和若干政治观点，以及他早期探险活动中侵犯中国主权的行径进行了评述和批判，并指出："斯文·赫定在中国的考察、探险活动是非功过兼具，这种两面性不容忽视，必须具体问题具体分析。"③ 李军、邓淼《斯文·赫定》④ 是中国学者撰写的第二部斯文·赫定传记。

姜继为《斯文·赫定探险记》，本书用生动的文字讲述了斯文·赫定传奇而曲折的探险生涯。自小立志探险，16 岁开始闯荡波斯、伊拉克、土库曼斯坦、吉尔吉斯斯坦等多个国家和地区。1890—1935 年 45 年间，先后五次到中国探险，数次攀登"冰川之父"慕士塔格峰，三次穿越塔克拉玛干沙漠，几次穿过死亡秘境罗布泊，翻越世界屋脊进入青藏高原，首次发现楼兰古城、喀拉墩遗址，勘定恒河源头，踏查古丝绸之路……作者认为："他是一位科学家、一位地理和文明的发现者，新疆和西藏让他如醉如痴，在这里他找到了毕生的事业，也找到了名垂青史的坚实基点。"⑤

马大正在《认识斯文·赫定，研究斯文·赫定》一文中指出："不管世人如何评说，我以为斯文·赫定一生的探险生涯，有两件事是值得大书特书的。这就是：楼兰古城的发现和与中国进行的科技合作。""斯文·赫定向往中国悠久、灿烂的文明，热爱新疆的山山水水，他的'中国情结'终其一生从未消退。正如当有人问他为什么终身未婚时，他回答道：'我已经和中国结了婚！'""我想，认识斯文·赫定，不要忘记他所处的时代；研究斯文·赫定，应坚持实事求是的态度，该批判的批判，该肯定

---

① 《地学杂志》第 16 卷第 2 期，1928 年；第 17 卷第 1、2 期，1929 年。
② 《地学杂志》第 17 卷第 2 期，1929 年。
③ 邢玉林、林世田：《探险家斯文·赫定》，吉林教育出版社 1992 年版，第 5 页。
④ 中国民族摄影艺术出版社 2002 年版。
⑤ 姜继为：《斯文·赫定探险记》，上海三联书店 2009 年版，第 2 页。

的肯定。"①

有关评议和研究斯文·赫定的论文还有：尹泽生《斯文·赫定和他在我国新疆西藏地区的地理考察》②，梅邨《斯文·赫定在中国西北的四次探险考察》③，林世田编译《斯文·赫定与中亚探险》④，房建昌《斯文·赫定在西藏的活动》⑤，1992年在乌鲁木齐召开的"西域考察与研究"国际学术讨论会上学者提交的论文中涉及斯文·赫定探险生涯和成就的有：王淑梅《斯文·赫定与中国新疆》、[美]包森《斯文·赫定的人文遗产》、[瑞典]罗森《斯文·赫定中亚抄本及刻本收藏品概述》、[瑞典]沃尔特斯特《斯文·赫定的民族学收藏品》⑥ 等。

4. 对英国探险家斯坦因研究

巫新华《斯坦因》⑦ 是中国学者撰写的第一部斯坦因的学术传记。作者是中国社会科学院考古研究所研究员，在主持新疆考古发掘同时，致力于"汉译20世纪国外西域考古探险经典学术著作"工作，是斯坦因中国西部考古探险学术报告的翻译者和翻译工作的组织者，他的工作团队已完成了《古代和田》（第一次考古探险），五卷本《西域考古图记》（第二次考古探险）、《亚洲腹地考古记》（第三次考古探险）等著作的翻译和出版。因此，这本由他执笔的斯坦因传记，篇幅不长，但学术含量却是极高。

王冀青《斯坦因第四次中国考古日记考释》和《斯坦因与日本敦煌学》⑧ 是中国学者研究斯坦因的重要学术著作，前书在本章"中外学者和探险家考察日记和日记体裁文稿的整理和翻译"中已有介绍，后书是作者

---

① 马大正：《西出阳关觅知音——新疆研究十四讲》，上海辞书出版社2013年版，第194、199页。
② 《地理知识》1981年第1期。
③ 《文物天地》1987年第3期。
④ 《中国边疆史地研究导报》1989年第3期。
⑤ 《中国边疆史地研究导报》1990年第3期。
⑥ 上述4篇论文均收录在马大正等主编《西域考察与研究》内，新疆人民出版社1994年版。
⑦ 中国民族摄影艺术出版社2002年版。
⑧ 两书均为"国际敦煌学术丛书"选题，由甘肃教育出版社出版，2004年。

对英国牛津大学藏斯坦因考古档案和日本敦煌学史文献的研究工作。同类著作还有陈国灿《斯坦因所获吐鲁番文书研究》①。陈自仁《殒命中亚——斯坦因探险考古生涯》②和《敦煌之痛：斯坦因在丝绸之路上的探险与盗宝活动》③，是两部文学体裁撰写的斯坦因探险生涯的传记。作者在两本书的后记中均说：斯坦因第一次中国探险之后，人们对他的评价莫衷一是。誉者大捧特捧，毁者一斥再斥。如果冷静地看待人们对斯坦因的评价，就会发现，西方人中，对斯坦因捧者多；中国人中，对斯坦因毁者多。还会发现，很多评价斯坦因的人，包括西方的传记作家，不能把斯坦因放在特定的历史条件下进行评价。从个人的好恶和单纯的民族感情出发评价历史人物，其言论必然失之偏颇。"我试图把斯坦因放在特定历史背景下，反映斯坦因成长、生活的特定环境，表现斯坦因内心世界的多样性，反映斯坦因性格的复杂性"。珍妮特·米斯基《斯坦因：考古与探险》④是一部西方学人撰写的斯坦因传记，书中引用了大量斯坦因的私人档案和信札，本书1977年由美国芝加哥大学出版社出版。这是迄今为止唯一的一部西方学人撰写的斯坦因传记的中译本。

相关论文有：吴金鼎《总论斯坦因三次来华之一切行径》（铅印本），杨建新《斯坦因和我国西北史地研究》⑤，齐陈骏、王冀青《马·奥·斯坦因第一次中亚探险期间发现的绘画品内容总录》⑥，程力、于江《斯坦因四次入新简述》⑦，[英]维尼提亚·波特《斯坦因在新疆收集的伊斯兰钱币》⑧，[英]王海仑《斯坦因从新疆地区搜集的钱币》⑨，王冀青《斯坦因第二次中亚考察期间所持中国护照简析》⑩ 等。

---

① 武汉大学出版社1994年版。
② 甘肃文化出版社2004年版。
③ 甘肃人民美术出版社2011年版。
④ 田卫疆等译，新疆美术摄影出版社1992年版。
⑤ 《西北史地》1983年第1期。
⑥ 《敦煌学术辑刊》1988年第1、2期。
⑦ 《新疆文物》1992年第4期。
⑧ 《新疆钱币》1996年第3期。
⑨ 《西域研究》1997年第3期。
⑩ 《中国边疆史地研究》1998年第4期。

5. 对俄国、芬兰、日本等国探险家研究

俄国的普尔热瓦斯基，芬兰的马达汉，日本的橘瑞超，连同上述的斯文·赫定、斯坦因，在 2002 年，中国民族摄影艺术出版社出版了由马大正主编的"走进中国西部的探险家"丛书中均设有专传。《普尔热瓦尔斯基》由杜根成、丘陵著，《马达汉》由王家骥著，《橘瑞超》由乔玉著，这些都是中国学者撰写的外国探险家的学术传记，应该说具有填补研究空白的学术价值。

有关普尔热瓦斯坦和其他俄国探险家活动的论文还有：马汝珩《普尔热瓦尔斯基与波兹德涅耶夫的侵华活动》[1]，任光和、唐少卿《论普尔热瓦尔斯基在亚洲中部地理研究中的地位和作用》[2]，刘存宽《普尔热瓦尔斯基的"中央细亚考察"及其评价》[3]，王守春《十九世纪下半叶俄国人对塔里木盆地地理考察》[4]，姜伯勤《沙皇俄国对敦煌及新疆文书的劫夺》[5]，黄鸿创《19 世纪末 20 世纪初俄国人在我国西北边疆"考察"活动》[6]，刘存宽《19—20 世纪初俄国对新疆的地理考察》[7] 等。

有关马达汉研究，研究成果主要集中收录在《芬兰探险家马达汉新疆考察研究》[8] 一书中，全书共收录论文 25 篇，分为"马达汉的新疆考察""马达汉新疆考察的历史遗产""马达汉笔下的晚清社会""芬兰的东方学研究"四个专栏。本论集是 2006 年 8 月 20 日至 9 月 11 日由中国社会科学院中国边疆史地研究中心和芬兰赫尔辛基大学主办、新疆社会科学院协办，分别在芬兰赫尔辛基和中国乌鲁木齐召开的"马达汉新疆考察国际研讨会"论文结集。相关论文还有马大正《略论芬兰探险家马达汉的新疆考察》[9] 和

---

[1] 《中俄关系问题》1981 年第 3 期。
[2] 《兰州大学学报》1986 年第 1 期。
[3] 马大正等主编：《西域考察与研究》，第 35—58 页。
[4] 《中俄关系研究会通讯》1979 年第 2 期。
[5] 《中山大学学报》1980 年第 3 期。
[6] 《西北史地》1987 年第 3 期。
[7] 《社会科学战线》1993 年第 2 期。
[8] 马大正等主编：《芬兰探险家马达汉新疆考察研究》，黑龙江教育出版社 2007 年版。
[9] 《中国社会科学院学术咨询委员会集刊》第三辑（2007 年），社会科学文献出版社 2007 年版。

《芬兰探险家马达汉访察卫拉特蒙古述略》①，周轩《俄属芬兰男爵曼纳海姆（马达汉）西域考察中的官员交往》②，刘爱兰、房建昌《芬兰总统麦耐黑姆光绪末年对西北少数民族的实地考察》③。

有关大谷光瑞西域探险研究的相关论文有：马曼丽《大谷探险队与吐鲁番敦煌文化》④，刘进宝《大谷光瑞考察团与中国西北史地研究》⑤，晁华山《清末民初日本考察克孜尔石窟及新疆文物在日本的流散》⑥，〔日〕金子民雄《论大谷探险队——橘瑞超是怎样到达楼兰的?》⑦。研究存放在旅顺博物馆和日本龙谷大学的大谷考察团文物的论文有：王宇、刘广堂《旅顺博物馆所藏西域文书》⑧《旅顺博物馆藏新疆出土文书》（一）、（二）、（三）⑨、王珍仁、孙慧珍《旅顺博物馆藏新疆出土汉文文书概况》⑩，〔日〕小笠原宣秀《龙谷大学收藏大谷探险队带来的吐鲁番出土文书综述》⑪等。

6. 对匈牙利来华探险家的介绍

到新疆探险考察的除大家熟知的英国探险家斯坦因，是匈牙利籍犹太人外，其他匈牙利人物知之甚少。符志良《早期来华匈牙利人资料辑要（1341—1944）》⑫是一本十分有价值的资料书，篇幅不长、内容丰富，共介绍42位在1341—1944年来华的匈牙利人，其中"考察新疆及其毗地区"有四人，他们是：

瓦姆贝利·阿尔明（1832—1913），1863年乔装成当地伊斯兰教云游

---

① 《西部蒙古论坛》2008年第1期。
② 《西域研究》2008年第2期。
③ 《西北民族研究》1993年第1期。需说明，"麦耐黑姆"即马达汉不同译名，他考察时也不是芬兰总统。
④ 《新疆大学学报》1983年第4期。
⑤ 《敦煌研究》1999年第3期。
⑥ 《新疆文物》1992年第4期。
⑦ 马大正等主编：《西域考察与研究》，第122—125页。
⑧ 《西域研究》1992年第2期。
⑨ 《新疆文物》1992年第4期，1994年第1期，1994年第2期。
⑩ 《新疆文物》1994年第4期。
⑪ 《中亚探险》，新疆人民出版社1993年版。
⑫ 世界华文出版社2003年版，布达佩斯。相关记述参阅第58—72页。

僧人，到哈萨克斯坦、乌兹别克斯坦和土库曼斯坦等地，曾到喀什作短暂考察，他考察的主要内容是匈牙利的族源，以及与土耳其各部族的关系。

乌伊法尔维·卡洛伊（1842—1904），1876年、1880年、1881年先后赴中亚、土耳其和英属喜马拉雅山地从事人类学、民俗学、语言学考察与研究。

奥尔玛希·焦尔吉（1867—1933），1900年中亚考察，到伊犁河，汗腾格里地区天山中部高原，1906年第二次中亚考察，在中国北部考察地质、地理、气象、民俗和经济关系。

普林兹·久拉（1882—1973），一生进行二次中亚考察，第一次是1906年5月至1907年1月，主要活动在哈萨克斯坦和吉尔吉斯斯坦东南部地区；第二次是1909年4月至10月，这次由第一次科考地向东进入纳林河谷，再向东到达了塔里木盆地的西缘，并以新疆喀什为基地进行了地质、地貌考察，他是考察天山大峡谷的第一个欧洲人。

另外，《中国边疆史地研究》杂志1992年为配合同年在乌鲁木齐召开的"20世纪西域考察与研究"国际学术讨论会，在第三期刊发了"西域考察与研究"专栏，刊发了4篇学术论文，篇目如次：马大正《20世纪新疆考察述论》，杨镰《斯文·赫定的探察活动及〈亚洲腹地探险八年〉》，邢玉林、林世田《西北科学考察团组建述略》，黄烈《艰辛的历程，丰硕的奉献——黄文弼先生与西北考察》。自此之后，总体上看刊发有关外国探险活动的论文并不多，有如下三篇，录篇名如次，以资备忘：刘进宝《鄂登堡考察团与敦煌遗书的收藏》[①] 和《华尔纳及其敦煌考察团述论》[②]，许建英《拉铁摩尔对中国新疆的考察与研究》[③]。

[①] 《中国边疆史地研究》1998年第1期。
[②] 《中国边疆史地研究》2000年第1期。
[③] 《中国边疆史地研究》2011年第4期。

第十五章

当代中国边疆治理研究[*]

随着中国古代边疆治理研究的深化，中国边疆研究视野的拓展，当代中国边疆治理研究日益为研究者关注，并取得了一系列研究成果，尤其是周平等著《中国边疆治理研究》和陈霖《中国边疆治理研究》推动了这一领域研究的深化。

周平等著《中国边疆治理研究》[①]，全书约55万字，分设十二章，既有边疆治理从古至今纵的回溯，也有对边疆治理中一些重大问题，诸如开发与建设、民族和宗教、发展与稳定、多元文化的协调、民族认同与国家认同、社会管理和控制、周边关系、国际比较，以及边疆治理的转型与重构等的阐论。该书既深入地讨论了边疆治理的若干基本理论问题，又全面地论及了边疆治理中的重大现实问题；既总结了历史上边疆治理的经验教训，发掘了边疆治理的历史资源，又将我国的边疆治理放到国际背景下进行比较和分析；既对当代边疆治理过程进行了梳理和反思，又对边疆治理提出了理论构建、制度构建和实践构建的设想；既进行了学术性的探讨，又寻求改善边疆治理的思路和对策，使理论研究为现实服务，从而构建了一个边疆治理研究的完整体系，开拓了一个新的学科领域。

陈霖《中国边疆治理研究》，全书设九章，计25万字，这是一部以边疆治理为研究对象的学术著作，有很强的现实意义。该书认为边疆地区成为当今中国"内忧外患"的主要地带。"内忧"于边民生活，"外患"于

---

[*] 本章一题至五题由方铁执笔初稿，六题由陈跃执笔初稿，由我增补、修改而成文，特予说明。
[①] 经济科学出版社2011年版。

外部的侵扰。必须基于执政兴国的视角认识边疆治理问题；边疆治理曾经关系到历代王朝的盛衰兴亡，当今则关系到中华民族复兴大业。正如作者在导论的题记中所示："治国须治边，治边亦治国，治边的挑战是对治国的挑战。"徐勇在为该书撰写的序言中指出："本书具有开阔的视野，能够通过吸收他人成果，形成自己独特的看法和创新性观点。如在反思传统'边疆'的过程中，对当今的'边疆'给予了新的界定。"①

一　中国当代的边疆观念及边疆治理研究

我国对于边疆地区的开发和边疆问题的解决古已有之，但正式提出"边疆治理"这一概念，并进行系统论述却是近年来学术界的热点问题。其中，周平《中国的边疆与边疆治理》②《中国的边疆治理：族际主义还是区域主义》③《论我国边疆治理的转型与重构》④《陆疆治理：从"族际主义"转向"区域主义"》⑤等文章中，率先提出了"边疆治理"这一概念，并对我国边疆治理的概念、价值取向、战略等问题进行了系统性的论述，这对于我国边疆治理研究具有开创性的意义。周平认为，边疆治理是国家运用政权的力量，动员其他社会力量，运用国家和社会的资源，去解决面临的边疆问题。由于中国的边疆同时也是少数民族生活的区域，因此，边疆治理就存在着两种价值取向：以处理族际关系为主的治理是"族际主义"取向的治理和以处理边疆区域性问题为主的治理则是区域主义取向的治理。秦统一中国到 18 世纪中叶的边疆治理，基本上是"族际主义"的治理。18 世纪中叶以后，区域主义的边疆治理逐步形成。中华人民共和国成立以来的边疆治理，则采取了"族际主义"的方式。今天，随着边疆形势的变化和边疆问题的转型，边疆治理应该构建一种区域主义的治理模

---

① 云南人民出版社 2011 年版。
② 《政治学研究》2008 年第 2 期。
③ 《思想战线》2008 年第 3 期。
④ 《云南师范大学学报》2010 年第 3 期。
⑤ 《国家行政学院学报》2015 年第 6 期。

式，增强自身的效能。同时周平总结了当代中国边疆治理的基本特点：陆疆主义、"族际主义"和一元结构。针对当前我国边疆治理面临的挑战，提出了我国边疆治理的转型与重构，包括理论重构、制度重构和实践重构三个方面。在改革开放后的新发展形势下，陆地边疆治理的"族际主义"取向与国家治理及发展的不适应性也愈加突出，将陆地边疆治理的价值取向由"族际主义"转向"区域主义"，就成为必然的选择。

边疆观是有关边疆的性质、地位、意义的较为稳定的认识，对边疆的界定和边疆治理的实践发挥着根本性的影响。作为对国家治理具有重要影响意识形态，边疆观往往成为政治文化的重要组成部分。周平《中国边疆观的挑战与创新》一文认为，中国形成于两千多年前并在长期历史过程中积淀了丰富内容的传统边疆观，在长期的历史过程中发挥了重要的作用，但今天却面临着严峻的挑战，甚至成为国家构建适应形势发展需要的边疆战略的制约因素。因此，中国须对边疆观进行更新，进而构建适应国家发展要求的新边疆观。[1] 方盛举《新边疆观：政治学的视角》认为，今天的中国已经站在一个新的历史时期，在"国家治理—跨境区域治理—全球治理"进行整合的时代，必须以新眼光、新思路来提出新的边疆观，即"边疆就是国家治理中国家权力存在管控风险的边缘性区域或领域。"新边疆观要求把边疆的政治性和行政性、边缘性和一体性、特殊性和一般性、实体性和建构性、历史性和现实性等统一起来。[2] 许建英《"一带一路"倡议与中国新边疆观》则指出，"一带一路"倡议意味着新边疆观的形成，新边疆观建立则意味着中国疆域内进入完全一体化的新时代。[3]

邢广程《新时代中国边疆治理的新思路》[4] 指出，党的十九大为我国新时代背景下的边疆治理提出了一系列新思路、新理念和新方式，为我国边疆治理体系和治理能力现代化，以及我国边疆的安全、稳定和发展提供了政治遵循。新时代，我国边疆地区与全国其他地区一样，其主要矛盾表现为人民日益增长的美好生活需要和不平衡不充分的发展之间的矛盾。新

---

[1] 《云南师范大学学报》2014 年第 2 期。
[2] 《新疆师范大学学报》2018 年第 2 期。
[3] 《云南师范大学学报》2018 年第 5 期。
[4] 《边界与海洋研究》2018 年第 2 期。

时代，中国要着力加快边疆发展，确保边疆巩固、边境安全；探索民族团结的新方法和新途径；坚决打击暴力恐怖活动、民族分裂活动和宗教极端活动，有效维护国家安全；坚持"一国两制"，维护祖国统一；坚持陆海统筹，加快建设海洋强国。

陈霖在《中国边疆治理研究》[①] 一书中，赋予了中国边疆九种含义，"地理意义上的边疆、历史意义上的边疆、民族意义上的边疆、宗教意义上的边疆、认同意义上的边疆、陆权意义上的边疆、海权意义上的边疆、发展意义上的边疆、国防意义上的边疆"，对中国边疆问题的范围给出一个新界定，解析出"边疆民族问题、边疆宗教问题、边疆认同问题、边疆陆权问题、边疆海权问题、边疆发展问题、边疆防卫问题"七个方面的问题。对中国边疆治理的模式，倡导实施"族际主义与区域主义并重、族群主义与国家主义并重、梯度主义与地缘主义并重、微观主义与宏观主义并重、统治主义与治理主义并重"五个并重模式。罗崇敏在《中国边政学新论》[②] 一书中，以我国边疆地区经济、政治、文化、社会建设为主要研究对象，试图建立关于边疆地区以人为本的经济、政治、文化、社会的管理和发展及其规律的学科。研究内容具有人本性、理论性、实践性、系统性、创新性等特点。对指导边疆地区的发展、管理有着积极作用。

吴楚克在《中国边疆政治学》[③] 一书中，从政治学和历史学的角度入手，在借鉴国外的政治学、社会政治学、人类学和边疆历史研究方法的基础上，分析了封建国家意识与传统边疆政治、近代民族民主思想与边疆政治意识的关系；对边政与台湾"边政"进行了研究；阐述了中国边疆政治制度，边疆政治战略与战略思想；论述了新发展观、新安全观与边疆的安全防御问题；对边疆防御与民防、中国边防体制的发展与未来等问题进行了探讨；揭示了苏联边疆民族理论与联邦制的利弊；最后对中国共产党民族区域自治理论与边疆治理问题进行了探索。

张植荣在《中国边疆与民族问题：当代中国的挑战及其历史由来》[④]

---

① 云南人民出版社 2011 年版。
② 人民出版社 2006 年版。
③ 中央民族大学出版社 2005 年版。
④ 北京大学出版社 2005 年版。

一书中，从历史与现实、理论与实践两个相结合的视角，对当代中国边疆与民族问题的历史由来及其在全球化时代出现的新特点予以探索。对我国当前面临的主要民族问题以及海疆问题的探讨，深入浅出。

值得学界注意的是，马大正先生主编的"中国边疆治理丛书"是一套关于中国边疆治理历史与现状贯通式研究的重要学术丛书，由湖南人民出版社在 2015 年出版。该套丛书包括马大正《中国边疆治理通论》、周卫平《中国新疆的治理》、许建英《中国西藏的治理》、孙喆《中国东北边疆的治理》、宝音朝克图《中国北部边疆的治理》、孙宏年《中国西南边疆的治理》、刘俊珂《中国海疆的治理》。

除综合性的研究之外，许多学者也从不同角度探讨了当代中国的边疆治理问题。边疆地区的开发与经济发展是边疆治理的重要问题，对于东北、西北、西南等地区开发的研究，均有一定的研究成果。王鹏安《中国东北边疆经济优势与再度开发战略构想》[1]，蓝勇《西部开发史的反思与"西南""西北"的战略选择》[2]，杨才林《20 世纪中国西北开发思想的比较》[3] 等。

周平关注了边疆治理中的认同问题。在《边疆治理视野中的认同问题》[4] 一文中指出，在边疆地区，民族认同与国家认同的联系是不可分割的。两种认同的关系问题，尤其是国家认同在两种认同关系中的地位问题，是典型的边疆问题。因此，在边疆治理的过程中，必须处理好两种认同的关系，尤其是要维护和巩固国家认同的优先地位。这就是边疆治理中的认同整合。认同整合的关键，是强化边疆少数民族的国家认同，建立有利于多民族国家稳定和统一的认同关系结构。

非传统安全是边疆安全的重要问题。何跃《冷战后中国西南边疆的安全困境与安全治理》[5] 一文中认为，冷战后，中国西南边疆的安全环境发生了根本性变化，安全因素从过去的军事对抗向传统安全与非传统安全相

---

[1] 《边疆经济与文化》2004 年第 1 期。
[2] 《西南师范大学学报》2001 年第 5 期。
[3] 《甘肃社会科学》2006 年第 4 期。
[4] 《云南师范大学学报》2009 年第 1 期。
[5] 《云南师范大学学报》2007 年第 5 期。

互交织的综合安全领域转化，安全问题也从过去的单维度向多维度转化，军事安全威胁的因素大大降低，而非传统安全威胁的因素不断加大。各种跨国犯罪不断冲击着边疆安全，使西南边疆预防跨国犯罪和毒品走私的成本在不断增加，边疆安全的脆弱性不断凸显，西南边疆正面临着前所未有的安全困境和安全压力。如何应对西南边疆的安全困境和有效治理边疆安全环境已是当务之急。关于边疆安全，徐黎丽主编《中国边疆安全研究》（1、2、3）[1] 以年刊的方式，出版关于中国边疆安全的理论与实践的相关研究文章。

学者对不同边疆地区的治理也有不少专著和论文，如罗彩娟、徐杰舜、罗树杰著《中国西南边疆治理模式研究》[2]，马黎晖《协商民主：新疆治理现代化的制度基础》[3]，王立胜、杜武征《新疆治理实践的过程论审视》[4]，秦中春《治疆逻辑：新疆的长治久安和现代化治理研究》[5]，宋月红《当代中国的西藏政策与治理》[6]，方盛举主编《当代中国陆地边疆治理》[7]，李玉伟《建国初期统一内蒙古行政区划的决策及其实施》[8]，丁志刚、侯选明《政治学视野中的西北地区治理研究》[9]，杨纪英《西部边疆建设的理论与实践》[10]，张云《和平解放西藏与中央治藏政策的理论和实践》[11]，卢光盛《地缘政治视野下的西南周边安全与区域合作研究》[12]，鲁刚等《社会和谐与边疆安全》[13] 等。

从学界对当代中国边疆与边疆治理的研究看，既有总揽性的研究，也

---

[1] 社会科学文献出版社 2015、2016 年版。
[2] 黑龙江人民出版社 2014 年版。
[3] 中央编译出版社 2015 年版。
[4] 中国社会科学出版社 2016 年版。
[5] 中国发展出版社 2017 年版。
[6] 人民出版社 2011 年版。
[7] 中央编译出版社 2017 年版。
[8] 《中国边疆史地研究》2008 年第 1 期。
[9] 兰州大学出版社 2011 年版。
[10] 科学出版社 2011 年版。
[11] 《中国边疆史地研究》2011 年第 1 期。
[12] 人民出版社 2012 年版。
[13] 中国社会科学出版社 2011 年版。

有针对具体问题的研究，研究的领域在不断拓展和细化。宏观上，国家层面的统摄性的边疆治理体系的研究还略显不足；微观上，新型的边疆问题的研究有待加强，如"利益边疆""心理边疆""数字边疆"等。

二 边疆的民族、宗教与边疆稳定研究

从中国的边疆及边疆治理理论的角度来看，直接影响边疆稳定的边疆民族问题、宗教问题，是十分值得关注的。民族问题实质上就是民族间的差别而产生的矛盾问题；宗教问题同样如此。我国民族的宗教性和宗教的民族性，导致民族问题和宗教问题常常交织在一起，呈现出异常复杂的格局。周平《我国的边疆与边疆治理》①认为："民族问题是边疆问题的核心，是主要矛盾。"民族问题及与紧密联系的宗教问题，对边疆稳定具有重大影响。从边疆稳定的角度来看，以下几个问题的研究都可纳入边疆治理研究的范畴。

（一）民族、宗教问题产生的根源研究

我国民族、宗教问题客观存在，并呈现复杂化发展趋势，其内部与外部的主要原因是：

从外部来说，首先，1991年苏联解体所刺激出来的民族主义思潮严重泛滥。在开放的格局下，我国难免会受到冲击；其次，西方敌对势力对我推行"分化"和"西化"战略。丹珠昂奔在《认识主要矛盾，抓住主要矛盾，解决主要矛盾》②中认为"帝国主义亡我之心不死，从苏联东欧事变以后，西方资本主义将民族问题作为颠覆、分化中国的一个重要突破口"。从内部来说，以市场化为导向的现代化进程导致族群间利益分化越来越严重，同时民族意识也随之增强，民族间的各种矛盾问题不断滋生。

民族间的发展差距持续扩大。方盛举《影响边疆民族地区社会政治稳

---

① 《政治学研究》2008年第2期。
② 《中央民族大学学报》1998年第2期。

定的主要因素分析》①认为："自改革开放以来，发展差距问题是我国民族问题的主要内容，少数民族和民族地区迫切要求加快发展和自身发展能力不足的矛盾是当前我国民族问题中的主要矛盾。"温军、胡鞍钢在《云南地方干部问卷调查分析报告》②也指出："民族地区最基本的矛盾是城乡发展差距持续扩大。""民族地区面临最突出、最大的挑战是人类贫困。"各级政府在处理民族、宗教问题时存在着缺陷或者失误。方盛举教授认为长期偏重于情感主义的治理取向，而忽视规制主义取向；周平教授认为偏重于"族际主义"的治理取向，而忽视区域主义取向。

边疆民族心理认同的差异化。赵璇、高静文在《边疆民族心理是边疆社会稳定的深层因素》③一文中指出，边疆民族心理是边疆社会稳定的深层因素，必须关注边疆民族的心理承受能力，淡化民族自我意识，用正确的舆论引导民族认知，建立民族心理的疏导机制，才能维护边疆的社会稳定。

（二）民族、宗教问题的主要表现

分裂主义、宗教极端主义、国际恐怖主义。郝时远《民族分裂主义与恐怖主义》④认为："民族分裂主义是民族主义极端性的产物，与暴力恐怖主义具有天然的联系。当代民族分裂主义是对民族国家的误读和民族自决权滥用的结果。"三种势力相互勾结，利用某些民族、宗教矛盾和民众情绪进行暴力恐怖活动，目的是分裂国家。

大汉族主义与地方民族主义。常开霞《民族利益协调：国家的抉择》⑤中认为，大汉族主义表现在：歧视少数民族，忽视少数民族在国家建设中的作用；不尊重少数民族的意见、建议和要求，忽视少数民族的特点，甚至否认民族差别；不尊重少数民族的风俗习惯、语言文字和宗教信仰，甚至歧视和侮辱少数民族；不尊重少数民族的平等权利。地方民族主义表现

---

① 《思想战线》1999年第5期。
② 《民族研究》2002年第3期。
③ 《西北民族研究》2010年第3期。
④ 《民族研究》2002年第1期。
⑤ 《中央民族大学学报》2011年第3期。

在：保守狭隘，故步自封，企图在本民族地区范围内闭关自守，盲目排外；不适当地强调本民族本地区的局部利益，忽视整体利益；排斥汉族干部和群众等。

民族分离主义。王建娥《民族分离主义的解读与治理》① 中认为："民族分离主义是发生在以民族国家为基本政治单位的现代世界体系中的一种政治诉求，是要求民族边界与国家边界完全一致的民族主义理念的特殊表现。"

宗教民族主义。钱雪梅《宗教民族主义探析》② 认为，它是宗教与民族主义连接、融合的产物，是潜在的宗教认同和民族/国家认同的资源在特定情境中动员起来的产物。宗教民族主义者借用宗教的力量来谋求世俗利益，或者给现实目标和行为罩上神圣的光环。

民族冲突。杨仁厚《我国民族冲突研究的现状及其存在的问题》③ 指出，"民族冲突是指与民族因素有密切关系、由某个或某些民族从事的、以非法和平手段或者暴力手段进行的、旨在破坏或改变现有政治体系或现有政治体系之一部分的活动。"

边疆民族对中华民族及中华文化认同的淡化。赵彦飞在《当前边疆稳定中的民族虚无主义思潮防治》④ 文中指出，当前民族虚无主义思潮的实质集中表现在：全盘否定中国传统文化，鼓吹只有"殖民地救中国"的谬论，否定中华民族有存在和发展的理由，全盘否定中华民族的优秀性。"这些论调为西方敌对势力'西化'、'分化'中国的政治图谋，以及'疆独'、'藏独'等分裂势力提供了思想理论基础，严重影响到国家统一，侵蚀各民族间融合团结，造成社会的思想混乱，同时，为国内外敌对势力破坏边疆稳定而提供可乘之机。"

（三）民族、宗教问题对边疆稳定的影响

影响边疆各族人民间的团结。当前，边疆地区存在的民族意识增强，

---

① 《民族研究》2010 年第 2 期。
② 《民族研究》2007 年第 4 期。
③ 《贵州民族研究》1997 年第 1 期。
④ 《贵州民族研究》2014 年第 8 期。

利益纷争加剧,宗教信仰自由得不到尊重等问题,都会导致各族群众间产生心理和情感上的对立,甚至演化为民族宗教冲突。如中共新疆维吾尔自治区委组织部课题组《关于正确认识和处理新形势下新疆宗教问题的调查报告》[1]认为,在新疆"不少人对不信教者采取'六不主义',即'见面不握手,有病不看望,有事不帮忙,过节不拜访,死后不送葬,相互不结亲'"。

影响边疆的政治稳定。边疆地区和发达地区之间存在着巨大的"知识鸿沟""数字鸿沟""经济发展鸿沟",这逐渐会演化为"族群鸿沟"。方盛举教授认为这种趋势如果得不到扭转,必然形成政治动荡的导火索。周平在《边疆多民族地区政治文明建设的重大问题分析》[2]中认为,"较大规模的民族矛盾和冲突一旦生成,就会危及现有的政治行为,酿成政治不稳定"。

制约边疆的经济社会发展。在边疆地区,保守思想影响较普遍,原始平均主义观念影响太甚;缺少开拓创新、勇于竞争精神,"等、靠、要"思想严重;宗教对人们的日常生活和基层政权建设的干扰非常大,如很多群众把大量资源投入宗教活动中,严重制约了物质生活的改善和经济的正常发展。

损害国家的统一。西方反华势力一直对我国推行"西化""分化"战略。方盛举教授《影响边疆民族地区政治稳定的主要因素分析》[3]认为:"他们实行的所谓'分化'战略中,一个重要方面就是以民族问题和宗教问题为突破口,想方设法挑起民族矛盾和宗教矛盾,制造民族分裂。"西方国家利用西藏问题、新疆问题等,不仅在舆论上,而且在经济上公开支持分裂分子的分裂国家的活动。

影响边防巩固。我国有30多个跨境民族,与境外同民族有着天然而密切联系,很容易被国外的敌对势力利用,严重威胁着我国的边防巩固。郭家骥《云南的民族宗教问题与和谐社会建设》[4]认为,有的邻国在其边

---

[1] 《马克思主义与现实》2001年第2期。
[2] 《思想战线》2006年第5期。
[3] 《思想战线》1999年第5期。
[4] 《贵州民族研究》2005年第6期。

境地区实施优惠的经济政策和社会政策，使我方边民对我国产生疏离，出现了大量边民外迁事件。另外，外来宗教渗透和邪教传播。在很多边境地区，由于我方宗教从业者学识不高，宗教自养能力有限，作用发挥不足，造成外来宗教对我方群众更有号召力。最后，外来分裂势力的渗透，一些分裂分子经常入境鼓动边民外迁，同时还利用民族语广播、音像制品、印刷品等加大对我国边境地区的分裂活动。

三　中国战略利益与利益边疆问题研究

国际关系研究将注意力转至边疆的根本原因在于，国家行为体在国际体系中各种行为的推动力即国家利益的延伸和扩展。这种延伸和扩展带来两个效应：一是原本与首都很遥远的边疆事务越来越紧密地与国家利益联系在一起；二是边疆概念也随之延伸和扩展，出现了一些新的对边疆的认识。邢军东《特纳的边疆学说及其对我国沿边地缘政治经济研究的启示》[①]认为，弗里德利克·J. 特纳的"边疆学说"提高了边疆在美国国家战略中的地位。

国际关系研究中，最为核心的概念非主权与国家利益莫属。主权概念自布丹提出以来，其内涵随时代不同发生了许多变化。朱听昌、刘菁《争夺制天权：美国"高边疆"战略的发展历程及其影响》[②]认为，在陆权时代，边疆就是陆疆，而到了海权时代，边疆拓展到了海疆，到了空权时代，边疆则延伸到领空。而航空技术的发展，则使边疆延伸到了高边疆。全球化背景下，主权被削弱、被让渡，民族国家再难以坚持传统意义上的主权。于沛在《从地理边疆到"利益边疆"——冷战结束以来西方边疆理论的演变》[③]认为，边疆和边界的认识从传统的、有形的地理疆域拓展到无形的利益边疆，这是一个不可逆转的事实。国家利益指一切满足民族国

---

① 《社会科学战线》2006 年第 6 期。
② 《军事历史研究》2004 年第 3 期。
③ 《中国边疆史地研究》2005 年第 2 期。

家全体人民物质与精神需要的东西，包括国家的生存、安全与发展，国际社会的尊重与承认。在主权与国家利益的关系方面，阎学通在《中国国家利益分析》①一书中认为，两者不能画等号，国家利益高于主权，维护主权的目的在于维护国家利益。无论我们认为主权是固定不变的，还是认为主权是不断演变的，甚至是认为主权正逐渐消亡，认识到国家利益高于国家主权这一点非常重要。

中国面临的战略形势对中国的利益边疆有着重要的影响。唐世平、张蕴岭《中国的地区战略》②，对中国的周边战略形势的看法是，亚洲是中国所有的国家利益（安全、经济和政治）都同时存在的唯一的一个地区。在东南亚，东盟国家与中国的互动削弱了而不是加剧了它们间的安全困境。在东北亚，中国已经与俄罗斯、韩国、蒙古国迅速推进了关系，并成功改善了有些疏远的中朝关系，并在国内存在反对意见的情况下努力发展对日包容和共存关系。在南亚，随着两国贸易的快速增长，中印两国将有可能找到共同利益的交会点，从而为相互和解做出更大的努力。此后，张蕴岭在《构建中国与周边国家之间的新型关系》一文中认为，中国面临的战略环境有这么几个方面：一是大国关系的调整，二是中国与邻国间的经济相互依赖程度加深，三是地区合作迅猛发展，四是非传统安全的威胁，五是区域内热点问题仍然具有很大的不确定性，六是中国威胁论泛起。马小军、高祖贵《世界变局中的中国国际战略》③认为，综合国力和国际影响力的快速提升，使得中国在大国关系的变动中不仅处于总体有利的地位，而且牵动作用日益凸显、主动塑造的空间不断扩展。中美之间的战略保障机制正日益成熟。但在新兴国家与发达国家之间的博弈日益激烈的背景下，亚太地区由于缺失国际安全机制，面临着逐渐显现的现实风险和潜在危机，东亚安全存在不稳定和不确定的因素。

在此背景下，秦亚青《国家身份、战略文化和安全利益》④认为，中国对安全利益的理解，经历了从高度关注政治安全和军事安全到加强对经

---

① 天津人民出版社 1996 年版。
② 《世界经济与政治》2004 年第 6 期。
③ 《当代世界》2012 年第 1 期。
④ 《世界经济与政治》2003 年第 1 期。

济安全的重视；从高度关注核心安全利益到加强对非核心、非传统安全的重视。马小军等《世界变局中的中国国际战略》①认为，中国的核心利益包括三个方面：一是保持国体、政体和政治稳定；二是维护主权安全、领土完整和国家统一；三是保障经济社会的可持续发展。门洪华《中国国家战略利益的拓展》②认为，中国的国家利益包括经济利益、政治利益、安全利益、社会利益和国际利益五个方面，其中，经济利益、政治利益和安全利益构成国家战略利益的基本核心。中国的国际环境和中国同其他国家的实力对比关系是影响中国国家战略利益的客观因素，它在一定意义上规定了中国国家战略利益的外在限制范围。唐永胜、李冬伟《国际体系变迁与中国国际安全筹划》③指出，国际政治从来没有像今天这样复杂，系统效应日益突出，因果关系错综交织。国际体系变迁可为中国的崛起提供新的条件，同时也构成巨大挑战。中美关系仍将是影响中国与国际体系调整彼此关系基本走向的最重要因素。要实现民族复兴并为世界的和平和进步作出应有贡献，在根本上须避免急功近利，要审时度势、扎实积累、顺应国际政治的发展方向，在历史演进大势之下谋求国家的长治久安。中国的战略选择必须在传承与创新之间寻求平衡，必须立足于现实筹划未来。2016年以来国际局势跌宕起伏，英国脱欧、特朗普当选以后采取诸多"美国至上"的单边主义举动，这反映出世界思潮、大国政治以及国际战略格局和世界秩序正经历着重大而又深刻的调整。冯玉军《国际格局、世界秩序新变化与中国战略选择》认为，"建设性参与"将是中国发挥"负责任大国"作用、推动既有国际体系向更合理方向演化的基本指针。④潘蔚娟《中美核心国家利益之比较》⑤认为，中国的核心国家利益有：（1）维护国家发展利益，促进经济社会全面、协调、可持续发展，不断增强综合国力；（2）制止分裂，促进统一，防备和抵抗侵略，捍卫国家主权、领土完整和海洋权益；（3）奉行独立自主的和平外交政策，坚持互信、互利、平

---

① 《当代世界》2012年第1期。
② 《战略与管理》2003年第2期。
③ 《世界经济与政治》2014年第12期。
④ 《学习时报》2016年12月19日第3版。
⑤ 《国际资料信息》2006年第9期。

等、协作的新安全观，争取较长时期的良好国际环境和周边环境；（4）审慎且量力而行地做国际社会中负责任的大国。门洪华、钟飞腾《中国海外利益研究的历程、现状与前瞻》①认为，中国国家利益观念尚需创新，相关战略手段尚需丰富，开展中国海外利益的评估，系统性论述中国海外利益。凌胜利《双重协调：中国的周边安全战略构建》②认为，针对涉及不同利益层次的周边安全问题，中国可以采用"大国协调"和"制度协调"并进的思路，单一或综合运用政治、经济、军事和社会等手段，最终推动中国周边地区形成较低程度的周边安全共同体。

杨成《利益边疆：国家主权的发展性内涵》③认为，利益边疆是"判定主权国家之间或与其他行为主体之间利益划分的界限和范围"，它是相对于领土边疆而言的，更多的是在全球化时代凸显出来的概念。利益边疆包括了国家的政治和意识形态边疆、经济边疆、文化边疆和信息边疆以及安全边疆。在维护国家利益和国家安全方面，利益边疆和传统的地理边疆一样，具有同等重要的意义。对中国来说，对利益边疆的追求最为重要的是更新国家安全观念，实现理念上的认同。于沛《从地理边疆到"利益边疆"——冷战结束以来西方边疆理论的演变》④认为，从国家安全的角度来看，使自身的"利益边疆"远远大于"地理边疆"更为有利。朱碧波《论中国利益边疆的当代困境与安全建构》⑤指出，利益边疆的浮现，迫切要求中国调整军事战略，尤其是海洋战略要从"近海防御"走向"近海防御与远洋护航相结合"。然而，中国军事战略的转型，又导致西方国家和周边国家的战略误判和战略围堵，进一步掣肘中国利益边疆安全的建构。鉴于此，我们必须突破利益边疆建构中的安全困境，不断创制中国风格的利益边疆安全理论，确保中国利益边疆安全的实践建构。

利益边疆这一概念试图回答的是国家利益的范围问题。但是，不但传统观念下的国家利益有边疆，而且越来越多的非传统安全问题，比如疾

---

① 《外交评论》2009年第5期。
② 《国际安全研究》2018年第1期。
③ 《现代国际关系》2003年第11期。
④ 《中国边疆史地研究》2005年第2期。
⑤ 《创新》2016年第2期。

病、毒品、生物、资源、能源、信息和恐怖主义等，均涉及利益边疆的问题。如何界定这些利益的边疆已成为当前研究的重要问题。

四 地缘政治与中国边疆安全研究

地缘政治学关心地理这一空间因素对政治权力的影响，即一国的位置及其与他国的距离是决定其行为的关键因素。地缘政治状况是国际关系中国家行为体采取各种行动的一个重要限定因素，它为国家行为体提供一种结构。这种结构既包括客观存在的自然和社会的环境，也包括国家行为体的决策者对其所处的自然和社会的环境的认知。尽管核武器和现代的交通技术使得地理位置的重要性有所下降，国家的中心与边缘地区的差别缩小，但对自然资源控制权的争夺依然深刻地影响着国际关系。

近年来，国内的学者越来越关注中国的地缘政治形势对中国安全的影响。中国的边疆既包括陆疆又包括海疆，这是当前人们已经形成的普遍共识。以此为基础，近年来在学者间发生的一个主要的争论是，中国应该成为一个陆权大国还是应该成为一个海权大国。

对比历史上各大国的兴衰，相当一部分学者认识到控制海洋的重要性，纷纷呼吁中国应走向海洋，建设能进入深海的舰队，成为海上强国。张世平《中国海权》[①]、张文木《论中国海权》[②]等著作认为，海权是中国成为世界大国的一个重要标志。这部分学者立论的基础，一是西方强国崛起的历史和中国曾遭受海洋强国侵略的历史；二是今天中国面临的复杂的海上安全形势。詹姆斯·多尔蒂也认为南中国海的南沙群岛是世界上为数不多的"地缘政治巨变中心"之一。困扰这些学者的问题是，为什么中国的海上安全形势没有随着国家的发展而改善，为什么我们在陆地方向能够与大多数邻国解决领土争端和划界问题，而在海洋方向却难有突破？王宝

[①] 人民日报出版社2009年版。
[②] 海洋出版社2009年版。

付《时代呼唤中国海权意识的觉醒》①认为，对海洋的认识、对海权的理解，滞后于海洋时代与国家发展的需求是上述问题的一个答案。对海权的理论上的倡导与中国海军的现代化进程以及航空母舰的建造现实交相呼应，在一定意义上形成了今天主流的意见。

然而，也有学者持不同意见。徐弃郁《海权的误区与反思》②，指出了海权观念的几个误区：一是海权决定历史，其功能是独一无二的，在实践和理论的相互印证中，海权的地位远远超过了陆权，甚至在一定程度上也超过了制空权。二是全球化要求国家有更多的国际市场和资源，有了海权就可以为之提供安全保证。三是大国必须夺取海权，否则其发展是没有前途的。四是海上力量的发展可以分享霸权国的海权，这是与霸权国形成真正平等的"朋友关系"的基础。徐弃郁认为，在海权崇拜的观念背后折射出来的是对利益的"绝对安全"，安全的"绝对自助"和实现安全的"绝对手段"的错误逻辑。一个后起大国的海权应服务于国家的战略，而不是反过来。叶自成《陆权发展与大国兴衰》③一书指出，在中国的地缘政治理论与实践中不仅存在着轻陆权重海权的倾向，而且在陆权的研究中又存在着重控制权轻发展权的倾向。叶自成、慕新海《对中国海权发展战略的几点思考》④认为，中国只能定位为建设具有强大海权的陆权大国。而且，只有不以制海权的控制为目的，不以排他性的控制海上交通要道为目的，不以使用武力来争夺海上资源为目的，也不以使用海上军事力量强迫他国接受中国的意志为目的，而以维护中国的合法的合理的海洋空间中的国家利益为目的的海上力量发展策略才有可能做到，在海权发展与中国和平崛起的关系上，中国海权的发展并不构成导致冲突并阻碍中国和平崛起的结构性因素。上述观点也受到其他学者的质疑。倪乐雄《从陆权到海权的历史必然》⑤认为，获得强大海权的陆权帝国的影响力和寿命要远远超过没有海权的陆权帝国。两次世界大战的经验表明，海权对陆权具有绝对的优

---

① 《王宝付讲稿自选集》，国防大学出版社2014年版。
② 《战略与管理》2003年第5期。
③ 新星出版社2007年版。
④ 《国际政治研究》2005年第3期。
⑤ 文汇出版社2011年版。

势，掌握制海权的一方可在世界范围调动各种资源来压垮坚持陆权战略的一方。

李义虎《地缘政治学：二分论及其超越》[①]一书中认为，上述争论是地缘政治研究中二分论的一个表现。他认为应该超越这样一种思维模式，中国的地缘政治战略应海陆统筹，平衡海权与陆权的关系，但首先应保持强大的陆权，然后才是发展强大的海权。王湘穗《倚陆向海：中国战略重心的再平衡》[②]指出，"制空权、制天权、制信息权等多种新的制权已经打破了由海权和陆权主导的平面世界"，"中国应根据安全威胁和经济发展需求适时顺势地调整国家战略重心，采取陆海均衡的地缘战略"。其他一些学者也没有做非此即彼的选择，他们根据中国不同方向上面临的问题，分别提出不同的地缘选择方案。比如，王正毅《21世纪中国的地缘发展战略》[③]论述了传统的东亚地区和新兴的亚太地区在地缘上对中国构成的挑战及中国的应对策略。

上述的争论与调和，并没有完全澄清陆权与海权之间的联系与区别，比如，发展海上力量的大陆国家要在什么程度上才可以称为海权大国？更为重要的是，正如学者承认的那样，无论是选择海权还是选择陆权，都要与国家的发展战略保持一致，而中国最重要的战略是什么？此外，对中国这样一个大国来说，外向型经济是否具有可持续性也存在疑问，因此，以之作为要求海权的根据也难以让人信服。对这些问题均还有待于进一步的探讨。同时，中国迅速崛起而发生的中国地缘政治格局对中国边疆地区的影响的研究也需要进一步深入。

笔者认为，从地理上观之，我国是负陆面海、陆海兼备的国家，但从治陆权或制海权的"二元化"去论述我国的地缘政治与边疆安全均是有所欠缺的。我国独特的疆域地理形势，决定了我国边疆安全战略必须是陆海统筹，陆海兼顾，二者不可或缺。我国古代之所以尤为重视陆地边界防御，是因为辽阔的大海本身就是天然的海疆防御屏障。可是自人类进入蒸

---

① 北京大学出版社2007年版。
② 《现代国际关系》2010年第1期。
③ 《南开大学学报》1999年第6期。

汽时代后，人类可以驰骋海洋，原本的海洋安全屏障却成为外敌舰船肆意入侵的"坦途"，这自然就会引发海权的关注。此外，随着航空器的大范围运用，空权也跨域了陆权和海权而成为边疆安全立体化的第三极。从历史发展角度看，自人类步入工业化以后，我国的边疆安全从传统的王朝边疆安全，逐渐被动式卷入世界政治大变局之浪潮中，且与国际局势变动的关系越加密切，"中国边疆问题国际化"趋势越加明显。近年来，某些大国以"维护地区力量平衡"的借口，不断以间接或直接手段，插手我国边疆问题，使得我国的边疆安全建设面临更大的外部压力。

中国边疆与周边国际环境关系极为密切。中国崛起不仅离不开迅猛发展和不断变化的世界，而且会深刻影响着世界的发展和变化；中国崛起不仅离不开周边国际环境，而且也会深刻影响着周边国际环境。需要指出的是，在中国崛起的进程中，与周边国际环境相关联，中国边疆——无论是陆疆还是海疆——都出现了一系列的新情况和新因素，需要我们高度关注。刘鸣主编《中国周边地缘环境新趋势——理论分析与战略应对》[①]认为，近年来，中国的周边地缘环境发生了重要变化，美国全球战略重心向亚太转移，包括朝核、领土主权争端等各种传统安全议题与金融危机、地区经济合作、恐怖主义等非传统安全议题纠结在一起，对中国外交提出了严峻挑战。着眼于地缘政治理论变迁与宏观层面的全球地缘政治格局变化，他从美国"亚太再平衡"战略调整这一背景出发，对东亚以及其他周边地区的地缘政治变化进行了多视角的剖析。孙建中《我国周边地缘政治环境新变化及其应对》[②]研判中国周边地缘政治环境趋向更加复杂态势，他认为中国应该准确判断形势，精准制定政策，积极作为，从战略高度重视科技发展，防止自身战略透支问题的发生，可以适度采取战争边缘政策，继续强化对外战略议程设置能力。邢广程《周边、周边外交与中国边疆》[③]讨论了崛起进程中的中国边疆与周边国际环境之间的关系。他认为，

[①] 社会科学文献出版社 2016 年版。

[②] 本文根据南京大学南海中心孙建中教授 2017 年 11 月在"第八届西南论坛暨第五届国际安全论坛"的发言由云南大学国际关系研究生伊彤整理而成，已经本人审定并授权发布。网址：http：//www.sohu.com/a/211265828_99912126。查询时间：2018 年 12 月 1 日。

[③] 《中国边疆史地研究》2018 年第 3 期。

中国的发展需要良好的周边国际环境，中国边疆的发展自然也需要良好的周边国际环境。中国边疆地区在与周边国家进行区域合作中应积极扮演重要角色，成为中国推动周边区域合作的重要前沿地区。中国一方面应防止边疆地区受到外部不利因素的消极影响，另一方面更应该借助中国边疆地区与周边国家构建利益共同体和命运共同体，逐步形成互利共赢的格局。

五　中国当前边疆治理中亟待解决问题的研究

中华人民共和国成立尤其是改革开放以来，党和各级政府对加快边疆的发展十分重视，在实践中也取得良好效果。目前，中央政府就促进边疆地区实现跨越式发展进行新的部署，我国边疆地区面临中华人民共和国成立以来又一次难得的机遇。另外，边疆的发展也存在一些问题，新的问题还不断出现。对这些问题应予认真研究妥善解决。从相关成果来看，目前边疆治理中亟待解决问题是：

（一）边疆地区发展问题

促进边疆地区发展和进行西部大开发，是改革开放以后中央的重大战略决策。实行以来取得巨大成绩，对推动边疆的发展具有重要意义。目前面临的问题，主要是如何实现边疆的可持续发展和均衡发展，进行西部大开发如何兼顾内地和边疆的利益，并缩小东部与西部在发展程度上的差距。常开霞《民族利益协调：国家的抉择》[①]认为，国家由于其特殊的地位，在民族利益协调中有得天独厚的优势。民族利益协调是一个重大的问题，在民族利益的协调中，国家往往在价值取向、两种主义、效率与公平、民族平等与民族优惠政策中面临两难选择。对边疆发展的模式也有人提出质疑。范可《"边疆发展"献疑》[②]认为，在边疆发展的过程中，如果决策者在思路上未摆脱边疆与内地、中心与边缘、主体民族与少数民族

---

① 《中央民族大学学报》2011 年第 3 期。
② 《中南民族大学学报》2011 年第 1 期。

的两分法模式，在具体政策执行过程中事与愿违的后果将会不断发生。

2013年，我国提出"一带一路"倡议，由此开启了我国边疆发展的新契机。"一带一路"倡议的推进将对中国边疆地区、周边国家乃至世界产生深远的影响。2015年11月，中国社会科学院中国边疆研究所与陕西师范大学中国西部边疆研究院联合举办了第三届中国边疆学论坛，主题是"'一带一路'与中国边疆"。专家、学者围绕"一带一路与中国边疆发展"展开讨论。王志民认为，"一带一路"倡议是依据我国经济新常态下国内地缘经济政治环境新态势和亚太地缘经济政治环境新变化而确立的，是一种陆海双栖经济走廊合作机制的战略抉择。高永久、崔晨涛《"一带一路"与边疆概念内涵的重塑——兼论新时代边疆治理现代化建设》[①]认为，"一带一路"以中国边疆地区为核心区，逐步推动中国边疆地区传统观念下的边缘定式、封闭定式转向开放包容，为中国边疆地区跨境交流合作释放了新的活力。许建英《"丝绸之路经济带"视野下新疆定位与核心区建设》[②]认为，新疆面临着综合转型的巨大历史机遇，无论是新丝绸之路交通网络建设，还是通信网络建设，抑或是基本投资环境建设，都是亟待解决的重大问题。推进贸易投资便利化、深化经济技术合作、建立自由贸易区，是"丝绸之路经济带"建设的三部曲，因此，国家层面理应赋予新疆更加开放的政策。新疆文化建设应该以中华文化为根基，以现代文化为引领。

东北地区曾处于我国边疆地区的经济发达地位，可是随着国内外局势的变化，东北地区人口逐渐外流，经济发展动力不足，发展势头大为减弱，"振兴东北"已经成为国家一再强调的东北边疆发展的重要内容。孙春艳《振兴东北请先来一场观念革命》[③]认为"振兴"的关键还是在人。王洪章《深化改革是推进东北全面振兴的首要任务》[④]指出，全面深化改革、扩大开放是实现东北全面振兴的治本之策。要把深化改革作为首要任务，加快完善体制机制，以新气象、新担当新作为推进东北全面振兴。

---

① 《中南民族大学学报》2018年第2期。
② 《新疆师范大学学报》2015年第1期。
③ 《经济观察报》2014年12月15日第15版。
④ 《经济日报》2018年11月22日第14版。

(二) 边疆地区稳定和进一步对外开放问题

近年来，我国学者从政治学、社会学、人类学、历史学等的视角，对边疆稳定的现状和影响边疆稳定的因素进行研究。一些学者注意到境外民族主义运动的兴起对边疆稳定的影响。一些学者又将边疆稳定置于西部开发与和谐社会、国家化的大背景下进行研究。我国学者较多关注周边国家的地缘政治、极端民族主义、极端宗教主义等对边疆的影响。马大正《新疆"去极端化"斗争探究》[①]认为，新疆社会稳定和长治久安事关中国社会和谐稳定。新疆的"去极端化"斗争是实现新疆社会和谐稳定的必然之策。文章阐述了百余年以来新疆反分裂斗争中的六个问题：分裂活动是20世纪以来新疆历史发展中一股浊流；百年来新疆地区分裂与反分裂斗争的历史分期和发展阶段；要打一场反恐的人民战争；治疆，新疆干部是关键；文化认同与国家认同；必须坚持实事求是的思想路线。田卫疆《近代土耳其"泛突厥主义"的兴盛及其对新疆地区的影响》[②]指出，历史充分证明："泛突厥主义"思潮是以唯心史观和狭隘的民族主义为思想基础的观念体系，极易成为打着各种招牌的分裂势力和极端势力肢解、分裂多民族统一国家的工具。近代以来，随着"双泛"思潮成为奥斯曼帝国上层利用的工具，且还由于奥斯曼帝国政府的积极输出和某些出境经商、留学和朝觐者的主动引入，20世纪初，"双泛"思想在新疆蔓延，构成新疆民族分裂主义源头。

还有一些人从国家内部来思考边疆社会稳定问题，段超等人提出近年来经济的高速发展，使边疆经济发展落后的问题日益凸显，由此引发边疆民族内部、边疆地区与发达地区的利益分配不均衡的问题，认为国家在边疆兴办大型工程对地方的利益考虑不够。[③]

随着国际环境的改变和国内经济发展态势的新动向，积极发展对外贸易，促进我国与国家经济贸易合作是当前经济发展的重要动力。边疆地区

---

① 《新疆师范大学学报》2014年第1期。
② 《西域研究》2018年第3期。
③ 段超：《对西部大开发中影响民族发展几个问题的思考》，《贵州民族研究》1992年第2期。

也从传统的对外开放"末梢"转变为对外开放的新通道。赵晋平《从对外开放中寻求东北振兴新机遇》[1]认为，培育新的增长动力，打造国际竞争新优势，唯一路径就是进一步扩大对外开放。在我国开放型新体制建立进程中，东北地区依据地缘优势，将会从扩大对外开放中，寻求到振兴发展的新机遇。迟福林《融入"一带一路"战略，形成东北对外开放大格局》[2]认为，东北应在融入国家"一带一路"倡议中寻找更多机遇，加快建设"一带一路"东北大通道、大平台和大布局。

哈丽云、杨引官《提高新疆对外开放水平的思考》[3]指出，"十三五"期间，新疆要深度融入国家"一带一路"倡议，加快丝绸之路经济带核心区建设，推进与周边国家多领域互利共赢的务实合作，加快外贸转型升级，提高招商引资质量和效益，全面提升新疆的国际影响力。

2018年4月，习近平总书记在庆祝海南建省办经济特区30周年大会上宣布：党中央决定支持海南全岛建设自由贸易试验区，支持海南逐步探索、稳步推进中国特色自由贸易港建设。这是党和国家为促进海南建设与对外开放的重大举措。范思立《海南自贸区为全面对外开放探新路》[4]认为，这是我国在外部不确定因素加大和"逆全球化"甚嚣尘上的背景下，再出扩大对外开放和积极推动经济全球化的实招。这充分彰显了中国实行更加积极主动的开放战略，展现了中国对外开放的信心和决心，意义可谓重大。

（三）当前社会转型下民族政策对边疆稳定的影响

蒋红等《多民族国家民族认同与国家认同整合路径探析》认为，中国作为一个多民族国家，在社会转型的过程中，民族认同与国家认同之间的关系表现出复杂化的特点，民族认同与国家认同亟待整合。在充分认识与把握中国国情的基础上，应批判性借鉴其他多民族国家的理论与经验，探索符合中国国家发展战略要求的新的整合路径。[5]雷振扬《论社会转型与

---

[1]《黑龙江日报》2016年8月21日第1版。
[2]《中国经济周刊》2016年第34期。
[3]《实事求是》2016年第6期。
[4]《中国经济时报》2018年10月18日第1版。
[5]《思想战线》2014年第2期。

民族政策的完善创新》①认为，在我国正处于深刻社会转型期的时代背景下，民族政策只有与时俱进，完善创新，才能更好地适应社会转型与少数民族、民族地区发展的需要，促进民族问题的解决。民族政策的完善创新，要坚持正确的政治方向，深入进行调查研究，开展科学的政策评估，协调各种利益关系，积极有序地推进。马戎在《中国民族关系现状与前景》一书中指出："新中国成立后宣传的民族理论、设立的民族制度作为官方话语已被人们熟知而且习以为常，甚至衍生出某种既得利益。对这套官方话语提出反思，必然会有阻力。但是，我们必须承认，时代和社会正在不断变化，列宁和斯大林创建的苏联已经解体，我们必须坚持'解放思想、实事求是'的科学精神，与时俱进，跟上时代步伐。""在我国的民族理论、基本制度做出必要的调整之前，国家的统一就始终存在着脆弱的一面。因此，中央政府对于任何重大的政治体制改革举措，必须慎之又慎。"②许建英《新疆新型民族关系的建立、维护及其问题与思考》③认为，新疆民族关系结构已经发生重大变化，新的历史时期新疆民族关系应该从革命性民族关系向公民性民族关系转变，作为构建与维系民族关系的民族团结理论也应该与时俱进，适应新的变化，才能更好地指导民族关系的和谐。

多民族地区的新疆和西藏，近年来社会不安定问题的凸显，使边疆民族的文化特征与边疆社会稳定间的关系成为讨论焦点。其中一个关注点是宗教信仰与边疆稳定的关系。李瑞君等《新疆"四个认同"教育的思考》认为，民族团结是维护多民族国家和谐的永恒主题。"四个认同"思想是新形势下民族团结教育的重要内容。新疆民族地区开展"四个认同"教育，对于增强各族群众自觉维护社会稳定和国家统一起到积极的作用。同时，也存在公民教育内容的缺失、教育方法形式化、教育主体单一化等问题。④近年新疆发生的问题，虽是由于东突势力兴风作浪，同时也暴露出

---

① 《中南民族大学学报》2014 年第 6 期。
② 载郑杭生《改革开放新时期我国社会主义建设的战略研究》，社会科学文献出版社 2014 年版。
③ 《中国边疆学》第八辑，社会科学文献出版社 2016 年版。
④ 《中央民族大学学报》2011 年第 6 期。

西部地区在均衡发展、利益分配和民族关系等方面存在问题。西藏问题的关键是达赖集团的破坏，同时也反映出需关注的一些问题。周平《边疆治理视野中的认同问题》①认为，边疆生活着众多少数民族，每个民族都有与生俱来的民族认同，同时也保持对国家的认同。在边疆地区民族认同与国家认同的联系不可分割。两种认同的关系，尤其是国家认同在两种认同关系中的地位是典型的边疆问题。在边疆治理的过程中，必须处理好两种认同的关系，尤其是要维护国家认同的优先地位。认同整合的关键，是强化边疆民族的国家认同。

（四）边疆地区可持续发展的问题

前一阶段我国边疆得到迅速发展，成绩是主要的，但同时也出现一些问题。目前应解决的问题，主要是边疆实现可持续发展的问题。郑长德《中国民族地区自我发展能力构建研究》认为，自我发展能力的构建是新时期西部大开发战略的重要着力点。增强西部地区自我发展能力，首先要增强民族地区的自我发展能力。②改革开放以来，云南和广西由于民族关系较和谐，地方政府对政策掌握较好，使发展与稳定的关系做到较好结合，在社会经济获得较快发展、各族人民获得较多实惠，也较好地解决了两省区社会稳定的问题，基本上实现可持续良性发展。诸如云南、广西这样经济发展领先的边疆省区，今后的主要任务是加快步伐，以较小的代价实现较快的发展。2011年5月，国务院批准云南省加快建设面向西南开放重要桥头堡的意见。桥头堡建设的目标，包括将云南建成我国面向西南开放的重要门户，我国沿边开放的试验区，西部地区重要的外向型特色优势产业基地与西南地区的重要经济增长极，我国民族团结进步、边疆繁荣稳定的示范区，优势特色农产品生产加工、生物资源开发创新产业基地，面向东南亚、南亚的通信枢纽和区域信息汇集中心等。具体任务包括建设三条直通印度洋的国际大通道，与邻国在沿边地区共建经济开发区等。上述目标是宏伟的。同时，也应注意快速发展

---

① 《云南师范大学学报》2009年第1期。
② 《民族研究》2011年第4期。

可能带来一些问题，如资源的非合理开发、环境的污染及破坏的问题，云南、广西与东盟国家加快合作，在国家制度、国家认同等方面可能出现的问题，以及邻国的政局和政策可能出现动荡而产生的影响等。至于新疆、西藏地区要实现可持续发展，情况更为复杂，需要进行专门的深入研究。

吴福环、王宇等《南疆跨越式发展研究》，① 全书约 30 万字。该书围绕南疆区域的发展，通过充分的调查研究，在研究了南疆区域自然、经济、社会及区域特点和存在问题的基础上，对南疆的交通、水利、工业、城镇、农业、金融、人才、教育、科技、卫生，以及喀什经济开发区、生态环境及观念的转变等诸多方面进行了实事求是的分析，并提出了南疆各领域跨越式发展的对策建议，既有理论的高度，又有实施的可操作性。此外，还有丁守庆《新疆跨越式发展的变革领导力研究》②，喻晓玲、田宝龙《新疆环塔里木地区经济跨越式发展研究》③ 等。

周润年、狄方耀编著《西藏社会可持续发展研究》④ 利用翔实、可靠的资料对西藏资源、人口、教育、经济、旅游及环保等方面进行了介绍和分析，指出了当前西藏社会发展中存在的问题，并对西藏在上述方面的可持续发展提出了建议。

关于内蒙古草原可持续建设问题，刘银喜《中国牧区全面可持续发展研究：基于内蒙古牧区发展的实证分析》⑤ 以牧区全面可持续发展为分析框架，以内蒙古牧区为实证分析对象，探讨了牧区经济、社会、生态、文化、公共服务、基础设施、县域经济的可持续发展问题。中国社会科学院农村发展研究所农业资源与农村环境保护创新团队著《内蒙古草原可持续发展与生态文明制度建设研究》⑥ 是关于内蒙古草原建设的研究报告，对发展草原生态文明提出了建议。

---

① 新疆人民出版社 2014 年版。
② 新疆人民出版社 2015 年版。
③ 中国农业科学技术出版社 2016 年版。
④ 中央民族大学出版社 2017 年版。
⑤ 中国经济出版社 2015 年版。
⑥ 中国社会科学出版社 2015 年版。

（五）发达地区与落后地区的关系问题

大致有内地与边疆省区的关系，以及边疆省区发达地区与落后地区的关系两个方面。由于历史欠账太多和支持力度不够等原因，边疆省区沿边地区的发展普遍滞后，甚至成为制约边疆省区进一步发展的瓶颈。在省区腹地与沿边地区关系方面出现问题的原因，既有一些边疆省区政府忽视省区腹地与沿边地区，两者在发展水平以及文化传统等方面的差异，也有相关的政策和治理思路存在缺陷，需要重新定位的原因。张丽君等《中国沿边开放政策实施效果评价及思考》[1]认为，1992年我国实施沿边开放并提出沿边开放政策，促进了沿边地区经济社会又好又快发展。目前沿边开放中还存在一些不足，应进一步完善我国的沿边开放政策。目前美国的地缘战略出现重大调整，提出重新返亚洲的口号，并对中国加强遏制；亚洲一些国家对中国的态度亦表现出复杂化的倾向。在这样的情况下，中央政府加大对边疆尤其是沿边地区的援助，对为我国进行现代化建设提供良好的国内外环境，确保边疆地区的安全与稳定都有重大意义。周平《中国的边疆治理：族际主义还是区域主义？》[2]指出，边疆治理面临是以处理族际关系为主还是以处理边疆的区域性问题为主的选择。前者是"族际主义"取向的治理，后者的治理则是区域主义取向的治理。秦统一中国到18世纪中叶的边疆治理，基本上是"族际主义"的治理。18世纪中叶后区域主义的边疆治理逐步形成。中华人民共和国成立以来的边疆治理，则主要采取族际主义的方式。今天，随着边疆形势的变化和边疆问题的转型，边疆治理应构建一种区域主义的治理模式。孙峀《对口援疆背景下的民族关系协调机制》[3]提出，对口援疆使大量资金、技术、人才进入偏远农牧地区。在优先改善民生的同时，也要关注社会结构性差异和尊重文化性差异，建立解决民族利益关系、协调民族分歧、缓和张力的民族关系协调机制。张营为《关于对口援藏问题的调查与思考》[4]认为，对口援藏在数量和质量

---

[1]《民族研究》2011年第2期。
[2]《思想战线》2008年第3期。
[3]《中南民族大学学报》2011年第4期。
[4]《西藏研究》2016年第1期。

上都有很大的提高和改进，然而在对口援藏中仍然存在农牧民参与度较低、受益不充分，援藏干部与本地干群的适应、协调不够好，人力资本匮乏，西藏社会对援助的适应不够好等问题。要解决这些问题，必须建立援藏项目、资金、技术向农牧区、农牧民倾斜的机制体制，并广泛吸纳农牧民参与援藏项目建设；同时处理好援藏干部的适应、协调问题，加大对西藏的人力资本投资，提高劳动者素质，加强对口援藏的法制化建设。

（六）妥善解决稳定与发展的问题

社会稳定是边疆发展的前提，发展是社会稳定的基础，两者之间是相互依存的关系。不能把两者对立起来，不能以社会稳定代替发展，或以发展来否定社会稳定。要处理好两者之间的关系，需要注意以下方面：发展与稳定属于不同的范畴，有不同的处理办法和治理思路。一般而言，发展属于经济活动和社会建设的范畴，稳定则较多地与法制管理相联系；发展主要通过经济建设与社会治理来实现，而社会稳定更多地与法制建设与社会控制相联系。过去一些人所说的"稳定压倒一切"，容易被理解为了社会稳定的目标，可以减缓甚至牺牲经济建设和社会发展，这一做法显然不利于处理好发展与稳定的关系。在大部分边疆省区，应将影响社会稳定的治安问题，更多地纳入法制的轨道处理，使稳定与发展两者并行不悖，相互补充。同时，也应注意到如同新疆这种情况特殊的边疆省区，其社会发展、社会稳定与反恐斗争的关系极为复杂，是我们重点研究的对象。马大正《略论20世纪以来新疆分裂与反分裂斗争的几个问题》指出，"发展与稳定是一项社会系统工程，发展的内涵应该是社会的整体发展，包括经济的发展、文化的发展，特别是国民素质的提高，这样的发展才有可能是跨越式的发展，才有可能使发展取得最理想的效果。那种把'发展'简单看成是经济发展，是非常不全面的"；"经济发展无疑是发展的重要组成部分，在经济发展中应坚持群众第一、民生优先。在此前提下，倾国家之力，推进基础设施和重点项目的建设，加速新型工业化、农牧现代化、新型城镇化的进程"；"发展和稳定是相辅相成、相互促进、缺一不可的辩证关系。做得好就是相互促进，做得不好就相互促退。离开发展，就无法稳定；没有稳定，何谈发展。发展与稳定始终相伴，不是哪个阶段是发展压倒一切，哪个阶段是稳定压倒一切"。①

（七）海疆权益保护的问题

这是近年国内外均重视的一个问题。中国对南沙群岛主权及权利主张有充足的法理依据。根据国际法，一国基于对无主土地的发现可进行"先占"。"先占"是一国对"无主地"进行有效占领从而取得领土的方式之一。此外，"先占"还必须具备如下条件：占有须在一国主权权利中行使，须存在对一国权利的显示和缺少对另一国主权的承认；占有须是和平且无间断的；占有必须是公开的。在对无主地"发现"和"先占"后，领土所有者对该土地要进行必要的主权行使和管辖。在汉代至清代，南海周边国家对南海诸岛几乎一无所知。中国南海疆域的逐步形成具有唯一性和连续性。在断续线公布后相当长的时期，不仅没有任何一国提出异议，且多数国家在各自地图的标绘上沿用中国南海断续线的标示方法，反映出各国对中国在南海的疆域范围和主权地位的承认。但近年来，南海周边国家对我国南海"断续线"提出质疑。随着 1982 年《联合国海洋法公约》的颁布以及国际海洋新秩序的建立，赋予"九段线"新的法律地位是必要的。但用后来缔约的国际海洋法去衡量两千年以来所形成的中国南海疆域以及近代以来即已形成的南海断续线是否合理，是否符合国际法的要求，甚至对中国南海疆域、南海断续线予以否定，都是没有道理的。罗肖《南海与中国的核心利益：争论、回归及超越》②认为，广义上的中国核心利益是指对中国生死攸关的合法国家利益，狭义即外交实践层面的中国核心利益，则是指对中国生死攸关且面临严峻外部威胁的合法国家利益，必须要通过高调、反复的宣示，对外传递决不妥协、保留武力选项的最强斗争信号。而台湾问题、西藏问题和新疆问题这三大传统核心利益则是国内外理解中国具体核心利益内涵的最主要依据之一。虽然南海包含中国生死攸关的合法国家利益，但中国更有效的南海维权需要超越简单重复敌我观念、毫不

---

① 《新疆师范大学学报》2014 年第 1 期。
② 《当代亚太》2018 年第 1 期。

妥协地宣示式核心利益维权思维。江红义《国家与海洋权益》①从历史角度分析海洋权力与海洋权利的发展与演变历程，提炼出海洋权益的科学内涵。他认为，海洋权益是海洋权能、海洋权力与海洋权利的结合体。其中海洋权力由海洋军事与海洋管理两种力量组成，海洋权利与法相关联。两者共同确保国家能够稳定实现海洋利益。刘俊珂《国家发展进程中海洋战略的构建》②认为海洋边疆是国家边疆的重要组成部分，海洋战略也必然要围绕国家发展这一根本要义而进行规划和设计。海洋战略的设计，应突出国家意识、科学性以及规划设计合理性。海洋边疆在新的历史时期，同样也会突破传统的界限，而形成新的海洋利益边疆。海洋新边疆的巩固和拓展，需要国家制定科学的海洋边疆战略，并以此为基础来保证国家利益的实现。王历荣《中国建设海洋强国的战略困境与创新选择》③指出，"海洋强国"本身既是一个目标性、结果性的概念，也是一个发展性和过程性的概念。实现从建设到建成海洋强国是一个长期、系统和复杂的工程，中国建设海洋强国面临陆海复合地缘两难、海洋强国战略挤压、与邻国海洋争端、海洋意识欠缺、海洋力量相对薄弱等诸多战略困境。以问题和目标为导向，坚持战略目标和战略举措相统一，从意识养成、发展理念、法制完善、海军建设、海洋外交等方面进行创新是中国海洋强国建设的路径选择。侯毅《新时代我国维护海洋权益工作的政策基础与路径选择》④认为有效捍卫领土主权，维护海洋合法权益关系到中华民族伟大复兴和"两个一百年"奋斗目标的实现。党的十九大为新时代我国海洋维权工作明确了目标方向，提出了指导原则。为保证有效维护国家海洋权益目标的实现和各项战略任务的落实，应坚定不移地贯彻党的十九大精神，以习近平维护海洋权益思想为指导，从能力建设、机制构建、理论创新等多个方面着手开展工作。

郭渊《南越对西沙、南沙群岛的侵占及行为评析》认为，20世纪南越政权在法国、美国的支持下，对西沙群岛、南沙群岛进行蚕食，并采取

---

① 人民出版社2015年版。
② 《思想战线》2016年第6期。
③ 《当代世界与社会主义》2017年第6期。
④ 《中国边疆史地研究》2018年第2期。

政治、舆论、国内法等手段进行主权造势。南越侵占两群岛的方式和手段，为后来的越南所继承。不仅如此，越南与中国进行论战，所持的"理论""事实"有相当一部分是当时南越所践行的。①

对有争议的土地，邓小平提出搁置争议、共同开发，实现互利双赢的建议，是妥善解决上述问题的合理建议。但目前情况十分复杂。一方面，我们应在平等对话的基础上，加强与相关国家的交流与合作，求同存异，以求得相关问题的解决；另一方面，有不同看法的国家可以合作研究。可由相关国家的学者共同研究，本着学术探讨的精神充分发表意见，在某些方面可能逐渐达成共识并为两国所接受；对未能达成共识的问题可保留意见并各自表述。关键是社会和舆论界应给予学者应有的自由空间，不宜轻易将学者的意见升格为政府的表态，而演变为过热或过激的社会反应。方铁《论中国边疆学的研究方法》认为，我们应在平等对话的基础上，加强与相关国家的交流与合作，增进相互了解，逐渐实现我国边疆问题研究与国际的接轨。可设想对有争议的历史问题，本着搁置争议、面向未来的精神，实现"历史共享"或共同研究。这样将有助于在面向未来和求同存异的前提下，较好地解决有关国家历史与边疆方面有争议的问题。②

综上所述，对当前边疆治理及边疆治理中亟待解决问题的研究，是学术界关注的一个新热点。这一方面研究的明显特点，是有不少问题是新出现的，或缺乏前期研究的基础。另一方面，相当一部分问题与现实甚至与政治紧密关联，增加了这些问题的复杂性与敏感性。但是，深入研究这些问题并提出有参考价值的意见，也是学者义不容辞的责任。我们当迎难而上，勇于思考和探讨，本着实事求是的精神提出看法。

六　当代中国反分裂反恐研究：以新疆为例

在当代中国发展进程中，暴力恐怖主义、分裂主义和宗教极端势力是

---

① 《云南师范大学学报》2013年第1期。
② 《云南师范大学学报》2008年第5期。

危害社会安全和发展的主要祸源。我国面临着反对和打击"三股势力"的严峻斗争。长期以来，新疆分裂势力、西藏分裂势力和台湾分裂势力对我国的领土主权完整和国家安全构成了严重的威胁。进行反恐反分裂研究是我国学术界的重要课题。本文主要就中华人民共和国成立以来学术界对我国反恐反分裂问题进行梳理和论述。

(一) 反分裂研究

"东突"是危害新疆社会稳定和发展的最大威胁之一，关于"东突"的研究，自然成为我国新疆反分裂研究的重要内容。我国边疆研究专家马大正长期关注新疆社会稳定与发展问题。马大正与许建英合著《"东突厥斯坦国"迷梦的幻灭》[①] 一书以历史学的研究视角，详细论述了"双泛"思潮的兴起，"东突厥斯坦国""东突厥伊斯兰共和国"和"东突厥斯坦共和国"等新疆分裂势力组织的兴起及其衰落过程，重点论述了新疆分裂势力"东突"派系组织、活动及其思想特点，特别是论述了"9·11"事件后的动向。该书最后在总结中华人民共和国成立以来新疆反分裂斗争的历程的基础上得出了基本的五点战略研判：①分裂是新疆的主要危险；②必须利用全社会力量进行综合治理；③把发展新疆经济作为第一位工作；④坚持维护民族团结三原则；⑤干部问题是新疆发展和稳定的重中之重。为维护新疆稳定与发展，作者提出几点对策，分别是中央和地方要重视新疆的事情，协调做好新疆发展与稳定工作，新疆发展应是社会整体发展，新疆经济发展应抓住支柱产业资源，加强各民族和多文化的交流与融合。为打击"东突"分裂势力，作者认为新疆反分裂斗争的基础是维护社会稳定，手段是加快新疆经济建设和促进新疆民族流动和交流，目的是实现新疆各民族和多文化的大交流和大融合。就维护新疆稳定的基础而言，新疆在治安和国家安全方面应坚持严打态度，并保持高度警惕和行动态势；在意识形态方面，应加强对新疆历史和民族团结知识的学习，加强国家意识、公民意识、民族政策及宗教政策等方面的教育，倡导法律面前各民族平等的教育和执法。这些对策对我国新疆反分裂斗争有着重要参考价值。

---

① 新疆人民出版社2006年版。

此外，马大正对20世纪以来新疆分裂与反分裂斗争进行全面历史考察和宏观战略思考。马大正在《论百余年来新疆反分裂的几个问题》[①]一文中认为，分裂活动是20世纪以来新疆历史发展中的一股浊流，百年来新疆地区分裂与反分裂斗争历史可分为两大时期，20世纪前半叶是分裂势力由思想传播发展到政治实践的时期，其间20世纪初至20年代末是从"双泛"思想渗透到形成分裂势力精英和代表人物的阶段；20世纪30年代至40年代，是分裂势力精英人物将分裂思想用之于分裂的政治实践阶段。20世纪下半叶至今是分裂势力沉渣泛起到反分裂斗争进入以反对暴力恐怖为主要形式的新阶段。其间20世纪50年代至80年代分裂活动沉渣泛起，分裂势力的活动形式和国际背景实现了两个转变，即活动形式由20世纪50年代初的武装叛乱到50年代末以后的以政治斗争为主的转变；而国际背景则由西方反华势力向苏联霸权主义和西方反华势力相结合的转变。20世纪80年代，分裂势力打着民族宗教幌子，打出"反汉排汉"的口号，严重破坏了新疆和谐的民族关系，致使出现20世纪80年代分裂势力得以坐大的局面，从而严重影响了维护新疆社会稳定的群众基础。1990年阿克陶县巴仁乡武装暴乱标志着新疆反分裂斗争进入以反暴力恐怖活动为主要斗争形式的新阶段。直至2002年前后，新疆暴恐活动进入频发阶段。2003年后则为"间歇期"，一方面是由于国内反分裂斗争取得了六点战略共识，另一方面是分裂暴恐势力将其活动转为政治斗争为主的形式。马大正认为"间歇期"新疆反分裂斗争特点主要是主动权在我，意识形态斗争升为主战场。这一研判是符合新疆反分裂斗争实际的。

该文指出，新疆的反分裂斗争需要在政府指导下进行反恐人民战争，并营建打击恐怖、反对分裂的社会大氛围。建设和完善创新社会管理模式是反对恐怖分裂斗争的重要环节；新疆干部是反分裂反恐斗争的关键，文化认同和国家认同是诸项工作的核心，而上述工作的开展必须在坚持实事求是的思想路线指导下进行。为此，当代新疆治理应特别关注以下几点：一是新疆的事情需要中央和地方的重视；二是处理好新疆发展与稳定工作的辩证关系；三是发展与稳定是一项社会系统工程，发展应是社会的整体

[①] 马大正：《论百余年来新疆反分裂的几个问题》，《新疆师范大学学报》2014年第1期。

发展；四是经济发展应坚持民生优先，加速新型工业化、农牧业现代化和新型城镇化进程；五是做好做实对口援疆工作；六是做好新疆社情调研，为决策提供良好依据。

　　潘志平、王鸣野、石岚《"东突"的历史与现状》① 一书深入分析研究了"东突"问题的深层社会历史原因、历史发展脉络及其现实状况。该书共七章，分别论述"伊斯兰化""突厥语化""双泛""东突厥斯坦独立""维吾尔斯坦解放"、历史、现实、"东突"是民族败类和民族罪人、"东突"是人民公敌和人类公害等七个问题。该书对"东突"现状的研究比较突出，对其危害进行深刻而全面的剖析，揭示了其分裂祖国、危害社会的本质面目。陈延琪、潘志平主编《泛突厥主义文化透视》② 对为什么泛突厥主义的追求至今不能实现，泛突厥主义是民族意识的本质要求还是扭曲反映，泛突厥主义是操突厥语诸民族走向现代化的精神动力还是思想障碍诸问题，进行了深层次的文化透视。另外，土耳其学者 Erkin Ekrem《中苏关系中的"东突"问题（1944—1945）》从中苏关系的视角，论述了"东突"问题的由来、发展和结果。③ 中共新疆维吾尔自治区委员会党史研究室编《新疆反对民族分裂主义斗争史话》④ 从十二个方面细致梳理了自清末以来，我国新疆反分裂斗争的历史与经验。

　　张秀明《新疆反分裂斗争和稳定工作的实践与思考》⑤ 分为两篇六部分，主要内容包括：中华人民共和国成立以来新疆反分裂斗争的回顾、新疆"三股势力"的历史渊源和复杂的国际背景、新疆反分裂斗争外部环境的新变化及反分裂斗争的长期性、新疆反分裂斗争和稳定工作讲话摘要等。他对新疆20年反分裂斗争经验进行高度概况，主要包括以下九个方面：①坚持"主动进攻，露头就打，先发制敌"的方针不动摇，始终保持严打高压的态势；②坚持不懈地抓好党的建设；③对宗教事务要科学分析，会管、善管，依法管理，加强管理；④坚持标本兼治、重在治本的原

---

① 民族出版社2008年版。
② 新疆人民出版社2000年版。
③ 《两岸发展史研究》2008年第6期。
④ 新疆人民出版社1999年版。
⑤ 新疆人民出版社2009年版。

则；⑤要切实做好民族工作，始终坚持高举各民族大团结的旗帜，维护祖国统一，反对民族分裂；⑥高度重视意识形态领域反分裂斗争；⑦关注民生，着力保障和改善民生，进一步奠定牢固的社会稳定基础；⑧继续加大外交斗争力度，压缩境外敌人的生存、活动空间；⑨高度重视建设好一支坚强有力的人民民主专政队伍。他还认为要做好新疆稳定和长治久安工作，需要做好以下几点：①任何时候都要保持清醒的头脑；②始终坚持国家利益高于一切；③科学地分析、正确地把握民族和宗教问题；④必须正确处理的几个敏感问题。此外，他还就关于反分裂斗争的战略、策略、谋略与具体做法；提高宗教管理艺术与水平；正确认识和处理维稳与发展的关系；少数民族干部群众在新疆维稳中的特殊作用；新疆维稳与发展对情报侦察部门的具体要求和新疆维稳与发展对职能行动部门的具体要求等问题进行深入阐述。

杨恕《世界分裂主义论》[①] 一书从理论上对分裂主义的定义、类型、产生、发展和规律以及国际社会的介入等问题进行了深入论述，并对世界上主要的7种分裂主义，即巴斯克、北爱尔兰、车臣、魁北克、泰米尔、亚齐和科索沃做了详细的案例分析。同时介绍了联合国和相关国家反对国家分裂、维护主权完整的立场以及对策。

杨恕、李捷《分裂主义及其国际化研究》[②] 主要研究了分裂主义的概念、产生、威胁等基本理论，在此基础上，选取斯里兰卡泰米尔分裂主义为例，重点分析了分裂主义的国际化进程、影响因素及应对问题。在总结多年对分裂主义研究的基础上，杨恕、李捷《分裂与反分裂：分裂主义研究论集》[③] 就分裂主义基本理论、分裂主义国际化、分裂主义案例及其他相关理论问题进行了深入探讨。

关于分裂主义国际化问题，杨恕认为分裂主义的国际化有着多种表现形态。分裂主义的国际化进程包括横向扩展和垂直升级两个维度。一方面，一国内部的分裂主义通过向外部寻求支持、承认和进行跨国动员的方

---

① 时事出版社2008年版。
② 时事出版社2012年版。
③ 中国社会科学出版社2014年版。

式横向扩散并向周边溢出；另一方面，介入国对其他国家内部分裂主义问题的干涉引发事发国与介入国之间的国际冲突、危机甚至战争，形成国际化的垂直升级。无论何种进程，分裂主义的国际化均对事发国的反分裂斗争造成了消极的影响和制约。①

关于分裂主义与恐怖主义的关系，郝时远认为民族分裂主义是民族主义极端性的产物，与暴力恐怖主义具有天然的联系。当代民族分裂主义是对民族国家的误读和民族自决权滥用的结果。他指出恐怖组织利用某些民族、宗教矛盾和民众情绪进行暴力恐怖活动的目的，是维护其以极端性和残暴性建立的"权威地位"和左右民众的能力。所以，不能将具有种族、民族和宗教背景的恐怖主义组织视为相关群体的代表，否则只能扩大恐怖主义势力的群众基础，助长恐怖主义势力的嚣张气焰，从而掩盖恐怖主义势力反人类的极端性本质。②田卫疆《近代土耳其"泛突厥主义"的兴盛及其对新疆地区的影响》③细致梳理了近代土耳其"泛突厥主义"思潮兴起的历史背景、发展演变及其对我国新疆社会稳定的影响，指出，20世纪初，"双泛"思想在新疆蔓延，构成新疆民族分裂主义源头。20世纪以来，"双泛"思想在新疆继续蔓延。在西方敌对势力的支持纵容下，这些分裂分子以土耳其为基地，长期从事分裂我国的活动，成为境外新疆分裂主义势力的源头。

郭益海《新形势下新疆民族分裂活动的新特点及其对策》④对2008年以来新疆分裂活动进行梳理，认为国际敌对势力和反华势力不断加强对新疆民族分裂势力的支持力度，新疆地缘政治环境进一步恶化，加上宗教极端主义思想的渗透和伊吉拉特等组织的破坏升级，新疆民族分裂活动进入一个新的活跃期，在活动策略和手法上呈现出一些新特点、新变化，主要表现为：破坏方式上，继续采取"文煽武扰、文武并举"，但是更加注重"文煽"的力度；分裂势力反动宣传开始打出"争取民族自决权"的旗号；分裂势力进一步加强整合力度；新疆民族分裂势力在活动区域上向东

---

① 杨恕、李捷：《分裂主义国际化进程研究》，《世界经济与政治》2009年第12期。
② 郝时远：《民族分裂主义与恐怖主义》，《民族研究》2002年第1期。
③ 《西域研究》2018年第3期。
④ 《实事求是》2014年第2期。

疆和外省扩散；攻击对象上在新疆主要是以基层公职人员，省外则是平民；新疆民族分裂势力在成员构成上呈现出两极分化，一是暴恐涉案成员年轻化、文化程度低，而思想煽动人员则文化程度较高，生活较为富足；二是暴恐人员的女性化和家族化增多。为应对新变化，他提出：以经济发展为途径，以改善民生为重心，以赢取民心和长治久安为目标；以现代文化为引领，推动新疆社会的现代化进程；强化防范意识，提高专业队伍和基层党组织的维稳能力；依法加强宗教事务管理，积极引导宗教与社会主义相适应；以建设丝绸之路经济带为契机，创建良好的周边环境；加强农村和城市社区基层党组织建设，夯实反分裂斗争的基础。

关于"疆独"问题，贾春阳《关于"疆独"问题的几点思考》[①] 认为"疆独"问题的产生是多种内外因素综合作用的结果，具有复杂的历史背景。中华人民共和国成立后，"疆独"势力制造了无数起叛乱、暴力恐怖事件，"疆独"问题已成为影响新疆安全与稳定的最大破坏性因素。"疆独"问题既不是民族问题，也不是宗教问题，而是分裂与反分裂问题，是干涉与反干涉问题。

"疆独"势力和土耳其对"7·5"事件的反应，凸显了"疆独"问题背后的泛突厥主义因素，说明泛突厥主义对中国新疆安全与稳定的潜在影响。贾春阳《泛突厥主义对中国新疆的渗透及影响》[②] 对泛突厥主义思潮的由来、演变进行了系统梳理，研究了泛突厥主义对我国新疆的渗透和影响。他认为泛突厥主义的产生具有复杂的历史背景，是多种因素综合作用的结果，其早期虽有反抗殖民侵略、反抗民族压迫的进步性，但随着国际形势的变化逐渐沦为封建统治者、帝国主义者维护自身统治或推行对外侵略政策的工具。自 20 世纪初泛突厥主义传入中国新疆之后，它为"疆独"势力的产生和分裂活动提供了理论支撑；一定程度上使"疆独"问题长期化、复杂化；成为威胁新疆安全与稳定的"毒瘤"；成为国际反华势力牵制、分裂中国的工具，致使"疆独"这一内政问题"国际化"，增加了中国解决"疆独"问题的难度。为应对"疆独"，他认为我们必须综合利用

[①] 《广西民族研究》2010 年第 3 期。

[②] 《世界民族》2011 年第 1 期。

国内、国际各种资源，制定科学、完备的反分裂战略，采取一切必要措施。国内方面主要是：发展和完善民族区域自治制度，为新疆的稳定和发展提供制度性保障；调整和完善对新疆的经济扶持政策，建设繁荣美好的新疆；搞好民族、宗教工作，建立和谐的民族、宗教关系。国际方面主要是：充分发挥联合国、上海合作组织等国际组织的作用；加强国际合作；特别是与周边国家的安全合作；压缩"疆独"势力的活动空间；加强国际交流与宣传，为中国新疆的反分裂斗争、反恐斗争创造良好的国际舆论环境。

"他山之石，可以攻玉。"张仕荣《基于国际经验构建中国反分裂战略体系的几点思考》[1]研究了美国、加拿大、俄罗斯反分裂斗争的经验，认为制度建构是反分裂斗争的核心所在，军事遏制是基本保障，经济发展是内在动力，以文化认同为坚韧纽带，以反对外来干涉为重要支点，有效构建中国反分裂国家战略体系。刘泓编著的《当代国外民族分离主义与反分裂研究》[2]认为伴随着全球化进程的深入发展，民族分离主义在世界范围内不断施加影响，试图改变当前"民族—国家"的政治体系。作者在书中将国外民族分离主义的表现形式总结为暴力恐怖手段（北爱尔兰模式）、军事对抗手段（科索沃模式）、政治运动手段（魁北克模式），分离势力借此与主权国家的中央权威进行互动，在不同程度上威胁到了相关"民族—国家"的领土主权的完整性和社会稳定。本书探究了相关国家分裂势力的形成、发展与活动规律，以及它们为反对、遏制和打击分离主义势力所采取的战略，重点探讨了有关国家对反分裂工具和各种资源的运用，以及反分裂理论和法理基础的研究，力图从民族权利与国家统一的法理角度，说明反分裂的正当性与合理性的基础理论，对于民族主义思想和民族自决权原则的适用性进行了解释，对于从理论上与分离主义观念对话的意识和深度给予了特别的关注。

随着新疆反分裂斗争深入，我国不仅从武力平定、社会管理、法治等方面进行反分裂斗争，而且更需要在意识形态领域进行思想深度的斗争。

---

[1] 《国际关系学院学报》2011年第6期。
[2] 中国社会科学出版社2016年版。

高永久和秦伟江《对新疆意识形态领域反分裂斗争的思考》[①]对新疆意识形态领域反分裂斗争进行了深入思考。他们认为应加强对意识形态领域反分裂斗争的领导；加大舆论宣传力度；加强学校教育阵地建设；加快经济发展，为在意识形态领域开展反分裂斗争提供坚实基础和有力保障；继续加强对"东突"恐怖分裂势力的打击力度；正确执行党的民族政策，落实民族区域自治制度，切实做好新疆的民族工作；加强对宗教事务的管理，坚决抵制非法宗教活动在意识形态领域的渗透。

近年来，受国际局势和新疆周边环境的影响，分裂势力对新疆教育领域的渗透出现一些新动向和新变化，这引起了相关领域的高度重视和针对性研究。高校是在思想领域抵制分裂势力和恐怖势力的重要阵地。杨丽、姜勇《新疆高校抵制"三股势力"分裂渗透的历史回顾与主要经验》梳理中华人民共和国成立以来"三股势力"对新疆教育领域渗透的历史线索，认为其对师生的思想和行为带来极大危害，新疆高校应成为反分裂反渗透的重要阵地，抓好青年学生的培养教育，筑牢反分裂反渗透的坚强防线，并在校内重点领域实施重点监管和防范。[②]

关于新疆的维稳工作，马戎《中国民族关系现状与前景》[③]认为，乌鲁木齐发生的恶性事件在很大程度是民族隔阂和民生问题叠加以后造成的。要维护新疆社会稳定，应切实改善当地少数民族民众的就业和生活条件，把民生问题与民族问题剥离开来。为预防极少数人实施的恐怖袭击和街头暴力事件，政府需要维持必要的警力。维稳工作的核心工作应是消除人们的不满情绪，增强人们对国家的认同，增强人民生活的公平感和幸福感。

新疆恐怖势力和分裂势力往往是以宗教极端思想和非法宗教活动为表征的，对此，阿比孜·尼亚孜《当前新疆反分裂斗争与伊斯兰教关系的几个问题》[④]认为"东突"恐怖势力利用伊斯兰极端思潮的本质是进行分裂

[①]《新疆社科论坛》2006年第6期。
[②]《思想理论教育导刊》2012年第9期。
[③] 载郑杭生《改革开放新时期我国社会建设的战略研究》，社会科学文献出版社2014年版，第35—61页。
[④]《新疆师范大学学报》2004年第2期。

活动,"民族分裂主义"才是新疆不稳定的根源。对此,必须严格划清宗教问题与民族分裂主义的界限,要把政治问题与民族宗教问题严格区分开来,坚持"四个维护"的原则。

关于美国对我国新疆社会稳定与发展问题,顾国良、刘卫东、李枏编著《美国对华政策中的涉疆问题》[①]一书,详细论述了美国对新疆政策的渊源和演进脉络,特别是美国在冷战结束之后对新疆的战略思维、基本政策考虑及其所采取的具体做法,对影响美国政府决策的国内因素进行阐述和分析,还就美国对新疆的政策考虑及未来政策可能的发展趋势做出评估。该书以八章篇幅,分别论述了美国干涉新疆有关问题的历史沿革,冷战后美国涉疆问题的战略考虑,美国国内各种政治势力包括国会、非政府组织和学术界在涉疆问题上扮演的不同角色及其对美国政府决策的影响,"东突"组织在美国的活动情况,并就热比亚、关塔那摩监狱中的"东突"囚犯等问题进行案例分析,最后对涉疆问题在美国对华政策中的整体地位进行了综合论述和评估。作者认为,涉疆问题是美国对华遏制战略的一个组成部分,但不占优先地位,同时,涉疆问题也有别于涉台、涉藏问题。虽然奥巴马政府在此问题上的态度较为慎重,但依然具有两面性和不确定性。因为"新疆问题"从根本上是维护我国主权和反对分裂的问题,所以我国应做好内部稳定团结工作,不给敌对势力以可乘之机。

孙雁《美国政府为何没有新疆政策》[②]针对该书中观点进行探讨,并对我国当前新疆维稳和发展的政策进行了反思。文章认为美国在"疆独"问题上更关注的是维吾尔人的"人权",而国内研究者关心的是"主权"问题。与其了解美国政府涉疆(及涉藏)政策,更重要的是了解美国人对新疆民族关系、人权和宗教自由问题的真实看法。与其责怪美国政府和民间的偏见,更重要的是国内自省民族政策上和信息管制方面的失误。她指出,目前国内的新疆和西藏政策强调经济发展和改善民生,但中央政府"为民做主"的理念和发展战略不一定能使受惠民族对政府有"感恩"的感情。相反,无论政府在经济上付出多少投资,政治性的各种限制使政府

[①] 社会科学文献出版社 2012 年版。
[②] 《领导者》杂志 2013 年 12 月刊。

的善意可能前功尽弃，也为少数极端分子和"世维会"提供了政府践踏人权的充分借口。

关于"新疆问题"，姚新勇《复杂多面的"新疆问题"》[①] 认为它带有古老的地区性宗教冲突（圣战）现代变种的色彩，具有现代泛突厥泛伊斯兰"东突厥斯坦"独立运动当代继续的性质，是多民族现代民族国家建构的文化认同断裂的暴力表现，是新形势下国家制度及民族政策失效、紊乱的征兆，是国家及新疆内部现代化发展尤其是不平衡、欠公平发展刺激的产物，是文化失范、社区尤其是乡村有机结构坍塌的结果，是全球化浪潮及国际（地缘）政治因素的刺激、作用或干预的效应，也是境内外过度反应的放大与扭曲。这一切加之新疆绿洲生态的脆弱性，就决定了所谓"新疆问题"注定是复杂、长期、难解的。其解决之道，至少要注意以下几个方面原则的协调并举：以社会安定为前提，以中央指导调节为枢纽，以全国支援为辅助，以地方力量为主体，以民主法制（尤其是基层民主法制）建设为规范，以现代与传统文化并重、文化民间自治、共有家园意识培育为精神文化发展之原则，以兼顾生态、效能、利益普遍惠及的经济建设为动力；而上述所有这一切原则的贯彻与落实，最终都应该指向这一核心且基本的目标——有机社区结构的重建，祥和、包容、公民自主的宜居家园建设。

目前，反对"三股势力"的斗争形势依然严峻，从深层次原因看，这是"三股势力"弱化了部分新疆人群对统一多民族国家的国家认同。胡鞍钢等《新疆如何实现社会稳定和长治久安》[②] 认为要实现新疆社会稳定和长治久安，需要从根本上坚持"一体多元"思想下的国家认同，包括制度认同、社会认同和文化认同。具体而言，一是以平等尊重为核心，推进依法治疆，构建法律共同体，促进制度认同；二是以共同富裕为基本方向，推进经济社会发展，实现发展改革成果由各族人民共享，构建繁荣共同体，促进社会认同；三是以现代文化为引领，推进各族人民交往交流交融，构建开放包容的文化共同体，促进文化认同。

---

① 《文化纵横》2014 年第 2 期。
② 《新疆师范大学学报》2014 年第 5 期。

徐平和张阳阳《影响新疆国家认同的因素探析》[①]进而对新疆国家认同的文化、宗教、民族、经济社会状况四个影响因素以及现代化发展中的特殊群体、基层干部展开了分析。他们指出，在充分肯定新疆人对国家的情感和认同的同时，提出要以创新方式发展和建构更加稳固的国家认同。一体多元的新疆文化认同是基石，各民族平等和宗教信仰自由政策是保障，推进城镇化和现代化建设是手段，开放的文化环境和心态是催化剂，最终目的是加强民族团结、促进民族融合，实现中华民族伟大复兴的中国梦。

马大正《略论20世纪以来新疆分裂与反分裂斗争的几个问题》[②]认为："文化认同对维护国家安全统一具有特殊的功能。""文化认同是国家认同的基础。没有牢固的文化认同，国家认同就是脆弱的。只有文化认同的基础打扎实了，国家认同就经得起风浪的考验。""新疆在思想和意识形态领域斗争中，不断有所发现，有所创新"，"在新疆实施'建设中华民族共有的精神家园'是一项宏大的系统工程，需要我们不断对各民族精神家园的内涵加以丰富、发展，其中发挥现代文化的引领作用，倡导新疆精神，培育新疆人意识，有利于形成新疆各民族人民共同意识——公民意识，增进民族团结，是建设新疆各民族精神家园的应有之义"。

在涉疆分裂活动研究中，"东突厥斯坦共和国"历史研究是一个躲不开的议题。[③]

1944年夏秋，新疆政局剧变。统治12年的"新疆王"盛世才被解职还未离去之际，8月17日，一支小小的游击队在伊犁巩哈县（今尼勒克县）乌拉斯台打响了武装暴动的第一枪。10月7日，新任新疆省主席吴忠信就任第4天，巩哈县县城被攻破。11月7日，由苏联入境的六十多人的武装与巩哈游击队在伊宁发起暴动，经六天激战，攻占了伊宁市国民政府所有军警据点。11月12日宣布成立"东突厥斯坦共和国"临时政府。这在台湾一般称为"伊宁事变"。至1945年夏，这个"共和国"完全控制了

---

① 《新疆师范大学学报》2014年第2期。
② 《新疆师范大学学报》2014年第1期。
③ 有关"东突厥斯坦共和国"历史研究综述，参阅潘志平《"东突厥斯坦共和国"历史研究综述》，刊香港中文大学《21世纪》2014年10月号，特予说明。

伊犁、塔城、阿山（今阿勒泰）三地区。1946年6月6日，伊犁、塔城、阿山暴动区人民代表与国民政府签订《和平条款》，并宣布"'东突厥斯坦共和国'政府已完成自己的使命，三个地区已分别直接归属于省政府"①，虽然名义上取消了"东突厥斯坦共和国"，但这三地区仍处在武装割据之下，一直到1949年新疆和平解放。

1944年的"东突厥斯坦共和国"，是自20世纪30年代以来不断涌动的"东突厥斯坦"运动的一个重要组成部分。这个运动是以"东突厥斯坦独立"为口号、纲领和行动的民族分裂运动。问题是，1944年的这个"共和国"复杂得多：一是，它一直与社会主义苏联有扯不清的关系；二是，毛泽东1949年8月18日致电这个政府代表称："你们多年来的奋斗，是我全中国人民民主革命运动的一部分。"②1950年以后，大陆的各种官方文献中称为"三区革命"，而不说"东突厥斯坦共和国"，因此，很长时间里，至少在大陆学界，不闻"东突厥斯坦共和国"，而只有"三区革命"。曾任新疆社会科学院历史研究所所长的纪大椿在1980年撰文《苏联与新疆三区革命》说，"东突厥斯坦共和国"这一历史事件"长期以来是一个语焉不详、讳莫如深的敏感问题，甚至是不敢涉足的学术禁区"③，自纪大椿做上述表示之后，迄今又已过去三十多年，关于"东突厥斯坦共和国"的研究有了很大进展。

纪大椿1980年撰写的《苏联与新疆三区革命》④，可以说是中国大陆学者关于这一问题研究的开创者。纪先生潜心研究的最重要的结论是："三区革命斗争的功与过，都有苏联人的份。"⑤寥寥数语，分量可谓不轻。尽管当时有关的苏联档案还未解密，但其所做的研究并未过时，至今还不能忽视其重要的学术价值。此后，新疆维吾尔自治区党校朱培民教授发表

---

① 新疆三区革命史编纂委员会：《新疆三区革命史》，民族出版社，第136页。
② 《新疆三区革命史》，第229页。
③ 纪大椿：《新疆近世史论文选粹》，新疆人民出版社2011年版，第112页。
④ 据纪大椿介绍，这篇论文初稿形成于1964年，1980年受时任《中国社会科学》《历史研究》总编和中国社会科学院近代史研究所副所长黎澍要求完成内部文稿。20世纪80年代在一些学术论坛中做过专题报告，文稿首次刊在中国社会科学院中国边疆史地研究中心编《中国边疆史地研究报告》第五辑（1990），第1—11页。
⑤ 纪大椿：《苏联与新疆三区革命》，《中国边疆史地研究报告》第五辑，第11页。

了《1943年至1949年苏联对新疆政策的演变》，后又收录在他的个人文集中。他认为，1943年至1949年，苏联对新疆政策发生过三次变化：支持和策划"三区革命"，协助国民政府政治解决新疆问题，支持中共促成新疆和平解放①。新疆大学教授徐玉圻领衔主编的《新疆三区革命史》②，为第一部系统研究"三区革命"的史著。中国社会科学院民族研究所所长杜荣坤等人合著的《新疆三区革命史鉴》③，虽然是2013年出版，但实是作者二十年前撰写的。这些研究成果代表大陆学界20世纪90年代的研究水平，明显地突破过去竭力回避的一些问题，如苏联与"三区革命"间关系。也在这个时期，新疆社会科学院的一批学者关于"双泛"研究，成果丰硕。主要有：纪大椿的论文《泛伊斯兰主义、泛突厥主义对新疆的渗透——兼评分裂主义的旗号"东突厥斯坦"》，系统论述了什么是泛伊斯兰主义、泛突厥主义，什么是"东突厥斯坦"，它们是怎样产生的，怎么传播到新疆来的。文中特别指出，20世纪40年代"一方面是境外进来的用马列主义词句伪装起来宣扬'东突厥斯坦''独立'的宣传品，一方面是当地赤裸裸的泛伊斯兰主义直接煽惑，造成群众的思想混乱，其危害是相当巨大的"④。新疆维吾尔自治区党委宣传部长冯大真主编的《〈维吾尔人〉等三本书问题讨论会论文集》⑤和新疆社会科学院院长杨发仁主编的《泛伊斯兰主义、泛突厥主义研究论文集》⑥，收录了新疆和内地一些学者的重要论文，是国内学术理论界对"东突厥斯坦"思想的集中清理。

20世纪90年代末以来，除新疆本地学者继续工作外，上海、北京、兰州等地大学、科研机构的学者从历史的、国际政治的和民族学的角度，积极参与有关这一问题的研究，无论从内容和质量上更上一层楼。

---

① 《中共党史研究》1990年增刊，第87—99页。后收入朱培民《20世纪新疆史研究》，新疆人民出版社2000年版，第135—157页。
② 新疆三区革命史编纂委员会编：《新疆三区革命史》，民族出版社1998年版。
③ 杜荣坤等：《新疆三区革命史鉴》，中国社会科学出版社2013年版。
④ 纪大椿：《泛伊斯兰主义、泛突厥主义对新疆的渗透——兼评分裂主义的旗号"东突厥斯坦"》，载《新疆近世史论文选粹》，第167页。
⑤ 冯大真主编：《〈维吾尔人〉等三本书问题讨论会论文集》，新疆人民出版社1992年版。
⑥ 杨发仁主编：《泛伊斯兰主义、泛突厥主义研究论文集》，新疆社会科学院内部文集，1992年。

华东师范大学沈志华教授的《中苏结盟与苏联对新疆政策的变化（1944—1950）》①，是研究"三区革命"与苏联问题很有分量的论文，这篇论文充分使用了苏联解密档案，非常有价值。沈志华将"三区革命"放在中苏结盟的大背景下展开讨论，认为苏联对新疆政策趋向，时而与地方当局结好，时而同少数民族联合；时而支持独立，时而强调自治；时而表示强硬，时而倾向缓和；时而支持国民党，时而援助共产党，但其目标始终是在中苏走向同盟关系的大前提下，从政治和经济上确保苏联在新疆的优越地位和特殊影响。沈志华多年致力于苏联解密档案的收集、整理、翻译工作，对于与苏联有密切关系的"东突厥斯坦斯坦共和国"的研究，贡献重大。

中国社会科学院近代史研究所研究员薛衔天《试论民族因素对苏联调停三区革命的影响》和《是推进新疆革命，还是维护自身安全？——关于苏联调停三区革命的民族因素》认为，是泛突厥主义和泛伊斯兰主义，亦即民族分裂主义的威胁，迫使苏联采取了务实政策——促使三区与中国中央政府和解。② 北京航空航天大学教授黄建华的《国民党政府的新疆政策研究》，描绘了国民党势力1943年进入新疆后，与三区军事对峙阶段的决策过程中国民政府统治新疆的政策。③ 厉声等《中国新疆：历史与现状》是一部新疆历史与现状的概述性著作，④ 第五章专门论述了"三区革命运动与新疆和平解放"，其突破是除了使用了一些苏联解密档案外，还引证了俄罗斯学者巴尔明关于苏联与"三区革命"的研究成果。此外，还有新疆社会科学院副院长陈延琪、新疆师范大学教授杜瀚等人关于"三区革命"的专题论文，分别探讨了三区政府机构设置、军事斗争、农业生产发展等问题，对我们具体了解这个"共和国"政权的内部结构和军事和实业

---

① 沈志华：《中苏结盟与苏联对新疆政策的变化（1944—1950）》，《近代史研究》1999年第3期。

② 薛衔天：《试论民族因素对苏联调停三区革命的影响》，《中共党史研究》2003年第1期；《是推进新疆革命，还是维护自身安全？——关于苏联调停三区革命的民族因素》，载中国社会科学院近代史研究所编《中华民国史研究三十年（1972—2002）》上卷，社会科学文献出版社2008年版，第345—359页。

③ 黄建华：《国民党政府的新疆政策研究》，民族出版社2003年版。

④ 厉声等著：《中国新疆：历史与现状》，新疆人民出版社2006年版，第161—187页。

发展等细节问题有所帮助。

新疆社会科学院中亚研究所所长潘志平主编的《民族自决还是民族分裂：民族和当代民族分立主义》和兰州大学副校长杨恕的《世界分裂主义论》，则是与"东突厥斯坦共和国"相关的研究新疆分裂主义理论的著作。杨恕等人根据解密的苏联档案中哈萨克苏维埃社会主义共和国共产党（布）中央的一份关于新疆问题的报告，对苏联准备再度干涉新疆事务的企图做出分析，认为苏联是20世纪40年代中后期新疆一系列变故的幕后策划者和支持者，可以确定苏联从来就没有放弃对新疆的关注，只不过随着国内外环境的变化，苏联的新疆政策有时明显、有时隐蔽罢了。

毫无疑问的是，大陆学界有关"东突厥斯坦共和国"的研究已取得显著进步。我以为，在大陆束缚这一问题研究深入的主要障碍有：第一，它与苏联的关系；第二，毛泽东关于它"是我全中国人民民主革命运动的一部分"的评价；第三，如实地评价（至少在它的初期）与分裂相伴随的民族仇杀活动。上述第一条已突破，而第二、三条仍是不大好直面的问题。不过，随着形势变化，研究禁区逐渐开放。2018年11月2日《人民日报》刊文《正确认识新疆历史问题》指出："必须正确认识新疆历史、还原历史真相、澄清错误认知、树立正确观念、提高辨别能力，这是弘扬爱国主义精神、增强中华民族凝聚力、铸牢中华民族共同体意识的根本，是团结群众、凝聚人心的根本，也是铲除错误思潮影响、增强各族干部群众精神力量的根本。"马合木提·阿布都外力《全面客观正确认识三区革命》[①]指出，应坚持以马克思主义历史观深挖错误认识和模糊观点的根源，论证"三区革命"是中国民主革命的一部分但前期犯严重错误的观点。该文认为，"三区革命前期犯有民族分裂的严重错误"，表现为"在宗教狂热和狭隘民族偏见的驱动下，三区中的少数反动分子、社会上的不法分子及一些受蒙蔽的群众大肆反汉排汉，杀害汉族平民、抢劫财物事件不断发生"。苏联与"三区革命"的关系则是"苏联利用其得天独厚的地理条件和传统的政治影响因素，别有用心地干预三区革命，目的是将三区革命引向有利于苏联的方向，以增强与当时中国政府讨价还价的政治筹码"。

---

① 《西域研究》2018年第3期。

还有两位海外华裔学者的相关研究值得重视。

王大刚和王柯都生长于新疆，有特殊的"新疆情结"，因此在这个问题的研究拥有两个方面的优势：一是生长新疆的经历、背景，可就地收集中国大陆，特别是新疆本土的相关第一手史料；二是身居海外，可广泛采集国外以及台湾地区的重要档案、史料。此外，其研究环境也相对宽松。

旅居澳洲学者王大刚的《在苏维埃的阴影下：伊宁事变——种族冲突和新疆国际竞争，1944—1949》[1] 是一部优秀著作。他的基本观点是："伊宁事变"，绝非单纯的突厥穆斯林民族主义运动，也非单纯的中国内部事务，而是许多国际、族际复杂因素交叉互动的结果。从这本书的副标题就可表明作者特别强调的是，苏联在1944年伊犁的"东突厥斯坦共和国"起着决定性的影响。王大刚认为，斯大林关于新疆政策的目标和结果，不可就事论事孤立地看待，须放在苏联亚洲政策中来考虑。当时，新疆汉族统治当局与地方民族长期的历史冲突正好为苏联扩大影响力并排斥英、美、日的影响，提供了绝佳时机，只不过国际政治现实不允许同时制造第二个"外蒙古"。在新疆制造"国中之国"反而更加符合苏联的国家利益。王大刚大量使用了第一手英文资料，如书目中提及的美国驻迪化和重庆外交官发给华盛顿的数百封电报，非常珍贵。[2] 有评论说：王大刚关于苏联操控"东突厥斯坦共和国"之议，"就史料证据之坚强，可谓铁证如山"，同时也批评说："低估了新疆突厥穆斯林民族主义和宗教的力量"。[3] 但无论如何，王大刚的这部厚重的专著问世，大体扭转了学术界关于当年"东突厥斯坦共和国"与苏联关系语焉不详的研究状况。

《东突厥斯坦独立运动：1930年代至1940年代》[4] 是旅日学者王柯的研究成果。总的来看，王柯与王大刚分别独立完成各自的研究，但基本观点不谋而合。王柯的四个考察视角或许是他的重要创新：一、新疆地区社会及突厥伊斯兰民族社会的社会结构；二、民族革命思想的起源与质变；

---

[1] David D. Wang, *Under the Soviet Shadow: The Yining Incident: Ethnic Conflicts and International Rivalry in Xingjiang, 1944–1949* (Hong Kong: Chinese University Press, 1999).

[2] David D. Wang, *Under the Soviet Shadow*, pp. 476–485.

[3] 吴启讷：《新疆现代史研究述评》，第171页。

[4] 王柯：《东突厥斯坦独立运动：1930年代至1940年代》，香港中文大学出版社2013年版。

三、"东突厥斯坦"独立运动的内部结合原理和共和国的权力构造;四、围绕着国际关系和国际政治。[①] 这本书是他 1995 年日文出版的博士学位论文《东突厥斯坦共和国研究——中国的伊斯兰和民族问题》[②] 基础上的增补改写本。王柯近年来还发表了一些较高质量学术论文和著作[③]。这些论文中的一些创建性的观点和认识融入了这部增补版的著作之中。问题是,王柯的增补本易名为"1930 年代至 1940 年代"的"东突厥斯坦独立运动",但对 20 世纪 30 年代喀什的"东突厥斯坦伊斯兰共和国"[④],只用了三页一笔而过,主要内容仍是 20 世纪 40 年代伊犁的"东突厥斯坦共和国"历史;其实,20 世纪 40 年代的"东突厥斯坦独立运动",也并非仅"东突厥斯坦共和国"的"总统"艾力汗·吐烈(Ali Khan Türe)等人的活动,须注意的还有投靠国民政府的麦斯武德·沙比尔(Mas'ud Sabri)、穆罕默德·伊敏和艾沙·尤素甫·阿尔普特金(Isa Yusuf Alptekin)"三位先生"[⑤],故

[①] 王柯:《东突厥斯坦独立运动:1930 年代至 1940 年代》,香港中文大学出版社 2013 年版,第 xv 页。

[②] 王柯:《東トルキスタン共和国研究——中国のイスラムと民族問題》,东京大学出版社 1995 年版。

[③] 王柯:《民族与国家——中国多民族统一国家思想的系谱》,冯谊光译,中国社会科学出版社 2001 年版;《国际政治视野下的"新疆建省"》,《二十一世纪》(香港中文大学·中国文化研究所),2007 年 2 月号,第 40—53 页;《构筑"中华民族国家"——西方国民国家理论在近代中国的实践》,载中国社会科学院近代史研究所编《近代中国与世界——第二届近代中国与世界学术讨论会论文集》第一卷,社会科学文献出版社 2005 年版,第 60—83 页;《"民族":一个来自日本的误会》,《二十一世纪》2003 年 6 月号,第 73—83 页。

[④] 1933 年,新疆大乱,4 月 12 日省城迪化爆发政变,结束了省主席金树仁的统治,握有军事实力的盛世才坐上了"新疆王"的宝座,但动乱仍在蔓延。甘肃马仲英部联合伊犁屯垦使张培元向省军发起围攻。正当盛马在北疆酣战中,穆罕默德·伊敏在和田称王,接着,"东突厥斯坦伊斯兰共和国"在喀什成立,它自 1933 年 11 月 12 日成立,至 1934 年 2 月 6 日被马仲英部攻灭,前后虽 87 天,但这是"东突厥斯坦"分裂运动在新疆首次付诸行动。

[⑤] 三区领导人阿合买提江在《同盟》杂志撰文谴责"三位先生和他们的集团",其所谓的"三位先生"指的就是麦斯武德·沙比尔、艾沙·尤素甫·阿尔普特金、穆罕默德·伊敏三人。参见新疆三区革命史编纂委员会《新疆三区革命领导人向中共中央的报告及文选》,新疆人民出版社 1995 年版,第 87 页。这还有艾沙的"自述"为证,其中有他对麦斯武德说的一段话:"我们以'三位先生'著称,我们的人民、我们的民族主义者都非常尊重您、伊敏先生和我。"参见艾沙·尤素甫·阿尔普特金《为了受奴役的东突厥斯坦》,Derleyen M. Ali Taşçı(Istanbul:1985),p. 481。

此，易名反倒名实不副。此外，王柯之作对前人的成果吸收不足，如视而不见王大刚已公布的美国外交官发给华盛顿的数百封电报。难怪王大刚的"书评"就该书"甚至没有提及"自己的那本书，似有微词。①

（二）反恐研究

"9·11"事件后，反恐成为国际政治中出现了一个新高点。它既是一个安全问题，也是一个重大的外交和政治问题，牵引着国际战略格局和大国关系的调整变化，且在重塑一些国家的政局、经济及社会的方方面面。因此，国际恐怖主义和反恐怖斗争问题，已成为有识之士不可不察和深入研究的"国之大事"。我国学术界关于恐怖主义的研究在此之后开始迅猛发展。中国现代国际关系研究所反恐研究中心相继推出了"反恐译丛"之一、之二和之三，并从2003年起按年度编纂《国际恐怖主义反恐怖斗争年鉴》。2004年以来，历史学、法学、社会学、政治学及国际关系等领域的学家积极加入了这方面的研究，中国反恐研究呈现出百花齐放的态势。

杨晖博士专著《反恐新论》②一书，在反恐理论上深入探讨和思索。本书分为十章。第一章是全书的基础理论部分，就当前国际反恐怖斗争研究中所涉及的一些重大理论认识作简要阐述。第二、三、四章重点分析"9·11"事件后国际恐怖主义与反恐斗争对当今国际关系格局、大国关系、地区局势及世界军事形势的影响，并着重探讨了"9·11"事件后国际恐怖主义在活动地域、袭击目标和袭击手段等方面的演变趋势，及未来发展趋势，揭示传统型恐怖主义与现代高技术相结合的严重危害。第五、六、七章分别对俄美两国面临的恐怖主义威胁及反恐战略、策略进行比较分析。第八、九、十章为涉及中国反恐问题部分，分析评估中国面临的现实和潜在恐怖主义威胁，中国政府在反恐问题上的政策与做法，在反恐怖斗争中存在的一些薄弱环节，并就此提出一些宏观谋略思考和微观应对举措。作者站在马克思主义的政治立场来思考问题，从而为建设具有中国特

---

① 王大刚：《书评—王柯,〈东突厥斯坦独立运动：1930年代至1940年代〉》,《"中央"研究院近代史研究所集刊》第81期，2013年，第207页。

② 世界知识出版社2005年版。

色的反恐怖理论体系，进行了积极有益的探索和尝试。作者从国家安全大背景出发，坚持将恐怖主义和反恐怖斗争这一重大的安全问题，与国际战略格局的演变、大国关系的互动、地区局势的发展等一系列当代其他重大战略问题紧密联系起来，在更宽广的视野里和更宏大的层次上重新认识和定位恐怖主义和反恐怖斗争。此外，作者还对美俄等大国反恐战略问题进行了深入的比较分析，为我国反恐斗争借鉴外国经验起到积极作用。

恐怖主义犯罪是当今国际社会的恶瘤之一。针对美国"9·11"恐怖主义事件，联合国安理会于2001年9月28日，根据《联合国宪章》第七章采取行动，通过了第1373（2001）号决议，要求各会员国采取一切措施，特别是加强国内立法以确保将任何形式的恐怖主义活动视为犯罪并绳之以法，以及尽快成为关于恐怖主义的相关国际公约和议定书的缔约国。为此，加强反恐立法研究已成为我国反恐斗争的重要领域。近十余年来，我国刑法学界对反恐问题的研究取得了许多有价值的成果。这些成果主要包括以下方面：一是恐怖主义犯罪的概念问题，二是恐怖主义犯罪的惩治对策，三是我国刑法的不足与完善。总体观之，我国在反恐法律问题研究的学者不断增多，研究成果不断涌现，其中代表性成果主要是杨洁勉、赵秉志和杜邈的论著。

针对国际合作反恐，杨洁勉《国际合作反恐：超越地缘政治的思考》[①]一书以"9·11"事件以来国际形势新发展为背景，从美国、欧盟、俄罗斯等国家的理论、政策和实践、国际制度等多方面对反恐斗争进行了深入的研究，分析了宗教、民族和文化因素对反恐的影响，提出在反恐斗争中应强调要根除恐怖主义的土壤，加强国际合作，重视非传统安全威胁，注意非国家行为体的作用，既要善于运用还要超越地缘政治。另外，对于反恐的国际合作有关法律层面须研究的问题较多，其中，恐怖罪犯的引渡是国际反恐合作中一个难点，即"政治犯不引渡"的障碍。吴玉梅《关于国际恐怖主义犯罪引渡问题的探讨》[②]就"或引渡或起诉"在对付国际恐怖主义的实践中的弊端进行深入探讨，认为采取国际恐怖主义犯罪"非政治

---

① 时事出版社2003年版。
② 《河北法学》2001年第2期。

化"的处理措施。目前，中国反恐立法已起步，这项工作还将继续下去，专门的《反恐法》正在酝酿制定之中，反恐的国际合作理论上也有一定进展。关于反恐斗争的立法问题，王秀梅《依法打击"东突"势力，切实维护国家稳定——兼论"煽动民族仇恨、民族歧视罪"的完善》[①] 深入分析了我国"东突"势力本质、发展及其实施恐怖活动的现状，审视我国刑法第249条的规定，并为适应打击煽动民族仇恨、民族歧视犯罪，完善刑法的规定提出修改建议。总之，中国的反恐立法及国际反恐合作仍是任重道远。

赵秉志主编《中国反恐立法专论》[②] 一书从法律角度，对我国反恐法律建设进行深入研究。该书分四个部分，依次论述了我国反恐立法问题、恐怖主义犯罪若干问题的界定、惩治恐怖主义犯罪与人权保障的协调及美国、加拿大、俄罗斯、联合国及国际组织打击恐怖主义犯罪对我国反恐立法的参考与借鉴。该书认为我国不仅国内恐怖主义犯罪时有发生，而且越来越明显地受到国内外恐怖势力和国际恐怖组织、恐怖分子的干扰与威胁，特别是"东突"恐怖势力。而我国反恐立法应主要围绕惩治恐怖主义犯罪。一方面，积极签署和批准关于惩治恐怖主义犯罪的国际公约，同时本着合作和建设的态度，积极参加《关于国际恐怖主义的全面公约》草案的谈判，并努力促成该草案的通过，达成惩治恐怖主义犯罪的一致认识；另一方面，我国应加强国内刑法的修改与完善，主要是：（1）在宪法中增设反恐怖主义的明确依据；（2）进行专门的反恐怖主义立法；（3）重构我国反恐怖主义立法格局。总之，必须摆脱某一部门法的束缚，而是预防、处置、制裁、恢复四者并重。针对反恐立法操作层面所面临的困难，聂洪勇在该书中提出五大问题：①恐怖活动、恐怖活动组织的定义亟待明确；②恐怖活动、恐怖组织的特征要准确界定；③恐怖活动的行为方式需要明确；④对于恐怖活动组织犯罪的刑事政策应在立法上予以体现；⑤恐怖活动组织的认定程序需要立法规范。反恐立法可在相关法律中做出照应性修改或补充立法，也可拟具专门的反恐怖法案。屈学武在书中认为，从

---

① 《法学评论》2011年第6期。
② 人民公安出版社2007年版。

更具系统性、效益性和可操作性角度，国家不如直接制定一部专门的反恐怖法，并提出有关立法原则。

杜邈主编《反恐刑法立法研究》[①]是针对反恐刑法立法而进行的专题研究，该书遵循了"立法理论—立法现状—立法完善"的研究思路，对反恐刑法的概念、性质、特征，反恐刑法的产生背景、基本原则和功能进行探讨，力求建构反恐刑法的基础理论体系。他认为，反恐刑法的基本原则主要是依法反恐、严厉惩治、平等对待和预防至上。关于世界主要国家和地区的反恐刑法立法，他选取美国、英国、俄罗斯、南非、澳大利亚、菲律宾等国家以及中国香港特别行政区、澳门特别行政区和台湾地区进行研究，重点分析这些国家和地区反恐刑法的立法模式和内容。他认为世界主要国家和地区反恐刑法立法的特点是由经验立法向适度超前立法的转变、从偏重客观主义向偏重主观主义的转变、从政治刑法观向社会刑法观的转变和从人权保障向社会保护的转变。针对我国的反恐刑法立法，他从历史考察和现实分析的角度，对我国反恐刑法的立法演进、立法模式和内容进行研究，认为我国反恐刑法立法应立足本国国情和反恐局势、借鉴吸收先进立法经验、贯彻落实国际反恐公约的要求和强调对恐怖组织的打击。鉴于我国反恐刑法在立法方面的不足，他对我国反恐刑法的完善模式提出具体建议，重点论述"恐怖活动犯罪"的界定、刑法总则和刑法分则的完善等问题，并对我国反恐刑法完善中可能遇到的问题进行思考。本书认为应当高度重视反恐刑法立法，在立法时保持理性与谨慎，同时开展对恐怖主义的综合治理。针对我国目前反恐刑法存在的问题，他建议应颁布刑法修正案，对刑法典进行修订；制定专门的《反恐怖法》，与刑法达成衔接；充分发挥刑法解释的作用。具体应采取如下立法完善措施：1. 对"恐怖活动犯罪"进行界定。恐怖活动犯罪即通常所称的恐怖主义犯罪，是指为了制造社会恐慌或强制国家机关、国际组织实施或不实施某种行为，以实现政治、民族、宗教等社会目的而实施刑法规定的特定犯罪。2. 完善刑法总则的相关规定。包括扩大属人管辖权和保护管辖权的范围；对恐怖活动犯罪人附加剥夺政治权利；将恐怖活动犯罪纳入特殊累犯；规定恐怖活动犯

[①] 法律出版社2009年版。

罪不受追诉时效限制。3. 完善刑法分则的相关规定。包括增设破坏、劫夺大陆架固定平台罪，入境发展恐怖组织罪，包庇、纵容恐怖组织罪，恐怖活动罪，煽动恐怖活动罪，煽动宗教仇恨、宗教歧视罪和拒绝提供恐怖活动犯罪证据罪等罪名；修改挪用特定款物罪、挪用公款罪，妨碍公务罪，盗窃、抢夺枪支、弹药、爆炸物、危险物质罪和窝藏、包庇罪的罪状；对组织、领导、参加恐怖组织罪配置财产刑，规定坦白等特殊刑罚减免事由。

基于新疆"7·5"事件引发对我国刑法规定的思考，杜邈《我国刑法应增设"恐怖活动罪"》[①]认为我国刑法缺乏专门的反恐罪名，应将暴力破坏的犯罪类型从刑法分则各章节中分列出来，结合恐怖主义目的，合并设置为专门罪名"恐怖活动罪"，为反恐怖斗争提供有力的法律依据。

为有效应对"东突"民族分裂主义与暴力恐怖活动的威胁，维护新疆乃至全国和谐稳定的政治局面，樊有辉《新疆反分裂与反恐怖立法性质与依据研究》[②]认为亟须制定《新疆防范分裂恐怖活动工作条例》。该条例具有地方社会管理立法的性质，其目的是有效预防分裂与恐怖事件的发生。

我国反恐问题研究专家胡联合在 2001 年、2002 年和 2011 年先后出版了三本关于世界恐怖主义及对策的论著，分别是《当代世界恐怖主义与对策》[③]《第三只眼看恐怖主义》[④]和《全球反恐论——恐怖主义何以发生与应对》[⑤]。三本书是作者在博士论文基础上进行的深化研究。本文以《全球反恐论——恐怖主义何以发生与应对》一书为例，进行论述。该书以十章篇幅力图对恐怖主义的概念界定、基本类型、基本特点、原因和机理、全球影响、发展趋势、反恐怖主义的基本措施、反恐怖主义的历史教训等一系列问题进行系统分析，并阐述了我们对恐怖主义问题应采取的基本立场，以及我国如何有效预防与打击恐怖主义的对策。他认为当代世界五大

---

① 《北京人民警察学院学报》2009 年第 4 期。
② 《新疆警官高等专科学校学报》2009 年第 2 期。
③ 东方出版社 2001 年版。
④ 世界知识出版社 2002 年版。
⑤ 中国大百科全书出版社 2011 年版。

基本类型的恐怖主义，分别是民族主义型、宗教极端型、极右型、极左型和国际间谍型。我国面临的恐怖主义危害最主要来自新疆和西藏等地"东突""藏独"民族分裂势力、宗教狂热势力及其境外势力。我国的反恐怖基本立场是坚决反对任何形式的恐怖主义活动，采取全面有效措施防止和消除恐怖主义活动，反对在恐怖主义问题上奉行双重价值标准的立场，反对以打击恐怖主义为借口干涉别国内政，并加强反恐斗争的国际合作、增强反恐效率。为有效遏制恐怖主义活动，我国应坚持事先预防与事后打击相结合、以"预防为主"的战略与战术指导方针，加强反恐工作。宏观层面上，应在思想上从战略高度重视反恐斗争，努力将其消灭在萌芽状态；不断增强我国综合势力，增强我国反恐斗争势力；加大促进少数民族地区经济发展，关注其切身利益，提高其生活水平；推进民族交融一体，增强中华民族凝聚力；重视宗教工作，将其纳入法制化管理轨道，引导宗教与社会主义相适应；加强社会主义精神文明建设，增强社会民众抵制极端思想的免疫力；加强外交工作，争取反恐斗争的有利国际环境；团结发展中国家，掌握国际反恐合作的主导权。微观对策上，应加强情报收集；加强反恐特种部队建设；提高反恐人员的技能；形成整体协调机制；加强反恐立法工作；加大反恐技术研发；切断恐怖组织的经济来源；加强对社会枪支的管控等20个方面，其中重点是做好新疆和西藏两地的反恐斗争。

  关于当代社会稳定问题，胡联合在其专著《中国当代社会稳定问题》[①]一书中以理论研究与实证研究相结合，定性分析与定量分析相结合的方法，借鉴国际上的理论研究成果和分析框架，通过大量公开、翔实的统计数据、分析图表和资料，强调要居安思危，科学分析我国社会不稳定因素的总体演变态势，并以七章篇幅重点分析了刑事犯罪问题、群体性事件问题、腐败问题、恐怖主义问题、民族问题、贫富分化问题等影响社会稳定的突出问题，揭示了我国经济增长的社会成本加大，客观上面临着一些亟待解决的社会矛盾与问题，迫切需要树立以人为本、动态、公正、民主、法治与可持续的新稳定观，更加重视实现公平正义，加快推进构建社会主义和谐社会的进程，以保障国家的长治久安。关于恐怖主义的定义及其危

---

① 红旗出版社2009年版。

害，胡联合在第五章《恐怖主义问题》中认为恐怖主义是一种心理战，以暴力或暴力威胁为手段，以传媒宣传为中介制造恐怖气氛，严重损害社会的安全感，影响社会人心稳定；恐怖主义还是一种畸形的社会矛盾斗争，它激化社会矛盾，危害政治首脑安全，影响政治稳定，易引发政治危机，甚至酿成动乱、国家分裂和国内及国际战争；恐怖主义还是一场严重的经济破坏战，造成极大的物质和金钱损失，耗费政府和社会大量反恐支出，增加维护社会稳定的成本。

范明强在专著《社会学视野中的恐怖主义》[①] 一书中，站在社会学的立场，从社会学的学科视野，运用社会学的理论、方法去研究恐怖主义，颇有新意。该书以九章篇幅，分别论述了恐怖主义的定义及其特点，恐怖主义的主要类型，社会变迁与恐怖主义，恐怖主义的社会特征，社会思潮与恐怖主义，社会学对恐怖主义的理论诠释，恐怖主义的社会现实根源，恐怖主义的社会危害及社会反恐战略构想。他认为，恐怖主义的主要类型有极左恐怖主义、极右恐怖主义、民族恐怖主义、宗教恐怖主义、黑社会恐怖主义、毒品恐怖主义和文化恐怖主义。恐怖主义的产生有着深刻的社会现实根源，时代根源是世界格局的变化与全球化浪潮，政治根源是霸权主义，经济根源是发展不平衡，文化根源是宗教文化建构，还有社会传媒的负效应。范明强认为，社会反恐具有军事反恐所不具有的彻底性、和平性、系统性、长期性和艰巨性。社会反恐的基本思路就是用治理社会的办法铲除滋生恐怖主义的社会土壤，具体而言，主要是树立全球治理的理念，建立公正而合理的国际政治与经济新秩序，消除贫困以解决南北贫穷差距日益扩大的问题，加强国际合作并建立国际反恐机制。

李湛军从国际治理的角度研究了恐怖主义。所著《恐怖主义与国际治理》[②] 一书在综合分析国内外相关研究成果的基础上，对恐怖主义概念定义、类型划分、历史发展、形成机理等问题进行了系统的理论探讨，分析了宗教激进主义与恐怖主义的关系，运用作者在国外调研掌握的大量可靠的第一手资料，揭示了中国境外"东突"恐怖势力的真实面目，并对国际

---

① 解放军出版社2005年版。
② 中国经济出版社2006年版。

反恐合作问题从"治理理念"和应对战略做了有益的探讨，提出了作者独具特色和创新意义的研究成果。作者认为恐怖主义不仅是一种政治暴力行为，更是一种社会思潮；在国际反恐合作的问题上应严格区分国际治理与全球治理，并明确主张进行国际治理。此外，作者对"东突"问题的分析和研判，对打击恐怖主义需要新型战略的分析等，都体现出了作者的新思维和新理念。他认为"东突"恐怖势力是国际恐怖主义的一部分，是我国未来主要恐怖主义威胁。当前境外"东突"组织分为恐怖暴力型和国际政治化两个阵营，在坚持恐怖主义的同时，打着"联合化、政治化和国际化"的旗帜，逐渐向组织整合方向发展，并成为美国地缘政治战略牵制中国的牌。为应对国际恐怖主义新挑战，应做好如下工作：一是优先进行情报战，二是斩断恐怖组织的资金渠道，三是发挥联合国在反恐斗争中的领导作用，并在民众中筑起公众战胜恐怖袭击的心理防线。

王伟光《恐怖主义、国家安全与反恐战略》[①]一书从国家安全的角度分析了恐怖主义与反恐问题。全书共九章，分别对恐怖主义的界定与分类、恐怖主义的安全化、武力在反恐中的作用、恐怖主义现状与特征及其演变趋势、反恐政策、力量与模式、反恐战略、中国的反恐应对等问题进行了阐述与分析。该书既有对恐怖主义的定性和理论层次的分析，也有基于大量统计数据的定量化实证分析，并在此基础上，探讨了中国的反恐政策，提出了可供借鉴的反恐战略方面的思考。通过对1979年以来我国遭遇恐怖袭击的量化分析，他认为我国境内的恐怖活动主要是以民族分裂为诉求的恐怖主义威胁，特别以"东突"活动最为严重；境外恐怖主义势力日渐向境内渗透并与"东突"势力相结合。王伟光充分肯定了目前我国的反恐政策，认为还有进一步完善之处，比如需要很好贯彻良好的政策和战略，加强政府反恐机构及其能力建设，重视反恐科技投入与研发，做好反恐社会心理准备，重视情报工作，注意反恐与其他政策的区别与配合，加强社会群体与政府的反恐合作等。

张金平《国际恐怖主义与反恐策略》[②]以国际视野分别研究了当代国

---

① 时事出版社2011年版。

② 人民出版社2012年版。

际恐怖主义现象、当代国际恐怖主义的暴力生成线路、国际恐怖主义组织能量膨胀的社会线路、国际反恐怖体系分析、武力打击遏制恐怖暴力与恐怖气焰、政治与社会反恐怖策略、国际反恐怖合作以及中国面临恐怖主义威胁与反恐怖斗争等内容。该书主要以实证分析、定性分析对当代国际恐怖主义现象进行梳理、分析研究，认为当代国际恐怖主义在空间活动分布呈现全球化，形成两个全球循环圈，即西欧—非洲—中东循环圈和东南亚—南亚—中亚俄罗斯—中东循环圈。当前恐怖暴力袭击的高发地带是东非—中东—南亚。从历史时空维度看，恐怖主义的活动高潮由西欧、东欧向第三世界波及。1991年以来的当代国际恐怖主义以2001年"9·11"事件为标识划分为两个阶段。我国面临的恐怖主义威胁主要是"东突"恐怖势力、"藏独"恐怖势力及"伊扎布特"对中国的渗透，并呈现"常态化"趋势，表现为全球、地区和本土三个地域层次。王祯军《国家紧急权的理论与实践》①一书对国家紧急权的本体论、国家紧急权的历史、国家紧急权的基本理论、国家紧急权制度的实践以及我国国家紧急权制度的问题及完善等方面进行了全面研究。在"域外国家紧急权立法及实践"部分阐述了英国反恐立法及实践，这对探求我国实施反恐紧急权提供了有益参考。

王震编《全球反恐战争问题新论》②一书回答了全球反恐战争中的三个核心问题，即我们面临的跨国恐怖分子从哪里来？"9·11"事件以来的全球反恐战争何以成效不彰？未来全球反恐战争将向何处去？作者在书中旁征博引，各种观点、案例和数据等信手拈来，尤其是使用了大量美国新近解密的档案和外交、安全战略文献，分析缜密。该书内容共分为三章：反恐战争与跨国圣战运动、反恐战争的困境与根源、全球反恐战争转型与中国。该书是近年来为数不多的能够从中国立场出发独立地阐释全球反恐战争，并将宏观战略研究与微观反恐问题进行融合研究的大胆尝试。

李琪《中亚地区安全化矩阵中的极端主义与恐怖主义问题》③认为：

---

① 法律出版社2015年版。
② 时事出版社2018年版。
③ 《新疆师范大学学报》2013年第2期。

由于中亚地区毗连国家阿富汗、巴基斯坦演变为全球恐怖主义活动的中心地带，一些国际性恐怖组织及其制造恶性恐怖事件的手段、形式在中亚地区呈跨国性、关联性、模仿性和突发性发展态势，成为困扰地区安全化的突出问题。并进而指出，中亚地区极端主义和恐怖主义产生的原因主要在于：利用宗教追求政治目标的宗教政治化全球性趋向起了催化作用；国家体制转型与民生需求的不对称性提供了极端主义和恐怖主义加速的空间；民族社会分层与贫困化加剧为极端主义和恐怖主义的扩大营造了社会温床；政府相关政策的缺失为极端主义和恐怖主义的危害加剧创造了条件。

对于传媒反恐，王树亮《新疆传媒反恐工作机制的思考》[①] 指出，恐怖势力利用传媒歪曲事实、编造谎言、欺骗国际社会、诋毁中国形象，给新疆反恐工作造成极大的困难。新疆反恐工作应予高度重视传媒反恐，建立传媒反恐的应急机制、完善传媒网络的建设、保障传媒渠道的畅通、加强国际传媒合作及密切关注国内、外互联网，提升传媒应对反恐的应急能力，将传媒反恐常态化，积极建构传媒反恐战略。这对指导我们反恐宣传工作有积极意义。

在 2015 年 12 月 27 日，我国全国人民代表大会发布《中华人民共和国反恐怖主义法》，并于 2016 年 1 月 1 日起施行。这标志着我国将反恐纳入国家安全战略。2018 年 10 月 9 日，新疆维吾尔自治区第十三届人民代表大会常务委员会第五次会议通过《关于修改〈新疆维吾尔自治区实施中华人民共和国反恐怖主义法办法〉的决定》，为新疆地区实施反恐提供了法律法规支持。崔寒玉《反恐新事态下国家立法的路径分析》[②] 指出，当代主要的反恐立法路径有两条，一是传统路径遵循刑法基本理论，二是新兴的路径则是以战争法为基础。我国的反恐立法应当吸收和借鉴两种反恐立法设计之优势，使反恐立法走向预防与惩治相结合的立法模式，并在反恐立法中融入新的立法原则，以促进反恐立法的有效实施。

综上可见，学界对反恐的研究，已从法学、社会学、政治学、传播学、国际恐怖主义、国家安全、国际治理等学科和角度进行深入探讨，取

[①]《实事求是》2012 年第 2 期。
[②]《兰州大学学报》2018 年第 5 期。

得丰硕成果。这些研究既有对我国反恐政策的梳理和总结，也有对其他国家反恐活动的归纳和借鉴，更有对我国当前反恐面临的不足和挑战而提出了崭新思路和恳切建议，这对我国反恐研究和反恐斗争起到积极作用。

通过研究，学者对新疆当前反恐和反分裂斗争策略进行思考，基本认为主要是两大方面，即打击暴恐、分裂势力与促进新疆发展并重。关于打击暴恐和分裂势力，需要加大相关法律的完善、借鉴国外相关的经验、提高打击技术手段、提高舆论宣传水平等；至于发展，则不仅包括经济发展，更应包括治理政策完善、社会管理水平提高、教育文化素质提升、宗教民族事务管理能力增强等方面。

我们还应看到，学界对一些问题的认识和研究还需进一步深入，比如关于恐怖主义的定义目前仍是很多种，尚未达成一致。西方国家多利用人权问题对我国暴恐势力、分裂势力进行庇护，这要求我们在研究中需要多关注西方国家在这方面的态度及政策，特别是需要从国家关系的角度去深入研究。

我国边疆地区的稳定和发展是我国全国社会稳定和发展的重要组成部分。近代以来，西方国家多是通过对我国边疆地区的渗透来干扰我国发展和侵犯我国主权和领土完整的。实际上，不管是"泛突厥主义"还是"反伊斯兰主义"，这些分裂思潮均来自国外。目前，新疆分裂势力及西藏分裂势力的总部均是在国外，并得到相关国家的庇护。故此，对新疆、西藏和台湾地区的反恐和反分裂研究应站在国家治理和国家安全的战略高度进行，并在此角度下，以国际化视野，去深入探求边疆地区的稳定与发展。另外，对边疆地区的开发，也应该从国家发展要求与地方人群需求两个层面的互动角度去思考当前的边疆开发规划，以达到国家、区域、民众三方利益的协同一致，从根本上铲除暴恐势力和分裂势力的影响，最终实现国家发展、地区稳定和民众幸福的有效统一。

第四篇

展　论

第十六章

21 世纪中国边疆研究发展大趋势

一 边疆史地综合性多卷本论著的撰写与出版

(一)"中国边疆通史丛书"的出版

中国边疆史地研究在我国具有优良的学术传统，20世纪80年代以来，在中国边疆研究第三次高潮的推动下，更呈现出勃勃生机。经过30余年的学术探索，边疆史地学术领域不仅硕果累累，而且其学术内涵及外延、研究的广度和深度都有了长足的发展。学科建设和发展的良好态势，以及学术积累和前期研究成果的丰厚积淀，为撰写多卷本"中国边疆通史"打下了坚实基础。

1998年初，时任边疆中心主任马大正着手进行撰写"中国边疆通史"的筹划准备工作。可以说，成就"中国边疆通史"是学术界同人的共同愿望，所以准备工作伊始，立即引起国内边疆史地专家学者们的积极响应，多位专家学者如李治亭（吉林省社科院历史研究所研究员）、赵云田（中国社科院近代史研究所研究员）、余太山（中国社科院历史研究所研究员）、陈庆英（中国藏学研究中心历史研究所研究员）、高淑芬（中国藏学出版社汉文编辑部编审）、方铁（云南大学西南边疆少数民族研究中心教授）、张炜（海军学术研究所研究员）、方堃（海军学术研究所副研究员）等先生欣然允诺，成为"中国边疆通史"课题组成员。课题组认为，基于以往中国边疆史研究所取得的学术成就，课题研究应尽可能地吸收、消化前人的研究成果，使体例更加完备、史实更加翔实、立论有所创新。课题组确立了课题的指导思想，即以《中国边疆经略史》为统领，在空间上，将边疆地区分为若干板块，突出边疆地区的区域性通史特点，不同边疆地区独立成册；在时间上，依照历史发展的进程，从边疆政区建置、辖区设治、军事成防、民族变迁等多个方面进行论述。既从边疆地区发展的视角，阐述特定地区的历史发展脉络，同时又兼及历代中央政府对边疆地区的治理与管辖，由点及面地揭示统一多民族的中国边疆的历史发展规律。事实证明，这一指导思想对高质量完成课题奠定了重要基础。

"中国边疆通史"课题的立项，也引起国内出版界的高度关注，中州古籍出版社对此套丛书更是青睐有加。该社的同志先后多次来京，与课题组协商出版事宜。最终该社的诚意打动了课题组，双方达成了课题成果出版的方案和协议。中州古籍出版社组成了专门队伍，负责这套丛书的审读、编辑、校对、装帧、推广宣传等各项工作。"中国边疆通史"丛书从2000年12月起陆续付梓，于2002年12月全部完成出版。可以说，"中国边疆通史"所取得的成功是课题组与出版社团结协作的结晶。

"中国边疆通史"丛书，包括《中国边疆经略史》《中国海疆通史》《东北通史》《北疆通史》《西域通史》《西藏通史》《西南通史》共7卷本，540万字。《中国边疆经略史》作为丛书的导论卷，从宏观角度论述了历朝历代的边疆开拓、边疆开发、边疆政策、边疆管理机构以及治边思想；《东北通史》《北疆通史》《西域通史》《西藏通史》《西南通史》《中国海疆通史》则以各个边疆区域为中心，按照历史发展的线索，论述特定区域内各民族历史文明的演进，及历代中央政府对边疆的治理和开发、边疆与内地的交流和同步发展，全面深入地揭示了我国统一多民族国家形成、发展的历史必然性及其规律，突出了中华文明多元一体格局的主题。

该丛书是改革开放以来我国学术界一部大型的边疆通史类著作，是中国边疆历史研究的集大成之作，被誉为"是一套填补国际学术空白的中国疆域通史系列专著，也是一套代表中国边疆研究领域最新水平的世纪集成之作"。其主要学术价值体现在：

首先，在我国边疆史地研究和学科建设方面，具有里程碑性质的意义，它标志着我国边疆史地研究已经进入一个新的阶段。尽管历代正史中都有关于边疆的记述,明清时期,尤其是晚清,随着边疆危机的加剧而出现了边疆史地之学的滥觞,但边疆史地学的形成是在20世纪上半叶。改革开放以来,边疆史地学得到了空前发展,涌现出大批优秀成果,但多局限于某一区域、某一民族和某一领域,长期以来没有一部完整系统的通史性著作。"中国边疆通史"丛书是首次以我国广阔的陆疆和海疆地区作为研究对象的大型通史,具有填补空白的意义。尤其是《中国海疆通史》,第一次以现代海洋国土的概念去观察我国海疆社会和海洋文明的历史演进,具有拓荒性质。同时,丛书集中国内学术力量,兼收并蓄,厚积薄发,开拓创新,使得这一成果具有集成性、创新性、科学性和权威性的特点,代表了这一领域的最新学术水平;也为方兴未艾的边疆学研究构筑了一个学术平台,成为新时期边疆学发展坚实的学术基点,因而在学科建设上具有承前启后、继往开来的意义。

其次,在通史体例和编撰方法方面,结构谨严,体例完备,视角独特,体现了良好的学风和创新精神。在体例上,丛书先以一册宏观总括,继之以区域分册,各册则依时间顺序分编,各册结构体例的设计也力求整齐划一,既体现丛书结构的合理性,也符合边疆的时空特点。尤其是在编撰方法上,以地区为中心。同时贯穿两条主线,一方面突出边疆区域史的视角,通过对以边疆为主体的特定文化区域的人类所创造的文明演进的论述,弥补以往通史的缺憾;另一方面从历代对边疆的经略和开发的视角,突出中华文明多元一体格局的主题。两个视角融会贯通,相辅相成,才能全面正确地理解中国历史,使中华文明史丰满起来。正是在这个意义上,有的学者称之为以边疆为中心写出的统一多民族国家的大通史。

最后,丛书在客观深入记述边疆历史进程的同时,进行了具有开拓性的理论探索。例如,总序中关于边疆及其特征和发展阶段的界说,从政治、军事、经济和文化等多个方面提出了较为科学的"边疆"概念,即将中国边疆的特点概括为:悠久的历史——曲折发展过程中的连续;广阔的地域——分散发展演进后的统一;多样的民族——自立发展基础上的融合;复杂的问题——多重矛盾发展的叠加。这一论点是迄今为止学术界对中国边疆最深刻的论述,具有重要的学术价值和理论价值,对于我们更深入、更全面地了解边疆、认识边疆、研究边疆、建设边疆,有着十分重要的现实意义。《东北通史》开篇即对东北史起源问题进行了研究，将"红山文化"作为"东北文明的曙光"，从而突破了以往东北古人类是从华北迁入的旧说。书中以大量史实证明，东北地区经济文化在接受内地影响的同时，也对内地直至全国产生了重大的甚至是决定性影响，这一论点对确立中华多元一体的文化新观念无疑具有重要意义。与以往著述不同，《北疆通史》在结构上注重时间上的上下相通（从上古至清末），在内容上不仅凸显出民族融合的特征，而且从政权结构、经济发展、文化交流等方面详加论述，突出了北疆历史的特点，从而提出了北疆历史五个发展阶段的论述。《西域通史》通过对史前中亚地区文化与甘青地区文化的比较研究，认为"在西域东部地区与其东面的我国甘青地区乃至其他省区的交往与联系较为密切一些，而在西域西部地区与其西面的中亚地区和西北面的南西伯利亚等地的交往与联系较为密切一些，而在西域中部地区则似乎与东、西两方的交往和联系相对薄弱一些"的观点，这对驳斥"中国文化西来说"无疑有积极的作用。《西南通史》对秦汉对西南边疆地区的治理予以高度评价，认为秦汉在西南边疆的设治对中华文明的贡献巨大。唐前期经营西南边疆缺少法制规范和施治的连续性，使得一些开明的政策鲜有结果。元代与明清经营西南边疆的最大不同在于，前者对在西南边疆全面开发和充分利用资源上缺乏足够的认识，而后者则对西南边疆的资源有了切实的认识，从而使治边思想发生了重大变化。此外，认为南诏与唐朝关系破裂的原因在于，在南诏占领滇东地区后，唐对其政策由扶植帮助转变为抑制甚至打击，导致双方反目。《西藏通史》紧紧抓住西藏地方政府与中央政府、藏传佛教的传播及其对社会的影响两条主线来展开研究，并以元代为界限，此前以西藏地方史为主，兼及藏族历史；此后则仅限于西藏地区的历史，从而将西藏历史全面、准确地展现出来。《中国海疆通史》对中国海疆历史的规律概括为：国家政权在沿海疆域开发与发展过程中产生重要作用，社会条件对沿海疆域开发与发展产生特殊影响，地理条件对沿海疆域开发与发展有巨大影响。以此为基础，书中深刻揭示了中国内陆文明和沿海文明的融通性和排他性，沿海疆域开发与发展对国家政权的依赖性和相对独立性，中国海上力量发展的内向性和有限征服性，从而凸显了中国海疆历史的独特性和规律性。此外，丛书各卷本在大量具体的学术问题上，均在不同程度上修正了陈说，厘清了疑难，开阔了视野，达到了"既是一部总汇前人研究成果之作，又能在创新上有所建树"的学术目标。

边疆研究，本身就是一个具有重大现实意义的课题。丛书通过科学把握国情，以史为鉴，面对现实，无疑对于我国边疆的巩固、开发和建设有着经世致用的价值，也体现了我国知识分子高度的历史责任感和强烈的爱国精神。通过对边疆历史缜密而系统的研究，无可辩驳地论证了边疆地区自古以来就是中华各民族开拓、垦殖、生息的家园，讴歌了各民族儿女开发边疆、建设边疆、保卫边疆的历史贡献，由点及面地揭示了统一多民族中国形成、发展的历史规律和边疆地区成为祖国领土不可分割的一部分的历史必然性，对于科学阐释中国历史的演进，维护国家领土主权的完整，弘扬爱国主义和民族精神，增强中华民族的向心力和凝聚力具有积极作用。通过对历代封建王朝边疆治理和开发政策的经验教训、成败得失的分析总结，为中央和各级地方政府的科学决策提供有益的借鉴，从而维护边疆稳定和民族团结，加快边疆社会现代化建设的进程。

作为国家社科基金项目，由于"中国边疆通史"丛书在课题管理上的突出表现，得到国家社科规划办的褒奖，成果鉴定等级为"优秀"。而"中国边疆通史"丛书自出版以来，颇得社会各界好评，并屡获殊荣，如：《中国边疆经略史》2001年9月获中宣部第八届精神文明建设"五个一工程"入选作品奖；2002年9月获中国社科院第四届优秀科研成果追加奖；2002年11月获第三届郭沫若中国历史学奖三等奖。《西南通史》先后获得河南省优秀学术著作一等奖、云南省社科优秀成果一等奖、中国高校社科优秀成果三等奖。"中国边疆通史"丛书于2003年12月荣获国家新闻出版总署颁发的第六届国家图书提名奖。

当然，该丛书也有一些遗憾之处，给我们留下了深化研究的诸多思考，如书中没有配以相应的边疆历史地图，在中国疆域理论研究方面，包括封建时期藩属等问题尚未得到更加深入的研究，等等。中国边疆历史的演进，绝非一项成果所能涵盖，而诸多理论问题也不是单靠一项研究就能解决。只有不断潜心研究、不懈努力，才能使我们的研究在21世纪取得更辉煌的成就，这也是"中国边疆通史"丛书带给我们的启迪。①

（二）"中国边疆治理丛书"的撰写

2010年初，湖南人民出版社约请马大正主持编撰"中国边疆治理丛书"，经反复酝酿并征求同行专家意见，于2011年6月确定丛书的规模、体裁体例诸要素。

"丛书"由七册组成，即《中国边疆治理通论》（马大正）、《中国东北边疆的治理》（孙喆）、《中国北部边疆的治理》（宝音朝格图）、《中国新疆的治理》（周卫平）、《中国西藏的治理》（许建英）、《中国西南边疆的治理》（孙宏年）、《中国海疆的治理》（刘俊珂）。每册30万字左右。经过3年多工作，于2014年底全部完成"丛书"七册的撰写并定稿，2015年下半年正式出版。

综观"丛书"有如下特色：

一是，力图从国家治理的视野，叙论秦、汉迄止当代中央政权的边疆治理，包括开疆拓土、治理开发、中央和地方管理机构诸方面，并做历史评议。

二是，古今贯通、厚今薄古。每册以朝代为序，重点叙汉、唐、元、清四代大一统王朝的治边政策与业绩，重点放在清代并延伸至民国，对中华人民共和国的治边试做探索性叙论。以《中国边疆治理通论》一书第八章"中华人民共和国的边疆治理"为例，该章设目如次：

  一、当代中国边疆地区的战略地位
  二、中国边疆治理的当代演进
  （一）新中国成立后边疆地区形势
  （二）边疆治理演进的阶段
  三、边疆治理的重要举措试议
  （一）行省制与民族区域自治制并行
  （二）历史上遗留边界问题的解决

---

① 本题参阅李国强《〈中国边疆通史丛书〉：中国边疆历史研究的拓荒之作》，载黄浩涛主编《卅载回眸社科院》，方志出版社2007年版，第314—320页。

（三）中国现代边防态势与边防体制的调整
（四）海疆与海防
四、边疆治理的战略思考
（一）边疆治理战略的构建
（二）发展与稳定
（三）文化认同与国家认同
（四）边疆民族文化的继承、协调与创新

三是，史论结合、以论为主，图文并配，力图做到学术性与知识性兼具。

"中国边疆治理丛书"是对中国边疆研究的前人研究成果从边疆治理的角度进行系统梳理和总结，以使读者从独特的视角认识和了解中国边疆，同时，历史上中国政府边疆治理经验教训的总结，对当代中国边疆的长治久安、可持续发展，以及国家统一、民族团结均具有重要借鉴作用。

（三）地区性边疆通史的编撰与出版

地区性边疆通史的编撰与出版，可分为两大类，一类是以边疆地域为空间的通史性著作，一类是以边疆省区为空间的通史性著作。

1. 以边疆地域为空间的通史性著作

东北地区有：张博泉《东北地方史稿》[①]，36万字，是国内首部有关东北区域史的专著，时段始自先秦，迄止于清代，篇首《东北古史研究中的几个问题》阐论了东北古史在我国历史中的地位、东北民族封建化的类型与途径、比较方法与东北古史的研究、文献资料与考古资料的关系诸问题。嗣后又相继出版了董万仑《东北史纲要》[②]、薛虹和李澍田《中国东北通史》[③]、宁梦辰《东北地方史》[④]、程妮娜《东北史》[⑤]。而吉林文史出

[①] 吉林大学出版社1985年版。张博泉、苏金海、黄玉瑛《东北历代疆域史》（吉林人民出版社1981年版）则论述了从先秦至清前期东北疆域的变迁。
[②] 黑龙江人民出版社1987年版。
[③] 吉林文史出版社1993年版。
[④] 辽宁大学出版社1999年版。
[⑤] 吉林大学出版社2001年版。

版社1998年出版的佟冬主编的《中国东北史》规模最巨、影响最著，全书六卷460万字，上始原始社会，迄止中华人民共和国成立。集20世纪90年代以前国内外东北史研究百年成果之大成。断代的东北史则有王绵厚《东汉东北史》[1]、李健才《明代东北》[2]、辽宁省社会科学院历史所编著《清代东北史》[3]、王魁喜《近代东北史》[4]、常城《现代东北史》[5]等。新世纪出版的李治亭主编《东北通史》前已有述。

　　西北、北疆、西南地区以及海疆则有谷苞主编《西北通史》[6]、赵云田主编《北疆通史》，方铁主编《西南通史》和方铁、方慧《中国西南边疆开发史》[7]、张炜、方堃主编《中国海疆通史》，其中《北疆通史》《西南通史》《中国海疆通史》是"中国边疆通史丛书"选题，前已有述。马大正、华立《古代中国的北部边疆》，虽是以普及读物"内蒙古历史文化丛书"之一种出版，但事实上，是真正以北部边疆命名的第一部通史类著作。此书明确了北部边疆所指的地域，从广义上言，是指东北、北方、西北三大地域版块；从狭义上言，主要指北方地区，范围"应根据历代封建王朝实际管辖和古代各个民族相对稳定的活动地域的实际情况进行历史考察"。古代中国的北部边疆，"显然不能与今天内蒙古自治区简单画等号，而是至少应该包括大漠南北和贝加尔湖一带的广大地域"[8]。这一认识为后来的研究提供了思路。此后的学术著作很少再把北部边疆泛指为三北地区，北疆的地域空间"大体上东至大兴安岭，西至阿尔泰山，南至河北、山西北部和河套南部，北至外兴安岭以西，循漠北向西伸延至阿尔泰山一带"[9]。现代意义上的北疆指的是"北方靠近国界的内蒙古地区"。

---

[1] 辽宁人民出版社1994年版。
[2] 辽宁人民出版社1986年版。
[3] 辽宁教育出版社1989年版。
[4] 黑龙江人民出版社1984年版。
[5] 黑龙江教育出版社1986年版。
[6] 兰州大学出版社2005年版。
[7] 云南人民出版社1997年版。
[8] 马大正、华立：《古代中国的北部边疆》，内蒙古人民出版社1993年版，第3页。
[9] 赵云田主编：《北疆通史》，中州古籍出版社2003年版，第1页。

2. 以边疆省区为空间的通史性著作

黑龙江省。辛培林、张凤鸣、高晓燕《黑龙江开发史》① 分设古代篇、民族篇、资源篇、城镇篇、工商篇、交通篇、人口篇、文化篇、设置篇、政策篇、列强掠夺篇、中俄比较篇，以专题形式阐述了先秦迄止当代的黑龙江省开发的历程。2012 年黑龙江历史文化研究工程启动《黑龙江通史》撰写工作，自先秦时期至解放战争时期共设十卷。2015 年已完成全书编撰工作，预计 500 万字。

吉林省。孙乃民主编《吉林通史》② 三卷 170 万字，始自石器时代，迄止 20 世纪 40 年代解放战争时期。

辽宁省。先有朱诚如、邱富生主编《辽宁通史》③，21 世纪有朱诚如主编《辽宁通史》④，后者五卷，240 万字，始自先秦时期，迄止于 20 世纪 40 年代解放战争时期。

内蒙古自治区。20 世纪 50 年代出版了陶克陶《内蒙古发展概述（上）》⑤，余元庵《内蒙古历史概要》⑥，这两部著作都是简明扼要的内蒙古通史，之后还出版了卢明辉《清代蒙古史》⑦、郝维民主编《内蒙古近代简史》等。⑧

新疆维吾尔自治区。已经出版了《新疆简史》《新疆史纲》和《新疆史鉴》，以及《中国边疆通史》丛书选题之一余太山主编《西域通史》在本书第九、十章相关部分已有简述。2005 年新疆维吾尔自治区启动《新疆通史》撰写，本书上始史前，下迄 20 世纪 90 年代，共 14 卷 16 册。同时还启动了相关档案文献整理和开展专项课题研究，并先后出版了《新疆通史》课题丛书、《新疆通史》研究丛书、《新疆通史》翻译丛书等。

学界期望《新疆通史》的纂修在资料创新、体裁体例创新、理论创

---

① 黑龙江人民出版社 1999 年版。
② 吉林人民出版社 2008 年版。
③ 大连海事大学出版社 1997 年版。
④ 辽宁民族出版社 2009 年版。
⑤ 上海人民出版社 1958 年版。
⑥ 同上。
⑦ 天津古籍出版社 1990 年版。
⑧ 内蒙古人民出版社 1990 年版。

新、人才创新、运作机制创新五个方面有所突破!"①

西藏自治区。恰白·次旦平措、诺章·吴坚《西藏通史——松石宝串》是藏族学者用藏文撰写的学术著作,全书85万字。拉巴平措为本书撰写的题为《以史为鉴、明辨是非——为〈西藏通史〉汉译本出版而作》的代序中指出:"这本历史巨著译成汉文并付梓刊行,这一方面使更多的读者通过这本书更直接地了解对于自己的民族、对于自己的文化、对于自己的历史、对于同周边其他民族的关系,有什么样的记录和看法,从而增加有关藏族文化的知识,增进相互之间的了解;另一方面,对于爱好藏族历史的读者或史学家,又提供了一个重要的了解和掌握藏文史料和藏族学者的研究成果的机会,从而有利于交流学术,取长补短,共同促进藏族史研究向新的高度和深度推进。"② 其他已出版的通史或断代史的著作还有:多杰才旦、江村罗布主编《西藏经济简史》③、郑汕主编《西藏发展史》④、成崇德、张世明《清代西藏开发研究》⑤、伍昆明主编《西藏近三百年政治史》⑥ 等。2003年由中国藏学研究中心拉巴平措主持十卷本《西藏通史》撰写工作正式启动,近年来最值得关注的成果是由拉巴平措、陈庆英任总主编,张云担任执行总主编,2003年启动,历经14年、由90余位藏学家和各领域专家共同完成的《西藏通史》⑦,于2016年4月已由中国藏学出版社出版,全书共计8卷(早期卷、吐蕃卷、宋代卷、元代卷、明代卷、清代卷、民国卷、当代卷)13册、900余万字,出版后得到了学界的高度评价,并在2017年荣获了第四届中国出版政府奖和第四届中国藏学研究珠峰奖特别奖。论著对元明清三朝对西藏地区的经营与管辖有着系统的阐述,特别是以比较多的篇幅叙述了清朝对西藏地区的积极经营与管辖,并对清代治理西藏的政策与措施给予了高度评价,认为"清代中央政

---

① 参阅马大正《新疆通史纂修感言》,《光明日报》2009年12月18日第6版。
② 《西藏通史——松石宝串》,陈庆英、格桑美西、何宗英、许德存译,代序,西藏藏文古籍出版社1996年版,第4页。
③ 中国藏学出版社1995年版。
④ 云南民族出版社1992年版。
⑤ 北京燕山出版社1996年版。
⑥ 鹭江出版社2006年版。
⑦ 中国藏学出版社2016年版。

府既善于总结元、明两代的治藏经验，又鉴于西藏地方多次内乱外患中暴露出来的体制缺陷，从国家全局政治需要出发，不断调整对西藏的治理政策和法规，建成比元、明两代更为完善的行政体系。……加强了清中央政府对西藏地方的有效统治，维护了西藏地方的稳定，巩固了祖国统一和民族团结，影响深远，功绩不可磨灭"[①]。

云南省。何耀华主编《云南通史》[②]，六卷，300余万字。本书对云南各民族自远古至1949年的历史进行了深入阐释及全景展现，是迄今为止篇幅最大、内容最完整、阐述最系统的一部云南通史著作，也是近年来云南疆域史、地方史、民族史研究的重要成果。

广西壮族自治区。钟文典主编《广西通史》[③]，三卷本，167万字。全书上起远古、下迄中华人民共和国成立，是国内第一部反映时段最长，涵盖面最广的多卷本广西通史著作。

二　中国边疆区域性综合研究项目的实施

2002年以来在国家大力支持下，先后启动了"东北边疆历史与现状系列研究工程""新疆历史与现状系列研究项目""北部边疆历史与现状系列研究项目""西南边疆历史与现状系列研究项目""西藏历史与现状系列研究项目"，这些中国边疆区域性综合研究项目的启动与实施，既及时回答了现实面临的一系列紧迫问题，又大大推动了中国边疆研究的学科建设，也是中国边疆研究第三次高潮中两个突破的丰硕成果，其深远意义怎么估计也不为过。

（一）"东北边疆历史与现状系列研究工程"（简称"东北工程"）

东北地区是我国重要的边疆地区，资源丰富、人口稠密、文化发达，

[①] 邓锐龄、冯智主编：《西藏通史》（清代卷上）前言，中国藏学出版社2016年版，第2页。
[②] 中国社会科学出版社2011年版。
[③] 广西人民出版社1999年版。

具有举足轻重的战略地位。近代以来成为列强侵略扩张、争夺霸权的重要地区，因而东北边疆问题就成为许多有识之士关注研究的对象，对帝国主义御用文人炮制的企图分裂中国东北的种种谬论进行了批驳和回击。自19世纪中期清人研究东北疆域著述《朔方备乘》问世至今，东北疆域与地方史研究已有近150年的历史。中华人民共和国成立后，特别是改革开放以来，这门学科研究有了突破性进展。仅20世纪80年代以来出版的相关研究专著有200多种、专题学术论文达数千篇。学者们的研究内容几乎涵盖了有关东北疆域与地方历史的所有领域，在地方史、边疆民族史、边界沿革史、朝鲜移民中国史、东北与周边国家地区关系史等方面有较多的建树，形成了研究的重点和热点，建立了相应的研究机构，形成了一支专业研究队伍。

改革开放以来，我们所面对的国际环境发生了很大的变化，对边疆地区的影响尤为重大，具体到东北边疆，俄罗斯、朝鲜、韩国、蒙古，以及日本、美国，这些国家与中国的双边关系、多边关系都发生了很大的变化，而且还处在不断变化的过程当中。

特别是近三十年以来，随着东北亚政治、经济地位的日益上升，东北亚成为世界瞩目的热点地区，我国东北边疆地区地处东北亚中心位置，具有极其重要的战略地位。在这一形势下，一些国家的研究机构和学者别有用心的在历史关系等方面的"研究"中歪曲史实，少数政客出于政治目的公开宣扬种种谬论、制造混乱，使得东北边疆历史与现状的研究面临诸多挑战，也给东北边疆历史与现状的学术研究提出了一系列新的课题。

为了进一步促进东北边疆历史与现状研究的学科建设和发展、为了进一步维护东北边疆地区的稳定，由中国社会科学院和东北三省相关学术机构及大学联合组织的大型学术项目"东北边疆历史与现状系列研究工程"（以下简称"东北工程"）2002年2月正式启动。"东北工程"为期5年，是一项跨学科、跨地域、跨部门的大工程。该项研究旨在将东北边疆历史与现状研究纳入学术化轨道，将基础研究与应用研究有机结合，深化研究。

"东北工程"的重要任务之一是要总结以往的研究成果，集中优势力量攻克历史上的疑点问题、现实中的热点问题和理论上的难点问题，使整体研究水平有一个较大的提高，在此基础上，形成系列化、权威性的研究成果。该项工程的课题分为研究类（包括基础研究和应用研究）、翻译类和档案资料类三大系列。其中主要研究内容包括：古代中国疆域理论研究；东北地方史研究；东北民族史研究；古朝鲜、高句丽、渤海史研究；中朝关系史研究；中国东北边疆与俄国远东地区政治、经济关系史研究；东北边疆社会稳定战略研究。

"东北工程"共立项子课题125项（含研究类、翻译类、档案类等），正式出版专著15种，出版档案2种200余册，内部报告20余种，完成数据库2种。尚有50余个子课题成果未能出版，但已内部印制。

"东北工程"是21世纪启动的第一个中国边疆区域性综合研究项目，它的科研实践经验于后来者具有借鉴意义，我们曾总结为做好"东北工程"要树立"五个意识"，要处理好"五个关系"[①]。

所谓要树立"五个意识"：

第一，政治意识。这项工程直接目标是国家的长治久安，也就是要从国家统一、民族团结、边疆稳定这样的大目标出发。这个政治意识是由这项工程所以能够立项、能够启动所决定的。我们所从事的学术研究不是纯粹的学术研究，而是学术研究为国家利益服务。

第二，全局意识。直接来说，这项工程是研究东北边疆。要认识到东北边疆是中国边疆的组成部分，同时更是统一多民族国家不可分割的组成部分，我们必须有此全局意识。问题的另一个方面是：东北边疆地处东北亚地区，研究东北边疆战略格局离不开对现在东北亚整体战略格局的研究，而且东北亚战略格局又离不开对整个世界格局及对21世纪世界整体格局的把握。总之，第一个全局意识是统一多民族国家全局意识，第二个是世界全局意识，对此我们必须有清醒认识。

第三，责任意识。基于政治意识、全局意识，必须具有责任意识。我们研究者应遵循第一对国家负责，第二对人民负责，第三对历史负责的宗旨。研究成果经得住历史考验，不能搞实用主义，不能进行非科学

---

① 参阅马大正《关于"东北边疆历史与现状系列研究工程"的几个问题》，载马大正主编《中国东北边疆研究》，中国社会科学出版社2003年版，第15—18页。

研究。这个责任意识要求参加者有一个对历史负责的态度来从事此项工作。

第四,精品意识。研究成果要经得起时间考验,让我们的后人认可我们的研究成果。首先,我们的研究成果能够为政府决策提供咨询服务;其次,研究成果为后人研究边疆历史提供基础。当然,也要经得起学术争论的考验,在学术上不能出现硬伤,在政治上更不能出现偏差。

第五,诚信意识。这项工程尽管有工程领导小组、专家委员会,有中国社会科学院和东北三省主要领导参加组织。但是,组织者和承担者之间没有严格行政关系。现在为了共同目标走到一起,没有更多的行政约束。我们在承担、完成课题时,对于研究者我们要坚持"自律""诚信"。当然,参加课题的专家学者都是高水平品德的典范,为人师表,是可以信赖的。因此,必须按课题责任书的要求,保质保量按时完成任务。工程是一环套一环的,任何一个环节出现毛病,都会影响整个工程完成。

所谓要处理好"五个关系":

第一,处理好政治与学术关系。我们从事的是学术研究,我们反对某些人、某些邻国把历史问题现实化,学术问题政治化。我们从事学术研究的目的之一是推动学科发展;另一目的是为政府决策提供咨询建议。学术与政治二者在东北边疆这一特殊研究领域结合非常紧密。我们每个研究者既要坚持学术规则;同时,时时不要忘记我们研究的对象、研究领域,现在正是某些人、某些国家对我们制造混乱的一个特殊领域。为此,我们要正确处理好政治与学术的关系。

第二,处理好研究与决策关系。研究与决策者不能完全画等号。研究是决策的基础,但是研究不等于决策。我们研究者追求的最高目标、最高境界,是本着对历史负责的态度,拿出符合历史事实的正确结论,不能因为某些人、某些权威的言论影响我们研究的正确结论的得出,这就是对历史负责。正因如此,要拿出科学的、经得起历史检验的历史结论,为决策者提供重要基础。当然,研究者结论未必全部被采纳,因此,研究者要保持平和心态,认真从事研究,拿出科学的、正确的结论;同样决策人也应有平和心态,对研究成果有平和心态,用政治家更宽阔心态来看待研究者的研究成果。根据不同研究内涵、不同研究对象，我们就会有不同意见，提出相应的对策。要处理好二者关系，既有研究者责任也有决策者责任。

第三，处理好基础研究与应用研究的关系。从研究内容、方法来说，这的确是两个不同领域，方法存在差别。但是对待二者必须兼顾。作为研究者我们不要做死文章，要有意识地关注历史上的难点问题、现实中的热点问题，把历史难点与现实中热点问题作为我们研究的首选课题，把基础研究与应用研究有机结合起来，把二者关系处理好。

第四，处理好个人钻研与集体协作的关系。严格地说，我们的研究都是个人钻研成果的结晶。但是，在一定时间内攻关项目，不仅需要多学科专家参与，而且必须是个人钻研与集体协作有机结合。只有这样，才能取得"1+1＞2"的双赢效果。当然在处理二者关系过程中，需要研究者为了共同目标互相理解，互相谅解，精诚合作。

第五，处理好普及与提高的关系。提高就是出精品，出具有高学术水准的精品。抓好出精品的同时，也必须注意普及的问题。普及有两层含义：第一是必须面对广大人民群众，让学术走向大众，让大众理解、了解学术。不能抱着"阳春白雪"自我欣赏的心态，而应把研究成果转化成通俗的知识读物，这是"东北工程"一项重要内容。第二是把长篇研究成果浓缩成精练的、准确的调研报告，包括历史问题的调研报告。把这些现实感强的问题浓缩成调研报告给中央、地方领导参阅。将普及与提高结合好，是推动"东北工程"顺利发展的一个重要方面。

"东北工程"相关研究成果已公开出版的学术专著有：

马大正主编：《中国东北边疆研究》，中国社会科学出版社2003年版；

李德山、栾凡：《中国东北民族发展史》，中国社会科学出版社2003年版；

李大龙：《汉唐藩属体制研究》，中国社会科学出版社2006年版；

杨军：《高句丽民族与国家的形成和演变》，中国社会科学出版社2006年版；

马大正等：《古代中国高句丽历史续论》，中国社会科学出版社2003年版；

耿铁华：《好太王碑一千五百八十年祭》，中国社会科学出版社2003年版；

魏国忠、朱国忱、郝庆云：《渤海国史》，中国社会科学出版社2006年版；

张凤鸣：《中国东北与俄国（苏联）经济关系史》，中国社会科学出版社2003年版；

王晓菊：《俄国东部移民开发问题研究》，中国社会科学出版社2003年版；

于沛等：《全球化境遇中的西方边疆理论研究》，中国社会科学出版社2008年版；

朱诚如主编：《辽宁通史》五卷本，辽宁民族出版社2009年版；

孙乃民主编：《吉林通史》三卷本，吉林人民出版社2008年版；

黄松筠：《中国古代藩属制度研究》，吉林人民出版社2008年版；

刘信君主编：《中国古代治理东北边疆思想研究》，吉林人民出版社2008年版；

杨旸主编：《明代东北疆域研究》，吉林人民出版社2008年版；

付百臣主编：《中朝历代朝贡制度研究》，吉林人民出版社2008年版；

程妮娜：《东北民族地区建置史》，中华书局2011年版。

档案资料整理出版方面出版了《珲春副都统衙门档》，中国第一历史档案馆、中国边疆史地研究中心、吉林省延吉档案馆合编，吴元丰、厉声主编，2006年广西师范大学出版社出版，238册，精装16开本。珲春地处中国吉林省东北部，东南与俄罗斯接壤，西南与朝鲜交界，地理位置十分重要。有清一代，先后设立协领和副都统管理当地军政事务。珲春协领和副都统在处理公务过程中所形成的文书档案，至今保存比较完整，数量可观，文书种类齐全。本书收录的档案选自中国第一历史档案馆和吉林省延吉档案馆保存的珲春协领及副都统衙门档案，共计37488件，其中三分之一是满文，其余是汉文，起止时间为乾隆二年至宣统三年（1737—1911）。档案主要反映珲春地方职官、军务、旗务、民政、司法、财政、农田、矿产、商业、通信、货币、工程、文化、教育、进贡物品、天文地理、礼仪祭祀、涉外事务等方面。

（二）"新疆历史与现状综合研究项目"（简称"新疆项目"）和"北部边疆历史与现状综合研究项目"（简称"北疆项目"）

1. "新疆项目"

新疆是我国重要的边疆地区，资源丰富、民族众多、文化灿烂。20 世纪以来，由于各种出土文物、文献资料的新发现，新疆史地研究更成为一门国际"显学"。我国不仅建立了许多相应的研究机构，而且形成了多种学科的专业研究队伍，研究内容几乎涵盖了有关新疆历史地理的所有领域，取得了不少研究成绩。进一步加强对新疆历史与现状问题的整体、系统性的思考，加强前瞻、战略性的研究，诸如对新疆各民族的历史、各民族的关系史、历史上新疆地方政权与中原中央王朝的关系等问题，还需要进行更为系统、深入和更为理论化的研究；在当前改革开放新形势下，新疆稳定与发展现状研究所面临的许多新问题和新挑战，这些都需要学者们共同努力，深化研究，合作攻关。

改革开放以来，新疆周边的国际环境发生了很大变化，苏联解体，哈萨克斯坦、吉尔吉斯斯坦、乌兹别克斯坦、塔吉克斯坦、土库曼斯坦中亚五国相继独立，阿富汗、巴基斯坦、印度等国日益成为世界瞩目的热点地区。新疆地处中亚地区，与上述国家领土相接，在宗教、文化、民族等方面与上述国家有千丝万缕的联系。改革开放以来，新疆区域在稳定与发展方面出现了一些复杂、多变的局面，面对这种形势，加强新疆历史与现状的研究，已成为学者们日益关注的研究课题。

2004 年 5 月，由中国社会科学院中国边疆史地研究中心牵头申请了国家社科基金特别项目"新疆历史与现状综合研究"（以下简称"新疆项目"），并于 2005 年正式启动。"新疆项目"是一项跨学科、跨地域、跨部门的学术工程，"新疆项目"的重要任务是在总结前人成果基础上，深化新疆历史与现状研究。

"新疆项目"包括基础研究与应用研究两大部分。基础研究是正确阐明中国新疆的历史，从根源上解决好各族人民的历史观、国家观和公民观。应用研究包括两个方面，一是正确阐明当前新疆稳定与发展中存在的热点和难点问题，进一步增强各族同胞的国家认同感；二是进行调研和对策研究，为当前新疆稳定和发展提供科学咨询。

"新疆项目"成果涵盖研究类、档案文献类、译著类、社会调研和知识性读物五大系列。此外还将进行网络数据库建设。

"新疆项目"相关研究成果已公开出版的学术专著有：

白莉等：《新疆维吾尔自治区法制建设50年》，新疆人民出版社2010年版；

李晓霞：《新疆民族混合家庭研究》，社会科学文献出版社2011年版；

新疆维吾尔自治区党委政策研究室课题组编著：《新疆贫困状况及扶贫开发》，新疆人民出版社2010年版；

靳娟娟、金天义主编：《新疆边防管理与边防建设》，社会科学文献出版社2011年版；

段光达、马德义、宋涛、叶艳华：《中国新疆和俄罗斯东部石油业发展的历史与现状》，社会科学文献出版社2012年版；

才吾加甫：《新疆古代佛教研究》，社会科学文献出版社2011年版；

贾建飞：《清乾嘉道时期新疆的内地移民社会》，社会科学文献出版社2012年版；

齐清顺：《1759—1949年新疆多民族分布格局的形成》，新疆人民出版社2010年版；

叶尔达：《卫拉特高僧拉布紧巴·咱雅班第达研究》，社会科学文献出版社2012年版；

贾建飞：《清代西北史地学研究》，新疆人民出版社2010年版；

米娜佳·阿不都热依木、艾力·吾甫尔主编：《当代维吾尔语言文字应用与发展》，社会科学文献出版社2012年版；

阿布都热扎克·沙依木：《维吾尔族民间文艺与传统技艺》，社会科学文献出版社2012年版；

夏里甫罕·阿布达里：《新疆哈萨克族文化转型研究》，新疆人民出版社2010年版。

档案资料整理方面出版了《清代新疆满文档案》，由中国第一历史档案馆、中国边疆史地研究中心合编，吴元丰、厉声主编，2011年由广西师范大学出版社出版，全书283册，精装、16开本。该书收录的档案均选自军机处满文录副奏折，共计72812件（包括附件8887件），起止时间为雍正八年至宣统三年（1730—1911），主要反映新疆地区的职官、军务、民政、司法、财政、农业、牧业、矿产、贸易、货币、文化、宗教、地理、交通、工程、天文地理、礼仪祭祀、藩属国及部落关系、外交等诸多方面。

还有许新江主编《新疆近代蒙古历史档案》和《抗日战争时期新疆各民族民众抗日募捐档案史料》，调查资料方面出版了《当代中国边疆民族地区典型百村调查》，共60种，目录如下：

新疆维吾尔自治区
①从游牧到定居
——新疆布尔津县杜来提乡阿合达木村调查报告

马媛等

②边陲多民族和谐聚居村
——新疆布尔津县冲乎尔乡奇巴尔托布勒克村调查报告

耶斯尔

③边村新貌
——新疆布尔津县杜来提乡哈拉塔尔村调查报告

石岚

④戍边人
——新疆六十一团农二连调查报告

李晓霞

⑤西境村事
——新疆伊犁哈萨克自治州霍城县清水河镇二宫村调查报告

杨富强

⑥回族乡的多民族村落
——新疆伊犁地区三宫回族乡下三宫村调查报告

马秀萍

⑦西气东输源头上的维吾尔族村庄
——新疆库车县牙哈镇守努提一村社会调查报告

何运龙

⑧和谐发展的维汉村庄
　　——新疆库车县比西巴格乡格代库勒村调查报告

　　　　　　　　　　　　　　　　　　　　　　　古丽燕

⑨旧貌换新颜
　　——新疆库车县比西巴克乡科克提坎村调查报告

　　　　　　　　　　　　　　　　　　　　　　　古丽燕

⑩一个古老庄园的新生
　　——新疆墨玉县阿塔村调查报告

　　　　　　　　　　　　　　　　　　　　　　　孟楠

⑪昆仑山脚下的维吾尔族村庄
　　——新疆墨玉县扎瓦乡依格孜艾日克村调查报告

　　　　　　　　　　　　　　　　　　　　　　　姜龙等

⑫沙漠瀚海中的绿洲
　　——新疆墨玉县喀尔赛乡阿塔村调查报告

　　　　　　　　　　　　　　　　　　　　　　　赵平等

⑬塔克拉玛干沙漠腹地的畜牧村
　　——新疆墨玉县喀尔赛乡喀尔墩村调查报告

　　　　　　　　　　　　　　　　　　　　　　　哈米提等

西藏自治区
⑭青藏铁路带来的新农村
　　——西藏拉萨市柳梧乡柳梧村调查报告

　　　　　　　　　　　　　　　　　　　　　　　陈朴等

⑮狼牙刺地上的村落
　　——西藏拉萨市曲水县达嘎乡其奴村九组调查报告

　　　　　　　　　　　　　　　　　　　　　　　徐君

⑯乡村变迁
　　——西藏日喀则市东嘎乡通来和帕日两村调查报告

　　　　　　　　　　　　　　　　　　　　　　　边巴

⑰民族手工业村经济与社会发展
　　——西藏山南地区贡嘎县杰德秀居委会调查报告

　　　　　　　　　　　　　　　　　　　　　　　孙继琼

⑱乡村巨变
——西藏山南勒布门巴民族乡调查报告

杜莉

⑲扶贫综合开发绩效研究
——西藏扎囊县德吉新村调查报告

郑洲

⑳天路带来吉祥
——西藏那曲地区那曲县那曲镇门地22村调查报告

杨本锋等

㉑牧区巨变
——西藏那曲县罗玛镇14村调查报告

范远江

云南省

㉒边境布依家园
——云南省河口县桥头乡老汪山村社会与经济发展调查报告

赵旭峰等

㉓国境苗族新村
——云南省河口县桥头乡下湾子村社会经济调查报告

罗有亮

㉔蓝靛瑶村寨调查
——云南省河口县老范寨乡斑鸠河小牛场村调查报告

金少萍等

㉕陆疆侨乡名村
——云南省红河县迤萨镇跑马路社区安邦村调查报告

王谦等

㉖普通的八里坪
——云南省文山州麻栗坡县董干镇八里坪村调查报告

杨磊

㉗嬗变中的瑶村苗寨
——云南省文山州麻栗坡县勐硐瑶族乡坝子村调查报告

娄自昌等

㉘独具特色的边境佤寨
　　——云南省临沧市沧源县勐董镇永和社区农村社会经济调查报告
　　　　　　　　　　　　　　　　　　　　　　　　　　　邹建达

㉙开放视野下的边境苗寨
　　——云南麻栗坡县董干镇马崩村调查报告
　　　　　　　　　　　　　　　　　　　　　　　　　　　杨永福等

广西壮族自治区

㉚国门第一村
　　——广西凭祥市友谊镇礼茶村中礼屯调查报告
　　　　　　　　　　　　　　　　　　　　　　　　　　　郑一省等

㉛一个移殖在海滨的村庄
　　——广西防城港市企沙镇华侨渔业新村调查报告
　　　　　　　　　　　　　　　　　　　　　　　　　　　郑一省等

㉜兴边富民新壮村
　　——广西靖西县龙邦镇其龙村调查报告
　　　　　　　　　　　　　　　　　　　　　　　　　　　王柏中等

㉝短衣壮的家乡
　　——广西大新县宝圩乡板价村板价屯调查报告
　　　　　　　　　　　　　　　　　　　　　　　　　　　王柏中等

㉞沿边公路进深山
　　——广西大新县下雷镇新丰村弄得屯调查报告
　　　　　　　　　　　　　　　　　　　　　　　　　　　雷韵

㉟边境上的村落
　　——广西龙州县金龙镇横罗村板门屯调研报告
　　　　　　　　　　　　　　　　　　　　　　　　　　　郝国强

㊱"那"人社会的嬗变
　　——广西宁明县明江镇洞廊村社会发展调查报告
　　　　　　　　　　　　　　　　　　　　　　　　　　　吕俊彪

㊲蓝靛瑶的甜蜜生活
　　——广西右江区龙川镇六能村六能屯调查报告
　　　　　　　　　　　　　　　　　　　　　　　　　　　周建新

宁夏回族自治区

㊳依托城市发展的新农村
——宁夏银川市兴庆区大新镇塔桥村调查报告
杨文林

㊴六盘山下有人家
——宁夏固原市泾源县冶家村调查报告
于舒心

㊵长城塬上长城村
——宁夏彭阳县城阳乡长城村白庙组调查报告
孙嫱

㊶宁夏中部交通枢纽处的 13 省移民村
——宁夏中宁县宁安镇古城子村调查报告
尹强

内蒙古自治区

㊷长城黄河萦绕的村庄
——内蒙古呼和浩特市清水河县窑沟乡老牛湾村调查报告
孙驰

㊸承泽黄河的村落
——内蒙古杭锦后旗双庙镇继丰村调查报告
李卉青

㊹两省三地大嘎查
——内蒙古兴安盟科尔沁右翼中旗高力板镇国光嘎查调查报告
韩巍

㊺黄河古道新农村
——内蒙古鄂尔多斯市准格尔旗十二连城乡五家尧村调查报告
黄河

㊻别具风采的俄罗斯民族村
——内蒙古额尔古纳市室韦乡恩和村调查报告
赵淑梅等

㊼科尔沁沙地边缘的半农半牧村
　　——内蒙古扎鲁特旗道老杜苏木保根他拉嘎查调查报告
哈达

㊽燕北山区的村落
　　——内蒙古喀喇沁旗王爷府镇富裕地村调查报告
于永

黑龙江省

㊾龙骨山下移民村
　　——黑龙江省嘉荫县红光乡燎原村调查报告
王乐文

㊿归根的落叶
　　——黑龙江绥滨县福兴满族乡同仁村调查报告
宋靖

㉛龙江源头百年古村
　　——黑龙江漠河县北极乡洛古河村调查报告
霍明昆

㉜奔腾大界江　巍巍小兴安
　　——黑龙江逊克县边疆镇团结村调查报告
叶艳华

㉝中俄边境新农村
　　——黑龙江省绥芬河市建新村调查报告
刁丽伟

㉞悠悠穆棱河　青青粮台山
　　——黑龙江省穆棱市兴源镇东村调查报告
韩磊

㉟打造民族特色综合发展的新农村
　　——黑龙江省宁安市渤海镇江西村调查报告
阚德刚

(56)古驿站上鄂族村

——黑龙江省塔河县十八站鄂伦春民族乡鄂族新村调查报告

王利文

吉林省

(57)乡村巨变

——吉林省珲春市杨泡满族乡杨木林子村调查报告

沈万根

(58)边疆盛开的黑牡丹

——吉林敦化市黄泥河镇双泉村调查报告

张艳春等

(59)发展中的延边农村

——吉林延吉市依兰镇春兴村调查报告

姜学洙等

(60)长白山下朝鲜第一村

——吉林安图县万宝镇红旗村调查报告

李香喜等

2. **“北疆项目”**

由中国社会科学院中国边疆史地研究中心和内蒙古自治区社会科学院共同主持的“北部边疆历史与现状综合研究”（以下简称“北疆项目”），于 2010 年 1 月获全国哲学社会科学规划办正式批准立项，并列为社科基金特别项目，开展为期 5 年的项目研究。作为中国边疆系列研究之一，“北疆项目”既是因应边疆研究的现实需求，也顺应学科发展的要求。以往在北疆历史的理论研究领域积累了诸多成果，但是，一方面成果稍显零散，有待进一步整合，另一方面研究的视角、思路都亟待在整体性上更新、提高。近年来，随着以内蒙古自治区为核心的北疆地区社会经济快速发展，在取得显著成绩的同时，出现了一系列新问题，面临一系列新挑战，急需通过加强理论研究破解发展中的难题。学术界不断发出深化北疆历史与现状研究的呼声，并且得到有关部门积极支持，“北疆项目”得以立项实施。经过长期酝酿以及广泛调研，“北疆项目”总课题按设计大致分为基础研究、应用研究、文献翻译整理三大系列。

（三）"西南边疆历史与现状综合研究项目"（简称"西边项目"）和"西藏历史与现状综合研究项目"（简称"西藏项目"）

1. "西边项目"

云南、广西二省区地处西南边疆，毗邻缅甸、老挝、越南，是我国联系东南亚、南亚的门户。西南边疆的巩固和发展，对于国家的长治久安和可持续发展，具有重要战略意义。

对于西南边疆地区历史和现状中所涉及的诸多问题，我国学界在基础研究和应用研究方面均取得显著成绩，但随着研究的深化，以及国际环境与周边地区形势的发展变化，无论是立足于云南、广西两省区社会安定、经济发展、民族团结的现实需要，还是着眼于西南边疆研究的理论创新、学科建设等多方面的自身要求，不断加大对西南边疆历史和现状的研究，已十分紧迫。

2008年4月，由国家社科规划办委托中国社会科学院组织管理的国家社科基金特别委托项目"西南边疆历史现状综合研究项目"正式启动，为期5年，"西边项目"是一项跨学科、跨地域、跨部门的学术工程，项目研究内容包括基础研究和应用研究两大部分，成果分研究类、档案文献类、译著类、研究报告类四大系列，此外还将进行网络数据库建设，从已立项并已完成的100个项目分析，"西边项目"具有如下特色：

一是，西南边疆稳定和发展是项目的核心。

二是，西南边疆历史上的难点、疑点问题，以及从历史到现状的国家对西南边疆治理研究是项目的重点内容。

三是，研究视角新颖、理论创新突出，以及项目主持人结构合理、团队优势明显，凸显了项目的可持续发展的潜力。

"西边项目"研究成果中研究系列已公开出版的学术专著有：

李昆声、陈果：《中国云南与越南的青铜文明》，社会科学文献出版社2013年版；

张纯德、朱琚元、白兴发：《彝文古籍与西南边疆历史》，社会科学文献出版社2013年版；

杨寿川：《云南矿业开发史》，社会科学文献出版社 2014 年版；

白耀天：《南天国与宋朝关系研究》，社会科学文献出版社 2014 年版；

徐毅：《绥服远人——清帝国治理广西的教化策略》，社会科学文献出版社 2013 年版；

张刚、伍雄武：《云南民族关系的历史与经验》，社会科学文献出版社 2014 年版；

郑一省、王国平：《西南地区海外移民史研究——以广西、云南为例》，社会科学文献出版社 2013 年版；

郑维宽：《历代王朝治理广西边疆的策略研究——基于地缘政治的考察》，社会科学文献出版社 2014 年版；

段金生：《南京国民政府对西南边疆的治理研究》，社会科学文献出版社 2013 年版；

李雪岩、龙四古：《西南边疆民族地区青年归侨侨眷发展问题研究》，社会科学文献出版社 2013 年版；

丁世青：《区域差异与调控——西南边疆人口发展论》，社会科学文献出版社 2014 年版；

莫小莎：《广西国际河流研究》，社会科学文献出版社 2013 年版；

袁鼎生、蒋新平、龚丽娟：《桂林景观生态与环境研究》，社会科学文献出版社 2013 年版。

2014 年以降，社会科学文献出版社还出版了以下学术专著：《宗教人的族群认同与国家认同》（吕俊彪），《广西基督宗教历史与现状研究》（颜小华），《晚清民国时期滇藏川毗连地区的治理开发》（周智生），《宗教教化与西南边疆经略——以元明时期云南为例》（张广保、宋学立），《乾隆朝中缅冲突与西南边疆》（杨煜达），《从考古发现看中原与西南地区早期文化的关系》（袁广阔），《广西边疆开发史研究》（覃彩銮），《云南 30 年的沿边开放历程、成就和经验》（陈铁军），《傣泰民族的起源与演变新探》（何平），《中越跨境民族研究》（范宏贵等），《广西对外交通史》（覃主元），《民族关系与人地关系的适应性问题研究——以广西壮族为例》（蒋满元），《方略与施治：历朝对西南边疆的经营》（方铁），《华侨华人与西南边疆社会稳定》（石维有、张坚），《民国时期广西民族地区社会控制（1927—1949）》（黎瑛），《元朝西南边疆政区与边疆管控研究》（陆韧），《民国时期云南土司及其边疆治理研究》（王明东），《云南行政中心的历史变迁及疆域形成研究》（王振刚），《中越政治体制改革比较研究》（吕余生），《越汉关系研究》（古小松），《土司制度与西南边疆治理研究》（成臻铭），《中国西南边疆能源安全研究》（陈利君），《广西农村多元宗教的传播与影响》（蒙绍荣）等。

"西边项目"研究成果中档案文献系列已公开出版的有：

朱端强、许新民主编：《历代文集西南边疆篇目分类索引（初编）》，社会科学文献出版社 2014 年版；

吴喜编著：《民国时期云南彝族上层家族口述史》，社会科学文献出版社 2014 年版；

云南省档案馆编，王志强主编：《民国时期西南边疆档案资料汇编（云南卷）》98 册，社会科学文献出版社 2013 年版；

云南省档案馆编：《民国时期西南边疆档案资料汇编——云南卷目录总集·图文精粹》，社会科学文献出版社 2013 年版；

广西壮族自治区档案馆编，覃世进主编：《民国时期西南边疆档案资料汇编（广西卷）》30 册，社会科学文献出版社 2014 年版；

广西壮族自治区档案馆编：《民国时期西南边疆档案目录总集·图文精粹》，社会科学文献出版社 2014 年版。

2015 年以降社会科学文献出版社还出版了以下档案文献系列：《民国时期西南边疆档案资料汇编（云南、广西综合卷）》（曹必宏），《清前期云南督抚边疆事务奏疏汇编》（邹建达、唐丽娟主编）等。

"西边项目"还完成了两项大型综合性数据库：

李国强主持：《西南边疆综合研究数据库》；

毕先矛主持：《20 世纪 50—60 年代云南民族调查照片资料数据库》。

"西边项目"还完成了译著 5 部，调研报告 52 篇。

2. "西藏项目"

西藏的稳定与发展事关民族团结、国家繁荣，党中央、国务院历来高度重视西藏问题。2009 年，"西藏历史与现状综合研究项目"（以下简称"西藏项目"）作为国家社科基金重大特别委托项目单独立项，项目为期 5

年（2009—2013年），全国哲学社会科学规划办公室委托中国社会科学院作为牵头单位，对整个项目进行组织管理。根据"西藏项目"领导小组和专家委员会研究，确定了"西藏项目"的总体目标：坚持以马列主义、毛泽东思想、邓小平理论和"三个代表"重要思想为指导，着力就西藏历史与现状中的若干重大理论问题为研究方向，重点解决历史上的疑点问题、现实中的热点问题、理论上的难点问题。以多种成果形式，为促进西藏的社会稳定、经济发展、文化繁荣服务；为西藏地区构建社会主义和谐社会服务；为推动西藏地区与周边邻国的经贸合作、发展中国与南亚各国的友好关系服务；为党中央、国务院的科学决策提供学术咨询。

具体包括以下三个方面内容：

一是以项目促进出成果。在基础研究领域推出一批达到国内外高水平的学术著作；在档案、文献整理方面推出一批使用价值高、内容涵盖面广的资料集；在应用研究领域推出一批观点新颖、视角独特、符合现实需要、具有较强可操作性的研究成果。

二是以项目带动出人才。通过课题研究和档案、文献整理，国内少数民族语言、国外各语种已有成果的翻译，大力培养西藏研究科研骨干和后备人才，努力造就一支政治素质和理论水平高、学术功底扎实深厚、年龄结构合理的科研队伍；形成一支科研组织协调能力强，具有全局意识、大局意识的科研管理队伍。

三是以项目推进学科的建设和发展。在充分吸收国内外已有成果的基础上，促进学术研究的创新，推进原有优势学科的发展，加强新兴学科的建设，从而全面推进西藏研究的学科建设和发展。

"西藏项目"由中国社会科学院科研局负责制订研究方案及年度科研计划、实施项目管理、组织成果出版与推广。

"西藏项目"拟分三大系列，即研究系列、档案文献整理系列和翻译系列。各系列子课题面向全国招标，择优立项。

"西藏项目"重点开展基础研究和应用研究课题，同时推进档案、文献的整理和少数民族文字研究成果、国外学术研究成果的翻译，努力产生一批在国内外有重大影响的具有创新性的学术成果，以"西藏研究丛书""西藏档案文献丛编""西藏研究译丛"3个系列集中出版。

截至2014年底,"西藏项目"立项总数共104项。已出版专著15种:贺新元《和平解放以来党的民族政策在西藏的实践绩效研究》,郭正模、沈茂英《西藏重要高原特色农产品基础建设与扶持政策研究》,何一民等《世界屋脊上的城市——西藏城市发展与社会变迁研究(17世纪中叶至20世纪中叶)》,高大洪《基于和谐社会建设的拉萨社区治理研究》,达瓦《古城拉萨市区历史地名考》,罗莉等《西藏文化产业发展研究》,邢震《西藏园林植物生态环境效益定量研究》,杨振之《基于TACIST模型的系统化建设西藏世界级旅游目的地研究》,杨龙《从无偿援助到平等互惠》,杨春学《排除农牧民的发展障碍——青藏高原东部农牧区案例研究》,刘全国《西藏自治区基础教育双语教学研究:模式构想与政策建设》,许丽英《内地"西藏班"教学模式与成效调查研究》,王建林《西藏农牧史》和《藏汉农牧科技文化交流史研究》,额尔敦白音《蒙藏诗学关系研究——贡嘎坚赞〈智者入门〉与阿旺丹达〈嘉言日光〉之比较研究(全蒙文)》。资料集2种:侯希文《西藏与历代中央政府来往政务公文整理研究》,郭克范编著《扎囊县民主改革时期档案整理与研究》。以上各著均由社会科学文献出版社出版。

三 以边疆为主题的智库不断涌现[①]

党的十八大以来,党中央高度重视智库建设,将智库建设作为推进科学决策、国家治理体系和治理能力现代化建设的重要抓手。2013年4月,习近平总书记做出重要批示:"智库是国家软实力的重要组成部分,随着形势的发展,智库的作用会越来越大,要高度重视、积极探索中国特色新型智库的组织形式和管理形式。"2013年11月,十八届三中全会审议通过的《中共中央关于全面深化改革若干重大问题的决定》,要求加强中国特色新型智库建设,建立健全决策咨询制度。2015年1月,中共中央办公

---

① 参阅高月《边疆智库》,李国强主编《中国边疆学年鉴2017》,中国社会科学出版社2018年版。

厅、国务院办公厅印发《关于加强中国特色新型智库建设的意见》（以下简称《意见》），从建立健全决策咨询制度的高度，提出到2020年形成定位明晰、特色鲜明、规模适度、布局合理的中国特色新型智库体系，重点建设一批具有较大影响力和国际知名度的高端智库，造就一支坚持正确政治方向、德才兼备、富于创新精神的公共政策研究和决策咨询队伍，建立一套治理完善、充满活力、监管有力的智库管理体制和运行机制，充分发挥中国特色新型智库咨政建言、理论创新、舆论引导、社会服务、公共外交等重要功能。《意见》发布后，我国智库建设迎来高潮。

（一）概念界定

"智库"英文名称为"think tank"，又被译为思想库、智囊团等，肇端于"二战"时期的美国，最初是讨论军事战略问题的密室。关于智库的定义，国内外学者已基本达成共识。我国出版的《世界知识大辞典》将智库定义为"一种为政府机关、企业、公司、社团提供研究咨询的智力劳动集团，一般由多学科、多专业的专家组成"[1]；美国出版的《智库》一书认为智库是永久性的实体，是"独立的、非营利的政策研究机构"[2]；詹姆斯·史密斯认为智库是"私人的、非营利的研究型团体，介于社会科学学术研究和高等教育之间，以及政府和党派政治之间"；唐纳德·E.埃布尔森认为智库是"由关系广泛公共政策问题的人组成的独立的、非营利性的组织"。[3]

综合国内外对智库的定义，智库应具有以下特征。一是非营利性，即智库不以企业方式运作，不追求企业利润，其提供的智力产品也不以价格衡量；二是独立性，即智库名义上不隶属于任何政府部门，自主运营；三是研究性，即产出的知识产品应建立在深入研究基础之上，能够对相关问题进行深入分析、论证；四是咨询性，即智库应能够进行针对性和预测性研究，以为政府部门及社会机构提供咨询为最终目的。

---

[1] 安国政等：《世界知识大辞典》，世界知识出版社1990年版，第1356页。
[2] 《全球智库评价报告》，《中国社会科学评价》2016年第1期。
[3] 同上。

从智库的概念即可推导出边疆智库的概念：边疆智库应是以研究边疆问题为基础，以服务于政府决策和社会咨询为目的，具有健全的组织章程、专职研究人员、可持续的资金来源和独立运作能力的非营利性机构。

（二）设立情况

2014年来，随着国内外形势的发展，边疆的重要性越发突出。一方面，边疆是我国对外交流的窗口和国防安全的警戒线，尤其是"一带一路"倡议提出后，边疆连接中外的节点作用日益突出；同时，随着我国改革开放进程的深入，边疆作为开放前沿，承担着反渗透、反恐怖主义的重要职能，是国家安全的重要保障。另一方面，与边疆的重要性不相适应的是，由于历史原因，边疆地区大多处于相对落后状态，亟须政府、社会等多层面共同努力，探索能够促进边疆社会经济发展的新理念、新举措。

政府层面的统筹规划和现实层面的巨大需求共同促进了边疆智库的发展。近年来，以边疆为着眼点的智库机构不断涌现。按照上文的边疆智库标准，我们可以将以下机构列于边疆智库群体之中：

中国社会科学院中国边疆研究所

新疆智库

西藏智库

中国海疆智库

中国南海研究协同创新中心

国家领土主权与海洋权益协同创新中心

国观智库

中国西部边疆安全与发展协同创新中心

西藏文化传承发展协同创新中心

西北大学丝绸之路研究院

北京交通大学丝绸之路研究中心

北京第二外国语学院中国"一带一路"战略研究院

兰州大学中亚研究所

华侨大学海上丝绸之路研究院

北京外国语大学丝绸之路研究院

除以上机构外，还有很多研究机构和智库从事边疆研究，为政府部门和社会提供决策和学术咨询，在一定程度上发挥着边疆智库的职能，但因此类机构数量众多，且不以边疆为主业，故本文从略。

中国边疆研究所（原名"中国边疆史地研究中心"）成立于1983年，是中国社会科学院直属的开放性研究机构，以中国近代边界研究、中国古代疆域研究和中国边疆研究史为主要研究方向，重点研究中国近代边界变迁，中国统一多民族国家形成和发展的规律，历史上治边政策的经验教训以及中国边疆研究的历史遗产。同时对当代中国边疆地区热点问题、重点问题进行对策性和预测性研究。

新疆智库于2015年成立，以新疆社会稳定和长治久安为总目标，以涉疆战略问题和公共政策为主要研究对象，以服务党和政府科学民主依法决策为宗旨，以重大理论和现实问题为主攻方向，兼顾基础研究和资料积累；聚焦新疆发展稳定的战略性、全局性、前瞻性问题，坚持学术研究和政策研究相结合，研究长期性问题和研究当前紧迫问题相结合，服务当前现实工作和着眼未来发展相结合，力求研究与决策相通、相融、相助，努力提高研究成果的理论和应用价值，为涉疆决策提供有价值、有分量的决策参考和政策建议；通过进一步充实和整合专业研究力量，把全国高等院校、科研院所、实务部门和新疆等各方面涉疆研究优秀人才集聚起来，形成涉疆研究的合力，搭建全国涉疆研究的学术研究与学术交流平台。

西藏智库于2016年成立，以我国西藏及四省藏区重大理论和现实问题为主要研究对象，开展全局性、前瞻性、战略性、综合性研究。

中国海疆智库于2017年成立，以研究维护国家海洋主权，保障国家海疆安全，拓展国家海洋战略利益等重大现实问题和推进建设海洋强国宏伟目标，深化"21世纪海上丝绸之路"建设为宗旨，在学术研究、决策咨询和公共外交等方面组织、开展相关工作。中国海疆智库建设遵循以下原则：坚持正确政治方向，体现中国特色，坚持高端定位，积极服务决策；坚持研以致用，专业性和综合性相结合；坚持改革创新，建立灵活高效的运行机制；坚持人才为先，凝聚一流研究队伍。

中国南海研究协同创新中心成立于2012年，由南京大学、中国南海研究院、海军指挥学院、中国人民大学、四川大学、中国科学院、中国社会科学院等单位共同组建。中心以国家重大战略需求为导向，以实现南海权益最大化为目标，以多学科协同创新为主体，以"文理—军地—校所—校校协同"为路径，以体制机制改革为保障，全面推动南海问题综合研究，服务国家南海战略决策。中心围绕基础研究、动态监测、战略决策等三大方向，构建"南海史地与文化""南海资源环境与海疆权益""南海法律研究""南海航行自由与安全稳定""南海周边国家政治经济社会""南海舆情监测与传播管理""南海遥感动态监测与情势推演""南海问题政策与战略决策支持""南海国际关系研究"九大研究平台。①

国家领土主权与海洋权益协同创新中心于2012年成立，由武汉大学牵头，联合复旦大学、中国政法大学、外交学院、郑州大学、中国社会科学院中国边疆研究所、水利部国际经济技术合作交流中心、国家海洋局海洋发展战略研究所等协同单位共同组建。中心以问题为导向，组建了国家海洋战略与边海外交研究、中国与周边国家关系研究、领土海洋争端解决国际法研究、钓鱼岛与南海诸岛档案资料整理与研究、海洋权益的保障与拓展研究、中国极地政策与极地权益研究、中国疆域历史与现状研究、陆地边界争端与跨境合作研究、界河管理与跨境水资源争端研究、人文数字边海与测绘遥感技术应用等十个创新团队，支撑国家领土海洋战略与政策，服务国家领土海洋维权斗争，提供领土海洋维权技术支持，服务于国家领土主权与海洋权益的重大现实问题和国家战略需求。②

国观智库创立于2013年5月，是一家独立的产业智库，致力于产业发展研究和国家政策研究，为产业领军企业、行业投资机构以及政府决策部门提供专业的数据研究、市场研究、政策研究、战略研究服务；产业领域覆盖海洋产业及海洋战略、"一带一路"倡议及海外投资、全球军工贸易、环保产业、酒水饮料产业等；为国家"一带一路"领导小组办公室、发改委、商务部、中共中央对外联络部、国家海洋局等相关决策机关，以及国家开发银行、中国国际贸易促进委员会、全国工商联等商务领导机构提供

---

① 中国南海研究协同创新中心网站：https://nanhai.nju.edu.cn/5789/list.htm。
② 国家领土主权与海洋权益协同创新中心网站：http://cictsmr.whu.edu.cn/index.php?id=1471。

决策过程中的研究支持；是国家"一带一路"智库联盟理事单位中唯一的一家民间智库代表，也是国家海洋局、国家贸促会历史上聘请的第一家、目前也是唯一一家民间智库服务机构。①

中国西部边疆安全与发展协同创新中心于 2012 年由四川大学联合云南大学、西藏大学、新疆大学、国家民委民族理论政策研究室、国务院发展研究中心民族发展研究所共同成立。以新时期国家安全与发展的重大战略需求为导向，以"校校—校地—军地协同"为路径，以科学研究、决策咨询、人才培养、学科建设等方面的机制体制改革为保障，汇聚西部边疆研究力量，培养西部边疆急需人才，研究西部边疆治理方略，探索西部边疆安全与发展新路，努力为兴边富民、强国睦邻和国家长治久安提供智力支持。中心先后拓展了涉藏问题研究、新疆发展研究、西部周边研究、"一带一路"研究、非传统安全研究、反贫困与边疆现代化研究、边疆史地研究、边疆治理理论研究等方向。

西藏文化传承发展协同创新中心于 2013 年成立，是由西藏民族大学、中国人民大学、中山大学、南京大学、中国藏学研究中心、西藏自治区社会科学院等单位协同组成的创新实体。中心以"国家急需、世界一流、制度先进、贡献突出"为根本出发点，围绕西藏区域创新发展的重大需求，以西藏重大创新任务为牵引，抓住西藏经济社会发展急需解决的重大现实问题，服务西藏经济社会跨越式发展和长治久安，为西藏经济社会发展提供智力支持和政策咨询。

西北大学丝绸之路研究院成立于 2014 年，致力于整合国内外学术资源，开展丝绸之路协同创新研究，关注国家和地方现实重大需要，为国家和省市"一带一路"建设建言献策，秉持"和平合作、开放包容、互学互鉴、互利共赢"的丝绸精神，为丝绸之路研究搭建协同创新平台，为国家"一带一路"建设提供学术思想支持。②

北京交通大学丝绸之路研究中心成立于 2015 年 5 月，由北京交通大学

---

① 国观智库网站：http：//www.grandviewcn.com/companyProfile.htm。
② 西北大学丝绸之路研究院网站：http：//isrs.nwu.edu.cn/index.php/home/index/article/mid/320/id/6049.html。

经济管理学院与国研文化传媒公司共同发起成立，旨在对"一带一路"倡议实施过程中可能出现的相关问题开展长期跟踪研究，为各级政府、社会机构、企事业单位提供智力支撑和发展指导。

北京第二外国语学院中国"一带一路"战略研究院于 2015 年成立，是以研究成果对国家和区域"一带一路"建设的实际应用为导向，以国际旅游资源开发与高端人才培训、中外经贸与文化交流、国际商务合作、区域与国别社会发展研究等为方向的为政府和企业决策提供政策咨询的智库。

兰州大学中亚研究所成立于 1994 年，是国内较早建立的专事中亚及新疆问题研究的专业学术机构。研究所以维护国家西北边疆安全、促进中国与中亚国家之间的友好关系为宗旨，以为国家相关部门提供决策建议和培养专门研究人才为主要目标。

华侨大学海上丝绸之路研究院成立于 2014 年，是华侨大学直属科研机构，由华侨大学、中国社会科学院亚太与全球战略研究院、中国新闻社、福建省人民政府侨务办公室、福建省社会科学界联合会、福建社会科学院联合共建，下设经济战略研究中心、国际政治研究中心、文化交流与传播研究中心。研究院围绕"一带一路"倡议的重大理论和现实问题，统筹开展与海上丝绸之路建设密切相关的前沿性课题研究，致力于打造中国"21 世纪海上丝绸之路"的学术高地和服务国家海丝战略的重要智库。[1]

北京外国语大学丝绸之路研究院成立于 2015 年，立足北外"多语种特色""跨文化优势""产学研平台"和"走出去桥梁"的要素禀赋和功能定位，致力于在人才培养、学术研究、社会服务、人文交流等方面服务共建"丝绸之路经济带"和"21 世纪海上丝绸之路"倡议。[2]

（三）政策咨询研究方向工作举要

1. 中国边疆研究所

2016 年，中国边疆所李国强研究员为中共中央政治局第三十一次集体学习讲解"历史上的丝绸之路和海上丝绸之路"，社会反响热烈；中国边

---

[1] 华侨大学网站：http://www.hqu.edu.cn/。
[2] 北京外国语大学网站：http://www.bfsu.edu.cn/。

疆所在职科研人员共为全国人大、全国政协、中宣部、统战部等讲座 5 次，参加国家有关部门政策咨询会议 21 人次，接受中央媒体采访 28 人次，通过社科院《要报》向中央有关部门提交内部报告 15 篇。

同时，在重大涉海问题上按照中央和有关部门统一部署，积极开展学术活动。2016 年 7 月 18 日，由中国边疆所主办，新加坡南洋理工大学拉惹勒南国际研究院中国项目组支持的"南海问题与区域合作发展高端智库学术研讨会"在新加坡召开。来自中国、新加坡、印度、越南、马来西亚、泰国、柬埔寨等国的 30 余位法律界、政治界知名专家，围绕菲律宾南海仲裁案及中国东盟关系发展进行了对话。中国人民大学新闻学院院长，国务院新闻办公室原主任赵启正，新加坡国立大学东亚研究所所长郑永年出席，并就当前南海形势及东盟区域合作做了主旨发言。此次研讨会设置海洋争端解决机制、南海争端解决途径、南海区域合作与发展三个议题。与会学者从不同角度出发，围绕"菲律宾仲裁案"、南海地区局势、中国与东盟海洋合作发展等核心问题，进行了有益探讨。

2. 新疆智库

新疆智库成立以来，密切关注新疆发展稳定态势，积极建言献策，为中央决策提供学术支持，通过多种渠道报送研究成果，共报送研究报告和专供信息 90 余份，部分报告得到中央领导的批示；先后与美国、德国、法国、意大利、澳大利亚、新西兰、伊朗等国家的智库、大学和政府机构，开展了广泛交流，较为深入地了解有关国家的涉疆研究、涉疆观点，阐释了我国治疆理念和政策，加深了对国外涉疆研究的了解，扩大了我涉疆研究的影响。

3. 西藏智库

西藏智库成立以来，建立了与指导部门定期沟通机制、与西藏和四省藏区地方政府合作机制，密切与地方的合作，提高研究和政策咨询水平；设立了西藏智库论坛，定期邀请国内外藏学领域研究专家学者和相关部门工作人员开展讲座或学术研讨；建立了西藏智库定期国际交流机制，每年派专家学者赴国际藏学研究相关机构进行交流访问，介绍我国藏区发展，了解国际研究动态；发布西藏智库年度报告，根据年度涉藏重大理论现实问题组织专家进行深入研究，将研究结果结集为西藏智库年度报告。

4. 中国南海研究协同创新中心

中心将在海洋权益维护和全球和平发展中"社会发声""政策发声"和"国际发声"作为重要任务，开展多层次、活跃的国际合作，打造多形式的涉海"二轨对话"管道，目前已经成为传播和沟通中国南海政策的代表性智库力量。

中心主办和编辑的《亚太安全与海洋研究》学术期刊，已经成为国内涉海安全研究领域具有代表性的学术阵地；编辑出版的《南海文库》集中反映国内外南海研究的最新学术成果；组织力量撰写的《南海局势年度分析报告》及时、全面和准确地提供了南海局势深度动态分析；组织出版的《南海通讯》《南海战略研究报告》随时跟踪南海局势的最新动向，及时提供涉海问题的中心专家意见。

5. 国观智库

国观智库将海洋战略与舆情作为重要研究领域，编辑发布《国际海洋舆情简报》《国际海洋舆情周刊》，对周边海洋局势、相关国家海洋战略做出分析、判断。国观智库边疆研究院 2016 年以来共编写《边疆策论》32 期、特刊 6 种 7 册。

6. 中国西部边疆安全与发展协同创新中心

中心成立以来，编辑出版了《西部发展研究》，资助出版了"边疆问题研究系列丛书"和《中国非传统安全报告》蓝皮书；向中央和国家有关部门提交涉藏、涉疆、涉外、"一带一路"等方面的决策咨询成果 350 余份，其中，16 份获中央政治局常委批示，22 份获中央其他领导批示，30 余份获省部级领导批示。

7. 西藏文化传承发展协同创新中心

几年来，2011 协同创新中心以"政府主导、区域急需、创新引领、影响突出"为建设宗旨，"立足西藏、创新机制、协同合作、服务社会"，发挥高校的智库作用，为政府决策提供智力支持和咨询服务；向自治区党委、政府和相关厅局报送《成果要报》《调研报告》和《咨询报告》数十篇，部分报告获得领导批示，受到有关部门关注，取得了良好反响。

第十七章

中国边疆学构筑的探索（上）

一 构筑中国边疆学是中国边疆研究学科发展的必然趋势

（一）构筑中国边疆学命题的提出

综观中国边疆研究的演进历程，可以用千年积累、百年探索两句话来概括。

千年积累。中国历史悠久，疆域辽阔，今人如想认识、研究数千年来边疆发展状况，肯定会遇到许多困难，史料匮乏、零散是其中最主要的问题。但与世界其他国家、地区相比较，研究古代中国则有两点有利条件：一是古代中国文明持续不断，文化传统亦世代相继；二是古代中国有良好的史学传统。史学是以求真为前提的，但求善也是史学重要的社会功能。关于边疆纪实及研究的历史遗产既是前人对边疆实况的记录，也往往反映了著者的世界观和方法论。在史学的发展过程中，求真与求善是一对矛盾的统一体，因受社会因素和个人因素的制约，历史文献都会有程度不同的局限性，因此辨析真善始终是史学工作者的重要任务。

百年探索。这里的百年，实际上是涵盖了19世纪至20世纪两个百年的时段。

这一时段，是中国历史巨变的两百年，经历了清朝由盛转衰到灭亡，从中华民国到中华人民共和国的变迁。面对民族危亡，民族振兴是这一历史时段主旋律之一。中国边疆研究在这样的历史大背景下，也经历了兴旺、衰微、再兴旺的历程，两个世纪以来，共出现了三次中国边疆研究的高潮，三次研究高潮分别是：19世纪中叶至19世纪末，西北边疆史地学的兴起，是中国边疆研究第一次高潮的标志；20世纪30—40年代边政学的提出与展开，是第二次中国边疆研究高潮的突出成就。

20世纪80年代以来中国边疆研究第三次研究高潮出现的标志是研究中实现了两个突破：一是突破了以往仅仅研究近代边界问题的狭窄范围，开始形成以中国古代疆域史、中国近代边界沿革史和中国边疆研究史三大研究系列为重点的研究格局，促成了中国边疆研究的大发展；二是突破了史地研究的范围，将中国边疆历史与现状相结合，形成了贴近现实、选题深化、成果众多的特色，至今这次研究高潮仍方兴未艾，显示出可持续发展的强劲势头。很显然，我所亲历的边疆中心研究实践成为上述两个突破实现的实实在在助推力。

"创立一门以探求中国边疆历史和现实发展规律为目的的新兴边缘学科——中国边疆学，这就是肩负继承和开拓重任的中国边疆研究工作者的历史使命！"[①] 这是我在《二十世纪的中国边疆研究——一门发展中的边缘学科的演进历程》一书结尾处写下的一段话，既是自己的心愿，也是我对同人们的寄望。

承载着千年传统，百年积累和30年探索的中国边疆研究，今日面临着新的跨越——构筑中国边疆学，这是学科发展的必然趋势，也是建设有中国特色社会主义的需要。每一个边疆研究工作者应认清自己的历史责任，抓住机遇，迎接挑战。

（二）学科发展的必然

随着学术的不断进步，顺应社会现实的要求，作为一门发展中的交叉学科，仅仅围绕边疆历史研究而展开理论研究的传统格局已经被打破，学术界在深入研究中国边疆历史的同时，更加关注中国边疆的现实问题。同时，在边疆问题研究中，多学科相互交叉、相互渗透、相互交融，研究者

[①] 马大正、刘逖：《二十世纪的中国边疆研究——一门发展中的边缘学科的演进历程》，黑龙江教育出版社1997年版，第285页。

普遍将历史学、民族学、考古学、宗教学、法学、社会学、国际关系等学科的理论和方法结合在一起，以更加多样化的视角来审视中国边疆的历史和现状，因而呈现出历史研究与其他学科有机结合的特点，跨学科研究渐成趋势。

中国边疆研究由单一学科层面向多学科层面的发展，既符合学术发展的一般规律，又凸显出该学科的独特性。当仅仅依托单一学科的理论、方法和手段已不足以全面诠释中国边疆所面临的诸多问题时，由中国边疆史地研究向中国边疆学的学术转型就成为必然。这一学术转型建构于以下四个方面的原因：

首先，中国边疆史地研究具有优良史学传统，特别是20世纪最后20余年学术研究所取得的重大成就，为学科的发展奠定了良好的基础；随着学科体系的不断完善，以及新思路、新方法的不断出新，研究的层面以及研究者的视角将向更深入、更广阔的方向发展。

其次，随着研究的深入，边疆研究中的难点问题层出不穷，以往研究中被忽视或研究不够深入的大量理论问题日益成为本学科不可回避的课题，这些课题具有重要的学术价值和现实意义，从而为研究者的科研活动提供了巨大的空间，也展示出中国边疆学学科的发展潜力。

再次，基础研究与应用研究相结合的发展趋势，为本学科领域注入了新的活力。时代的发展不断提出新问题和新要求，尤其是边疆学研究领域，面临着诸多新的挑战，研究者必须直面中国边疆稳定与发展中所产生的种种问题。无论是传统的历史学研究，还是具有时代特点的现实问题研究，都不是孤立存在的，把两者融为一体进行贯通性研究，在历史的长河中探索当代中国边疆治理的重大问题，既是社会科学研究功能的体现，也是本学科不断蓬勃向上的客观要求。

最后，跨学科研究凸显本学科发展潜力。就学科本身的特性而言，在边疆问题研究中，历史学无疑是最基础、最重要的学科门类，只有对中国疆域形成、发展的历史进行科学、深入的研究，才可能使我们准确把握中国统一多民族国家演进的规律，从而为中国边疆研究奠定坚实的理论基础。但是毋庸讳言，仅从历史学的角度来解决中国边疆的问题，显然有很大的局限性。由于学科的分野，加之中国边疆的多样性、复杂性，决定了中国边疆问题的研究需要集纳多学科的理论和方法，学科间互通、交融的趋势大大增强。各相关学科门类从理论到方法的成熟性，以及中国边疆学术领域跨学科研究的大量实践，为中国边疆学的构筑提供了有益的保障。

二 构筑中国边疆学的科学探索

（一）边疆理论研究的探究

在构筑中国边疆学的大视野下，边疆理论研究的命题十分广泛，据目前的认知水平，大体上可分为四大方向：

一是，中国边疆学构筑的理论探究，包括中国边疆学的学科定位，学科的内涵与外延，学科的方法与功能，等等。

二是，中国古代疆域形成和发展的历程和规律研究，包括中国古代疆域观、治边观的演变，"大一统"政治理想与中国古代疆域的形成，民族融合与中国古代疆域的形成，羁縻政策与中国古代疆域的形成，中国古代宗藩观、宗藩体制的形成与发展，中国历代宗藩关系特点，近代宗藩观的变迁与宗藩体系的解体，朝贡—册封体制的形成、发展与解体，等等。

三是，当代中国边疆治理理论与实践研究，包括边疆地区的战略地位，边疆地区的行省与民族区域自治制度，边疆地区社会的稳定与发展，边疆地区的民族和谐和宗教事务，边疆地区与周边国家关系，等等。

四是，中外疆域、边界理论的比较研究，包括东西方疆域观念的异同，西方对中国传统疆域观念的质疑与认知，近代西方边界理论对中国传统疆域观的冲击，百年来中外疆域理论研究的发展历程与评议，等等。

本题将重点对21世纪以来上述后三个方向的研究演进历程试做综叙，对每一个研究方向的学术探究只是做有选择的点评。而对第一个研究方向内容将在下一题"以边疆学为主题的学人著述举凡"中综述。

1. 以边疆理论、中国边疆学为主题的学术研讨会

2004年以来，为促进中国边疆研究学科建设，中国边疆史地研究中心积极推动多民族国家疆域理论的研究，并将相关研究纳入了学科建设的重点规划之中。2006年初，中国边疆史地研究中心将"中国疆域理论研究"

课题确定为2006年度重点研究方向，于2006年3月起，边疆中心主办的"学术沙龙"上设立了以"疆域理论研究"为主题的论坛，为此编印了《中国边疆理论研究资料集》，共收选了2000年以来在国内学术刊物上公开发表的18篇论文，分为疆域形成理论、藩属体制与宗藩关系、疆域理论研究综述三个专题，收选论文中包括了边疆中心研究人员撰写论文5篇：马大正《中国疆域的形成与发展》，李大龙《传统夷夏观与中国疆域的形成》和《西汉王朝藩属体制的建立和维系》，孙宏年《相对成熟的西方边疆理论简论（1871—1945）》，邢玉林、马大正《1989—1998年中国古代疆域理论问题综述》。

2006年8月7—8日，中国边疆史地研究中心与云南大学西南边疆少数民族研究中心在昆明联合举办第三届中国边疆史地学术研讨会，研讨会就中国疆域形成、疆域观与治边思想、藩属与宗藩关系，以及边疆治理与开发，边疆民族研究诸问题展开了讨论。还就中国边疆学学科建设各抒己见，云南大学副校长肖宪教授在大会致辞中指出，边疆问题是非常重要的问题，也是涉及诸多领域的交叉学科、综合学科，边疆问题与民族问题往往交织在一起，对边疆民族的研究既是学术问题又是现实问题。中国社会科学院中国边疆史地研究中心马大正研究员指出，中国社会科学院中国边疆史地研究中心近年来所取得的学术成果和正在进行的重大课题为构建中国边疆学做了重要铺垫，疆域理论研究可作为中国边疆学构建的一个重要突破口。云南省社科院研究员贺圣达《关于中国边疆学学科建设的几点看法》认为中国边疆的特点和当前面临的多方面复杂问题，为中国边疆学构建提供了机遇和挑战，"中国边疆学"应具备多学科、综合性的特点，应将重点放在边疆理论和当代中国所面临的边疆问题上面，并在继续重视陆疆研究的同时加强对海疆问题的研究。中央民族大学教授吴楚克《中国疆域问题与中国边疆学理论建设之关系》认为中国边疆理论研究正在朝着创建"中国边疆学"的方向努力，并从中国疆域问题是中国边疆学建设的"入口"、早期中国疆域理论是中国边疆学的理论来源等方面对中国疆域问题与中国边疆学的关系进行了探讨。南京大学教授华涛认为要从近现代国际关系、近代史、民族学等多学科的角度来研究中国边疆问题。南京大学教授魏良弢则认为边疆学的构建要明确其学科类别，即是属于法学，还是历史学，这一问题的解决，对确定边疆学的学科方向无疑具有重要的意义。此外，还有一些与会学者认为国外没有边疆学这样一个学科，我们构建这样一个学科应首先确定一些基本理论框架问题，并建立某些能在国际上被接受的理论或法则，以更好地促进对边疆问题的研究。①

2011年7月27日，《中国边疆史地研究》杂志社和陕西师范大学西北民族研究中心联合举办的"中国疆域理论学术研讨会"在西安召开，会议收到论文15篇，涉及多民族国家疆域理论，中国古代疆域观念，国外学者的中国疆域理论诸方面问题，会后《中国边疆史地研究》在2011年第3、4期上开设专栏，"疆域理论学术研讨会专稿"共刊发了10篇论文，目如次：周伟洲《关于中国古代疆域理论若干问题的再探索》，赵永春《从复数"中国"到单数"中国"——试论统一多民族中国及其疆域的形成》，李大龙《试论中国疆域形成和发展的分期与特点》，于逢春《论"雪域牧耕文明板块"在中国疆域底定过程中的地位》，李鸿宾《阐释南北关系的一个视角——读狄宇宙〈古代中国与其强邻：东亚历史上游牧力量的兴起〉》，毕奥南《从邑上国家到领土国家的边疆——先秦时代边疆形成考察》，孙宏年《清代中国与邻国"疆界观"的碰撞、交融刍议——以中国、越南、朝鲜等国的"疆界观"及影响为中心》，安介生、穆俊《略论明代士人的疆域观——以章潢〈图书编〉为主要依据》，黄远达《边疆、民族与国家：对拉铁摩尔"中国边疆观"的思考》，许建英《拉铁摩尔对中国新疆的考察与研究》。②

2011年9月22—24日，云南大学国际关系研究院与新加坡国立大学东亚研究所、云南卫视新视野联合举办"21世纪的中国边疆治理与发展"及第二届西南论坛在昆明召开，本次论坛主要涉及"当代中国边疆治理与发展方略"，"当代中国边疆治理与发展的影响因素"，"21世纪中国边疆治理与发展方略"和"中国西南对外开放与次区域合作"等议题，同时从当代中国边疆治理战略研究大背景下也关注到中国边疆学构筑的大命

---

① 参阅刘清涛《第三届中国边疆史地学术研讨会述要》，《中国边疆史地研究》2006年第3期。

② 参阅龙穆《中国疆域理论学术研讨会述要》，《中国边疆史地研究》2011年第3期。

题。本次论坛论文结集《21世纪的中国边疆治理与发展：第二届西南论坛论文集》[①]由郑永年、林文勋主编，共收论文23篇，在"总论"栏中收选了马大正《关于中国边疆学构筑的几个问题》。

2012年6月2—3日，"985"工程民族学国家级重点学科、"985"工程民族发展与民族关系问题研究中心和中央民族大学民族学与社会学院联合举办"2012年中国当代边疆理论创新与发展论坛"在北京召开。会议论文结集《中国当代边疆理论创新与发展研究》2013年由学苑出版社出版。论集分设"边疆理论建设研究""边疆现实问题研究""边疆历史问题研究"三大栏目，共收论文27篇。涉及中国边疆学构筑的论文有：马大正《关于中国边疆学构筑的几个问题》，李国强《中国边疆学学科构筑的透视》，吴楚克《试论中国边疆政治学与边政学、民族学的关系》，朱金春《试论传统边疆治理研究的两个视角》。

2013年11月14—15日，中国社会科学院中国边疆史地研究中心与国家领土主权与海洋权益协同创新中心联合在北京召开"首届中国边疆学论坛"。本次论坛的"会议论文"资料共收刊论文67篇，涉及古代至当代边疆治理的理论与实践，既有宏观的阐论，也有微观的探研，同时也有不少涉及中国边疆学构筑的探讨。本次论坛的象征意义在于是第一次以"中国边疆学"作为论坛的名称，而且冠名为"首届"，体现了主办方想要一届一届办下去的良好主观意图。唯一遗憾的是本次论坛后既未见论坛学术述要的刊发，也未见到论坛论文结集的出版。

2013年12月5—6日，云南大学和中国社会科学院中国边疆史地研究中心联合主办"中国边疆及边疆治理理论的挑战与创新"学术研讨会在昆明召开，会议收到论文近40篇。在大会主题发言中，中国边疆史地研究中心主任邢广程研究员就中国崛起过程中，边疆形势与周边关系目前所面临的挑战以及诸多难题的破解进行了深入阐述。云南大学政治学系主任周平教授从政治学的角度就边疆政治学研究的开展进行了总结和展望，并就边疆学的构建与边疆在国家发展中的作用进行了阐述。国家民委民族问题研究中心副主任李红杰在发言中反思了传统边疆观的等级性和局限性，对

[①] 社会科学文献出版社2013年版。

如何建立边疆主体地位以加快发展并惠及周边国家的问题提出了展望。国家清史编纂委员会副主任马大正研究员对边疆学的构建提出了期望，并就新中国边疆治理演进的历程进行了阶段分析。陕西师范大学西北民族问题研究中心周伟洲教授从嘉道年间西北史地学兴起开始回顾了中国边疆学发展的不同阶段，对现代中国边疆学的定义、对象和研究方法进行了探讨，并提出相关建议。新加坡国立大学东亚研究所所长郑永年教授围绕中国周边地缘政治和边疆地区的稳定问题，认为不能把边疆问题全部当作经济领域的问题去解决，应强调文化的作用，并针对边疆地区存在的一些问题从文化领域进行解剖，指出靠国家文化软实力才能治理好边疆，并提出构建国家文化的愿望。复旦大学中国历史地理研究所姚大力教授从边疆民族如何发挥历史主体作用的角度回顾了中国疆域形态何以形成的历史过程，并结合现代民族学与民族理论的研究成果，指出不能一概主张民族去政治化。在闭幕总结大会上，邢广程对边疆研究提出如下建言：一是，边疆史地学科作为基础不应削弱，反而要加强，边疆研究者勇于跨其他学科，加强与国外的交流；二是，要注重边疆史地资料的收集，特别是国外有关档案的收集；三是，要研究过去属于我们，但现在不属于我们的土地和民族；四是，要注意边疆地区综合发展的研究；五是，边疆的状况往往要受到大国的影响，应加强该领域的相关研究；六是，应研究其他大国治理边疆的某些经验；七是，本领域的专家要关注边疆知识的普及工作。[①] 会后选取了25篇论文，由周平、李大龙主编，以《中国的边疆治理：挑战与创新》为书名，2014年由中央编译出版社出版了会议论文集。

2016年10月20—22日，由中国社会科学院中国边疆研究所和四川大学中国西部边疆安全与发展协同创新中心共同主办的第四届中国边疆学论坛在成都举行。会议围绕"中国现代化与边疆安全发展""中国崛起与周边关系""反贫困与边疆治理""边疆学理论与方法"四个主题展开讨论。有关边疆学理论和方法，与会学者认为中国边疆学是一门中国特色新兴交叉学科。"博古通今"有助于中国边疆学。中国社会科学院吕文利副研究

---

① 参阅刘清涛《"中国边疆及边疆治理理论的挑战与创新学术研讨会"综述》，《中国边疆史地研究》2014年第1期。

员认为中国边疆学应该在与前人对话的基础上，以经验证据和实践来检验，并在实践中不断创新。"学贯中西"有益于中国边疆学。中南民族大学李学保教授认为中国边疆学既要重视民族问题研究，也要关注国际关系研究，尤其要关注这两者的交叉研究。中国边疆学需保持"中国特色"。西藏民族大学崔海亮副教授指出我国边疆学研究需要坚持正确原则，处理好中国本土边疆理论与国外边疆理论、基础研究与应用研究、学术研究与政府政策之间的关系，进一步拓展研究领域，并重点探索中国边疆研究的特殊规律。[①]

本次论坛是北京第一届（2013 年），内蒙古锡林浩特第二届（2014 年）和陕西西安第三届（2015 年）中国边疆学举办以来规模最大、参会人数最多的一次。

2017 年 9 月 20—21 日，云南师范大学主办，云南师范大学历史与行政学院、云南师范大学中国边疆学研究所承办"中国边疆治理与中国边疆学构筑高层论坛"在昆明召开。本次论坛召开之际，正值马大正先生八十华诞，因此，论坛的议题设置为：中国边疆学构筑的理论及实践、"大一统"思想与中国边疆治理研究、马大正先生学思与学涯评忆。有关中国边疆学构筑的理论与实践。会议收到论文六篇，论题如下：

马大正：《关于中国边疆学四题》
李国强：《中国边疆学构建正当其时》
郑汕：《关于建构中国边疆学的几点思考》
方铁：《论中国边疆学研究的多学科合作》
吴楚克：《中国边疆学理论创新与发展探析》
李尚英：《中国边疆百年研究与中国边疆学的构建》

会议论文将结集，由社会科学文献出版社于 2019 年出版。

2017 年 9 月 23—24 日，由中国社会科学院中国边疆研究所与云南大

[①] 参阅曾豪杰《安全与现代化：中国边疆治理初心与使命——第四届中国边疆学论坛综述》，《中国边疆史地研究》2017 年第 1 期。

学历史与档案学院、云南大学《思想战线》编辑部·文科学报编辑部共同主办的第五届"中国边疆学论坛"在昆明召开。会议设"一带一路"建设与区域合作,高句丽历史与文化,西南边疆的历史与现状:史料、视野与中国边疆学建设三个分论坛。

本次会议呈现出四个特点:第一,采取了分论坛的研讨形式,体现了中国边疆学科建设的不断深化;第二,学术研究与解决现实问题密切结合,凸显了中国边疆学学科建设的重要现实意义;第三,视角多元化,前沿性强,体现了目前中国边疆学研究中的新特点,既注意研究方法、研究视角的多元化,又注重对史料的利用和重新解读;第四,既重视宏观理论的建构,又重视具体事实的考察,宏观研究与微观研究密切结合,体现出学术研究的不同旨趣。①

2018年4月20—23日,《中国边疆史地研究》编辑部和《烟台大学学报》编辑部联合举办"新时代中国边疆学学术讨论会"在烟台召开,会议主题是"中国边疆研究的内涵与外延""中国边疆学学科话语体系建构"。会后与会专家对提交会议的论文和发言进行了补充修订,《中国边疆史地研究》2018年第3期开设"新时代中国边疆学学术讨论会"专栏刊发了10篇论文,题名如下:

  李大龙:《"中国边疆"的内涵及其特征》
  张云:《中国边疆研究的内涵和特征刍议》
  李鸿宾:《对"中国边疆研究"概念的认识和界定——兼谈"中国边疆学"学术体系之建构》
  崔明德:《关于中国边疆学学科建设的几点看法》
  王欣:《关于中国边疆学学科话语理论体系建构的几点思考》
  苗威:《建构中国特色的中国边疆学话语体系》
  田澍:《互动与融通:新时代中国边疆史研究的客观要求》
  罗群、林曦:《"民惟邦本、本固邦定"——论边疆研究中的人本

---

① 苑鑫、韩杰:《连通"一带一路"的中国边疆:历史、现状与发展——第五届中国边疆学论坛综述》,《中国边疆史地研究》2017年第4期。

主义历史建构》

段金生：《民国边疆研究的嬗变、学科构建的启示》

徐黎丽、那仁满都呼：《现代国家"边境"的界定》

为推动边疆理论研究，边疆中心利用《中国边疆史地研究》杂志这一学术平台刊发相关研究论文，2004年以来，先后刊发了近50篇专题论文。

2013年，中国社会科学院中国边疆史地研究中心推出由邢广程主编《中国边疆学》第一辑①，这是国内迄今为止首本以中国边疆学为集名的学术集刊，为中国边疆学构筑的推进提供了一个新的学术平台。与前述的"首届中国边疆学论坛"具有同样的象征意义和实践价值。第一辑设"疆域理论研究""边疆治理研究""与周边地区关系研究""边疆民族与文化研究""边疆地理研究""研究动态"诸栏目，收论文25篇，近42万字。

2014年邢广程主编《中国边疆学》第二辑②出版，共刊发文稿19篇，包括丝绸之路与丝绸之路经济带专稿4篇，边政研究7篇，边疆民族与政权研究4篇，文献与资料评研4篇，全辑35万余字，19位作者中，有14位是边疆研究所研究人员。邢广程《"丝绸之路经济带"与中国边疆安全和发展——以我国东北和西部边疆为视角》依托历史、直面现实，从挖掘"丝绸之路"的历史文化价值、"草原丝绸之路经济带"的战略定位、绥芬河作为东部陆海丝绸之路经济带的桥头堡的意义、积极发挥新疆在"丝绸之路经济带"构建中的重要作用四个方面进行了论证，提出要特别关注"丝绸之路经济带"构建中的新疆与中亚合作、阿富汗局势对中国新疆的影响两大问题。主编者明言：自第二辑始，《中国边疆学》坚持文稿首发原则，举凡与中国边疆研究有关的论文都在选稿之列。

2015年始至2018年10月，《中国边疆学》又相继出版了第三辑至第十辑，平均一年两辑，每辑字数多则46万字，少则也有29万字，所设栏目，综合性的有：中国边疆学理论研究、中国边疆治理研究、边政研究、边疆民族研究、边疆开发研究、边疆历史地理研究、边疆与周边关系研

---

① 社会科学文献出版社2013年版。

② 社会科学文献出版社2014年版。

究、"一带一路"研究等；专项性的有：东北与北部边疆研究、新疆治理研究、西南边疆研究、海疆研究等；还设有颇受读者好评的文献研究，研究动态与学术述评等专栏。

《中国边疆学》是由中国社会科学院中国边疆研究所与武汉大学国家领土主权与海洋权益协同创新中心编辑出版，并列入中国社会科学院创新工程学术出版资助项目。

2. 21 世纪以来，边疆理论研究举要

该书第八章古代中国疆域理论问题研究，对历史上的中国疆域，中国疆域形成、发展规律，统一与分裂以及中华一体，藩属与朝贡重大问题的研究进行过综述。21 世纪以来，这方面的研究持续升温，成果迭出，前述以边疆理论、中国边疆学为主题的全国性学术研讨会召开，表明研究活跃、深化的态势。本小题拟对边疆中心李大龙研究员的相关研究试做简要综述，以期达到以点观面的效益，同时对 21 世纪以来西方边疆理论研究的一些代表性著作试做综合介绍。

李大龙，《中国边疆史地研究》主编，中国边疆史研究中心研究员，长期致力于汉唐边疆史研究，独著有《西汉时期的边政与边吏》①《唐朝和边疆民族使者往来研究》②《都护制度研究》③《汉唐藩属体制研究》④《〈三国史记·高句丽本纪〉研究》⑤。

21 世纪李大龙发表有关边疆理论研究的学术论文，据不完全统计有 16 篇之多，是同时期发表此题材论文 5 篇以上的高产作者之一。⑥

综观 16 篇论文，大体可分为两大类，一是宏观阐论中国边疆理论、疆域形成、古代治边政策等重大问题；二是以西汉时期为中心，具体论述

---

① 黑龙江教育出版社 1996 年版。经作者修订以《汉代中国边疆史》为书名，2014 年仍由黑龙江教育出版社出版。
② 黑龙江教育出版社 2001 年版。
③ 黑龙江教育出版社 2003 年版。
④ 中国社会科学出版社 2006 年版，经作者修订，2012 年由黑龙江教育出版社出版。
⑤ 黑龙江教育出版社 2013 年版。
⑥ 李大龙主编的《中国边疆史地研究》，作为边疆研究领域的专业期刊，自 1998 年以来共刊发文章 176 篇，"载文量最多"，上述统计数，参阅朱尖、苗威《中国边疆研究的文献计量分析》，《云南师范大学学报》2015 年第 1 期。

涉边疆理论的诸问题,现分别试做综述。

关于中国边疆理论、疆域形成、古代治边政策等重大问题的宏观阐论。

《有关中国疆域研究的几个问题》[①]就"'中国疆域'的指称范围及其属性""'中国疆域'不是静止的而是一个动态的过程""'中国疆域'形成阶段的标志:《尼布楚条约》的签订到鸦片战争的爆发""'中国疆域'形成的理论探讨:多角度探究其内在形成动因"等四大问题进行了宏观阐论。作者认为:"在清代以前中华大地上没有形成过一个近现代意义上的主权国家,所谓'历史上的中国'的提法于中国疆域研究而言不是一个科学的命题,因为不同时期谁能够代表'中国'是一个永远没有正确答案的问题,也是历史上众多王朝或政权为之长期争夺的目标,但是可以说'中国'(天下)无论是人们的意识中还是在历史现实中,自秦汉以来的中国历史中,它都是一个由多民族构成的'政治体'……经过了历史长期的发展,这一区域和周围的其他地区(人们习惯所说的'边疆')不断凝聚,最终在清代形成了具有近现代意义上的——'中国'(清朝)的疆域"。而"不同的历史时期中华大地有着不同的民族或政权分布,或分裂,或统一,构成了不同时期'现实'版的'天下',即现在人们所说的'历史上的中国'。与此同时,在不同时期人们的心目中还有一个理想的'大一统'的'天下',而且是以中原地区为核心处于不断变化之中的'天下'('大一统'王朝)。占据'中国'成为'天下'主宰的观念主导着众多民族或政权为之奋斗,是导致中华大地民族或政权分布格局即'现实'的'天下'不断发生变化的思想根源,也是贯穿于中国疆域发展历程始终的一个主线。康熙二十八年(1689年)中俄《尼布楚条约》的签订,使两个'天下'实现了重合,'中国疆域'由此进入了最后形成段落"。作者进而指出:"通过这些条约和划分边界的行动,清朝开始了向近现代意义上主权国家的转变,边界逐渐清晰,疆域也由传统疆域(或称王朝疆域)向近现代疆域(或称条约疆域)转变,但遗憾的是道光二十年(1840年)爆发的鸦片战争,以英国为首的列强通过坚船利炮中断了'中国疆域'的这

[①] 《西北民族论丛》第八辑。

种自然形成过程。'中国疆域'由传统疆域向近现代疆域的转变过程也没有完成,不仅中国和一些传统的藩属国之间的国界尚未明确划定,与其他有共同边界的邻国的边界更没有明确。也就是在这种情况下,'中国疆域'开始遭到列强的'蚕食'与'鲸吞',传统的藩属区域沦为了列强的殖民地,脱离了'中国疆域'的形成轨道,藩属国和宗主国(中国)的关系也发展为近现代意义上的国际关系,甚至已经有条约保证的大片领土也因一系列不平等条约的签订而丧失,纷纷落入列强之手。……将1840年(道光二十年)鸦片战争的爆发作为'中国疆域'最终形成的标志是恰当的。"在该文的最后,鉴于已有多部中国疆域史著作,尽管对"中国疆域"形成有非常具体的阐述,但"严格讲这些论著还不是对'中国疆域'形成的理论探索,因为它只解决了'中国疆域'形成的'然'的问题,而'所以然'的问题多数没有论及,且学术界和众多论著长期以来习惯于用较含混的'统一多民族国家'的观点来解释'中国疆域'地形成,这在一定程度上制约了中国边疆学学科的发展和有关'中国疆域'研究的深入。作者呼吁要从多角度探究中国疆域形成的内在形成动因"。

《传统夷夏观与中国疆域的形成》[①]《"中国"与"天下"的重合:古代中国疆域形成的历史轨迹》[②]《多民族国家疆域研究的历程及其特点》[③]和《试论中国疆域形成和发展的分期与特点》[④] 四篇发表于2004年至2011年间的论文,实质上对《有关中国疆域理论研究的几个问题》所涉问题的更详尽的论述。

中国古代的治边政策研究,既是中国古代边疆治理研究的一个重要命题,也是边疆理论研究中一个不可或缺的内容。《关于藩属体制的几个理论问题——对中国古代疆域发展的理论阐释》[⑤],论述了"藩属体制形成的思想基础""'二元天下'的出现与藩属体制的确立""藩属体制与册封朝贡的关系""藩属体系存在的多样化""藩属体制的发展趋势"五大藩属

---

① 《中国边疆史地研究》2004年第1期。
② 《中国边疆史地研究》2007年第3期。
③ 《云南师范大学学报》2010年第6期。
④ 《中国边疆史地研究》2011年第3期。
⑤ 《学习与探索》2007年第4期。

体制研究中的理论问题,作者的结论是:先秦时期的"天下观"、服事观理论是藩属体制形成的思想基础;秦汉统一王朝带来的"二元天下"结构是藩属体制得以确立的现实基础;册封朝贡并不能概括藩属体制的特点,而是藩属体制之下的具体政策;以历朝各代为核心的藩属体制只是中华大地上众多藩属体系中的一个,藩属体系在中国历史上的存在呈现多样化态势;藩属体制的发展具有两种不同的趋向,一是成了中国的重要组成部分,二是与中国发展成了现代意义上的国际关系。《关于中国古代治边政策的几点思考——以"羁縻"为中心》[1]剖析了"羁縻"之要义是控制,同为"羁縻"但控制有程度之不同后,进而分析了"羁縻"治策形成和实施的基础,羁縻是多民族国家构建过程中的补充治理方式。《"藩属"与"宗藩"辨析》[2]从学界对"藩属""宗藩"的认识和使用,"藩属"的含义和作用,"宗藩"的含义和作用等三个方面,对古今"藩属""宗藩"二词的用法进行了综合考察,认为"藩属"一词形成于明清时期,是用于指称清朝和边疆民族乃至周边邻国的政治隶属关系,但这种关系早在汉代就已经形成,称为"藩臣""外臣"与"属国"。"宗藩"一词则早在《史记》中就已经出现,是用于指称皇室宗族成员分封于地方者。现代学者用"宗藩"一词指称中国古代王朝,尤其是明清和邻国关系的做法并不科学,其"宗藩"的含义和用法不仅与古人对该词的用法明显不同,而且容易形成更多的误解,故而应该改用"藩属"才准确。《试论游牧行国与王朝藩属——多民族国家构建视角下游牧和农耕族群互动研究》[3],对中国历史上的游牧行国的主要特征和游牧族群的价值取向进行了深入分析,并指出:如果将匈奴游牧行国实现对草原游牧族群凝聚看成是第一次,那么到蒙元时期草原游牧族群逐渐蒙古化,游牧族群的凝聚似乎远远晚于农耕族群的凝聚,但实际上情况并非如此。因为在游牧族群凝聚的过程中,也不断地将凝聚成果带入与农耕族群的互动中,并为农耕族群的凝聚和壮大提供了新的来源,或称为新鲜血液和凝聚动力。同时认为按照游牧行国的兴衰历

---

[1] 《史学集刊》2014年第4期。
[2] 《中国边疆史地研究》2006年第3期,本文另一位作者是刘志扬。
[3] 《中国边疆学》第二辑,社会科学文献出版社2014年版,第171—199页。

程、游牧族群的聚散转变,以及其与王朝藩属、农耕族群互动的轨迹,可以将游牧行国与王朝藩属的互动过程分为先秦至秦汉、从"匈奴遁逃"到北魏灭亡、北魏分裂至唐灭亡、从后梁开平元年(907)到明朝建立、明至清朝的"大一统"五个阶段,并对五个阶段演进历程做了阐论。同类论文还有《游牧行国的内涵及其特点——多民族国家视角下游牧和农耕族群互动研究》[1]。

以时代或事件为中心,具体论述边疆理论若干重大问题的论文。汉唐边疆史是李大龙研究中的强项,以汉代边疆治理中涉边疆理论重大问题的论文有4篇,《西汉王朝藩属体制的建立和维系》[2]《不同藩属体系的重建与王朝疆域的形成——以西汉时期为中心》[3]《边吏与古代中国疆域的形成——以西汉为中心》[4]《汉武帝"大一统"思想的形成及实践》[5]。上述诸文以西汉治边历程为基础,从不同角度论述了西汉时期中国疆域形成的诸方面重大理论问题。

《刘渊政权的出现与北疆民族主动认同"中国"的开始》[6]认为魏晋南北朝时期匈奴人刘渊在中原地区建立的第一个政权——汉的出现既是匈奴人长期和汉族保持密切关系的结果,同时也是匈奴人认同"中国",并进而主动融入中华民族形成历程的标志,并进而指出:汉政权的出现对中国古代疆域形成的影响是巨大的,不仅促进了北疆民族之间融合,推动了中国传统治边思想和方式的发展,而且也是边疆民族主动融入中华民族形成历程的开始,由此也奠定了北疆和中原地区融为一体的牢固基础。

涉及有清一代的论文有2篇:《转型及"臣民"(国民)塑造:清朝多民族国家建构的努力》[7]《多民族国家构建视野下的土司制度》[8]。前文指出:清朝实现了"大一统"之后,在整合游牧族群和农耕族群的过程中,

---

[1] 《烟台大学学报》2014年第5期。
[2] 《学习与探索》2005年第3期。
[3] 《中国边疆史地研究》2006年第1期。
[4] 《云南师范大学学报》2008年第6期。
[5] 《北方民族大学学报》2013年第1期。
[6] 《中国边疆史地研究》2005年第2期,本文另一位作者是宋秀英。
[7] 《学习与探索》2014年第9期。
[8] 《云南师范大学学报》2012年第6期。

已经有意或无意地开始了构建多民族主权国家的努力。从由王朝国家向近现代主权国家的转型，"臣民"（国民）塑造的尝试、消除族群分界，通过调整政策实现不同族群的整合与确立满洲正统的努力等方面看，清朝多民族国家建构的努力是全方位的，最终催生了"中华民族"一词在近代中国的流行。遗憾的是，"中华民族"作为"国民"的代名词，虽然是清代中华大地上众多族群凝聚的结果，但由于凝聚过程并没有结束，反而成为民主主义革命者反对清朝统治的政治口号，"满洲"一度被排除在"中华民族"之外，由此也派生很多不同的理解，成为困扰当今中国学界的一大难题，但其整合中华大地上各族群的用意依然还是十分明显的。后文则从郡县制下的特殊统治方式、土司制度是羁縻统治方式的一种、改土归流是多民族国家建构的必然趋势三个方面论述了土司制度是多民族国家中国构建过程中的一种特殊的政治体制。

据李大龙自述：2004年以来撰写了近20篇有关疆域理论的论文，这些论文"为今天将自己的认识系统化和完善奠定了基础"，于是2015年才有《从"天下"到"中国"：多民族国家疆域理论解构》[①]面世。

该书创新之处多多，我以为除了在多民族国家疆域理论构建宏观框架上的创新外，同时在下述五个方面也多有创新之论，一是关于多民族国家疆域形成和发展的演进历程；二是关于中国传统政治理论"大一统"思想的形成及其作用；三是关于中国封建时期藩属体制问题；四是古代边疆治理政策及边政大吏在多民族国家疆域发展中起到十分重要的作用；五是有关中国不同族群的凝聚和融合在多民族国家疆域形成过程中的作用。我认为："多民族国家疆域理论的构建，随着研究的深化还可以列出更多的问题或方面，但本书所提出并阐论五大问题确是重中之重问题中不可或缺的，是在深化多民族国家疆域理论研究中应予以重点探索和完善的。从这个意义上言，可视本书是多民族国家疆域理论研究进程中的一块基石、一个坐标，值得一切关注此问题研究的学人和读者关注。"[②]

[①] 人民出版社2015年版。
[②] 马大正：《厚积薄发、着意创新——读〈从"天下"到"中国"多民族国家疆域理论解构〉》，《中央民族大学学报》2016年第4期。

西方边疆理论的发展变化是边疆理论研究中又一个重要的研究内容，于沛、孙宏年、章永俊、董欣洁合著《全球化境遇中的西方边疆理论研究》[1]，全书分"西方边疆理论的初步发展""自由资本主义向帝国主义过渡时期的边疆理论""冷战期间的西方边疆理论""冷战后边疆理论面临的冲击和挑战"四章，38万字。该书以新航路开辟至今的西方边疆理论——其发展变化与全球化进程密切相关——为研究对象，对500年间西方的边疆理论在不同时期呈现出不同的特点进行了重点探讨，是国内这一命题首部学术专著。该书作者还分别发表了如下论文：于沛《经济全球化和现代西方边疆理论》[2]，孙宏年《纷争与互动：帝国主义时代西方"疆界"理论关系简论》[3]，董欣洁《从欧盟一体化看经济全球化时代的国家边界》[4]。

2012年马大正受《中国图书评论》委托，在其"前沿题域"上开设《"边疆政治"与西方话语》学术专栏，刊发了张经纬《嵌入历史深处的人类学——评巴菲尔德〈危险的边疆：游牧帝国与中国〉》，朱金春《游牧帝国的历史循环——兼读〈中国的亚洲内陆边疆〉与〈危险的边疆：游牧帝国与中国〉》，两位青年学者的文章，通过对拉铁摩尔、巴菲尔德等书的深入阅读，分别从人类学与民族学的角度展示了域外中国边疆研究的某些特色。马大正在作为主持人的话中指出："正是在中国学者自觉的理论探索和对西方的边疆话语的深刻认识基础上，中国边疆研究才不会服从于西方，才会有自己的理论自信和主体性。"[5] 有关论文还有：周卫平《特纳的"边疆假说"理论与当代中国边疆研究》，许建英《拉铁摩尔对中国新疆的考察与研究》，宋培军《拉铁摩尔"双边疆"理论与当代中国边疆研究》[6]。王欣《中国边疆学构筑面临的几点理论挑战——以拉铁摩尔、狄宇宙和濮德培为例》通过对拉铁摩尔《中国的亚洲内陆边疆》（唐晓峰译，

---

[1] 中国社会科学出版社2008年版。
[2] 《云南师范大学学报》2009年第5期。
[3] 同上。
[4] 同上。
[5] 马大正：《"边疆政治"与西方话语》，《中国图书评论》2012年第5期。
[6] 上述三篇论文均刊于《中国边疆学》第一辑。

江苏人民出版社2005年版），狄宇宙《古代中国与其强邻》（贺严等译，中国社会科学出版社2010年版），濮德培《中国西征——清朝对中央欧亚的征服》（美国哈佛大学出版社2005年版）三位西方学者著作的剖析，指出，近代以来，西方学术界以民族——国家理论为基础，不断试图从学理上解构历史上的中国及其边疆形态，挑战中国统一多民族国家形成与发展的理论体系，并从所谓的"民族主义""全球史""新清史"的视角重新构建西方学术话语体系下的中国边疆理论，从而进一步加深其"汉人中国"的偏见。作者认为："在当前建构中国边疆学体系的过程中，我们一方面要回应西方学者的理论和挑战，但更重要的还是要从古代中国政治边疆、经济边疆和文化边疆的视野出发，充分认识和评价无形的经济边疆和文化边疆在有形的政治边疆形态发展和演变进程中的地位与作用，揭示中国国家形态自身发展规律，从而阐明当代中国边疆的历史延续性与合理性。这样或许在学理上有助于我们建构完整、科学并具有自己独立话语权的中国边疆学理论体系，进一步夯实统一的多民族国家发展学说。这是我们当代中国学人的责任，也是使命。"[①]

有关美国"新清史"研究中涉中国边疆的话题，可参阅下列二书，在本章中不再综述评议。

一是，刘凤云、刘文鹏编《清朝的国家认同——"新清史"研究与争鸣》[②]，全书收录了中外学者涉本书主题的论文21篇，40余万字。

二是，党为《美国新清史三十年：拒绝汉中心的中国史观的兴起与发展》[③]，该书以新清史为线索追溯了20世纪80年代以来的美国清史研究，主要论述了强调中国内部因素的民众史、全球背景下的经济史、以原始档案为主要材料的官方史和精英史、注重社会史内容的新法律史、能动的清代女性研究，其中尤以新视角下的清代城市史、满洲及清代族群研究、国际帝国竞争下的清代外交与边疆史阐论了美国"新清史"的特征、趋向，并对其可能的不良政治倾向提出了警告。

---

① 《思想战线》2014年第3期。
② 中国人民大学出版社2010年版。
③ 上海人民出版社2012年版。

（二）以中国边疆学为主题的学人著述举凡

随着中国边疆研究的持续发展，在开拓与深化的进程中，对中国边疆学构筑的思考与研究，日益为研究者关注，时有以中国边疆学为主题的学术著作问世，较重要者，著作类有：马大正、刘逖《二十世纪的中国边疆研究——一门发展中的边缘学科的演进历程》，郑汕《中国边疆学概念》，罗崇敏《中国边政学新论》，吴楚克《中国边疆政治学》，余潇枫、徐黎丽、李正元《边疆安全学引论》，梁双陆《边疆经济学：国际区域经济一体化与中国边疆经济发展》，袁庆寿、牛德林主编《中国边疆经济发展概论》，李星主编《边防学》，还有前文已提及的周平《中国边疆治理研究》，陈霖《中国边疆治理研究》等。相关论文也为数不少，现分著作和论文择重要者试做综述。

1. 学术专著

马大正、刘逖：《二十世纪的中国边疆研究——一门发展中的边缘学科的演进历程》，全书22万字，分绪论、综论、分论、余论四篇。在余论篇中较为系统地阐论了中国边疆学构筑中的重大问题，明确提出："中国边疆研究可以并正在发展为具有独立学科地位的中国边疆学。"[①]

马大正、刘逖提出了中国边疆学学科特点和构筑文化学科的思考要点。关于前者，他们的主要观点是：中国边疆学是中国学的有机组成部分；中国边疆学作为一门学科有独立存在的地位，这种地位不应因其研究对象相对模糊而受到妨碍，中国边疆学研究方法基本特点是吸纳、借鉴一切相关学科的研究方法和研究成果，从统一多民族国家的发展与中国在世界格局中的作用、地位的大背景考察边疆；中国边疆学具有其他任何一门学科无法替代的特殊价值。关于后者，他们认为：中国边疆研究应以中国边疆学来定名；中国边疆学以研究中国边疆及其发展规律，进而全面揭示中国统一多民族国家形成、发展规律；中国边疆学是综合性学科，属于社会科学的一个分支；中国边疆学内涵包括人文学科及社会科学领域的研究以及自然环境、生态环境等自然科学领域的研究；中国边疆学是一门学科

[①] 黑龙江教育出版社1997年版，1999年再版，第278页。

群体，又是一门交叉、边缘学科；中国边疆学分支学科应初步分列为"历史、考古学科，语言、文学学科，社会、人类学科，政治、法律学科，宗教、哲学学科，文学、艺术学科，经济学科，生态环境学科"[①]。作者提出的以上两个问题虽然有些重叠，其所拟定的分支学科过大，但关于学科的独立性和有关自然科学介入中国边疆学的倡导以及中国边疆学学科性质的概括都是值得重视的。

郑汕《中国边疆学概论》[②]，全书以筹边观、疆域、边界、周边关系、边政、边务、边民社会为题立章，58万字。该书以边疆与国家中心区域，边疆与周边国家关系为主线，以"底定边疆""经略边疆"为主题，从历史演变和现代观念的构建两方面，在绪论中对中国边疆学的理论与研究方法、研究对象与问题做了比较系统的阐述，提出了建构中国边疆学科体系的必要。作者认为中国边疆学的学科定位是：中国边疆学是总结底定边疆历史经验的实践学科，是新兴的多学科交叉的社会综合学科；中国边疆学研究方法是：经世致用与综合对比的方法，理论联系实际与实践调查的方法，要素交汇融通与理论创新的方法；中国边疆学的架构体系是："经略边疆""底定边疆"。本书是首部中国边疆学学科体系构建的学术专著。

罗崇敏《中国边政学新论》，全书分设9章，42万字。作者认为："广义政治学的范畴体系建设立足于两个方面：一是广义边政学赖以存在的客观的边疆历史和现实；二是广义边政学整合政治学、经济学、人类文化学、民族学、宗教学、国际关系学等研究领域里的概念和范畴，赋予边疆政治学的内涵和属性。作为一门新兴的交叉学科，广义边政学的范畴体系必然与其交叉学科有密切的联系，也只有在联系和发展中才能有广义边政学的概念范畴逐步得到完善。"[③] 该书在借鉴以往边疆政治学研究成果基础上，坚持立足现实，面向未来发展，理性考察历史，注重逻辑表征，探索广义边政学的思路和框架，试图建立关于边疆地区以人为本的经济、政治、文化、社会的管理和发展及其规律的学科。研究对象主要是我国边疆

---

① 马大正、刘逖：《二十世纪的中国边疆研究》，第278—279、285页。
② 云南人民出版社2012年版。本题内容参阅了陈明富《首部探索构建中国边疆学学科体系的专著——评郑汕教授〈中国边疆学概论〉》，《中国边疆史地研究》2013年第3期，特予说明。
③ 罗崇敏：《中国边政学新论》，人民出版社2006年版，第10页。

地区经济、政治、文化、社会建设。研究内容具有人本性、理论性、实践性、系统性、创新性特点。

吴楚克《中国边疆政治学》，全书分"前提与条件""历史与发展""理论与实践"三部分，共十四章，30万字。作者依托历史、直面现实，通过回顾统一多民族中国历史发展进程和中国边疆研究百年演进历程，指出当今急需有一门中国边疆学才有可能"实事求是地对待和解决历史遗留下来的边疆问题，站在国家利益上解决边疆冲突"。而"确立科学的理论观点和研究方法是'中国边疆政治学'能够达到预期水平的决定因素之一"①。

周平《中国边疆政治学》，全书分十一章，近47万字，作者着眼于中国边疆政治的整体把握，对中国边疆政治现象和政治问题进行全面的论述，构建中国边疆政治的理论框架和知识体系，进而为边疆治理提供理论支持。

余潇枫、徐黎丽、李正元等《边疆安全学引论》，全书以"边疆安全学总论""跨国族群问题的非传统安全治理""边疆非传统安全问题的几个个案研究"为题分设上、中、下三篇，计十四章，近33万字。作者明言："我国边疆地区传统安全与非传统安全相互交织的境况，使得边疆安全问题日趋严峻，对安边、固边、治边、富边形成挑战。这就需要我们立足本土的历史与现实，放眼世界的发展与趋势，从理论上进行分析、总结、研究、建构，为制订边疆政策提供新的视角与范式，以探索一条有中国特色的边疆安全与各民族和谐发展之路。在这样的语境下，从历史、现实和理论三个逻辑整合中建构一门'边疆安全学'势在必行。"②

"从多学科交叉的角度开创'边疆安全学'，符合中国边疆地区历史发展的需求，符合中国边疆地区改革开放不断变化、民族关系不断复杂化的现实，符合中国边疆问题与边疆危机应对的逻辑。边疆安全的创立将标志着中国边疆治理找到了一个新的符合各民族和国家间共同价值的共同话

---

① 吴楚克：《中国边疆政治学》，中央民族大学出版社2005年版，第8—9页。
② 余潇枫、徐黎丽、李正元等：《边疆安全学引论》，中国社会科学出版社2013年版，第4页。

语——安全，进而使得边疆安全的研究实现从零散到系统，从被动到主动，从经验到理论的转变，标志着伴随非传统安全问题从非战略高度进入到国家安全战略高度、安全治理成为边疆治理论的核心。"① 该书是第一部阐论边疆安全的学术专著，"树立了中国边疆研究领域尤其是边安问题上不可绕过、更不能无视的一座新路标"②。

梁双陆《边疆经济学：国际区域经济一体化与中国边疆经济发展》，全书分八章，32万字。该书以陆疆地区的黑龙江省、吉林省、辽宁省、内蒙古自治区、甘肃省、新疆维吾尔自治区、西藏自治区、云南省和广西壮族自治区，从沿边开放与周边国家之间要素流动的角度出发，以中国积极参与的国际区域经济一体化为背景，从中国与周边国家区域经济一体化进程中边界效应下降和转化这一现象，立足于城市是区域经济增长的发动机和要素集聚体、人力资本和科技创新是区域报酬递增的源泉这两个空间经济理论的基本观点，在分析中国—东盟、中国—南亚、中国—中亚、中国—东北亚的区域经济一体化进展和对中国边疆经济的影响的基础上，研究一体化进程中边境贸易转型、边疆产业升级、边疆城市化发展的理论，研究边疆地区利用一体化进程中的边界效应变化形成若干边缘经济增长中心的机制，以及相应的环境、体制和政策问题。③ 同类学术专著有袁庆寿、朱德林主编：《中国边疆经济发展概略》④，全书33万字。作者认为，边疆经济学是一门社会科学，是以边疆地区这一特定区域的特殊经济社会运动过程作为研究对象和客体，研究边疆地区经济运动特点、经济结构和规律的科学，属于理论经济学的一个分支科学，具有多学科交叉性的特点。

李星主编：《边防学》⑤，全书近40万字，以"国家领土与国家边界""边防理论的产生与发展""边防的地位与作用""边防体制""边防政策与边防法规""边防武装力量""边境防卫""边境管理""边防涉外工

---

① 余潇枫、徐黎丽、李正元等：《边疆安全学引论》，第25页。
② 王逸舟序，《边疆安全学》，第1页。
③ 参阅梁双陆《边疆经济学：国际区域经济一体化与中国边疆经济发展》，人民出版社2009年版，前言，第6页。
④ 黑龙江人民出版社1993年版。
⑤ 军事科学出版社2004年版。

作""边防建设"为题立章。作者认为：边防学是一门研究国家边境防卫、边境管理、边防建设活动基本规律，并指导边防实践的一门综合性军事学科，是一门新兴的综合性应用性军事学科。

2. 相关论文

20世纪80年代以来中国边疆史地研究的拓宽和深入，使许多专家学者深刻认识到局限于"史地"不仅使学科发展和其功能的充分发挥受到限制，与我邻国和其他国家研究边疆的强劲势头形成反差，也不适应我国边疆乃至全国的现代化建设的日益迫切的需要。因而，构筑中国边疆学率先受到中国边疆史地研究中心的提倡和重视。邢玉林《中国边疆学及其研究的若干问题》[1] 和《关于中国边疆的若干问题》[2] 对中国边疆学的构筑进行了专论。《中国边疆学及其研究的若干问题》除阐述建立中国边疆学的必要性外，值得注意以下几个问题：

其一，关于中国边疆学的名称定义、研究对象。"中国边疆学是运用马克思主义的世界观和方法论揭示中国边疆及其硬系统和软系统的形成、演变和发展规律以及中国边疆及其各系统相互关系的科学"，并阐释上述定义的四层含义。按较高、较大学科的要求确定该学科以特定规律和整体联系的研究为主旨，这无疑是可取的；但是，该定义确定研究对象时似乎忽视了中国边疆学的适用性或应用性；换句话说，中国边疆学不应当是纯理论的学科，其研究对象显然应当包括边疆的现实问题。

其二，关于中国边疆学的功能。这个问题与中国边疆研究的功能有内在联系。关于中国边疆研究的功能从20世纪30年代以来有不少学者鉴于民族、边疆危机而不断有所阐论；半个世纪后，丁伟志在《中国边疆史地研究丛书·序》中又根据新的情况加以阐论[3]；以后，《中国边疆史地研究》先后组织两次笔谈，有17位学者著文参加。邢文在吸纳上述研究的基础上概括了中国边疆学的五大功能：强化中华民族救亡图存和自强不息的精神、弘扬中华民族传统的爱国主义、提供稳定边疆的历史经验、为边

---

[1] 《中国边疆史地研究》1992年第1期。
[2] 《中国边疆研究通报》第1辑，新疆人民出版社1995年版。
[3] 马大正主编：《中国古代边疆研究》，中国社会科学出版社1990年版。

疆的建设提供科学依据、促进边界问题的解决，维护国家领土完整。这些功能充分表明中国边疆学是具有应用性质的学科。

其三，作者根据四个原则勾勒了中国边疆学体系的框架即有5个分支学科、23个组成部分。

如下图示：

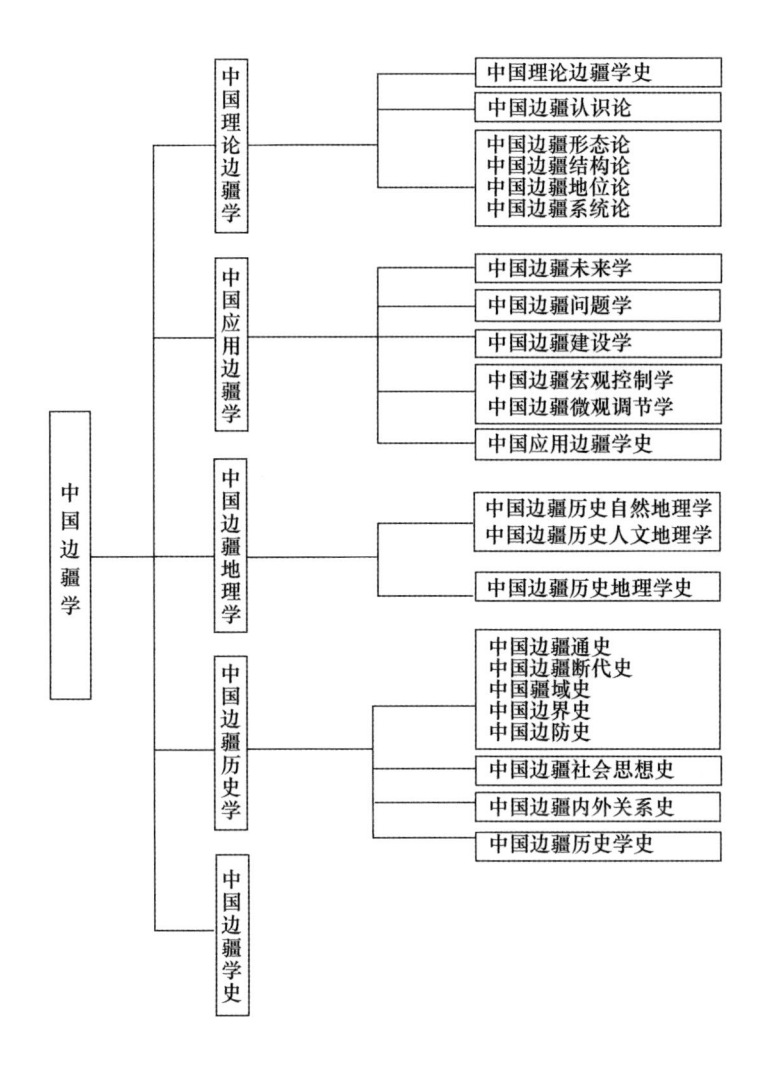

```
中国边疆学
├── 中国理论边疆学
│   ├── 中国理论边疆学史
│   ├── 中国边疆认识论
│   └── 中国边疆形态论
│       中国边疆结构论
│       中国边疆地位论
│       中国边疆系统论
├── 中国应用边疆学
│   ├── 中国边疆未来学
│   ├── 中国边疆问题学
│   ├── 中国边疆建设学
│   ├── 中国边疆宏观控制学
│   │   中国边疆微观调节学
│   └── 中国应用边疆学史
├── 中国边疆地理学
│   ├── 中国边疆历史自然地理学
│   │   中国边疆历史人文地理学
│   └── 中国边疆历史地理学史
├── 中国边疆历史学
│   ├── 中国边疆通史
│   │   中国边疆断代史
│   │   中国疆域史
│   │   中国边界史
│   │   中国边防史
│   ├── 中国边疆社会思想史
│   ├── 中国边疆内外关系史
│   └── 中国边疆历史学史
└── 中国边疆学史
```

构筑中国边疆学必须考虑到中国边疆与国家、与民族的关系。邢玉林《关于中国边疆若干问题》从"中国各民族缔造、开发和经营了中国的边疆""中国各民族促使边疆社会发生变化""中国各民族捍卫了中国的边疆"三个方面阐论了"中国边疆与中国各民族相系始终";从"中国边疆范围的大小与国势的强弱成正比""中国边疆依附于国家""维护国家最高利益是中央政府处理边疆问题的原则""边疆的安定是避免国家分裂的前提条件,保持边疆的安定是国家对待边疆的准则之一""国家的统一也是边疆及边疆民族的最高利益""边疆与国防休戚相关"等方面阐论了"中国边疆与中国多民族国家相系始终"[1]。其中从史实中概括了不少理论问题,从而为构筑中国边疆学提示了两大着眼点。中国边疆学的构筑必须符合中国边疆地区的古今情势,也必须充分注意到中国边疆的特殊性,唯其如此才能建立有中国特色的中国边疆学体系。并从七个方面论述了中国边疆特殊性:在行政管理上,边疆比内地的难度大;在广义的文化改革上,边疆比内地更有直接现实性;在地理上,边疆地理的统一性比内地弱;在社会和政治关系上,边疆地区比内地更复杂;在政治结构的功能上,边疆地区的脆弱性比内地强;在经济发达水平上,边疆地区比内地低;在国际关系上,中外交涉多缘起于边疆(陆疆和海疆)地区[2]。中国边疆地区和内地的差异完全不同于其他大多数国家,"大多数国家的边疆在自然景观和人文景观方面皆与本国内地没有多大差异。对这些国家来说,边疆不是一个单独的社会系统,除在'外交与国防'上,容或有其突出之点,其涵义仅指与邻国接壤的地带而已"。因此,作者的上述比较在某种意义上也可以看作是中国边疆与外国边疆的一种比较。同时,作者的这些比较着眼于历史的延续性而并未局限于某一时代,使其更有普遍性。

  从更宏观的角度阐述中国边疆的特殊性学者当首推马大正和刘逖。他们从四个方面论述:其一,悠久的历史——曲折发展过程的连续。认为中国边疆的发展史悠久,其过程有明显的连续性,各边疆地区社会发展速度或快或慢,最终都纳入中国统一多民族国家连续性发展的轨道。其二,广阔的地域——分散发展演进后的统一。认为各方面有巨大差异的中国边疆地区是在分散发展演进后统一为一体的。其三,多样的民

---

[1] 邢玉林主编:《中国边疆研究通报》第1辑,第11—13页。
[2] 同上书,第8—11页。

族——自立发展基础上的融合。其四，复杂的问题——多重矛盾发展的叠加。认为中国边疆地区的各种矛盾有普遍性也有特殊性，而后者是认识中国边疆发展现象的关键。[①] 显然，这些论述立足于中国边疆与民族与国家的内在联系，起点颇高。上引两种不同角度的论述，对于构筑具有自身特点因而有别于其他学科的中国边疆学是必不可少的，也是中国边疆学中的重要理论内涵之一。与上述问题相联系的是中国边疆的盈缩和中国边疆发展的阶段。邢玉林认为"国力强则声威远布，边疆化为内地；国力弱则威令不行，内地变为边疆"，并举出汉、隋、唐、元、明的史实证之[②]。而后，马大正、刘逖将"中国边疆发展大势"归纳为三：一是原为边疆地区后变为内地的一部分；二是曾是域外或边疆地区现仍为中国边疆的组成部分；三是曾是中国边疆地区而后成为我国域外之地。[③] 作者还在同一部专著中详述了古代中国边疆发展的各个阶段，即先秦和秦汉时期，三国、魏晋、南北朝、隋唐时期，五代、辽、宋、金、元时期和明清时期各阶段的具体内容[④]。

从以上综述可见：关于中国边疆学的构筑问题自20世纪90年代始在中国边疆研究第三次高潮方兴未艾的大背景下开始为学人关注。

进入新世纪，有关中国边疆学构筑的呼声不断，相关论文大多刊发于《中国边疆史地研究》和《云南师范大学学报》两个刊物上。

《中国边疆史地研究》2001年第1期"笔谈专稿：面向21世纪的中国边疆研究"上，周伟洲在《世纪之交中国边疆史地研究的回顾与展望》中指出："加强本学科的建设，特别是理论建设……真正构建科学的独具特色的中国边疆学的理论体系，应是21世纪边疆研究一项重要任务。""中国边疆学，名副其实地将现实边疆问题纳入研究范围内，即以古今边疆为其研究对象：它既是一门单独的、专门的学科，又是一门综合、交叉的学科。这门学科的理论构建，将更有利于学科的发展，也是21世纪时代的需要。"

---

① 马大正、刘逖：《二十世纪的中国边疆研究》，第28—32页。
② 邢玉林主编：《中国边疆研究通报》第1辑，第13页。
③ 马大正、刘逖：《二十世纪的中国边疆研究》，第4—5页。
④ 同上书，第5—28页。

方铁先后发表了《论中国边疆学学科建设的若干问题》①和《试论中国边疆学的研究方法》②，前文认为中国边疆学是研究中国边疆地区历史与现状的学科。属于中国历史学科的专门史，以及属于中国历史地理学科的边疆史地学，为中国边疆学奠定了学术基础。中国边疆学涉及诸多学科，如历史学、考古学、语言学、地理学、宗教学、哲学、文化人类学、体质人类学、社会学、政治学、经济学、外交学、法学、军事学、地缘政治学、心理学、环境学、生态学、遥感学等，而专门史、历史地理学、法学、人类学、国际关系学、边疆现实问题等，是中国边疆学重要的学术支撑点。为推动中国边疆学构筑进程，如下课题亟待组织力量，集中进行研究，即中国边疆学科的内涵、研究方法；古代治理边疆的理论及其实践；中国历史疆域的形成与巩固，以及现实性生活中边疆地区的稳定和发展；边疆学视野下的跨国区域合作；等等。后文认为：中国边疆学源起于近代以来的边疆舆地学、边政学，以及边疆史地研究，这几个领域均属于历史学。此外，中国边疆学的一个重要特点是历史与现状的研究并重，这些无不与中国悠久的发展过程以及深厚的历史传统紧密相关，由此表明历史学的研究方法，仍然是中国边疆学的主要研究方法之一。鉴于中国边疆学是一门多学科交叉的边缘学科，因此，借鉴相关学科尤其是地理学、人类学、社会学、政治学、国际关系学的研究方法于研究实践中，实现研究方法的多样化，已属刻不容缓。总之"我们既要继承和发展历史学的研究方法，也应学习和借鉴相关学科的研究方法"，勇于实践，善于总结、持之以恒、必见成效。

吴楚克先后发表《试论中国边疆政治学与边政学、民族学的关系》③和《"边疆政治"：一个新兴的研究领域》④，前文分别研究了中国边疆政治学与传统中国边政学、民族学、人类学的关系，从而为深入探讨中国边疆政治学的主要研究方法和特点拓展视野。后文则从"边疆"概念演变的

---

① 《中国边疆史地研究》2007年第2期。
② 《云南师范大学导报》2008年第5期。
③ 吴楚克主编：《中国当代边疆理论创新与发展研究》，学苑出版社2013年版，第40—47页。
④ 《中国图书评论》2012年第5期。

角度出发，提出了与近代"边政"有联系但同时又具有新内涵的"边疆政治"概念，是对作者《中国边疆政治学》一书的尝试性再深入。

现任中国社会科学院中国边疆研究所[①]主任邢广程，副主任李国强先后就中国边疆学构筑撰写专文。邢广程《关于中国边疆学研究的几个问题》[②]，关于中国边疆学的学科定位，作者认为："边疆史地学科不能完全覆盖新形势下的边疆问题研究"，"我国学术界已提出创建'中国边疆学'的思路"，"中国边疆学属于新兴学科和交叉学科，其学术潜力巨大。作为特殊的地域空间，中国边疆研究的性质和特性决定了必须开展多学科相结合的综合性研究。我们将运用历史学、地理学、政治学、社会学、经济学、法学、国际关系、军事学等多种学科，对我国边疆历史、边疆地理、边疆政治、边疆经济、边疆民族和宗教、边疆资源和生态、边疆与周边国际环境等方面进行综合性研究，在此基础上创建'中国边疆学'"。关于中国边疆学研究的重点，作者指出"中国边疆学"研究重点应是："建设海洋强国"作为中国边疆研究新的学术增长点，我国边疆长治久安问题；边疆地区发展问题；边疆地区与周边关系；"一国两制"的成功经验等。当然"我们不应因着力建设中国边疆学而忽视对中国边疆史地问题的研究，事实上，中国边疆史地研究是中国边疆学的一个重要组成部分，是中国边疆学的基础与核心"。

李国强《中国边疆学学科构筑的透视》[③]认为：在边疆问题研究中，历史学无疑是最基础、最重要的学科门类，只有对中国疆域形成、发展的历史有科学、深入的研究，才可能使我们准确把握中国统一多民族国家演进的规律，从而为中国边疆研究奠定坚实的理论基础。但毋庸讳言，仅从历史学的角度来解决中国边疆的问题，显然有很大的局限性。由于学科的分野，加之中国边疆的多样性、复杂性，决定了中国边疆问题的研究需要集纳多学科的理论和方法，学科间互通、交融的趋势大大增强。各相关学科门类从理论到方法的成熟性，以及中国边疆学术领域跨学科

---

① 中国社会科学院中国边疆史地研究中心，已于2014年9月正式更名为中国社会科学院中国边疆研究所，凡2014年9月后均用中国边疆研究所。
② 《中国边疆史地研究》2013年第4期。
③ 《云南师范大学学报》2008年第5期。

研究的大量实践，为中国边疆学的构筑提供了有益的保障。因此，今日可以说"'中国边疆学'已经呼之欲出"。鉴于中国边疆研究体系中包括了基础研究与应用研究的二元性结构，这一特性决定了它的学科体系必然是二元性的结合。由此，作者认为：就方法而言要倡导三个结合，即将马克思主义理论与中国边疆历史与现状的研究实践相结合；将应用研究与历史进程研究有机结合；将西方前沿理论与我国边疆研究传统相结合；就内容而言有两个重点方向，即以"中国历史疆域的法律地位"作为中国边疆历史和中国疆域理论研究的出发点，重点开展以羁縻政策、藩属制度为主的中国历代边疆治理与历史疆域形成发展的研究，以"当代中国边疆的稳定与发展"作为中国边疆现状研究的出发点，以中国边疆的重大现实问题为主攻方向，探讨21世纪新形势下中国边疆发展的规律；就研究手段而言，应注重基础学术资料，广泛利用考古、田野调查和外文资料，借助信息化手段、多角度、多层面审视和考察中国边疆的历史和现状。

在2018年11月21召开的"第四届中国边疆学理论创新与发展高层学术会议"上李国强就中国边疆学构建作了题为《夯筑构建中国边疆学的基础》的主旨讲话内容极具启迪价值，现征得李国强先生同意，刊发全文于此：

夯实构建中国边疆学的基础

在几代学人不懈努力下，中国边疆学学科建设步入了快速发展轨道，一门以中国边疆为研究对象的独立知识体系正在建构、正在培育、正在呼之欲出。近年来围绕中国边疆学所展开的互动交流、学术讨论十分热烈，有关研究成果超过以往任何一个时期。可以说，构建"中国边疆学"已经从"呼声"转化为学科建设的具体实践，成为边疆研究学术界的共同目标和任务。

关于中国边疆学学科建设，学术界提出了多种观点，可谓异彩纷呈，呈现出"百花齐放、百家争鸣"的良好态势。但是在众说纷纭中，中国边疆学学科建设的诸多命题似乎重新变得混沌起来，比如学科定位问题、学科内涵问题、学术体系框架问题等等，思想在不断深化的同时，认识差异却有不断加大的趋向。尽管认识上的不一致是十分正常的现象，尽管各种观点理应得到尊重，但"不忘初心，方得始终"，在构建中国边疆学的讨论中，我们不能忽视提出这一命题的初衷，更不能迷失这一命题的方向。因此，始终清晰认识中国边疆学的理论起点、逻辑起点和实践起点，这是我们把握"初心"的根基；始终准确定位中国边疆学的学科目标、学科任务、学科宗旨，这是我们"牢记使命"的关键；始终牢牢把握中国边疆学的时代背景、时代要求、时代方向，这是我们"继往开来"的前提。唯有此，才能使中国边疆学的建设基础更牢固，才能使中国边疆学的发展航向不偏离。

我认为中国边疆学建设正处在一个定向定位的关键节点，在这个节点上，恐怕需要回到原点加以冷静地观察，更加科学地回答什么是中国边疆学、为什么要构建中国边疆学、要构建一个什么样的中国边疆学等等一系列基础性问题。同时，还要从中国边疆学的性质、体系、结构、功能，从中国边疆学的理论、方法、手段、工具等等问题入手，牢牢把握中国边疆学学科建设的核心要义，进一步清晰地辨析中国边疆学的主体内涵和学术外延。

在此，简要和大家分享三个方面的问题：

一是，什么是中国边疆学。

界定中国边疆学，是建构中国边疆学最基本也是最重要的环节之一。依据科学性、实用性、简明性、兼容性、扩延性、唯一性六个原则，从边疆研究对象、研究特征、研究方法、学科的派生来源、研究目的、目标等五个方面加以细致梳理、客观归纳、科学总结，才能更好地认知什么是中国边疆学，才能更好地探究中国边疆学的学理属性。

我做了这样一个定义：中国边疆学是哲学社会科学中一门以中国边疆为研究对象的独立知识体系。它包含的第一个要素是"中国边疆"：中国边疆学把中国陆地边疆和海洋边疆作为整体进行全面考察，研究边疆起源、演进的规律以及国家治理边疆的全过程。它包含的第二个要素是"独立知识体系"：边疆研究的理论或知识基础，决定了中国边疆学所具有的独立性，它包含了中国边疆从无疆无界，到有疆无界，到有疆有界发生、发展的全部历史；它包含了国家边疆治理从无到有、从初级到高级、从简单到复杂的全部进程。在空间格局上，涵盖我国所有边疆地区；在时间脉络上，覆盖中国边疆由古至今的全时段。通过对边疆历史和边疆现实多层次、宽领域的学术考察，揭示中国统一多民族国家发展的客观规律，诠释国家历史疆域与国家领土形成演变的时代轨迹，凝练边疆治理与边疆发展历史嬗变的内在精髓。

二是，为什么要构建中国边疆学。

构建中国边疆学，是理论创新的必然，是时代发展的必然。我们之所以要构建中国边疆学，在我看来，其目的在于通过强化边疆问题的整体性研究、综合性研究，以更加完整、规范的学术体系、理论架构，实现边疆学理论研究的三个核心目标：一是探寻我国边疆形成、发展、变化的历史进程，为科学阐释中国统一多民族国家的必然性、合理性和合法性提供理论基石；二是探寻我国边疆治理的历史脉络，在思想、制度、手段、方式等多个层面追溯历史根源、阐释时代表征、破解现实难题，为我国边疆治理体系和治理能力现代化建设提供理论支持；三是探寻我国边疆开发经营的历史轨迹、当代进程、未来方向，为边疆长治久安和可持续发展、为实现边疆人民的福祉愿景提供理论支撑。

基于上述思考，近年来中国边疆研究所持续加大构建中国边疆学的力度，不仅把它作为学科建设的核心目标，而且在中国社会科学院支持下，中国边疆学被纳入"登峰战略"中，集中优势学科资源，整合优势学科力量，展开中国边疆学学科建设的基础性工作，希望通过扎实、务实的工作，用两年左右的时间，拿出我们构建中国边疆学学科体系化的成果。

三是，构建一个什么样的中国边疆学。

习近平总书记在哲学社会科学工作座谈会上的重要讲话，为我们加快构建具有中国特色的边疆学学科指明了前景方向、明确了具体要求。按照习总书记对中国特色哲学社会科学的指示精神，构建中国边疆学应围绕三个体系来展开：

首先，遵循学术规律，着力于中国边疆学学科体系创新。所谓学科体系，指的是对专业学科门类整体设置的系统化。学科是学术发展到一定时期的产物，它往往既体现社会实践的状况，也反映学术的进展。学科体系的科学性和完整性，是中国边疆学建设的前提，也是中国边疆学持续进步的重要依托。任何一门学问的体系化，首先是源于学问自身由碎片化向整合化提升的内在驱动。打造中国边疆学，必须按照边疆研究的基本属性，注重多学科有机结合、彼此交融，注重多学科研究手段和研究方法相互渗透；必须按照边疆研究的学术规律，形成具有时代特点、内涵多样、结构合理、立足前沿、适应国家需求的学科体系。

其次，合乎学术规范，着力于中国边疆学学术体系创新。所谓学术体系，指的是学术研究的系统化，其中既包括学术思想、理论观点的系统化，也包括学术标准、研究方法和科研手段的系统化。学术体系是中国边疆学的基本内核，也是中国边疆学的核心支撑。没有科学完备的学术体系，中国边疆学将是缺乏宏观性、系统性和整体性的低层次理论研究。建立完善的中国边疆学学术体系，必须准确把握边疆研究的特性，从廓清其内涵、学术范畴入手，建立起边疆研究的学术结构，形成边疆研究的学术规范。同时，不断创新学术思想，努力提出有客观依据、经得起实践和历史检验的原创性学术观点。

再次，顺应时代要求，着力于中国边疆学话语体系创新。所谓话语体系，是指一整套表述一种思维系统的语言系统。话语体系承载着特定思想价值观念，关乎价值表达、思想影响和真理传播等重大问题，是一个国家在国际舞台上确立话语权的前提和基础。话语权的创立者法国人米歇尔·福柯指出："话语是权力，人通过话语赋予自己权力。"构建中国边疆学话语体系，是其理论价值和实践价值得以有效提升的重要环节。任何话语体系都有其政治立场，中国边疆学话语体系也不例外，对内它关系到边疆主流意识形态话语权，关系到马克思主义在边疆学研究领域的主导地位；对外它关系到中国边疆学在国际上的话语权力和话语能力，关系到中国边疆学在国际学术界的影响力和辐射力。构建中国边疆学话语体系至少应把握四个要素：一是必须坚持以马克思主义为指导，坚持以人民为中心的基本立场；二是要坚持"不忘本来、吸收外来、面向未来"的科学方法；三是要注重从学理性、通识性、公约性上打造出作用于构建中国边疆学话语体系的新概念新范畴新表述；四是要努力建构具有原创性、标识性的中国边疆学核心理论，这是构建中国边疆学话语体系的决定因素。

在学者们的辛勤耕耘和孜孜以求中，中国边疆学学科建设迎来了大发展和大繁荣的时期，中国边疆研究正在成为当代哲学社会科学中富有朝气、充满活力的学科。尽管中国边疆学已经具备了独立"学科"的若干特征，但是中国边疆学的学科构建并未完成，究其原因，恐怕在于我们对中国边疆学"共同理论基础或研究领域相对一致的学科集合"的认识还不透彻，在中国边疆学研究对象、理论体系、知识基础、研究方法等问题上的思考还不够深入。关于"中国边疆学"学科的讨论势必还将继续，思想碰撞势必还将延续，中国边疆学学科建设必将在学术交流、思想互动中得到升华。

周伟洲《关于构建中国边疆学的几点思考》[①] 在回顾了中国边疆学发展历程及其特征后，归纳了关于"中国边疆学"学科的基本理论和框架的共识有：

一是，中国边疆学是研究中国历史及现实中国边疆（包括陆疆和海疆）的一门综合、交叉的学科，它既是基础学科，也是应用学科。

二是，中国边疆是中国边疆学的研究对象，鉴于中国边疆内涵的多样性，决定了中国边疆学学科之内涵及各分支边疆学的构建的架构，也是对其作为一门综合、交叉学科的注释。

三是，中国边疆学的研究方法是多种学科研究方法的整合，但视研究对象的特点，研究方法的采用重点也应有所侧重，如边疆治理研究中，则主要宜采用政治学的研究方法，而兼用历史学、民族学、社会学等学科的研究方法。

[①] 《中国边疆史地研究》2014 年第 1 期。

同题材论文还有寇星亮、马瑛《"从边疆看中国"：一种反思现代化的知识论语》[①]，曹帅英《科学哲学视域下的中国边疆学建构》[②]。

（三）云南大学的"中国边疆研究丛书"

云南大学地处祖国西南边疆，是我国西南边疆建立最早的综合性大学之一。长期以来，依托特殊的区位优势和资源优势，大批学者对边疆问题特别是西南边疆的问题开展了持续不断的深入研究。在几代学者的共同努力下，通过将区位优势和资源优势转化为学科优势，再将学科优势转化为人才培养的优势，云南大学边疆问题的研究与人才培养蓬勃发展，并积累了深厚的学术基础，呈现出旺盛的潜力。中国边疆研究现已成为云南大学重要的优势和特色学科。在全力推进、发展中国边疆学学科建设的进程中，云南大学应该义不容辞、责无旁贷地肩负起建设和发展中国边疆学学科的重任。

基于构建一门具有中国特色的边疆学学科，在更高的层面和更大的范围开展中国边疆问题的研究越来越成为更多的人的认识。为进一步巩固和提升云南大学边疆问题的研究水平与实力，2002年，云南大学提出了建设中国边疆学学科的建设并拟订了具体的方案。2007年，通过整合边疆问题研究、中外关系史和经济史研究的力量，云南大学专门史学科被批准为国家重点学科。同年，又在历史学一级学科博士学位授予权下自主增设了"中国边疆学"二级学科博士学位授予权。2008年，再次抓住国家"211工程"三期建设的契机，提出"西南边疆史与中国边疆学"作为云南大学国家立项的学科项目加以建设，旋即得到批准。

"西南边疆史与中国边疆学"学科项目，计划从中国西南边疆史、中国与南亚东南亚关系史和中国边疆学研究三个方面较全面地开展边疆问题的研究和中国边疆学学科体系的探讨。同时，还将有计划地整理有关西南边疆的历史文献和档案资料，翻译和介绍国外学者关于中国西南边疆研究的重要成果。

[①] 《中国边疆学》第十辑，社会科学文献出版社2018年版。

[②] 同上。

为此目的，云南大学决定编辑、出版"中国边疆研究丛书"，就是为了系统地反映在推进边疆问题研究和中国边疆学学科建设中所形成的研究成果，增进与国内外学术界的交流与合作。

"中国边疆研究丛书"2011年始由人民出版社正式出版，迄止2015年已出书16种，若按内容分类：

边疆史地类：《中国西南氐羌民族源流史》（段丽波）；《明代云南民族发展论纲》（段红云），《云南省博物馆馆藏契约文书整理与汇编（1—8卷）》（吴晓亮、徐政芸），《元明清西南边疆特殊政区研究》（陆韧、凌永忠），《国家资源：清代滇铜黔铅开发研究》（马琦），《中国西南边疆的社会经济：1250—1850》（李中清著，林文勋、秦树才译），《民国时期西南大区区划演进研究》（张轲风），《民国学人西南边疆问题研究》（王振刚），《方国瑜与中国西南边疆研究》（娄贵品），《从"天下"到"中国"——多民族国家疆域理论解构》（李大龙）。

地缘政治类：《地缘政治视野下的西南周边安全与区域合作研究》（卢光盛等），《中印边界问题、印巴领土纠纷研究》（吕昭义、孙建波），《边疆与中国现代社会研究（上、下）》（罗群主编），《国际化视野下的中国西南边疆：历史与现状》（林文勋、邢广程主编），《"南方丝绸之路"与"一带一路"协调发展研究》（林文勋主编）。

周边邻国类：《印度教派冲突研究》（张高翔），其中林文勋、邢广程主编：《国际化视野下的中国西南边疆：历史与现状》就新国际环境下西南边疆面临的历史与现状问题展开了热烈而前沿的讨论和研究。内容涉及"贝币之路"及其在云南边疆史研究中的意义、周边国际环境的新挑战和中国外交政策的调整、中国边疆学学科构筑及民国学人的西南边疆研究、中英西藏交涉与民初治藏、中印边界问题、多民族国家构建视野下的土司制度及其在民国时期的衰落、西南边疆的羁縻与控制、云南边疆的外侨管理、云南边疆的"走夷方"问题、清代云南水权、清末云南的司法审判、个旧锡业的全球化、中苏经济交往下的滇南经济等问题，在历史和现状的结合上做了前瞻性的研究，给人智慧与启迪。令人耳目一新。

"丛书"主编、云南大学校长林文勋教授指出："从传统的边疆史地研究到中国边疆学学科建设，决不仅仅是研究范围的扩大和研究内容的增加，而是一种研究视野的转变和研究范式的创新。"① 云南大学同人在中国边疆学构筑的探索上起了引领之功，功不可没！

（四）《云南师范大学学报》的"中国边疆学研究"学术专栏

《云南师范大学学报（哲学社会科学版）》编辑部经过多年酝酿、策划，于2008年第5期始，推出"中国边疆学研究"学术专栏，这是国内学界创办的首个以"中国边疆学"为命题的学术平台，至2014年底延续了近6个年头，在学界，特别在边疆研究学界频获好评。我有幸担当"中国边疆学研究"学术专栏开设首位"学科主持"，并撰写《边疆研究者的历史责任：构筑中国边疆学》刊发，自此之后，对此学术专栏多有关注，对刊发的宏文大多览阅，从中吸取营养，受益匪浅。现拟对2008—2014年底的"中国边疆学研究"学术专栏试做综述和评议。

"中国边疆学研究"学术专栏可做如下四项小统计：

1. 2008年第5期—2014年第6期，《云南师范大学学报》（哲学社会科学版）共出刊38期，"中国边疆学研究"出刊了36期，仅2013年第6期和2014年第6期未出刊。在2008年第5期"中国边疆学研究·开栏寄语"中说："作为边疆民族地区高校主办的一份学术刊物，长期以来，本刊对中国边疆研究和中国边疆学学科建设均十分关注，曾登载过许多相关的研究论文。今开设'中国边疆学研究'专栏，旨在进一步促进中国边疆学的学科建设和中国边疆研究的开展，并为国家社科基金特别项目'西南边疆历史与现状研究综合研究项目'提供一个学术交流平台。""欢迎致力于中国边疆研究和中国边疆学学科建设的广大专家学者给本栏目赐稿。"

2. 学科主持人38人次，其中2010年第2期、2010年第4期，每一期专栏分设二个专题。担任4次专栏主持人的是云南大学西南边疆少数民族中心研究员何明；担任3次专栏主持人的有：中国社会科学院中国边疆研究所研究员李大龙、云南民族大学教授鲁刚、兰州大学教授徐黎丽、吉林省社会科学院历史研究所研究员李治亭；担任2次专栏主持人的有：中国

---

① 林文勋：《"中国边疆研究丛书"总序》，载《国际化视野下的中国西南边疆：历史与现状》，人民出版社2013年版。

社会科学院中国边疆研究所研究员李国强、许建英,中国社会科学院历史研究所研究员李世愉,云南大学教授周平。

3. 论文作者逾148人次。作者队伍中包括老一辈资深学者、中年学科带头人、初显头角的青年才俊。全部都是科研单位研究人员,高校院校教师,包括在读博士生。见下表:

单位名称	著文作者(人次)
中国社会科学院	30
中国藏学研究中心	1
海军学术研究所	1
北京市社会科学院	1
北京大学	2
中国人民大学	2
中央民族大学	2
云南大学	27
云南师范大学	17
云南民族大学	8
云南社会主义学院	1
曲靖师范学院	1
广西民族大学	1
贵州大学	2
遵义师范学院	2
凯里学院	1
西南民族大学	3
西南大学	1
吉首大学	1
吉林省社会科学院	3
辽宁师范大学	2
辽宁省社会科学院	1
齐齐哈尔大学	2
黑龙江大学	1

续表

单位名称	著文作者（人次）
兰州大学	12
西北大学	2
北方民族大学	1
新疆维吾尔自治区社会科学院	1
新疆师范大学	1
塔里木大学	1
南开大学	2
河北大学	1
复旦大学	1
浙江大学	3
厦门大学	6
暨南大学	3
（挪威）奥斯陆大学	1

从表中可看到，著文作者15人次以上的是中国社会科学院、云南大学和云南师范大学，这三个单位都设有边疆研究的专门机构。

再以发文在两篇以上的作者试作下表：

姓名	单位	著文篇数	备注
徐黎丽	兰州大学	6	独著1篇 合著5篇
周平	云南大学	4	
孙宏年	中国社会科学院中国边疆研究所	3	
方铁	云南大学	3	
李大龙	中国社会科学院中国边疆研究所	3	
李治亭	吉林省社会科学院	3	
何明	云南大学	3	独著2篇 合著1篇
何跃	云南师范大学	3	独著2篇 合著1篇

续表

姓名	单位	著文篇数	备注
鲁刚	云南民族大学	3	独著1篇 合著2篇
马大正	中国社会科学院中国边疆研究所	2	
李国强	中国社会科学院中国边疆研究所	2	
许建英	中国社会科学院中国边疆研究所	2	
李世愉	中国社会科学院中国边疆研究所	2	
徐凯	北京大学	2	
陆韧	云南大学	2	
陈跃	西北大学	2	
王文光	云南大学	2	均为合著
余潇枫	浙江大学	2	均为合著
杨国桢	厦门大学	2	均为合著

从表中可看到，19位著者连同合著者13人。共32人著文51篇，占发表论文总数113篇的45.1%，32位作者大多是中国社会科学院、云南大学、云南师范大学的研究人员和教师，"中国边疆学研究"学术专栏经过4年余的努力实际上已形成了一支相对稳定的边疆研究的作者队伍，这支队伍已成为当今中国边疆学构筑的重要力量。

4. 刊发论文113篇，总字数超过120万字。从论文内容看。大体可分为如下五大类：

一是，中国边疆学构筑的探研。

直奔主题论文有三篇：马大正《边疆研究者的历史责任：构筑中国边疆学》，李国强《中国边疆学学科构筑透视》，方铁《试论中国边疆学的研究方法》，是"中国边疆学研究"学术专栏开栏之作，均刊发于2008年第5期。

二是，历代边疆理论和治理研究，论文总计达60篇，其中综论宏观之作有12篇，较重要者有李大龙《多民族国家疆域研究的历程及其特点》（2010年第6期），方铁《论封建王朝治边的历史经验》（2010年第2期），陈跃《"因俗而治"与边疆内地一体化——中国古代王朝治边政策的双重变奏》（2012 年第 2 期），李大龙《边吏与古代中国疆域的形成——以西汉为中心》（2008 年第 6 期），李治亭《论清代边疆问题与国家大一统》（2011 年第 1 期），袁剑《边疆概念的抽象化与具体化——民族志书写与近代的相关尝试》（2014 年第 4 期）。段金生、董继梅《试论南京国民政府边政研究的内容与方法》（2010 年第 1 期）等；分论历代中央政府对云南、新疆、东北、北方、西藏治理之作有 33 篇，较重要的有：张轲风《历史时期"西南"区域观及其范围演变》（2010 年第 5 期），李伟《论中原王朝对云南经营模式的转换》（2010 年第 4 期），吕文利《论中国古代边疆治理中的"云南模式"》（2014 年第 4 期），王文光、张媚玲《民国时期对云南民族的治理与认识》（2008 年第 6 期），周卫平《清末民初新疆官制的变迁》（2012 年第 5 期），周泓《晚清民国新疆汉人主体文化》（2014 年第 3 期），许建英《坛庙与神祇：清代新疆汉族移民的社会文化构建》（2014 年第 3 期），成崇德《论清朝的藩属国——以清廷与中亚"藩属"关系为例》（2014 年第 4 期），谢海涛《南京国民政府时期西北边疆的社会政治生态与社会舆论》（2010 年第 6 期），冯建勇《1928—1929 年白崇禧入新风波——兼论南京国民政府对新疆之统合》（2010 年第 6 期），徐黎丽、屈鹏飞《民国时期新疆喀什地区民族问题研究》（2009 年第 6 期），许建英《20 世纪 40 年代美国对中国新疆政策研究》（2011 年第 4 期），齐清顺《前苏联专家及其在新疆的活动》（2011 年第 4 期），陈跃《论清代东北边防战略思想演变》（2014 年第 5 期），徐凯《满洲"汉文化"与接续中华文明之统绪》（2012 年第 4 期），冯健勇《1919 年外蒙撤治事：功过孰论？——〈独立评论〉关于"外蒙撤治"的一场论争》（2012 年第 5 期），孙宏年《从平等到失衡：达赖、班禅关系与国民政府治藏政策研究（1927—1933）》（2012 年第 5 期）等。还有专论土司制度的研究之作 15 篇，主要有：李世愉《关于构建"土司学"的几个问题》（2011 年第 2 期）和《土司制度基本概念辨析》（2014 年第 1 期），马大正《深化土司制度研究的几个问题》（2011 年第 2 期），方铁《深化对土司制度的研究》（2014 年第 1 期），李大龙《多民族国家构建视野下的土司制度》（2012 年第 6 期），商传《从土官与夷官之别看明代土司的界定》（2014 年第 1 期），吴丽华、魏薇《雍正"改土归流"辨》（2011 年第 1

期),杨庭硕《试论土司制度终结的标志》(2012 年第 3 期),罗康智《时空域转换对文本史料的解读价值——以思州土司分治始末为例》(2012 年第 3 期),韦顺莉《论土司地区族群边界的交错与维持——以广西壮族土司为例》(2008 年第 6 期)等。

三是,当代中国边疆治理理论与实践研究,共刊发论文 35 篇,既有宏观阐论,也有边疆地区治理实践的研判。前者刊发了周平的论文 4 篇:《中国边疆观的挑战与创新》(2014 年第 2 期),《中国的崛起与边疆架构创新》(2013 年第 2 期),《论我国边疆治理的转型与重构》(2012 年第 2 期),《边疆治理视野中的认同问题》(2009 年第 1 期),其他重要者还有:张健《国家视域中边疆观念的演变:内涵、形态与界限》(2012 年第 1 期),吴楚克《中国国防与边疆防御问题研究新论》(2010 年第 1 期),何明、王越华《全球化背景下边疆社会稳定研究的几个问题》(2009 年第 3 期),夏维勇《中国周边关系与边疆治理的互动:历史、模式及影响》(2010 年第 2 期),谷家荣、蒲跃《"道义"发展:有序边疆社会构造的根本出路》(2013 年第 5 期),何明《边疆观念的转变与多元边疆的构建》(2013 年第 5 期),徐黎丽《国家利益的延伸与软边疆概念的发展》(2011 年第 5 期),徐黎丽、易鹏飞《陆疆安全问题的识别与界定》(2013 年第 4 期),张锦鹏《公民文化,构筑边疆民族地区和谐发展的基石》(2013 年第 5 期),徐黎丽、杨朝晖《国家体制中的民族管理制度类型及其成因》(2012 年第 2 期),马翀炜《世界遗产与民族国家认同》(2010 年第 4 期),何明《国家认同的建构——从边疆民族跨国流动视角的讨论》(2010 年第 4 期),马曼丽《论当代跨国族体问题中凸显的非传统安全威胁》(2009 年第 6 期),袁明旭《边疆多民族地区群体性突发事件中领导角色的冲突与调适》(2009 年第 6 期),冯江平等《社会预警研究中的判别分析技术的应用》(2014 年第 4 期),鲁刚《我国族际通婚的历史轨迹》(2014 年第 2 期)等;后者刊发论文主要涉新疆和云南两个方向的边疆治理实践中的问题,主要有:余潇枫、周章贵《水资源利用与中国边疆地区粮食安全——以新疆为例》(2009 年第 6 期),安晓平、高汝东《公民意识视角下新疆跨界民族的文化认同培育》(2011 年第 5 期),徐黎丽等《影响西北边疆少数民族地区民族关系的变量分析》(2009 年第 3 期),周本贞《1949—1957年西南少数民族地区社会治理问题研究》(2012年第1期)，鲁刚、陈为智《论"边疆社会问题"的基本涵义和特征——基于云南边疆地区突出社会问题的探索与思考》(2012年第1期)，刘雅、刘思远《论云南参与区域安全合作与桥头堡建设的相互关系》(2011年第6期)，何跃、高红《文化安全视角下的云南跨境民族教育问题》(2010年第4期)，武友德、王源昌《边疆少数民族地区特色城镇化发展道路研究——以云南为例的分析》(2010年第2期)。何跃《云南境内的外国流动人口态势与边疆社会问题探析》(2009年第1期)，鲁刚《中越边界云南段沿线地区的边境贸易与经济合作》(2009年第1期)，卢光盛、郜可《大湄公河次区域金融合作与中国（云南）的参与》(2011年第6期)等。

四是，海疆历史与现状研究，计有10篇，主要有：李国强《海岛与中国海疆史的研究》(2010年第3期)，杨国桢、周志明《中国古代的海界与海洋历史教训》(2010年第3期)，张炜《"夷夏交争"——中华民族早期的陆海融通》(2010年第3期)，刘俊珂《继承与发展：元明清时期的南海经略》(2013年第1期)，王潞、刘正刚《传统海洋开发的历程：以渤海湾和北部湾为例》(2011年第3期)，郭渊《南越对西沙、南沙群岛的侵占及行为评析》(2013年第1期)，侯毅《论菲律宾在南海诸岛主权问题上的"历史依据"》(2013年第4期)等。

五是，西方边疆理论研究，论文有4篇：于沛《经济全球化和现代西方边疆理论》(2009年第5期)，孙宏年《纷争与互动：帝国主义时代西方"疆界"理论关系简论》(2009年第5期)，董欣洁《从欧盟一体化看经济全球化时代的国家边界》(2009年第5期)，宋培军《拉铁摩尔"双边疆"范式内涵及其理论和现实意义》(2013年第2期)。

"中国边疆学研究"专栏已具有较高的学术影响力。截至2013年底，据不完全统计，其所刊发的113篇论文，《新华文摘》《中国社会科学文摘》《高等学校文科学术文摘》以及《人大报刊复印资料》等四大文摘转载56篇次，其中《新华文摘》转载15篇，并有7篇文章上了封面要目。在所刊发的文章中，有的被多家二次文献刊物转载，反映出其具有较高的学术影响力。如2010年第三期刊发的杨国桢、周志明的《中国古代的海界与海洋历史权利》一文，被《新华文摘》《高等学校文科学术文摘》

《人大报刊复印资料·地理》三种文摘刊物转载；方铁的《试论边疆学的研究方法》、何明等的《全球化背景下边疆稳定研究的几个问题》、于沛的《经济全球化和现代西方边疆理论》、陆韧的《明朝的国家疆域观及其明初在西南边疆的实践》、许建英的《20世纪40年代美国对中国新疆政策研究》、徐凯的《满洲"汉文化"化与接续中华文明之统绪》等文，均被两种以上的文摘刊物转载。另外，"中国边疆学研究"专栏还荣获第三届（2009）、第四届（2012）云南省期刊"优秀栏目奖"（政府奖），2014年2月24日，教育部公布全国高校哲学社会科学学报第三批"名栏建设"名单，《云南师范大学学报》的"中国边疆学研究专栏"名列其中。

"中国边疆学研究"作为定位于学术的专栏，从推动中国边疆学学科构筑、深化中国边疆治理理论与实践研究、聚焦研究人才等方面均起到了良好的作用，对所刊发的113篇论文的理论学术上探研的广度，从上述五大类论文题名的罗列上，望题生义也可窥知一二，这里只拟从推动中国边疆学学科构筑和聚焦研究人才的视角分析"中国边疆学研究"学术专栏科研实践于中国边疆学构筑可能产生启迪之处，或亦可称为特色之所在，略述个人陋见。

一是，中国边疆学研究的主要内容是从古代至当代中国边疆治理的理论和实践，这从学术专栏刊发的113篇论文中，上述题材的论文有105篇之多得到印证。

二是，中国边疆学是一门研究中国边疆历史与现状的专门学科，因此，历史学的理论和方法是中国边疆学赖以生存的基础。从论文研究的时段看，古代、近代、现代当然是历史，其实当代何尝不是历史，从这一意义上看，中国边疆学研究如果游离于赖之生存的基础——历史学，将成为无源之水、无根之木。

三是，同样也是由中国边疆这一特定的研究对象的时空特性所决定，研究中国边疆要利用多种学科的理论和方法来进行综合研究，因此，中国边疆学是一门综合性的交叉学科，从已刊发论文研究的内容看，政治学、民族学、人类学、社会学诸学科与历史学的有机结合，才使这些论文的学术水准从研究的广度和深度上得以升华。

四是，"以史为鉴"是我国史学研究的优良传统之一，中国边疆研究要依托历史、直面现实,历史与现实的结合,决定了基础研究与应用研究的有机结合,决定了学科建设与决策咨询的双向兼顾,从刊发的论文中也得到体现。

五是,"中国边疆学研究"学术专栏得以成功,并呈现可持续发展的良好态势,除了上述四方面符合了学科发展的客观规律外,学术专栏还有一项成功的经验值得重视,即是人才的聚合。148人次的作者队伍,38人次的学科主持人是人才队伍的基础,其实在人的因素中还有一个不应被忽视的是36期学术专栏一以贯之的"栏目首席编辑"邹建达教授,一定意义上说,邹建达教授才是这一人才群体的核心,他自己也是从事中国边疆问题研究的一名学者,在组织实施"中国边疆学研究"学术专栏的实践中,充分展现了自己的学术组织能力和对中国边疆学学术前沿问题的了解,能与高层次的学者进行学术对话,成为参与此项工作的所有人的知心朋友!

据悉,为了进一步办好"中国边疆学研究"学术专栏,编辑部在栏目策划、选题、主持人选择以及文章的审校等方面会有一些新的举措,云南师范大学则将从学校的层面在人力、物力、财力上给予更大支持,其中一项重要的举措是成立"中国边疆学研究所",为专栏提供更强有力的学术支撑。

从将"中国边疆学研究"学术专栏,办下去、办得更好的高度,除当代中国边疆治理的理论与实践有待拓展与深化外,还有两点不足有待克服。其一,在中国边疆学学科尚在创试阶段,有关直面中国边疆学学科构筑的探研还待大大加强,在113篇论文中,这一命题的论文仅有三篇是远远不够的;其二,西方边疆理论研究也是一个需关注的研究方向,可以有宏观的阐论之作,也可是或点、或人的评议与研究,更需要将西方边疆理论与古今中国边疆治理理论与实践进行比较的研究之作。

2014年以降"中国边疆学研究"专栏仍坚持出刊,据统计,2015年至2018年共出刊22期(其中2015年出刊4次),来自北京、兰州、昆明18人、23人次知名专家担任专栏主持人。共刊发文章62篇,仍以边疆理论、边疆治理两个方向的综论和个案研究为主,其中涉中国边疆学构筑的论文有:朱碧波《论我国边疆理论的言说困境与创新逻辑》(2015年第1

期），孙勇、王春焕、朱金春《边疆学学科构建的困境及其指向》（2016年第2期），赵泽琳《论中国边疆学的构建与民族学关系》（2016年第2期），许建英《"一带一路"倡议与中国新边疆观》（2018年第5期），李朝辉《中美两国边疆观形成与演进对比研究》（2015年第1期）。应指出，作为以"中国边疆学研究"命名的学术专栏，刊发有关中国边疆学研究专题论文仍存在"远远不够"的短板，看来还需做更大的努力。

（五）《华西边疆评论》

秉承华西边疆学派源流的《华西边疆评论》创办于2014年。第1辑、第2辑于2014年、2015年由四川大学出版社出版，第3辑到第5辑于2016年、2017年、2018年由民族出版社出版，主编孙勇教授。2018年5月《华西边疆评论》编委会重组，并改由中国社会科学出版社出版，主编仍是孙勇教授。

为适应时代发展形势与学术研究进展的需要，重组后的《华西边疆评论》确定办刊方针是：

一是，立足于边疆问题与理论研究的学科前沿问题，体现出边疆学建构和长远性，彰显《华西边疆评论》刊物的学术价值。

二是，回答进入新时代中国边疆研究的重大理论和现实问题，优化边疆学科建设的现实性选题，并注重历史题材的问题。

三是，为落实国家高层努力建构中国特色学术话语体系的指示精神，挖掘具有中国学术话语特点的富有创新性的选题，并以此作为刊物建设拓展广阔发展前景的基石。

四是，选题策划必须看到边疆理论探索的潜在问题和解题的方法，填补边疆学科的学术空白而处于开掘状态的课题，按照潜在性选题的需求，对各类论文进行事前策划和选题。

综观《华西边疆评论》第1—6辑，边疆治理大战略研究和边疆学构建始终是该刊关注的重点，所刊发论文在学界日益引起关注。

有关边疆治理大战略研究方向。重要者有孙勇《中国大边疆战略研究论纲——多重世界非恒称视角下的力量博弈》（第1辑）和《中国未来边疆战略的取舍》（第2辑）；杜平《世界秩序与中国地位：一个理论分析框架》（第1辑），王春焕、孙勇《中国边疆战略研究的兴起》（第4辑）等。

有关边疆学构建研究方向重要者有：孙勇《建构边疆学需要打破窠臼》（第4辑）、《关于建构边疆学体系的体系思考——代〈边疆学导论〉之绪论》（第5辑）和《建构边疆学和学科体系的学理整合思考》（第6辑），朱金春《学科"殖民"与构建中国边疆学》（第3辑）和《从国内两部〈中国边疆政治学〉看边疆学学科建构的困境》（第4辑），袁剑《边疆的概念与边疆学建构》（第4辑），王春焕《关于边疆学研究对象和主要内容的思考》（第4辑），吴楚克《树立科学的态度是认知中国边疆历史的第一步》（第1辑），孙勇、王春焕、朱金春《中国边疆学重点指向》（第3辑），杨明洪《反"边疆建构论"：一个关于"边疆实在论"的理论解说》（第4辑）和《困惑与解困：边疆经济学还是经济边疆学》（第3辑）等，孙勇还在《中国边疆学》第9辑上发表了《建构边疆学与原理研究探讨之孔见》[①]。上述一系列有关边疆学构筑论文作者大多均出自《华西边疆评论》旗下研究群体成员，他们对推动目下学界有关中国边疆学构筑的探研深化上功莫大焉。个人只是建言：中国边疆是统一多民族中国和多元一体中华民族的特有的产物，极具中国特色，因此研究极具中国特色中国边疆的中国边疆学，也千万不要忘了中国特色这个根本，也就是说，我们正在构筑一门极具中国特色的中国边疆学，忘了这个根本，就有可能将研究引入歧道。

我期盼《华西边疆评论》在推动当代中国边疆研究、在构筑中国边疆学的研究中不断创建新功！

[①] 社会科学文献出版社2018年版。

第十八章

中国边疆学构筑的探索（下）

一 我为构筑中国边疆学从事的科研实践

中国边疆研究学科发展的三步跨越，即从中国边疆史地研究到中国边疆研究，再到中国边疆学的构筑。今天，"中国边疆学"已经呼之欲出，其意义在于，首先，它将大大丰富中国边疆研究的学术内涵和外延，有益于进一步整合各种不同学术资源，从而使中国边疆的理性研究步入更加良性的发展轨道；其次，通过对中国疆域形成、发展过程中在不同历史阶段的不同表现形态的研究，深刻揭示出我国统一多民族国家形成、发展的历史规律；最后，通过对中国边疆稳定与发展若干层面的研究，将为构筑当代中国边疆的发展战略提供坚实的理论基础。中国边疆研究所、云南大学、云南师范大学等单位的专家学者为中国边疆学构筑进行了广泛深入的科研实践，付出了大量心血，成绩突出，形势喜人。

21世纪以来，我个人在自己的科研实践和著文立说两个方面也做了些许工作。

近20年来我在边疆中心这个研究平台上做了如下五项工作：

（一）积极参加边疆中心组织的以中国边疆学构筑为主题的学术讨论会

1999年9月12—16日，由边疆中心与浙江省象山县人民政府联合主办的"第二届中国边疆史地学术讨论会"在浙江省象山县召开。内容包括中国边疆学构筑、边疆研究相关理论问题、不同历史时期的边疆治理和边疆管理体制、古代至近代的边疆开发、当代边疆民族社会调查与历史档案资料开发利用等方面。基于近百年来中国边疆研究发展的积累,尤其是20世纪80年代以来中国边疆史地研究的兴旺,当代中国边疆问题日益为人们所关注,中国几代学者倾注心血的中国边疆理论研究和努力神往的中国边疆学的学科框架构筑被重新提上议事日程。中国边疆理论研究包括陆疆、海疆和边界的理论问题与实际的结合,探索中国边疆历史发展与统一多民族国家形成的发展规律。中国边疆学的构筑包括概念与范畴、学科性质和任务、体系和功能等等,建立以马克思主义为指导的、有中国特色的中国边疆学理论体系。我向会议提交了《试论中国边疆史地研究的几个问题》,论述了如下问题:①中国和中国边疆;②中国统一多民族国家及其边疆地区的发展大势与历史特点;③中国边疆的发展阶段;④古代中国的边疆政策和深化边疆政策研究的重要性。此次会议成果与同年8月23—26日在乌鲁木齐召开的"世纪之交新疆历史研究回顾与展望学术研讨会"成果一并以《中国边疆史地论集续编》为书名出版(马大正主编,黑龙江教育出版社2003年版),共收录论文33篇。我为论集续编撰了题为《从中国边疆研究的发展到中国边疆学的构筑》的代前言。

2006年8月6—9日,由边疆中心与云南大学西南少数民族研究中心联合主办的"第三届中国边疆史地学术研讨会"在昆明召开。会议讨论涉及疆域理论研究、边疆治理与开发、边疆民族研究、中国边疆学的构筑等诸多方面。我在会上作了题为《深化边疆理论研究与推动中国边疆学的构筑》的主题报告。此报告后刊发于《中国边疆史地研究》2007年第1期,遗憾的是此次会议的论文集始终未能结集出版。

2017年8月4—6日,由中国社会科学院中国边疆研究所《中国边疆史地研究》编辑部和新疆研究室联合举办了"历史唯物主义视域下边疆史地与边疆学座谈会",国内研究中国边疆学的学者济济一堂,讨论主要围绕马大正先生的《当代中国边疆研究(1949—2014)》与《中国边疆学构筑札记》两种著作展开。

中国边疆研究所所长邢广程在主题发言中指出,马大正先生中国边疆研究的成果颇丰,这本《当代中国边疆研究(1949—2014)》明确地展示出了中国边疆研究的历史脉络。马大正先生在这方面有非常深厚的积淀、这本书体现了深厚的学术功底。该书实际上是把我国当代边疆史地研究和边疆研究做了一个系统的梳理，这一过程就是对学科进行总结归纳乃至反思的过程。马大正在主题发言中指出，构建中国边疆学，起点就是边疆史地研究。他认为中国边疆是特定的研究对象，也极具中国特色，中国边疆在世界是独一无二的，中国边疆学正是研究这样一个独一无二的中国边疆的学科。一些文章用了国外的理念、概念研究中国边疆问题，并不妥当。我们需要借鉴西方理论、模式，但是不要跟着走。中国边疆学之所以能够提出，或能够有这样探索，他觉得有四个节点非常重要，这四点还需要学界共同不断推出研究成果来支撑，这实际就是对中国边疆学构筑的推动。一是中国边疆史地研究千年积累、百年探索、30 年实践这样一个基础。中国边疆学是在这样一个基础上提出来的。二是我国疆域理论的不断探究是中国边疆学构筑的学术基础。这里既有具体模式的研究，也有中国疆域发展的规律性的探讨；对西方理论要借鉴，但不能套，也不能跟着走。三是边疆治理，加强中国古代和当代边疆治理的多层面研究，这是中国边疆学构筑的一个非常有效的切入点。突破传统边疆史地研究，将历史与现状结合的边疆研究，需要多学科的综合，在边疆治理研究上最突出。四是推动中国边疆发展的现实推动力是生活对这门学科的需求，是现实的挑战及所提出的需求。中国边疆研究者，缺的也是自觉地面对现实，学者应该有历史担当。研究中国，不可以在象牙塔里，必须面对现实，接受挑战，为国家决策服务。这也是中国边疆研究成为当代显学的一个重要的社会推动力。陕西师范大学周伟洲教授、云南大学方铁教授、新疆社科院田卫疆研究员、复旦大学安介生教授、吉林大学程妮娜教授、南京大学华涛教授、陕西师范大学王欣教授、中央民族大学尚衍斌教授、中国社会科学院民族研究所刘正寅研究员、东北师范大学苗威教授、云南大学罗群教授、中央民族大学吴楚克教授、中国边疆研究所许建英研究员、中国边疆研究所阿拉腾奥其尔研究员、中国边疆研究所李大龙主编、中国边疆研究所孙宏年研究员、中国边疆研究所王义康研究员、中国边疆研究所吕文利研究员纷纷发言，大家围绕马先生的两种著作，结合中国边疆学的构建问题表达了自己的看法。

2017年10月20—22日，由云南师范大学主办，云南师范大学历史与行政学院、云南师范大学中国边疆学研究所承办的"中国边疆治理与中国边疆学构筑高层论坛"在云南师范大学举行。来自全国30余所高校和科研院所的近70名学者与会，大会围绕"中国边疆学构筑的理论及实践""'大一统'思想与中国边疆治理研究""马大正先生的学术思想"等主题进行发言。

总之，2017年，以马大正先生的《当代中国边疆研究（1949—2014）》和《中国边疆学构筑札记》两部承前启后的著作为标志，中国边疆学界展开了广泛的讨论，不仅仅有学术会议，还有线上的"中国边疆学"等微信群以及"中国边疆史地研究"等有关边疆的公众号，有关边疆学的讨论持续升温，与此相关，边疆理论的研究也取得突破性进展。相信，以中国社科院中国边疆研究所的有关"中国边疆学建构"的登峰计划为标志，中国边疆学将作为一个学科迈向实质性阶段。[①]

2012—2018年，由中央民族大学主办"中国当代边疆学理论创新与发展论坛"已持续举行了四届，主办方持之以恒的学术精神可嘉，论坛自第二届始，名称已改为"中国边疆学理论创新与发展论坛"，将中国边疆理论改为中国边疆学理论，一字之改，充分表明主办方学术理念的飞跃。

兹将我参与四届论坛的概况略述于次：

2012年6月2日，首届"中国当代边疆理论创新与发展论坛"在北京召开。向论坛提交论文中涉中国边疆学构筑方向的有：李国强《中国边疆学学科构筑的透视》，吴楚克《试论中国边疆政治学与边政学、民族学的关系》。马大正在论坛开幕式上致辞并向论坛提交论文《关于中国边疆学构筑的几个问题》，一是中国边疆的战略地位和中国边疆研究的任务，二是中国边疆研究第三次研究高潮的出现，三是中国边疆学的构筑。会后出版了吴楚克主编论文集《中国当代边疆理论创新与发展研究》[②]，收录论文27篇，近40万字。

[①] 参阅吕文利《2017年中国边疆理论的进展与突破》，《中国边疆学》第十辑，社会科学文献出版社2018年版。

[②] 学苑出版社2013年版。

2015年10月25日，第二届"中国边疆学理论创新与发展论坛"在北京召开。在此次论坛上宣布中央民族大学民族学与社会学学院成立中国边疆学研究中心，主任为吴楚克教授。马大正在论坛致题为《中国边疆学建设更需要热情》贺词，并提交论文《新世纪以来中国学者对中国边疆学构筑的探索》，论述了五个问题，一是构筑中国边疆学是中国边疆研究学科发展的必然趋势；二是构筑中国边疆学的科学探索；三是以中国边疆学为主题的学人著述；四是关于云南大学的"中国边疆研究丛书"；五是云南师范大学学报的"中国边疆学研究"学术专栏。提交论坛论文中与边疆学构筑有关的还有：孙勇、王春焕、朱金春《边疆学理论架构探讨及重大问题研究》，朱金春《"学科殖民"与构建中国边疆学的困境》，赵泽琳《浅谈中国边疆学的构建与民族学的关系》。本次论坛论文选集吴楚克、赵泽琳主编《中国边疆学理论创新与发展报告（2015）》由经济管理出版社于2016年出版，共收论文28篇，39万字。

2016年12月17日，第三届"中国边疆学理论创新与发展论坛"在北京召开。论坛收到涉中国边疆学构筑论文有：吴楚克《试论中国边疆政治学与边政学、民族学的关系》，杨明洪《反"边疆建构论"：主张"边疆实在论"的若干证据》，孙勇、孙昭亮《中国边疆研究学术共同体巡检述略》，徐黎丽《论国家边疆危机的本质所在》。马大正向论坛提交论文《中国边疆理论和实践建设的当务之急》，论述了三个问题：一是关于中国边疆学的学术思考；二是澄清几个概念；三是学人的责任。本次论坛论文选集赵环宇、朱美姝、吴楚克主编：《中国边疆学理论创新与发展报告（2016）》，由经济管理出版社2017年出版，共收论文26篇，36万字。

2018年11月21日，第四届"中国边疆学理论创新与发展高层论坛"在北京召开。会议收到涉中国边疆学构筑论文有：李国强《夯实构建中国边疆学的基础》，宋培军《从"边疆政治原理"到"边疆学原理"》，孙勇、丁新、王丽娜《一般边疆学视域下的互联网疆域与边疆——兼议国家网络主权的设置依据》，杨明洪《试论"边界"及其在"边疆学"构建中的重要性》，方铁《中国边疆史的若干问题及研究的意义与方法》，王义康《中国边疆的特性与当代边疆研究》。马大正向论坛提交论文《中国边疆学构筑是中国学人的历史担当》，论述了四个问题：一是关于边界、边境、边疆、中国边疆、中国边疆学；二是中国边疆学构筑演进历程中值得重视的四个节点研究应该深化；三是关于中国边疆学的学术思考；四是学人的历史担当。论坛共收到论文 23 篇，按以往惯例，论文选集在第五届论坛前应该公开出版。

（二）基础研究领域的科研实践

我担任了由中州古籍出版社出版的"中国边疆通史丛书"总主编，1998 年启动至 2003 年全书完成并出版，丛书分七卷：《中国边疆经略史》（马大正主编），《东北通史》（李治亭主编），《北疆通史》（赵云田主编），《西域通史》（余太山主编），《西藏通史》（陈庆英、高淑芬主编），《西南通史》（方铁主编），《中国海疆通史》（张炜、方堃主编），总字数 540 万字。《中国边疆经略史》可视为是丛书的导论卷，从宏观角度论述历代王朝的边疆政策、边疆开发、边疆管理机构，以及治边思想；其余六册则以各边疆地区为主体，按照历史的线索，记述特定区域内各民族所创造的文明及其在中华文明史上的地位。学界公认，丛书是中国边疆历史研究的集大成之作，"是一部凝聚着爱国主义与历史科学精神的学术新著"（戴逸教授语）。

在此期间我还主持并完成了《20 世纪中国西部开发史》（主编之一，2005 年黑龙江教育出版社出版），《中亚五国史纲》（主编之一，2000 年新疆人民出版社出版），《新疆史鉴》（合著，2006 年新疆人民出版社出版），《中国新疆：历史与现状》（合著，2003 年新疆人民出版社出版），《古代中国高句丽历史丛论》（合著，2001 年黑龙江教育出版社出版），《古代中国高句丽历史续论》（合著，2003 年中国社会科学出版社出版）等。

（三）应用研究领域的科研实践

在 21 世纪的头十年我依托边疆中心的科研平台主要做了如下两件事。

一是，在中国社会科学院和新疆维吾尔自治区党委主要领导的关心和指导下，2000 年 10 月组建了中国社会科学院新疆发展研究中心，我担任中心主任。为了更好地推动新疆历史与现状研究，中心紧紧抓住新疆稳定和发展两大主题，从基础研究和应用研究两个方向展开全方位多层面研究。同时为了更好发挥智库与智囊的作用，新疆发展研究中心与新华社新疆分社联合主办了"新疆稳定与发展专家论坛"，自 2001 年至 2009 年在乌鲁木齐市共举办了九届。

我作为新疆发展研究中心主任，有幸成为论坛的组织者之一，并先后主持了七届论坛（有两次因病请假），成为 21 世纪头十年我研究新疆历史与现状的重要学术活动之一。

二是，在 20 世纪 90 年代应用研究进展的基础上，2000 年后继续承担并完成多项重大调研项目，其中主要者，新疆方向有四项：《新疆反分裂斗争研究》（2004 年完成），《新疆发展与稳定战略思考》（2005 年完成），《当代新疆治理研究》（2007 年完成），《新疆的历史与现状研究》（2009 年完成）；东北边疆方向有两项：《东北边疆历史研究的回顾与思考》（2001 年完成），《中国东北边疆历史研究》（2007 年完成）；西藏方向有一项：《西藏反分裂斗争研究》（2004 年完成）。

（四）着力在推动边疆教育上多做工作

推动边疆教育，这里的教育是指广义的教育，包括学校教育和社会教育两个层面。

关于学校教育，我认为应借鉴 20 世纪 30—40 年代边政学建设的有益经验，创造条件在高等学校和有条件的研究机构设立边疆系或开设边疆学专门课程，培养受过专门训练的中国边疆学的硕士和博士，以应边疆研究深化、中国边疆学构筑的需要。为此，自 1999 年以来，我培养了博士研究生六人，均已毕业，成为边疆研究专门人才。有三人是我作为山东大学和云南大学的博士生导师招收的，也正由此，山东大学历史文化学院的历史地理博士点有了边疆方向，云南大学历史文化学院则专门设立了中国边疆学博士点。

在社会教育方面，应加大宣传边疆和普及边疆知识的力度，让国人更多的关心边疆、认识边疆、了解边疆，让学术走向大众，让大众了解学术，这方面边疆研究工作者是大有可为的，为此我比较注意发挥媒体的宣传功能，据不完全统计，2000 年至 2018 年 12 月间，就边疆历史与现状诸多方面问题我接受了从中央到地方媒体采访和访谈98次。2000年3月3日《光明日报》以"中国边疆史地研究生机盎然——访中国社会科学院中国边疆史地研究中心马大正研究员"为题刊发了我与该报记者马宝珠的对话。2006年12月2日,我就"边疆·民族·边疆学"接受北京电视台"世纪之约"记者曾涛的专访,此次访谈以"我的愿望是构筑中国边疆学——马大正访谈录"为题刊发于2007年10月8日《北京日报》;我的另一篇题为《中国需要一门边疆学——对话中国社会科学院中国边疆史地研究中心研究员马大正》刊发于《南风窗》2009年8月第17期,相似的学术采访还有祝立业《骥行万里志弥坚,平生抱负在边疆——中国边疆史地研究中心马大正研究员访谈》①,齐岳峰《马大正,边疆学的开拓者》②,单富良采访、翻译《中国的边疆历史研究——马大正访谈录》。③ 谭洪安《中国边疆治理:从历史到现实》④。

(五)致力于著文立说

1997年以来,关于中国边疆学构筑的思考,于我也未敢松懈,先后刊发的文章有《从中国边疆研究的发展到中国边疆学的构筑》⑤《思考与行动——以边疆研究深化与边疆中心发展为中心》⑥《关于边疆研究若干问题的思考》⑦《组织跨学科力量对中国边疆重大问题研究进行联合攻关》⑧《关于构筑中国边疆学的断想》⑨《深化边疆理论研究与推动中国边疆学的构筑》⑩《边疆研究应该有一个大发展》⑪《边疆研究者的历史

---

① 《东北史地》2009年第4期。
② 《瞭望东方周刊》2014年第42期。
③ 王希、姚平主编《开拓者:著名历史学家访谈录》,北京大学出版社2015年版。本文采访稿以英文首发于中国留美历史学会创办的《中国历史评论》(2011年)。
④ 《中国经营报》2016年11月30日。
⑤ 《光明日报》1999年1月8日第七版。
⑥ 《中国边疆史地研究》2001年第1期。
⑦ 《中国边疆史地研究》2002年第1期。
⑧ 《中国边疆史地研究》2002年第4期。
⑨ 《中国边疆史地研究》2002年第3期。
⑩ 《中国边疆史地研究》2007年第1期。
⑪ 《东北史地》2008年第4期。

责任：构筑中国边疆学》[①]《关于中国边疆学构筑的几个问题》[②]《略论中国边疆学的构筑》[③]《我与中国边疆学》[④]《从边疆史地研究展开到中国边疆学构筑——边疆中心工作的回忆》[⑤]《新世纪以来中国学者对中国边疆学构筑的探索》[⑥]《关于中国边疆学构筑的学术思考》[⑦]《不断深化中国边疆治理研究》[⑧]《中国边疆学建设更需热情》[⑨]《中国边疆治理：从历史到现实》[⑩]，2016年中央广播电视大学出版社出版了拙著《中国边疆学构筑札记》。

上述文章记录了我对构筑中国边疆学这一大命题进行不断思考的演进思路。

二　我对中国边疆学构筑的学术思考要点

综合各家高见，结合个人长期科研实践中的思考，对中国边疆学构筑兹提思考要点如次：

（一）中国边疆学的学科定位

中国边疆学既是一门探究中国疆域形成和发展规律、中国边疆治理的理论和实践的独立的一专门学科，又是一门考察中国边疆历史发展轨迹，探求当代中国边疆可持续发展与长治久安现实和未来极具中国特色的战略

[①]《云南师范大学学报》2008年第5期。
[②]《东北史地》2011年第6期。
[③]《新疆师范大学学报》2013年第5期。
[④]《中国边疆史地研究》2013年第4期。
[⑤]载刘楠来主编《中国哲学社会科学发展历程回忆——政法社会卷》，中国社会科学出版社2014年版。
[⑥]《中国边疆学》第3辑，社会科学文献出版社2015年版。
[⑦]《中国边疆史地研究》2016年第2期。
[⑧]《人民日报》2016年11月14日。
[⑨]《中国边疆学理论创新与发展报告（2015）》，经济管理出版社2016年版。
[⑩]《思想战线》2017年第4期。

性专门学科。中国边疆学是社会科学的一个分支，应定位于社会科学学科分类的一级学科。

（二）中国边疆学的学科特点

中国边疆学的学科特点可概括如下三个方面：

其一是综合性。中国边疆学是一门综合性学科，中国边疆社会既是统一多民族中国的有机组成部分，本身又是一个有机整体，研究中国边疆，涉及边疆形成和发展的历史及规律，涉及边疆地区政治、经济、民族、宗教、文化等诸多方面。这些具体研究领域各有相应学科，也有相应学科没有涵盖的研究范围，但结合历史与现实，从中国边疆整体出发进行综合研究，只能是中国边疆学。同时这种综合性的特点，还体现在中国边疆学研究视角、研究方法的综合性上。

其二是现实性。中国边疆学研究的范围虽然包括边疆的历史与现实，但它主要面对的是中国边疆地区的今天和未来，这是中国边疆学研究的最终目的。当前，中国边疆地区正处于急剧的社会变迁与转型时期，实现边疆地区现代化是时代的主流，因此，中国边疆学以中国边疆地区现代化为中心，以改革、发展与稳定为基础，以维护国家利益为最高原则，展开研究，正是由其现实性的特点所决定的。

其三是实践性。中国边疆学在注重研究中文化积累，开展相关"绝学"研究外，研究更应面向现实。实践性是中国边疆学研究一贯和典型的特征，实践性着重于研究的应用性，强调它的指导和改造社会实践的可能性。探索边疆历史上的难点问题、现实中的热点问题，正是中国边疆学实践性特点的体现。需要指出，为现实服务，不能混同研究与宣传的界别，应以科学和理性的精神来观察现实、分析现实、指导现实的走向。作为学科研究，既要适应社会，又要引导社会，否则，学科将丧失生机与活力。

（三）中国边疆学学科的分类设置

我曾在《关于构筑中国边疆学的断想》一文中提出"根据中国边疆学的学科特点，中国边疆学的内涵可包括两大领域，暂以'中国边疆学·基础研究领域'和'中国边疆学·应用研究领域'来命名"①。

中国边疆学学科的二级学科设置试做如下思考：

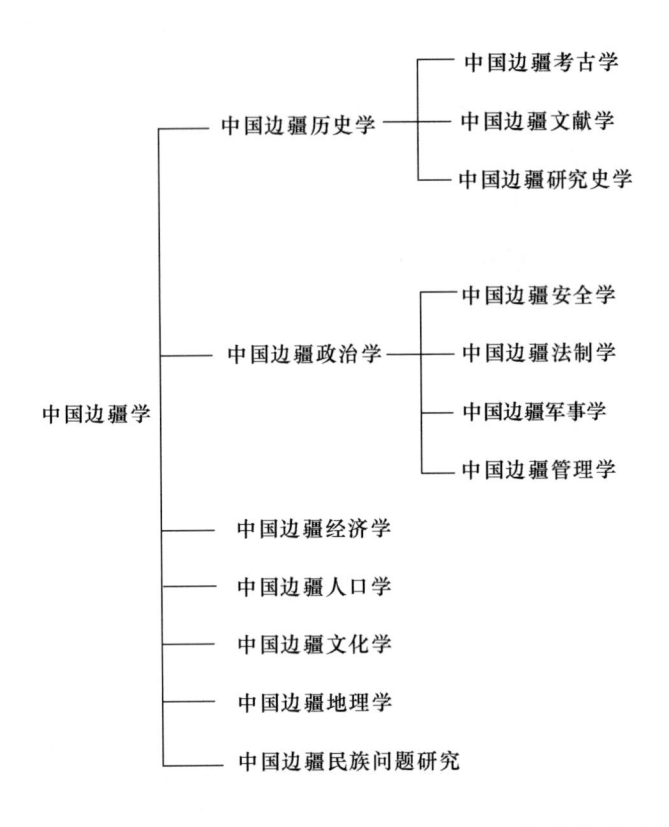

```
中国边疆学
├── 中国边疆历史学
│   ├── 中国边疆考古学
│   ├── 中国边疆文献学
│   └── 中国边疆研究史学
├── 中国边疆政治学
│   ├── 中国边疆安全学
│   ├── 中国边疆法制学
│   ├── 中国边疆军事学
│   └── 中国边疆管理学
├── 中国边疆经济学
├── 中国边疆人口学
├── 中国边疆文化学
├── 中国边疆地理学
└── 中国边疆民族问题研究
```

依据中国边疆学研究对象中国边疆的历史与现实的特点和复杂内涵，中国边疆历史学和中国边疆政治学应该是中国边疆学学科下的两门最重要的分支学科门类。

中国边疆历史学，研究重点是统一多民族中国疆域形成、发展、奠定的历史进程和规律性特点，以及与此密切相关的治边观、历代治边政策等等；在作为二级学科中国边疆历史学下可考虑设置若干三级学科，如中国边疆考古学、中国边疆文献学、中国边疆研究史学等。

中国边疆政治学，将围绕从古至今的边疆治理展开研究，其内容重要

---

① 《中国边疆史地研究》2003 年第 3 期。

者有边疆的政治制度、边疆的社会管控、边疆的民族与宗教、边疆的稳定与发展、边疆的安全与防御、边境管理、边疆的地缘政治等等。在作为二级学科中国边疆政治学下可考虑设置若干三级学科,如中国边疆安全学、中国边疆法制学、中国边疆军事学、中国边疆管理学等。

与中国边疆历史学和中国边疆政治学并列,还可考虑设置:中国边疆经济学(生态环境保护、旅游资源开发可纳入其中)、中国边疆人口学、中国边疆文化学(宗教研究应纳入其中)、中国边疆教育学、中国边疆地理学、中国边疆人类学、中国边疆民族问题研究等等。

需要说明如下三点:一是,上述各门类研究均应是古今贯通;二是,边疆理论研究为先导;三是,基础研究与应用研究相结合。

中国边疆学学科分类设置既涉及学科内涵的认识,也离不开学科管理层面的诸多方面,学术因素与非学术因素均有所涉及,十分复杂,上述构思肯定是不完整的,也可能有谬误,只是作为一种思路、一个靶子,供思考和讨论。相信随着中国边疆学学科体系构筑的推进,学科设置的认识将日趋完善。

(四) 中国边疆学的基本功能

中国边疆学的基本功能可概言为文化积累功能和咨政育民功能两大方面,具体说,有以下四点:

其一,描述功能。描述是指客观地搜集、记录和整理边疆社会事实及其过程,着重解决的是"是什么"的问题。这是任何一门学科研究的基础和出发点。

其二,解释功能。中国边疆是一个不断变化的复杂有机体,现实社会的各种现象和众多问题相互矛盾、相互依存、相互交错,中国边疆学的解释功能就是要在说明"是什么"的基础上,解决"为什么"的问题,探寻中国边疆形成和发展的规律。

其三,预测功能。中国边疆学研究的最终目的是促进边疆地区的巩固,促进边疆地区社会的正常运行和发展,因此在理清因果关系、明了事实的基础上,还必须对边疆社会的现象与问题,及其发展趋势做出科学预测,制定战略规划,提出可操作性的对策,使学科发展与社会实践更加紧密地结合。也就是说，在解决了"是什么""为什么"后，应进而探求"怎么办"的问题。前瞻性、预测性与对策性研究是中国边疆学实用价值的集中反映，也是学科服务于实践的直接体现。

其四，教育功能。中国边疆学作为综合研究中国边疆历史与现状的学科，在对边疆社会的认识与分析中，本身即影响着广大民众的世界观、价值观、国家观、民族观、历史观等方面，事实上发挥着直接教育和间接教育的功能。

（五）中国边疆学的学科依托与学科交叉

中国边疆学是一门研究中国边疆历史与现状的专门学科，从研究时段看，中国边疆研究离不开古代、近代、现代历史演进历程，当代中国边疆何尝又不是历史，因此，历史学的理论和历史学的研究方法是中国边疆学赖以生存的基础。但由于中国边疆这一特定研究对象的多维性、复杂性，中国边疆研究体系中包括了基础研究与应用研究的二元性结构，仅仅历史学科的理论和方法已不能完全适应新形势下边疆问题研究的全部。因此，中国边疆学研究需要集纳多学科的理论和方法，诸学科间互通、交融和集约成为必要，中国边疆跨学科研究的大量实践，为中国边疆学的构筑提供了有益经验。如在中国边疆治理理论和实践研究中，历史学的理论与研究固然必不可少，但若主要采用政治学、管理学的理论和方法，辅以历史学、民族学、社会学等学科的理论和方法，实践已证明，此举将大大推动研究的深化。

（六）中国边疆治理理论与实践研究是中国边疆学研究的重中之重

中国边疆是统一多民族中国的重要组成部分。中国的稳定离不开中国边疆的稳定，中国的发展离不开中国边疆的发展。西部大开发战略的实施，其重点地区也在中国的边疆地区，将中国边疆作为统一多民族国家的有机组成部分，作为一个完整的研究客体，我们才能更好地认识中国的边疆、研究中国的边疆，才能更好地认识中国边疆面临的一系列历史上的难点问题和现实中的热点问题，并做出科学的回答。而所有这一切只有在中国边疆学学科建立后才可望得到更合理的开展。

试以中国边疆治理研究为例略做说明。中国是一个有着悠久历史的文明古国，自秦汉以来，历朝历代都十分重视边疆的经营与治理，维护着国家的统一与边疆的发展。中国边疆治理的基本任务是如何守住一条线（边界线），管好一片地（边疆地区）。边疆治理的成败得失，是综合国力强弱的标志之一。中国历代政府在边疆治理方面积累了丰富的经验，而中华人民共和国在治理边疆上既有继承，更多的是创新。边疆治理的内容十分丰富，主要者至少有：边疆行政体制、中央和地方的管理机构、边境管理、边防（国防）、周边外交、民族政策、宗教事务管理、经济开发、文化政策、治边思想等等。为了面对 21 世纪新形势的需要，研究应努力尝试通过维护统一多民族国家整体国家利益，来总结历史上治边的经验和考察当代中国边疆稳定和发展面临的机遇与挑战，制定相关的边疆稳定与发展战略，如此重要的任务，显然不是仅仅依靠一门或几门学科的理论和方法能完成的，唯有从中国边疆学的学科高度才可望达到目的。

（七）中国边疆学的研究方法

中国边疆学特定的研究对象决定了研究方法中的三个有机结合，即从研究对象而言，中国边疆是历史与现实的结合；从研究类型的分类而言，是基础研究与应用研究的结合；从研究方法而言，是多种学科研究方法的整合。

（八）中国边疆学是一门具有强大生命力的新兴综合性学科

中国边疆学具有强大生命力的原动力，可从如下三个方面来观察与认识：

一是，从中国边疆学研究的对象中国边疆来看。中国边疆学是统一多民族中国的不可分割的组成，中国边疆又是当代中国人继承先辈留存两大历史遗产——统一多民族中国和多元一体中华民族的连接平台，中国边疆战略地位决定了对它研究赋予了特殊的重要性、紧迫性。

二是，中国边疆学研究的基础研究部分，包含了丰富的以史为鉴的功能，在这里历史不是不食人间烟火的阳春白雪，而是与火热的现实生活紧密相连。

三是，中国边疆学研究的应用研究部分，具有强烈的为现实服务的功能，为维护国家统一、边疆稳定、民族团结、社会和谐，为决策部门提供科学决策的政策咨询。

上述三端是中国边疆学这门学科具有强大生命力的原动力，而强大生命力的客观存在又将为中国边疆学的构筑和可持续发展提供精神和物质的基础。

三　推动中国边疆学构筑当前之要务与步骤

（一）推动中国边疆学构筑当前之要务

从中国边疆学科建设层面上言，当前之要务我以为有如下四点：

一是，认真总结前人研究积累，是构筑中国边疆学的重要学术基础。

中国边疆研究具有悠久的历史、优良的传统、丰硕的成果，可用"千年积累、百年探索"来概括。特别是19世纪中叶以来，中国边疆研究三次高潮的学术实践：西北边疆史地学的展开，边政学的探索，中国边疆研究中两个突破的实现，以及21世纪以来围绕中国边疆学构筑所展开的边疆治理理论和实践的探研，都为今天中国边疆学构筑从学科定位、内涵、研究功能、研究方法等方面提供丰富的学术积累和可鉴之镜。

今天我们构筑中国边疆学的实践，将是站在前人研究历史遗产基础上，面对21世纪统一多民族国家发展前景的一次新的探索。

二是，继承和发挥中国边疆研究的优良传统，是构筑中国边疆学的关键精神动力。

在长时期的发展过程中，中国边疆研究形成了优良的传统，而优良传统的形成，又进一步促进了中国边疆研究的持续发展。中国边疆研究的优良传统可以从很多方面进行总结，但如从中国边疆研究发展的全过程角度观察，"读万卷书、行万里路"的良好学风与"国家兴亡、匹夫有责"的责任心和使命感则可称是中国边疆研究优良传统的两条主线。

第一，读万卷书、行万里路的良好学风。读万卷书就是指中国边疆研究者大量地阅读掌握有关文献材料，以便在前人研究成果的基础上进一步研究和解决新问题；行万里路则是指中国边疆研究的发展也依赖于边疆研究者深入辽阔的边疆地区进行实地考察研究，在社会实践过程中所有发现，有所进步。就每一个有成就的边疆研究者来说，其"读书"与"行路"的经历可能有很大的差异，而就边疆研究发展的整体而言，"读书"和"行路"是相辅相成缺一不可的。

在数千年中国边疆研究发展史中，有许多身体力行读万卷书，行万里路的典范。著名史学家司马迁祖上世代常做史官，他本人从十岁起即开始读古史书，一生博览群书；二十岁以后，又许多次旅行于全国，其足迹遍布四方，不但到过中原大部分地区，还到过许多中原的边缘（如甘肃东部等）和西南边疆地区（巴蜀以南，即今川、贵、滇等地）。司马迁的"读书"和"行路"经历为他的不朽名著《史记》的著作奠定了坚实的基础。许多受过中国传统文化教育的知识分子（其中可能还有官员、军人、僧侣等身份），当他们有机会涉足辽阔的边疆地区时，往往都为中国边疆研究的进步做出贡献。从某种意义上也可以说，"读书"和"行路"既是边疆研究新知之源，又构成边疆研究成果之流。"读万卷书、行万里路"的良好学风与我们现在提倡的读书与社会实践相结合和理论联系实际的要求方向是一致的。

第二，国家兴亡、匹夫有责的责任心和使命感。在涉及国家兴亡的大事方面，要唤起每个国民的责任心和使命感是我国爱国主义的优良传统。从宏观理论角度分析，每个国民要爱的国家应是不断发展中的中华多民族统一国家；而如从具体的历史的角度分析，情况就要复杂得多，因为这里有个对具体的国家、国家政权的辨析问题。如何辨析与匹夫有责的国家兴亡事，这在我国有着良好的传统标准，顾炎武讲："有亡国，有亡天下。亡国与亡天下奚辨？曰：易姓改号谓之亡国；仁义充塞，至于率兽食人，人将相食，谓之亡天下。……是故知保天下，然后知保其国。保国者，其君其臣肉食者谋之；保天下者，匹夫之贱与有责焉耳矣。"[1] 从中国统一多民族国家发展史角度观察，一般地讲又有地区性的多民族统一国家和全国性的多民族统一国家之分，而后者又是在前者发展与前后两者交替矛盾发

---

[1] 顾炎武：《日知录》卷13，《正始》。

展的基础上形成的。边疆是统一多民族国家的重要组成部分，边疆的安危盛衰是与国家兴亡紧密相关的，因此从这个意义上讲，关心研讨边疆的安危盛衰就是关心研讨国家兴亡事。

在20世纪以前的漫长岁月里，绝大多数从事中国边疆研究的知识分子尽管在社会地位、政治倾向、学术渊源、个人经历等方面各不相同，他们对国家也可能有各自的理解，但对国家负有责任心和使命感却在他们当中形成了传统。在那个时代，边疆研究与经世致用思想往往是结合在一起的，"治学"和"治世"在不同程度上合而为一了。在近代中国统一多民族国家已经高度发展，新的边疆危机日趋严重，边疆研究事业也得到了很大的发展时期，边疆研究者对国家兴亡的责任心和使命感表现得尤为强烈，不管是有参政经历的姚莹、何秋涛，还是学者张穆；不管是官宦徐松，还是他的门客沈垚，他们都是很典型的范例。国家兴亡匹夫有责的精神是边疆研究学者们对社会活动参与和对社会发展奉献精神的体现，是我国传统爱国主义思想的一部分。

三是，启动《中国边疆学通论》（暂名）的撰写是当务之急。

应创造条件、积累资料、组织力量、广泛调研、集思广益，启动《中国边疆学通论》（暂名）的研究与撰写，该项目具有理论的创新性、研究的开拓性，学科建设的基础性，吁请能有专职于边疆研究的机构关注与组织，有更多的同人关心与参与，通过努力，向社会奉献一册能体现具有中国特色中国边疆的时代特点的学术专著，为中国边疆学早日屹立于中国诸学科之林而尽责尽力！

四是，边疆理论研究是中国边疆学构筑的关键所在，而抓住从古至今的边疆治理这个主题是深入边疆理论研究深化的突破口、切入点，运用多学科相结合的理论和方法，在研究中掌握古今贯通、多学科理论和方法的结合与运用的原则，开展当代边疆治理中的发展与稳定，开发与生态环境保护，边疆多元文化的冲突与协调，边疆民族认同与国家认同，边疆地区社会管理与社会控制，地缘政治与边疆地区的涉外关系，边防与边境管理，边疆治理与边吏素质等命题的研究。以期研究中有所创新、有所突破。

（二）推动中国边疆学构筑的步骤

构筑中国边疆学从启动到完成是需要一个相对长期的进程，在此进程中除需要学人们深化研究外，我认为从学科建设的操作层面上说，还要持续跨上如下两个台阶：

第一步，将边疆史地列入一级学科中国史之下的专门史，作为二级学科，这一工作需要得到中国社会科学院和相关部门的协力才能完成。

第二步，完成中国边疆学的学科构筑，使中国边疆学成为一级学科，并列入人文社会科学诸学科之林，这一步的实施不仅需要中国社会科学院的支持，还要得到国家教育部的认可。

四　中国边疆学构筑是中国学人的历史担当

关于中国边疆学构筑近30年来我撰写了若干文章，大都已结集于《中国边疆学构筑札记》[①]之中，在本章"二　我对中国边疆构筑的学术思考要点"中也对中国边疆学构筑做了阐论。2017年9月为参加在昆明召开的"中国边疆治理与中国边疆学构筑"高层论坛，撰写了《关于中国边疆学四题》，并在论坛上做了主题讲话。就我个人言，有关中国边疆学构筑的思考虽未中止，但创意已是乏善可陈。近来，我阅读了《中国边疆史地研究》2018年第3期"新时代中国边疆学学术讨论会"专辑所刊诸篇宏文，又重新览阅了孙勇主编《华西边疆评论》第1—5辑，以及尚待出版的第6辑纸质版，多有启迪，兹在上述《关于中国边疆学四题》的基础上草成本题，以求教于学界同人。

（一）关于边界、边境、边疆、中国边疆、中国边疆学

在思考构筑中国边疆学时，离不开如下几个名词，即边界、边境、边疆、中国边疆、中国边疆学。

---

① 中央广播电视大学出版社2016年版。

边界，是指国与国之间的交界线，世界上任何一个国家都存有国与国交界的边界。

边境，边境是指与边界线内侧一定范围的地区，一定范围没有统一规定，一般定在30—50千米，也就是边界线内侧30千米至50千米范围的地区是指这个国家的边境地区，世界上任何一个国家都存有上述的边境地区，中国的边境地区，根据绝大多数中国陆地边疆省区的边境规定：边境就是与相邻国家接壤的地级市（州、盟）、县（旗）行政管辖范围内的边疆领土，它包括边境地市（州、盟）县（旗）、边境管理区、边境地带、边境特殊控制区域等。①

边疆，可从两个视角来说，从国家的中心区域视角看，边疆即是远离中心区域且有边界线的边远地区，从边界线视角看，其地域范围要大于边境地区，从这一意义上说，世界上一些国土面积小的国家就难以划出与中心地区相对而言的边疆地区了，即使一些国土面积辽阔的国家诸如美国、加拿大、巴西等国，若依界定边疆地区两个条件，即有边界线，且具有自身历史、文化特点衡量，也难界定哪些可划为边疆地区，除中国外，唯有俄罗斯是一个可以称为有俄罗斯边疆地区的大国。

中国边疆。我们将有边界线，且又具有自身历史、文化、民族诸方面特点的省区界定为中国的陆疆省区，或称为中国陆地边疆地区，包括黑龙江、吉林、辽宁、甘肃、云南五省和内蒙古、新疆、西藏、广西四个自治区，而将有边界线，且又具有自身历史、文化、民族诸方面特点的边境县、市总和称之为中国的小边疆地区，亦即是上述的边境地区。再加上海疆，包括台湾和海南，这就是中国边疆的地理空间全部。中国边疆具有特殊重要的战略地位，它既是传统意义的国防前哨，又是改革开放的前沿，还是中国可持续发展的基础之地。2013年3月9日，习近平同志在参加全国人大十二届一次会议西藏代表团审议时提出"治国必治边、治边先稳藏"重要战略思想，将治边放在治国的首要地位，对国人认识治理边疆重要性具有重要指导意义。"边疆"不能脱离"疆域"

---

① 参阅徐黎丽、那仁满都呼《现代国家"边境的界定"》，《中国边疆史地研究》2018年第3期。

而存在，将其泛化不利于对"中国边疆"的研究，也不利于"中国边疆"的稳定和发展。①

中国边疆学。中国边疆学就是研究中国边疆从历史到现实所有问题的综合性学科，中国边疆极具中国特色，研究极具中国特色中国边疆的中国边疆学，当然也是极具中国特色的。我们在借鉴西方国家相关理论时，一定不要忘记中国特色的实际。

有学人提出构建中国边疆学，"首先建立一个一般意义上的对人类社会边疆现象进行研究的边疆学学科，并形成一定理论解释与研究方法，最重要的是形成一种从边疆出发的视角，然后以此研究中国边疆形成对中国边疆的特殊认识，构建出中国边疆学"②。"如要构建起中国边疆学，首先需要构建起一般边疆学，一般边疆学与中国边疆学是从属关系，亦即一般边疆学是中国边疆研究的基础理论。"③

中国边疆学构筑进程中应有多种理论探索，从这一意义上我鼓励学人们对"一般意义边疆学"或者称其为"一般边疆学"的探研。

但我认为，从当前世界各国并不存在具有像中国边疆这种特质的研究对象的存在，可以有边界理论研究、边界变迁史研究、边境管理研究，或可提升为边境管理学，至于是否要建构俄罗斯边疆学，或者重振美国边疆学昔日的辉煌，有兴趣者都或关注，或探研，但不必将其与我们当前中国边疆学构筑历史大任紧密挂钩！

（二）中国边疆学构筑演进历程中值得重视的四个节点研究应该深化

中国边疆学构筑从提出到思考的不断深化，是一个渐进、持续的进程。在这个颇显漫长的进程中，我深感如下四个节点是不容忽视的：

一是，对中国边疆研究千年积累、百年探索的继承，以及四十年创新的实践，是中国边疆学构筑的准备。

二是，对中国疆域理论的不断探究，是中国边疆学构筑的学科基础。

---

① 李大龙：《"中国边疆"的内涵及其特征》，《中国边疆史地研究》2018 年第 3 期。
② 朱金春：《学科"殖民"与构建中国边疆学的困境》，《华西边疆评论》第三辑，民族出版社 2016 年版，第 66 页。
③ 孙勇：《华西边疆评论》第五辑，民族出版社 2018 年版，第 52 页。

三是，对中国古今边疆治理理论与实践的全方位、多层面研究，是中国边疆学构筑的有效切入口。

四是，当代鲜活的现实生活的迫切需求，是推动中国边疆学构筑的重要推动力，或可称为原动力。

由此，我认为中国边疆学构筑具有其必然性、可行性、紧迫性的特点。上述四个节点的研究亟待深化，为此我认为应策划三套丛书的出版，丛书将为中国边疆学构筑研究提供坚实、持续的学术平台和成果积累。

三套学术丛书是：

一是，"中国边疆研究史理论与实践研究丛书"。

丛书将从中国边疆研究史的视野，对中国边疆研究的千年积累、百年探索、四十年创新进行面和点相结合的回溯和总结，特别应将重点放在四十年创新的经验与教训的总结上。

二是，"中国边疆治理理论与实践研究丛书"。

丛书将从中国边疆治理的思想、理论、政策，以及经营实践出发，依托历史学、政治学、社会学、民族学诸学科的理论和方法，对从历史到现实中国边疆治理进行全方位的宏观与微观相结合的研究。

三是，"中国边疆学构筑研究丛书"。

应创造条件、积累资料、广泛调研、组织力量、集思广益，启动《中国边疆学通论》（暂用名）的研究与撰写，该项目具有理论的创新性、研究的开拓性、学科建设的基础性，其内容应包括中国边疆学的学科定位，学科的内涵与外延、研究特点和方法、研究功能和价值等问题。通过努力，向社会奉献多册能体现极具中国特色的中国边疆时代特色的学术专著。吁请能有专职于边疆研究的机构关注与组织，有更多的同人关心与参与，早日让业界和读者读到从不同角度、体现作者不同特色的中国边疆学"通论""概论""引论"……之作。

三套丛书共同特点可归之为：

其一，古今贯通，以今为主；

其二，宏观研究与微观研究相结合；

其三，学术性、原创性应是丛书追求的学术定位。

为推动中国边疆学构筑的学术研讨，应多开辟以研讨中国边疆学构筑为主题的学术平台。《中国边疆史地研究》开设有中国边疆学研究的学术专栏，《华西边疆评论》也先后开辟"边疆学学科研究""边疆学学科建设研究"等学术专栏，于研究的深化是大有裨益的，我之寄望有四：

其一，期待有更多的专业研究杂志和论集，能开辟冠名"中国边疆学研究"学术专栏，吸引更多的学人参与中国边疆学构筑的讨论和争论。其中我以为中国社会科学院中国边疆研究所主办的《中国边疆史地研究》和《中国边疆学》应有更大的作为。

其二，寄望于《云南师范大学学报》将"中国边疆学研究"学术专栏办得更精彩，能刊发更多直接探研中国边疆学构筑的学术论文。

其三，寄望于《华西边疆评论》有关中国边疆学的学术专栏能持之以恒，既要有世界视野，但千万不要忽视中国实际、中国特色，愈办愈精彩，且不断扩大作者队伍的覆盖面，并在积累的基础上，不断推出专题论集，以应读者之需。

其四，办好肩负记录中国边疆学学科发展演进历程责任的《中国边疆学年鉴》，为推动中国边疆学屹立于社会科学学科分类一级学科之林成为现实做出贡献。

（三）学人的历史担当

在几代学人不懈努力下，中国边疆学学科建设步入了快速发展轨道，一门以中国边疆为研究对象的独立知识体系正在建构、呼之欲出。近年来围绕中国边疆学所展开的互动交流、学术讨论十分热烈，有关研究成果超过以往任何一个时期。可以说，构建"中国边疆学"已经从"呼声"转化为学科建设的具体实践，成为边疆研究学术界的共同目标和任务。

中国边疆学构筑当前之要务，我在本章"三 推动中国边疆学构筑当前之要务与步骤"中曾有简述[①]，这里拟从学科建设和社会教育两个方面补叙如次：

1. 学科建设方面

中国边疆学构筑的首要条件是要打造具有中国特色、中国风格、中国

---

① 参阅第770—773页。

气派的中国边疆学的学科体系、学术体系和话语体系。近40年来，"中国边疆学在学科目标的提炼、学科结构的打造、学科框架的搭建、研究平台的推出等方面取得了重大突破，在研究人员培养、学术成果的积累等方面取得了可喜成果。但是，应该看到，中国边疆学话语体系相对弱化，尤其是在某一学术体系与邻国的学术体系相交叉、叠合时，往往自缄其口，造成话语断裂、缺失，甚至失语，正是由于中国特色的话语体系和话语创新相对滞后，中国边疆学的学科价值也才更加突显。"[1] 因此，当代中国边疆学学科理论体系和学科话语体系可从以下几个方面展开：

  1. 在前近代中国历史的语境中凝练出有关疆域和边疆的本土化话语；

  2. 厘定本土话语表述的基本概念并使之系统化，进而厘清其与当代话语之间的区别与联系；

  3. 以系统化的本土话语阐明前近代中国疆域与边疆形态发展的基本规律，并分析其近代转型的复杂历程；

  4. 在此基础上，从思想、制度、实践等层面上建构符合中国历史传统与现实状况，并具有自身特色的边疆学学科体系。[2]

当然中国边疆学学科的理论与方法、内涵与外延、功能与特色等的阐论也有待细化与深化。

在这里我还想强调，既然是中国边疆学，那么构建新时代中国特色的边疆学学科应当以我为主，在充分吸收人类各种文明成果，尊重自身历史和传统的基础上，凝练并提出自己的话语和话语体系，从维护国家核心利益的立场出发，科学总结中国疆域发展和形成的规律，多层面、多维度地提炼出并建构自己一套成熟的边疆理论体系，从而才能平等地与国际学术界展开对话。[3]

---

[1] 苗威：《建构中国特色的中国边疆学话语体系》，《中国边疆史地研究》2018年第3期。

[2] 王欣：《关于中国边疆学学科话语理论体系建构的几点思考》，《中国边疆史地研究》2018年第3期。

[3] 参见马大正《中国疆域的形成与发展》，《中国边疆史地研究》2004年第3期。

我们应该立足中国政治文化传统实际，从中国漫长的历史时期和复杂丰富的现象中，梳理和总结出中国边疆研究的一般性、规律性和突出特点，建构中国边疆研究的话语体系，"至少在中国边疆研究领域不人云亦云，或者不用中国的史实给西方学者的理论做注脚，甚至不必通过引征西方的理论来证明自己的学识和见解，在探索路上给自己壮胆"①。

2. 学人要走出象牙塔，中国边疆学构筑要直面现实、走向社会

学人要在着力推动边疆教育上多做工作。推动边疆教育，这里的教育是指广义的教育，即包括学校教育和社会教育。

关于学校教育，我认为应借鉴 20 世纪 30—40 年代边政学建设的有益经验，在高等院校和有条件的研究机构设立边疆系或开设中国边疆学专门课程，培养受过专门训练的中国边疆学的硕士和博士，以应边疆研究深化、中国边疆学构筑的需要。

在社会教育方面，应加大宣传边疆和普及边疆知识的力度，让国人更多地关心边疆、认识边疆、了解边疆、热爱边疆，让学术走向大众，让大众了解学术，必须说明，这里的大众不光是指千百万普通百姓，还应包括涉边事务的管理者和决策者。

这方面边疆研究者是大有可为的。

中国边疆学构筑，要坚持制度自信、理论自信、道路自信和文化自信，需要学人扎实的研究，持之以恒的决心，锲而不舍的信心，一步一个脚印，即古语所云：九层之台，起于累土；千里之行，始于足下。已经有了一个好的开头，理想之结局会成为现实！

五　中国边疆研究者和研究工作组织者的历史责任

我始终认为，一个真正合格的研究者，包括边疆研究者，应该具备四项能力，即研究能力、讲授能力、编辑能力、组织管理能力。

我是幸运的，因为我的学术生涯给我提供了培养、施展上述四项能力

---

① 张云：《中国边疆研究的内涵和特征刍议》，《中国边疆史地研究》2018 年第 3 期。

的机会，特别是在边疆中心的四分之一世纪，我既是一个名副其实的研究工作者，又有长达15年时间担任边疆中心的主要领导，推动边疆研究的发展，办好开放性的边疆研究中心是我的责任。静夜思，上述两重身份予己的感悟与体味可谓多多。

（一）边疆研究工作者的历史责任

一是，面对现实和求真求善。

历史、现实和未来总是相互联系在一起的：历史是现实的昨天，未来则是现实的明天。边疆研究的对象中国边疆，其本身即具有历史与现实紧密结合的特点，因此，研究边疆理论必须依托历史、面对现实和着眼未来，这既是中国边疆现实向我们提出的要求，也是中国边疆学学科建设的需要。边疆理论研究不仅要探求统一多民族中国疆域和多元一体中华民族形成、发展的规律，还应从理论高度了解中国边疆现状和解决现实中的问题的思路与办法。要完成上述任务，更应坚持求真求善的优良学风。1993年我曾在一篇拙文中说过："中国古代传统史学研究，有着求真求善的传统。从汉代杰出史学家司马迁起，求真求善即成为每一位有成就的史学家追求的目标。司马迁的求真，即要使其史书成为'其文直、其事核、不虚美、不急恶'的'实录'（《汉书·司马迁传》）；而求善则是希望通过修史而成一家之言，即通过再现历史的精神来展现自己的精神。与此紧密相关的就是经世致用的传统。求真求善才能得到的经世的理论体系，致用则是要使理论研究达到实用的目的。"① 上述这段话当时主要是指边疆史地研究，我想对边疆理论研究也应该是适用的。

二是，正确认识研究客体与从属的关系。

由于多年来学术界将中国边疆史地研究的一些基本内容分别纳入断代史、地方史、民族史、中外关系史、历史地理等研究领域，人为的割裂极大地影响了这一边缘学科的健康发展。以具有丰富内容的中国古代边疆政策研究为例，长期以来学者们孜孜以求，研究古代封建王朝的民族统治政

---

① 马大正：《当代中国边疆研究工作者的历史使命》，载马大正《边疆与民族——历史断面研考》，黑龙江教育出版社1993年版，第5页。

策,清王朝的喇嘛教政策,而极少从治理边疆的高度与广度来研究古代中国的边疆政策,究其缘由,主要是没有将边疆治理作为研究客体来考察、研究。因此,改变边疆史地研究长期从属于其他学科的局面,使边疆史地作为一个整体而成为研究的客体,在当前仍是一项重要工作。唯此,我们才有可能提出并组织力量对一些重大课题进行研究,诸如中国边疆学、中国古代疆域史、中国近代边界沿革史、中国边疆研究史等。同样,当边疆研究大发展已成现实的今天,我们更应把中国边疆作为一个完整的研究客体,置于统一多民族国家大背景下展开全方位的研究,着力完成中国边疆学的构筑重任。

三是,要有中国视野与世界视野。

边疆研究要有大视野,也就是说要有中国视野和世界视野。所谓中国视野:中国边疆是统一多民族中国的不可分割的组成部分,又是多元一体中华民族中众多少数民族主要栖息地,从历史角度看,中国边疆是统一多民族中国、多元一体中华民族这两大历史遗产的关键点、连接平台;从现实角度看,中国边疆既是当代中国的国防前线,也是当代中国的改革开放前沿,还是当代中国可持续发展的重要组成部分。所以研究中国边疆,包括边疆理论,不能就边疆论边疆,一定要有中国视野,也就是说,研究时要心有中国全局。

所谓世界视野:中国边疆的地理的和人文的特殊性,与周边国家和地区具有千丝万缕的关系,因此,我们要自觉地把中国边疆的历史和现状放到世界的背景中观察评议和研究,既要纵向分析,也要横向比较。以清代边疆政策研究而言,只有具备了世界视野,才能认识到清代的边疆治理未能正确应对由内边防务到外边防务为主的根本性转变,这是清代边疆政策由成功到失败的主要原因。大家知道,古代中国疆域之边有"内边""外边"之分。统一时期的边疆治理,通常是指中央政权对控制薄弱的少数民族地区所采取的防范和治理措施;割据时期的边疆治理,通常是指在政权与政权之间的对峙地区和对边远少数民族地区采取的防范措施。古代中国历史疆域内的大小政权的"边",可视之为"内边"。明代以后,情况发生了变化,明代的倭患持续了近200年,随着西方殖民主义的东来,17世纪以降,荷兰侵占中国台湾,俄国侵入黑龙江流域。1840年鸦片战争后,我国新疆、西藏、云南、广西等一些边疆省区和沿海地区外患日益突出，出现了边疆全面危机的严重局面。殖民主义入侵，可称之为"外边"之患。应该说，明代以降，特别是近代以来，在中国内边防务依然存在的同时，现代意义的边防即外边防务问题日益凸显。可是清朝统治者面对边疆防务这种变化的形势，仍沉迷于治理"内边"的传统边疆政策而不思防备外患之策，致使清朝前期边疆政策的成功与辉煌很快成了明日黄花，清后期边疆政策的全面破产，是清政府丧权辱国、割地赔款的一个重要因素。[①]

四是，研究者对自己的研究工作应有一个符合自身实际（指能力与时间）的宏观掌控、把握，要在一专多能前提下，努力形成自己的研究重点、研究特色。课题承担要讲质量、讲诚信；共同研究中要讲尊重、讲理解、讲宽容。要树立把自己能成为置身于一个具有共同志向研究群体之一员和自己的研究成果能经住时间的检验，视为自己研究工作最高追求和最大乐事！

（二）研究工作组织者的历史责任

一是，要理顺研究与决策的关系。研究与决策有着密切关系，但不应将两者等同。研究的结论虽是进行正确决策的重要因素，但不是唯一因素。研究的最高原则是科学的求实，而决策的基本出发点是维护国家的根本利益。在研究与决策中，决策者是矛盾的主要方面，在正确处理两者关系时，决策者需要有更多的政治家气度与远识，应该为研究者进行实事求是研究提供更有利的条件和保证。当然，研究者也应发扬中国边疆研究的爱国主义和求实精神的优良传统为政治家、军事家的正确决策提供扎实、可靠的研究成果。

这让我又想起一段往事，1987年我调入边疆中心后，为打破禁区，推动边疆史地研究开展，在工作中得到时任中国社会科学院副院长丁伟志教授的悉心指导和大力支持，可以说中国边疆研究得以开展，中国边疆史地研究中心得以发展，有伟志教授的一份功劳。1988年我们策划由中国社会科学出版社出版一套"中国边疆史地研究丛书"，伟志教授不仅全力支持、

[①] 参见马大正《世界视野与清史纂修工程》，《清史论集》上册，人民出版社2006年版。

多方协调，还在百忙中于1988年8月1日为丛书专门撰写了《〈中国边疆史地研究丛书〉序》，对在开展边疆研究时正确处理政治与学术的关系发表了非常中肯的见解，对此真知灼见我曾在不同文章和讲演中多次引述过，在此还想抄录如次，与读者共温同享：

> 正因为是科学事业，边疆史地的研究过程中，出现匡正旧说、提出新见的事，论断分歧、发生争议的事，都是不可避免的、正常的，都是学术发展的契机。也正因为这样，边疆史地研究的成果所表述的只是学者们的学术见解，而不是代表任何社会集团的意愿，更不是代表政府在边疆问题上的政策和态度。切切不可把学者在边疆史地研究中发表的学术观点错当成某种政见而给以过分的责怪，或过度的重视。只有各界人士把学人之言作为学人之言宽厚待之，学者才能在边疆史地这个有时还颇带敏感性的研究领域中放开手脚做事，边疆史地研究这块科学园地才能真正得以垦拓，得以繁盛。[①]

二是，"两个分开"[②] 中国疆域历史和现实中存在诸多难点和热点问题，对此，边疆理论研究必然要予以正视，并探索解决之途。这些难点与热点问题的出现，原因是多方面的，归纳起来主要有：一是研究层面原因。由于历史情况复杂，史籍记载多有歧异，引起研究者们探求的兴趣，此类难点、热点问题，可以通过深化研究进而逐步解决。二是政治层面原因。这一层面原因又可分为正常的和不正常的两类。所谓正常的，是指不同国家出于国家利益的考虑，要建立本国的历史体系，强调自己国家历史的悠远、维护独立传统之辉煌。对此，即便有悖历史的真实，可以求同存异，以宽容之态度待之；所谓不正常的，是指个别国家或个别团体、个人出于狭隘民族国家利益考虑，不惜故意歪曲历史事实，并将历史问题现实化、学术问题政治化，通过被歪曲的历史事实，煽动民族主义狂热，制造事端。对此，我们则应讲明历史真相，有力、有理、有节，据理力争，决

[①] 参阅马大正主编《中国古代边疆政策研究》，中国社会科学出版社1990年版，第3页。
[②] "两个分开"是指在研究中应坚持学术与政治分开、历史与现实分开的原则。

不姑息迁就。上述原因是相互交织，又是互相影响的，情况十分复杂。对此，我们应本着国家利益高于一切的原则，保持政治警觉，潜心深化研究，对一些有争议的问题，在坚持学术问题与政治分开、历史问题与现实分开的前提下，倡导和而不同，增信释疑，求同存异，在学术的轨道上心平气和地展开讨论。

三是，更重要的是作为一个负有推动、组织学科发展的一线领导者，应心怀学科发展的全局，及时制定有可操作性的举措，并能取得实实在在的社会效益（指学术著述出版和成果的决策参考率）。要把建设具有中国特色新型智库提上工作议事日程，要从推动科学决策、民主决策，推进国家治理体系和治理能力现代化、增强国家软实力的战略高度，推动中国边疆研究不断深化和拓展，把中国边疆研究机构办成具有中国特色的新型智库。非此，就不能称之为是一个合格的组织者、领导者，因为这样的研究工作组织者、领导者虽徒有其名而无其实，没有能尽到守土有责的历史责任。

后　　记

《当代中国边疆研究（1949—2014）》草成，此时此刻回顾本书写作动因与历程，似也可归入中国边疆研究史范畴之中，尽管只是一段小小的插曲，或是一个不起眼的花絮，在后记中记下一笔，这也是历史。

大约在2012年夏天，中国社会科学出版社郭沂纹同志参加国家清史工程一次出版项目专家评审会，会后谈话间，沂纹同志向我约写《当代中国边疆研究》，此题是中国社会科学出版社出版"中国哲学社会科学发展报告"大系列丛书中"当代中国学术史"系列选题之一。

此提议于我确实很有吸引力。因为其一，从学术研究史的视野对中国边疆研究，尤其是中华人民共和国成立以来的演进历程进行回顾和总结，是一项十分有意义的工作，而从我这些年着力倡导构筑中国边疆学而言又是一项具有重要价值的基础性工作；其二，我本人对此命题既有研究成果的积累，更有30余年研究实践的亲历实感。但我也有很多畏难之情，其一是彼时我承担着多项研究任务，在可预料的3—5年内，多项研究任务"夹击"的状态难以有所改变；其二是想到书稿内容中不可少的1949年以来有关中国边疆研究论文、著作，以及诸多学术活动的海量信息收集与分析工作量太大，实也让我望而却步。因此，对沂纹同志的盛意我一直处于犹豫之中。

"能撰写这部书的专家不多，你的学术经历、涵养实在是撰写这么一部书的最合适的作者人选，其实写这么一本书也是你的职责所在！"沂纹同志的真诚、坦言触动了我，她的执着、信任感动了我。

2013年2月，我提交了草拟的《当代中国边疆研究（1949—2012）》

大纲和撰写计划（成书稿后时间下限延到了2014年）。但真正启动已到了2014年春节后，有《20世纪中国边疆研究——一门发展中的边缘学科的演进历程》和《热点问题冷思考——中国边疆研究十讲》的基础，绪论和综论合计6章的写作较为顺利，2014年5月完成了初稿，由于其他一些交办、急办的研究任务接踵而至，2014年9月后本书的写作才成为我业余时间的唯一一项工作，缓慢地爬格直到2015年4月，终于草成了分论和展论计12章，并完成了全书的通稿。

面对案前的67余万字的书稿，欣慰与惶恐并存于心际。尽管是个人观察的视角，毕竟做了一次对60余年中国边疆研究的回顾与前瞻，对于了解当代中国边疆研究的演进历程还是有参考的价值，实有欣慰的理由。惶恐的是，毕竟是个人的观察，面对中国边疆研究演进进程中海量的信息，评议不确之处肯定存有，挂一漏万之处更是在所难免。以第十四章中国边疆研究史研究（下）为例，该章仅以新疆考察史资料整理与研究为主题撰写，其实中华人民共和国成立60年来，海疆、西藏、云南、东北等边疆地区的考察同样也是成果丰硕，即使是新疆考察我也只是重点评议了罗布泊、楼兰的考察与探险，此章的缺遗，非不知，而是个人力所不及也，当然篇幅的限制也是因素之一。第十五章当代中国边疆治理研究也存在同样遗憾。当代中国反分裂研究，反"台独"、反"藏独"的研究未能涉及。

此时此刻，我有太多的感激要表达。

要感激1987年调整后边疆中心我的一批同人们，他们是：吕一燃（1987—1993年，边疆中心主任），研究部的林荣贵（主任）、李国强、阿拉腾奥其尔、刘逊、刘为、房建昌；编辑部的邢玉林（主编）、牛平汉、毕奥南、范秀传；图书室的王思玉（主任，已故）、闫芳、寇俊敏；办公室的张书田（主任）、徐京丽。他（她）既是"一专多能、一人多岗"开放性研究中心的实践者，也是调整后边疆中心骄人业绩的创造者。

要感激给予本书写作的直接帮助者，他们是：中国社会科学院中国边疆研究所李国强、李大龙、许建英、孙宏年诸位研究员，云南大学校长林文勋教授，云南大学教授方铁，云南师范大学教授邹建达，云南民族大学教授段金生，西北大学陈跃博士等。

要感激中国社会科学出版社社长、总编辑赵剑英,副总编辑郭沂纹,没有他们的提议、关注、支持和耐心,书稿很可能至今尚处在待梦之中。

还要指出,本书成稿和出版过程中得到了北京市社会科学院副研究员王建伟博士、国家清史编纂委员会周小东同志和本书责任编辑中国社会科学出版社宋燕鹏博士的倾力相助。

在我科研生涯中曾给了我诸多关心和支持的还有诸多前辈学者、同龄专家、中青年才俊,无法一一列名,谨致由衷感激之意。

恳望凡是读到本书的读者,给予坦诚的批评,构筑中国边疆学学术之路刚刚起步,我愿意走下去,直到走不动之时!

谢谢了!

2015 年 4 月 20 日
于北京自乐斋

再版后记

本书自 2016 年 6 月出版以来，承业界和关心边疆研究广大读者的垂爱，颇受关注、颇获好评。一些高校将本书指定为涉边疆方向的硕士生、博士生的必读参考书。已见书评有两篇：《光明日报》2017 年 4 月 16 日刊发的李尚英《边疆史地稔熟于胸——读〈当代中国边疆研究（1949—2014）〉》；《中国边疆史地研究》2017 年第 1 期刊发的李大龙、张振利《中国边疆学构筑的新突破——〈当代中国边疆研究（1949—2014）〉读后》。

更让人欣慰的是在庆贺中国社会科学出版社成立 40 周年活动，评议"40 年来，这家与改革开放同步的出版机构不忘初心，为我国哲学社会科学的发展繁荣做出了自己的贡献"时，也有涉及对拙著的评议，已见到的也有两则：

其一，张贺：《传文明薪火，发时代先声》（《人民日报》2018 年 6 月 7 日第 19 版）指出："历时 10 年，汇聚 300 多位专家，总字数达 1900 万字的'当代中国学术思想史'丛书，被誉为'国内唯一系统完整的展现当代中国哲学社会科学学术发展史的大型丛书，是构建中国特色、中国风格、中国气派的哲学社会科学的一项基础性工程'。其中一些著作是对学科的创建具有创新性开拓意义，如马大正《当代中国边疆研究（1949—2014）》，是新时期我国第一部从学术史的视角认识中国边疆研究的权威著作。"

其二，张昊鹏：《加快构建中国特色哲学社会科学学术体系的基础工程——"当代中国学术思想史"丛书出版纪实》（《中国社会科学报》

2018年6月4日第8版）指出，当代中国学术思想史丛书中"有对学科创建具有创新性开拓意义的著作，如《当代中国边疆研究（1949—2014）》""这是新时期我国第一部从学术思想史的视角认识中国边疆研究的权威著作。曾经有人质疑中国边疆研究能否作为一个学科存在。这一著作做出了肯定的回答，是对近代以来数代学人创建'边疆学'学科思想的学术总结。作者通过对中国疆域形成发展的回顾，概述中国边疆研究的三次高潮，缕析中国边疆理论研究的主要问题、学术思想、学术观点，展望中国边疆研究的未来发展趋势等，系统论证了中国边疆学作为一个学科的丰富内涵和广阔前景。从西北史地学，到边政学，再到中国边疆学；千年积淀，百年探索，三十年创新；因问题而研究，因研究而成学术，因学术而自成一'学科'之言；'中国边疆学'的历程说明，一个学科不是从来就有的，学科体系的构建过程不是一朝一夕之功可成"。

我视上述誉评是对拙著的肯定和对愚翁的鼓励！

《中国边疆学》第十辑刊发吕文利《2017年中国边疆理论的进展与突破》对马大正著《当代中国边疆研究（1949—2014）》和《中国边疆学构筑札记》也做了评议。

2016年，马大正先生先后出版了两种重要的著作《当代中国边疆研究（1949—2014）》[①]和《中国边疆学构筑札记》[②]，这两种著作虽然为2016年出版，但为众多学者瞩目是在2017年，该年度，围绕这两种著作召开了一些学术会议。《当代中国边疆研究（1949—2014）》是目前对中国边疆学学术脉络梳理得最为详尽的研究成果，全书67万字，基本描绘出新中国成立后中国边疆史地研究过渡到中国边疆学构建的发展轨迹，为构建中国边疆学奠定了学术史基础。该书理论概括高度凝练，尤其是"中国边疆学"概念和学科体系的提出，是开创性的、奠基性的。他提出来的构建中国边疆学不是心血来潮提出来的，而是有严密的逻辑和扎实的基础，也就是中国边

[①] 马大正：《当代中国边疆研究（1949—2014）》，中国社会科学出版社2016年版。
[②] 中央广播电视大学出版社2016年版。

疆研究具有的千年传承、百年积累和30年探索。他总结了中国边疆研究出现的三次研究高潮，第一次是19世纪中叶至19世纪末，西北史地学的兴起是中国边疆研究高潮的标志。第二次是20世纪20年代至40年代，在民族危机激发下出现的中国边疆研究高潮。这是历史事实，也是马先生的敏锐观察，这解决了中国边疆研究的必要性的问题，即中国边疆研究的触媒是近代中国的屈辱。正是因为我们还存在着边界问题、边疆问题，又促使20世纪80年代以来第三次研究高潮的形成。这30年探索，恰恰是以马先生为首的边疆研究学人对中国边疆研究的探索，形成了一系列有影响的著作，如马先生主编的《中国边疆经略史》《中国边疆通史丛书》《中国边疆治理通论》等，这些著作非常扎实，至今仍未过时，正是在这些扎实著作的基础上，中国边疆学呼之欲出，马先生正是在此基础上，提出了构筑中国边疆学的重要命题。

在《中国边疆学构筑札记》的"后记"中，马先生认为在构建中国边疆学的过程中有几个节点是不容忽视的："一是对中国边疆研究千年积累百年探索的继承，以及30年创新的实践，是中国边疆学构筑的准备；二是对中国疆域理论的不断探究，是中国边疆学构筑的学科基础；三是对中国古今边疆治理理论与实践的多层面研究，是中国边疆学构筑的有效切入口；四是为当代鲜活的现实生活的迫切要求，是推动中国边疆学构筑的原动力。"①

马大正先生的这两部有关"中国边疆学"的重要著作，对中国边疆学的构建起到了承前启后的作用。

李大龙、张振利在评价《当代中国边疆研究（1949—2014）》一书时认为，该书以中国边疆为切入点，以千年积累、百年探索和30年创新的中国边疆研究历程为线索，从时间与空间、历史与现实、宏观与微观、理论与实践、继承与创新等角度构建了点、线、面、体有机结合的中国边疆学体系，多角度、全方位、鸟瞰式立体呈现了中国边疆学的厚度、深度、

---

① 马大正：《中国边疆学构筑札记》，中央广播电视大学出版社2016年版，第296页。

广度及高度，对中国边疆学构筑具有突破性意义。①

也是在2018年夏的某一天，我接到本书责任编辑宋燕鹏博士电话，告之出版社计划再版拙著，并希望：一是将所述年限从2014年延伸至2018年，二是最迟2019年2月完成修订交出版社。

我欣然接受。

为按时保质完成上述任务，大体安排如次：

一、我负责本书绪论、综论和展论9章的通读和补充；

二、请我两位已毕业的博士生负责综论9章的通读和补充；

三、2018年11月底完成上述通读和补充后，2019年1月由我完成全书的通稿和定稿。

补充修订工作颇为顺利，2019年1月已近结尾，再版后记刚刚草成，只剩下我对全书修订稿再通读一遍，就可交差啦！

面对案前近80万字的书稿，惶恐之心似乎超过了欣慰！中国边疆研究欣欣向荣的今天、中国边疆学构筑已成学界关注热点的现实，研究演进进程中海量的信息，真有收不胜收、评不胜评的惶恐。本书后记中提及之挂一漏万之例也并未得到改善，不过我倒由此产生提议和希望：当今边疆研究的才俊们能否将《中国边疆考察通史》《中国边疆治理研究史》列入自己研究的视野，写出专门著作呢？愚以为这是很有可为的研究题材。

需要说明，云南大学历史与档案学院副教授王振刚博士负责第七章至第十章的补充，西北大学历史文化学院副教授陈跃博士负责第十一章至第十五章的补充，我在此基础上做了调整和再补充，并将陈跃所撰《史观与史料："三区革命"研究综述》收入本书第九章，同时还以中国社会科学院中国边疆研究所高月博士所撰《边疆智库》一文为基础写成《以边疆为主题的智库不断涌现》补入第十六章，感谢他们的协力。

还要感谢已调中国社会科学院中国历史研究院担任副院长，原中国边疆研究所党委书记、副所长李国强对本书修订的关注，并允诺将自己未刊稿《夯实构建中国边疆学的基础》收入本书第十七章，实为拙著增色。

---

① 李大龙、张振利：《中国边疆学构筑的新突破——〈当代中国边疆研究（1949—2014）〉读后》，《中国边疆史地研究》2017年第1期。

本书修订成稿和出版过程中得到了国家清史编纂委员会周小东同志和本书责任编辑宋燕鹏博士的倾力相助，表达感谢之意是不可少的。

在结束这篇再版后记时还想再重申：

构筑中国边疆学学术之路我愿走到生命尽头！

恳望听到对本书的坦诚批评之宏论！

2019 年 1 月 30 日
于北京自乐斋